民国学术经典丛书

中华二千年史

邓之诚 ⊙ 著

中国社会科学出版社

图书在版编目（CIP）数据

中华二千年史/邓之诚著．—北京：中国社会科学出版社，2011.3
（民国学术经典丛书）

ISBN 978-7-5004-9487-4

Ⅰ.①中⋯　Ⅱ.①邓⋯　Ⅲ.①中国—古代史　Ⅳ.①K22

中国版本图书馆 CIP 数据核字（2011）第 012149 号

出版策划	任　明
特邀编辑	成　树
责任校对	林福国
技术编辑	李　建

出版发行	中国社会科学出版社		
社　　址	北京鼓楼西大街甲 158 号	邮　编	100720
电　　话	010—84029450（邮购）		
网　　址	http://www.csspw.cn		
经　　销	新华书店		
印　　刷	北京奥隆印刷厂	装　订	广增装订厂
版　　次	2011 年 3 月第 1 版	印　次	2011 年 3 月第 1 次印刷
开　　本	787×1092　1/16		
印　　张	167.75		
字　　数	2888 千字		
定　　价	285.00 元（全四册）		

凡购买中国社会科学出版社图书，如有质量问题请与本社发行部联系调换

版权所有　侵权必究

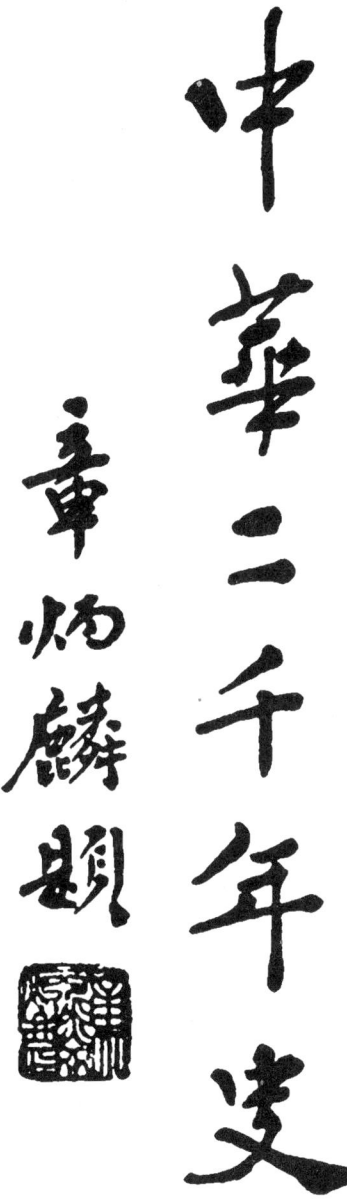

中華二千年史 章炳麟題

叙 录

之诚不学，少好读史，钻研既久，粗识端绪，谬主大学通史讲席，越既有年，于通史编纂之法，憭无所知。兹事体大，世无司马光之才，二千年之事，正史杂史，次及史事记载考证之书，浩如烟海，当如何纠集，而后不致贻误来学。即以体例言，将欲从旧，则纪传、编年、本末之体未必适于今时；将欲从新，则虑遗弃事实，统系不明，非教人通知古今之意。且史材如何采摭，文字如何纪述，皆有待于商榷，未易以一人一手之力成之。近来著述之才斐然，通史之作，非无鸿篇巨制，而不刊之典，似犹有待。盖率尔成书，不脱日本人窠臼，揆之于义，未免不衷，若体大思精，包罗贯串，则不免涉笔知难，废然而止。在昔尚有《纲鉴》等书，流行坊肆，虽复疏舛，然使人童而习之，犹足以稍明本末。今则鄙此等书不读，而又无以代之。昔人深痛于靖康之祸，每归咎于崇宁禁止读史。准斯以谈，则金人入汴，卵翼齐楚，后世未尝无此事，然而无人能避免其覆辙者何也？历史循环之见，固为拘迂，而后先如出一辙之事，亦往往而有。故学者不泥古可也，不高唱复古可也，而不知往事覆辙则不可，废弃史事不观则尤不可。历史进化为一事，因果定律别为一事，而历史所以昭示吾人者，永永不可忘，则又为一事。姑以外患论之，二千年来，外患未尝一日或息，轩黄胄裔，危而复安、弱而能存、灭而再兴者，何莫非由群力群策得来？其艰难经历，非史事何由征之？故欲知先民缔造之迹，莫如读史；诚欲读史，莫如注重事实，先编通史。通史编纂，莫如由国家特开史局，妙选通才，商订体裁、类例、史材、文字，然后分撰长编，务期以数年之力，删削而成，使读者无浩博难穷之叹，亦无浅薄谬误之讥，岂非嘉惠来学之盛事。

虽然，此愿何时可偿，何人能偿，以意度之，正恐非易事也。斯编之作，若遽目为通史，是亦僭妄之甚矣。然区区之经营，盖已历十六七年。当民国六年，国史馆初改为国史编纂处，隶于教育部，以北京大学校长蔡子民

邓之诚像

元培先生，兼为处长，礼聘屠敬山寄、刘申叔师培、叶浩吾瀚、童亦韩学琦、蒯耕崖寿田、孙季芄诒㭤诸先生，任通史纂辑。之诚年少无学，亦厕其列，与张蔚西相文先生，任民国史纂辑。蔡先生手订条例，纂通史者缀辑正史名词，先编词典，次第始及通史。是后三年间，童、蒯、孙三先生，即从事缀辑《史记》及《两汉书》，而屠先生则自著其《蒙兀史》，刘先生著《南北史补志》，叶先生著《美术史》，皆未成书。之诚默念编纂通史，曷若先定体例，再为长编，否则不如依本末之体，区分事实、制度、学术、文学、风俗等等，亦可为通史底簿，终以非其所职，未敢遽以语人。后于编纂民国史之余，私撰《南北朝风俗志》，多读乙部书，因以暇日裒录，汇为一编，是即斯编经创之始。自后时作时辍，至民国十六年，专任北京大学史学课程，乃并力为之，以为教本。得友人孙君爽秋之助，又历六七寒暑，始克粗就。计前后修改已不下六七次。今年复畀燕京大学重印，方在病中，未遑细为整比，只略刊讹敚，史书鱼豕最多，辽金元人名，一书之中，前后互异，皆一仍其旧，不敢妄改。小有增省。初意以七八十万言了之，不欲过多，多则恐人不易读。及其成也，篇幅乃几倍之，然已屡经删削，弃余之稿，尚盈箱箧。

尝以史事最难于详略取舍，不难于详而难于略，不难于略而难于略得其当。斯编排比失次，取舍异宜，固自知之。诸生日以重印为请，遂亦不容终秘。然其据依，亦有可得而言者。

一曰体裁。略依纪事本末之例，先之以世系，著明年代，稍及统系，以存"通"之本义，兼使读者得以与本书互参。次之以一代大事，尤重民族变迁，其无关得失，不必详者则略之，非必事尽于此，以详于此者自有诸史在。次之以制度，制度为一代典则，不仅观其因革损益，及政治良窳，实欲借以测其影响于社会者安在。尤重地理、官制者，读史本以二者为基础。述地理止于州郡，述官制止于台阁寺监者，特疏举其要，以较详者自有诸志在。次之以学术、文学、艺术，期以著学术之渊源，思想之变迁，亦以见时代递变递进之迹。学术、文学、艺术，亦但举可以代表当时者，即如佛老见于释、道藏者何限。书画自有专书，尽入通史，势不能容，故遂从略。

中华二千年史

他皆仿此。终之以生计,以为读史意义,根本在此,民族兴亡,无不关乎生计之盈绌,今后经济关系,或牵于外,或变于内,必更繁复,故欲参证史实,以一较其得失。自信斯编颇重事实,特所重者非一人之事,琐细之事,以为制度文章,莫非事也。其事有一代分述,或数代合述者,纯为纪述之便,非有微意存于其间,亦非体例不纯。其所以造端于秦者,以秦以前六经即史,至说经偏于考据,聚讼纷纭,莫衷一是,若论远古,则杨朱所谓三皇之事,若存若亡,五帝之事,若明若暗,经传所传,宋人尚有故意翻案者,求证于金石甲骨,所得既渺,毋宁付之阙如。马端临不有言乎,"乖异传疑者不录",故遂决然不作,庶几窃比司马光不作《通鉴》前纪之意。至秦以后,制度文化一贯,约而分之,则秦汉三国为一时代,两晋南北朝为一时代,隋唐五代为一时代,宋辽金夏元为一时代,明清为一时代,共厘为五卷,粗本于所见所闻所传闻之义云尔。

二曰取材。斯编取材,首重正史,次及政书,次始及于杂史,再次始及于其他。近人著述,耳目所接,未遑甄录。排比之法,皆撮录原文,以类相次,明著所本。苏轼谓"天地间事物散于六经诸史,惟恃一物以摄之,此物维何,即意是也",盖谓当善于识别。今人重视野史,斯编乃多取正史者,非谓正史以外无史,亦非轻信前人所信,诚以自来史职甚尊,断代之书,所以累代不废,即由无以相易。自唐修《晋书》,李延寿修《南北史》,多取琐闻小记;宋人宋、欧之于《新唐》,司马之于《通鉴》,采撷杂史,多至数百余种。此后私家撰述益富,然野史多尊所闻。沈括身在朝列,所纪宋事不实,遂为洪迈纠摘。明季野史,果一按其时地与人,则互相违迕,莫可究诘,故顾炎武以野史为谬悠之谈,而万斯同独重实录。正史为体例所限,往往不详,且成于后人,自不能尽得当时真相,野史佳者,多足以补史阙。然正史据官书,其出入微;野史据所闻,其出入大。正史讳尊亲,野史挟恩怨。讳尊亲不过有书有不书,挟恩怨则无所不至矣。故取材野史务须审慎,否则必至以伪为真,甚者以真为伪。之诚亦尝欲纪民国以来事,二十年间祸乱相寻,皆身亲目击,或且预知隐秘,然属笔而后,以质正于当事者,则曲折尽异,且其所言,人各不同,然后信纪载之难。当时报章所纪载者,若函电,若宣言,若命令,非不实也,果细究之,不唯事情曲折,无此单简,甚且有与事实相反者。异代之后,谓之为信史不可也,谓之为非信史亦不可也。杂史所载,委曲详尽,正如报

叙录

章纪事。然报章有闻必录，尚有许人更正之例，杂史传之异代，则并此而无之。若学识不充，不能别择，妄加援引，诬蔑古人，其事尚小；贻误后学，其罪实大。张孟劬先生谓史书纪事，固贵直笔，然正史具存其迹，使有识者自能寻求微意，以昭实事。故之诚以为读史修史，皆贵有识。史贵求真，正不当独取野史而忽略正史也。又今人治史，多重金石。金石足贵，此亦诚然。特其所以足贵者，亦只官阶、地理、姓名、世系、年月，或足以补证史阙而已。至于行实则蔡邕作碑，唯郭林宗不愧，韩愈不免谀墓。南朝禁止立碑，亦正厌其虚美。人情所向，子孙万无丑其尊亲之理。况史家蒐罗旧事，谱谍志状，未尝屏弃不观，今之所贵，未必非昔之所贱。故以金石为旁证可也，闰位代嫡，谓金石以外无史，窃以为稍过矣，故斯编所取金石文字甚少。又今人喜胪前人实物，宝为重要史料。实物较金石，种类尤多，且关于制作，其足以发千古之秘，正未有艾。特凡此种种，不过证史而已。史若可废，考证奚施？且实物发现，较之史书所纪，固已多少不侔矣。斯编为求前后一贯，窃亦未取，非敢苟为异同也。时贤著书，兼综博采，既偏重新发现，复矜尚孤本秘籍。采山之铜，岂不可贵？若之诚不敏，妄欲寝馈取求于二十四史之中，则所谓废铜耳。然废铜不为人所重也久矣，若能给冶铸之用，未始不与采山之铜等，否则亦终愈于非铜。区区之意，以为金石之学，古器物之学，日新月异，将来必臻广大，蔚为专科，特易见之书。若正史之类，果能不畏烦难而细读之，亦未始非求新之一助也。

三曰文字。今后编述史事，宜用何等文字，将尽改白话乎？抑宜先引原文再加翻译乎？夫史学贵真贵简，故刘子玄不废口语，而未尝谓史不必有文，孙樵竟致讥俚言，谓非史法。夫史书文饰未必皆真，特出于后来追述。而乃以今时之文，纪古时之事，其不中程，亦犹之乎以古时之文，纪今时之事也。前人追纪古事，唯字句略有异同者，司马迁之于六经，班固之于《史记》是也；加以修改，自出机杼，则宋祁之于《旧唐书》是也；略去重复之词，则李延寿之于八书，司马光之于诸史是也。《通鉴》文字，首尾一律，最为难及。诚以史贵求真，苟文字改易，将必去真愈远。况白话、文言，差违已甚，何能对译？苟以繁易简，必失之支蔓。平情而论，白话可纪今事，似未尽能述古。至若翻译外史，自不拘此。故纪载今后之事，用白话文，正可存实；若追述古事，用意虽在使众人易晓，而求真之义不磨，则原文似不当改。若夫制度，更难以今时文字释之，孙樵谓史家纪职官、山川、地理、

礼乐、衣服，亦宜直书一时制度，使后人知某时如此，某时如彼，不当以秃屑浅俗，则取前代名品，以就简编。故斯编之作，全录原书，一字不易，荀悦所谓"省约易习，无妨本书者"是也。亦以大学诸生，沉酣典籍，不必再假通俗之文。而斯编职在排比，与撰述殊科，直录旧文，体则然耳。

所据依者如此，语其缺失，尚有二端。其一考证。近来考证之风盛行，一事一物，必穷究原委，网罗众籍。斯编独略而不备者，意本提示纲要，俾学者循类以求，多读原书，姑以此为劝诱之资云尔。史学本贵考证，惟通史则有间，所重在乎系统沿革，所要在乎事实纲领。若有待于考证，则研读专史者，固优为之；且史之为用，岂仅仅在此？斯编于异同取舍，亦间有考订，而不欲明著之。明著之则篇幅愈侈，与"省约易习"之义，盖相违矣。其二论断。在中国史学，本有史评一派，积久流为空疏，遂不为人所重。诚以见解随时而异，随地而异，今日之所见，已异于昔日，则来日之所见，未必不异于今日。况往古之人与事多矣，论人当观其一生，论事当究其终始，而得也失也未必尽当。盖书缺有间者多矣，其涉疑似之间者，未能一一论定。故斯编各标题目，略分片段，诚不欲轻下断语，徒滋空论，致贻他日悔恨；亦以排比之责已尽，任读者随时随事，自能以其见解解之。盖读史若能比较综合而观，则事理详晰，因果分明。斯编排比，颇事综合，自不必费词解说，而后微意乃见。然斯编也，于民族消长，生计盈绌，二者纪之独详，以为今后立国立人所关至大，读者不容忽视，则于历史效用，未尝不致其最后之希望也。

草创既竟，每持以就教通人。燕都旧为学术渊薮，谈史学者尤众。幸不蒙其所薄，凡有纠弹，无不虚受。编后附以通检，即承洪煨莲先生之教。尤受张孟劬先生过分奖许，谓"取舍排比，足当一'洁'字"。然得失自知，始终不敢满假，或待后来补苴。若海内魁硕，能出其专门名家之学，以诏一世，则不独区区之至愿而已。

民国二十二年八月十二日，邓之诚。

此书原名《中国通史讲义》，期于纠集史材，稍具系统而已。昔年先后在北京各大学讲授通史，即以之供诸生参考。后由商务印书馆印行，为更名《中华二千年史》，非本志也。二十年来，久已绝版。今日史学大昌，名著如林，不意采及陋劣，谓取材皆有出处，或可省翻检之劳，乃由中华书局就原板重印。凡属显然错误，略皆改正。其明清史部分，亦正整理旧稿，即将继此付印，俾成完本。壮年经始，晚幸观成，不可言劳，历时则甚久矣。此书缺点，自序已详言之。老病侵寻，精力日减，不及照覆，尚多疏漏。明知之而不能弥补其阙失，固由学力有限，而史学甚难，实不胜望洋之叹云。

一九五四年五月，邓之诚识。

此明清史部分，脱稿于二十年前。采撰体例，一仍《二千年史》之旧。唯时代较近，所述宜较详，故篇幅加多，不止倍蓰；而合述明清两朝政治经济文化因革递嬗之迹，隶于编末。昔曾印作讲义，惜铅椠未竟而太平洋战起，不幸为敌羁系，稿草多佚。自后无暇补苴，遂置之不顾。近始略事纂辑，期于复故，尚不可能，至于博综整齐，何敢妄拟。比其粗就，殊嫌不能包举，有宜详而反漏略者，有宜简而反烦复者。语其致此，盖亦有由。初以论事宜先知人，故录列传叙事稍详。又以近数百年间，多战争之事，若各为细述，则累牍难穷，不述又嫌失关照，故编为年表，俾诸方事迹，并列一表，庶可通观其成败进退。从来史表之作最难，今强效之，以致疵颣，固由近事难明，抑亦识力有限。再则近代实录正史官书档案以及其他撰录，浩博无垠，纠集驾驭，甚非易事。即如《明史》，号为佳作，而列传中一事散见，轻重无别，往往顾此失彼，以较唐以前史，迥不相侔；《清史稿》成于仓卒，更不足以语此。明清实录之修，由不学者任之，首尾不相连贯，盖缺而不载者多矣，是非更不可论。然后知昔贤谓作史莫难于当代之史，诚为不易之论。盖史材愈多，甚费抉择，其难乃倍于往古也。时贤正深研明清经济，其见于书史者，率为官文书，所习用语句，出于胥吏，当时易知易行，今乃不得其解，若望文生训，不免毫厘千里之差。故斯编诠释稍慎，有不知者，未敢强为比附，唯录其事，以待解人而已。凡此诸端，非求宽假，实出自状，阅者谅之。

一九五五年七月，邓之诚识。

目录

卷一 秦汉三国

秦

- 秦世系（附帝系表） …………………………………… 3
- 一 秦之统一（附秦灭六国次第简表） ………………… 4
  - （一）建皇帝之号 …………………………………… 4
  - （二）置郡县（附秦郡简表） ……………………… 5
  - （三）改官制 ………………………………………… 8
    - 甲、中央（附秦中央官制简表） ……………… 8
    - 乙、地方（附秦地方官制简表） ……………… 10
    - 丙、武功爵 ……………………………………… 11
  - （四）统一文字及度量衡 …………………………… 11
  - （五）定黄金及钱二等币 …………………………… 12
- 二 秦之开边 ……………………………………………… 12
  - （一）取西戎地 ……………………………………… 12
  - （二）取匈奴地 ……………………………………… 14
  - （三）取南越地 ……………………………………… 14
- 三 秦始皇之政治 ………………………………………… 15
  - （一）专制之加剧 …………………………………… 15
    - 甲、徙天下豪杰实关中 ………………………… 15
    - 乙、焚书坑儒 …………………………………… 15
    - 丙、严刑罚（附秦刑名简表） ………………… 17
    - 丁、集兵权 ……………………………………… 18
    - 戊、巡行天下 …………………………………… 19
  - （二）民力之耗竭 …………………………………… 20
    - 甲、筑长城 ……………………………………… 20
    - 乙、建宫室 ……………………………………… 20
    - 丙、治驰道 ……………………………………… 21

1

四　秦之民生状况 ································· 22
五　李斯成统一之功 ······························· 23

秦汉之际

一　豪杰亡秦（附六国先后起兵简表）················ 25
二　楚汉相争（附项羽分封十八王简表）·············· 31

汉

汉世系（附帝系表）······························· 37
一　汉之统一 ····································· 38
　（一）削平群雄 ································· 38
　　　甲、善于用人 ······························· 38
　　　乙、定都关中 ······························· 40
　（二）恢复封建（附汉初异姓诸王简表、
　　　同姓诸王简表）····························· 41
二　汉之疆域（附汉疆域简表）······················ 47
三　汉之制度 ····································· 54
　（一）官制 ····································· 54
　　　甲、中央（附汉中央官制简表）················ 55
　　　乙、地方（附汉地方官制简表）················ 58
　（二）兵制 ····································· 60
　　　甲、京师兵（附汉南北军简表）················ 60
　　　乙、地方兵 ································· 63
　　　丙、屯田兵 ································· 63
　　　丁、征役与招募 ····························· 64
　　　戊、征调之手续 ····························· 66
　　　己、训练之方法 ····························· 66
　（三）刑法 ····································· 66
　　　甲、汉律 ··································· 66
　　　乙、刑名（附汉刑名简表）···················· 68
　（四）学校 ····································· 72
　　　甲、太学 ··································· 72
　　　乙、郡国学 ································· 75

（五）选举	75
四 汉之开边	80
（一）匈奴	80
甲、匈奴之强盛	80
乙、匈奴之制度及风俗	81
丙、汉初之匈奴	81
丁、武帝之征伐	83
戊、匈奴之臣服	85
（二）西域	86
甲、西域各国之概况（附西域诸国简表）	86
乙、汉通西域	88
（三）西羌	97
（四）朝鲜	99
（五）南粤	100
（六）闽粤	101
（七）西南夷	102
甲、诸夷之情况	102
乙、汉之平定诸夷	104
五 汉代之政治	106
（一）文景黄老之治	106
（二）武帝之改革	107
甲、建年号	107
乙、策贤良	108
丙、黜百家	108
丁、用儒吏	109
戊、卖官爵	109
己、用夏正	110
庚、尚文词	110
（三）宣元之治功及宦官外戚之祸	110

新

一 王莽之改制	114
（一）延揽文士	114

（二）井田与奴婢 …………………………………… 115
　　（三）五均六筦 ……………………………………… 116
　　（四）封建 …………………………………………… 118
　　（五）更改官名 ……………………………………… 118
二　王莽之灭亡 …………………………………………… 119
　　（一）政令废弛 ……………………………………… 119
　　（二）绿林赤眉之起 ………………………………… 119
　　　　甲、绿林 ………………………………………… 119
　　　　乙、赤眉 ………………………………………… 120
　　（三）刘玄称帝与王莽败死 ………………………… 120

东汉

东汉世系（附帝系表） …………………………………… 123
一　光武之统一事业（附新末群雄割据简表） ………… 125
二　东汉之疆域（附东汉疆域简表） …………………… 129
三　东汉之制度 …………………………………………… 131
　　（一）官制 …………………………………………… 131
　　　　甲、中央（附东汉中央官制简表） ……………… 131
　　　　乙、地方 ………………………………………… 135
　　（二）兵制 …………………………………………… 137
　　（三）刑法 …………………………………………… 139
　　（四）学校 …………………………………………… 141
　　　　甲、京师 ………………………………………… 141
　　　　乙、郡国学 ……………………………………… 142
　　（五）选举 …………………………………………… 143
　　　　甲、贡举 ………………………………………… 143
　　　　乙、太学生 ……………………………………… 144
　　　　丙、掾史 ………………………………………… 145
　　　　丁、特征 ………………………………………… 146
四　东汉之开边 …………………………………………… 147
　　（一）匈奴 …………………………………………… 147
　　（二）西域 …………………………………………… 151
　　（三）西羌（附烧当部发难简表） ………………… 154

（四）鲜卑	158
（五）乌桓	159
五 东汉之衰亡	160
（一）外戚	160
（二）宦官	160
（三）党锢	161
（四）黄巾之起兵	164
（五）权臣（附东汉末群雄割据简表）	165

三国

魏世系（附帝系表）	170
蜀世系（附帝系表）	170
吴世系（附帝系表）	171
一 三国之分立	172
二 三国之疆域（附三国疆域简表）	174
三 三国之制度	176
（一）官制	176
甲、中央	176
乙、地方	179
（二）兵制	179
（三）刑法	179
（四）学校	180
甲、京师学	180
乙、地方学	180
（五）选举	181
四 三国时代之诸族	182
（一）诸族之内属	182
甲、匈奴	182
乙、乌桓	182
丙、鲜卑	183
丁、西域及东夷之宾服	183
（二）蜀汉之南进	183

（三）吴平山越 …… 184
五　三国鼎峙之局 …… 185
　　（一）三国之和战 …… 185
　　　　甲、蜀吴之连和 …… 185
　　　　乙、魏吴之和战 …… 186
　　　　丙、蜀魏之相距 …… 187
　　（二）蜀及魏之亡 …… 188
　　　　甲、魏之灭蜀 …… 188
　　　　乙、晋之代魏 …… 189

两汉三国之社会

一　人民生活状况 …… 192
　　（一）正赋 …… 192
　　　　甲、田赋 …… 192
　　　　乙、算赋 …… 193
　　　　丙、口赋 …… 193
　　　　丁、更赋 …… 194
　　　　戊、户赋 …… 194
　　（二）税捐 …… 194
　　　　甲、盐铁 …… 194
　　　　乙、榷酤 …… 195
　　　　丙、均输 …… 196
　　　　丁、捐输 …… 196
　　（三）职役 …… 198
　　　　甲、更役 …… 198
　　　　乙、乡役 …… 198
　　　　丙、泛役 …… 199
　　（四）货币 …… 199
　　　　甲、黄金 …… 199
　　　　乙、白金 …… 201
　　　　丙、白鹿皮 …… 201
　　　　丁、钱币 …… 201
　　（五）实业 …… 203

        甲、农 ………………………………… 203
        乙、商 ………………………………… 206
        丙、矿 ………………………………… 207
        丁、物产 ……………………………… 207
    （六）一代盛衰之总述 …………………… 207
二　学术思想 …………………………………… 210
    （一）秘阁藏书 …………………………… 210
    （二）两汉学术之盛 ……………………… 211
        甲、经学（附两汉学官简表）……… 211
        乙、史学 ……………………………… 214
        丙、文学 ……………………………… 216
        丁、书学 ……………………………… 219
    （三）思想界之变迁 ……………………… 220
    （四）制造与发明 ………………………… 224
三　风俗 ………………………………………… 225
    （一）西汉游侠，东汉气节 ……………… 225
    （二）奢侈之风 …………………………… 227
    （三）嫁娶 ………………………………… 228
    （四）丧祭 ………………………………… 229
    （五）服饰 ………………………………… 231
        甲、衣服 ……………………………… 231
        乙、冠冕 ……………………………… 232
        丙、舄履 ……………………………… 234
        丁、妇人髻 …………………………… 234
    （六）饮食 ………………………………… 234
    （七）家族 ………………………………… 235
        甲、家教 ……………………………… 235
        乙、分居 ……………………………… 236
        丙、居乡 ……………………………… 236
        丁、豪宗 ……………………………… 237
    （八）奴婢 ………………………………… 237

卷二 两晋及南北朝

晋及十六国

晋及十六国世系（附帝系表） ··· 243
一 两晋之疆域（附两晋疆域简表） ······································ 262
二 两晋之政变 ··· 269
 （一）八王之乱及怀愍被虏
  （附武帝初封二十七王简表） ································· 269
 （二）东晋建国及私门政治 ·· 274
三 十六国之分合（附十六国分合简表、晋代诸民族兴灭简
  表、十六国疆域简表） ··· 281
 （一）晋赵蜀之鼎立 ·· 285
 （二）前秦之强盛 ··· 290
  甲、武功 ·· 290
  乙、政治 ·· 292
  丙、王猛为相 ·· 293
  丁、伐晋之失败 ··· 294
 （三）后秦后燕之对峙 ··· 295
  甲、后秦之文化 ··· 295
  乙、后燕伐魏之役 ··· 296
 （四）东晋之恢复事业 ··· 297
  甲、祖逖 ·· 297
  乙、庾亮 ·· 298
  丙、殷浩 ·· 299
  丁、桓温 ·· 300
  戊、刘裕 ·· 300

南北朝

南北朝世系（附帝系表） ··· 302
一 南北朝之疆域 ·· 311
 （一）南朝 ·· 311
 （二）北朝（附南北疆域简表） ····································· 313

二　南朝之治乱 ·················· 339
（一）宋初之政治 ················ 339
甲、武帝之人才政治 ············ 339
乙、文帝元嘉之治 ·············· 340
（二）梁武之中兴 ················ 342
（三）侯景之乱 ·················· 343

三　北朝之治乱 ·················· 345
（一）魏之兴起 ·················· 345
（二）孝文帝之改制 ·············· 348
甲、班禄 ······················ 348
乙、均田 ······················ 349
丙、户籍 ······················ 350
丁、改姓氏 ···················· 353
戊、断北语 ···················· 353
己、禁胡服 ···················· 353
庚、婚名族 ···················· 354
辛、重文学 ···················· 354
（三）魏之衰亡 ·················· 355
甲、灵胡后称制 ················ 355
乙、六镇之变（附魏末群雄简表） ·· 357
丙、尔朱氏之乱 ················ 360
丁、魏分东西 ·················· 363
（四）齐周之对峙 ················ 364
甲、齐之兴灭 ·················· 364
乙、周之兴灭 ·················· 365
（五）北方之边患 ················ 367
甲、柔然 ······················ 367
乙、突厥 ······················ 369

四　南北朝之和战 ················ 372
（一）战争之概况 ················ 372
（二）通聘重使才 ················ 375
（三）军事之影响 ················ 377

两晋南北朝制度

一 官制 ·· 381
  (一) 中央 (附三省官制简表、
    北周官制九命简表) ················ 381
  (二) 地方 ······························ 385
二 兵制 (附北周府兵简表) ·················· 386
三 刑法 ·· 389
  (一) 律令 ······························ 389
  (二) 刑名 (附南朝刑名简表、齐周刑制简表) ······· 392
四 学校 ·· 395
五 选举 ·· 399

两晋及南北朝之社会

一 生活状况 ···································· 405
  (一) 田赋 ······························ 405
  (二) 职役 ······························ 408
  (三) 征税 ······························ 411
    甲、盐税 ························ 411
    乙、榷酤 ························ 411
    丙、杂税 ························ 412
    丁、苛敛 ························ 412
  (四) 钱币 ······························ 413
  (五) 生业 ······························ 415
    甲、农 ·························· 415
    乙、商 ·························· 418
    丙、矿冶 ························ 419
二 学术思想 ···································· 420
  (一) 玄学 ······························ 420
  (二) 经学 ······························ 427
  (三) 史学 ······························ 431
    甲、《后汉书》 ·················· 431
    乙、《三国志》 ·················· 434

　　　　丙、《晋书》·················· 435

　　　　丁、《宋书》·················· 437

　　　　戊、《南齐书》················ 438

　　　　己、《梁/陈书》··············· 438

　　　　庚、《魏书》·················· 439

　　　　辛、《十六国春秋》············ 441

　　　　壬、通史···················· 442

　　　　癸、舆地···················· 442

　　（四）文学······················ 443

　　　　甲、文······················ 443

　　　　乙、诗······················ 450

　　（五）书画······················ 453

　　　　甲、书······················ 453

　　　　乙、画······················ 459

　　（六）声韵学···················· 461

三　宗教······························ 468

　　（一）佛教······················ 468

　　（二）道教······················ 478

四　风俗与习惯························ 481

　　（一）门第······················ 481

　　（二）嫁娶······················ 486

　　（三）丧祭······················ 489

　　（四）饮食······················ 493

　　（五）服饰······················ 495

　　　　甲、冠······················ 495

　　　　乙、服······················ 496

　　　　丙、履······················ 496

　　　　丁、佩······················ 496

　　　　戊、妇人装饰················ 497

　　（六）世风······················ 497

　　　　甲、乡议···················· 497

　　　　乙、避讳···················· 499

　　　　丙、家庭 …………………………………………… 500
　　　　丁、仕宦 …………………………………………… 504
　　　　戊、赌博 …………………………………………… 505
　　　　己、弈棋 …………………………………………… 506
　　　　庚、宴会 …………………………………………… 508
　　（七）音乐 ……………………………………………… 510
　　　　甲、雅乐 …………………………………………… 510
　　　　乙、俗乐 …………………………………………… 512
　　　　丙、技乐 …………………………………………… 515
五　制造 …………………………………………………… 516
　　（一）舟车 ……………………………………………… 516
　　（二）器物 ……………………………………………… 518
　　（三）文具 ……………………………………………… 520
　　（四）纺织 ……………………………………………… 521
　　（五）琉璃 ……………………………………………… 522
六　域外交通 ……………………………………………… 522
　　（一）西域 ……………………………………………… 522
　　（二）海外 ……………………………………………… 525

卷三　隋唐五代

隋

隋世系（附帝系表）………………………………………… 531
一　隋之统一事业 ………………………………………… 532
　　（一）疆域（附隋州郡简表）…………………………… 532
　　（二）官制 ……………………………………………… 532
　　　　甲、中央（附隋代中央官制简表）…………………… 532
　　　　乙、地方（附隋郡县官制简表）……………………… 535
　　　　丙、官品及禄 ……………………………………… 535
　　（三）兵制 ……………………………………………… 536
　　（四）刑法 ……………………………………………… 537
　　（五）学校 ……………………………………………… 539

（六）选举 540

　　（七）音乐 541

　　（八）服制 543

二　隋之开边 545

　　（一）对外之用兵 545

　　　　甲、突厥（附隋初突厥四可汗简表） 545

　　　　乙、吐谷浑 550

　　　　丙、高丽 551

　　（二）西域之交通 554

　　（三）海外关系 556

　　　　甲、流求 556

　　　　乙、倭 557

　　　　丙、赤土 557

　　　　丁、真腊 557

　　　　戊、婆利 557

三　隋代人民之生活状况 558

　　（一）赋税制度 558

　　　　甲、均田 558

　　　　乙、赋税 558

　　　　丙、力役 559

　　　　丁、杂税 559

　　　　戊、货币 559

　　（二）等级制度 560

　　（三）户籍制度 561

　　（四）物产（附隋代各地物产简表） 562

　　（五）商业 562

　　（六）工艺 563

　　　　甲、技巧 563

　　　　乙、度量 564

　　　　丙、纺织 564

　　　　丁、雕刻 564

　　　　戊、测量 565

四 隋之建设事业 ·············· 567
　(一) 开河渠 ················ 567
　　甲、广通渠 ·············· 567
　　乙、通济渠 ·············· 567
　　丙、永济渠 ·············· 568
　　丁、江南河 ·············· 568
　(二) 凿驰道 ················ 568
　(三) 筑长城 ················ 568
　(四) 营宫室 ················ 569
　　甲、新都 ················ 569
　　乙、东都 ················ 569
　　丙、显仁宫 ·············· 569
　　丁、西苑 ················ 569
　　戊、迷楼 ················ 569

五 隋之学术思想 ·············· 570
　(一) 学术 ·················· 570
　　甲、经学 ················ 570
　　乙、图谶 ················ 572
　　丙、佛学 ················ 572
　(二) 搜集图书 ·············· 573
　(三) 文学 ·················· 573
　　甲、文 ·················· 573
　　乙、书法 ················ 575
　　丙、音韵 ················ 575
　　丁、国语 ················ 576

隋唐之际

一 隋之灭亡 ·················· 577
　(一) 诛戮元勋 ·············· 577
　　甲、杨素 ················ 577
　　乙、贺若弼 ·············· 578
　　丙、高颎 ················ 578
　　丁、宇文弻 ·············· 579

（二）群雄纷起（附隋末群雄割据简表）……………… 579

唐

唐世系（附帝系表）……………………………………… 589
一　唐之统一 ……………………………………………… 591
二　唐初之政局 …………………………………………… 592
　　（一）玄武门之变 …………………………………… 592
　　（二）贞观之治 ……………………………………… 594
　　　　甲、用人 ………………………………………… 594
　　　　乙、政绩 ………………………………………… 596
三　唐之疆域（附唐诸道简表）………………………… 596
四　唐之制度 ……………………………………………… 600
　　（一）官制 …………………………………………… 600
　　　　甲、中央（附唐代中央官制简表）…………… 600
　　　　乙、地方（附唐代州县简表）………………… 603
　　（二）兵制 …………………………………………… 606
　　　　甲、府兵（附唐中央军十六卫简表、
　　　　　　　附唐代府兵编制简表）………………… 606
　　　　乙、彍骑 ………………………………………… 609
　　　　丙、禁军（附唐代禁军简表）………………… 610
　　（三）刑法（附唐代司法机关简表）……………… 612
　　（四）学校 …………………………………………… 615
　　　　甲、京师学 ……………………………………… 615
　　　　乙、州郡学 ……………………………………… 617
　　（五）科举 …………………………………………… 617
　　　　甲、举士 ………………………………………… 617
　　　　乙、铨选 ………………………………………… 622
　　（六）冠服 …………………………………………… 624
　　　　甲、服色 ………………………………………… 624
　　　　乙、用料 ………………………………………… 624
　　　　丙、衣衫 ………………………………………… 624
　　　　丁、冠巾 ………………………………………… 625
　　　　戊、带佩 ………………………………………… 625

　　　　己、笏 ………………………………………… 625
　　（七）音乐 …………………………………………… 626
　　　　甲、雅乐 ………………………………………… 626
　　　　乙、舞 …………………………………………… 626
　　　　丙、法曲 ………………………………………… 627
　　　　丁、杂戏 ………………………………………… 627
五　唐与诸族之关系（附六都护简表、附十节度简表、
　　附唐代诸族简表）………………………………… 628
　　（一）突厥 …………………………………………… 631
　　　　甲、东突厥之盛衰 ……………………………… 632
　　　　乙、西突厥之盛衰 ……………………………… 638
　　（二）回纥 …………………………………………… 643
　　　　甲、部落（附回纥诸部简表）………………… 643
　　　　乙、强盛时代之回纥 …………………………… 644
　　　　丙、衰落时代之回纥 …………………………… 646
　　（三）吐蕃 …………………………………………… 648
　　　　甲、吐蕃之兴起 ………………………………… 648
　　　　乙、吐蕃之风俗与制度 ………………………… 649
　　　　丙、强盛时代之吐蕃 …………………………… 650
　　　　丁、衰落时代之吐蕃 …………………………… 654
　　（四）南诏（附六诏部落简表）…………………… 654
六　武韦执政 ……………………………………………… 658
　　（一）武后 …………………………………………… 658
　　　　甲、武周革命 …………………………………… 658
　　　　乙、武后之政治 ………………………………… 661
　　（二）韦后 …………………………………………… 668
七　玄宗时代之治乱 ……………………………………… 672
　　（一）开元天宝之政况 ……………………………… 672
　　　　甲、任贤相 ……………………………………… 672
　　　　乙、吏治 ………………………………………… 673
　　　　丙、政绩 ………………………………………… 673
　　　　丁、李林甫与杨国忠 …………………………… 674

                戊、杨贵妃 ·············· 675
            (二) 安史之乱 ·············· 676
                甲、安禄山 ·············· 676
                乙、史思明 ·············· 681
    八 唐之衰运 ·············· 684
            (一) 宦官 ·············· 684
            (二) 藩镇 (附中唐以后两河藩镇简表、
                附唐末节镇简表) ·············· 687
            (三) 朋党 ·············· 704
    九 唐之乱亡 ·············· 706
            (一) 黄巢之起兵 ·············· 706
            (二) 藩镇之吞并 ·············· 711
            (三) 朱全忠之代唐 ·············· 714
    十 唐代民生状况 ·············· 715
            (一) 田制 ·············· 715
            (二) 赋役 ·············· 717
                甲、田赋 ·············· 717
                乙、职役 ·············· 717
            (三) 杂税 ·············· 720
                甲、盐税 ·············· 720
                乙、酒税 ·············· 721
                丙、茶税 ·············· 721
                丁、关税 ·············· 722
                戊、苛敛 ·············· 723
            (四) 币制 ·············· 724
            (五) 物价 ·············· 726
            (六) 实业 ·············· 726
                甲、农业 ·············· 726
                乙、商业 ·············· 729
                丙、矿业 ·············· 730
    十一 风俗与习惯 ·············· 730
            (一) 嫁娶 ·············· 730

（二）丧祭 …………………………………… 733
（三）庆寿 …………………………………… 735
（四）宴游 …………………………………… 736
（五）门第 …………………………………… 738
（六）饮食 …………………………………… 740
（七）衣饰 …………………………………… 743
　　甲、衣服 ………………………………… 743
　　乙、屣履 ………………………………… 744
　　丙、装饰 ………………………………… 745
（八）博戏 …………………………………… 745
（九）刺客 …………………………………… 748

十二　制造 ……………………………………… 748
（一）瓷铜器 ………………………………… 748
（二）文具 …………………………………… 749
（三）武器 …………………………………… 750
（四）舟车 …………………………………… 750
（五）纺织 …………………………………… 751

十三　宗教 ……………………………………… 752
（一）佛教（附唐时佛家宗派简表）………… 752
（二）道教 …………………………………… 754
（三）三夷教 ………………………………… 757
　　甲、景教 ………………………………… 757
　　乙、祆教 ………………………………… 760
　　丙、摩尼教 ……………………………… 762
（四）回教 …………………………………… 763

十四　学术思想 ………………………………… 764
（一）文学 …………………………………… 764
　　甲、文 …………………………………… 764
　　乙、诗 …………………………………… 768
（二）经学 …………………………………… 774
（三）史学 …………………………………… 776
（四）性理 …………………………………… 791

（五）书法 …………………………………… 792

（六）绘画 …………………………………… 794

（七）医学 …………………………………… 795

十五　海外交通 ………………………………… 796

（一）互市通商 ……………………………… 796

（二）唐与日本文化之沟通 ………………… 796

五代十国

五代十国世系（附五代诸国兴亡分合简表）……… 799

一　五代诸国疆域（附五代诸国疆域简表）……… 807

二　五代之分争 ………………………………… 817

（一）民生之痛苦 …………………………… 817

甲、赋税之繁 …………………………… 817

田赋/817　盐酒税/818　商税/819　冶铁税/820　苛敛/820

乙、钱币滥恶 …………………………… 822

丙、兵役繁扰 …………………………… 823

丁、刑法严酷 …………………………… 824

戊、人口减少（附唐五代宋户口比较简表）…… 826

（二）契丹之侵扰 …………………………… 826

甲、契丹之起原 ………………………… 826

乙、阿保机之强盛 ……………………… 828

丙、燕云之割让（附燕云十六州简表）…… 829

丁、契丹之入汴 ………………………… 831

戊、周世宗恢复之计 …………………… 832

三　文化之进步 ………………………………… 834

（一）石经 …………………………………… 834

甲、唐石经 ……………………………… 834

乙、蜀石经 ……………………………… 837

（二）雕板 …………………………………… 840

（三）瓷器 …………………………………… 842

甲、秘色窑 ……………………………… 842

乙、柴窑 ………………………………… 842

（四）文艺 …………………………………… 843

甲、诗 843
　　　乙、词 845
　　　丙、书画 846
　　　丁、文具 847
　四　五代之风俗 848
　　（一）廉耻丧亡 848
　　（二）打破等级制度 850
　　（三）服饰诡异 851
　　（四）饮食好尚 851
　　（五）俳优 852

卷四　宋辽金夏元

宋辽金夏元

宋世系（附宋世系表）.. 855
辽世系（附辽世系表）.. 857
金世系（附金世系表）.. 859
夏世系（附夏世系表）.. 860
元世系（附元世系表）.. 862

一　宋之统一 864
二　宋之疆域（附宋疆域简表）................................ 866
三　宋之制度 875
　（一）官制 875
　　甲、中央官（附中央官制简表、宋财政职官简表）......... 875
　　　宰相/880　枢密使/880　三司使/881
　　乙、地方官 886
　　　转运使/888　提点刑狱公事/888　提举常平茶盐公事/889
　　　经略安抚使890
　（二）兵制 891
　　甲、禁兵 891
　　乙、厢兵 892
　　丙、乡兵 892

丁、藩兵 ································ 893
　（三）刑法 ···································· 895
　（四）学校 ···································· 898
　　　甲、京师学 ································ 898
　　　　国子学/898　太学/898　四门学/898　宗学/898　武学/898
　　　　律学/898　算学/898　书学/899　画学/899　医学/899
　　　乙、地方学 ······························ 901
　（五）科举 ···································· 904
　　　甲、贡举 ································ 904
　　　乙、制举 ································ 913

四　宋初之政治 ···································· 915
　（一）削夺藩镇兵权 ···························· 915
　（二）优礼士大夫 ······························ 915
　　　甲、制禄之厚 ······························ 915
　　　乙、退职之恩礼 ···························· 917
　　　丙、荫子之滥 ······························ 917
　（三）台谏之横 ································ 918

五　王安石之变法 ································ 922
　（一）变法之起因 ······························ 922
　　　甲、属于军政者（附兵额简表） ················ 923
　　　乙、属于财政者（附收支简表） ················ 923
　（二）变法之实行 ······························ 926
　　　甲、民政上之设施 ·························· 926
　　　　青苗法/927　免役法/930
　　　乙、财政上之设施 ·························· 933
　　　　方田均税法/933　农田水利法/934　市易法/934　均输法/935
　　　丙、军政上之设施（附熙丰置将简表） ·········· 936
　　　　置将法/936　保甲法/937　保马法/938　军器监法/938

六　党争之误国 ···································· 941
　（一）新旧党之分张 ···························· 941
　（二）新旧党之倾轧 ···························· 943
　　　甲、元祐之政 ······························ 943
　　　乙、绍圣之政 ······························ 945

中华二千年史／目录

丙、建中崇宁之政 ········· 946
　(三) 宣和之衰败 ········· 949
　　甲、蔡京 ········· 949
　　乙、王黼 ········· 950
　　丙、童贯 ········· 951
　　丁、朱勔 ········· 951
　　戊、民变 ········· 952
　　　宋江之起兵/952　方腊之起兵/954
七　宋之边患 ········· 956
　(一) 辽之建国 ········· 956
　　甲、辽之疆域（附辽疆域简表） ········· 956
　　乙、辽之制度（附辽官制简表、辽兵制简表） ········· 958
　　　官制/958　兵制/964　刑法/965　学校/966　科举制/967
　　丙、宋辽之和战 ········· 968
　　　宋辽之战/968　宋辽之和/971
　(二) 夏之兴起 ········· 973
　　甲、夏之先世 ········· 973
　　乙、夏之强盛 ········· 975
　　　疆域/976　官制/976　兵制 976　文化/977
　　丙、宋夏之和战 ········· 977
　(三) 金之兴起 ········· 982
　　甲、金之部族与先世 ········· 982
　　乙、辽天祚荒淫与女真之兴 ········· 983
　　丙、辽之灭亡与西辽之建立 ········· 988
八　北宋之灭亡 ········· 991
　(一) 宋金之和战 ········· 991
　　甲、海上之盟 ········· 991
　　乙、夹击之始末 ········· 992
　(二) 宋金之战争 ········· 994
　　甲、起衅原因 ········· 994
　　乙、金兵南侵 ········· 995
　　丙、徽钦被虏 ········· 999
九　南宋之建国 ········· 1005

（一）宋金之战争 …………………………… 1005
　　　甲、金人第一次南侵 ……………………… 1005
　　　乙、金人第二次南侵 ……………………… 1009
　　　丙、金人第三次南侵 ……………………… 1012
　　　丁、宋之平定内地 ………………………… 1017
　　　　李成/1017　张用/1017　孔彦舟/1018　曹成/1018
　　　　刘忠/1018　范汝为/1019　杨么/1019
　　（二）宋金之媾和 …………………………… 1024
　　（三）南宋初年之兵费 ……………………… 1029
　　　甲、川陕 …………………………………… 1029
　　　　茶引/1029　榷酤/1030　钱引/1030　盐引/1030
　　　乙、江淮 …………………………………… 1030
　　　　经制钱/1030　月桩钱/1031　板帐钱/1031

十　南宋与金之对峙 ……………………………… 1032
　　（一）金之立国规模 ………………………… 1032
　　　甲、疆域（附金疆域简表） ……………… 1032
　　　乙、制度（附金内外官制简表） ………… 1036
　　　　官制/1036　兵制/1039　刑法/1042　学校/1043
　　　　科举/1043　冠服/1044
　　（二）南宋与金之和战 ……………………… 1046
　　　甲、完颜亮南侵 …………………………… 1046
　　　乙、开禧用兵 ……………………………… 1051
　　（三）南宋之不振 …………………………… 1054
　　　甲、相权极重 ……………………………… 1054
　　　　秦桧/1054　韩侂胄/1056　史弥远/1056　贾似道/1057
　　　乙、太学生之论政 ………………………… 1058
　　　丙、道学之禁 ……………………………… 1061

十一　南宋之灭亡 ………………………………… 1068
　　（一）蒙古之兴起 …………………………… 1068
　　　甲、蒙古起原 ……………………………… 1068
　　　乙、成吉思汗之崛起（附蒙古初兴诸部简表） …… 1069
　　（二）西夏之灭亡 …………………………… 1072
　　　甲、夏金之和战 …………………………… 1072

乙、蒙古之侵夏 …………………………………… 1073

　（三）金之灭亡 ………………………………………… 1074

　　甲、蒙古之来侵 …………………………………… 1074

　　乙、蒙古之经略中原 ……………………………… 1076

　　丙、南宋与蒙古夹攻金人 ………………………… 1078

　（四）南宋之亡 ………………………………………… 1080

　　甲、三京之复 ……………………………………… 1080

　　乙、蒙古大举南侵 ………………………………… 1081

　　丙、德祐与二王之亡 ……………………………… 1086

十二　元之建国 …………………………………………… 1088

　（一）元初之武功 ……………………………………… 1088

　　甲、西域（附四汗国简表）……………………… 1088

　　乙、高丽 …………………………………………… 1097

　　丙、日本 …………………………………………… 1100

　　丁、大理与吐蕃 …………………………………… 1101

　　戊、安南与占城 …………………………………… 1102

　　己、缅甸与暹罗 …………………………………… 1105

　　庚、南洋群岛 ……………………………………… 1106

　（二）元之疆域（附元疆域简表）…………………… 1107

　（三）元之制度 ………………………………………… 1111

　　甲、官制（附元内外官制简表）………………… 1111

　　乙、兵制 …………………………………………… 1115

　　　种类/1115　征调/1115　统辖/1116　驻防/1116

　　丙、刑法 …………………………………………… 1117

　　丁、服色 …………………………………………… 1118

　　戊、学校 …………………………………………… 1119

　　　国子学/1119　地方学/1120　医学/1120　阴阳学/1121

　　己、选举 …………………………………………… 1121

　　　科举/1121　选官/1122

十三　元之衰亡 …………………………………………… 1122

　（一）帝位之纷争 ……………………………………… 1122

　　甲、蒙古之分裂 …………………………………… 1122

　　乙、权臣之拥立 …………………………………… 1125

（二）政治之不良 …………………………… 1126
　　　　甲、崇信番僧 ………………………………… 1126
　　　　乙、重用計臣 ………………………………… 1128
　　（三）治河之役 …………………………………… 1131
　　（四）人民之反抗 ………………………………… 1132
　　　　甲、压制政策 ………………………………… 1132
　　　　乙、群雄并起 ………………………………… 1135
　　　　　韩山童/1135　李二/1136　徐寿辉/1136　方国珍/1137
　　　　　张士诚/1137　郭子兴/1138　明玉珍/1138
　　（五）元对义师与内讧 …………………………… 1138
　　　　甲、西路 ……………………………………… 1139
　　　　乙、中路 ……………………………………… 1140
　　　　丙、东路（附顺帝以后世次表）…………… 1140

宋辽金元之社会

一 民生状况 …………………………………………… 1147
　　（一）田赋 ………………………………………… 1147
　　　　甲、宋 ………………………………………… 1147
　　　　乙、辽 ………………………………………… 1149
　　　　丙、金 ………………………………………… 1149
　　　　丁、元（附元代税户简表）………………… 1149
　　（二）职役 ………………………………………… 1150
　　　　甲、宋 ………………………………………… 1150
　　　　乙、辽 ………………………………………… 1152
　　　　丙、金 ………………………………………… 1153
　　　　丁、元（附元代科差户别简表）…………… 1154
　　（三）官卖品 ……………………………………… 1155
　　　　甲、宋 ………………………………………… 1155
　　　　　盐/1155　茶/1156　酒/1157　矾/1158　香/1158
　　　　乙、辽 ………………………………………… 1162
　　　　　盐/1162　酒/1162
　　　　丙、金 ………………………………………… 1162
　　　　　盐/1162　酒/1163　醋/1163　茶/1164

丁、元 ……………………………………… 1164
　　盐/1164　茶/1164　酒醋/1164
(四) 杂税 ……………………………………… 1165
　甲、宋 ………………………………………… 1165
　　征商/1165　坑冶/1167　牙契/1169　和买/1169　和籴/1170
　乙、辽 ………………………………………… 1170
　　征商/1170　坑冶/1171
　丙、金 ………………………………………… 1171
　　征商/1171　坑冶/1172　苛敛/1172
　丁、元 ………………………………………… 1173
　　征商/1173　铁冶/1173
(五) 币制 ……………………………………… 1174
　甲、银 ………………………………………… 1174
　乙、钱 ………………………………………… 1175
　丙、钞 ………………………………………… 1177
(六) 江浙官田 ………………………………… 1181
(七) 物产 ……………………………………… 1186
　甲、农产 ……………………………………… 1186
　　茶/1186　棉/1186
　乙、矿产 ……………………………………… 1187

二 学术思想 …………………………………… 1188
(一) 理学 ……………………………………… 1188
　甲、理学之起源 ……………………………… 1188
　乙、理学之派别 ……………………………… 1189
　丙、理学之变迁 ……………………………… 1195
　丁、理学之影响 ……………………………… 1196
　戊、理学之北传 ……………………………… 1197
(二) 史学 ……………………………………… 1199
　甲、正史 ……………………………………… 1199
　　《唐书》/1199　《五代史》/1202　《宋史》/1204
　　《辽史》/1204　《金史》/1204
　乙、通史 ……………………………………… 1206
　丙、政史 ……………………………………… 1211

- （三）文学 ······················ 1212
  - 甲、文 ······················ 1212
    - 古文/1212　骈体文/1219　制艺文/1222
  - 乙、诗 ······················ 1222
  - 丙、词 ······················ 1228
- （四）通俗文学 ···················· 1229
  - 甲、宋元人小说 ·················· 1229
    - 《五代史平话》/1229　《京本通俗小说》/1230　《大唐三藏取经诗话》/1230　《宣和遗事》/1231　《水浒传》/1231
  - 乙、金人院本 ··················· 1231
  - 丙、元人杂剧 ··················· 1232
- （五）书画 ······················ 1234
  - 甲、书 ······················ 1234
    - 宋/1234　金/1235　元/1236
  - 乙、画 ······················ 1236
    - 宋/1236　金/1237　元/1237
- （六）印刷 ······················ 1238

三　工艺制造 ······················ 1239
- （一）纺织 ······················ 1239
  - 甲、宋 ······················ 1239
  - 乙、元 ······················ 1240
- （二）雕漆 ······················ 1240
- （三）瓷器 ······················ 1241
- （四）塑像 ······················ 1242
- （五）建筑 ······················ 1242
- （六）器用 ······················ 1242
  - 甲、文具 ····················· 1242
    - 笔/1242　纸/1243　墨/1243　砚/1244
  - 乙、舟车 ····················· 1245
  - 丙、军器 ····················· 1245
  - 丁、指南针 ···················· 1247

四　风俗 ························ 1247
- （一）饮食 ······················ 1247

甲、宋 …………………………………………………… 1247
　　　　馔/1247　茶/1249　酒/1250
　　乙、辽 …………………………………………………… 1250
　　丙、金 …………………………………………………… 1250
　　丁、元 …………………………………………………… 1251
（二）衣饰 …………………………………………………… 1251
　　甲、宋 …………………………………………………… 1251
　　乙、辽 …………………………………………………… 1253
　　丙、金 …………………………………………………… 1254
　　丁、元 …………………………………………………… 1254
（三）嫁娶 …………………………………………………… 1255
　　甲、宋 …………………………………………………… 1255
　　乙、辽 …………………………………………………… 1259
　　丙、金 …………………………………………………… 1259
（四）丧葬 …………………………………………………… 1260
　　甲、宋 …………………………………………………… 1260
　　乙、辽 …………………………………………………… 1261
　　丙、金 …………………………………………………… 1261
（五）令节 …………………………………………………… 1261
　　甲、宋 …………………………………………………… 1261
　　乙、辽 …………………………………………………… 1262
　　丙、金 …………………………………………………… 1264
（六）戏玩 …………………………………………………… 1264
　　甲、弈棋 ………………………………………………… 1264
　　乙、叶子 ………………………………………………… 1264
　　丙、彩选格 ……………………………………………… 1265
　　丁、象棋 ………………………………………………… 1265
　　戊、打马 ………………………………………………… 1265
　　已、毽子 ………………………………………………… 1266
　　庚、双陆 ………………………………………………… 1266
　　辛、百戏 ………………………………………………… 1266

卷五　明　清

明

明世系（附帝系表） ……………………………… 1271
一　明之统一 ……………………………………… 1273
二　明初之政局 …………………………………… 1280
　　（一）开国治术 ……………………………… 1280
　　　　胡狱/1283　蓝狱/1285
　　（二）靖难称兵 ……………………………… 1286
　　（三）永乐大典 ……………………………… 1293
　　　　甲、纂修之经过 ………………………… 1293
　　　　乙、副本之重录 ………………………… 1294
　　　　丙、大典中所存古书 …………………… 1296
三　明之疆域（附明疆域简表） ………………… 1299
四　明与诸民族之关系 …………………………… 1304
　　（一）瓦剌与鞑靼 …………………………… 1304
　　（二）日本 …………………………………… 1320
　　　　甲、倭寇之起 …………………………… 1320
　　　　乙、朝鲜之战 …………………………… 1328
　　（三）安南 …………………………………… 1333
　　（四）土司 …………………………………… 1338
　　　　甲、麓川 ………………………………… 1339
　　　　乙、大藤峡 ……………………………… 1340
　　　　丙、播州 ………………………………… 1341
五　明之海上交通 ………………………………… 1343
　　（一）明初之招徕 …………………………… 1343
　　（二）欧力之东渐 …………………………… 1351
　　　　甲、通商之起源 ………………………… 1351
　　　　乙、科学之输入 ………………………… 1359
六　明代之政治 …………………………………… 1366
　　（一）宰相之任使 …………………………… 1366

　　　　甲、蹇夏三杨之久任 …………………………… 1366
　　　　　　蹇夏/1366　三杨/1368
　　　　乙、嘉靖以后之首辅 …………………………… 1373
　　　　　　张孚敬/1374　夏言/1378　严嵩/1383　徐阶/1390
　　　　　　高拱/1392　张居正/1394
　　　　丙、崇祯屡易阁臣（附崇祯五十宰相表）………… 1411
　　（二）有明一代之吏治 ……………………………… 1415
　　　　甲、明初之吏治 ………………………………… 1416
　　　　　　荐举/1416　久任/1417　部民奏留/1417
　　　　乙、嘉靖以后之州县 …………………………… 1418
　　　　丙、乡绅 ………………………………………… 1418
　　　　　　乡绅之为患/1419　乡绅之遭祸/1420　宰相之鱼肉乡里/1420
　　（三）内难之频起 …………………………………… 1422
　　　　甲、宗室称兵 …………………………………… 1422
　　　　　　高煦/1422　寘鐇/1423　宸濠/1423
　　　　乙、人民举义 …………………………………… 1425
　　　　　　荆襄流民/1425　邓茂七/1425　刘六刘七/1426
　　　　丙、白莲教徒 …………………………………… 1428
　　　　　　唐赛儿/1428　徐鸿儒/1429
　　附　明代人民举兵简表 ……………………………… 1433
七　明代之宦官 ………………………………………… 1435
　　（一）宦官之职掌 …………………………………… 1435
　　　　甲、东厂 ………………………………………… 1437
　　　　乙、京营 ………………………………………… 1439
　　　　丙、镇守 ………………………………………… 1440
　　　　丁、采买 ………………………………………… 1440
　　　　戊、管税 ………………………………………… 1441
　　　　己、开矿 ………………………………………… 1443
　　（二）王振之祸 ……………………………………… 1444
　　（三）刘瑾之祸 ……………………………………… 1446
　　（四）魏忠贤之祸 …………………………………… 1451
八　明代之党争 ………………………………………… 1459
　　（一）台谏之横 ……………………………………… 1459

（二）嘉靖议礼 …………………………………… 1462
（三）请立太子 …………………………………… 1465
（四）京察 ………………………………………… 1469
　甲、癸巳大计 …………………………………… 1470
　乙、乙巳大计 …………………………………… 1471
　丙、辛亥大计 …………………………………… 1471
　丁、丁巳大计 …………………………………… 1473
　戊、癸亥大计 …………………………………… 1474
（五）东林及齐楚浙宣昆 ………………………… 1474
　甲、东林 ………………………………………… 1474
　乙、齐楚浙宣昆 ………………………………… 1476
（六）三案 ………………………………………… 1481
　甲、梃击 ………………………………………… 1481
　乙、红丸 ………………………………………… 1482
　丙、移宫 ………………………………………… 1483
（七）复社 ………………………………………… 1485
（八）逆案 ………………………………………… 1491
九　明之衰亡 ………………………………………… 1493
（一）满洲之崛起 ………………………………… 1493
　甲、建州女真 …………………………………… 1493
　乙、清太祖之兴起 ……………………………… 1499
　　创制满文/1506　八旗兵制/1507　理政大臣/1507
　　筑城寨/1507　建元称帝/1508
　丙、清太祖与明之战争 ………………………… 1508
　丁、清太宗之制度 ……………………………… 1520
　　增编蒙汉八旗/1522　改文馆为内三院/1524　设六部/1524
　　考试儒生/1525
　戊、清太宗之攻明
　　（附明末辽东重镇失守经过简表）…………… 1525
　己、对朝鲜之用兵 ……………………………… 1538
　庚、内蒙古之平定 ……………………………… 1540
　　科尔沁部/1540　察哈尔部/1541
（二）人民之举义 ………………………………… 1542

甲、十三家（附十三家简表）·················· 1542
　　乙、李自成、张献忠（附崇祯朝大事年表）········· 1545
（三）明之亡 ······························ 1561
　　甲、北都之倾覆 ·························· 1561
　　乙、南明之支撑（附南明江北四镇简表、
　　　　南明大事年表）······················ 1572
　　　南都之亡/1572　　闽粤滇之继溃/1578

清

清世系（附帝系表）·························· 1599
一　顺治之始基 ···························· 1600
（一）制度之粗定 ·························· 1600
　　甲、沿用明制 ··························· 1600
　　乙、定律例 ···························· 1602
　　丙、定赋役全书 ························· 1603
　　丁、十三衙门 ··························· 1605
　　戊、驻防 ······························ 1606
（二）政令之严急 ·························· 1608
　　甲、剃发 ······························ 1608
　　乙、圈地 ······························ 1609
　　丙、督捕逃人 ··························· 1610
（三）笼络汉人 ···························· 1611
　　甲、修明史 ···························· 1611
　　乙、满人习汉书 ························· 1611
　　丙、开科取士 ··························· 1612
　　丁、征隐逸 ···························· 1616
　　戊、起用旧人 ··························· 1617
（四）财政之清理 ·························· 1621
　　甲、免三饷 ···························· 1621
　　乙、停贡献 ···························· 1622
　　丙、搜括 ······························ 1622
　　　兵饷/1622　　奏销案/1623
二　康熙之统一 ···························· 1624

- (一) 三藩之平定 …………………………… 1624
  - 甲、建藩及撤藩 ………………………… 1624
  - 乙、吴三桂之称兵 ……………………… 1629
  - 丙、南北之相持 ………………………… 1630
  - 丁、闽粤及西北之平定 ………………… 1632
  - 戊、三路之征南 ………………………… 1634
- (二) 台湾郑氏之亡 ………………………… 1640
  - 甲、郑成功之抗清 ……………………… 1640
  - 乙、郑成功在台湾之经营 ……………… 1646
  - 丙、郑经及郑克塽之继承 ……………… 1652

三 康乾施政之张弛 …………………………… 1659
- (一) 内政 …………………………………… 1659
  - 甲、惩贪污 ……………………………… 1659
  - 乙、抑党争 ……………………………… 1662
  - 丙、减赋税 ……………………………… 1664
  - 丁、治黄河 ……………………………… 1665
  - 戊、兴捐纳（附康熙捐叙事例简表、
    雍乾以后实官捐纳事例简表）……… 1674
- (二) 文事 …………………………………… 1679
  - 甲、奖励理学 …………………………… 1679
  - 乙、理学名臣 …………………………… 1683
  - 丙、博学鸿儒 …………………………… 1687
  - 丁、开馆修书 …………………………… 1689
  - 戊、文字之狱（附清代文字狱简表）… 1691

四 康雍间之国内外诸民族 …………………… 1703
- (一) 康熙朝 ………………………………… 1703
  - 甲、俄罗斯 ……………………………… 1703
  - 乙、喀尔喀 ……………………………… 1708
  - 丙、准噶尔 ……………………………… 1710
- (二) 雍正朝 ………………………………… 1715
  - 甲、青海 ………………………………… 1715
  - 乙、准部 ………………………………… 1719

　　　　丙、西藏 …………………………………………………… 1724
　　　　丁、西南之改土归流 ………………………………………… 1730
　五　乾隆之"十全武功" ………………………………………… 1734
　　　（一）准部 ……………………………………………………… 1734
　　　（二）回部 ……………………………………………………… 1740
　　　（三）金川 ……………………………………………………… 1743
　　　（四）廓尔喀 …………………………………………………… 1750
　　　（五）缅甸 ……………………………………………………… 1753
　　　（六）安南 ……………………………………………………… 1758
　　　（七）清之疆域（附清疆域简表） …………………………… 1761
　六　清之中衰 …………………………………………………… 1767
　　　（一）政治之昏浊 ……………………………………………… 1767
　　　　甲、和珅之揽权 …………………………………………… 1767
　　　　乙、督抚之骈戮 …………………………………………… 1772
　　　（二）财用之耗竭 ……………………………………………… 1777
　　　　甲、南巡（附康乾南巡简表） …………………………… 1777
　　　　乙、宫观 …………………………………………………… 1779
　　　（三）风俗之敝 ………………………………………………… 1787
　　　　甲、欺蔽 …………………………………………………… 1787
　　　　乙、迷信 …………………………………………………… 1788
　　　（四）道光之衰运 ……………………………………………… 1790
　　　　甲、曹穆之柄政（附道光朝旗员外任简表） …………… 1790
　　　　乙、翰林之重用 …………………………………………… 1791
　　　　丙、黄河之为患 …………………………………………… 1792
　　　　丁、张格尔之变 …………………………………………… 1795
　　　　戊、生计之艰（附道光间人民起兵简表） ……………… 1797
　七　人民之反抗 ………………………………………………… 1799
　　　（一）乾隆时 …………………………………………………… 1799
　　　　甲、王伦 …………………………………………………… 1799
　　　　乙、苏四十三及田五 ……………………………………… 1800
　　　　丙、苗 ……………………………………………………… 1803
　　　　丁、林爽文（附康熙以后台民起兵简表） ……………… 1806

（二）嘉庆时 …………………………………… 1810
　　　　甲、川楚教军（附川楚教军抗战简表）……… 1810
　　　　乙、蔡牵 ……………………………………… 1827
　　　　丙、八卦教 …………………………………… 1835
　　（三）道光时 …………………………………… 1839
　　　　甲、瑶人 ……………………………………… 1839
　　　　乙、钟人杰 …………………………………… 1841
　　　　丙、李沅发 …………………………………… 1843
八　鸦片战争 ……………………………………… 1845
　　（一）清初之中西交通 …………………………… 1845
　　　　甲、天主教之盛行及禁止 …………………… 1845
　　　　乙、海外贸易 ………………………………… 1855
　　　　　荷兰/1855　英吉利/1858
　　（二）禁烟始末 …………………………………… 1862
　　　　甲、林则徐之焚烟
　　　　　（附道光十七年中外贸易简表）…………… 1863
　　　　乙、烟价之缪辕 ……………………………… 1868
　　　　丙、外商之禁运 ……………………………… 1869
　　（三）战事之起 …………………………………… 1871
　　　　甲、闽粤之守备 ……………………………… 1871
　　　　乙、琦善之议和 ……………………………… 1873
　　　　丙、三元里之杀敌 …………………………… 1876
　　　　丁、浙苏之战事 ……………………………… 1879
　　（四）江宁议和 …………………………………… 1881
　　　　甲、英舰之逼南京 …………………………… 1882
　　　　乙、江宁和约 ………………………………… 1883
　　（五）广州入城交涉 ……………………………… 1884
　　　　甲、粤民之拒英入城 ………………………… 1884
　　　　乙、广州之陷落 ……………………………… 1888
　　（六）英法联军 …………………………………… 1890
　　　　甲、换约之波折 ……………………………… 1892
　　　　乙、北京之陷落 ……………………………… 1893

九 太平天国 ... 1898

(一) 军事 ... 1898

甲、金田起义 ... 1898

乙、天京之奠定 ... 1901

丙、北伐之失败 ... 1906

丁、上游之攻取 ... 1909

戊、石达开之西走 ... 1914

己、东南之战局 ... 1917

庚、天京之陷落 ... 1925

(二) 制度 ... 1931

甲、官制 ... 1931

乙、兵制 ... 1932

丙、律 ... 1935

丁、舆服 ... 1936

戊、历法 ... 1937

己、礼法 ... 1938

庚、田赋 ... 1940

辛、赋税 ... 1940

壬、科举 ... 1941

(三) 四方之响应 ... 1943

甲、捻军 ... 1944

　东捻/1949　西捻/1951

乙、苗教 ... 1954

丙、杜文秀 ... 1959

丁、陕甘回民 ... 1964

戊、四川蓝李（附道咸同光间人民举兵简表） ... 1968

十 母后之临朝 ... 1995

(一) 祺祥之狱 ... 1995

(二) 亲贵之当权 ... 2001

甲、恭王 ... 2001

乙、醇王 ... 2005

丙、礼王 ... 2008

丁、庆王 ... 2010

（三）督抚之权重 …………………………………… 2012
　　　　甲、用人理财之自专 ……………………………… 2012
　　　　乙、南北洋大臣之分设 …………………………… 2016
　　（四）财政之支绌 …………………………………… 2018
　　　　甲、赔款 …………………………………………… 2019
　　　　乙、兵费 …………………………………………… 2024
　　　　丙、糜费 …………………………………………… 2029
十一　维新之开始 ……………………………………… 2034
　　（一）兵工 …………………………………………… 2035
　　　　甲、江南制造局 …………………………………… 2035
　　　　乙、福州船厂 ……………………………………… 2038
　　　　丙、各省机器局 …………………………………… 2042
　　（二）交通 …………………………………………… 2043
　　　　甲、招商局 ………………………………………… 2043
　　　　乙、电报 …………………………………………… 2046
　　　　丙、铁路 …………………………………………… 2049
　　　　丁、邮政 …………………………………………… 2062
　　（三）教育 …………………………………………… 2063
　　　　甲、同文馆 ………………………………………… 2063
　　　　乙、上海广方言馆、广东同文馆 ………………… 2066
　　　　丙、派遣幼童出洋 ………………………………… 2067
　　　　丁、北洋大学 ……………………………………… 2070
　　（四）矿业 …………………………………………… 2071
　　　　甲、开平煤矿 ……………………………………… 2071
　　　　乙、汉冶萍 ………………………………………… 2073
　　　　丙、漠河金矿（附新法开采各矿简表）………… 2076
　　（五）纺织 …………………………………………… 2082
　　　　甲、缫丝 …………………………………………… 2082
　　　　乙、织布 …………………………………………… 2083
　　　　丙、纺纱 …………………………………………… 2085
十二　外患之迭乘 ……………………………………… 2086
　　（一）对外战争 ……………………………………… 2086

甲、中法之战 ················· 2086
　　　法之侵越/2087　中国之备战/2088　对法之宣战/2093
　　　中法和约/2099
　　乙、中日之战 ················· 2101
　　　天津条约/2101　对日宣战/2105　中日和约/2115
（二）丧权辱国 ··················· 2121
　　甲、教案 ····················· 2121
　　　天津教案/2122　川省教案/2122　芜湖教案/2122　丹阳教案/2123　武穴教案/2123　古田教案/2124　成都教案/2124
　　　巨野教案/2124　平罗教案/2125　南昌教案/2125
　　乙、租借地 ··················· 2126
　　　胶澳/2126　旅顺大连湾/2127　九龙/2128　威海卫/2129
　　　广州湾/2129　旅大转让/2130
　　丙、势力范围 ················· 2130
　　　英国/2130　法国/2132　俄国/2134　德国/2138　日本/2139
十三　戊戌变政 ························ 2141
（一）康梁之维新运动 ············· 2141
　　甲、康有为之学说 ············· 2141
　　乙、运动之经过 ··············· 2144
　　　公车上书（附公车签名表）/2144　强学会——保国会/2152
　　　新政建议/2156
（二）百日维新 ··················· 2158
　　甲、翁同龢之得罪 ············· 2158
　　乙、维新之事项 ··············· 2162
（三）政变 ······················· 2171
　　甲、训政 ····················· 2171
　　乙、尽罢新政 ················· 2173
　　丙、杀六君子（附戊戌党禁简表）··· 2175
　　丁、立储 ····················· 2179
（四）富有贵为之狱 ··············· 2181
　　甲、保皇公司 ················· 2181
　　乙、富有票 ··················· 2186
十四　义和团 ·························· 2190

（一）义和团之崛起 ……………………… 2190
甲、起源 ……………………………………… 2190
源流/2190　组织/2193
乙、民教之相仇 …………………………… 2195
丙、义和团之起兵 ………………………… 2197
丁、直隶境内之蔓延 ……………………… 2198
涞水案/2198　刚赵之查办/2199

（二）义和团之抗战 ……………………… 2200
甲、使馆及教堂之围攻 …………………… 2200
乙、对外之宣战 …………………………… 2203
宣战之诏书/2203　军民之苦战/2205
丙、京津之沦陷 …………………………… 2210
天津之外人管理/2210　北京之八国分占（附抗战各军简表、入侵联军简表）/2211
丁、东南自保 ……………………………… 2216

（三）辛丑议和 …………………………… 2219
甲、辛丑和约 ……………………………… 2219
惩办罪魁/2222　赔款/2225　驻兵/2227　谢罪/2227　和约/2232
乙、东北俄约 ……………………………… 2236

十五　清末之时局 …………………………… 2241
（一）庚子以后之维新 …………………… 2241
甲、维新诏书 ……………………………… 2241
乙、练兵 …………………………………… 2244
丙、兴学 …………………………………… 2246
丁、改官制 ………………………………… 2247
戊、改革币制 ……………………………… 2249
己、预备立宪 ……………………………… 2250

（二）庚子以后之外交 …………………… 2265
甲、争路矿 ………………………………… 2265
京汉路/2265　苏杭甬铁路/2266　福公司/2269　隆兴公司/2271
乙、争界 …………………………………… 2272

西藏界/2272　片马/2273　间岛/2275
　丙、抵制外货 ………………………………………… 2277
　　　抵制美货/2277　抵制日货/2278
　丁、东三省之设立 ……………………………………… 2279
　　　日俄战后之东北/2279　东三省之措施/2281
　戊、中美德联盟之说 …………………………………… 2283
（三）宣统间之中央集权 ………………………………… 2284
　甲、军权之集中 ………………………………………… 2284
　乙、财权之集中 ………………………………………… 2286

十六　辛亥革命 …………………………………………… 2289
（一）孙中山之倡导 ……………………………………… 2289
　甲、十次之失败 ………………………………………… 2289
　乙、同盟会 ……………………………………………… 2295
　丙、黄花冈（附辛亥以前革命军起义简表）………… 2299
（二）川路风潮 …………………………………………… 2302
（三）革命之成功 ………………………………………… 2312
　甲、武昌起义 …………………………………………… 2312
　乙、汉阳战事 …………………………………………… 2318
　丙、各省独立（附各省独立表）……………………… 2320
　丁、各国中立 …………………………………………… 2323
（四）清之亡 ……………………………………………… 2325
　甲、南北议和 …………………………………………… 2325
　乙、清室退位 …………………………………………… 2329

明清两代社会生活

一　制度 …………………………………………………… 2335
（一）田制 ………………………………………………… 2335
　甲、田之种类 …………………………………………… 2335
　　明
　　　民田/2336　军屯/2337　民屯/2337　商屯/2338　庄田/2339
　　清
　　　民田（附明清两代垦田数比较表）/2342　屯田/2344
　　　旗田（附八旗庄田数简表）/2346　官田/2352

乙、赋役 …………………………………………………… 2354

　明

　　正赋/2354　加饷/2356　岁计 (附崇祯十六年三饷合一出入简表) /2359　丁役/2360　免粮/2364

　清

　　正赋/2365　火耗/2367　普免 (附清代普免钱粮简表) /2369　江浙减赋/2369　加赋/2371　岁计 (附清代岁计简表) /2373　丁赋/2374

丙、漕粮 …………………………………………………… 2378

　明

　　额运/2378　交兑/2379　河运/2381　海运/2381

　清

　　额征/2382　河运/2384　海运/2384　搭载货物/2386　京通仓/2387

(二) 征榷 ……………………………………………………… 2388

　甲、明之征榷 …………………………………………… 2388

　　钞关/2388　商税 (附商税总额简表) /2390　抽分/2393　河泊所 (附万历时鱼课简表) /2394　市舶司/2396　牙税/2397　税监/2398

　乙、清之征榷 …………………………………………… 2399

　　常关 (附嘉庆四年各关赢余额简表) /2399　洋关 (附宣统四年预算岁入关税简表) /2400　厘金 (附宣统四年预算岁入厘金简表) /2404　洋药厘税并征/2406　牙税 (附牙税额简表) /2407　牲税 (附牲畜税额简表) /2409

(三) 币制 ……………………………………………………… 2409

　甲、银 …………………………………………………… 2409

　乙、钱 …………………………………………………… 2413

　丙、钞 …………………………………………………… 2416

(四) 茶法 ……………………………………………………… 2418

　甲、明代茶法 …………………………………………… 2418

　乙、清代茶法 …………………………………………… 2420

(五) 盐法 ……………………………………………………… 2421

　甲、明代盐法 …………………………………………… 2421

乙、清代盐法 ……………………………………… 2426
（六）科举 …………………………………………… 2429
　　甲、考试 ………………………………………… 2429
　　　院试/2429　乡试/2431　会试/2432　殿试/2433
　　乙、试艺 ………………………………………… 2435
（七）官制 …………………………………………… 2436
　　甲、中央官 ……………………………………… 2437
　　乙、地方官 ……………………………………… 2443
（八）兵制 …………………………………………… 2445
　　甲、明代兵制 …………………………………… 2445
　　乙、清代兵制 …………………………………… 2449
（九）刑法 …………………………………………… 2453
　　甲、明代刑法 …………………………………… 2453
　　乙、清代刑法 …………………………………… 2455
二　生业 ………………………………………………… 2460
（一）农业 …………………………………………… 2460
　　甲、农佃 ………………………………………… 2461
　　乙、授田 ………………………………………… 2469
　　丙、豪强 ………………………………………… 2471
　　丁、投献 ………………………………………… 2473
　　戊、钱粮 ………………………………………… 2474
　　己、逃户 ………………………………………… 2480
（二）工业 …………………………………………… 2483
　　甲、工人 ………………………………………… 2483
　　　百工/2483　官工（匠）（附轮班人匠简表、各省府班匠征银简表）/2485
　　乙、工之组织 …………………………………… 2491
　　　行/2491　作坊/2493
　　丙、工艺品 ……………………………………… 2496
　　　瓷/2496　纸/2497　布匹/2498　绸缎/2499
　　　五金器具/2500　造船/2502
（三）商制 …………………………………………… 2503
　　甲、商之类别 …………………………………… 2503

　　　　　行商/2503　牙商/2505　盐商/2506　洋商/2508
　　　　　外商/2516　买办/2518
　　乙、商之组织 …………………………………………… 2519
　　　　　行/2519　帮/2520　会/2521
　(四) 矿厂业 ……………………………………………… 2522
　　甲、矿之采禁 …………………………………………… 2522
　　　　　明代矿政/2522　清代矿政/2525
　　乙、矿工之生活 ………………………………………… 2531
　　　　　明代矿工/2531　清代矿工/2533
　　丙、矿之生产 …………………………………………… 2536
　　　　　明代矿产/2536　清代矿产/2537
　　丁、厂 …………………………………………………… 2539
　　　　　铁厂/2539　木厂/2539
三　学术 …………………………………………………… 2541
　(一) 理学 ………………………………………………… 2541
　　甲、紫阳之学 …………………………………………… 2541
　　乙、阳明之学 …………………………………………… 2543
　　丙、东林讲学 …………………………………………… 2544
　　丁、清初三大儒 ………………………………………… 2545
　　戊、颜李之学 …………………………………………… 2551
　　己、道光后理学复兴 …………………………………… 2552
　(二) 经学 ………………………………………………… 2553
　　甲、明代经学之衰 ……………………………………… 2553
　　乙、清代经学派别 ……………………………………… 2557
　　　　　苏州之学/2558　宝应之学/2561　仪征三刘/2561　徽州之
　　　　　学/2562　高邮王氏/2564　常州之学/2565
　　丙、清代经学名著 ……………………………………… 2566
　(三) 史学 ………………………………………………… 2570
　　甲、明代官修之史 ……………………………………… 2571
　　　　　实录/2571　宝训/2571　元史/2572　政书/2572
　　乙、明代私人撰述 ……………………………………… 2573
　　丙、清代官修之史 ……………………………………… 2577
　　　　　实录/2577　圣训/2578　方略/2578　明史/2579　政书/2580

丁、清代私人撰述 …………………………… 2581

（四）文学 ……………………………………… 2587

　甲、古文 ……………………………………… 2587

　　明初宋王/2587　复古之文/2587　八家文之复兴/2589
　　清初三家/2590　桐城派/2591

　乙、骈体文 …………………………………… 2593

　丙、制义文 …………………………………… 2595

　　八股/2595　名家/2595　选家/2597

　丁、诗 ………………………………………… 2598

　　明初四家/2598　明七子/2599　钟谭/2600　钱吴陈之
　　派别/2601　亭林之名世/2602　朱王领袖南北/2602　袁蒋
　　赵张/2603　道光之复古/2604

　戊、词 ………………………………………… 2606

　　明词/2606　清词之盛/2606

　己、戏曲小说 ………………………………… 2610

　　杂剧/2610　传奇/2613　小曲/2618　小说/2620

卷一

秦汉三国

秦

秦世系

自始皇称帝，西历纪元前221年。至子婴降汉，西历纪元前207年。凡三传，共十五年。

始皇帝，庄襄王之子，姓嬴氏，名政，嗣立为秦王。立二十六年，尽灭六国，称始皇帝，在帝位凡十二年。

二世皇帝，名胡亥，始皇少子，嗣立，为赵高所弑，在位凡三年。

子婴，二世兄扶苏之子，被立后，诛赵高，汉高祖入关，遂降，在位凡四十六日。

（以上据《通考·帝系考》，参以《史记·秦始皇纪》）

```
附帝系表

（一）始皇 ┬── 扶苏──（三）子婴
          └──（二）二世
```

秦先世世系，别著之如下。

秦仲，在位二十三年。庄公，在位四十四年。襄公，在位十二年。文公，在位五十年。宁公，在位十二年。出公，在位六年。武公，在位二十年。德公，在位二年。宣公，在位十二年。成公，在位四年。穆公，在位三十九年。康公，在位十二年。共公，在位五年。桓公，在位二十七年。景公，在位四十年。哀公，在位三十六年。惠公，在位十年。悼公。在位十四年。

（以上据《史记》卷一四《十二诸侯年表》）

厉公，在位三十四年。躁公，在位十四年。怀公，在位四年。灵公，在位十年。简公，在位十五年。惠公，在位十三年。出子，在位二年。献公，在位二十三年。孝公，在位二十四年。惠文王，在位二十七年。武王，在位

四年。昭王，在位五十六年。孝文王，在位一年。庄襄王，在位三年。以及于始皇。

(以上据《史记》卷一五《六国年表》)

一 秦之统一

中国史局，以秦为鸿沟，秦以前由众建诸侯，各私其疆土，确立中央集权之制，则自秦始皇始。然专制政体，遂历二千年之久，不能改秦之旧，则秦之所以统一，与统一之成绩，当然有回顾之价值也。

秦灭六国次第简表

年　时	灭国	备　考
始皇十七年	韩	《史记·秦始皇纪》：内史腾攻韩，得韩王安，尽纳其地。
十九年	赵	同上，王翦、羌瘣，尽定取赵地，东阳得赵王。注：《索隐》：赵王迁也。
二十二年	魏	同上，王贲攻魏，引河沟灌大梁，大梁城坏，其王请降（注：《索隐》：魏王假也），尽取其地。
二十四年	楚	同上，二十三年，王翦击荆，虏荆王，荆将项燕立昌平君为荆王，反秦于淮南。二十四年，王翦、蒙武攻荆，破荆军，昌平君死，项燕遂自杀。
二十五年	燕	同上，使王贲将，攻燕辽东，得燕王喜。
二十六年	齐	同上，使将军王贲，从燕南攻齐，得齐王建。

始皇攻灭六国，其措施分叙如下。

（一）建皇帝之号

二十六年，西历纪元前221年。……秦初并天下，令丞相御史曰："……寡人以眇眇之身，兴兵诛暴乱，赖宗庙之灵，六王咸服其辜，天下大定。今名号不更，无以称成功、传后世。其议帝号。"丞相绾王绾、御史大夫劫冯劫、廷尉斯李斯等皆曰："昔者五帝地方千里，其外侯服夷服诸侯，或朝或否，天子不能制。今陛下兴义兵，诛残贼，平定天下，海内为郡县，法令由一统，自上古以来未尝有，五帝

*书中引用古籍原文时，著者加了注，用楷体字标出。个别注文为古籍原注，一般用"注"字标明。

所不及。臣等谨与博士议曰：古有天皇，有地皇，有泰皇，泰皇最贵。臣等昧死，上尊号，王为泰皇，命为制，令为诏，天子自称曰朕。"王曰："去泰著皇，采上古帝位号，号曰皇帝，他如议，制曰可……"制曰："朕闻太古有号毋谥。中古有号，死而以行为谥。如此，则子议父、臣议君也，甚无谓，朕弗取焉。自今已来，除谥法。朕为始皇帝，后世以计数，二世三世，至千万世，传之无穷。"（《史记》卷六《秦始皇纪》）

（二）置郡县

县始于春秋之末。

春秋时，列国相灭，多以其地为县，则县大而郡小。故《传》云，上大夫受县，下大夫受郡。《左传·哀公二年》，赵简子誓语。……至于战国，则郡大而县小矣。（《通典》卷三三《职官》一五）

秦郡多沿燕赵之旧，见《日知录》卷二二。而言郡县始于秦者，言其成功，且为汉以后所沿袭也。

二十六年，西元前221年。……丞相绾等言，诸侯初破，燕齐荆地远，不为置王，毋以填之，请立诸子，唯上幸许。始皇下其议于群臣，群臣皆以为便。廷尉李斯议曰："周文武所封子弟，同姓甚众，然后属疏远，相攻击如仇雠，诸侯更相诛伐，周天子弗能禁止。今海内赖陛下神灵一统，皆为郡县。诸子功臣，以公赋税重赏赐之，甚足易制。天下无异意，则安宁之术也，置诸侯不便。"始皇曰："天下共苦，战斗不休，以有侯王。赖宗庙天下初定，又复立国，是树兵也，而求其宁息，岂不难哉？廷尉议是。"分天下以为三十六郡。（《史记》卷六《秦始皇纪》）

其后略定闽越，又置四郡。

秦已并天下……以其地为闽中郡。（《史记》卷一一四《东越传》）

秦时已并天下，略定扬越，置桂林、南海、象郡。（《史记》卷一一三《南越尉佗传》）

秦皇嬴政像

《秦始皇纪》，即《秦始皇本纪》。本书对古籍书名、篇名多有用略称者。

秦郡简表

区别	郡名	今 地	治邑	设置	备 考
京师	内史	陕西中部一带。	咸阳	秦置	《汉书·地理志》：本秦京师为内史。注：师古曰："秦并天下，改立郡县，而京畿所统，特号内史。言其在内，以别于诸郡守也。"
诸郡	三川	河南西部，黄河两岸各地。	洛阳，后徙荥阳	秦置	《史记·秦纪》：庄襄王元年，使蒙骜伐韩，韩献成皋、巩，秦界至大梁，初置三川郡。
	河东	山西西南部。	安邑	秦置	
	上党	山西东南部。	壶关	韩置，秦仍之	《史记·秦纪》：昭襄王四十八年，伐赵，尽有韩上党。
	太原	山西中部一带。	晋阳	秦置	《史记·秦纪》：庄襄王四年，初置太原郡。
	代	山西东北部，及河北蔚县一带。		赵置，秦仍之	《史记·匈奴传》：赵武灵王置云中、雁门、代郡。
	雁门	山西西北部。		赵置，秦仍之	见上。
	云中	山西长城外一带。		赵置，秦仍之	见上。
	九原	内蒙古乌斯忒旗境。		秦置	
	上郡	陕西北部。		魏置，秦仍之	《史记·秦纪》：孝公元年，魏筑长城，自郑滨洛以北有上郡。
	北地	甘肃东北部。	义渠	秦置	
	陇西	甘肃东南部。	狄道	秦置	
	颍川	河南中部南部。	阳翟	秦置	《史记·秦始皇纪》：十七年，内史腾攻韩，得韩王安，尽纳其地，以其地为郡，命曰颍川。
	南阳	河南西南部，及湖北北部。	宛	秦置	《史记·秦纪》：昭襄王三十五年，初置南阳郡。
	砀	河南东部，山东西南部，江苏西北部，安徽北部。	砀	秦置	
	邯郸	河南北部，及河北西南之一部。	邯郸	秦置	《史记·秦始皇纪》：十九年，王翦、羌瘣，尽定取赵地。
	上谷	河北西部，及中部。		燕置，秦仍之	《史记·匈奴传》：燕置上谷、渔阳、右北平、辽西、辽东郡。
	巨鹿	河北西南部。	巨鹿	秦置	
	渔阳	北京附近各地。		燕置，秦仍之	见上谷郡。
	右北平	河北喜峰口至热河一带。		燕置，秦仍之	见上谷郡。

续表

区别	郡名	今地	治邑	设置	备考
诸郡	辽西	河北东北部,及辽宁辽河以西之地。		燕置,秦仍之	见上谷郡。
	辽东	辽宁东南部。		燕置,秦仍之	见上谷郡。
	东	河北南部,及山东西北部。	濮阳	秦置	《史记·秦始皇纪》:五年攻魏,取二十城,初置东郡。
	齐	山东东部,及东北部。	临淄	秦置	《史记·田敬仲完世家》:秦虏王建,迁之共,遂灭齐为郡。
	薛	山东南部,及江苏东北部。		秦置	
	琅邪	山东东南部。		秦置	
	泗水	江苏北部,及安徽东北部。	沛	秦置	
	汉中	陕西南部,及湖北西北部。		秦置	《史记·秦纪》:惠文王十三年,攻楚汉中,取地六百里,置汉中郡。
	巴	四川东部。	巴	秦置	
	蜀	四川中部。		秦置	
	九江	江苏、安徽江北一带,及江西西境之地。	寿春	秦置	
	鄣	江苏西南部,安徽东南部,及浙江西北部。	鄣	秦置	
	会稽	江苏东南部,及浙江东部南部各地。	吴	秦置	《史记·秦始皇纪》:二十五年,王翦遂定荆江南地,降越君,置会稽郡。
	南	湖北东部,及南部一带。	郢	秦置	《史记·六国年表》:昭王二十九年,白起击楚拔郢,更东至竟陵,以为南郡。
	长沙	湖南东半部,及广东一部。	湘	秦置	
	黔中	湖南西半部。		秦置	《史记·秦纪》:昭王三十年,蜀守若伐取巫郡及江南为黔中郡。
	闽中	福建全境。	侯官	秦置	《史记·东越传》:秦已并天下,以其地为闽中郡。
	南海	广东全境,除西南部外,皆是。	番禺	秦置	《史记·南越尉佗传》:秦时已并天下,略定扬越,置桂林、南海、象郡。
	桂林	广西中部、北部、东部。		秦置	见上。
	象	广东西南部,及安南北部。		秦置	见上。

始皇初并天下，惩忿战国，削罢列侯，分天下为三十六郡。于是兴师逾江，平取百越，又置闽中、南海、桂林、象郡，凡四十郡。(《晋书》卷一四《地理志》上)

(三) 改官制

秦之设官，多不沿袭于古，分其职掌，使互箝制，所以防专擅也。

甲、中央　秦以丞相总庶政，太尉掌兵事，别设御史大夫，司纠察之任，取分权制。

秦兼天下，建皇帝之号，立百官之职，不师古……太尉主五兵，丞相总百揆，又置御史大夫，以贰于相。(《通典》卷一九《职官》一)

御史之名，周官有之，盖掌赞书而授法令……战国时，亦有御史，秦赵渑池之会，各命书其事。又淳于髡谓齐王曰："御史在前，则皆记事之职也。"至秦汉为纠察之任。(《通典》卷二四《职官》六)

以上举其首要，其详已不可考。以汉袭秦制，见于《汉书·百官公卿表》而为秦官者，表之如下。

秦中央官制简表

官　名	职　掌	备　考
相国 丞相	掌丞天子助理万机。有左右。	《史记·秦纪》：武王二年，初置丞相；庄襄王元年，秦相国吕不韦。
太尉	掌武事。	
御史大夫	掌副丞相，有两丞，一曰中丞。	《史记·李斯传》：拜赵高为中丞相。疑即中丞，不则"中"字当衍，以《纪》称高为丞相也。
前后左右将军		《汉书·百官公卿表》：皆周末官，秦因之，位上卿。
奉常	掌宗庙礼仪，有丞。	
郎中令	掌宫殿掖门户，有丞。	《史记·秦二世纪》：元年，赵高为郎中令。
廷尉	掌刑辟，有正左右监。	《史记·秦始皇纪》：十年，以尉缭为秦国尉。《白起传》：迁为国尉。殆即廷尉。长子扶苏监蒙恬军，亦尉也。
治粟内史	掌谷货，有两丞。	
典客	掌诸归义蛮夷，有丞。	按秦制有客卿，未知所属，或为虚号，或为典客也。
宗正	掌亲属，有丞。	
卫尉	掌宫门卫屯兵，有丞。	《史记·秦始皇纪》：有卫令，或其属也。九年，尽得毒等卫尉竭。

续表

官 名	职 掌	备 考
太仆	掌舆马，有两丞。	
少府	掌山海池泽之税以给共养，有六丞。	
博士	掌通古今，员多至数十人。	《史记·秦始皇纪》：三十五年，博士虽七十人，特备员弗用。
仆射	自侍中、尚书、博士、郎皆有。	《史记·李斯传》：有博士仆射周青臣，《始皇纪》，有卫令仆射是也。
将作少府	掌治宫室，有两丞。	
詹事	掌皇后、太子家，有丞。	
将行	皇后卿也。	
中尉	掌徼循京师，有两丞。	
主爵中尉	掌列侯。	
护军都尉		

其散见于《史记》中者，列举于下。

"庶长" 《秦本纪》，怀公四年，庶长晁。《白起传》，白起为左庶长。

"大良造" 《秦本纪》，孝公十年，卫鞅为大良造。

"客卿" 《秦本纪》，昭襄王三十三年，客卿胡伤，攻魏卷。

"左更" 《秦本纪》，昭襄王十四年，左更白起，攻韩魏于伊阙。

"中更" 《秦本纪》，昭襄王三十八年，中更胡伤，攻赵阏与。

"舍人" 《秦始皇纪》，李斯为舍人。注：《集解》文颖曰：主厩内小吏官名。

"佐弋" 《秦始皇纪》，九年，佐弋竭。注：《集解》：骃案，《汉书·百官表》曰：秦时少府有佐弋。

"中大夫令" 《秦始皇纪》，九年，中大夫令齐。

"卿" 《秦始皇纪》，二十八年，丞相王绾，卿李斯。

"近官三郎" 《秦二世纪》，元年，近官三郎无得立者。注：《索隐》：近，近侍之臣；三郎，谓中郎、外郎、散郎也。

"谒者" 《秦二世纪》，元年，谒者使东方来。注：《集解》：骃案，《汉书·百官表》曰：谒者，秦官，掌宾赞受事。

"师" 《商君传》，刑其傅，黥其师。

"傅"　见上。

"长史"　《李斯传》，秦王乃拜斯为长史。

"符玺令"　《李斯传》，中车府令赵高，兼行符玺令事。

"裨将军"　《蒙恬传》，蒙武为秦裨将军。

"中车府令"　《蒙恬传》，赵高为中车府令。

"都尉"　《王翦传》，杀七都尉。

"诸郎中"　《刺客列传·荆轲》，诸郎中执兵，皆陈殿下。注：《索隐》：诸郎中若今宿卫之官。

"侍医"　《刺客列传》，荆轲，是时侍医夏无且，以其所奉药囊提荆轲也。

"陛楯郎"　《滑稽列传》，优旃，优旃临槛，大呼曰陛楯郎。

此外内侍官，又有加官之制。

> 侍中左右曹诸吏，散骑、中常侍，皆加官。所加或列侯、将军、卿大夫、将、都尉、尚书、太医、太官令至郎中，亡员，多至数十人。侍中、中常侍，得入禁中，诸曹受尚书事，诸吏得举法，散骑骑并乘舆车。给事中亦加官，所加或大夫、博士、议郎，掌顾问应对，位次中常侍。中黄门，有给事黄门，位从将大夫，皆秦制。（《汉书》卷一九上《百官公卿表》上）

乙、地方　秦为郡、县两级，守令各有佐贰，分掌军民事，更设监御史以监郡，其相制同于中央。

> 二十六年……分天下以为三十六郡，郡置守、尉、监。（《史记》卷六《秦始皇纪》）

秦地方官制简表

区别	官名	职掌	备考
京师	内史	掌治京师。	《汉书·百官公卿表》，内史掌治京师。
监司	监御史	掌监郡。	同上，监御史，秦官，掌监郡。
郡县	郡守	掌治其郡。	同上，郡守，秦官，掌治其郡。郡尉，秦官，掌佐守，典武职甲卒。
	郡丞	掌佐守。	《通典·职官》：郡守，秦官。秦灭诸侯，以其地为郡，置守、丞、尉各一人，守治民，丞佐之，尉典兵。
	郡尉	掌佐守，典武职甲卒。	
	县令长	掌治其县。	《汉书·百官公卿表》：万户以上为令，减万户为长，皆有丞尉，是为长吏。百石以下有斗食佐史，是为少吏。
	县丞	掌佐令。	
	县尉	掌武事。	

县以下置有乡官，其组织如下。

大率十里一亭，亭有长。十亭一乡，乡有三老，有秩啬夫、游徼。三老掌教化，啬夫职听讼、收赋税，游徼徼循禁贼盗。县大率方百里，其民稠则减，稀则旷。乡亭亦如之。皆秦制也。（《汉书》卷一九上《百官公卿表》上）

丙、武功爵　秦爵分为二十级。

爵（一）级，曰公士。注，师古曰：言有爵命，异于士卒，故称公士也。（二）上造。造，成也，言有成命于上也。（三）簪袅。以组带马曰袅。簪袅者，言饰此马也。（四）不更。言不豫更卒之事也。（五）大夫。列位从大夫。（六）官大夫。（七）公大夫。加"官"、"公"者，示稍尊也。（八）公乘。言其得乘公家之车也。（九）五大夫。大夫之尊也。（十）左庶长。（十一）右庶长。庶长，言为众列之长也。（十二）左更。（十三）中更。（十四）右更。更，言主领更卒部其役使也。（十五）少上造。（十六）大上造。言皆主上造之士也。（十七）驷车庶长。言乘驷马之车而为众长也。（十八）大庶长。又更尊也。（十九）关内侯。言有侯号而居京畿，无国邑。（二十）彻侯。言其爵位上通于天子。皆秦制，以赏功劳。（《汉书》卷一九上《百官公卿表》上）

（四）统一文字及度量衡

二十六年，西元前 221 年。……一法度衡石丈尺，车同轨，书同文字。（《史记》卷六《秦始皇纪》）

更尅画平斗斛度量文章，布之天下，以树秦之名。（《史记》卷八七《李斯传》）

秦对于后世文明最大之贡献，厥为文字，古文尽废，而各种之书体，遂随时代进步而便利矣。

其后诸侯力政，不统于王，恶礼乐之害己，而皆去其典籍，分为七国，田畴异晦，车途异轨，律令异法，衣冠异制，言语异声，文字异形。秦始皇帝初兼天下，丞相李斯乃奏同之，罢其不与秦文合者。斯作《仓颉篇》，中车府令赵高作《爰历篇》，太史令胡母敬作《博学

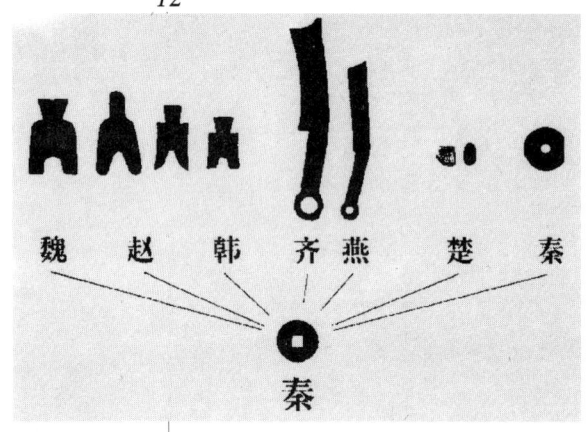

秦统一六国货币简图

篇》，皆取史籀大篆，或颇省改，所谓小篆者也。是时秦烧灭经书，涤除旧典，大发隶卒兴役戍，官狱职务繁。初有隶书，以趋约易，而古文由此绝矣。自尔秦书有八体，一曰大篆，用之简策。二曰小篆，用之简策。三曰刻符，用之符传。四曰虫书，用之幡信。五曰摹印，用之印玺。六曰署书，用之封检题字。七曰殳书，用之铭一切兵器。八曰隶书，施之文报。（许慎《说文序》）

（五）定黄金及钱二等币

秦并天下，币为二等，黄金以溢，为名上币。注，孟康曰：二十两为溢也。铜钱质如周钱，文曰半两，重如其文。而珠玉、龟贝、银锡之属，为器饰宝臧，不为币，然各随时，而轻重无常。（《汉书》卷二四下《食货志》下）

二 秦之开边

始皇既并天下，北击匈奴，西逐西戎，南奠闽越，于是中国疆域，开拓益广矣。

（一）取西戎地

秦之先世，已征服西戎，称霸西方。

秦仲立三年，周厉王无道，诸侯或叛之，西戎反王室，灭犬丘大骆之族。周宣王即位，乃以秦仲为大夫，诛西戎，西戎杀秦仲。秦仲……有子五人，其长者曰庄公。周宣王乃召庄公昆弟五人，与兵七千人，使伐西戎，破之。于是复予秦仲后，及其先大骆地犬丘并有之，为西垂大夫。……襄公七年春，西元前771年。周幽王用褒姒，废太子，立褒姒子为适，数欺诸侯，诸侯叛之。西戎、犬戎与申侯伐周，

秦代地图

杀幽王郦山下，而秦襄公将兵救周，战甚力，有功。周避犬戎难，东徙雒邑。襄公以兵送周平王，平王封襄公为诸侯，赐之岐以西之地，曰戎无道，侵夺我岐丰之地，秦能攻逐戎，即有其地，与誓封爵之。襄公于是始国，与诸侯通使聘享之礼。……十二年，伐戎而至岐卒。……文公十六年，西元前750年。文公以兵伐戎，戎败走，于是文公遂收周余民有之地至岐，岐以东献之周。（《史记》卷五《秦纪》）

平王之末，周遂陵迟，戎逼诸夏，至陇山以东，及乎伊洛，往往有戎。于是渭首有狄獂邽冀之戎，泾北有义渠之戎，洛川有大荔之戎，渭南有骊戎，伊洛间有杨拒泉皋之戎，颍洛以西有蛮氏之戎，间在中国，与诸夏盟会。后晋灭骊戎，是时伊洛戎强，东侵曹鲁。襄王时，秦晋自瓜州迁陆浑之戎于伊川，允姓之戎，迁于渭汭，东至辗辕，在河南山北者，号曰阴戎。秦穆公得戎人由余，遂霸西戎，开地千里……后陆浑戎叛晋，晋荀吴灭之。后楚执蛮氏而尽囚其人，至周贞王八年，西元前461年。秦厉公灭大荔，取其地，赵亦灭北戎，韩魏后稍并伊洛诸戎灭之，其遗脱者皆走，西逾汧陇。自是中国无戎寇。唯余义渠种，最为强盛，屡为秦患。及昭王起兵灭之，始置陇西、北地、上郡焉。始皇兵务东向，故得繁息。（《通典》卷一八九《边防》五）

及始皇统一天下，复逐而西之。

三十三年，西元前214年。……使蒙恬……筑亭障，以逐戎人。

卷一 秦汉三国

(《史记》卷六《秦始皇纪》)

秦既兼天下，使蒙恬将兵略地，西逐诸戎，北却众狄，筑长城以界之，众羌不复南度。(《后汉书》卷一一七《西羌传》)

(二) 取匈奴地

当战国之末，匈奴已渐强。

匈奴，其先夏后氏之苗裔，曰淳维。注：师古曰：以殷时始奔北边。……秦昭王……灭义渠，于是秦有陇西、北地、上郡，筑长城以距胡。而赵武灵王亦变俗，胡服习骑射，北破林胡、楼烦，自代并阴山，下至高阙为塞，而置云中、雁门、代郡。西元前307年。其后燕有贤将秦开……袭破东胡……燕亦筑长城，自造阳至襄平，置上谷、渔阳、右北平、辽西、辽东郡以拒胡。当是时，冠带战国七，而三国边于匈奴。注：如淳曰：燕、赵、秦。(《汉书》卷九四上《匈奴传》上)

始皇灭六国后，民苦边患，乃遣蒙恬将兵击之，收河南地。

三十二年，西元前215年。……始皇乃使将军蒙恬，发兵三十万人，北击胡，略取河南地。(《史记》卷六《秦始皇纪》)

秦已并天下，乃使蒙恬将三十万众，北逐戎狄，收河南。(《史记》卷八八《蒙恬传》)

秦灭六国，而始皇帝使蒙恬将数十万之众，北击胡，悉收河南地，因河为塞，筑四十四县城临河，徙適戍以充之……又度河据阳山北假中。(《汉书》卷九四上《匈奴传》上)

(三) 取南越地

二十五年，西元前222年。……王翦遂定荆江南地，降越君，置会稽郡。(《史记》卷六《秦始皇纪》)

三十三年，西元前214年。发诸尝逋亡人，赘婿贾人，略取陆梁地。注：《正义》：岭南之人，多处山陆，其性强梁，故曰陆梁。为桂林、象郡、南海，以適遣戍。(《史记》卷六《秦始皇纪》)

秦皇……利越之犀角象齿，翡翠珠玑，乃使尉屠睢发卒五十万为五军，一军塞镡城之岭，一军守九嶷之塞，一军处番禺之都，一军守南野之界，一军结余干之水，三年不解甲弛弩，使监禄无以转饷。又

以卒凿渠而通粮道，以与越人战，杀西呕君译吁宋。而越人皆入丛薄中与禽兽处，莫肯为秦虏，相置桀骏以为将，而夜攻秦人，大破之，杀尉屠睢，伏尸流血数十万，乃发谪戍以备之。《汉书·严助严安传》，亦记其事。（《淮南子》卷一八《人间训》）

三　秦始皇之政治

（一）专制之加剧

始皇一切设施，均趋于极端之专制，特恐人民起而反抗，故使用种种手段以压迫之。兹撮其大者，列叙于下。

甲、徙天下豪杰实关中

二十六年，西元前221年。……徙天下豪富于咸阳，十二万户。（《史记》卷六《秦始皇纪》）

堕名城，杀豪俊，收天下之兵，聚之咸阳，销锋镝，铸以为金人十二，以弱天下之民。（《贾谊新书》卷一《过秦》上）

按始皇之初，旧有各国贵族，与新产生之富者阶级，尚有一部分势力，故为防制乱萌，乃迁之京师，以便监视。

乙、焚书坑儒
李斯改革政治，而学者动援古以非之，故有焚书之祸。

三十四年，西元前213年。……始皇置酒咸阳宫，博士七十人前为寿。仆射周青臣进颂曰："他时秦地不过千里，赖陛下神灵明圣，平定海内，放逐蛮夷……以诸侯为郡县，人人自安乐，无战争之患……自上古不及陛下威德。"始皇悦。博士齐人淳于越进曰："臣闻殷周之王千余岁，封子弟功臣，自为枝辅。今陛下有海内，而子弟为匹夫，卒有田常六卿之臣，无辅拂，何以相救哉？事不师古而能长久者，非所闻也。今青臣又面谀，以重陛下之过，非忠臣。"始皇下其议，丞相李斯曰："五帝不相复，三代不相袭，各以治，非其相反，时变异也。今陛下创大业，建万世之功，固非愚儒所知。……异时诸侯并争，厚招游学。今天下已定，法令出一，百姓当家，则力农工，

"坑儒谷"遗址

士则学习法令辟禁。今诸生不师今而学古，以非当世，惑乱黔首……古者天下散乱，莫之能一，是以诸侯并作，语皆道古以害今，饰虚言以乱实，人善其所私学，以非上之所建立。今皇帝并有天下，别黑白而定一尊，私学而相与非法教人，闻令下，则各以其学议之，入则心非，出则巷议，夸主以为名，异取以为高，率群下以造谤。如此弗禁，则主势降乎上，党与成乎下。禁之便。"(《史记》卷六《秦始皇纪》)

臣请史官，非秦纪皆烧之。非博士官所职，天下敢有藏诗书百家语者，悉诣守尉杂烧之。有敢偶语诗书弃市，以古非今者族，吏见知不举者与同罪。令下三十日不烧，黥为城旦。所不去者，医药卜筮种树之书。若欲有学法令，以吏为师。制曰可。(《史记》卷六《秦始皇纪》)

继此，又有坑儒之事。起因虽由于方士，但所坐诸生罪名，为"惑乱黔首"，束缚思想，钳制舆论，与焚书出于一辙。

三十五年……卢生相与谋曰：始皇为人，天性刚戾自用，起诸侯，并天下，意得欲从，以为自古莫及己，专任狱吏……上乐以刑杀为威……秦法不得兼方，不验辄死。……天下之事，无大小，皆决于上。……贪于权势至如此，未可为求仙药。于是乃亡去。始皇闻之，乃大怒曰："吾前收天下书不中用者，尽去之。悉召文学方术士甚众，欲以兴太平，方士欲炼以求奇药。今闻韩众去不报，徐市等费以巨万计，终不得药，徒奸利相告日闻。卢生等吾尊赐之甚厚，今乃诽谤我，以重吾不德也。诸生在咸阳者，吾使人廉问，或为妖言以乱黔

首。"于是使御史悉案问诸生，诸生转相告引，乃自除犯禁者，四百六十余人，皆坑之咸阳，使天下知之以惩，后益发谪徙边。(《史记》卷六《秦始皇纪》)

按西汉《公卿百官表》，博士，秦官，掌通古今……既曰通古今，则上必有所师承，下必有所传授，故其徒实繁。秦虽存其官，而甚恶其徒，常设法诛灭之。始皇使御史案问诸生，转相告引，至杀四百六十余人。又令冬种瓜骊山，实生，命博士诸生就视，为伏机，杀七百余人。二世时又以陈胜起，召博士诸生议，坐以非所宜言者，又数十人。然则秦之于博士弟子，非惟不能考察试用之，盖惟恐其不渐尽泯没矣。叔孙通面谀，脱虎口而逃亡，孔甲持礼器，发愤而事陈涉，有以也哉！(《通考》卷四〇《学校考》一)

丙、严刑罚 秦法素称严刻，始皇更专任刑罚，以张主威。

秦用商鞅连相坐之法，造参夷之诛，增加肉刑，大辟有凿颠、抽胁、镬亨之刑。至于秦始皇兼吞战国，遂毁先王之法，灭礼谊之官，专任刑罚，躬操文墨，昼断狱，夜理书，自程决事，日县石之一，而奸邪并生，赭衣塞路，囹圄成市，天下愁怨，溃而叛之。(《汉书》卷二三《刑法志》)

至秦所用之刑，名称甚伙，兹撮散见于《史记》纪传，及《汉书·刑法志》中者，表列之如下。

秦刑名简表

刑 名	备 考
榜掠	《史记·李斯传》，赵高治斯，榜掠千余，不胜痛，自诬服。
鬼薪	《史记·秦始皇纪》，九年，轻者为鬼薪。注，《集解》：应劭曰："取薪给宗庙，为鬼薪也。"如淳曰："律说，鬼薪作三岁。"
髡为城旦	《史记·秦始皇纪》，三十四年，令下三十日不烧，髡为城旦。注，《集解》：如淳曰："律说论决为髡钳输边筑长城，昼日伺寇虏，夜暮筑长城，城旦四岁也。"
谪	《史记·秦始皇纪》，三十三年，徙谪实之。注，《索隐》：徙有罪而谪之。故汉七科，谪亦因于秦。
籍没	《史记·秦始皇纪》，十二年，自今以来，操国事不道如嫪毐、不韦者，籍其门，视此。注，《索隐》：谓籍没其一门，皆为徒隶。
连坐	《史记·商君传》，相收司连坐。注，《索隐》：收司，谓相纠发也。一家有罪，而九家连举发，若不纠举，则什家连坐。
弃市	《史记·秦始皇纪》，三十四年，有敢偶语诗书，弃市。

刑 名	备 考
戮	《史记·秦二世纪》，元年，六公子戮死于杜。又《李斯传》，公子十二人，僇死咸阳市。
腰斩	《史记·商君传》，不告奸者腰斩。
车裂	《史记·秦纪》，惠文君立，鞅亡，因以为反，而卒车裂以徇秦国。
坑	《史记·秦始皇纪》，三十五年，使御史悉案问诸生，四百六十余人，皆坑之咸阳。
磔	《史记·李斯传》，十公主矺死于杜。注，《索隐》：矺与磔同。磔谓裂其肢体而杀之。又《始皇纪》，二十年，荆轲刺秦王，秦王觉之，体解轲以徇。
凿颠	《汉书·刑法志》，秦用商鞅，增加肉刑，大辟有凿颠、抽胁、镬亨之刑。
抽胁	见上。
镬亨	见上。
戮尸	《史记·秦始皇纪》，八年，将军壁死，卒屯留蒲鶡反，戮其尸。
枭首	《史记·秦始皇纪》，九年，毐等败走，二十人皆枭首。注，《集解》：骃案，县首于木上曰枭。
具五刑	《汉书·刑法志》，当三族者，皆先黥、劓、斩左右趾，笞杀之，枭其首，菹其骨肉于市。其诽谤詈诅者，又先断舌，故谓之具五刑。
族	《史记·秦始皇纪》，三十四年，以古非今者族。《李斯传》，公子高欲奔，恐收族。
夷三族	《史记·秦纪》，文公二十年，法初有三族之罪。注，《集解》：如淳曰："父族、母族、妻族也。"《汉书·高帝纪》，九年罪三族。注，张晏曰："父母、兄弟、妻子也。"

丁、集兵权 秦先以武立国，兵制规定甚密。

秦自非子为孝王养马汧渭之间，封为附庸，至秦仲始大。秦仲之孙襄公，当平王初，兴兵讨西戎以救周，平王东迁，遂有岐丰之地，列为诸侯，地与戎相错。襄公修其车马，备其兵甲，武事备矣。至穆公霸西戎，始作三军……及孝公用商鞅，定变法之令，令民为什五而相收连坐，告奸者，与斩敌首同赏；匿奸者，与降敌同罚……有军功者，各以率受上爵；为私斗者，各以轻重被刑。宗室非有军功，论不得为属籍。行之十年，民勇于公战，怯于私斗。又以秦地旷而人寡，晋地狭而人稠，诱三晋之人耕秦地，优其田宅，而使秦人应敌于外。大率百人，则五十人为农，五十人习战。凡民年二十三，附之畴官，给郡县，一月而更，谓"卒"；复给中都一岁，谓"正卒"；复屯边一岁，谓"戍卒"。凡战，获一首，赐爵一级，皆以战功相君长。长平之

役，年十五以上悉发，又非商鞅之旧矣。(《通考》卷一四九《兵考》一)

始皇既兼并六国，内置卫而郡置材官，取居中驭外之势。

踵秦而置材官于郡国。(《汉书》卷二三《刑法志》)

秦始皇既并天下，分为三十六郡，郡置材官，聚天下兵器于咸阳，铸为钟鐻，讲武之礼，罢为角觝。(《通考》卷一四九《兵考》一)

戊、巡行天下　始皇为防反侧，巡行天下，刻石颂扬秦功德。

二十七年，西元前220年。始皇巡陇西、北地，出鸡头山，过回中焉。(《史记》六卷《秦始皇纪》)

二十八年，西元前219年。始皇东行郡县，上邹峄山立石，与鲁诸儒生，议刻石颂秦德，议封禅望祭山川之事，乃遂上泰山，立石封祠祀……于是乃并勃海以东，过黄腄，穷成山，登之罘，立石颂秦德焉而去。南登琅邪，大乐之，留三月……作琅邪台，立石刻，颂秦德，明德意……还过彭城……西南渡淮水，之衡山、南郡，浮江至湘山祠……自南郡由武关归。(《史记》卷六《秦始皇纪》)

二十九年，西元前218年。始皇东游……登之罘刻石……遂之琅邪，道上党入。(《史记》卷六《秦始皇纪》)

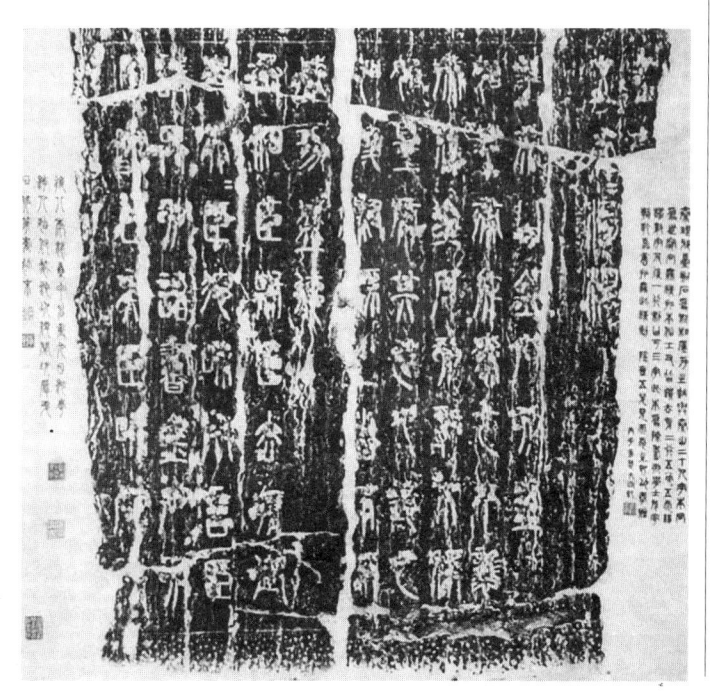

秦琅邪台刻石

卷一　秦汉三国

三十二年，西元前215年。始皇之碣石……刻碣石门……巡北边，从上郡入。（《史记》卷六《秦始皇纪》）

三十七年，西元前210年。十月，始皇出游……十一月，行至云梦，望祀虞舜于九疑山。浮江下观籍柯，渡海渚过丹阳，至钱唐，临浙江……上会稽，祭大禹，望于南海，而立石刻颂秦德……还过吴，从江乘渡，并海上，北至琅邪……自琅邪北至荣成山……至之罘……遂并海西，至平原津而病……七月，丙寅，始皇崩于沙丘平台。（《史记》卷六《秦始皇纪》）

（二）民力之耗竭

甲、筑长城

燕、赵、秦御北胡，筑长城，秦并天下，复连而一之，遂为世界有名之大工程。

秦已并天下，乃使蒙恬将三十万众，北逐戎狄，收河南，筑长城，因地形，用险制塞，起临洮，至辽东，延袤万余里。于是渡河据阳山，逶蛇而北，暴师于外十余年，居上郡。（《史记》卷八八《蒙恬传》）

三十四年，西元前213年。適治狱吏不直者，筑长城。（《史记》卷六《秦始皇纪》）

乙、建宫室

始皇广建宫室，以为憩游之所。二世继之而不辍，物力益凋敝矣。

二十六年，西元前221年。……秦每破诸侯，写放其宫室，作之咸阳北阪上，南临渭，自雍门以东至泾渭，殿屋复道，周阁相属。所得诸侯美人钟鼓，以充入之。（《史记》卷六《秦始皇纪》）

二十七年，西元前220年。……作信宫渭南。已更命信宫为极庙，象天极。自极庙道通郦山，作甘泉前殿，筑甬道，自咸阳属

清人绘《阿房宫图》

之。(《史记》卷六《秦始皇纪》)

三十五年，西元前212年。……始皇以为咸阳人多，先王之宫廷小，吾闻周文王都丰，武王都镐，丰镐之间，帝王之都也，乃营作朝宫。渭南上林苑中，先作前殿阿房，东西五百步，南北五十丈，上可以坐万人，下可以建五丈旗。周驰为阁道，自殿下直抵南山，表南山之颠以为阙。为复道，自阿房渡渭属之咸阳，以象天极。阁道绝汉抵营室也。阿房宫未成，成欲更择令名名之，作宫阿房，故天下谓之阿房宫。(《史记》卷六《秦始皇纪》)

阿房宫，亦曰阿城。惠文王造宫未成而亡，始皇广其宫规，恢三百余里，离宫别馆，弥山跨谷，辇道相属。阁道通骊山八十余里，表南山之颠以为阙，络樊川以为池。作阿房前殿，东西五十步，南北五十丈，上可坐万人，下建五丈旗，以木兰为梁，以磁石为门。周驰为复道，度渭属之咸阳，以象太极，阁道抵营室也。阿房宫未成，欲更择令名名之，作宫阿基旁，故天下谓之阿房宫。(《三辅黄图》卷一)

起咸阳而西至雍，离宫三百，钟鼓帷帐，不移而具。又为阿房之殿，殿高数十仞，东西五里，南北千步，从车罗骑，四马骛驰，旌旗不挠。(《汉书》卷五一《贾山传》)

元年，四月，二世还至咸阳曰："先帝为咸阳朝廷小，故营阿房宫为室堂。未就，会上崩，罢其作者。复土郦山，郦山事大毕。今释阿房宫弗就，则是章先帝举事过也。"复作阿房宫。(《史记》卷六《秦始皇纪·二世纪》)

丙、治驰道

始皇为游观而治驰道，然与交通上殊有关系。

二十七年，西元前220年。……治驰道。(《史记》卷六《秦始皇纪》)

治驰道，兴游观，以见主之得意。(《史记》卷八七《李斯传》)

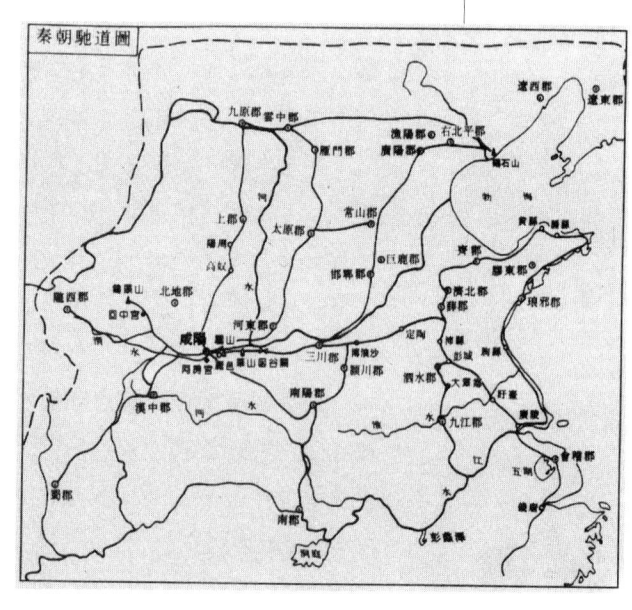

秦代驰道图

始皇欲游天下，道九原，直抵甘泉。乃使蒙恬通道，自九原抵甘泉，堑山堙谷，千八百里。道未就……太史公曰："吾适北边，自直道归，行观蒙恬所为秦筑长城亭障，堑山堙谷，通直道。"（《史记》卷八八《蒙恬传》）

　　为驰道于天下，东穷燕齐，南极吴楚，江湖之上，濒海之观，毕至。道广五十步，三丈而树，厚筑其外，隐以金椎，树以青松。（《汉书》卷五一《贾山传》）

四　秦之民生状况

秦据有关中，农、商业俱甚发达。

　　故秦地于禹贡时，跨雍梁二州，诗风兼秦豳两国。昔后稷封斄，公刘处豳，太王徙郊，文王作酆，武王治镐。其民有先王遗风，好稼穑，务本业。故《豳诗》言农桑衣食之本甚备，有鄠杜竹林，南山檀柘，号称陆海，为九州膏腴。始皇之初，郑国穿渠，引泾水溉田，沃野千里，民以富饶。（《汉书》卷二八下《地理志》下）

　　关中自汧雍以东，至河华，膏壤沃野千里。自虞夏之贡，以为上田，而公刘适邠，大王王季在岐，文王作丰，武王治镐。故其民犹有先王之遗风，好稼穑，殖五谷。（《史记》卷一二九《货殖传》）

　　是时李悝，为魏文侯作尽地力之教……行之魏国，国以富强，及秦孝公用商君，坏井田，开阡陌，急耕战之赏，虽非古道，犹以务本之故，倾邻国而雄诸侯。然王制遂灭，僭差亡度，庶人之富者累巨万，而贫者食糟糠，有国强者兼州，域而弱者丧社稷。（《汉书》卷二四上《食货志》上）

　　及秦文孝缪居雍隙，陇蜀之货物而多贾。献孝公徙栎邑，栎邑北却戎翟，东通三晋，亦多大贾。武昭治咸阳，因以汉都长安诸陵，四方辐凑，并至而会，地小人众，故其民益玩巧而事末也。（《史记》卷一二九《货殖传》）

及始皇兼并六国，内兴功作，外事四方，遂行苛敛。二世继之，重以无道，海内困穷，人民起兵，而秦底于亡。

至于始皇，遂并天下，内兴功作，外攘夷狄。收泰半之赋，发闾左之戍，男子力耕，不足粮饟，女子纺绩，不足衣服。竭天下之资财，以奉其政，犹未足以澹其欲也。海内愁怨，遂用溃畔。（《汉书》卷二四上《食货志》上）

元年，四月……度不足，下调郡县，转输菽粟刍藁，皆令自赍粮食，咸阳三百里内，不得食其谷，用法益刻深。七月，戍卒陈胜等反。（《史记》卷六《秦二世纪》）

当此之时，男子不得修农亩，妇人不得剡麻考缕，羸弱服格于道，大夫箕会于衢，病者不得养，死者不得葬。于是陈胜起于大泽，奋臂大呼，天下席卷而至于戏，刘项兴义兵，随而定，若折槁振落，遂失天下。（《淮南子》卷一八《人间训》）

五　李斯成统一之功

李斯为创造秦代政局之主动人物，而学帝王之术于荀卿，是斯亦儒家者流也。

李斯者，楚上蔡人也，年少时，为郡小吏……乃从荀卿学帝王之术。学已成，度楚王不足事，而六国皆弱，无可为建功者。欲西入秦，辞于荀卿曰："斯闻得时无怠。今万乘方争时，游者主事。今秦王欲吞天下，称帝而治，此布衣驰骛之时，而游说者之秋也。处卑贱之位，而计不为者，此禽鹿视肉，人面而能强行者耳。故诟莫大于卑贱，而悲莫甚于穷困。久处卑贱之位，困苦之地，非世而恶利，自托于无为，此非士之情也。故斯将西说秦王矣。"（《史记》

李斯像

卷八七《李斯传》)

自孔子揭橥大一统尊王之义，作政治运动。斯之学出于荀卿，荀卿亦主张齐一天下。故斯以一统帝王业说始皇，始皇任之，新局面于以开端。

说秦王曰："胥人者，去其几也。成大功者，在因瑕衅而遂忍之。昔者秦穆公之霸，终不东并六国者何也？诸侯尚众，周德未衰。故五伯迭兴，更尊周室。自秦孝公以来，周室卑微，诸侯相兼，关东为六国，秦之乘胜役诸侯，盖六世矣。注：《正义》：秦孝公，惠文王，武王，昭王，孝文王，庄襄王。今诸侯服秦，譬若郡县。夫以秦之强，大王之贤，由灶上骚除，足以灭诸侯，成帝业，为天下一统，此万世之一时也。今怠而不急就，诸侯复强，相聚约从，虽有黄帝之贤，不能并也。(《史记》卷八七《李斯传》)

斯得主知，擢居显位，一切主张，次第实行，儒家统一运动，遂告成功。斯在狱中引罪上书，正为表其统一之功。

李斯乃从狱中上书曰："臣为丞相，治民三十余年矣。逮秦地之狭隘，先王之时，秦地不过千里，兵数十万。臣尽薄材，谨奉法令，阴行谋臣，资之金玉，使游说诸侯，阴修甲兵，饰政教，官斗士，尊功臣，盛其爵禄。故终以胁韩弱魏，破燕赵，夷齐楚，卒兼六国，虏其王，立秦为天子，罪一矣。地非不广，又北逐胡貉，南定百越，以见秦之强，罪二矣。尊大臣，盛其爵位，以固其亲，罪三矣。立社稷，修宗庙，以明主之贤，罪四矣。更克画平斗斛度量文章，布之天下，以树秦之名，罪五矣。治驰道，兴游观，以见主之得意，罪六矣。缓刑罚，薄赋敛，以遂主得众之心，万民戴主，死而不忘，罪七矣。(《史记》卷八七《李斯传》)

秦汉之际

秦自二世元年西历纪元前209年。陈胜举兵，至汉高五年西历纪元前202年。灭项羽，凡八年。

秦始皇统一全国，厉行极端专制，传仅二世，而天下兵起。其原因，一由于人民困于赋税，胁于威刑；一由于封建思想未泯，六国为秦所并，人多不平，特慑于始皇之淫威，不敢暴发耳。及二世继立，复多行不义，民益不堪命。于是陈涉、吴广乃以瓮牖绳枢之子，揭竿而起，四方响应。汉高祖起自小吏，无丝毫之凭借，乃成最后之功，与六国之后不同。

一 豪杰亡秦

秦始皇道崩于沙丘，二世以诡谋得位，恐臣属不服，恫以诛戮。然上下离德，危机遂兆。

三十七年，西元前210年。十月，始皇出游……至平原津山东德县。而病。始皇恶言死，群臣莫敢言死事。上病益甚，乃为玺书，赐公子扶苏曰："与丧会咸阳而葬。"书已，封在中车府令赵高行符玺事所，未授使者……始皇崩于沙丘平台。河北邢台县。丞相斯为上崩在外，恐诸公子及天下有变，乃秘之不发丧……独子胡亥、赵高及所幸宦者五六人，知上死。赵高故尝教胡亥书及狱律令法事，胡亥私幸之，高乃与公子胡亥、丞相斯阴谋，破去始皇所封书，赐公子扶苏者，而更诈为丞相

秦二世胡亥像

赵高像

斯，受始皇遗诏沙丘，立子胡亥为太子，更为书赐公子扶苏、蒙恬数以罪，其赐死……至咸阳，发丧，太子胡亥袭位，为二世皇帝。（《史记》卷六《秦始皇纪》）

以赵高为郎中令，常侍中用事。二世燕居，乃召高与谋事……高曰："……夫沙丘之谋，诸公子及大臣皆疑焉，而诸公子尽帝兄，大臣又先帝之所置也。今陛下初立，此其属意怏怏皆不服，恐为变。且蒙恬已死，蒙毅将兵居外。臣战战栗栗，唯恐不终，且陛下安得为此乐乎？"二世曰："为之奈何？"赵高曰："严法而刻刑，令有罪者相坐诛，至收族，灭大臣而远骨肉，贫者富之，贱者贵之，尽除去先帝之故臣，更置陛下之所亲信者近之……陛下则高枕肆志宠乐矣……"二世然高之言，乃更为法律。于是群臣诸公子有罪，辄下高，令鞫治之。杀大臣蒙毅等，公子十二人，僇死咸阳市，十公主矺死于杜，财物入于县官，相连坐者不可胜数。（《史记》卷八七《李斯传》）

秦既发生内变，久郁思动之民，遂乘间而起兵。

陈胜者，阳城人也，字涉；吴广者，阳夏人也，字叔……二世元年，西元前209年。七月，发闾左，适戍渔阳，河北密云县。九百人，屯大泽乡，陈胜、吴广，皆次当行，为屯长。会天大雨，道不通，度已失期。失期法皆斩，陈胜、吴广乃谋曰："今亡亦死，举大计亦死。等死，死国可乎？"陈胜曰："天下苦秦久矣。吾闻二世，少子也，不当立，当立者，乃公子扶苏。扶苏以数谏故，上使外将兵，今或闻无罪，二世杀之，百姓多闻其贤，未知其死也。项燕为楚将，数有功，爱士卒，楚人怜之，或以为死，或以为亡。今诚以吾众，诈自称公子扶苏、项燕为天下唱，宜多应者。"吴广以为然，乃行卜。卜者知其指意曰："足下事皆成有功，然足下卜之鬼乎？"陈胜、吴广喜，念鬼曰："此教我先威众耳。"乃丹书帛曰"陈胜王"，置人所罾鱼腹中，卒买鱼亨食，得鱼腹中书，固以怪之矣。又间令吴广之次近所旁丛祠中，夜篝火狐鸣，呼曰："大楚兴，陈胜王。"卒皆夜惊恐。旦日，卒中往往语，皆指目陈胜。吴广素爱人，士卒多为用者。将尉醉，广故数言欲亡，忿恚尉，令辱之以激怒其众。尉果笞广，尉剑

中华二千年史

陈胜、吴广起义

挺，广起夺而杀尉。陈胜佐之，并杀两尉，召令徒属曰："公等遇雨，皆已失期，失期当斩。借第令毋斩，而戍死者固十六七。且壮士不死即已，死即举大名耳。王侯将相，宁有种乎？"徒属皆曰："敬受命。"乃诈称公子扶苏、项燕，从民欲也，袒右，称大楚……陈胜自立为将军，吴广为都尉，攻大泽乡，收而攻蕲。蕲下，乃令符离人葛婴，将兵徇蕲以东，攻铚、酂、苦、柘、谯，皆下之。行收兵，北至陈，车六七百乘，骑千余，卒数万人，攻陈……乃入据陈……陈涉乃立为王，号为张楚……乃以吴叔为假王，监诸将以西击荥阳，令陈人武臣、张耳、陈余，徇赵地，令汝阴人邓宗，徇九江郡。当此时，楚兵数千人为聚者，不可胜数。（《史记》卷四八《陈涉世家》）

自涉首事，天下翕从。涉复遣诸将徇地，诸将得地者，即自为王。六国后人，亦乘机而起，建国称王。兹据《史记·秦楚之际月表》，列表如下。

六国先后起兵简表

称号	姓名	年月	事实
张楚王	陈涉	二世元年七月	见前。
楚王	襄彊	二世元年八月	《史记·陈涉世家》，令符离人葛婴，将兵徇蕲以东，至东城，立襄彊为楚王。婴后闻陈王已立，因杀襄彊。
	景驹	二世二年端月	同上，陵人秦嘉等，闻陈王军破，出走，乃立景驹为楚王。《史记·项羽纪》，注，《集解》：文颖曰："景驹楚族，景氏驹名。"

称号	姓名	年月	事实
楚王	楚怀王孙心	二世二年六月	《史记·项羽纪》，项梁乃求楚怀王孙心民间，为人牧羊，立以为楚怀王。
赵王	武臣	二世元年八月	《史记·陈涉世家》，武臣到邯郸，自立为赵王。
魏王	魏旧宁陵君咎	二世元年九月	同上，令魏人周市北徇魏地，至狄，田儋击周市，市军散，还至魏地，欲立魏后故宁陵君咎为魏王。
齐王	田儋	二世元年九月	同上，狄人田儋，杀狄令，自立为齐王。
燕王	韩广	二世元年九月	同上，赵王武臣。使韩广将兵北徇燕地，乃自立为燕王。
沛公	刘邦	二世元年九月	《史记·秦楚之际月表》，沛公初起。
武信君	项梁	二世元年九月	同上，项梁，号武信君。
韩王	旧韩公子成	二世二年六月	《史记·留侯世家》，良乃说项梁曰："韩诸公子横阳君成贤，可立为王。"项梁使良求韩成，立以为韩王。

惟当时秦兵力尚强，新起之众，自非其敌，故遇战辄败北。

二年冬，西元前208年。陈涉所遣周章等，将西至戏。陕西临潼县。兵数十万。二世大惊，与群臣谋曰："奈何？"少府章邯曰："盗已至，众强，今发近县不及矣。郦山徒多，请赦之，授兵以击之。"二世乃大赦天下，使章邯将，击破周章军而走，遂杀章曹阳。二世益遣长史司马欣、董翳，佐章邯击盗，杀陈胜城父。安徽蒙城县。（《史记》卷六《秦始皇纪·二世纪》）

项梁乃以八千人渡江而西……入薛……闻陈王定死，召诸别将会薛计事。此时沛公亦起沛，往焉。居鄛人范增，年七十，素居家，好奇计，往说项梁曰："陈胜败固当。夫秦灭六国，楚最无罪，自怀王入秦不反，楚人怜之至今……今陈胜首事，不立楚后而自立，其势不长。今君起江东，楚蜂起之将，皆争附君者，以君世世楚将，为能复立楚之后也。"于是项梁然其言，乃求楚怀王孙心民间，为人牧羊，立以为楚怀王……都盱台，项梁自号为武信君。居数月，引兵攻亢父……大破秦军于东阿……项梁起东阿，西北至定陶，再破秦军……益轻秦，有骄色……秦果悉起兵益章邯击楚军，大破之定陶，项梁死。沛公、项羽去外黄，攻陈留……不能下……乃与吕臣军俱引兵而东，吕臣军彭城东，项羽军彭城西，沛公军砀。（《史记》卷七《项羽纪》）

章邯已破项梁军，则以为楚地兵不足忧，乃渡河击赵，大破之。

当此时，赵歇为王，陈余为将，张耳为相，皆走入巨鹿城。河北平乡县。章邯令王离、涉闲围巨鹿，章邯军其南，筑甬道而输之粟。陈余为将，将卒数万人，而军巨鹿之北，此所谓河北之军也。(《史记》卷七《项羽纪》)

楚兵已破于定陶，怀王恐，从盱台之彭城，并项羽、吕臣军，自将之。(《史记》卷七《项羽纪》)

秦兵所向克捷，诸军濒危，遂定应敌之策，一路救赵，以掣关外秦军；一路入关，以捣其根本。惟宋义畏秦强，赵趑不进，项羽杀之，引兵救赵，以破秦军。

赵数请救，怀王乃以宋义为上将军，项羽为次将，范增为末将，北救赵，令沛公西略地入关。与诸将约，先入定关中者王之。当是时，秦兵强，常乘胜逐北，诸将莫利先入关，独项羽怨秦破项梁军，奋愿与沛公西入关。(《史记》卷八《汉高祖纪》)

诸别将皆属宋义，号为卿子冠军。行至安阳，留四十六日不进……乃遣其子宋襄相齐，身送之，至无盐，饮酒高会。天寒大雨，士卒冻饥，项羽曰："将戮力而攻秦，久留不行。今岁饥民贫，士卒食芋菽，军无见粮，乃饮酒高会，不引兵渡河，因赵食……且国兵新破，王坐不安席，扫境内而专属于将军，国家安危，在此一举。今不恤士卒，而徇其私，非社稷之臣。"项羽晨朝上将军宋义，即其帐中斩宋义头，出令军中曰："宋义与齐谋反楚，楚王阴令羽诛之。"当是时，诸将皆慑服，莫敢枝梧，皆曰："首立楚者，将军家也。今将军诛乱。"乃相与共立羽为假上将军……怀王因使项羽为上将军……项羽已杀卿子冠军，威震楚国，名闻诸侯，乃遣当阳君蒲将军，将卒二万渡河救巨鹿。战少利，陈余复请兵。(《史记》卷七《项羽纪》)

项羽乃悉引兵渡河，皆沉船，破釜甑，烧庐舍，持三日粮，以示士卒必死，无一还心。于是至则围王离，与秦军遇，九战，绝其甬道，大破之，杀苏角，虏王离，涉闲不降楚，自烧杀。当是时，楚兵冠诸侯，诸侯军救巨鹿下者十余壁，莫敢纵兵。及楚击秦，诸将皆从壁上观，楚战士无不一以当十，楚兵呼声动天，诸侯军无不人人慴恐。于是已破秦军，项羽召见诸侯将，诸侯将入辕门，无不膝行而前，莫敢仰视。项羽由是始为诸侯上将军，诸侯皆属焉。(《史记》卷七《项羽纪》)

三年，……冬，赵高为丞相，竟案李斯杀之。夏，章邯等战数却，二世使人让邯，邯恐，使长史欣请事。赵高弗见，又弗信，欣恐，亡去，高使人捕追，不及。欣见邯曰："赵高用事于中，将军有功亦诛，无功亦诛。"项羽急击秦军……邯等遂以兵降诸侯。(《史记》卷六《秦二世纪》)

章邯既降，秦在关外势力，已归消灭，所争者关中而已。

　　沛公引兵西……战不利……略南阳郡……乃用张良计，使郦生、陆贾，往说秦将，啖以利。因袭攻武关，破之。又与秦军战于蓝田南，益张疑兵旗帜。诸所过，毋得掠卤，秦人憙，秦军解，因大破之。又战其北，大破之，乘胜，遂破之。(《史记》卷八《汉高祖纪》)

　　三年，八月……沛公将数万人，已屠武关，使人私于高。高恐二世，怒诛及其身，乃谢病，不朝见……二世乃斋于望夷宫……使使责让高以盗贼事。高惧，乃阴与其婿咸阳令阎乐、其弟赵成谋曰："上不听谏，今事急，欲归祸于吾宗。吾欲易置上，更立公子婴。"……使郎中令为内应，诈为有大贼，令乐召吏发卒追……至望夷宫殿门……郎中令与乐俱入……二世怒，召左右，左右皆惶扰不斗……二世自杀……赵高乃悉召诸大臣公子，告以诛二世之状曰："秦故王国，始皇君天下故称帝。今六国复自立，秦地益小，乃以空名为帝不可，宜为王如故便。立二世之兄子公子婴为秦王。"……子婴遂刺杀高于

秦兵马俑

斋宫……子婴为秦王四十六日，楚将沛公……至霸上，使人约降子婴。子婴……降轵道旁，沛公遂入咸阳。(《史记》卷六《秦二世纪》)

汉元年，十月……或说沛公曰："秦富十倍天下，地形强。今闻章邯降项羽，项羽乃号为雍王，王关中，今则来，沛公恐不得有此。可急使兵守函谷关，无纳诸侯军，稍征关中兵以自益，距之。"沛公然其计，从之。十一月中，项羽果率诸侯兵西，欲入关，关门闭。闻沛公已定关中，大怒，使黥布等攻破函谷关，十二月中，遂至戏……亚父劝项羽击沛公，方飨士，旦日合战。是时项羽兵四十万，号百万，沛公兵十万，号二十万，力不敌。会项伯欲活张良，夜往见良，因以文谕项羽，项羽乃止。沛公从百余骑，驱之鸿门，见谢项羽。……沛公以樊哙、张良故，得解归。(《史记》卷八《汉高祖纪》)

项羽引兵西屠咸阳，杀秦降王子婴，烧秦宫室，火三月不灭，收其货宝妇女而东。(《史记》卷七《项羽纪》)

二　楚汉相争

秦末豪杰发难，六国之后，纷纷复立，一时郡县制度遂被打破，复回归于封建。关东六国并峙，惟项羽之势独强，诸侯皆仰其鼻息，义帝徒拥虚号。然未尝别黑白而定一尊，与人民渴望统一之心相抵触，此其所以皆致败亡。刘汉代之，乃成统一之局。

尊怀王为义帝。项王欲自王，先王诸将相，谓曰："天下初发难时，假立诸侯后以伐秦，然身被坚执锐首事，暴露于野，三年灭秦定天下者，皆将相诸君与籍之力也。义帝虽无功，故当分其地而王之。"……乃分天下，立诸将为侯王……项王自立为西楚霸王，王九郡，都彭城……徙义帝长沙郴县……阴令衡山临江王击杀之江中。(《史记》卷七《项羽纪》)

项羽像

项羽分封十八王简表
据《史记·秦楚之际月表》参以纪传

旧国地	王号	姓名	辖地	都邑 古地	都邑 今释	事 功	灭 亡	备 考
秦	汉	刘邦	巴蜀汉中	南郑	陕西南郑县	先入关。		项羽因邦先入关当王，又恶负约，故析关中为四，以邦王汉中。
秦	雍	章邯	咸阳以西	废邱	陕西兴平县	秦降将。	立十七月，为汉所杀。	
秦	翟	董翳	上郡	高奴	陕西鄜县	秦降将，劝章邯降。	立七月，降汉。	
秦	塞	司马欣	咸阳以东至河	栎阳	陕西临潼县	秦降将，故为栎阳狱掾，有德于项梁。	立七月，降汉。	
楚	九江	英布		六	安徽六安县	楚将，常冠军。	立二十四月，降汉。	
楚	衡山	吴芮		邾	湖北黄冈县	率百越佐诸侯，又从入关。	立三十一月，汉徙封长沙，都临湘。	
楚	临江	共敖		江陵	湖北江陵县	义帝柱国，击南郡，功多。	立三十七月，欢立三十八月，为汉虏。	
魏	西魏	魏豹	河东	平阳	山西临汾县	故魏王。	立三十八月，降汉。	
魏	殷	司马卬	河内	朝歌	河南淇县	故赵将，定河内，数有功。	立十四月，降汉。	

续表

旧国地	王号	姓名	辖地	都邑 古地	都邑 今释	事功	灭亡	备考
韩	韩	成	韩故地	阳翟	河南禹县	故韩王。	立二十七月,项羽杀成,立郑昌,昌立三月,降汉。	汉以韩襄王孙信为韩王。
	河南	申阳	河南	雒阳	河南洛阳县	张耳嬖臣,先下河南郡,迎楚河上。	立九月,降汉。	
	代	赵歇	代	代	河北蔚县	故赵王。	立三十五月,以陈余为代王,十二月,为韩信所灭。	
赵	常山	张耳	赵地	襄国	河北邢台县	赵相,从入关。	立九月,降汉。	
	辽东	韩广		无终	河北蓟县	故燕王。	立三十七月,臧荼击杀广,灭之。	
燕	燕	臧荼	辽东	蓟	北京	故燕将,救赵,因从入关。	汉汉年九月反,被房。	
	临菑	田都		临菑	山东临淄县	故齐将,从共救赵,从入关。	立四月,为田荣击走,降楚。	齐故相田荣,并三齐,八月,为项羽所击破,走死。羽立故齐王田假为王,假走楚,楚杀之。立二月荣弟田横反,击走假,横立荣子广为王,立二十一月,汉将韩信击杀广,地属汉。
齐	胶东	田市		即墨	山东即墨县	故齐王。	立二十四月,为田荣所击杀。	
	济北	田安		博阳	山东泰安县	故齐王建孙,下济北数城,降羽。	立六月,为田荣所击杀。	

项羽分封诸侯,尤猜忌刘邦,恐其独据关中,乃封之汉中,复以秦三降将,分王关中,以牵掣之。

项王、范增,疑沛公之有天下,业已讲解,又恶负约,恐诸侯叛之,乃阴谋曰:"巴蜀道险,秦之迁人皆居蜀。"乃曰:"巴蜀亦关

中地也，故立沛公为汉王，王巴蜀汉中。"……而三分关中，王秦降将，以距塞汉王。(《史记》卷七《项羽纪》)

汉元年，正月……负约，更立沛公为汉王，王巴蜀汉中，都南郑。三分关中，立秦三将，章邯为雍王……司马欣为塞王……董翳为翟王……汉王之国……从杜南入蚀中，去辄烧绝栈道，以备诸侯盗兵袭之，亦示项羽无东意。(《史记》卷八《汉高祖纪》)

按当时天下，义帝、西楚霸王而外，王国十八，上表。秦降将三人，徙分赵、魏、燕、齐、韩故王，更立诸将九人，及汉王一人，而以平民起事者，只刘邦与张耳、英布耳。至于项羽分封，将赵、魏、燕、齐、韩旧王改徙，使有功于己而素所喜者，王于其地，人心业已不服，而"有功未得封"与"拥兵无所归"者，更不免怨望生心。是以受封诸侯，罢兵就国后，阅一月而兵起，互相攻杀，兵连祸结。项羽既为盟主，于是亲出戡乱，疲于奔命，而汉王乃得间东出，以与项羽相周旋。

田荣者，数负项梁，又不肯将兵从楚击秦，以故不封……闻……立齐将田都为齐王，乃大怒，不肯遣齐王之胶东，因以齐反，迎击田都，田都走楚。齐王市畏项王，乃亡之胶东就国，田荣怒，追击杀之即墨。荣因自立为齐王，而西击杀济北王田安，并王三齐……项羽……北击齐……汉之二年冬……遂北至城阳，田荣亦将兵会战。田荣不胜，走至平原，平原民杀之……徇齐至北海，多所残灭，齐人相聚而叛之。于是田荣弟田横，收齐亡卒，得数万人，反城阳。项王因留连，战未能下。春，汉王部五诸侯兵，凡五十六万人，东伐楚。项王闻之，即令诸将击齐，而自以精兵三万人，南从鲁出胡陵。四月……大破汉军……田横亦得收齐，立田荣子广为齐王。(《史记》卷七《项羽纪》)

臧荼之国，因逐韩广之辽东，广弗听，荼击杀广无终，并王其地。(《史记》卷七《项羽纪》)

汉元年，四月……陈余怨项羽之弗王己也，令夏说说田荣，请兵击张耳。齐予陈余兵，击破常山王张耳。张耳亡归汉，迎赵王歇于代，复立为赵王，赵王因立陈余为代王。(《史记》卷八《汉高祖纪》)

韩王成无军功，项王不使之国，与俱至彭城，废以为侯，已又杀之……乃以故吴令郑昌为韩王。(《史记》卷七《项羽纪》)

初汉王出汉中，悉定三秦。破雍、塞、翟三王。东如陕，降河南，定韩地，渡河，降魏王，虏殷王，遂至于洛阳。

汉元年，八月，汉王用韩信之计，从故道还袭雍王章邯……雍兵败……汉王遂定雍地。东至咸阳，引兵围雍王废丘。旋废丘降，章邯自杀。……二年，汉王东略地，塞王欣、翟王翳、河南王申阳皆降。韩王昌不听，使韩信击破之。（《史记》卷八《汉高祖纪》）

二年，正月……汉王之出关，至陕……三月……从临晋渡，魏王豹将兵从，旋复附楚，汉遣韩信击灭之。下河内，虏殷王……南渡平阴津，至雒阳新城。（《史记》卷八《汉高祖纪》）

此后楚汉相持于荥皋间，而汉则复遣说客，南联英布；遣别军，北定齐赵，拓地日广，形势益固。

二年，三月……随何往说九江王布，布果背楚。详见《史记》卷九一《黥布传》。楚使龙且往击之……布与龙且战，不胜，与随何间行归汉。（《史记》卷八《汉高祖纪》）

三年，……汉王乃令张耳与韩信，遂东下井陉，击赵，斩陈余、赵王歇……韩信用蒯通计，遂袭破齐。（《史记》卷八《汉高祖纪》）

信引兵东，未渡平原，闻汉王使郦食其已说下齐，韩信欲止。范阳辩士蒯通说信曰："将军受诏击齐，而汉独发间使下齐，宁有诏止将军乎？何以得毋行也？且郦生一士，伏轼掉三寸之舌，下齐七十余城，将军……为将数岁，反不如一竖儒之功乎？"于是信然之，从其计，遂渡河。齐已听郦生，即留纵酒，罢备汉守御，信因袭齐历下军，遂至临菑，齐王田广……走高密。……韩信已定临菑，遂东追广至高密。……汉四年……平齐，使人言汉王曰："齐伪诈多变，反覆之国也。南边楚，不为假王以镇之，其势不定，愿为假王便。"当是时，楚方急围汉王于荥阳，韩信使者至，发书，汉王大怒

韩信像

……张良、陈平……因附耳语曰："……不如因而立，善遇之，使自为守，不然变生。"汉王亦悟……乃遣张良往，立信为齐王。(《史记》卷九二《淮阴侯传》)

由上观之，项羽所封之十八王国，除汉外，至此只余燕、衡山、临江三王而已。然燕已通汉，衡山、临江二国，地远而弱。当时仅有刘、项两大势力，并力角逐。及垓下一战，项羽破灭，汉高统一之业，方告成功。

五年，西元前202年。高祖与诸侯兵共击楚军。(《史记》卷八《汉高祖纪》)

是时汉兵盛，食多；项王兵罢，食绝。汉遣陆贾说项王……项王乃与汉约中分天下，割鸿沟以西者为汉，鸿沟而东者为楚，项王许之……项王已约，乃引兵解而东归。汉欲西归，张良、陈平说曰："汉有天下太半，而诸侯皆附之，楚兵罢食尽，此天亡楚之时也。不如因其机而遂取之。今释弗击，此所谓养虎自遗患也。"汉王听之……乃追项王，至阳夏南，止军……楚击汉军，大破之。汉王复入壁，深堑而自守……韩信乃从齐往，刘贾军从寿春并行，屠城父，至垓下。大司马周殷叛楚，以舒屠六，举九江兵，随刘贾、彭越，皆会垓下，诣项王。项王军壁垓下，兵少食尽，汉军及诸侯兵，围之数重，夜闻汉军四面皆楚歌，项王乃大惊曰："汉皆已得楚乎？是何楚人之多也！"项王则夜起饮帐中，有美人名虞，常幸从，骏马名骓，常骑之。于是项王乃悲歌忼慨，自为诗曰："力拔山兮气盖世，时不利兮骓不逝，骓不逝兮可奈何，虞兮虞兮奈若何。"歌数阕，美人和之，项王泣数行下。左右皆泣，莫能仰视。于是项王乃上马骑，麾下壮士，骑从者八百余人，直夜溃围，南出驰走。平明，汉军乃觉之，令骑将灌婴，以五千骑追之……项王乃复引兵而东。至东城，乃有二十八骑，汉骑追者数千人，项王自度不得脱……汉军……乃分军为三，复围之……项王乃欲东渡乌江，乌江亭长檥船待……项王笑曰："天之亡我，我何渡为。"……乃自刎而死。(《史记》卷七《项羽纪》)

汉

汉世系

自刘邦称皇帝，西历纪元前202年。至孺子婴禅位于王莽，西历8年。凡十四主，共二百十年。太祖高皇帝，姓刘，名邦，字季，沛丰邑中阳里人。秦二世元年起兵为沛公，入关灭秦为汉王，五年灭项羽，即皇帝位，在位凡八年。

孝惠皇帝，名盈，高祖子，嗣立，在位凡七年。

高后，姓吕，名雉，高祖后。惠帝崩，后取后宫子以为帝子立之，后临朝称制，在位凡八年。

太宗孝文皇帝，名恒，高祖中子。初封代王，诸吕诛，太尉周勃等迎立为皇帝，在位凡二十三年。

孝景皇帝，名启，文帝太子，嗣立，在位凡十六年。

世宗孝武皇帝，名彻，景帝中子。初为胶东王，嗣立，始建年号，建元、六年。元光、六年。元朔、六年。元狩、六年。元鼎、六年。元封、六年。太初、四年。天汉、四年。太始、四年。征和、四年。后元，二年。在位凡五十四年。

孝昭皇帝，名弗陵，武帝少子，嗣立，改元始元、六年。元凤、六年。元平、一年。在位凡十三年。

昌邑王，名贺，武帝孙。昭帝无嗣，大将军霍光等迎立之，以无道，复为光所废，在位凡二十七日。

中宗孝宣皇帝，名询，武帝曾孙，戾太子孙，史皇孙子也。霍光废昌邑王，迎立为帝，改元本始、四年。地节、四年。元康、四年。神爵、四年。五凤、四年。甘露、四年。黄龙，一年。在位凡二十五年。

高宗孝元皇帝，名奭，宣帝太子。嗣立，改元初元、五年。永光、五年。建昭、五年。竟宁，一年。在位凡十六年。

孝成皇帝，名骜，元帝太子。嗣立，改元建始、四年。河平、四年。阳朔、四年。鸿嘉、四年。永始、四年。元延、四年。绥和，二年。在位凡二十六年。

孝哀皇帝，名欣，元帝庶孙，定陶恭王康子。成帝无子，立为太子，嗣立，改元建平、四年。元寿，二年。在位凡六年。

孝平皇帝，名衎，元帝庶孙，中山孝王兴子。哀帝崩，无子，太皇太后遣使迎立之，改元元始。五年。为王莽所弑，在位凡五年。

孺子婴，宣帝元孙。平帝无子，王莽立之为帝，而莽自为摄皇帝，后为王莽所废，在位凡三年。

(以上据《通考·帝系考》及《汉书·纪传》)

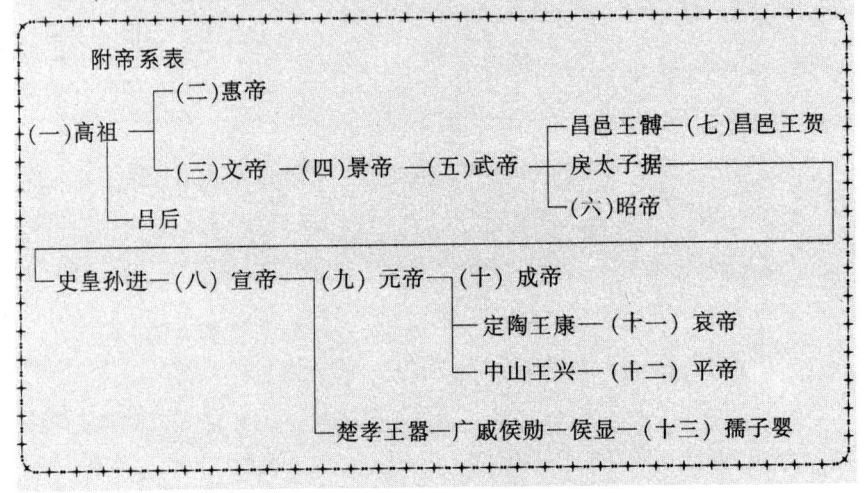

```
附帝系表
            ┌(二)惠帝
(一)高祖─┤                                    ┌昌邑王髆─(七)昌邑王贺
            │(三)文帝─(四)景帝─(五)武帝─┤戾太子据
            └吕后                              └(六)昭帝

├史皇孙进─(八)宣帝─┬(九)元帝─┬(十)成帝
│                              ├定陶王康─(十一)哀帝
│                              └中山王兴─(十二)平帝
└楚孝王嚣─广戚侯勋─侯显─(十三)孺子婴
```

一　汉之统一

(一) 削平群雄

汉高祖以一小吏起义师，卒能灭项羽而并天下。观其措置，要点有二，兹列举之如下。

甲、善于用人

汉高祖豁达大度，善以利禄诱人，崛起草泽之徒，皆为之效死力。

高祖为人……仁而爱人，喜施，意豁如也，常有大度，不事家人生产作业。及壮，试为吏，为泗水亭长，廷中吏，无所不狎侮，好酒及色……高祖常徭咸阳，纵观，观秦皇帝，喟然太息曰："嗟乎，大丈夫当如此也！"（《史记》卷八《汉高祖纪》）

平曰："……项王不能信人，其所任爱，非诸项，即妻之昆弟，虽有奇士不能用……项王为人，恭敬爱人，士之廉节好礼者多归之，至于行功爵邑，重之，士亦以此不附。今大王慢而少礼，士廉节者不来，然大王能饶人以爵邑，士之顽钝嗜利无耻者，亦多归汉。"（《史记》卷五六《陈丞相世家》）

刘邦像

五年，五月……高祖置酒雒阳南宫……高起、王陵对曰："陛下慢而侮人，项羽仁而爱人，然陛下使人攻城略地，所降下者，因以予之，与天下同利也。项羽妒贤嫉能，有功者害之，贤者疑之，战胜而不予人功，得地而不予人利，此所以失天下也。"（《史记》卷八《汉高祖纪》）

故佐汉高定天下，所谓开国元勋者，除张良外，大都出身于寒贱。

萧何。沛丰人也，以文无害，为沛主吏掾。高祖为布衣时，何数以吏事护高祖，高祖为亭长，常左右之。（《史记》卷五三《萧相国世家》）

曹参。沛人也，秦时为沛狱掾，而萧何为主吏，居县为豪吏矣。高祖为沛公而初起也，参以中涓从。（《史记》卷五四《曹相国世家》）

韩信。淮阴人也，始为布衣时，贫无行，不得推择，为吏又不能治生商贾，常从人寄食饮，人多厌之者。（《史记》卷九二《淮阴侯传》）

张良。其先韩人也，大父开地，相韩昭侯……秦灭韩，良年少……尝学礼淮阳，东见仓海君，得力士……秦皇帝东游，良与客狙击秦皇帝博浪沙中，误中副车。秦皇帝大怒，大索天下，求贼甚急，为张良故也。良乃更名姓，亡匿下邳……为任侠。项伯尝杀人，从良匿。后十年，陈涉等起兵，良亦聚少年百余人。（《史记》卷五五《留侯世家》）

陈平。阳武户牖乡人也。少时家贫，好读书，有田三十亩，独与

卷一 秦汉三国

兄伯居。伯常耕田，纵平使游学……其嫂嫉平之不视家生产，曰："……有叔如此，不如无有。"……及平长，可娶妻，富人莫肯与者，贫者平亦耻之……富人有张负……谓其子仲曰："吾欲以女孙予陈平。"张仲曰："平贫不事事，一县中尽笑其所为，独奈何予女乎？"（《史记》卷五六《陈丞相世家》）

周勃。沛人也……勃以织薄曲为生，常为人吹箫，给丧事……高祖之为沛公初起，勃以中涓，从攻胡陵。（《史记》卷五七《绛侯世家》）

樊哙。沛人也，以屠狗为事，与高祖俱隐。初从高祖起丰，攻下沛。（《史记》卷九五《樊哙传》）

彭越。昌邑人也，字仲，常渔巨野泽中，为群盗。陈胜、项梁之起，少年或谓越曰："诸豪杰相立畔秦，仲可以来亦效之。"彭越曰："两龙方斗，且待之。"居岁余，泽间少年相聚百余人，往从彭越曰："请仲为长。"（《史记》卷九〇《彭越传》）

黥布。六人也，姓英氏。秦时为布衣少年，有客相之曰："当刑而王。"及壮，坐法黥，布欣然笑曰："人相我当刑而王，几是乎？"人有闻者，共俳笑之。布已论输丽山，丽山之徒数十万人，布皆与其徒长豪桀交通，乃率其曹偶，亡之江中为群盗。（《史记》卷九一《黥布传》）

乙、定都关中

汉高祖以关中为根据地，进退裕如，项羽西向以争，辄有后顾之忧。刘项得失，即判于此。

关中事，计户口，转漕给军，汉王数失军遁去，何常兴关中卒，辄补缺。（《史记》卷五三《萧相国世家》）

夫上与楚相距五岁，常失军亡众，逃身遁者数矣。然萧何常从关中遣军补其处……而数万众，会上之乏绝者数矣。夫汉与楚相守荥阳数年，军无见粮，萧何转漕关中，给食不乏。（《史记》卷五三《萧相国世家》）

汉王收诸侯，还守成皋、荥阳，下蜀汉之粟，深沟壁垒，分卒守徼乘塞。楚人还兵，间以梁地，深入敌国八九百里，欲战则不得，攻城则力不能，老弱转粮千里之外。（《史记》卷九一《黥布传》）

彭越常往来为汉游兵，击楚，绝其后粮于梁地……项王与汉王相

距荥阳，彭越攻下睢阳、外黄十七城，项王闻之……自东收彭越所下城邑，皆复为楚。越将其兵北走谷城……项王之南走阳夏，彭越复下昌邑旁二十余城，得谷十余万斛，以给汉王食。(《史记》卷九〇《彭越传》)

(二) 恢复封建

方汉高祖与项羽相持，遣将四出略地，即以所得之地封之。兹据《史记·汉兴以来诸侯年表》，参以纪传，表汉初异姓诸王于下。

汉初异姓诸王简表

国名	王名	都邑 古地	都邑 今释	封地	兴灭
齐楚	韩信	临菑 下邳	山东临淄县 江苏邳县	齐故淮北地	高祖四年封齐，五年改封楚，六年国除，十一年族诛。
梁	彭越	定陶	山东定陶县	魏故地	高祖五年封，十一年反，族诛。
赵	张耳	襄国	河北邢台县	赵故地	高祖四年封。五年薨，子敖立，九年，废为宣平侯。
韩	韩王信	阳翟 马邑	河南禹县 山西马邑县	韩故地	高祖二年封，六年徙太原，七年反，降匈奴。
淮南	英布	六	安徽六安县	楚故地	高祖四年封，十一年反，十二年诛。
燕	臧荼 卢绾	蓟	北京	燕故地与辽东地	高祖五年，臧荼反，攻下代地，高祖亲击之，得臧荼，立太尉卢绾为燕王，十一年，亡入匈奴。
长沙	吴芮	临湘	湖南长沙县	楚故地	高祖五年封，传成王臣，哀王回，恭王右，靖王著，文帝后七年，无后国除。

其追随佐命之功臣，亦裂土而封侯，所谓"汉兴序二等"，即王与侯也。

汉兴自秦二世元年之秋，西元前209年。……八载而天下乃平，始论功而定封。讫十二年，侯者百四十有三人。时大城名都，民人散亡，户口可得而数，裁什二三。是以大侯不过万家，小者五六百户。(《汉书》卷一六《高惠高后孝文功臣表序》)

后因诸异姓王，拥兵据地，不免为刘氏患，因先发制人，次第扑灭之。又惩于秦世孤立之败，分封同姓子弟，且刑马为盟，非刘不王。于是关以东，藩封错列，为王室夹辅，而汉朝仅治关西各地。至长沙僻在三湘，用为华彝缓冲，幸免削除，为当时异姓王中之硕果焉。

汉兴序二等。注：《集解》：韦昭曰："大者王，小者侯也。"高祖末年，非刘氏而王者，若无功上所不置而侯者，天下共诛之。高祖子弟，同姓为王者九国，唯独长沙异姓，而功臣侯者百余人。(《史记》卷一七《汉兴以来诸侯年表序》)

汉兴之初，海内新定，同姓寡少，惩戒亡秦孤立之败，于是剖裂疆土，立二等之爵。功臣侯者，百有余邑，尊王子弟，大启九国，自雁门以东，尽辽阳，为"燕"、"代"；常山以南，太行左转，度河济，渐于海，为"齐"、"赵"；谷泗以往，奄有龟蒙，为"梁"、"楚"；东带江湖，薄会稽，为"荆"、"吴"；北界淮濒，略庐衡，为"淮南"；波汉之阳，亘九嶷，为"长沙"。诸侯比境，周匝三垂，外接胡越。天子自有三河、东郡、颍川、南阳。自江陵以西至巴蜀，北自云中至陇西，与京师内史凡十五郡，公主列侯，颇邑其中，而藩国大者，夸州兼郡，连城数十。(《汉书》卷一四《诸侯王表序》)

汉兴设爵二等，曰王，曰侯。皇子而封为王者，其实古诸侯也，故谓之"诸侯王"；王子封为侯者，谓之"诸侯"。群臣异姓以功封者，谓之"彻侯"，大者不过万家，小者五六百户，以为差降……而诸王国，皆连城数十，逾于古制。其诸侯功德优盛，朝廷所敬异，有赐特进者，其位在三公下。其次列侯有功德，天子命为诸侯者，谓之"朝侯"，其位次九卿下……其称"侍祠侯"者，但侍祠而无朝位。其非朝侯侍祠而以下土小国，或以肺腑宿亲若公主子孙，或奉先侯坟墓在京师者，亦随时见会，谓之"猥诸侯"。(《通典》卷三一《职官》一三)

诸王国设置属官，制同中央，除丞相为朝廷所置外，其余均归自辟。既据有土地，私徇其民，复得任官，树植羽翼，宗室特殊之势力，得以造成。

诸侯王……掌治其国，有太傅辅王，内史治国民，中尉掌武职，丞相统众官，群卿大夫都官如汉朝。(《汉书》卷一九上《百官公卿表》上)

凡诸侯王……掌治其国……凡诸侯王官，其傅为太傅，相为丞相，又有御史大夫诸卿，皆秩二千石，百官皆如汉朝。汉朝惟为置丞相，其御史大夫以下，皆自置之。(《通典》卷三一《职官》一三)

至吕后临朝，为削弱宗室，任意诛迁，分王诸吕，隐以自卫，高祖所

定"非刘氏不王"之制，业已打破。

> 吕后为皇太后……召赵王（如意）……使人持鸩饮之……太后临朝称制，复杀高祖子赵幽王友、共王恢及燕灵王建，遂立周吕侯子台为吕王，台弟产为梁王，建城侯释之子禄为赵王，台子通为燕王。（《汉书》卷九七上《外戚传》上）

吕后称制凡八年，甫病卒，而袒刘之军即起。

> 八年，七月……朱虚侯刘章，有气力，东牟侯兴居，其弟也，皆齐哀王弟，居长安。当是时，诸吕用事擅权，欲为乱，畏高帝故大臣绛、灌等，未敢发。朱虚侯妇，吕禄女，阴知其谋，恐见诛，乃阴令人告其兄齐王，欲令发兵西诛诸吕而立，朱虚侯欲从中与大臣为应。齐王……遂发兵东，诈夺琅邪王兵，并将之而西……乃遗诸侯王书曰："……孝惠崩，高后用事……又比杀三赵王，灭梁、赵、燕以王诸吕，分齐为四……今高后崩……而诸吕又擅自尊官聚兵，严威劫列侯忠臣，矫制以令天下，宗庙所以危。寡人率兵入诛不当为王者。"汉闻之，相国吕产等，乃遣颍阴侯灌婴将兵击之。灌婴至荥阳，乃谋曰："诸吕权兵关中，欲危刘氏而自立。今我破齐还报，此益吕氏之资也。"乃留屯荥阳，使使谕齐王及诸侯，与连和以待吕氏变，共诛之。齐王闻之，乃还兵西界待约。（《史记》卷九《吕太后纪》）

> 太尉绛侯勃，不得入军中主兵。曲周侯郦商老病，其子寄，与吕禄善，绛侯乃与丞相陈平谋，使人劫郦商，令其子寄，往绐说吕禄。……八月……太尉欲入北军，不得入。襄平侯通尚符节，乃令持节，矫内太尉北军。太尉复令郦寄，与典客刘揭，先说吕禄曰："帝使太尉守北军，欲足下之国，急归将印辞去。不然，祸且起。"吕禄以为郦兄不欺己，遂解印属典客，而以兵授太尉。……太尉遂将北军，然尚有南军……吕产不知吕禄已去北军，乃入未央宫，欲为乱，殿门弗得入，徘徊往来。……太尉尚恐不胜诸吕，未敢讼言诛之，乃遣朱虚侯谓曰："急入宫卫帝。"朱虚侯请卒，太尉予卒千余人，入未央宫门，遂见产……击产……杀之郎中府吏厕中……太尉……遂遣人分部

吕后像

卷一　秦汉三国

悉捕诸吕男女，无少长，皆斩之。(《史记》卷九《吕太后纪》)

诸吕既除，朝臣密议迎立代王，是为文帝。汉臣之强，于此可见。后来霍光废昌邑，王莽移汉祚，不足怪也。

八年，八月……诸大臣相与阴谋曰："少帝及梁、淮阳、常山王，皆非真孝惠子也。吕后以计，诈名他人子，杀其母，养后宫，令孝惠子之，立以为后及诸王，以强吕氏。今皆已夷灭诸吕，而置所立，即长用事，吾属无类矣。不如视诸王最贤者立之。"或言齐悼惠王，高帝长子，今其适子为齐王，推本言之，高帝适长孙可立也。大臣皆曰："吕氏以外家恶，而几危宗庙、乱功臣。今齐王母家驷钧，驷钧，恶人也，即立齐王，则复为吕氏。"欲立淮南王，以为少，母家又恶，乃曰："代王方今高帝见子最长，仁孝宽厚，太后家薄氏谨良，且立长故顺，以仁孝闻于天下便。"乃相与共阴使人召代王。(《史记》卷九《吕太后纪》)

汉初分封同姓，辖地甚广，其时承丧乱之后，户口稀少。乃承平数世，物力增加，而诸藩之势，亦日臻强大，专恣自为，蔑视中央，尾大不掉，形同割据之局。

高祖创业，日不暇给，孝惠享国又浅，高后女主摄位，而海内晏如，亡狂狡之忧，卒折诸吕之难、成太宗之业者，亦赖之于诸侯也。然诸侯原本以大，末流滥以致溢，小者淫荒越法，大者睽孤横逆，以害身丧国。(《汉书》卷一四《诸侯王表序》)

故逮文景四五世间，流民既归，户口亦息，列侯大者至三四万户，小国自倍。富厚如之，子孙骄逸，忘其先祖之艰难，多陷法禁，陨命亡国。(《汉书》卷一六《高惠高后孝文功臣表序》)

此时，不但朝廷患诸王之逼，即学者亦忧臃肿之患。贾谊进削地分封之策，意在众建诸侯而少其力。特文帝为安静无为之主，拘牵顾忌，不敢贸然行之也。

是时……天下初定，制度疏阔，诸侯王僭拟地，过古制……谊数上疏陈政事，多所欲匡建，其大略曰："……欲天下之治安，莫若众

霍光像

中华二千年史

建诸侯而少其力。力少则易使以义，国小则亡邪心。令海内之执，如身之使臂，臂之使指，莫不制从，诸侯之君，不敢有异心，辐凑并进，而归命天子。……割地定制，令齐、赵、楚各为若干国，使悼惠王、幽王、元王之子孙，毕以次各受祖之分地，地尽而止，及燕、梁它国皆然。其分地众而子孙少者，建以为国，空而置之，须其子孙生者，举使君之。诸侯之地，其削颇入汉者，为徙其侯国，及封其子孙也。所以数偿之，一寸之地，一人之众，天子亡所利焉。（《汉书》卷四八《贾谊传》）

景帝时，七国益骄纵，晁错再建削藩之议，尤激切。

昔高帝初定天下，昆弟少，诸子弱，大封同姓，故王孽子悼惠王王齐七十余城，庶弟元王王楚四十余城，兄子濞王吴五十余城，封三庶孽，分天下半。今吴王前有太子之郄，诈称病不朝，于古法当诛。文帝弗忍，因赐几杖，德至厚。当改过自新，乃益骄溢，即山铸钱，煮海水为盐，诱天下亡人谋作乱。今削之亦反，不削之亦反。削之其反亟，祸小；不削反迟，祸大。（《史记》卷一〇六《吴王濞传》）

景帝用错计，实行削地，七国结合以反汉。

三年冬，西元前154年。楚王来朝，错因言楚王戊，往年为薄太后服，私奸服舍，请诛之。诏赦，削东海郡。及前二年，赵王有罪，削其常山郡；胶西王卬，以卖爵事有奸，削其六县。汉廷臣方议削吴，吴王恐削地无已，因欲发谋举事，念诸侯无足与计者，闻胶西王勇好兵，诸侯皆畏惮之，于是乃使中大夫应高，口说胶西王。……王曰善……遂发使约齐、菑川、胶东、济南，皆许诺。诸侯既新削罚，震恐多怨错。及削吴会稽、豫章郡书至，则吴王先起兵……胶西、胶东、菑川、济南、楚、赵亦皆反，发兵西。齐王后悔，背约城守。（《汉书》卷三五《吴王濞传》）

三年，正月……吴王濞、胶西王卬、楚王戊、赵王遂、济南王辟光、菑川王贤、胶东王雄渠，皆举兵反。大赦天下，遣太尉亚夫、周

汉景帝刘启像

亚夫。大将军窦婴，将兵击之，斩御史大夫晁错以谢七国。二月……诸将破七国，斩首十余万级，追斩吴王濞于丹徒，胶西王卬、楚王戊、赵王遂、济南王辟光、菑川王贤、胶东王雄渠，皆自杀。(《汉书》卷五《景帝纪》)

及七国平定，乃将任用官吏权，收归中央，不令诸侯王复治其国。

景帝中五年，西元前145年。令诸侯王不得复治国，天子为置吏，改丞相曰相，省御史大夫、廷尉、少府、宗正、博士官、大夫、谒者、郎诸官，长丞皆损其员。武帝改汉内史为京兆尹，中尉为执金吾，郎中令为光禄勋。故王国如故，损其郎中令，秩千石；改太仆曰仆，秩亦千石。成帝绥和元年，省内史，更令相治民，如郡太守，中尉如郡都尉。(《汉书》卷一九上《百官公卿表》上)

然诸国治权虽减少，拥地仍广。武帝用主父偃议，下推恩之令，避削地之名，行弱藩之政，更假酎金以除之，封建之势始杀。

古者诸侯，地不过百里，强弱之形易制。今诸侯或连城数十，地方千里，缓则骄奢，易为淫乱；急则阻其疆，而合从以逆京师。今以法割削，则逆节萌起，前日晁错是也。今诸侯子弟或十数，而适嗣代立，余虽骨肉，无尺地之封，则仁孝之道不宣。愿陛下令诸侯得推恩分子弟以地侯之，彼人人喜得所愿，上以德施，实分其国，必稍自销

汉景帝平定七国之乱示意图

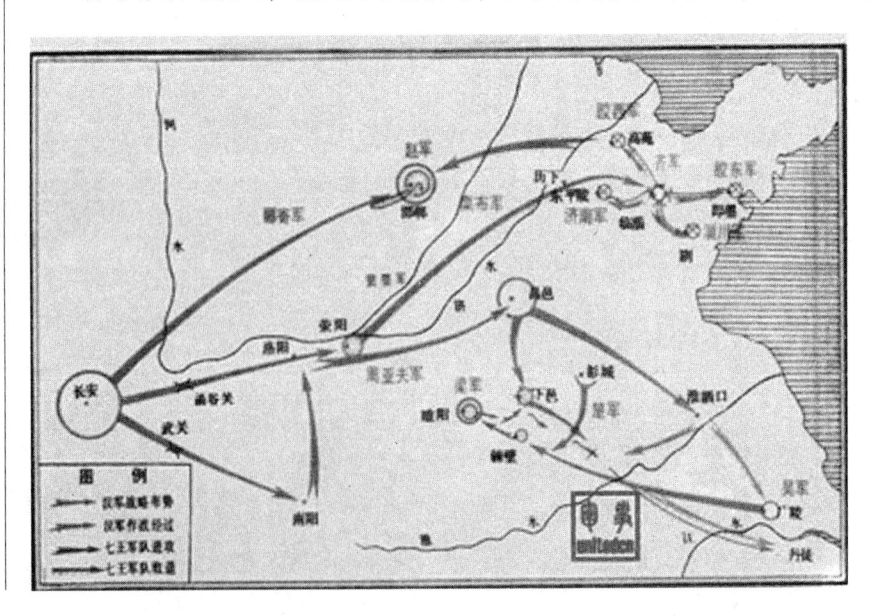

弱矣。(《汉书》卷六四上《主父偃传》)

　　武……作左官之律，设附益之法，诸侯惟得衣食税租，不与政事。(《汉书》卷一四《诸侯王表序》)

　　列侯坐酎金失侯者百余人。注，《集解》：如淳曰："《汉仪》注，王子为侯，侯岁以户口酎黄金于汉庙，皇帝临受献金以助祭，大祀日饮酎，饮酎受金，金少不如斤两，色恶，王削县，侯免国。"(《史记》卷三〇《平准书》)

　　八月饮酎。注，丁孚《汉仪》曰："酎金律，文帝所加，以正月旦作酒，八月成，名酎酒，因令诸侯助祭贡金。"汉律金布令曰："皇帝斋宿，亲帅群臣承祠宗庙，群臣宜分奉请诸侯、列侯各以民口数率，千口奉金四两，奇不满千口至五百口，亦四两，皆会酎，少府受。又大鸿胪食邑九真、交阯、日南者，用犀角，长九寸以上，若玳瑁甲一；郁林用象牙，长三尺以上，若翡翠各二十，准以当金。"(《后汉书》卷一四《礼仪志》上)

武帝削弱宗室，分封已有名无实，而郡守专政一方，乃设十三部州刺史以察之。汉室至此，实际始归统一。

　　元封五年，西元前106年。初置部刺史，掌奉诏条察州。(《汉书》卷一九上《百官公卿表》上)

汉高初封同姓王国有九，而宗室与功臣封侯者，百四十有三。自后分封迁除，迄于末年，王国有二十，侯国有二百四十一矣。兹表同姓诸王分合徙除于下（见下页）。

二　汉之疆域

汉初得秦故地，而河南复陷于匈奴，两越亦据土自王，至武帝对外用兵，疆域始大拓。

　　本秦京师为内史，分天下作三十六郡。汉兴，以其郡太大，稍复开置，又立诸侯王国，武帝开广三边。故自高祖增二十六，文景各六，武帝二十八，昭帝一。迄于孝平，凡郡国一百三，县邑千三百一

同姓诸王简表

王名	高祖 王都	高祖 说明	吕后 国名	吕后 王名	吕后 说明	文帝 国名	文帝 说明	景帝 国名	景帝 说明	武帝 国名	武帝 说明	西汉末年 国名	西汉末年 说明
荆贾（高祖从父弟）	都吴（今江苏吴县）	《汉书·楚元王传》，汉六年，废楚王信，分其地为二国，立贾地为荆王，立交为楚王。《史记·汉兴以来诸侯年表》，十一年，贾为英布所杀，其年封刘贾兄年，封立子吴国。				吴		吴	《史记·表》，景前三年，反诛。	广陵	《史记·表》，武元符二年，国除为广陵郡。五年，更为广陵国。	广陵	
吴濞（高祖兄仲子）	都广陵（今江苏江都县）	《汉书·荆王濞传》，荆王濞为布所杀，上乃立濞为吴王，王三郡五十三城。注，末祁曰："故东阳郡、鄣郡，吴郡即贾旧时。"						江都	《史记·表》，景前元年，应作江都。四年，国除为郡。中元三年，复置为南郡。				
交（高祖同父弟）	都彭城（今江苏铜山县）	《汉书·高帝纪》，六年正月，以砀郡、薛郡、郯郡三十六县，立弟文信君交为楚王。	楚	张偃（吕后外孙）	《通考·封建考》，高后称制元年，封公主子张偃为鲁王，八年，诛诸吕，坐废为侯，自立至废凡八年。	楚		楚	《史记·表》，景前二年，分楚，置鲁国。	楚		楚	
			鲁					鲁	《史记·表》，景前四年，复置鲁国。	鲁		鲁	
										泗水	《史记·表》，武元鼎三年，初置，都郯。	泗水	

续表

国名	高祖		吕后		文帝		景帝		武帝		西汉末年	
	王名	王都	说明	国王名	说明	国名	说明	国名	说明	国名	说明	国名	说明
齐	肥（高祖子）	临淄（今山东临淄县）	《汉书·高帝纪》，六年正月，以胶东、胶西、临淄、济北、博阳、城阳郡七十三县，立子肥为齐王。			齐		齐		齐	《史记·表》，武元朔二年，国除为郡。元狩五年，复置。元封元年，国除为郡。		
			吕台（吕后兄子）	《通考》，高后元年，割济南郡为吕王奉邑。《史记》以见子吕台为吕王。后长兄子吕台为吕王奉邑。二年，六年，坐骄恣废，自立至废，再传子嘉嗣。		《史记·表》，文前元年，初置。十一年，为郡属齐。十五年，复置。	城阳		城阳		城阳	
			泽（高祖从祖昆弟）	《史记·齐悼惠王世家》，八年，高后割齐琅邪郡，立营陵侯刘泽为琅邪王。《汉书·燕王泽传》，文帝元年，徙泽为燕王，而复以琅邪归齐。	济北	《史记·表》，文前二年，初置。十五年，为郡，复置。	济北		济北			《汉书昭纪》，后元二年七月，济北王勃有罪自杀，国除为北安县，属泰山郡。	
					济南	《史记·表》，文前十六年，分为济南国。		《史记·表》，景前四年，为郡。				
					菑川	《史记·表》，文前十六年，分为菑川。			菑川	《史记·表》，武元封三年，国除。	菑川	
			鲁元公主汤沐邑	《汉书·齐悼惠王传》，献城阳郡以尊公主。	城阳		胶西	《史记·表》，文前十六年，分为胶西，都即墨。	胶西		胶西	《汉书·地理志》高密国注，宣帝本始元年，更为高密国。	高密
					胶东	《史记·表》，文前十六年，分为胶东，都即墨。	胶东		胶东		胶东	

卷一 秦汉三国

续表

国名	王名	高祖 王都	高祖 说明	吕后 王名	吕后 说明	文帝 国名	文帝 说明	景帝 国名	景帝 说明	武帝 国名	武帝 说明	西汉末年 国名	西汉末年 说明
代	喜（高祖兄）　恒（高祖中子）	代（今河北蔚县）　晋阳（今山西阳曲县）	《汉书·高帝纪》，六年正月，以云中、雁门、代郡五十三县立兄喜为代王。七年十二月，匈奴改代王。代王喜弃国归，九年正月，徙代王如意为赵王，王赵国。十一年正月，子恒立以为代王，都晋阳。			代太原	《汉书·贾谊传》，文帝以代王入即位后，分代为两国，立皇子武为代王，参为太原王。后武为淮阳王，而参为代王，尽得故地。	代		代	《史记·表》，为太原郡三年。		
赵	如意（高祖祖子）	邯郸（今河北邯郸县）	《汉书·赵王传》，九年立太后征王到京，吕太后征王到京，鸩杀之，无子绝。《通考》，隐王如意立，凡四年，吕后所杀。又徙代王友，立凡十六年，立太后使，徙王赵，十一年为友自杀，无后。又徙梁王恢，立凡七年，自杀。十一年立淮阳王友为赵王，孝惠元年，徙王赵。	吕禄（吕后次兄子之子）　不疑（名惠帝子）	《通考》（吕后释惠帝）吕后崩，安，周勃等诛之，自立至诛凡二年。《通考》，高后称制元年，立所名孝惠子疑为襄城侯王，更立为恒山王，作乱，以织侯朝为梁王，八年，更名弘，坐非孝惠子，自立至诛，凡八年。	赵　河间	《史记·表》，文前元年，赵王遂元年，幽王子。《史记·表》，文前十五年，分为河间，十五年，国除为郡。	赵　河间　广川　中山	《史记·表》，景前元年，为郡。五年，广川王徙赵。《史记·表》，景前元年，国除置，复置。《史记·表》，景前二年，国除为信都，中元五年，国除为都，中元五年，复置。《史记·表》，景中二年，都户奴。《史记·表》，景中元年，都济阳。《汉书·地理志》，常山郡，"恒山也，恒帝改"注，张晏曰，在西，避文帝有讳，遗山房陵。	赵　河间　广川　中山　清河　常山	《汉书·地理志》，武帝征和二年，平干国置。《史记·表》，武鼎五年，国除为郡，复置。《史记·表》，武鼎四年，更为真定。	赵　河间　中山　信都　中山　平干　清河　真定	《通典·州郡》，汉高帝置。《通典·洛州》，信都改为广川国，改为广平国，为信都国。《通典·宣》，宣帝复为信都国。地节四年十二月，清河王有罪，废迁房陵。

续表

国名	高祖 王名	王都	说明	国名	吕后 王名	说明	国名	文帝 说明	国名	景帝 说明	国名	武帝 说明	国名	西汉末年 说明
淮南	长（高祖子）	寿春（今安徽寿县）	《汉书·淮南厉王长传》，十一年，淮南王布反，上击灭布，立长为淮南王。	淮南				《汉书·淮南厉王长传》，十六年，王淮南故地，三分之，勃为庐江王。五年，初置。			淮南 庐江 衡山 六安	《汉书·淮南王安传》，淮南王安自杀，国除为九江郡。《汉书》，武纪，元狩元年十一月，淮南王安，衡山王赐谋反，武帝十一年。《汉书·地理志》，六安国注，元狩二年，别为六安国。		
							衡山	《史记·表》，初置。	衡山	元前十				
							庐江	《史记·表》，文前十五年，复置。	庐江	文前元				
梁	恢（高祖子）	睢阳（今河南商邱县）	《汉书》，十一年，赵共王恢，立恢为梁王。彭越诛，十六年，恢徙赵幽王，赵王死。	梁	吕产（吕后侄）	（通考），高后称制六年，以吕台弟产为吕王。七年，徙为梁王。八年，吕后崩，周勃等诛之，自立至诛，凡三年。	梁		梁	《史记·表》，景前四年，国除为郡。	梁			
				济川	太（名为惠帝子）	（通考），高后七年立，八年九月，坐非孝惠子诛。			济川	《史记·表》，景中五年，分为济川国。	济川	《史记·表》，武建元四年，国除为郡。		
									济东	《史记·表》，景中五年，分为济东国。	济东	《史记·表》，武元鼎元年，国为大河郡。		
									山阳	《史记·表》，景中五年，分为山阳国。	昌邑	《汉书》，山阳，武建元五年，为国，山阳郡昌邑注，天汉四年，更为国。	东平	《汉书·地理志》，东平国注，宣帝甘露二年，为东平国。《汉书·昌邑哀王髆传》，十一年薨，子贺嗣。征王贺典丧，昭帝崩，即位二十七日，行淫乱废归，无嗣。赐汤沐邑二千户，国除为山阳郡。
									济阴	《史记·表》，景中五年，分为济阴国。后元年，国除。			济阴	《汉书·地理志》，济阴郡注，宣帝甘露二年，更名定陶。《通典》，景帝分梁为济阴国，宣帝更名定陶，曹魏分为济阴国，后为定陶。

续表

国名	高祖 王名	王都	说明	吕后 王名	说明	国名	文帝 说明	国名	景帝 说明	国名	武帝 说明	国名	西汉末年 说明
淮阳	友（高祖子）	陈都（今河南淮阳县）	《汉书·赵幽王友传》十一年，立为淮阳王。赵王如意死，徙友王赵。	强（名为惠帝子）	《通考》，名为强，高后称制元年，五年薨，以壶关侯武为淮阳王。坐非孝惠子诛，自立至诛，凡再传八年。	淮阳	《史记·表》，文前元年，国除，三年，复置，十一年，为郡。	淮阳	《史记·表》，景前元年，初置，四年，为郡。			淮阳	《汉书·淮阳宪王钦传》，元康三年立。
燕	建（高祖子）	蓟都（今北京）	《汉书·燕灵王建传》十一年，燕王绾亡入匈奴，为燕王。十五年薨，有美人子，太后使人杀之，绝后。	吕通（吕后侄孙）	《通考》，吕后称制八年，立东平侯通为燕王，其年吕后崩，谋乱坐诛。	燕	《汉书·燕王泽传》文帝元年，徙泽为燕王，而以琅邪郡为齐。	燕		燕	《史记·表》，国际元年，武元朔元年，国际为郡，元狩五年，复置。	广阳	《汉书·地理志》广阳国注，昭帝元凤元年，为广阳郡，宣帝本始元年，更为国。
长沙	吴芮		见前异姓王表。			长沙	《史记·表》，文后七年，国际。《通考》，吴芮凡五传，共五十年。	长沙	《史记·表》，景前元年，复置。《通考》，定王发，景帝子，前二年封。	长沙		长沙	

十四，道三十二，邑有蛮夷曰道。侯国二百四十一。地东西九千三百二里，南北万三千三百六十八里。(《汉书》卷二八下《地理志》下)

武帝攘却胡越，开地斥境，南置交阯，北置朔方之州，兼徐、梁、幽、并夏周之制，改雍曰凉，改梁曰益，凡十三部，置刺史。(《汉书》卷二八上《地理志》上)

元封五年，西元前106年。四月……初置刺史部十三州。(《汉书》卷六《武帝纪》)

汉疆域简表

州部	郡	国	备考
司隶校尉	京兆尹，左冯翊，右扶风，弘农。河内，河南，河东。		《汉书·百官公卿表》，武帝征和四年，初置，察三辅、三河、弘农，成帝元延四年省，绥和二年，哀帝复置。《通鉴·地理通释》司隶校尉部注，武帝征和四年，初置。初置十三部，尚未有司隶校尉。
豫州	颍川，汝南，沛郡。	梁国，鲁国。	
兖州	陈留，山阳，济阴，泰山，东郡。	城阳，淮阳，东平。	
徐州	琅邪，东海，临淮。	泗水，广陵，楚国。	
青州	平原，千乘，济南，北海，东莱，齐郡。	菑川，胶东，高密。	
凉州	陇西，金城，天水，武威，张掖，酒泉，敦煌，安定，北地，西海。		《汉书·武帝纪》，元狩二年秋，匈奴昆邪王降，以其地为武威、酒泉郡。元鼎六年秋，分武威、酒泉地，置张掖、敦煌郡。《汉书·平帝纪》，元始四年冬，置西海郡。
朔方	朔方。		《汉书·武帝纪》，元朔二年正月，收河南地，置朔方郡。
并州	太原，上党，西河，五原，云中，定襄，雁门，上郡。		
冀州	魏郡，巨鹿，常山，清河。	赵国，广平，真定，中山，信都，河间。	
幽州	勃海，上谷，渔阳，右北平，辽西，辽东，玄菟，乐浪，涿郡，代郡。	广阳	《汉书·武帝纪》，元封三年夏，朝鲜降，以其地为乐浪、临屯、玄菟、真番郡。《昭纪》，始元五年六月，罢真番郡。
扬州	庐江，九江，会稽，丹阳，豫章。	六安。	

续表

州部	郡	国	备考
荆州	南阳，江夏，桂阳，武陵，零陵，南郡。	长沙。	
益州	汉中，广汉，犍为，武都，越嶲，益州，牂柯，巴郡，蜀郡。		《汉书·地理志》犍为郡注，武帝建元六年开。 《汉书·武帝纪》，元鼎六年春，定西南夷，以为武都、牂柯、越嶲、沈黎、文山郡。元封二年秋，平西南夷未服者，以为益州郡。《宣纪》，地节三年十二月，省文山郡并蜀。 《通鉴·地理通释》，武帝天汉四年，并沈黎于蜀。
交阯	南海，郁林，苍梧，交阯，合浦，九真，日南。		《汉书·武帝纪》，元鼎六年春，定越地，以为南海、苍梧、郁林、合浦、交阯、九真、日南、珠崖、儋耳郡。 《昭纪》，始元五年六月，罢儋耳。 《元纪》，初元三年春，罢珠崖。

三 汉之制度

（一）官制

汉之官制，大率沿秦之旧，文景后，始间有增置及更改者。

秦兼天下，建皇帝之号，立百官之职，汉因循而不革，明简易、随时宜也，其后颇有所改。（《汉书》卷一九上《百官公卿表》上）

汉官以所食俸之多寡，明其秩之尊卑，故称官恒曰若干石。

师古曰："汉制三公，号称'万石'，其俸月各三百五十斛谷。其称"中中言满也。二千石"者，月各百八十斛，二千石"者百二十斛，"比二千石"者百斛，"千石"者九十斛，"比千石"者八十斛，"六百石"者七十斛，"比六百石"者六十斛，"四百石"者五十斛，"比四百石"者四十五斛，"三百石"者四十斛，"比三百石"者三十七斛，"二百石"者三十斛，"比二百石"者二十七斛，"一百石"者十六斛。（《汉书》卷一九上《百官公卿表》上注）

甲、中央

汉中央官制简表

类别	官名 沿秦	官名 汉改置	职掌	秩禄	备考
上公	太师				《汉书·百官公卿表》，太师古官，平帝元始元年，初置。
	太傅				同上，太傅古官，高后元年，初置，后省。八年，复置，后省。哀帝元寿二年，复置。位在三公上。
	太保				同上，太保古官，平帝元始元年，初置。
三公	丞相	大司徒	总理庶政，辅佐君主。	万石	同上，高帝即位，置一丞相，十一年，更名相国。孝惠高后，置左右丞相。文帝二年，复置一丞相。哀帝元寿二年，更名大司徒。
	太尉	大司马	全国军政。	万石	同上，武帝建元二年省，元狩四年。初置大司马，以冠将军之号。
	御史大夫	大司空	言论及纠察之事。	万石	同上，成帝绥和元年，更名大司空。哀帝建平二年，复为御史大夫，元寿二年，复为大司空。
九卿	奉常	太常	祭祀。	中二千石	同上，景帝中六年，更名太常。
	郎中令	光禄勋	宫殿掖门。	中二千石	同上，武帝太初元年，更名光禄勋。
	卫尉	中大夫令	宫门卫屯兵。	中二千石	同上，景帝初，更名中大夫令，后元年，复为卫尉。
	太仆		舆服车马。	中二千石	
	廷尉	大理	刑狱。	中二千石	同上，景帝中六年，更名大理。武帝建元四年，复为廷尉。宣帝地节三年，初置左右平。哀帝元寿二年，复为大理。
	典客	大行令 大鸿胪	宾客朝觐之事。	中二千石	同上，景帝中六年，更名大行令。武帝太初元年，更名大鸿胪。
	宗正	宗伯	王族之事。	中二千石	同上，平帝元始四年，更名宗伯。
	治粟内史	大农令 大司农	谷货。	中二千石	同上，景帝后元年，更名大农令。武帝太初元年，更名大司农。
	少府		山泽租税。	中二千石	

续表

类别	官名 沿秦	官名 汉改置	职掌	秩禄	备考
列卿	中尉	执金吾	徼循京师。	中二千石	同上，武帝太初元年，更名执金吾。
列卿	将作少府	将作大匠	治宫室。	二千石	同上，景帝中六年，更名将作大匠。
列卿	典属国		掌蛮夷降者。	二千石	同上，成帝河平元年，省并大鸿胪。
列卿		水衡都尉	掌上林苑。	二千石	同上，武帝元鼎二年，初置。
宫官	詹事		皇后太子家事。	二千石	同上，成帝鸿嘉三年，省詹事官，并属大长秋。
宫官		长信詹事 长信少府 长乐少府	皇太后宫。	二千石	同上，景帝中六年，更名长信少府。平帝元始四年，更名长乐少府。
宫官	将行	大长秋	皇后卿。	二千石	同上，景帝中六年，更名大长秋，或用中人，或用士人。
宫官	太子太傅 少傅			二千石	同上，古官。
军官		大将军			《汉书·韩信传》，汉王拜韩信为大将军。
军官		票骑将军			《汉书·霍去病传》，元狩三年春，为票骑将军。
军官		车骑将军			《汉书·靳歙传》，攻韩信平城下，还军东垣有功，迁为车骑将军。
军官		卫将军			《史记·惠景间侯者表》，山都贞侯王恬开，以卫将军击陈豨。
军官		前后左右将军			《汉书·百官公卿表》，皆周末官，秦因之，位上卿。汉不常置，或有前后，或有左右，皆掌兵及四夷。
军官		列将军			

汉制三公九卿，皆有所职，分理庶政，非天子之私人。故遇大事，有所诏命，必下廷臣议之。参加廷议者，为丞相、御史大夫、列侯、二千石、博士等官，往往于帝前争议之。

高后欲立诸吕为王，问陵……陵让平、勃……平曰："于面折廷争，臣不如君。注：师古曰："廷争谓当朝廷而谏争。"全社稷，安刘氏后，君亦不如臣。"陵无以应之。（《汉书》卷四〇《王陵传》）

昌为人强力，敢直言……高帝……欲废太子……而周昌"廷争"之强。上问其说，昌为人吃，又盛怒曰："臣口不能言，然臣期期知其不可。陛下虽欲废太子，臣期期不奉诏。"（《史记》卷九六《周昌传》）

胜独曰："武帝……亡德泽于民，不宜为立庙乐。"公卿共难胜曰："此诏书也。"胜曰："诏书不可用也。"（《汉书》卷七五《夏侯胜传》）

周勃像

至于丞相，为天子副贰，其位极尊，权亦极重。

文帝……时，嘉入朝，而通邓通。居上旁，有怠慢之礼。嘉奏事毕，因言曰："陛下幸爱群臣，则富贵之。至于朝廷之礼，不可以不肃。"上曰："君勿言，吾私之。"罢朝，坐府中，嘉为檄召通，诣丞相府，不来且斩通。通恐，入言上，上曰："汝第往，吾今使人召若。"通至诣丞相府，免冠徒跣，顿首谢嘉。嘉坐自如，弗为礼，责曰："夫朝廷者，高皇帝之朝廷也。通小臣，戏殿上，大不敬，当斩。史今行斩之。"通顿首，首尽出血不解。上度丞相已困通，使使持节召通而谢丞相，"此吾弄臣，君释之"。邓通既至，为上泣曰："丞相几杀臣。"（《汉书》卷四二《申屠嘉传》）

丞相遣史分刺州。（《汉书》卷一九上《百官公卿表》上）

故事，丞相病，明日，御史大夫辄问病，朝奏事会庭中，差居丞相后，丞相谢，大夫少进揖。今丞相数病，望之不问病，会庭中，与丞相钧礼。（《汉书》卷七八《萧望之传》）

武帝以大司马为大将军兼官，遂为外戚执政者之世官，权在三公上，而相权为所夺矣。

乃置大司马位，大将军、骠骑将军，皆为大司马。定令，令票骑将军秩禄与大将军等。（《汉书》卷五五《霍去病传》）

初，武帝以卫青数征伐有功，以为大将军，欲尊宠之。以古尊官，唯有三公，皆将军始自秦晋以为卿号，故置大司马官号以冠之。其后霍光、王凤等皆然。（《后汉书》卷三四《百官志》一）

乙、地方

汉地方官为二级制度，以郡国统县。

　　郡守，秦官，掌治其郡，秩二千石，有丞。边郡又有长史，掌兵马……景帝中二年，西元前148年。更名太守。（《汉书》卷一九上《百官公卿表》上）

　　景帝中元二年，更名郡守为太守，凡在郡国，皆掌治民、进贤、劝功、决讼、检奸……郡为诸侯王国者，置内史，以掌太守之任。宣帝以为太守吏民之本，数变易则下不安，民知其将久不可欺罔，乃服从其教化，每拜刺史、守、相，辄亲见问，观其所由，退而考察，以质其言。……成帝绥和元年，省内史，以相治民，则相职为太守。（《通典》卷三三《职官》一五）

　　县令、长，皆秦官，掌治其县。万户以上为令，秩千石至六百石；减万户为长，秩五百石，至三百石。皆有丞、尉；秩四百石至二百石，是为长吏。百石以下，有斗食佐史之秩，是为少吏。（《汉书》卷一九上《百官公卿表》上）

察郡事，秦有监御史，汉兴省之，武帝置部刺史，以六条问事。

　　监御史……汉省，丞相遣史分刺州，不常置。武帝元封五年，初置部刺史，掌奉诏条察州，秩六百石，员十三人。（《汉书》卷一九上《百官公卿表》上）

　　部刺史，掌奉诏条察州。注：师古曰："《汉官典职仪》云，刺史班宣，周行郡国，省察治状，黜陟能否，断治冤狱，以六条问事，非条所问即不省。'一条'强宗豪右，田宅逾制，以强陵弱，以众暴寡；'二条'二千石不奉诏书，遵承典制，倍公向私，旁诏守利，侵渔百姓，聚敛为奸；'三条'二千石不恤疑狱，风厉杀人，怒则任刑，喜则淫赏，烦扰刻暴，剥截黎元，为百姓所疾，山崩石裂，妖祥讹言，'四条'二千石选署不平，苟阿所爱，蔽贤宠顽；'五条'二千石子弟，恃怙荣执，请托所监；'六条'二千石违公下比，阿附豪强，通行货赂，割损正令也。"（《汉书》卷一九上《百官公卿表》上）

霍去病墓

汉地方官制简表

类别	官名 沿秦	官名 汉改置	职掌	秩禄	备考
监司		京畿 司隶校尉	察三辅、三河、弘农	比二千石	《汉书·百官公卿表》，武帝征和四年，初置，持节从中都官徒千二百人，捕巫蛊，督大奸猾。后罢其兵，察三辅、三河、弘农。成帝元延四年省，绥和二年，哀帝复置，但为司隶，属大司空。
		州部 刺史牧	奉诏条察州	六百石 二千石	同上，监御史，秦官，掌监郡。汉省，丞相遣史分刺州，不常置。武帝元封五年，初置部刺史员十三人。成帝绥和元年，更名牧，哀帝建平二年，复为刺史，元寿二年，复为牧。
京师及郡国	内史 主爵中尉	三辅 京兆尹丞 都尉丞	治内史事，讥出入	京兆尹、左冯翊、右扶风皆二千石，都尉皆比二千石，丞皆六百石。	同上，内史，周官，秦因之，掌治京师。景帝二年，分置左内史、右内史。武帝太初元年，更名京兆尹，左内史更名左冯翊。
		左冯翊丞 都尉丞	治左地事，讥出入		同上，主爵中尉，秦官，掌列侯。景帝中六年，更名都尉。武帝太初元年，更名右扶风，与左冯翊、京兆尹是为三辅。注，服虔曰："皆治在长安中。"同上，武帝元鼎四年，更置三辅都尉、都尉、丞各一人。
		右扶风丞 都尉丞	治右地事，讥出入		
郡国	郡守 郡丞 长史	太守 郡长史	治其郡 佐郡守	二千石 六百石	同上，郡守，秦官，景帝中二年，更名太守。《通典·职官》，秦置郡丞，其郡当边戍者丞为长史，掌兵马，汉因而不改。
	郡尉	都尉 尉丞	佐守典武职甲卒	比二千石 六百石	《百官公卿表》，郡尉，秦官，景帝中二年，更名都尉。
		农都尉	主屯田殖谷	比二千石	《后汉书·百官志》，武帝边郡置农都尉。
		属国都尉	主蛮夷降者	比二千石	同上，武帝又置属国都尉。《汉书·武帝纪》，元狩二年秋，置五属国。注，师古曰："凡言属国者，存其国号而属汉朝。"

类别	官名 沿秦	官名 汉改置	职掌	秩禄	备考
京师及郡国		内史 相	治民如郡太守	二千石	《百官公卿表》，诸侯王国有太傅辅王，内史治国民，中尉掌武职，丞相统众官，群卿大夫都官如汉朝。景帝中五年，令诸侯王不得复治国，天子为置吏，改丞相曰相，省御史大夫诸官。成帝绥和元年，更令相治民，如郡太守。
		中尉	掌武职如郡都尉	比二千石	同上，中尉如郡都尉。
县		县令长	治其县	千石至六百石 五百石至三百石	同上，万户以上为令，减万户为长。列侯所食县曰国，皇太后、皇后、公主所食曰邑，有蛮夷曰道。
		县丞	佐县，兼主刑狱囚徒	四百石至二百石	《史记·淮南王安传》，淮南相怒寿春丞留太子逮不遣。注，《集解》，如淳曰："丞主刑狱囚徒。"
		县尉	缉捕武事	四百石至二百石	

汉之乡官，制仿于秦，唯小有增置。

汉乡亭及官，皆依秦制也。县大率方百里，其人稠则减，稀则旷，乡亭亦如之。高后元年，西元前187年。初置孝悌力田二千石者一人，后废。至文帝十二年，又置三老，及孝悌力田，无常员。平帝又置外史闾师官。（《通典》卷三三《职官》一五）

(二) 兵制
甲、京师兵

汉初拱卫京师之兵，分南北两军以相制。

京师有南北军之屯。（《汉书》卷二三《刑法志》）

南军卫尉主之，掌宫城门内之兵。（《通考》卷一五〇《兵考》二）

北军中尉主之，掌京城门内之兵。（《通考》卷一五〇《兵考》二）

北军番上，与南军等。南军卫士，调之郡国，而北军兵卒，调之左右京辅。（《通考》卷一五〇《兵考》二）

南军有郎卫、兵卫，掌天子宿卫，北军止于护城。（《通考》卷一五〇《兵考》二）

至武帝，时北军始有八校尉之设。

武帝平百粤，内增七校。注，晋灼曰："《百官表》，中垒、屯骑、步兵、越骑、长水、胡骑、射声、虎贲，凡八校尉。胡骑不常置，故此言七也。"（《汉书》卷二三《刑法志》）

武帝增置八校，更名中尉为执金吾。（《通考》卷一五〇《兵考》二）

帝用兵四夷，发中尉之卒，远击南粤，恐内无重兵，或致生变，于是创置七校尉，募知胡事者为胡骑，知越人事者为越骑，又取中尉属官所谓中垒者，进为校尉，凡八校尉。（《通考》卷一五〇《兵考》二）

又恐北军偏重，南军亦有纷更。

武帝内增七校，以壮翼卫之势，又恐北军偏重，则置期门、羽林与夫城门之兵。（《通考》卷一五〇《兵考》二）

光禄勋属官……期门、羽林皆属焉。注：服虔曰："与期门下以微行，后遂以名官。"师古曰："羽林亦宿卫之官，言其如羽之疾，如林之多也。"（《汉书》卷一九上《百官公卿表》上）

甘延寿……少以良家子善骑射，为羽林，投石拔距，绝于等伦。尝超逾羽林亭楼，由是迁为郎，试弁为期门。（《汉书》卷七〇甘延寿传）

以六郡良家子善骑射，补羽林。注，师古曰："陇西、天水、安定、北地、上郡、西河是也。"（《汉书》卷六九《赵充国传》）

建元三年……微行，常用饮酎已，八九月中，与侍中、常侍、武骑及待诏、陇西北地良家子能骑射者，期诸殿门，故有期门之号。（《汉书》卷六五《东方朔传》）

周亚夫的细柳军营

卷一 秦汉三国

汉南北军简表

类别	名称	职掌	兵数	秩禄	备考
北军	中垒校尉	掌北军垒门内，外掌西域。	七百人	二千石	《汉书·百官公卿表》。
	屯骑校尉	掌骑士。	同上	同上	同上。
	步兵校尉	掌上林苑门屯兵。	同上	同上	同上。
	越骑校尉	掌越骑。	同上	同上	同上，注，如淳曰："越人内附，以为骑也。"
	长水校尉	掌长水宣曲胡骑。	同上	同上	同上，注，师古曰："长水，胡名也；宣曲，观名。胡骑之屯于宣曲者。"
	胡骑校尉	掌池阳胡骑。	同上	同上	同上，注，师古曰："胡骑之屯池阳者也。"
	射声校尉	掌待诏射声士。	同上	同上	同上，注，应劭曰："须诏所命而射，故曰待诏射也。"
	虎贲校尉	掌轻车。	同上	同上	同上。
南军	仆射期门虎贲郎中郎将	掌执兵送从。	比千石	比二千石	同上，武帝建元三年，初置，比郎无员，多至千人。平帝元始元年，更名虎贲郎，置中郎将。
	羽林中郎将骑都尉	掌送从。	左八百人右九百人	比二千石	同上，武帝太初元年，初置，名曰建章营骑，后更名羽林骑。又取从军死事之子孙养羽林，官教以五兵，号曰羽林孤儿。羽林有令丞，宣帝令中郎将、骑都尉，监羽林。
	城门校尉	掌京师城门屯兵。		二千石	同上，掌京师城门屯兵，十二城门候。注，师古曰："门各有候。"《汉书·刘屈氂传》，征和二年，以太子在外，始置屯兵长安诸城门。

南北军，专为拱卫京畿，不事征伐，至武帝以后，间亦远征。

元鼎六年，西元前111年。十月，发……中尉……卒……征西羌，平之。（《汉书》卷六《武帝纪》）

神爵元年，西元前61年。三月……西羌反……应募佽飞射士、羽林孤儿、胡越骑……诣金城，四月，遣后将军赵充国……击西羌。（《汉书》卷八《宣帝纪》）

元帝……永光二年，西元前42年。……发三辅、河东、弘农越骑

……击羌。(《汉书》卷七九《冯奉世传》)

乙、地方兵

建武七年三月,诏……罢轻车、骑士、材官、楼船。注,《汉官仪》曰:"高祖命天下郡国,选能引关蹶张材力武猛者,以为'轻车'、'骑士'、'材官'、'楼船',常以立秋后讲肄课试,各有员数。平地用车骑,山阻用材官,水泉用楼船。"(《后汉书》卷一下《光武纪》下)

以汉史考之,大抵巴蜀、三河、颍川诸处,止有材官;上郡、北地、陇西诸处,止有车骑;而庐江、浔阳、会稽诸处,止有楼船。三者之兵,各随其地之所宜。(《通考》卷一五○《兵考》二)

掌握兵权者,亦有专官。

郡国之兵,其制则一,有列郡,有王国,有侯国。郡有守,有都尉,都尉佐太守典武。其在王国,则相比郡守,中尉比都尉。侯国有相,秩比天子令长,每岁郡守尉教兵,则侯国之相与焉。侯国之兵,既属之郡,而王国之兵,亦天子所有,不可擅用。(《通考》卷一五○《兵考》二)

丙、屯田兵

此种兵初为屯田而守边,间亦被调作战。

明年,元鼎五年,西元前112年。……初置张掖、酒泉郡,而上郡、

汉代木车马

卷一 秦汉三国

朔方、西河、河西，开田官斥塞卒六十万人，戍田之。(《汉书》卷二四下《食货志》下)

孝武……征四夷……开西域……自敦煌西至盐泽，往往起亭，而轮台渠犁，皆有田卒数百人，置使者校尉领护，以给使外国者。(《汉书》卷九六上《西域传序》)

宣帝……地节二年，西元前68年。汉遣侍郎郑吉，校尉司马憙，将免刑罪人，田渠犁，积谷，欲以攻车师。至秋收谷，吉、憙发城郭诸国兵万余人，自与所将田士千五百人，共击车师。(《汉书》卷九六下《西域传》下"车师")

充国至金城……愿罢骑兵，留弛刑应募，及淮阳、汝南步兵，与吏士私从者，合凡万二百八十一人，……分屯要害处。……至四月草生，发郡骑及属国胡骑伉健，各千，倅马什二，就草，为田者游兵。(《汉书》卷六九《赵充国传》)

建昭三年秋……甘延寿、……陈汤、矫发戊己校尉、屯田吏士，及西域胡兵，攻郅支单于。(《汉书》卷九《元帝纪》)

丁、征役与招募

《汉仪》注云："民年二十三为正，一岁为卫士，一岁为材官、骑士，习射御骑，驰战阵。"又曰："年五十六衰老，乃得免为庶民，就田里。"(《汉书》卷一上《高祖纪》上注)

孟康曰："古者二十而傅，三年耕，有一年储，故二十三而后役之。"(《汉书》卷一上《高祖纪》上注)

如淳曰："律，年二十三傅之畴官……"师古曰："傅，著也，言著名籍给公家徭役也。"(《汉书》卷一上《高祖纪》上注)

以上役兵之征免。

卒践更，辄与平贾。注：《正义》：践更，若今唱更、行更者也，言民自著卒。更有三品，有卒更，有践更，有过更。古者正卒无常人，皆当送之，是为卒更。贫者欲雇更钱者，次直出钱雇之，月二千，是为践更。天下人，皆直戍边三月，亦各为更，律所谓徭戍也，虽丞相子，亦在戍边之调，不可人人自行三月戍。又行者出钱三百入官，官给戍者，是为过更。(《史记》卷一〇六《吴王濞传》)

以上役兵之期限。

> 班孟坚志刑法而不志兵……而以兵附刑，然述之不详，使一代之制无考焉。汉初兵民不甚分，如冯唐谓吏卒皆家人子弟，起田中从军。而《后汉·礼仪志》，谓罢遣卫士，必劝以农桑。由是观之，兵农尚未分。(《通考》卷一五〇《兵考》二)

以上汉初兵农未分，所役之兵，皆由征调而来，自武帝始募兵。

> 汉初南北军，亦自郡国更番调发来。何以言之？黄霸为京兆尹，坐发骑士诣北军，马不适士，劾乏军兴，则知自郡国调上卫士，一岁一更，更代番上，初无定兵。自武帝置八校，则"募兵"始此；置羽林、期门，则"长从"始此。(《通考》卷一五〇《兵考》二)

用兵之际，现役兵不敷用，往往随时征募。

> 发天下七科适。注：《正义》：张晏云：吏有罪一，亡命二，赘婿三，贾人四，故有市籍五，父母有市籍六，大父母有籍七，凡七科。及载糒给贰师，转车人徒，相连属至燉煌。(《史记》卷一二三《大宛传》"条支")

> 天汉四年，西元前97年。正月……发……勇敢士……出朔方。(《汉书》卷六《武帝纪》)

> 太初元年，西元前104年。八月……发天下谪民，西征大宛。(《汉书》卷六《武帝纪》)

> 天汉元年，西元前100年。秋……发谪戍屯五原。(《汉书》卷六《武帝纪》)

> 灌夫……奋曰："愿取吴王……头……募军中壮士所善，愿从数十人。(《汉书》卷五二《灌夫传》)

> 彭祖上书……愿从国中勇敢击匈奴。(《汉书》卷五三《赵敬肃王彭祖传》)

> 陵……将勇敢五千人，教射酒泉、张掖以备胡。(《汉书》卷五四《李广附李陵传》)

> 充国……遂上……奏曰："……愿罢骑兵，留弛刑应募。"(《汉书》卷六九《赵充国传》)

> 元帝……永光二年，西元前42年。……发兵六万余人……并进，

羌虏大破。……复发募士万人。（《汉书》卷七九《冯奉世传》）

元凤五年，西元前76年。六月，发三辅及郡国恶少年，吏有告劾亡者，屯辽东。（《汉书》卷七《昭帝纪》）

元凤六年，西元前75年。正月，募郡国徒，筑辽东玄菟城。（《汉书》卷七《昭帝纪》）

元始二年，西元2年。九月……募汝南、南阳勇敢吏士三百人，谕说江湖贼。（《汉书》卷一二《平帝纪》）

戊、征调之手续

十年，九月……上曰："……吾以羽檄，征天下兵。"（《汉书》卷一下《高祖纪》下）

二年，西元前178年。九月，初与郡国守相为铜虎符。（《史记》卷一〇《孝文帝纪》）

高祖之世，南北二军不出，而民兵散在郡国，有事以羽檄召材官骑士，以备军旅，文帝始以铜虎符代檄。当时各因其地，以中都官号将军将之，事已则罢，京师止南北军。（《通考》卷一五〇《兵考》二）

己、训练之方法

汉承秦制，三时不讲，唯十月车驾幸长安水南门，会五营士，为八阵，进退名曰乘之。（《通考》卷一五七《兵考》九）

九月都试。注，如淳曰："太守、都尉、令长、丞尉，会都试，课殿最也。"（《汉书》卷八四《翟方进传》）

（三）刑法
甲、汉律

汉初订律，条文单简，其后禁网浸密，而奸吏得因缘弄法。

汉兴，高祖初入关，约法三章，曰"杀人者死，伤人及盗抵罪"，蠲削烦苛。……其后……三章之法，不足以御奸，于是相国萧何，捃摭秦法，取其宜于时者，作律九章。（《汉书》卷三二《刑法志》）

律……起自魏文侯师李悝，撰次诸国法，著《法经》……六篇而已。……商君传习以为秦相。汉承其制，萧何定律，除参夷连坐之罪，增部主见知之条，益事律、擅兴、厩户三篇，合为九篇，叔孙通

益律所不及，傍章十八篇，张汤越宫律二十七篇，赵禹朝律六篇，合六十篇。又汉时决事，集为令甲以下三百余篇。《汉书·宣帝纪》，地节四年，令甲注，文颖曰："萧何承秦法，所作为律令、《律经》是也。天子诏所增损，不在律上者为令……"如淳曰："令有先后，故有令甲、令乙、令丙。"师古曰："甲乙者，若今之第一第二篇耳。"（《通典》卷一六三《刑》一）

错为内史……法令多所更定。……错所更令三十章。（《汉书》卷四九《晁错传》）

孝武即位……征发烦数，百姓贫耗，穷民犯法，酷吏击断，奸轨不胜。于是招进张汤、赵禹之属，条定法令，作见知故纵、监临部主之法，注，师古曰："见知人犯法，不举告为故纵，而所监临部主有罪并连坐也。"缓深故之罪，注，孟康曰："孝武欲急刑吏深害及故入人罪者，皆宽缓。"急纵出之诛。注，师古曰："吏释罪人疑以为纵出，则急诛之。"其后奸猾巧法，转相比况，禁罔浸密，律令凡三百五十九章，大辟四百九条，千八百八十二事，死罪决事比，万三千四百七十二事。文书盈于几阁，典者不能遍睹，是以郡国承用者驳，注，师古曰："不晓其指，用意不同也。"或罪同而论异。奸吏因缘为市，所欲活则傅生议，所欲陷则予死比，议者咸冤伤之。（《汉书》卷二三《刑法志》）

宣帝有意更订而未果，元帝亦屡下诏，竟不能改。

宣帝自在间阎，而知其若此，及即尊位，廷史路温舒上疏言，"秦有十失，其一尚存，治狱之吏是也"……上深愍焉，乃下诏曰："间者，吏用法，巧文浸深。"……夫决狱不当，使有罪兴邪，不辜蒙戮……今遣廷史与郡鞫狱……于是选于定国为廷尉……黄霸等以为廷平。……时涿郡太守郑昌上疏言，"圣王……立法明刑者，非以为治，救衰乱之起也。今明主躬垂明听，虽不置廷平，狱将自正。若开后嗣，不若删定律令。律令一定，愚民知所避，奸吏无所弄矣。"……宣帝未及修正。至元帝初立，乃下诏曰："夫法令者，所以抑暴扶弱，欲其难犯而易避也。今律令烦多而不约，自典文者不能分明，

萧何像

卷一 秦汉三国

而欲罗元元之不逮，斯岂刑中之意哉。其议律令可蠲除轻减者条奏，唯在便安万姓而已。"至成帝河平中，复下诏曰："甫刑云，五刑之属三千，大辟之罚，其属二百。今大辟之刑，千有余条，律令烦多，百有万余言，奇请它比，日以益滋，自明习者不知所由，欲以晓喻众庶，不亦难乎？……其与中二千石、二千石博士，及明习律令者，议减死刑，及可蠲除约省者，令较然易知条奏。"……有司……不能因时广宣主恩，建立明制，为一代之法，而徒钩摭微细，毛举数事，以塞诏而已。（《汉书》卷二三《刑法志》）

乙、刑名

汉承秦敝，用法深刻。其所用之刑，散见于纪传中，兹表列之如下。

汉刑名简表

刑 名	解 释	备 考
夷三族	父族，母族，妻族。	《汉书·高祖纪》，九年十二月，捕赵王敖下狱，诏敢有随王，罪三族。
要斩		《汉书·隽不疑传》，一男子自谓卫太子，坐诬罔要斩。
磔	谓张其尸。	《汉书·景帝纪》，中元二年二月，改磔曰弃市。
弃市	杀之于市。	同上，注，师古曰："取刑人于市，与众弃之也。"
腐刑	宫刑也，丈夫割势，不能复生子，如腐木不生实。又曰下蚕室。	同上，中元四年夏，死罪欲腐者许之。
髡钳	髡，割须也。钳，以铁束颈也。	《汉书·高祖纪》，九年十二月，郎中田叔、孟舒等十人，自髡钳为王家奴。
完	不加肉刑，髡剃也。	《汉书·惠帝纪》，民年七十以上，若不满十岁，有罪当刑者皆完之。
城旦舂	城旦者，旦起行治城，舂者，妇人不豫外徭，但舂作米，皆四岁刑也。	同上，有罪当刑及当为城旦舂者。
鬼薪白粲	取薪给宗庙为鬼薪，坐择米使正白为白粲，皆三岁刑也。	同上，皆耐为鬼薪白粲。
耐	耐通作耏，轻罪不至于髡，完其耏鬓，一岁为罚作，二岁刑以上为耐。	《汉书·高祖纪》，七年春，令郎中有罪，耐以上请之。
罚作	一岁刑。	《汉书·文帝纪》注。
笞	先时笞背，景帝改笞臀。	《汉书·刑法志》。

其后渐次改革。首除族诛之罪，间复有用之者，非常制也。

汉兴之初，虽有约法三章，网漏吞舟之鱼，然其大辟尚有夷三族之令。令曰：当三族者，皆先黥、劓、斩左右趾，笞杀之，枭其首，菹其骨肉于市。其诽谤詈诅者，又先断舌。故谓之具五刑，彭越、韩信之属，皆受此诛。至高后元年，乃除三族罪、妖言令。（《汉书》卷二三《刑法志》）

元年正月，诏曰："前日孝惠皇帝，言欲除三族罪、妖言令，议未决而崩，今除之。"（《汉书》卷三《高后纪》）

元年，西元前179年。十二月……尽除收帑相坐律令。（《汉书》卷四《文帝纪》）

孝文二年，又诏丞相、太尉、御史："法者治之正，所以禁暴而卫善人也。今犯法者已论，而使无罪之父母妻子同产坐之及收，朕甚弗取其议。"左右丞相周勃、陈平奏言："父母妻子同产相坐及收，所以累其心，使重犯法也。收之之道，所由来久矣。臣之愚计，以为如其故便。"文帝复曰："朕闻之，法正则民悫，罪当则民从……既不能道，又以不正之法罪之，是法反害于民为暴者也。朕未见其便，宜孰计之。"平、勃乃曰："陛下幸加大惠于天下，使有罪不收，无罪不相坐。……臣等谨奉诏，尽除收律相坐法。"其后新垣平谋为逆，复行三族之诛。（《汉书》卷二三《刑法志》）

二年五月，诏曰："古之治天下，朝有进善之旌，诽谤之木，所以通治道而来谏者也。今法有诽谤妖言之罪，是使众臣不敢尽情，而上无由闻过失也，将何以来远方之贤良？其除之。民或祝诅……吏以为大逆；其有他言，吏又以为诽谤。此细民之愚无知抵死，朕甚不取。自今以来，有犯此者，勿听治。（《汉书》卷四《文帝纪》）

古有肉刑，文帝除之，改为笞刑。

遂下令曰："制诏御史，盖闻有虞氏之时，画衣冠，异章服，以为戮，而民弗犯，何治之至也。今法有肉刑三，注，孟康曰："黥、劓二，刖

汉文帝像

左右趾合一，凡三也。"而奸不止，其咎安在？……《诗》曰：'恺弟君子，民之父母。'今人有过，教未施而刑已加焉；或欲改行为善，而道无由至。朕甚怜之。夫刑至断支体，刻肌肤，终身不息，何其刑之痛而不德也，岂称为民父母之意哉！其除肉刑，有以易之。"……丞相张苍，御史大夫冯敬奏言："……臣谨议请定律曰：诸当完者，完为城旦舂；当黥者，髡钳为城旦舂，当劓者笞三百；当斩左止者笞五百；当斩右止，及杀人先自告，及吏坐受赇枉法，守县官财物而即盗之，已论命复有笞罪者，皆弃市。罪人狱已决，完为城旦舂，满三岁为鬼薪白粲，鬼薪白粲一岁，为隶臣妾，隶臣妾一岁，免为庶人，隶臣妾满二岁为司寇，司寇一岁，及作如司寇二岁，皆免为庶人。其亡逃及有罪耐以上，不用此令。前令之刑，城旦舂岁而非禁锢者，如完为城旦舂，岁数以免……"制曰："可。"（《汉书》卷二三《刑法志》）

肉刑改笞，而笞常致死，故减笞数，并定棰令。

景帝元年，西元前156年。下诏曰："加笞与重罪无异，幸而不死，不可为人。其定律，笞五百曰三百，笞三百曰二百。"犹尚不全，至中六年，又下诏曰："加笞者，或至死而笞未毕，朕甚怜之。其减笞三百曰二百，笞二百曰一百。"又曰："笞者所以教之也，其定棰令。"丞相刘舍，御史大夫卫绾，请笞者，棰长五尺，其本大一寸，其竹也，末薄半寸，皆平其节。当笞者笞臀，毋得更人，毕一罪，乃更人。自是笞者得全。（《汉书》卷二三《刑法志》）

宫刑亦除之。

景帝元年，诏言孝文皇帝除宫刑……重绝人之世也，则知文帝并宫刑除之。至景帝中元年，赦徒作阳陵者死罪，欲腐者许之。而武帝时李延年、司马迁、张安世兄贺皆坐腐刑，则是因景帝中元年之后，宫刑复用，而以施之死罪之情轻者，不常用也。（《通考》卷一六三《刑考》二）

并废磔刑。

中元二年，西元前148年。二月……改磔曰弃市。注，应劭曰："先此，诸死刑皆磔于市，今改曰弃市，自非妖逆，不复磔也。"勿复磔。（《汉书》卷五《景帝纪》）

加刑年龄，特有规定，著之于令。

即皇帝位……民年七十以上，若不满十岁，有罪当刑者，皆完之。(《汉书》卷二《惠帝纪》)

孝景……后三年，西元前141年。复下诏曰："高年老长，人所尊敬也；鳏寡不属逮者，人所哀怜也。其著令，年八十以上，八岁以下，及孕者未乳，师，朱儒，注，如淳曰："师，乐师，盲瞽者。朱儒，短人不能走者。"当鞫系者，颂系之。"至孝宣元康四年，又下诏曰："朕念夫耆老之人，发齿堕落，血气既衰，亦无暴逆之心。今或罹于文法，执于囹圄，不得终其年命，朕甚怜之。自今以来，诸年八十，非诬告杀伤人，它皆勿坐。"至成帝鸿嘉元年，定令，年未满七岁，贼斗杀人及犯殊死者，上请廷尉以闻，得减死合于三赦。幼弱老耄之人，此皆法令稍定，近古而便民者也。(《汉书》卷二三《刑法志》)

加罪平民与贵族不同，特有议贵之令。

七年，西元前200年。春，令郎中有罪耐以上请之。(《汉书》卷一下《高祖纪》下)

谊数上疏……其大略曰："……廉耻节礼，以治君子。故有赐死而亡戮辱，是以黥劓之罪，不及大夫。……今自王侯三公之贵……而今与众庶同黥、劓、髡、刖、笞、傌、弃市之法……被戮辱者不泰迫乎？……"上深纳其言……是后大臣有罪，皆自杀不受刑。至武帝时，稍复入狱，自宁成始。(《汉书》卷四八《贾谊传》)

当时有赎罪之法。

孝景二年……其后上郡以西旱，复修卖爵令，而裁其贾，以招民及徒复作，得输粟于县官，以除罪。(《汉书》卷二四上《食货志》上)

孝文时，纳晁错之说，募民入粟塞下，得以除罪。(《通考》卷一七一《刑考》一○上)

元年，西元前194年。十二月……民有罪，得买爵三十级，以免死罪。注，应劭曰："一级直钱二千，凡为六万。若今赎罪，入三十四缣矣。"师古曰："令出买爵之钱以赎罪。"(《汉书》卷二《惠帝纪》)

天汉四年，西元前97年。九月，令死罪入赎钱五十万，减死一等。(《汉书》卷六《武帝纪》)

犯罪得赎，亦有不赞其事者。

宣帝时，西羌反，遣师征之。京兆尹张敞议，国兵在外，吏民并给转输，田事颇废，虽羌虏已破，来春民食必乏，县官谷度不足以振之。愿令各诸有罪，非盗受财，杀人及犯法不得赦者，皆得以差入谷。此八郡赎罪，务益致谷，以豫备百姓之急。事下有司，少府萧望之等以为不可，乃止。望之等言："今欲令民量粟以赎罪，如此则富者得生，贫者独死，是贫富异刑而法不一也。人情贫穷，父兄囚执，闻出财得以生活，为人子弟者，将不顾死亡之患，败乱之行，以赴财利，求救亲戚。一人得生，十人以丧……今议开利路以伤既成之化，臣窃痛之……"时丞相魏相，御史大夫丙吉，亦以为羌虏且破，转输略足相给，遂不施敞议。（《通考》卷一七一《刑考》一〇上）

(四) 学校

汉之学校，有京师太学与郡国学之别。

甲、太学

汉初天下草创，安于无为，学校之制，未遑兴举。

高皇帝诛项籍……然尚有干戈，平定四海，亦未皇庠序之事也。孝惠高后时，公卿皆武力功臣，孝文时颇登用，然孝文本好刑名之

刘邦祭孔图

言。及至孝景不任儒，窦太后又好黄老术，故诸博士具官待问，未有进者。(《汉书》卷八八《儒林传序》)

至武帝时，始兴太学。发其端者，董仲舒对策之言也。

仲舒对曰："……养士之大者，莫大乎太学。太学者，贤士之所关也，教化之本原也。今以一郡一国之众，对亡应书者，注，师古曰："书，谓举贤良文学之诏书也。"是王道往往而绝也。臣愿陛下兴太学，置明师，以养天下之士。数考问，以尽其材，则英俊宜可得矣。"(《汉书》卷五六《董仲舒传》)

孝武初立，卓然罢黜百家，表章六经，遂畴咨海内，举其俊茂，与之立功，兴太学。(《汉书》卷六《武帝纪赞》)

本始二年，西元前72年。五月，诏曰："……孝武皇帝……建太学。"(《汉书》卷八《宣帝纪》)

课程凡五经，而以博士任教授。初设五经博士，宣帝增至十二人。王莽增乐经，为六经；经各五人，增至三十人。

武帝建元五年，西元前136年。初置五经博士。宣帝黄龙元年，《纪》作甘露三年，西元前51年。稍增员十二人。(《汉书》卷一九上《百官公卿表》上)

立乐经，益博士员，经各五人。(《汉书》卷九九上《王莽传》上)

初《书》唯有欧阳、《礼》后、《易》杨、《春秋》公羊而已。至孝宣世，复立大小夏侯《尚书》、大小戴《礼》、施孟、梁丘《易》、穀梁《春秋》。至元帝世，复立京氏《易》。旋罢。平帝时，又立《左氏春秋》、《毛诗》、《逸礼》、《古文尚书》。(《汉书》卷八八《儒林传赞》)

按王国维《汉魏博士考》，文景之世，鲁、齐、韩三家《诗》，已立博士，大小戴实为后氏《礼》，尚未自名其家，则宣帝末所有博士，《易》则施、孟、梁丘，《书》则欧阳、大小夏侯，《诗》则鲁、齐、韩，《礼》则后氏，《春秋》公羊、穀梁，适得十二人。

博士置弟子，初五十人，其后员数亦不增。弟子入选，内由太常择补，外由郡国察举。

元朔五年，西元前124年。置博士弟子员。前此博士，虽各以经授徒，而无考察试用之法，至是官始为置弟子员，即武帝所谓兴太学也。(《通考》卷四〇《学校考》一)

制曰："……太常议予博士弟子……丞相公孙弘。谨与太常臧（孔臧）、博士平等议。"……博士，官置弟子五十人，复其身。太常择民年十八以上，仪状端正者，补博士弟子。郡国县官有好文学，敬长上，肃政教，顺乡里，出入不悖所闻，令相、长、丞上属所二千石，二千石谨察可者，常与计偕，诣太常得受业如弟子。(《汉书》卷八八《儒林传序》)

昭帝时……增博士弟子员满百人。宣帝末，增倍之。元帝好儒，能通一经者皆复，数年以用度不足，更为设员千人……成帝末，或言孔子布衣，养徒三千人，今天子太学弟子少，于是增弟子员三千人，岁余复如故。平帝时，王莽秉政，增元士之子得受业如弟子，勿以为员。注，师古曰："常员之外，更开此路。"(《汉书》卷八八《儒林传序》)

太学宫舍，建自武帝，至王莽秉政，更为弟子建舍万区。

盖古者明堂、辟雍，共为一所。蔡邕《明堂论》曰："取其宗祀

汉明堂

之清貌，则曰清庙；取其正室之貌，则曰太庙；取其尊崇，则曰太室；取其堂，则曰明堂；取其四门之学，则曰太学；取其四面周水圆如璧，则曰辟雍。异名而同事。"（《通考》卷四〇《学校考》一）

周文王辟雍，在长安西北四十里，亦曰璧雍，如璧之圆，雍之以水，象教化流行也。……汉辟雍，在长安西北七里……汉明堂，在长安西南七里。《汉书》曰："武帝初即位，向儒术，以文学为本，议立明堂于城南，以朝诸侯。"应劭注云："汉武帝造明堂王，莽修饰令大。"（《三辅黄图》卷五）

莽奏起明堂、辟雍、灵台，为学者筑舍万区，作市常满仓，制度甚盛。（《汉书》卷九九上《王莽传》上）

乙、郡国学

武帝注意地方教育，令天下郡国立学官。至平帝时，更定其名称。

文翁……为蜀郡守，仁爱好教化。见蜀地辟陋，有蛮夷风，文翁欲诱进之，乃选郡县小吏，开敏有材者张叔等十余人，亲自饬厉，遣诣京师受业博士，或学律令。减省少府用度，买刀布蜀物，赍计吏以遗博士。数岁，蜀生皆成就还归，文翁以为右职，用次察举，官有至郡守刺史者。又修起学官于成都市中，招下县子弟，以为学官弟子，为除更徭，高者以补郡县吏，次为孝弟力田。常选学官僮子，使在便坐受事，每出行县，益从学官诸生明经饬行者与俱，使传教令，出入闺阁，县邑吏民，见而荣之。数年，争欲为学官弟子，富人至出钱以求之。由是大化，蜀地学于京师者，比齐鲁焉。至武帝时，乃令天下郡国，皆立学校官，自文翁为之始云。（《汉书》卷八九《文翁传》）

元帝好儒……郡国置五经百石卒史。（《汉书》卷八八《儒林传序》）

元始三年，西元3年。夏……立……学官，郡国曰学，县、道、邑侯国曰校……乡曰庠，聚曰序。（《汉书》卷二二《平帝纪》）。

武为刺史……行部必先即学官，见诸生，试其诵论，问以得失。（《汉书》卷八六《何武传》）

（五）选举

汉之举官，分文学与吏道。

今按西都公卿士大夫，或出于文学，或出于吏道。亦由上之人，

并开二途以取人，未尝自为抑扬，偏有轻重，故下之人，亦随其所遇以为进身之阶。(《通考》卷三五《选举考》八)

其以学术进者，分叙如下。

甲、博士弟子

太常臧博士平等议曰："……一岁皆辄课，能通一艺以上，补文学掌故缺，其高第可以为郎中。太常籍奏，即有秀才异等，辄以名闻。其不事学若下材，及不能通一艺，辄罢之，而请诸能称者……以治礼掌故，以文学礼义为官，迁留滞，请选择其秩比二百石以上及吏百石，通一艺以上，补左右内史，大行卒史，比百石以下，补郡太守卒史，皆各二人，边郡一人。先用诵多者，不足，择掌故，以补中二千石属，文学掌故，补郡属，备员。请著功令，它如律令。"制曰"可"。(《汉书》卷八八《儒林传序》)

平帝时，王莽秉政，增元士之子，得受业如弟子，勿以为员。岁课甲科四十人为郎中，乙科二十人为太子舍人，丙科四十人补文学掌故。(《汉书》卷八八《儒林传序》)

乙、明经

龚遂……以明经为官。(《汉书》卷八九《龚遂传》)

袁安……祖父良……举明经，为太子舍人。(《后汉书》卷七五《袁安传》)

召信臣……以明经甲科为郎。(《汉书》卷八九《召信臣传》)

按孔安国、贡禹、夏侯胜、张禹，并以明经为博士，眭弘、翟方进，并以明经为议郎，见《汉书》各本传。

孝平元始五年，西元5年。召天下通知逸经、古记、天文、历算、钟律、小学、史篇、方术、本草及以五经、《论语》、《孝经》、《尔雅》教授者，在所为驾一封轺传遣诣京师，至者数千人。(《通考》卷二八《选举考》一)

丙、明法

汉高祖初，未遑立制，至十一年，乃下诏曰："贤士大夫既与我定有天下，而不与我共安利之可乎？有肯从我游者，吾能尊荣之，以

布告天下。其有称明法者，御史中执法郡守，必身劝勉，遣诣丞相府，署其行义及年，有其人而不言者免官。(《通典》卷一三《选举》一)

郑崇……父宾，明法律为御史。(《汉书》卷七七《郑崇传》)

薛宣……以明习文法，诏补御史中丞。(《汉书》卷八三《薛宣传》)

丁、学童

汉兴，萧何草律……曰："太史试学童，能讽书九千字以上，乃得为史。又以六体试之，课最者以为尚书御史，史书令史。吏民上书字或不正，辄举劾。"(《汉书》卷三〇《艺文志》)

其以廉能征用者，分叙如下。

甲、征起

汉制，凡郡国之官，非傅相，其他既自署置。又调僚属及部人之贤者，举为秀才廉吏，而贡于王庭，多拜为郎，居三署，无常员，或至千人，属光禄勋。故卿校牧守居闲待诏，或郡国贡送，公车征起，悉在焉。光禄勋复于三署中，铨第郎中，岁举秀才廉吏，出为他官，以补阙员。(《通考》卷三六《选举考》九)

乙、贤良方正

二年，西元前178年。十一月……诏曰："……二三执政……举贤良方正，能直言极谏者，以匡朕之不逮。"(《汉书》卷四《文帝纪》)

始元元年，西元前86年。闰九月，遣故廷尉……持节行郡国，举贤良。(《汉书》卷七《昭帝纪》)

本始四年，西元前70年。四月……诏曰："……令三辅太常内郡国，举贤良方正各一人。"(《汉书》卷八《宣帝纪》)

地节三年，西元前67年。三月，诏曰："……令内郡国，举贤良方正可亲民者。"(《汉书》卷八《宣帝纪》)

丙、孝廉

十二年，西元前168年。三月……诏曰：

《汉书》书影

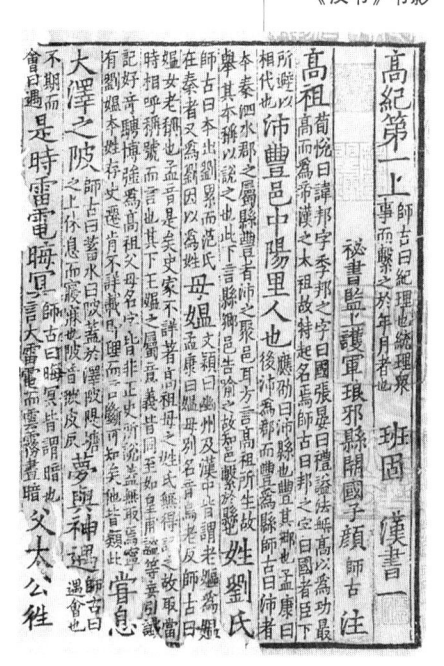

"……孝悌天下之大顺也，力田为生之本也……廉吏民之表也。朕甚嘉此二三大夫之行。今万家之县，云无应令，岂实人情？是吏举贤之道未备也。其遣谒者劳赐三老，孝者……悌者，力田……廉吏。"（《汉书》卷四《文帝纪》）

元光元年，西元前134年。十一月，初令郡国举孝廉各一人。（《汉书》卷六《武帝纪》）

先时董仲舒对策曰："臣愚以为使列侯郡守二千石，各择其吏民之贤者，岁贡各二人……"后遂令州郡举茂材孝廉，皆自仲舒发之。（《通考》卷二八《选举考》一）

至国家需用何种人才，即令公卿郡国举之，所谓特科者也。

甲、茂材异等

元封五年，西元前106年。四月……诏曰："盖有非常之功，必待非常之人。故马或奔踶而致千里，士或有负俗之累而立功名。夫泛驾之马，跅弛之士，亦在御之而已。其令州郡察吏民有茂材异等，可为将相及使绝国者。"（《汉书》卷六《武帝纪》）

元康四年，西元前62年。正月，诏……遣大中大夫……循行天下……举茂材异伦之士。（《汉书》卷八《宣帝纪》）

建昭四年，西元前35年。四月……临遣谏大夫博士……循行天下……举茂材特立之士。（《汉书》卷九《元帝纪》）

乙、孝悌力田

四年，西元前191年。正月，举民孝弟力田者，复其身。（《汉书》卷二《惠帝纪》）

元年，西元前187年。二月……初置孝弟力田二千石者一人。（《汉书》卷三《高后纪》）

十二年，西元前168年。三月……诏曰："……以户口率，置三老孝悌力田常员，令各率其意，以道民焉。"（《汉书》卷四《文帝纪》）

地节三年，西元前67年。十一月，诏曰："……其令郡国举孝弟有行义闻于乡里者各一人。"（《汉书》卷八《宣帝纪》）

荐举而外，兼有考试。其方法有二种。

甲、对策

十五年，西元前165年。九月，诏诸侯王、公卿、郡守，举贤良能直言极谏者，上亲策之，傅纳以言。（《汉书》卷四《文帝纪》）

元光元年，西元前134年。五月，诏贤良曰："……贤良明于古今王事之体，受策察问，咸以书对……朕亲览焉。"于是董仲舒、公孙弘等出焉。（《汉书》卷六《武帝纪》）

孝武……即位，举贤良文学之士，前后百数。而董仲舒以贤良对策，天子览其对而异焉，乃复策之，对毕复策之，遂以为江都相。（《通考》卷三三《选举考》六）

上尽召直言之士，诣白虎殿对策。（《汉书》卷六〇《杜周附杜钦传》）

乙、射策

武帝立五经博士，开弟子员，设科射策，劝以官禄。（《汉书》卷八八《儒林传赞》）

望之以射策甲科为郎。注，师古曰："射策者，谓为难问疑义，书之于策，量其大小，署为甲乙之科，列而置之，不使彰显。有欲射者，随其所取得而释之，以知优劣。射之言，投射也。"（《汉书》卷七八《萧望之传》）

上书言事，亦有得官者。

武帝初即位，征天下举方正贤良文学材力之士，待以不次之位。四方士多上书言得失，自衒鬻者以千数，其不足采者，辄报闻罢。（《汉书》卷六五《东方朔传》）

朔初入长安，至公车上书，凡用三千奏牍，公车令两人共持举其书，仅然能胜之。人主从上方读之，止辄乙其处，读之二月乃尽，诏拜以为郎。（《史记》卷一二六《东方朔传》）

终军……至长安，上书言事。武帝异其文，拜军为谒者给事中。（《汉书》卷六四下《终军传》）

皋……上书北阙，自陈枚乘之子。上得之大喜，召入见待诏。（《汉书》卷五一《枚乘传》）

上（宣帝）初即位，思进贤良，多上书言便宜，辄下望之问状，

枚乘故里

高者请丞相御史，次者中二千石试事，满岁以状闻，下者报闻，或罢归田里。（《汉书》卷七八《萧望之传》）

四 汉之开边

（一）匈奴
甲、匈奴之强盛

始皇帝使蒙恬将十万之众，北击胡，悉收河南地，因河为塞，筑四十四县城临河，徙適戍以充之。……当是之时……匈奴单于曰头曼，头曼不胜秦，北徙。十余年而蒙恬死，诸侯畔秦，中国扰乱，诸秦所徙適戍边者皆复去，于是匈奴得宽，复稍度河南，与中国界于故塞。单于有太子名冒顿，……射杀单于头曼，……自立为单于。……遂东袭击东胡……击大破，灭东胡王。……既归，西击走月氏，南并楼烦、白羊、河南王，侵燕代。……是时汉兵与项羽相距，中国罢于兵革，以故冒顿得自强，控弦之士，三十余万。（《史记》卷一一〇《匈奴传》）

乙、匈奴之制度及风俗

单于姓挛鞮氏，其国称之曰撑犁孤涂单于。匈奴谓天为撑犁，谓子为孤涂，单于者广大之貌也，言其象天单于然也。置左右贤王，左右谷蠡，左右大将，左右大都尉，左右大当户，左右骨都侯。匈奴谓贤曰屠耆，故常以太子为左屠耆王。自左右贤王以下至当户，大者万余骑，小者数千。凡二十四长，立号曰万骑。其大臣皆世官，呼衍氏、兰氏，其后有须卜氏，此三姓其贵种也。诸左王将居东方，直上谷以东，接秽貊朝鲜；右王将居西方，直上郡以西，接氐羌；而单于庭直代云中，各有分地，逐水草移徙。而左右贤王，左右谷蠡最大国，左右骨都侯辅政。诸二十四长，亦各自置千长、百长、什长、裨小王、相、都尉、当户、且渠之属。岁正月，诸长少会单于庭祠。五月，大会龙城，祭其先天地鬼神。秋，马肥，大会蹛林，课校人畜计。（《汉书》卷九四上《匈奴传》上）

其法，拔刃尺者死，坐盗者没入其家，有罪小者轧，大者死。狱久者不满十日，一国之囚，不过数人。（《汉书》卷九四上《匈奴传》上）

无文书，以言语为约束。（《汉书》卷九四上《匈奴传》上）

随草畜牧而转移。其畜之所多，则马、牛、羊，其奇畜则橐佗、驴、骡、駃騠、騊駼、驒騱。逐水草迁徙，无城郭常居耕田之业，然亦各有分地。……儿能骑羊，引弓射鸟鼠，少长则射狐菟肉食，士力能弯弓，尽为甲骑。其俗宽则随畜田猎禽兽为生业，急则人习战攻以侵伐，其天性也。……自君王以下，咸食畜肉，衣其皮革，被旃裘。壮者食肥美，老者饮食其余。贵壮健，贱老弱。（《汉书》卷九四上《匈奴传》上）

单于朝出营，拜日之始生，夕拜月。其坐，长左而北向，日上戊己。其送死，有棺椁金银衣裳，而无封树丧服，近幸臣妾从死者，多至数十百人。举事常随月，盛壮以攻战，月亏则退兵。其攻战，斩首虏，赐一卮酒，而所得卤获，因以予之，得人以为奴婢。故其战人人自为趋利，善为诱兵以包敌。故其逐利如鸟之集，其困败，瓦解云散矣。（《汉书》卷九四上《匈奴传》上）

丙、汉初之匈奴

汉初定，徙韩王信于代，都马邑。匈奴大攻围马邑，韩信降匈

白登之战遗址纪念碑

奴。匈奴得信，因引兵南逾句注，攻太原，至晋阳下。高帝自将兵往击之，会冬大寒雨雪，卒之堕指者十二三，于是冒顿阳败走，诱汉兵。汉兵逐击冒顿，冒顿匿其精兵，见其羸弱，于是汉悉兵……北逐之。高帝先至平城，步兵未尽到，冒顿纵精兵三十余万骑，围高帝于白登白登，山名，在山西大同县东。七日。……高帝乃使使间厚遗阏氏，阏氏乃谓冒顿曰："两主不相困。今得汉地，单于终非能居之……"冒顿与韩信将王黄、赵利期，而兵久不来，疑其与汉有谋，亦取阏氏之言，乃开围一角。于是高皇帝……从解角直出。……冒顿遂引兵去，汉亦引兵罢。七年，即西元前200年。(《汉书》卷九四上《匈奴传》上)

汉自此用羁縻之策，专趋重于和亲。

使刘敬奉宗室女翁主，为单于阏氏，岁奉匈奴絮缯酒食物各有数，约为兄弟以和亲。(《汉书》卷九四上《匈奴传》上)

孝惠高后时，冒顿浸骄。……令大谒者张泽报书，……冒顿……复使使来谢。(《汉书》卷九四上《匈奴传》上)

孝文即位，西元前179年。复修和亲。其三年夏，匈奴右贤王，入居河南地为寇，于是文帝……遣丞相灌婴……击右贤王，右贤王走出塞。……其明年（四年），单于遗汉书。……至汉，议与和亲孰便，公卿皆曰："……和亲甚便。"汉许之。……十四年，匈奴单于十四万骑，入朝那萧关，……至彭阳。……于是文帝以中尉周舍、郎中令张武为将军，发车千乘十万骑，军长安旁，以备胡寇。(《汉书》卷九四上《匈奴传》上)

景帝立……复与匈奴和亲，通关市，给遗单于，遣翁主，如故约。终景帝世，时时小入盗边，无大寇。(《汉书》卷九四上《匈奴传》上)

丁、武帝之征伐

　　武帝即位，明和亲约束，厚遇关市，饶给之……汉使马邑人聂翁壹，间阑出物，与匈奴交易，阳为卖马邑城，以诱单于。单于信之，而贪马邑财物，乃以十万骑入武州塞，汉伏兵三十余万。……单于既入汉塞……见畜布野，而无人牧者，怪之。……时雁门尉史……知汉谋……具告单于，单于大惊曰："吾固疑之。"乃引兵还……自是后，匈奴绝和亲。(《汉书》卷九四上《匈奴传》上)

自此衅隙既开，战事遂起。汉兵屡出塞，于是漠南无王庭。

　　卫青复出云中以西，至陇西，击胡之楼烦、白羊王于河南，得胡首虏数千，羊百余万。于是汉遂取河南地，筑朔方，复缮故秦时蒙恬所为塞，因河而为固。汉亦弃上谷之斗辟县，造阳地，以予胡。是岁元朔二年也。西元前127年。(《汉书》卷九四上《匈奴传》上)

　　其后……军臣单于死，冒顿子为老上单于，老上子为军臣单于。其弟左谷蠡王伊稚斜，自立为单于。……匈奴右贤王怨汉夺之河南地而筑朔方，数寇盗边。及入河南，侵扰朔方，杀掠吏民甚众。……汉复遣大将军卫青，将六将军，十余万骑，仍再出定襄数百里，击匈奴……汉使票骑将军去病将万骑，出陇西，过焉耆山千余里……得休屠王祭天金人。……单于怒昆邪王、休屠王居西方，为汉所杀虏数万人，欲召诛之。昆邪、休屠王恐，谋降汉。……昆邪王杀休屠王，并将其众降汉……汉已得昆邪，则陇西、北地、河西，益少胡寇，徙关东贫民，处所夺匈奴河南地新秦中以实之，西减北地以西戍卒半。……匈奴入右北平、定襄、各数万骑，……汉……令大将军青，票骑将军去病，中分军。大将军出定襄，内蒙和林格尔县。票骑将军出代，山西代县。咸约绝漠击匈奴。单于闻之，远其辎重，以精兵待于漠北，与汉大将军接战。……汉兵……围单于，单于……遂独与壮骑数百，溃汉围西北遁走……票骑封于狼居胥山，禅姑衍，临翰海而还。是后匈奴远遁，而漠南无王庭。(《汉书》卷九四上《匈奴传》上)

　　是时，汉……西置酒泉郡，以隔绝胡与羌通之路；又西通月

氏、大夏，以翁主妻乌孙王，以分匈奴西方之援国；又北益广田，至眩雷为塞，而匈奴终不敢以为言。(《汉书》卷九四上《匈奴传》上)

汉与西域乌孙结好，以拊匈奴之背。匈奴衔之，发兵往攻，乌孙求解于汉。宣帝遣兵往救，与乌孙东西夹击，匈奴始溃逃。

宣帝即位，乌孙昆弥复上书，言连为匈奴所侵削，昆弥愿发国半精兵人马五万匹，尽力击匈奴。……本始二年，西元前72年。汉大发关东轻锐士，选郡国吏三百石伉健习骑射者皆从军。遣御史大夫田广明为祁连将军，四万余骑出西河；度辽将军范明友，三万余骑出张掖；前将军韩增，三万余骑出云中；后将军赵充国为蒲类将军，三万余骑出酒泉；云中太守田顺为虎牙将军，三万余骑出五原。凡五将军，兵十余万骑出塞……及校尉常惠，使护发兵乌孙、西域，昆弥自将翕侯以下，五万余骑从西方入……匈奴闻汉兵大出，老弱奔走，驱畜产远遁逃，是以五将少所得……校尉常惠与乌孙兵，至右谷蠡庭，获单于父行，及嫂居次，名王犁污，都尉、千长将以下，三万九千余级，虏马、牛、羊、驴、骡、橐驼七十余万……然匈奴民众死伤而去者，及产畜远移，死亡不可胜数。于是匈奴遂衰耗。(《汉书》卷九四上《匈奴传》上)

匈奴……怨乌孙……单于自将万骑击乌孙，颇得老弱，欲还，会天大雨雪，一日深丈余，人民畜产冻死，还者不能什一。于是丁令乘弱攻其北，乌桓入其东，乌孙击其西，凡三国，所杀数万级，马数万匹，牛羊甚众。又重以饿死，人民死者什三，畜产什五。匈奴大虚弱，诸国羁属者皆瓦解，攻盗不能理。其后汉出三

昭君出塞图

千余骑，为三道，并入匈奴……兹欲乡和亲，注，师古曰："兹，益也。"而边境少事矣。(《汉书》卷九四上《匈奴传》上)

戊、匈奴之臣服

匈奴迭为汉创，势已不振，而内部又发生变乱，分立为五单于。

匈奴五单于 ｛ 呼韩邪单于（左部稽侯）
屠耆单于（右部日逐王）
呼揭单于（西方呼揭王）
车犁单于（右奥鞬王）
乌藉单于（右部乌藉都尉） ｝

五单于互争，均为呼韩邪单于所并。

屠耆单于，自将兵东击车犁单于，使都隆奇击乌藉。乌藉、车犁皆败西北走，与呼揭单于兵合为四万人，乌藉、呼揭皆去单于号，共并力尊辅车犁单于。屠耆单于闻之，使左大将都尉，将四万骑分屯东方，以备呼韩邪单于；自将四万骑西击车犁单于。车犁单于败西北走，屠耆单于即引西南，留闟敦地。(《汉书》卷九四下《匈奴传》下)

呼韩邪单于，遣其弟右谷蠡王等西袭屠耆单于。……屠耆单于闻之，即自将……击呼韩邪单于……逢呼韩邪单于兵……合战，屠耆单于兵败，自杀。都隆奇乃与屠耆少子右谷蠡王姑瞀楼头亡归汉，车犁单于东降呼韩邪单于。……呼韩邪单于……遂复都单于庭。(《汉书》卷九四下《匈奴传》下)

未几，呼韩邪兄呼屠吾斯，自立为郅支骨都侯单于，呼韩邪战败，遂款塞入朝于汉。

屠耆单于从弟休旬王，将所主五六百骑，击杀左大且渠，并其兵，至右地，自立为闰振单于。在西边，其后呼韩邪单于兄左贤王呼屠吾斯，亦自立为郅支骨都侯单于。在东边，其后二年，闰振单于率其众东击郅支单于，郅支单于与战，杀之，并其兵，遂进攻呼韩邪。呼韩邪破其兵，走郅支都单于庭。呼韩邪之败也，左伊秩訾王，为呼韩邪计，劝令称臣入朝事汉，从汉求助，如此匈奴乃定。……呼韩邪从其计，引众南近塞，遣子右贤王铢娄渠堂入侍，郅支单于亦遣子右大将驹于利受入侍。是岁甘露元年也。西元前53年。明年二年，呼韩邪单于款五原塞，愿朝。三年，正月，汉遣车骑都尉韩昌迎……朝天

卫青墓

子于甘泉宫。(《汉书》卷九四下《匈奴传》下)

郅支单于以为呼韩邪降汉，兵弱不能复自还，即引其众西，欲攻定右地……会康居王数为乌孙所困，与诸翖侯计，以为匈奴大国，乌孙素服属之，今郅支单于困阨在外，可迎置东边，使合兵取乌孙以立之，长无匈奴忧矣。即使使至坚昆，通语郅支。郅支素恐，又怨乌孙，闻康居计大说，遂与相结，引兵而西。康居亦遣贵人橐它驴马数千匹，迎郅支。郅支人众，中寒道死，余财三千人，到康居。其后都护甘延寿与副陈汤，发兵即康居诛斩郅支。……元帝建昭三年，即西元前36年。郅支既诛，呼韩邪单于……上书，愿保塞，上谷以西至敦煌，传之无穷，请罢边备塞吏卒。(《汉书》卷九四下《匈奴传》下)

按，自此匈奴臣服于汉，至王莽时始隔绝。

(二) 西域

汉通西域，遂为中西文明沟通之导源。但汉初所谓西域，专指今新疆天山南北路而言。其后交通渐广，凡西北之地，概称西域矣。

甲、西域各国之概况

西域在汉武始通时，有国三十六，其后稍分至五十余。

西域以孝武时始通，本三十六国，其后稍分至五十余，皆在匈奴

之西，乌孙之南。南北有大山，中央有河，东西六千余里，南北千余里。东则接汉，阨以玉门阳关，西则限以葱岭，其南山东出金城，与汉南山属焉。其河有两原，一出葱岭山，一出于阗。于阗在南山下，其河北流，与葱岭河合，东注蒲昌海。罗布泊。蒲昌海，一名盐泽者也，去玉门阳关三百余里，广袤三百里。其水亭居，冬夏不增减，皆以为潜行地下，南出于积石，为中国河云。（《汉书》卷九六上《西域传序》）

通西域之路，有南北两道。

自玉门阳关，出西域，有两道，从"鄯善"傍南山阿勒腾塔格山及托古兹山。北波河车尔成河。西行，至莎车为南道，南道西逾葱岭，则出大月氏、安息。丁谦《汉书西域传地理考证》，凡出阳关而西，必先经鄯善，次且末，又西南至精绝，又西至扞弥，至于阗，至皮山而逾葱岭，若由莎车南行，则不经皮山而经西夜子合，皆会于岭西之乌秅，以至罽宾、乌弋，至由莎车西北行，则历蒲犁、无雷而抵大月氏、安息等国。自"车师前王庭"，随北山天山。波河塔里木河。西行，至疏勒为北道，北道西逾葱岭，则出大宛、康居、奄蔡、焉耆。李光廷《汉西域图考》，鄯善当汉冲，出西域者胥由于此……自鄯善而北至伊吾，为今哈密地。自此而西，由狐胡至车师前王庭，经危须、焉耆、龟兹、姑墨、温宿、尉头以至疏勒。

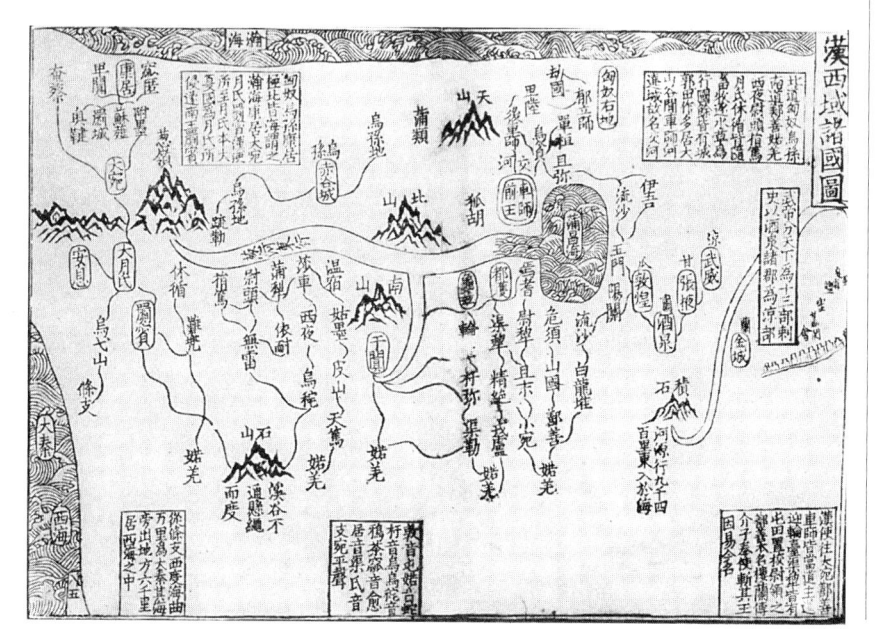

西域古地图

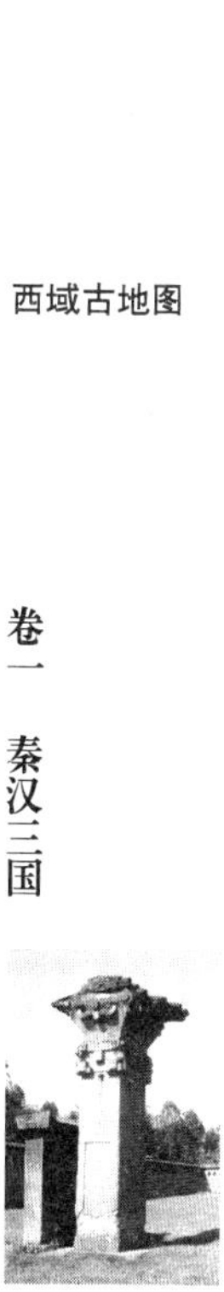

卷一　秦汉三国

(《汉书》卷九六上《西域传序》)

在新疆境内诸国，其种族，西北部为"塞"种，南部为"氐"、"羌"。

昔匈奴破大月氏，大月氏西君大夏，而塞王南君罽宾。"塞种"分散，往往为数国，自疏勒以西北，休循、捐毒之属，皆故塞种也。(《汉书》卷九六上《西域传》上"罽宾国")

蒲犁及依耐、无雷国，皆西夜类也。西夜与胡异，其种类"羌""氐"行国，注，师古曰："言不土著也。"随畜逐水草往来。(《汉书》卷九六上《西域传》上"西夜国")

葱岭以外，西南诸国，今所谓阿利安族也。

自宛以西，至安息国，虽颇异言，然大同，自相晓知也。其人皆深目，多须髯，善贾市，争分铢。贵女子，女子所言，丈夫乃决正。(《汉书》卷九六上《西域传》上"大宛国")

其在新疆东北一带诸国，多附属于匈奴，匈奴并设官征其赋税。

西域诸国……皆役属匈奴。匈奴西边日逐王，置僮仆都尉，使领西域，常居焉耆、危须、尉黎间，赋税诸国，取富给焉。(《汉书》卷九六上《西域传序》)

乙、汉通西域

汉欲击匈奴，谋通西域，以断其右臂，而张骞应募出使，始得交通之途。

自周衰，戎狄错居泾渭之北。及秦始皇攘却戎狄，筑长城，界中国，然西不过临洮。汉兴，至于孝武，事征四夷，广威德，而张骞始开西域之迹。(《汉书》卷九六上《西域传序》)

张骞，汉中人也，建元中，为郎。时匈奴降者言，匈奴破月氏王，以其头为饮器，月氏遁而怨匈奴，无与共击之。汉方欲事灭胡，闻此言欲通使，道必更匈奴中，乃募能使者，骞以郎应募使月氏。……出陇西，径匈奴，匈奴得之，传诣单于……留骞十余岁……骞因与其属亡乡月氏，西走数十日，至大宛。大宛闻汉之饶财，欲通不得，见骞喜，问欲何之，骞曰："为汉使月氏。"……大宛……遣骞，为发译道，抵康居，康居传致大月氏。大月氏王已为胡所杀，立

西域诸国简表 据《汉书·西域传》

地别		国名	疆 界	今 释	户 口	生活及风俗	物 产	备 考
天山南路	南道	楼兰鄯善	西北至车师，东垂近汉，当白龙堆，西通目末。	罗布泊东南。	户千五百七十，口万四千一百，胜兵二千九百十二人。	地沙卤少田，寄田仰谷旁国，民随畜牧逐水草。	玉、葭苇、柽柳、胡桐、白草。	《汉书·西域传》，元凤四年，更名其国为鄯善。
		且末	北接尉犁，西通精绝。	且末县。	户二百三十，口千六百一十，胜兵三百二十人。		蒲陶诸果。	
		精绝	南至戎卢，西通扞弥。	且末西。	户四百八十，口三千三百六十，胜兵五百人。			
		扞弥	南与渠勒，东北与龟兹，西北与姑墨接，西通于阗。	于阗县地。	户三千三百四十，口二万四百四十人。			
		于阗	南与婼羌接，北与姑墨接，西通皮山。	和阗县地。	户三千三百，口万九千三百，胜兵二千四百人。	玉石。		
		莎车	西至疏勒，西南至蒲犁。	莎车县地，即叶尔羌。	户二千三百三十九，口万六千三百七十三，胜兵三千四十九人。		有铁山，出青玉。	
		婼羌	出阳关，不当孔道，西北至鄯善，与且末接。	且末东至柴达木、郭斯腾塔格尔木等处。	户四百五十，口千七百五十，胜兵五百人。	随畜逐水草，不田作，仰鄯善、且末谷。	山有铁，自作兵。	丁谦《汉书西域传地理考证》，婼羌者，西域杂羌之总名也，部落散处甚多，此特近阳关之一部。
		小宛	东与婼羌接，辟南不当道。	阿勒腾塔格山南。	户百五十，口千五十，胜兵二百人。			
		戎卢	东与小宛，南与婼羌，辟南不当道。	且末县东南山中。	户二百四十，口千六百一十，胜兵三百人。			
		渠勒	东与戎户，西与扞弥，北与扞弥接。	和阗东南之波鲁地。	户三百十，口二千一百七十，胜兵三百人。			
	北道	车师前国	《后汉书·西域传》，通姑墨，北道西通乌孙。	西吐鲁番地。	户七百，口六千五十，胜兵千八百六十五人。			李光廷《汉西域图考》，车师国，今沧为戈壁。《汉书·西域传》序，分以南道以为车师前后王，及山北六国。
		车师后国		乌鲁木齐。	户五百九十五，口四千七百七十四，胜兵千八百九十人。			李光廷《图考》，车师后城长、郁立师、前后单陈、单桓、东且弥、西且弥、劫国、乌贪訾离，皆在天山以北，按诸国为姑师所分，故列于此。

续表

地别	国名	疆界	今释	户口	生活及风俗	物产	备考
天山南路	车师都尉		附近车师后王。	户四十，口三百三十，胜兵八十四人。			徐松《汉书西域传补注》，后城长与车师都尉，皆汉所置，以有人民，名之为国耳。
	车师后城长		同上。	户十五十四，口五百六十，胜兵二百六十人。			
	郁立师	东与车师后城长，西与卑陆，北与匈奴接。	罗克伦河源地。	户百九十，口千四百四十五，胜兵三百三十一人。			
	卑陆		乌鲁木齐西天山间。	户二百二十七，口千三百八十七，胜兵四百二十二人。			丁谦《考证》，山北六国，指目弥东西，卑陆前后，及郁立师劫国也。
	卑陆后国	东与郁立师，北与匈奴，西与劫国，南与车师接。	卑陆西北。	户四百六十二，口千一百三十七，胜兵三百五十人。			
姑师	东且弥		卑康县地。	户百九十一，口千九百四十八，胜兵五百七十二人。	《后书》，庐帐居，逐水草，颇田作。		
	西且弥		同上。	户三百三十二，口千九百六十六，胜兵七百三十八人。			
	劫国		玛纳斯河南近山处。	户九十九，口五百，胜兵一百一十五人。			
	乌贪訾离	东与单桓，南与且弥，西与乌孙接。	小裕勒都斯河地。	户四十一，口二百三十一，胜兵五十七人。			《汉书·西域传》序，元帝时，分车师后王之西，为乌贪訾离地。
	狐胡		吐鲁番东南之鲁克沁地。	户五十五，口二百六十四，胜兵四十五人。			
	山国	西至尉犁，西北至焉耆，东南与鄯善，且末接。	博斯腾，罗布两泊之中。	户千，口五千，胜兵千人。	民山居，寄田籴谷于焉耆，危须。	山出铁。	

续表

地别	国名	疆　界	今　释	户　口	生活及风俗	物　产	备　考
天山南路	危须	西至焉耆。	博斯腾泊北之乌沙克塔尔台地。	户七百，口四千九百，胜兵二千。			
	焉耆	南至尉犁，北与乌孙接。	即焉耆县地。	户四千，口三万二千一百，胜兵六千。		近海多鱼。	
	尉犁	南与鄯善，且末接。	博斯腾泊西南喀喇沙尔下开都河东岸。	户一千二百，口九千六百，胜兵二千。			
	乌垒	南与都善接。	策特尔台地。	户一百一十，口一千二百，胜兵三百人。			
	渠犁	东北与尉犁且末，东南与精绝接，西至龟兹。	库尔勒城之西北。	户千四百八十，口一万四百人。		地广，饶水草，有溉田。	
	龟兹	南与精绝，东南与扞弥，西南与姑墨，北与乌孙接。	库车县地。	户六千九百七十，口八万一千三百一十七，胜兵二万一千七十六人。		能铸冶，有铅。	
	姑墨	南至于阗，北与乌孙接，东通龟兹。	拜城县地。	户二千五百，口二万四千五百，胜兵四千五百人。		铜，铁，雌黄。	
	温宿	西至尉头，北与乌孙接。	温宿县地。	户二千二百，口八千四百，胜兵千五百人。			
	尉头	南与疏勒接，东通姑墨。	乌什县地。	户三百，口二千三百，胜兵八百人。			
	疏勒	南至莎车。	疏勒县地。	户千五百十，口万八千六百四十七，胜兵二千人。	田畜随水草。		
天山北路	蒲类		巴里坤地。即巴里坤湖南北地。	户三百二十五，口二千三十二，胜兵七百九十九人。	《后书》，庐帐而居，逐水草，颇知田作。有市列，西当大宛，东当大月氏，康居道也。	《后书》，有牛马驼羊畜，能作弓矢，国出好马。	李光廷《图考》，自伊吾而北至蒲类，又西而为车师后庭，乌贪訾离以至乌孙，单桓，郁立师，卑陆后国，劫国，则道之北，亦不当孔道也。

续表

地别	国名	疆界	今释	户口	生活及风俗	物产	备考
天山北路	蒲类后国		巴里坤地。即巴里坤湖南北之地。	户百，口千七十，胜兵三百三十四人。	《后书》，其人勇猛敢战，以寇钞为事，皆被发，随畜逐水草，不知田作。	《后书》，所出皆与蒲类同。	《后书》，移支国，居蒲类地，丁谦《考证》，《前书》未载，当即所云蒲类后国。
	单桓		阿尔辉河滨。	户二十七，口百九十四，胜兵四十五人。			
	乌孙	东南至匈奴，西北至大宛，南与城郭诸国相接。	伊犁河南特克斯河滨。	户十二万，口六十三万，胜兵十八万八千八百人。	地莽平，多雨寒，木山多松楠，田作种树，随畜逐水草。	山多松楠，国多马，富人至四五千匹。	
葱岭	皮山	西南至乌秅，东与姑墨，笃进，北与姑墨，西北通莎车。南与罽宾，西北通莎车。	皮山县地。	户五百，口三千五百人。			
	西夜子合	东与皮山，西南与子合，东北与莎车，南与蒲犁接。	西夜当库克雅尔地，子合当裕勒里克地。	户三百五十，口四千，胜兵千人。	随畜逐水草往来。	子合出玉石，《后书》，西夜地生白草，国人煎以为药，傅箭镞，所中即死。	《后书》《考证》，西夜王号子合王者，丁谦《考证》，盖其时兼箐子合地也，至后汉时，始各自立王。
	乌秅	北与子合，蒲犁，西与难兜接。	拉达克部。	户四百九十，口二千七百三十，胜兵七百四十人。	山居田石间，累石为室，民接手饮。	有白草，出小步马，有驴无牛。	
	蒲犁	东至莎车，北至疏勒，南与西夜子合，西至无雷。	蒲犁县地。	户六百五十，口五千，胜兵二千人。	寄田莎车，种俗与子合同。		
	依耐	东北至莎车，北至疏勒，南与无雷，西与大月氏接。	视蒲犁方位相同而较远，则为今塞勒库勒城地。	户一百二十五，口六百七十，胜兵三百五十人。	俗与子合同，少谷，寄田疏勒，莎车。		
	无雷	南与乌秅，北与捐毒，西与大月氏接。	郎库里西阿克苏河地。	户千，口七千，胜兵三千人。	衣服类乌孙，俗与子合同。		
	难兜	西南至罽宾，南与婼羌，北与休循，西与大月氏接。	乾竺特地。	户五千，口三万一千，胜兵八千人。		种五谷，蒲陶诸果，有银铜铁作兵。	

93

续表

地别	国名	疆　界	今　释	户　口	生活及风俗	物　产	备　考
葱岭	桃槐	葱岭回小部，当在后阿赖山北。	户七百，口五千，胜兵千人。				
	捐毒	东至疏勒，南与休循属，西则休循，西北至大宛，北与乌孙接。	察提尔湖边地。	户三百八十，口千一百，胜兵五百人。	衣服类乌孙，随水草。		
	休循	东至捐毒，西至大宛，西北至乌孙，西北至乌大月氏。	苏约克山口地。	户三百五十八，口千三十，胜兵四百八十人。	民俗衣服类乌孙，因畜随水草。		
	大宛	北至康居，西南至大月氏。	苏联吉尔吉斯共和国。	户六万，口三十万，胜兵六万人。	土地、风气、物类、民俗，与大月氏、安息至万余石，久息同。	以蒲陶为酒，富人藏酒至万余石，久者数十岁不败。俗嗜酒，马嗜目宿，多善马。	
亚洲中西部	康居		苏联哈萨克共和国。	户十二万，口六十万，胜兵十二万人。	与大月氏同俗，东羁事匈奴。		
	奄蔡	康居西北。	苏联高加索地。	控弦十余万人。	与康居同俗。		
	大月氏	西至安息，南与罽宾接。	苏联中亚东南部，东起后阿赖山，西至阿母河，又跨河而南，兼有布哈尔及阿富汗北境，并葱岭山中诸小部地。	户十万，口四十万，胜兵十万人。	土地、风气、物类所有民俗钱货，与安息同，随畜移徙，与匈奴同俗。	出一封橐驼。	
	罽宾	东至乌秅，东北至难兜，西北与大月氏，西南与乌弋山离接。	克什米尔，殷、遮布两部地。	户口胜兵多，大国也。	种五谷，蒲陶诸果，粪治园田，地下湿生稻，冬食生菜。其民巧，雕文刻镂，治宫室，织罽刺文绣，好治食，以金银为钱，文为骑马，幕为人面。	有目宿，蒲陶诸果，漆金嫌铜锡，出封牛、水牛、象、大狗、沐猴、孔雀、珠玑、珊瑚、虎魄、璧、流离。	

续表

地别	国名	疆界	今释	户口	生活及风俗	物产	备考
亚洲中西部	乌弋山离	东与罽宾、北与扑挑(桃)、西与犁靬、条支接。	巴基斯坦俾路芝兼有伊朗南境。	户口胜兵多，大国也。	地暑热莽平，其草木畜产五谷果菜，饮食宫室市列钱货兵器金珠之属，皆与罽宾同，其钱独文为人头，幕为骑马，以金银饰杖。	桃拔、师子、犀牛。	
	安息	北与康居、东与乌弋山离、西与条支接。	伊朗地。	小大数百城，地方数千里，最大国也。	土地风气物类所有民俗，与乌弋、罽宾同，亦以银为钱，文独为王面，幕为夫人面，王死辄更铸钱，书革旁行为书记。	有大马爵。	
	条支	国临西海。	阿拉伯地。	人众甚多，往往有小君长，安息役属之以为外国。	暑湿田稻。	有大鸟卵如瓮，《后书》，出师子、犀牛、封牛、孔雀。	

张骞通西域图

其夫人为王，既臣大夏而君之，地肥饶，少寇，志安乐，又自以远远汉，殊无报胡之心。骞……竟不能得月氏要领，留岁余还。……初骞行时百余人，去十三岁，唯二人得还。骞身所至者，大宛、大月氏、大夏、康居，而传闻其旁大国五六，具为天子言其地形所有。(《汉书》卷六一《张骞传》)

及匈奴浑邪王降，汉得河西之地，而通西域之路始开。

其后，元狩二年，西元前121年。票骑将军霍去病，击破匈奴右地，降浑邪休屠王，遂空其地，始筑令居以西，初置酒泉郡……分置武威、张掖、敦煌、列四郡，据两关焉。(《汉书》卷九六上《西域传序》)

于是张骞复建招致乌孙之计。

骞……曰："臣居匈奴中，闻乌孙王号昆莫。昆莫父难兜靡，本与大月氏，俱在祁连、敦煌间，小国也，大月氏攻杀难兜靡，夺其地，人民亡走匈奴。子昆莫新生……单于爱养之，及壮，以其父民众与昆莫，使将兵，数有功。时月氏已为匈奴所破，西击塞王，塞王南走远徙，月氏居其地。昆莫既健，自请单于报父怨，遂西攻破大月氏，大月氏复西走徙大夏地。昆莫略其众，因留居，兵稍强。会单于死，不肯复朝事匈奴。匈奴遣兵击之，不胜……今单于新困于汉，而昆莫地空。蛮夷恋故地，又贪汉物，诚以此时厚赂乌孙，招以东居故地，汉遣公主为夫人，结昆弟，其势宜听，则是断匈奴右臂也。既连乌

卷一 秦汉三国

孙，自其西大夏之属，皆可招来而为外臣。(《汉书》卷六一《张骞传》)

武帝可其议，遣骞再使西域，西域诸国皆服属于汉。

天子以为然，拜骞为中郎将，将三百人……牛羊以万数，赍金币帛，直数千巨万。多持节副使，注，师古曰："为骞之副，而各令持节。"道可便遣之旁国。骞既至乌孙，致赐谕指，未能得其决……骞即分遣副使使大宛、康居、月氏、大夏，乌孙发译道送骞，与乌孙使数十人……报谢，因令窥汉，知其广大……其所遣副使，通大夏之属者，皆颇与其人俱来，于是西北国始通于汉矣。(《汉书》卷六一《张骞传》)

后姑师与楼兰，攻劫使臣，汉始用兵西域。

初武帝感张骞之言，甘心欲通大宛诸国，使者相望于道，一岁中，多至十余辈。楼兰、姑师当道苦之，攻劫汉使王恢等……于是武帝遣从票侯赵破奴，将属国骑及郡兵数万击姑师。王恢数为楼兰所苦，上令恢佐破奴……虏楼兰王，遂破姑师。(《汉书》卷九六上《西域传》上"鄯善国")

汉威之远被于西域，一由于征伐大宛，一由于和亲乌孙。

大宛国……多善马，马汗血，言其先天马子也。注，孟康曰："言大宛国有高山，其上有马不可得，因取五色母马置其下，与集，生驹，皆汗血，因号曰天马子云。"张骞始为武帝言之。上遣使者持千金及金马，以请宛善马。宛王以汉绝远，大兵不能至，爱其宝马，不肯与。汉使妄言，宛遂攻杀汉使，取其财物。于是天子遣贰师贰师，**大宛城名，期至贰师取善马，故以为号。**将军李广利，将兵前后十余万人伐宛，连四年。宛人斩其王母寡首，献马三千匹，汉军乃还。(《汉书》卷九六上《西域传》上"大宛国")

乌孙远汉，未知其大小，又近匈奴，服属日久，其大臣皆不欲徙。昆莫年老，国分不能专制，乃发使送骞，因献马数十匹报谢。其使见汉人众富厚，归其国，其国后乃益重汉。匈奴闻其与汉通，怒欲击之。又汉使乌孙，乃出其南，抵大宛、月氏，相属不绝。乌孙于是恐，使使献马，愿得尚汉公主，为昆弟……汉元封中，**六年，西元前105年。**遣江都王建女细君为公主以妻焉。(《汉书》卷九六下《西域传》

下 "乌孙国")

自贰师将军伐大宛之后，西域震惧，多遣使来贡献，汉使西域者益得职。于是自敦煌西至盐泽，往往起亭，而轮台、新疆轮台县。渠犁，皆有田卒数百人，置使者校尉领护，以给使外国者。至宣帝时，遣卫司马使护鄯善以西数国。及破姑师，未尽殄，分以为车师前后王，及山北六国。时汉独护南道，未能尽并北道也，然匈奴不自安矣。其后日逐王畔单于，将众来降，护鄯善以西使者郑吉迎之。既至汉，封日逐王为归德侯，吉为安远侯，是岁神爵三年也。西元前59年。乃因使吉并护北道，故号曰都护。都护之起，自吉置矣，僮仆都尉由此罢。匈奴益弱，不得近西域，于是徙屯田，田于北胥鞬，披莎车之地。屯田校尉始属都护，都护督察乌孙、康居诸外国动静，有变以闻，可安辑安辑之，可击击之。都护治乌垒城，新疆焉耆县。去阳关二千七百三十八里，与渠犁、田官相近，土地肥饶，于西域为中，故都护治焉。至元帝时，复置戊己校尉，屯田车师前王庭。是时匈奴东蒲类王兹力支，将人众千七百余人降都护，都护分车师后王之西，为乌贪訾离地以处之。自宣元后，单于称藩臣，西域服从，其土地、山川、王侯、户数、道里，远近翔实矣。（《汉书》卷九六上《西域传序》）

（三）西羌

西羌在秦时已渐繁盛，始皇遣蒙恬逐之塞外。

羌无弋爱剑者，秦厉公时为秦所拘执，以为奴隶，不知爱剑何戎之别也。后得亡归，而秦人追之急，藏于岩穴中，得免……与劓女遇于野，遂成夫妇。女耻其状，被发覆面，羌人因以为俗，遂俱亡入三河间。注，即黄河、赐支河、湟河也，今青海西宁以东地。诸羌……共畏事之，推以为豪……以射猎为事，爱剑教之田畜……种人依之者日益众。羌人谓奴为无弋，以爱剑尝为奴隶，故因名之，其后世世为豪……子孙分别各自为种，任随所之，或为牦牛种，越嶲羌是也；四川宁远县。或为白马种，广汉羌是也；甘肃文县至四川北境。或为参狼种，武都羌是也。甘肃陇西县。忍及弟舞独留湟中。青海西宁县。……忍生九子为九种，舞生十七子为十七种，羌之兴盛从此起矣……秦始皇时，务并六国……故种人得以繁息。秦既兼天下，

使蒙恬将兵略地，西逐诸戎，北却众狄，筑长城以界之。(《后汉书》卷一一七《西羌传》)

至汉景帝时，又渐东徙。武帝用兵四方，复逐西羌，置四郡以隔羌胡之交通。宣帝时，诸羌结合入边，乃遣赵充国击平之。

忍子研立。研豪健，故羌中号其后为研种……至汉景帝时，研种留河，率种人求守陇西塞，于是徙留河等于狄道安故至临洮氐道羌道。及武帝征伐四夷，又西逐诸羌，乃渡河湟，筑令居塞。初开河西，列置四郡，注，酒泉、武威、张掖、燉煌。通道玉门，隔绝羌胡。于是障塞亭燧，出长城外数千里。时先零羌，与斜养牢姐种，解仇结盟，与匈奴通，合兵……围枹罕。甘肃道河县。汉遣将军李息将军讨平之，始置护羌校尉统领焉……至宣帝时，诸羌又相与解仇，寇攻金城。甘肃皋兰县以西至青海。帝遣后将军赵充国将兵讨之。充国欲以屯田于临羌。青海西宁县。东至浩亹，务威信，招降罕开及劫掠者解散虏谋，乃击之……诏罢兵，独充国留屯田……初置金城属国，以处降羌……自元帝以后数十年，四夷宾伏，边塞无事。至王莽末，豪滇良内侵。(《通考》卷三三三《四裔考》一〇)

赵充国塑像

湟中月氏胡，其先大月氏之别也，在张掖、酒泉地。月氏王为匈奴冒顿所杀，余种分散，西逾葱岭，其羸弱者，南入山阻，依诸羌居止。及汉将霍去病破匈奴，取西河地，开湟中，于是月氏来降，与汉人错居……在张掖号曰义从胡……在冉駹东北，广汉之西，其种非一，或号青氏，或号白氏，或号蚺氏。此盖中国人既其服色而名之也。土地险阻，有麻田，出漆、蜜、铜、铁、椒、蜡……其俗语不与中国及羌胡同，各自有姓，如中国之姓。其衣服尚青，俗能织布，善田种，畜羊豕牛马驴骡。婚姻备六礼，知书疏。多知中国语，由与中国错居故也。(《通考》卷三三三《四裔考》一〇)

(四) 朝鲜

朝鲜，昔武王封殷太师箕子于其地……其后……至战国时，朝鲜准亦僭称王。始全燕时，尝略属焉，为置吏，筑障塞。秦灭燕，属辽东外徼。及秦乱，燕、齐、赵人，往避地者数万口。汉兴，为其远难守，复修辽东故塞，至浿水朝鲜大同江。为界，属燕王卢绾反入匈奴。燕人卫满亡命，聚党千余人，魋结蛮夷服而东走出塞，度浿水击破朝鲜王准，居秦故空地上下障。(《通考》卷三二四《四裔考》一)

孝惠高后，天下初定，辽东太守，即约满为外臣，保塞外蛮夷……传子至孙右渠，所诱汉亡人滋多，又未尝入见。真番辰国，即辰韩，韩三辰，弁马，皆在半岛南方。欲上书见天子，又雍阏弗通。元封二年，西元前109年。汉使涉何谯谕右渠，终不肯奉诏。何去至界，临浿水，使驭刺杀送何者朝鲜裨王长，即度水驰入塞，遂归报天子曰："杀朝鲜将。"上为其名美，弗诘，拜何为辽东东部都尉。朝鲜怨何，发兵攻袭杀何。天子募罪人击朝鲜。(《汉书》卷九五《朝鲜传》)

其秋，遣楼船将军杨仆，从齐浮勃海，兵五万，左将军荀彘出辽东……右渠发兵距险，左将军卒多率辽东士，兵先纵，败散，多还走。……楼船将齐兵七千人，先至王险，右渠城守，窥知楼船军少，即出击楼船，楼船军败走。……左将军数与楼船期战，楼船欲就其约，不会。左将军亦使人求间隙，降下朝鲜，不肯心附楼船，以故两将不相得。……天子曰："……两将围城又乖异，以故久不决，使故济南太守公孙遂往正之。……遂……以节召楼船将军，入左将军军计事，……执缚楼船将军，并其军。……遂……已并两军，即急击朝鲜，朝鲜相路人，相韩陶、尼谿相参，将军王唊，相与谋曰："始欲降楼船，楼船今执，独左将军并将战益急，恐不能与，王又不肯降。"陶、唊、路人皆亡降汉……元封三年，夏，尼谿相参，乃使人杀朝鲜王右渠来降。王险城未下，故右渠之大臣成巳，又反，复攻吏。左将军使右渠子长，降相路人子最，告谕其民，诛成巳。故遂定朝鲜，为真番、辽宁东南境。临屯、朝鲜江原道地。乐浪、平安南道及黄海道地。玄菟咸境道及平安道北境。四郡。(《汉书》卷九五《朝鲜传》)

涉，亦朝鲜之地，南与辰韩，北与高句丽、沃沮接，东穷大海，西至乐浪。汉武帝元朔元年，西元前128年。涉君南闾等畔朝鲜，率二十八万口，诣辽东内属。帝以其地为苍海郡，数年乃罢。至元封三年，灭朝鲜，分置四郡。昭帝时，并二郡入乐浪、元菟，复徙元菟居句丽，自单大岭以东，沃沮、涉、貊，并属乐浪。后以境土广远，复分岭东七县，置乐浪东部都尉。(《通考》卷三二四《四裔考》一)

　　高句丽，其先出夫余……其地在辽东之东千里，南与朝鲜、涉、貊，东与沃沮，北与夫余接。地方二千里，多大山深谷，人随而为居，少田业。故其俗节于饮食，而好修宫室，言语法则与夫余同，盖其别种也。……自武帝、昭帝，赐其人以衣帻、朝服、鼓吹，常从元菟郡受之。后稍骄，不复诣郡，但于东界筑小城受之。……王莽初，发句丽兵伐匈奴，其人不欲行，迫遣之，皆亡出为寇盗。莽令严尤诱高丽侯入塞斩之……于是貊人寇边愈甚。(《通考》卷三二五《四裔考》二)

(五) 南粤

　　南粤王赵佗，真定人也。秦……二世时，南海尉任嚣病且死，召龙川令赵佗……行南海尉事。嚣死……佗即击并桂林、象郡，自立为南粤武王。高帝已定天下……十一年，遣陆贾立佗为南粤王。……高后时，有司请禁粤关市铁器，佗曰："……此必长沙王计。"……乃自尊号为南武帝，发兵攻长沙边，败数县焉。高后遣将军隆虑侯灶击之，会暑湿，士卒大疫，兵不能逾领。岁余高后崩，即罢兵。佗因此以兵威财物，赂遗闽粤、西瓯、骆、役属焉，东西万余里，乃乘黄屋、左纛、称制，与中国侔。文帝元年，初镇抚天下……乃为佗亲冢在真定，置守邑，岁时奉祀，召其从昆弟，尊官厚赐宠之。……召贾(陆贾)为大中大夫，……赐佗书。……陆贾至南粤，王恐，乃顿首谢，愿奉明诏，长为藩臣，奉贡职，……改号不敢为帝。……至孝景时，称臣遣使入朝请，然其居国，窃如故号。"……至武帝建元四年，佗孙胡为南粤王。立三年，闽粤王郢，兴兵南击边邑，粤使人上书……天子多南粤义，守职约，为兴师遣两将军往讨闽粤。兵未逾领，闽粤王弟余善，杀郢以降，于是罢兵。……胡薨……婴齐胡太子。嗣立。……婴齐薨……太子兴嗣立，其母为太后。太后自未为婴齐妻

时，曾与霸陵人安国少季通。及婴齐薨后，元鼎四年，西元前113年。汉使安国少季谕王，王太后入朝，令辩士谏大夫终军等宣其辞，勇士魏臣等辅其决，卫尉路博德，将兵屯桂阳待使者。王年少，太后中国人，安国少季往复，与私通，国人颇知之，多不附太后。太后恐乱起，亦欲倚汉威，劝王及幸臣求内属，即因使者上书，请比内诸侯，三岁一朝，除边关，于是天子许之。……王、王太后，饬治行装重资，为入朝具。相吕嘉……数谏止王，王不听，有畔心……乃阴谋作乱……吕嘉乃遂反……攻杀太后、王，尽杀汉使者……立明王长男粤妻子术阳侯建德为王……于是天子……令粤人及江淮以南楼船十万，师往讨之。元鼎五年，秋，卫尉路博德为伏波将军，出桂阳，下湟水；主爵都尉杨仆，为楼船将军，出豫章，下横浦；故归义、粤侯二人为戈船下濑将军，出零陵，或下离水，或抵苍梧，使驰义侯因巴蜀罪人，发夜郎兵，下牂柯江，咸会番禺……楼船居前，至番禺……纵火烧城。粤素闻伏波，莫不知其兵多少。伏波乃为营遣使招降者……楼船力攻烧敌，反驱而入伏波营中。迟旦，城中皆降伏波。吕嘉、建德，以夜与其属数百人亡入海。伏波又问降者，知嘉所之，遣人追……得建德、……嘉……南粤已平，遂以其地为儋耳、海南岛南部。珠崖、海南岛北部。南海、苍梧、郁林、合浦、广东徐闻县。交阯、越南北宁。九真、越南清华。日南越南河靖。九郡。（《汉书》卷九五《南粤王传》）

（六）闽粤

闽粤王无诸，及粤东海王摇，其先皆粤王句践之后也，姓驺氏。秦并天下，废为君长，以其地为闽中郡。及诸侯畔秦，无诸、摇率粤归番阳令吴芮，所谓番君者也，从诸侯灭秦。当是时项王主命，不王

路博德铜像

卷一　秦汉三国

也，以故不佐楚。汉击项籍，无诸、摇，帅粤人佐汉。汉五年，西元前202年。复立无诸为闽粤王，王闽中故地，都冶。福建闽侯县。闽孝惠三年，西元前192年。举高帝时粤功曰，闽君摇功多，其民便附，乃立摇为东海王，都东瓯。浙江永嘉县。世号曰东瓯王。后数世，孝景三年，西元前154年。吴王濞反，欲从闽粤，闽粤未肯行，独东瓯从。及吴破，东瓯受汉购，杀吴王丹徒，以故得不诛。吴王子驹亡走闽粤，怨东瓯杀其父，常劝闽粤击东瓯。建元三年，西元前138年。闽粤发兵围东瓯，东瓯使人告急……天子遣助，严助。发会稽郡兵，浮海救之……汉兵未至，闽粤引兵去，东粤请举国徙中国，乃悉与众处江淮之间。（《汉书》卷九五《闽粤王传》）

六年，西元前35年。闽粤击南粤，南粤守天子约，不敢擅发兵而以闻。上遣大行王恢出豫章，大司农韩安国出会稽，皆为将军。兵未逾领，闽粤王郢，发兵距险。其弟余善与宗族谋曰："王以擅发兵不请，故天子兵来诛。汉兵众强，即幸胜之，后来益多，灭国乃止。今杀王以谢天子，天子罢兵，固国完，不听乃力战，不胜即亡入海。"皆曰善，即钣杀王，使使奉其头，致大行……天子诏罢两将军兵曰："郢等首恶，独无诸孙繇君丑，不与谋。"乃使中郎将立丑为粤繇王。……余善以杀郢，威行国中，民多属，窃自立为王，繇王不能制。上闻之，为余善不足复兴师曰："余善首诛郢，师得不劳。"因立余善为东粤王，与繇王并处。至元鼎五年，西元前112年。南粤反，余善上书请以卒八千，从楼船击吕嘉等。兵至揭阳……持两端……及汉破番禺，楼船将军仆，上书愿请引兵击东粤……令诸校留屯豫章梅岭待命。明年（六年）秋，余善……发兵距汉道，号将军驺力等为吞汉将军……上遣横海将军韩说出句章，浮海从东方往，楼船将军仆出武林，中尉王温舒出梅岭，粤侯为戈船下濑将军出如邪白沙。元封元年，西元前110年。冬，咸入东粤……故粤建成侯敖，与繇王居股谋，俱杀余善，以其众降……天子曰："东粤狭多阻，闽粤悍，数反覆。"诏军吏皆将其民徙处江淮之间，东粤地遂虚。（《汉书》卷九五《闽粤王传》）

（七）西南夷

甲、诸夷之情况

南夷君长以十数，夜郎贵州桐梓县。最大；其西靡莫之属以十数，滇云南昆明县。最大；自滇以北，君长以十数，邛都西康西昌县。最大。此皆椎结，耕田，有邑聚。其外西自桐师以东，北至叶榆，名为巂、昆明。云南大理县。编发，随畜移徙，亡常处，亡君长，地方可数千里。自巂以东北，君长以十数，徙、西康天全县。莋都西康汉源县。最大；自莋以东北，君长以十数，冉駹四川茂县。最大。其俗或土著，或移徙。在蜀之西，自駹以东北，君长以十数，白马最大，皆氐类也。此皆巴蜀西南外蛮夷也。（《汉书》卷九五《西南夷传》）

盘瓠种……号曰蛮夷，有邑君长，名渠帅曰精夫，相呼为姎徒，所居皆深山重阻，人迹罕至，长沙、黔中、五溪蛮皆是也。秦昭王使白起伐楚，略取蛮夷，始置黔中郡。汉兴，改为武陵郡，岁令大人输布一匹，小口二丈，是谓賨布。虽时为寇盗，而郡国讨平之。（《通考》卷三二八《四裔考》五）

廪君种，不知何代。初巴氏、樊氏、瞫音审。氏、相氏、郑氏五姓，皆出于武落钟离山。其上有赤、黑二穴，巴氏之子，生于赤穴，四姓之子，皆生黑穴。未有君长，共立巴氏子务相，是为廪君。从夷水下至盐阳，廪君于是君乎夷城，四姓皆臣之，巴梁间诸巴皆是也。战国时，秦惠王并巴中，以巴氏为蛮夷君长，其人岁出赋二千一十六钱，三岁一出义赋千八百钱，其人户出嫁布八丈二尺，鸡羽三十鍭。汉兴，南郡太守靳强，奏请一依秦时故事。（《通考》卷三二八《四裔考》五）

板楯蛮，秦昭襄王时，有一白虎，于蜀、巴、汉之境，伤害千余人，昭王乃募有能杀虎者，赏邑万家。时有巴郡阆中夷廖仲等，射杀白虎。昭王以其夷人，不欲加封，乃刻石盟要复夷人，顷田不租，十妻不算，伤人者论，杀人得以倓钱赎死，盟曰："秦犯夷，输黄龙二双。夷犯秦，输清酒一钟。"夷人安之。至汉高帝为汉王，发夷人还三秦，

盘瓠铜像

秦地既定，乃遣还巴中，复其渠帅。罗、朴、督、鄂、度、夕、龚七姓，不输租赋，余户乃岁入口钱四十。巴人呼赋为賨，谓之賨人焉，代号为板楯蛮夷。阆中有渝水，其人多居水左右，天性劲勇，初为汉前锋，数陷阵。俗喜歌舞，高帝命乐人习之，所谓巴渝舞也。遂代代服从。（《通考》卷三二八《四裔考》五）

　　滇者，汉时在夜郎之西……始楚顷襄王使将军庄蹻，将兵循江上，略巴黔以西。蹻至滇池……以兵威定，属楚，欲归报。会秦击楚，巴黔中郡，道塞不通，因而以其众王滇，变服从其俗以长之。至武帝时，滇王有众数万人。（《通考》卷三二九《四裔考》六）

　　邛都……自夜郎、滇、邛都，人皆椎髻左衽，邑聚而居，知耕田。其外西曰桐师，以东北至叶榆，名为嶲、昆明……无君长，辫发，随畜迁徙无常……其土地平原，有稻田。俗多游荡而喜讴歌，略与牂柯相类，豪帅放纵，难得制御。（《通考》卷三二九《四裔考》六）

　　筰都……其人被发左衽，言语多好譬类，居处略与汶山夷同。（《通考》卷三二九《四裔考》六）

　　冉駹……其俗土著，或随畜迁徙……其山汶山。有六夷、七羌、九氐，各有部落。其王侯颇知文书。土气多寒，虽在盛夏，冰犹不释。皆依山居止，累石为室，高者至十余丈，为邛笼。又土地刚卤，不生谷粟麻菽，唯以麦为资。而宜畜牧，有旄牛，无角，一名犪牛，肉重千斤，毛可为毦，出名马。有羚羊，可疗毒。又有食药鹿，鹿麂有有胎者，其肠中有粪，亦疗毒疾。又有五角羊。（《通考》卷三二九《四裔考》六）

乙、汉之平定诸夷

汉初有事于西南夷，因唐蒙见"枸酱"，而建制粤之策。

　　建元六年，西元前135年。大行王恢击东粤，东粤杀王郢以报。恢因兵威，使番阳令唐蒙，风晓南粤。南粤食蒙蜀枸酱，蒙问所从来，曰："道西北牂柯江。今北盘江。江广数里，出番禺城下。"蒙归至长安，问蜀贾人，独蜀出枸酱，多持窃出市夜郎。夜郎者，临牂柯江，江广百余步，足以行船，南粤以财物役属夜郎，西至桐师，然亦不能臣使也。蒙乃上书说上曰："南粤王黄屋左纛，地东西万余里，名为外臣，实一州主。今以长沙、豫章往，水道多绝难行。窃闻夜郎所有精兵，可

得十万，浮船牂柯，出不意，此制粤一奇也。诚以汉之强，巴蜀之饶，通夜郎道，为置吏甚易。"上许之。(《汉书》卷九五《西南夷传》)

乃拜蒙以中郎将，将千人，食重万余人，从巴苲关西康汉源县入。遂见夜郎侯多同，厚赐，谕以威德，约为置吏，使其子为令。夜郎旁小邑，皆贪汉缯帛，以为汉道险，终不能有也，乃且听蒙约。还报，乃以为"犍为郡"，发巴蜀卒治道，自僰道指牂柯江。(《汉书》卷九五《西南夷传》)

是时巴蜀四郡，通西南夷道，戍转相饟。数岁道不通，士罢饿餒，离暑湿死者甚众，西南夷又数反，发兵兴击，耗费亡功。上患之，使公孙弘往视问焉，还报，言其不便。及弘为御史大夫，时方筑朔方，据河逐胡，弘等因言，"西南夷为害，可且罢，专力事匈奴"，上许之，罢西夷。(《汉书》卷九五《西南夷传》)

汉之再事西南夷，则由于张骞之见蜀布邛竹杖，欲通印度也。

元狩元年，西元前122年。博望侯张骞言，使大夏时，见蜀布邛竹杖，问所从来，曰从东南身毒国，可数千里，得蜀贾人市。或闻邛西可二千里，有身毒国。骞因盛言大夏在汉西南，慕中国，患匈奴隔其道，诚通蜀，身毒国道便近，又亡害。于是天子乃令王然于、柏始昌、吕越人等十余辈，间出西南夷，指求身毒国。至滇，滇王当羌，乃留为求道，四岁余，皆闭昆明，莫能通……使者还，因盛言滇大国，足事亲附，天子注意焉。(《汉书》卷九五《西南夷传》)

及至南粤反，上使驰义侯，因犍为发萌夷兵。且兰贵州平越县。君恐远行，旁国虏其老弱，乃与其众反，杀使者及犍为太守。汉乃发巴蜀罪人，尝击南粤者八校尉击之。会越已破，汉八校尉不下，中郎将郭昌、卫广，引兵还行，诛隔滇道者且兰，斩首数万，遂平南夷为"牂柯郡"。夜郎侯始倚南粤，南粤已灭，还诛反者，夜郎遂入朝，上以为夜郎王。南粤破后，及汉诛且兰邛君，并杀苲侯，冉駹皆震恐，请臣置吏，以邛都为"粤巂郡"，苲都为"沈黎郡"，冉駹为"文山郡"，广汉西白马为"武都郡"……元封二年，西元前109年。天子发巴蜀兵，击灭劳深靡莫，以兵临滇。滇王始首善，以故弗诛，滇王离西夷，滇举国降，请置吏入朝，于是以为"益州郡"。(《汉书》卷九五《西南夷传》)

五 汉代之政治

（一）文景黄老之治

文景治术，多尚无为，故称之为黄老之治。

黎民得离战国之苦，君臣俱欲休息乎无为。（《史记》卷九《吕太后纪赞》）

孝文皇帝即位二十三年，元年，西元前179年，至后元7年，西元前157年。宫室、苑囿、车骑、服御，无所增益，有不便，辄驰以利民。尝欲作露台，召匠计之，直百金，上曰："百金，中人十家之产也。吾奉先帝宫室，常恐羞之，何以台为。"身衣弋绨，所幸慎夫人，衣不曳地，帷帐无文绣，以示敦朴，为天下先。治霸陵，皆瓦器，不得以金银铜锡为饰，因其山，不起坟。（《汉书》卷四《文帝纪赞》）

孝惠高后时，百姓新免毒蠚，人欲长幼养老，萧曹为相，填以无

为，从民之欲，而不扰乱，是以衣食滋殖，刑罚用稀。及孝文即位，躬修玄默，劝趣农桑，减省租赋，而将相皆旧功臣，少文多质。惩恶亡秦之政，论议务在宽厚，耻言人之过失，化行天下，告讦之俗易……风流笃厚，禁罔疏阔。选张释之为廷尉，罪疑者予民，是以刑罚大省，至于断狱四百，有刑错之风。(《汉书》卷二三《刑法志》)

文帝遵汉家基业初定，重承军旅之后，百姓新免于干戈之难，故文帝宜因修秦余政教，轻刑事，少与之休息，以俭约节欲自持。初开藉田，躬劝农耕桑，务民之本。即位十余年，时五谷丰熟，百姓足，仓廪实，蓄积有余。然文帝本修黄老之言……其治尚清净无为，以故礼乐庠序未修，民俗未能大化，苟温饱完给，所谓治安之国也。(应劭《风俗通义》卷二《正失篇》)

窦太后好黄帝、老子言，帝文帝。及太子诸窦，不得不读黄帝、老子，尊其术。(《史记》卷四九《外戚世家》)

当时君后尚黄老之术，而辅臣亦多用黄老之术为治者。

陈丞相平，少时，本好黄帝、老子之术。(《史记》卷五六《陈丞相世家赞》)

闻胶西有盖公，善治黄老言，使人厚币请之。既见盖公，盖公为言治道，贵清静而民自定，推此类具言之，参于是避正堂，舍盖公焉。其治要用黄老术，故相齐九年，齐国安集，大称贤相……参代何为汉相国，举事无所变更，一遵萧何约束。择郡国吏木诎于文辞，重厚长者，即召除为丞相史，吏之言文刻深、欲务声名者，辄斥去之。(《史记》卷五四《曹相国世家》)

景帝即位，以刑名之法继之，政尚严核。

(二) 武帝之改革

武帝始事改革政治，所创诸制，多与后世有关。为列七事如下。

甲、建年号

帝初即位，称建元元年，西元前 140 年。其后屡改之。帝王有年号，始于此。

汉武帝刘彻像

建元元年。注，师古曰："自古帝王，未有年号，始起于此。"(《汉书》卷六《武帝纪》)

有司言，元，宜以天瑞，不宜以一二数，一元曰建，二元以长星曰光，今郊得一角兽曰狩云。(《汉书》卷二五上《郊祀志》上)

元封元年，西元前110年。四月……诏曰："……登封泰山，至于梁父，然后升坛肃然，自新，嘉与士大夫更始，其以十月为元封元年。(《汉书》卷六《武帝纪》)

乙、策贤良

文帝时曾一度行之，武帝一再行之。后世科举之兴，始于此。

十五年，西元前165年。九月，诏诸侯王、公卿、郡守，举贤良能直言极谏者，上亲策之，傅纳以言。(《汉书》卷四《文帝纪》)

元光元年，西元前134年。五月，诏贤良曰："……贤良明于古今王事之体，受策察问，咸以书对……朕亲览焉。"于是董仲舒、公孙弘等出焉。(《汉书》卷六《武帝纪》)

自孝文策晁错之后，贤良方正，皆承亲策，上亲览而第其优劣。至孝昭年幼，未即政，故无亲策之事。乃诏有司，问以民所疾苦，然所问者盐铁、均输、榷酤，皆当时大事，令建议之臣，与之反覆诘难，讲究罢行之宜。卒从其说，为之罢榷酤。(《通考》卷三三《选举考》六)

丙、黜百家

凡不在六艺之科、孔子之术者，皆绝之。学术思想之蔽锢，始于此。

孝武初立，卓然罢黜百家，表章六经。(《汉书》卷六《武帝纪赞》)

仲舒复对曰："……春秋大一统者，天地之常经，古今之通谊也。今师异道，人异论，百家殊方，指意不同，是以上亡以持一统，法制数变，下不知所守。臣愚以为诸不在六艺之科、孔子之术者……勿使并进。邪

董仲舒像

辟之说灭息，然后统纪可一，而法度可明，民知所从矣。(《汉书》卷五六《董仲舒传》)

建元元年，西元前140年。十月……丞相绾卫绾。奏，所举贤良，或治申商、韩非、苏秦、张仪之言，乱国政，请皆罢。"奏可。(《汉书》卷六《武帝纪》)

丁、用儒吏
凡吏通一艺以上者，皆选择以补右职。以儒术为利禄之途，始于此。

武安君田蚡为丞相，黜黄老刑名百家之言，延文学儒者以百数，而公孙弘以治《春秋》为丞相封侯，天下学士，靡然向风矣。(《汉书》卷八八《儒林传序》)

自武帝立五经博士，开弟子员，设科射策，劝以官禄。(《汉书》卷八八《儒林传赞》)

戊、卖官爵
武帝用兵四方，国用不继，令民纳资为吏。后世捐纳之例，始于此。

武帝……即位，……干戈日滋，……财赂衰耗而不澹，入物者补官。……选举陵夷，廉耻相冒。……兴利之臣，自此而始。……府库并虚，乃募民能入奴婢，得以终身复，为郎增秩，及入羊为郎，始于此。此后四年，元朔六年，西元前123年。……有司请令民得买爵，及赎禁锢，免减罪，请置赏官，名曰武功爵。注，臣瓒曰："茂陵中书，有武功爵，一级曰造士，二级曰闲奥卫，三级曰良士，四级曰元戎士，五级曰官首，六级曰秉铎，七级曰千夫，八级曰乐卿，九级曰执戎，十级曰政庆庶长，十一级曰军卫。"级十七万，凡直三十余万金。诸买武功爵官，首者试补吏，先除千夫。如五大夫，其有罪，又减二等，爵得至乐卿。……吏道杂而多端，则官职耗废……除故盐铁家富者为吏，吏益多贾人矣。……始令吏得入谷补官，郎至六百石。注，师古曰："吏更迁补高官，郎又就增其秩，得至六百石。"……所忠言："世家子弟富人，或斗鸡、走狗马、弋猎、博戏乱齐民。"注，师古曰："所姓也，忠名也，武帝之近臣。"乃征诸犯，令相引数千人，名曰株送徒，入财者得补郎，郎选衰矣。……弘羊桑弘羊。又请令民得入粟补吏，及罪以赎。(《汉书》卷二四下《食货志》下)

按文帝时，晁错言令民人粟输边，得拜爵赎罪，似捐纳之例，始于彼时。然爵者虚名，虽多无弊。汉时国有大庆，往往赐民爵一级，且以输粟得之，仍与奖励力田之旨无异。此则以金钱入官，而除为吏，真为卖官矣。

己、用夏正

汉初承秦制，以亥月为岁首，武帝改用夏正。自后建寅之制，无能改者矣。

> 汉兴，方纲纪大基，庶事草创，袭秦正朔。……至武帝元封七年，即太初元年，西元前104年，十月至十二月。汉兴百二岁矣。大中大夫公孙卿、壶遂、太史令司马迁等言，历纪坏废，宜改正朔。……元封七年，复得阏逢摄提格徐广曰："岁阴在寅左行，岁星在丑右行。"之岁，中冬十一月，甲子，朔旦冬至日，月在建星，太岁在子巳，得太初本星度……募治历者，更造密度，各自增减，以造汉《太初历》。(《汉书》卷二一上《律历志》上)

> 太初元年，西元前104年。五月，正历，以正月为岁首。注，师古曰："谓以建寅之月为正也。未正历之前，谓建亥之月为正。"色上黄，数用五。(《汉书》卷六《武帝纪》)

庚、尚文词

> 文章则司马迁、相如，滑稽则东方朔、枚皋。(《汉书》卷五八传赞)

> 司马长卿赋，时人皆称典而丽，虽诗人之作不能加也。扬子云曰："长卿赋似不从人间来，其神化所至邪？"(《西京杂记》卷三)

> 至武帝……乃立乐府……以李延年为协律都尉，多举司马相如等数十人，造为诗赋。(《汉书》卷二二《礼乐志》)

（三）宣元之治功及宦官外戚之祸

宣帝励精图治，信赏必罚，而慎选守相，尤得安民之要，又北服匈奴，西降羌众，文治武功，皆有可述，故称中兴。

> 霍光，字子孟，票骑将军去病弟也。……去病死后，光为奉车都尉光禄大夫，出则奉车，入侍左右，出入禁闼二十余年，小心谨慎，未尝有过。……征和二年，西元前91年。……上年老，宠姬钩弋赵倢伃有男，上心欲以为嗣，命大臣辅之，察群臣唯光任大重，可属社稷。……后元二年，西元前87年。春，上……病笃，……以光为大司

马、大将军。……武帝崩,太子袭尊号,是为孝昭皇帝。帝年八岁,政事一决于光。……昭帝崩,亡嗣,……迎昌邑王贺。……既至即位,行淫乱,……光即与群臣俱见白太后,具陈昌邑王不可以承宗庙状,……徙王贺漠中房陵县。……光遂复与丞相敞杨敞。等上奏"……太宗亡嗣,择支子孙贤者为嗣,孝武皇帝曾孙病已,武帝时,有诏掖庭养视,至今年十八,……可以嗣孝昭皇帝后……"太后诏曰"可"。……已而光奉上皇帝玺绶,谒于高庙,是为孝宣皇帝。(《汉书》卷六八《霍光传》)

汉元帝像

孝昭幼冲,霍光秉政,承奢侈师旅之后,海内虚耗,光因循守职,亡所改作。至于始元、元凤之间,匈奴向化,百姓益富,举贤良文学,问民所疾苦,于是罢酒榷而议盐铁矣。及至孝宣,由仄陋而登至尊,兴于闾阎,知民事之艰难。自霍光薨后,始躬万机,厉精为治,五日一听事。自丞相巳下,各奉职而进,及拜刺史守相,辄亲见问,观其所由,退而考察所行,以质其言,有名实不相应,必知其所以然。常称曰:"庶民所以安其田里而亡叹息愁恨之心者,政平讼理也。与我共此者,其唯良二千石乎?"以为太守吏民之本也,数变易则下不安,民知其将久、不可欺罔,乃服从其教化。故二千石有治理效,辄以玺书勉厉,增秩赐金,或爵至关内侯,公卿缺,则选诸所表,以次用之。是故汉世良吏,于是为盛,称中兴焉。若赵广汉、韩延寿、尹翁归、严延年、张敞之属,皆称其位,然任刑罚,或抵罪诛。(《汉书》卷八九《循吏传序》)

孝宣之治,信赏必罚,综核名实,政事文学法理之士,咸精其能,至于技巧工匠器械,自元成间,鲜能及之,亦足以知吏称其职,民安其业也。遭值匈奴乖乱,推亡固存,信威北夷,单于慕义,稽首称藩,功光祖宗,业垂后嗣,可谓中兴,侔德殷宗周宣矣。(《汉书》卷八《宣帝纪赞》)

自景、武二朝,削弱宗藩,集权中央,遂成为"内重"之局。而腹心之任,寄于近臣,若尚书、中书之属,实操政柄。中书多任奄人,外戚宦

卷一 秦汉三国

官，交相用事，而宣帝实阶其厉。

宣帝始立，微时，许妃为皇后，显霍光妻。爱小女成君，欲贵之，私使乳医淳于衍，行毒药杀许后，因劝光内成君，代立为后。……许后暴崩，吏捕诸医，劾衍侍疾亡状，不道，下狱。……显恐事败，即具以实语光，光大惊，欲自发举不忍，犹与，会奏上，因署衍勿论。光薨后，语稍泄，于是上始闻之而未察，乃徙光女婿……悉易以所亲信许、史子弟代之。禹霍光子。为大司马，称病，禹故长史任宣候问，禹曰："我何病？县官非我家将军，不得至是，今将军坟墓未干，尽外我家，反任许、史，夺我印绶，令人不省死。"……显恐急，即具以实告山光兄孙、云光兄孙、禹，山、云、禹惊曰："如是，何不早告。……此大事，诛罚不小，奈何？"于是始有邪谋矣……会事发觉，云、山……自杀……捕得禹，要斩，显及女昆弟皆弃市，唯独霍后废处昭台宫。(《汉书》卷六八《霍光传》)

元帝初年，萧望之等进用，尚称治理。后帝以疾，外戚许氏、史氏，与中官弘恭、石显，交结乱政，汉业始衰。

元帝初即位，西元前48年。太傅萧望之为前将军，少傅周堪为诸吏光禄大夫，皆领尚书事，甚见尊任。更生向本名。年少于望之、堪，然二人重之，荐更生……为散骑宗正给事中，与侍中金敞，拾遗于左右，四人同心辅政。患苦外戚许、史，在位放纵，而中书宦官弘恭、石显弄权，望之、堪、更生议，欲白罢退之。未白而语泄，遂为许、史及恭、显所谮诉，堪、更生下狱，及望之皆免官。(《汉书》卷三六《刘向传》)

初，宣帝……任用法律，而中书宦官用事。中书令弘恭、石显，久典枢机，明习文法，亦与车骑将军高史高。为表里。(《汉书》卷七八《萧望之传》)

石显，字君房，济南人，弘恭，沛人也，皆少坐法腐刑，为中黄门，以选为中尚书。宣帝时，任中书官。恭明习法令故事，善为请奏，能称其职。恭为令，显为仆射。元帝即位数年，恭死，显代为中书令。是时元帝被疾，不亲政事，方隆好于音乐，以显久典事，中人无外党，精专可信任，遂委以政，事无小大，因显白决。贵幸倾朝，

百僚皆敬事显，……贵倾公卿，外交诸侯，……不奉法度。(《汉书》卷九三《石显传》)

成帝时，帝舅王凤辅政，诸弟皆封侯，而王氏代汉之势，由此以成。

元帝崩。西元前33年。太子立，是为孝成帝，尊皇后王后。为皇太后，以凤王后弟。为大司马、大将军、领尚书事。……王氏之兴自凤始。又封太后同母弟崇为安成侯，……凤庶弟谭等，皆赐爵关内侯。………河平二年，西元前27年。上悉封舅谭为平阿侯，商、成都侯，立、红阳侯，根、曲阳侯，逢时、高平侯。五人同日封，故世谓之五侯。(《汉书》卷九八《元后传》)

哀帝黜王氏而任丁、傅。平帝继立，王莽复当国，卒移汉祚。

哀帝少而闻知王氏骄盛，心不能善，以初立，故优之。后月余，司隶校尉解光，奏曲阳侯根……无人臣礼，大不敬不道，于是天子曰："先帝遇根、况父子至厚也，今乃背忘恩义……遣就国，免况为庶人……"根及况父商，所荐举为官者皆罢。后二岁，傅太后，帝母丁姬，皆称尊号。(《汉书》卷九八《元后传》)

哀帝崩，无子，太皇太后以莽元后之弟子。为大司马，与共征立中山王，奉哀帝后，是为平帝。帝九岁，常年被疾，太后临朝，委政于莽，莽颛威福。……明年，元始四年，西元4年。莽风群臣，奏立莽女为皇后，又奏尊莽为宰衡。……莽既外壹群臣，令称己功德，又内媚事旁侧长御以下。(《汉书》卷九八《元后传》)

平帝崩，西元5年。亡子，莽征宣帝玄孙，选最少者广戚侯子刘婴，年二岁，托以卜相为最吉，乃风公卿奏请立婴为孺子，令宰衡安汉公莽，践阼居摄，如周公傅成王故事。太后不以为可，力不能禁，于是莽遂为摄皇帝，改元称制焉。……其后莽遂以符命，自立为真皇帝。(《汉书》卷九八《元后传》)

新

自王莽代汉，西元9年。到汉兵入关被杀，西元23年。凡十五年。

王莽，字巨君，汉孝元皇后弟之子，代汉而有天下，国号曰新，改元始建国、五年。天凤、六年。地皇，四年。在位凡十五年。

一　王莽之改制

（一）延揽文士

莽父曼，蚤死不侯。莽群兄弟皆将军五侯子，乘时侈靡，……莽独孤贫，因折节为恭俭，受礼经师，……勤身博学，……事母及寡嫂，养孤兄子，行甚敕备。（《汉书》卷九九上《王莽传》上）

莽既拔出同列，继四父而辅政，欲令名誉过前人，遂克己不倦，聘诸贤良，以为掾史，赏赐邑钱，悉以享士，愈为俭约。母病，公卿列侯遣夫人问疾，莽妻迎之，衣不曳地，布蔽膝，见之者以为僮使，问知其夫人，皆惊。（《汉书》卷九九上《王莽传》上）

爵位益尊，节操愈谦，散舆马衣裘，振施宾客，家无所余，收赡名士，交结将相卿大夫甚众。（《汉书》卷九九上《王莽传》上）

莽奏起明堂、辟雍、灵台，为学者筑舍万区……制度甚盛。立《乐经》，益博士员，经各五人，征天下通一艺教授十一人以上，及有逸礼、古书、……天文、图谶、钟律、月令、兵法、史篇文字，通知其意者，皆诣

王莽像

公车。网罗天下异能之士，至者前后千数，皆令记说廷中，将令正乖缪、壹异说。(《汉书》卷九九上《王莽传》上)

(二) 井田与奴婢

汉时已有贫富不均之弊，而奴婢之蓄甚盛，故王莽及光武帝皆思革除之，以缓民怒。

> 今农夫五口之家，其服役者，不下二人；其能耕者，不过百晦；百晦之收，不过百石。春耕，夏耘，秋获，冬藏，伐薪樵，治官府，给徭役，春不得避风尘，夏不得避暑热，秋不得避阴雨，冬不得避寒冻，四时之间，亡日休息。又私自送往迎来，吊死问疾，养孤长幼在其中。勤苦如此，尚复被水旱之灾，急政暴虐，赋敛不时，朝令而暮改，当具有者半贾而卖，亡者取倍称之息，于此有卖田宅，鬻子孙，以偿责者矣。而商贾，大者积贮倍息，小者坐列贩卖，操其奇赢，日游都市，乘上之急，所卖必倍。故其男不耕耘，女不蚕织，衣必文采，食必粱肉，亡农夫之苦，有阡陌之得。因其富厚，交通王侯，力过吏执，以利相倾，千里游敖，冠盖相望，乘坚策肥，履丝曳缟。此商人所以兼并农人，农人所以流亡者也。(《汉书》卷二四上《食货志》上)

> 富者田连阡陌，贫者亡立锥之地。又颛川泽之利，管山林之饶，荒淫越制，逾侈以相高，邑有人君之尊，里有公侯之富。小民安得不困⋯⋯或耕豪民之田，见税什五，故贫民常衣牛马之衣，而食犬彘之食。⋯⋯古井田法虽难卒行，宜少近古，限民名田，以赡不足⋯⋯去奴婢，除专杀之威。(《汉书》卷二四上《食货志》上)

> 古者什一而税，以为天下之中正也。今汉氏或百一而税，可谓鲜矣。然豪强人占田逾侈，输其赋大半。官家之惠，优于三代，豪强之暴，酷于亡秦。是上惠不通，威福分于豪强也。⋯⋯不正其本，而务除租税，适足以资豪强也。(《通考》卷一《田赋考》一)

哀帝时，议名田而未行。

> 哀帝即位，西元前6年。师丹辅政，建言"⋯⋯今累世承平，豪富吏民，赀数巨万，而贫弱愈困。盖君子为政，贵因循而重改作。然所以有改者，将以救急也，亦未可详，宜略为限"。天子下其议，丞相孔光、大司空何武，奏请"⋯⋯国中列侯在长安公主名田，县道及

关内侯吏民名田，皆毋过三十顷……"时田宅奴婢，贾为减贱，丁、傅用事，董贤隆贵，皆不便也。诏书且须后，遂寝不行。(《汉书》卷二四上《食货志》上)

至莽遂毅然行井田之制，名曰王田，然不过限田之稍进者耳。

莽……下令曰：始建国元年，西元9年。汉氏减轻田租，三十而税一，常有更赋，罢癃咸出，而豪民侵陵，分田劫假，厥名三十，实什税五也。富者骄而为邪，贫者穷而为奸，俱陷于辜，刑用不错。今更名天下田曰王田，奴婢曰私属，皆不得卖买。其男口不满八，而田过一井者，分余田与九族乡党。犯令，法至死。(《汉书》卷二四上《食货志》上)

但相沿已久，骤有更张，终扞隔难行，以豪强巨室为之梗也。

后三岁，莽知民愁，下诏：诸食王田及私属，皆得卖买。(《汉书》卷二四上《食货志》上)

(三) 五均六管

莽平抑物价，救济贫民，兼裕税收，遂有五均六管之设。

莽乃下诏曰："夫周礼有赊贷，乐语有五均，传记各有斡焉。今开赊贷、张五均、设诸斡者，所以齐众庶、抑并兼也。"遂于长安及五都，立五均官，更名长安东西市令，及洛阳、邯郸、临淄、宛、成都市长，皆为五均司，市称师，东市称京，西市称畿，洛阳称中，余四都各用东西南北为称，皆置交易丞五人，钱府丞一人。工商能采金银铜连锡登龟取贝者，皆自占司市钱府，顺时气而取之。又以周官税民，凡田不耕为不殖，出三夫之税；城郭中宅不树艺者为不毛，出三夫之布。民浮游无事，出夫布一匹，其不能出布者，冗作县官衣食之。诸取众物鸟兽鱼鳖百虫于山林水泽及畜牧者，嫔妇桑蚕织纴纺绩补缝，工匠医巫卜祝及它方技，商贩贾人坐肆列里区谒舍，皆各自占所为，于其在所之县，官除其本，计其利十一分之，而以其一为贡。敢不自占，自占不以实者，尽没入。所采取而作县官一岁，诸司市常以四时中月，实定所掌，为物上中下之贾，各自用为其市平，毋拘它所。众民卖买五谷布帛丝棉之物，周于民用而不雠者，注，师古曰："雠读曰售，下亦类此。"均官有以考检厥实，用其本贾取之，毋令折

王莽时期货币

钱。万物印贵，过平一钱，则以平贾卖与民，其贾氏贱减平者，听民自相与市，以防贵庚者。注，师古曰："庚，积也。"民欲祭祀丧纪而无用者，钱府以所入工商之贡但赊之。祭祀毋过旬日，丧纪毋过三月。民或乏绝欲贷以治产业者，均受之，除其费，计所得受息，毋过岁什一。羲和鲁匡言，名山大泽盐铁钱布帛五均，赊贷斡在县官，唯酒酤独未斡。……令官作酒，以二千五百石为一均，率开一卢以卖，雠五十酿为准，一酿用粗米二斛，麴一斛，得成酒六斛六斗，各以其市月朔米麴三斛，并计其贾而参分之，以其一为酒一斛之平，除米麴本贾，计其利而什分之，以其七入官，其三及醩䣂灰炭，给丁器薪樵之费。(《汉书》卷二四下《食货志》下)

始建国二年，西元10年。二月……初设六管之令，命县官酤酒，卖盐铁器铸钱，诸采取名山大泽众物者税之。又令市官收贱卖贵，赊贷子民，收息百月三。羲和置酒士，郡一人，乘传督酒利。(《汉书》卷九九中《王莽传》中)

惟权落富贾之手，与郡县守令，比而为弊，莽虽严刑不能制。

羲和置命士督五均六斡，郡有数人，皆用富贾洛阳薛子仲、张长叔、临菑姓伟等，乘传求利，交错天下，因与郡县通奸，多张空簿，府臧不实，百姓愈病，莽知民苦之，复下诏曰："夫盐食肴之将，酒百药之长、嘉会之好，铁田农之本，名山大泽饶衍之臧，五均赊贷，百姓所取平，印以给淡，铁布铜冶，通行有无，备民用也。此六者，非编户齐民所能家作，必印于市，虽贵数倍，不得不买。豪民富贾，即要贫弱，

先圣知其然也，故斡之。每一斡为设科条防禁，犯者罪至死，奸吏猾民，并侵众庶，各不安生。(《汉书》卷二四下《食货志》下)

(四) 封建

始建国四年，西元12年。夏……莽至明堂，授诸侯茅土，下书曰："……其以洛阳为新室东都，常安改长安为常安。为新室西都，邦畿连体，各有采任。州从禹贡为九，爵从周氏有五。诸侯之员，千有八百，附城之数亦如之，以侯有功。诸公一国有众万户，土方百里；侯伯一国众户五千，土方七十里，子男一；则众户二千有五百，土方五十里；附城大者食邑九成，众户九百，土方三十里。自九以下，降杀以两，至于一成。注，如淳曰："十里为成。"……今已受茅土者，公十四人，侯九十三人，伯二十一人，子百七十一人，男四百九十七人，凡七百九十六人，附城千五百一十一人，九族之女为任者八十三人，及汉氏女……为任十有一。"(《汉书》卷九九中《王莽传》中)

天凤元年，西元14年。七月……莽下书曰："……粟米之内曰内郡。"注，师古曰："禹贡去王城四百里纳粟，五百里纳米，皆在甸服之内。"其外曰近郡，有鄣徼者曰边郡，合百二十有五郡，九州之内，县二千二百有三。公作甸侯，是为惟城；诸在侯服，是为惟宁；在采任诸侯，是为惟翰；在宾服，是为惟屏；在揆文教、奋武卫，是为惟垣；在九州之外，是为惟藩。各以其方为称，总为万国焉。其后岁复变更，一郡至五易名，而还复其故，吏民不能纪。"每下诏书，辄系其故名。(《汉书》卷九九中《王莽传》中)

始建国元年，西元9年。正月……策曰："……汉氏诸侯，或称王，至于四夷亦如之，违于古典，缪于一统。其定诸侯王之号，皆称公，及四夷僭号称王者，皆更为侯。"(《汉书》卷九九中《王莽传》中)

(五) 更改官名

始建国元年，西元9年。三月……各策命以其职，如典诰之文，置大司马司允，大司徒司直，大司空司若，位皆孤卿。更名大司农曰羲和，后更为纳言，大理曰作士，太常曰秩宗，大鸿胪曰典乐，少府曰共工，水衡都尉曰予虞，与三公司卿凡九卿，分属三公。每一卿置大夫三人，一大夫置元士三人，凡二十七大夫，八十一元士，分主中

都官诸职。更名光禄勋曰司中，太仆曰太御，卫尉曰太卫，执金吾曰奋武，中尉曰军正，又置大赘官，主乘舆服御物，后又典兵，秩位皆上卿，号曰六监。改郡太守曰大尹，都尉曰太尉，县令长曰宰，御史曰执法，公车司马曰王路。(《汉书》卷九九中《王莽传》中)

更名秩百石曰庶士，三百石曰下士，四百石曰中士，五百石曰命士，六百石曰元士，千石曰下大夫，比二千石曰中大夫，二千石曰上大夫，中二千石曰卿。(《汉书》卷九九中《王莽传》中)

二　王莽之灭亡

(一) 政令废弛

莽意以为制定则天下自平，故锐思于地里、制礼、作乐、讲合六经之说。公卿旦入暮出，议论连年不决，不暇省狱讼冤，结民之急务，县宰缺者，数年守兼，一切贪残日甚。(《汉书》卷九九中《王莽传》中)

莽常御灯火至明，犹不能胜。(《汉书》卷九九中《王莽传》中)

农商失业，食货俱废，民人至涕泣于市道。(《汉书》卷九九中《王莽传》中)

(二) 绿林赤眉之起

甲、绿林

王莽末，南方饥馑，人庶群入野，泽掘凫茈而食之，更相侵夺。新市湖北京山县。人王匡、王凤，为平理诤讼，遂推为渠帅，众数百人。于是诸亡命马武、王常、成丹等，往从之。共攻离乡，聚藏于绿林中，湖北当阳县。数月间，至七八千人。地皇二年，西元21年。荆州牧某，发奔命二万人攻之，匡等相率迎击于云杜，大破牧军……尽获辎重。遂攻拔竟陵，转击云杜、安陆……还入绿林中，至有五万余口，州郡不能制。三年，西元22年。大疫疾，死者且半，乃各分散引去，王常、成丹西入南郡；号下江兵，王匡、王凤、马武，及其支党

朱鲔、张卬等，北入南阳，号新市兵，皆自称将军。七月，匡等进攻随，湖北随县。未能下。平林人陈牧、廖湛，复聚众千余人，号平林兵以应之。(《后汉书》卷四一《刘玄传》)

乙、赤眉

琅邪人樊崇，起兵于莒，山东莒县。众百余人，转入太山，自号三老。时青徐大饥，寇贼蜂起，群盗以崇勇猛，皆附之，一岁间至万余人。崇同郡人逄安，东海人徐宣、谢禄、杨音，各起兵，合数万人，复引从崇共还攻莒，不能下，……遂北入青州。……初崇等以困穷为寇，无攻城徇地之计。众既浸盛，乃相与为约，杀人者死，伤人者偿，创以言辞为约束，无文书、旌旗、部曲、号令。其中最尊者号三老，次从事，次卒吏，泛相称曰臣人。王莽遣平均公廉丹、太师王匡击之，崇等欲战，恐其众与莽兵乱，乃皆朱其眉，以相识别，由是号曰赤眉。赤眉遂大破丹、匡军，杀万余人，追至无盐，廉丹战死，王匡走。……还围莒……寇东海……掠楚、沛、汝南、颍川，还入陈留，攻拔鲁城，转至濮阳。(《后汉书》卷四一《刘盆子传》)

(三) 刘玄称帝与王莽败死

刘玄，字圣公，光武族兄也。弟为人所杀，圣公结客欲报之。客犯法，圣公避吏于平林。吏系圣公父子张，圣公诈死，使人持丧归舂陵，湖北枣阳县。吏乃出子张。圣公因自逃匿，……往从牧陈牧。等，为其军安集掾。是时光武及兄伯升刘縯。亦起舂陵，与诸部合兵而进。地皇四年，西元23年。正月，破王莽前队大夫甄阜、属正梁丘赐，斩之，号圣公为更始将军。众虽多而无所统一，诸将遂共议立更始为天子。二月，设坛场于淯水上沙中，陈兵大会，更始即帝位，……建元曰更始元年，……以……王匡为定国上公，王凤成国上公，朱鲔大司马，伯升大司徒，陈牧大司空，余皆九卿将军。五月，伯升拔宛，六月，更始入都宛城。……更始忌伯升威名，遂诛之。(《后汉书》卷四一《刘玄传》)

王莽闻更始为帝，集大兵攻之，及昆阳败，天下背

更始帝刘玄像

新，势遂瓦解。

更始元年，西元23年。三月，……莽闻阜、赐死，汉帝立，大惧，遣大司徒王寻、大司空王邑，将兵百万，其甲士四十二万人，五月，到颍川。……初王莽征天下能为兵法者六十三，家数百人，并以为军吏，选练武卫，招募猛士，旌旗辎重，千里不绝。时有长人巨无霸，……以为垒尉，又驱诸猛兽，虎豹犀象之属以助威武。……光武将数千兵，徼之于阳关，诸将见寻、邑兵盛，反走驰入昆阳，皆惶怖，忧念妻孥，欲散归诸城。……时莽军到城下者且十万……遂围之数十重。(《后汉书》卷一上《光武帝纪》上)

更始元年，西元23年。五月……刘秀至郾、定陵，悉发诸营兵。……六月，秀……自将……为前锋，……寻、邑易之，……敕诸营皆按部，毋得动，独迎与汉兵战，不利。……寻、邑阵乱，汉兵乘锐崩之，遂杀王寻，……王邑……轻骑……逃去。……于是海内豪杰，翕然响应，皆杀其牧守，自称将军，用汉年号，……旬日之间，遍于天下。(袁枢《通鉴纪事本末》卷二九)

更始乘胜西进，莽兵不能拒，遂底于灭亡。

地皇四年，西元23年。七月……析人邓晔、于匡起兵，……拔

绿林寨

绿林赤眉起义地点。

卷一 秦汉三国

析、丹水，攻武关，都尉朱萌降。……莽愈忧……拜将军九人，皆以虎为号，号曰九虎。……九虎至华阴回谿距隘……于匡、……邓晔……击之，六虎败走，……三虎……收散卒，保京师仓。……大姓……众皆数千人，假号称汉将，……兵四会城下。……十月，兵从宣平城门入，……王邑……等分将兵距击北阙下。……王邑昼夜战，罢极，士死伤略尽，驰入宫，间关至渐台。……众兵追之，围数百重……王邑……战死。……商人杜吴杀莽，取其绶，校尉东海公宾就……斩莽首。(《汉书》卷九九下《王莽传》下)

当更始徙洛之际，赤眉亦受招降，旋复亡去。迨更始诛莽，诸将恣擅，政治混浊，赤眉攻入关中，更始拒战不利而降。

更始都洛阳，遣使降崇。樊崇。崇等闻汉室复兴，即留其兵，自将渠帅二十余人，随使者至洛阳降更始，皆封为列侯。崇等既未有国邑，而留众稍有离叛，乃遂亡归其营，将兵入颍川，分其众为二部，崇与逢安为一部，徐宣、谢禄、杨音为一部。崇、安攻拔长社，南击宛……而宣、禄、等亦拔阳翟，引之梁，击杀河南太守。赤眉众虽数战胜，而疲敝厌兵，皆日夜愁泣，思欲东归。崇等计议，虑众东向必散，不如西攻长安。更始二年，西元24年。冬，崇、安自武关，宣等从陆浑关，两道俱入。三年，西元25年。正月，俱至弘农，与更始诸将连战克胜，众遂大集……六月，遂立盆子为帝，自号建世元年……军及高陵，与更始叛将张卬等连和，遂攻东都门，入长安城，更始来降。(《后汉书》卷四一《刘盆子传》)

东汉

东汉世系

亦称后汉，自光武称帝，西元25年。至献帝禅位于曹丕，西元220年。凡十四主，共一百九十六年。

世祖光武皇帝，名秀，字文叔，南阳蔡阳人，高祖九世孙。以王莽代汉之十四年起兵，逾三年，即皇帝位，迁都洛阳，建元建武、三一年。中元，二年。在位凡三十三年。

显宗孝明皇帝，名庄，光武第四子，嗣立，改元永平，一八年。在位凡十八年。

肃宗孝章皇帝，名烜，明帝第五子，嗣立，改元建初、八年。元和、三年。章和，二年。在位凡十三年。

孝和皇帝，名肇，章帝第四子，母梁贵人，为窦皇后所谮，忧卒，窦后养帝以为己子嗣立，改元永元、一六年。元兴，一年。在位凡十七年。

孝殇皇帝，名隆，和帝少子，嗣立，改元延平，一年。在位凡一年。

恭宗孝安皇帝，名祐，章帝孙，父清河孝王庆。殇帝崩，邓太后使邓骘持节迎帝，旋即位，改元永初、七年。元初、六年。永宁、一年。建光、一年。延光，四年。在位凡十九年。

少帝，名懿，章帝孙，封北乡侯。安帝无嗣，阎太后与大将军阎显迎立之，在位七月崩。

孝顺皇帝，名保，安帝子，封济阴王。少帝崩，中黄门孙程等迎立之，即位，改元永建、六年。阳嘉、四年。永和、六年。汉安、二年。建康，一年。在位凡十九年。

孝冲皇帝，名炳，顺帝子，嗣立，改元永嘉，一年。在位凡一年。

孝质皇帝,名缵,章帝玄孙。冲帝崩,梁太后与兄大将军梁冀迎立之,即位,改元本初,一年。为梁冀所鸩崩,在位凡一年。

孝桓皇帝,名志,章帝曾孙。质帝崩,梁太后与兄大将军梁冀,定策禁中,迎帝入,即位,改元建和、三年。和平、一年。元嘉、二年。永兴、二年。永寿、三年。延熹、九年。永康,一年。在位凡二十一年。

孝灵皇帝,名宏,章帝玄孙。桓帝崩,无子,窦太后与父城门校尉窦武,定策禁中,奉迎即位,改元建宁、四年。熹平、六年。光和、六年。中平,六年。在位凡二十二年。

废帝,名辩,灵帝子,嗣立,改元光熹、昭宁,董卓废帝为弘农王,在位凡六月。

孝献皇帝,名协,灵帝中子。中平六年,四月,少帝即位,封帝为渤海王,徙封陈留王。董卓废少帝,立帝,即位,改元初平、四年。兴平、二年。建安、二四年。延康,一年。逊位于魏王曹丕,丕封帝为山阳公,在位凡三十一年。

(以上据《通考·帝系考》,及《后汉书·纪传》)

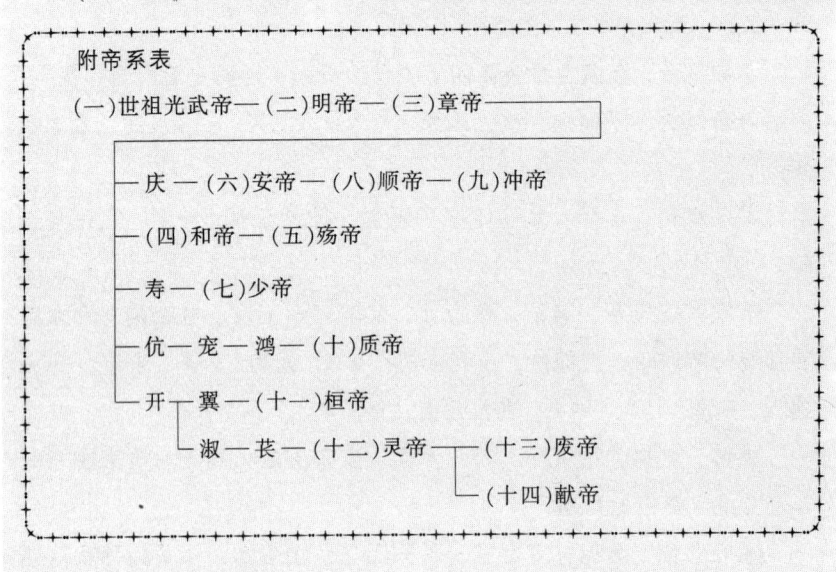

```
附帝系表
(一)世祖光武帝—(二)明帝—(三)章帝—
 ┌庆—(六)安帝—(八)顺帝—(九)冲帝
 ├(四)和帝—(五)殇帝
 ├寿—(七)少帝
 ├伉—宠—鸿—(十)质帝
 ├开─翼—(十一)桓帝
 └淑—苌—(十二)灵帝—(十三)废帝
              └(十四)献帝
```

一　光武之统一事业

初光武与缜起兵舂陵，与新市、平林、合兵以击莽，及刘玄称帝，乃遣光武镇慰河北地。

更始元年，西元23年。九月……更始至洛阳，乃遣光武以破虏将军行大司马事。十月，持节北度河，镇慰州郡。所到部县……考察黜陟，如州牧行部事，辄平遣囚徒，除王莽苛政，复汉官名。吏人喜悦，争持牛酒迎劳。（《后汉书》卷一上《光武帝纪》上）

有卜人王郎，诈称成帝子子舆，豪侠林素等，奉以为帝，赵国以北皆降。光武乃发兵击灭之，河北遂定。时以更始政乱，其势垂败，乃始与之携贰。

更始二年，西元24年。五月……更始遣使立秀为萧王，悉令罢兵。……耿弇入造床下，请间，因说曰："……百姓患苦王莽，复思刘氏，闻汉兵起，莫不欢喜。……今更始为天子，而诸将擅命于山东，贵戚纵横于都内，虏掠自恣，元元叩心，更思莽朝，是以知其必败也。……天下至重，公可自取，毋令他姓得之。"萧王乃辞以河北未平，不就征，始贰于更始。（袁枢《通鉴纪事本末》卷二九）

嗣复击破诸流兵，其众益盛，使诸将劝进，遂即皇帝位于鄗南。

更始二年，西元24年。五月，……是时……别号诸贼，铜马、大肜、高湖、重连、铁胫、大抢、尤来、上江、青犊、五校、檀乡、五幡、五楼、富平、获索等，注，诸贼或以山川土地为名，或以军容强盛为号。铜马贼帅东山荒秃、上淮况等，大肜渠帅樊重，尤来渠帅樊崇，五校贼帅高扈，檀乡贼

刘秀像

帅董次仲，五楼贼帅张文，富平贼帅徐少，获索贼帅古师郎等，并见《东观记》。各领部曲，众合数百万人，所在寇掠。……秋，光武击铜马于鄡，……至馆陶，大破之，受降未尽。而高湖、重连，从东南来，与铜马余众合，光武复与大战，……悉破降之，封其渠帅为列侯……将降人分配诸将，众遂数十万，故关西号光武为铜马帝。……建武元年，西元25年。正月……光武北击尤来、大抢、五幡……大破灭之……于是诸将议上尊号……四月……诸将复固请之……行至鄗，河北高邑县。……六月，即皇帝位……建元为建武，大赦天下。……七月……围朱鲔于洛阳。……九月……朱鲔举城降。十月，车驾入洛阳……遂定都焉。(《后汉书》卷一上《光武纪》上)

惟时天下分裂，其割据称雄者，列简表于下。

新末群雄割据简表

人名	称号	据地	起事	灭亡
樊崇	赤眉	关中		《后汉书·刘盆子传》，建武二年，三辅大饥，遗人聚为营保坚守，赤眉虏掠无所得，乃引而东归。明年正月，征西大将军冯异，破之于崤底，樊崇乃将盆子等降。
刘永	天子	都睢阳，攻下济阴、山阳、沛、楚、淮阳、汝南，凡得二十八城	《后汉书·刘永传》，永梁郡睢阳人，梁孝王八世孙，更始即位，封为梁王，都睢阳。永闻更始政乱，遂据国起兵，及更始败，永自称天子。	《汉书·光武纪》，建武三年七月，盖延拔睢阳，获刘永，而苏茂、周建立永子纡为梁王。五年八月，吴汉拔郯，获刘纡。
公孙述	天子号成家	尽有益州之地	《后汉书·公孙述传》，述字子阳，扶风茂陵人。补清水长。更始立，至成都，使人诈称汉使者自东方来，假述辅汉将军、蜀郡太守、兼益州牧。述恃地险众附，有自立志。建武元年四月，遂自立为天子，号成家。	同上，建武十二年十一月，吴汉臧宫与公孙述战于成都，大破之，述被创死。
李宪	天子	拥庐江九城	《后汉书·李宪传》，宪颍川许昌人。王莽时，为庐江属令。莽败，宪据郡自守。更始元年，自称淮南王。建武三年，遂自立为天子。	同上，建武四年八月，遣扬武将军马成率三将军伐李宪，九月，围宪于舒。六年正月，拔舒，获李宪。
秦丰	楚黎王	宜城、若、编、临沮、沮、庐、襄阳、邓、新野、穰、湖阳、蔡阳	《后汉书·岑彭传》，南郡人秦丰，据黎丘自称楚黎王，略十有二县。注，《东观记》曰："丰邵县人，为县吏。更始元年，起兵攻得邵。"	同上，建武四年十一月，遣建义大将军朱祐，围秦丰于黎丘。五年六月，拔黎丘，获秦丰。

续表

人名	称号	据地	起事	灭亡
张步	齐王	太山、东莱、城阳、胶东、北海、济南、齐诸郡	《后汉书·张步传》，步字文公，琅邪不其人。汉兵之起，亦聚众下数城，自为五威将军，遂据本郡。建武三年，刘永立步为齐王。	同上，建武五年二月，遣耿弇率二将军讨张步。十月，耿弇等与步战于临淄，大破之，张步斩苏茂以降，齐地平。
董宪	海西王	东海	《后汉书·刘永传》，东海人董宪起兵，据其郡。建武三年春，永遣使立董宪为海西王。	同上，建武五年七月，征董宪。八月，吴汉进围董宪、庞萌于朐。六年二月，大司马吴汉拔朐，获董宪、庞萌，山东悉平。
延岑	武安王	初据汉中，后略有南阳数县	《后汉书·公孙述传》，岑字叔牙，南阳人。始起据汉中，走至南阳，略有数县。《后汉书·光武纪》，建武二年二月，延岑自称武安王。	同上，建武五年三月，遣右将军邓禹率二将军与延岑战于武当，破之。
田戎	周成王	夷陵	《后汉书·公孙述传》，戎汝南人，初起兵夷陵，转寇郡县，众数万人。《后汉书·岑彭传》，注，《东观记》曰："戎自称扫地大将军。"《襄阳耆旧记》曰："戎号周成王。"	同上，建武五年三月，遣征南大将军岑彭率二将军伐田戎于津乡，大破之。《后汉书·公孙述传》，建武五年，延岑、田戎为汉兵所败，皆亡入蜀。
隗嚣	西州上将军	安定、北地、天水、陇西	《后汉书·隗嚣传》，嚣字季孟，天水成纪人。少仕州郡，更始立，徇陇右诸郡皆下之。二年，遣使征嚣，以为右将军，亡归天水，复招聚其众，据故地，自称西州上将军。	《汉书·光武纪》，建武九年正月，隗嚣病死，其将复立嚣子纯为王。十年十月，中郎将来歙等大破隗纯于落门，纯降，陇右平。
卢芳	汉帝	五原、朔方、云中、定襄、雁门	《后汉书·卢芳传》，芳字君期，安定三水人。王莽时，诈自称武帝曾孙。更始败，三水豪杰，共立芳为上将军、西平王，使使与西羌、匈奴结和亲，匈奴单于遂立芳为汉帝。	《后汉书·卢芳传》，大司马吴汉，骠骑大将军杜茂，数击芳，并不克。建武十二年，芳知羽翼外附，与十余骑亡入匈奴。十六年，请降，乃立为代王。明年，复背叛出塞，留匈奴中十余年病死。
彭宠	燕王	渔阳、涿、广阳、上谷、右北平	《后汉书·彭宠传》，宠字伯通，南阳宛人。父宏，哀帝时，为渔阳太守。宠少为郡吏，更始立，拜宠偏将军，行渔阳太守事。建武二年，发兵反，明年，自立为燕王。	《汉书·光武纪》，建武五年二月，彭宠为其苍头所杀，渔阳平。
窦融	河西大将军	河西、金城、武威、酒泉、张掖、敦煌	《后汉书·窦融传》，融字周公，扶风平陵人。更始立，为张掖属国都尉，河西翕然归之。及更始败，推融行河西五郡大将军事。	同上，建武八年闰四月，帝自征嚣，河西太守窦融率五郡太守，与车驾会高平。
庞萌	东平王		《后汉书·刘永传》，建武五年，平狄将军庞萌反叛，引兵与董宪连和，自号东平王，屯桃乡之北。	见董宪。

光武统一群雄，天下复归于一统。

　　初帝在兵间，久厌武事，且知天下疲耗，思乐息肩，自陇蜀平后，非儆急未尝复言军旅。皇太子尝问攻战之事，帝曰："昔卫灵公问阵，孔子不对。此非尔所及。"每旦视朝，日侧乃罢，数引公卿郎将讲论经理，夜分乃寐。(《后汉书》卷一下《光武纪》下)

　　初光武长于民间，颇达情伪，见稼穑艰难，百姓病害，至天下已定，务用安静，解王莽之繁密，还汉世之轻法。身衣大练，色无重彩……勤约之风，行于上下。数引公卿郎将，列于禁坐，广求民瘼，观纳风谣。故能内外匪懈，百姓宽息。(《后汉书》卷一〇六《循吏传序》)

惩前汉之失，以吏职责之公卿，不令功臣预政事，皆以列侯就第，终获保全。

　　帝欲偃干戈，修文德，不欲功臣拥众京师……遂罢左右将军，复以列侯就第，加位特进。注，《东观记》曰："上以天下既定，思念欲完功臣爵士，不令以吏职为过，故皆以列侯就第也。"……帝方以吏士责三公，故功臣并不用。是时列侯唯高密邓禹、固始李通、胶东贾复三侯，与公卿参议国家大事，恩遇甚厚。(《后汉书》卷四七《贾复传》)

　　降自秦汉，世资战力，至于翼扶王运，皆武人屈起，亦有鬻缯屠狗轻猾之徒，或崇以连城之赏，或任以阿衡之地。故执疑则隙生，力侔则乱起，萧樊且犹缧绁，信越终见葅戮，不其然乎？自兹以降，迄于孝武，宰辅五世，莫非公侯。……朝有世及之私，下多抱关之怨，其怀道无闻，委身草莽者，亦何可胜言。故光武鉴前事之违，存矫枉之志，虽寇、邓之高勋，耿、贾之鸿烈，分土不过大县数四，所加特进朝请而已。观其治平临政，课职责咎，将所谓"导之以政，齐之以刑"者乎？若格之功臣，其伤已甚……故高秩厚礼，允答元功，峻文深宪，责成吏职。建武之世，侯者百余，若夫数公者，则与参国议，分均休咎，其余并优以宽科，完其封禄，莫不终以功名，延庆于后。(《后汉书》卷五二《传论》)

明章两帝继之，政治清明，为东汉之盛世。

二　东汉之疆域

东汉疆域，同于前汉，亦设十三州部。

后汉光武，以官多役烦，乃并省郡国十，县道侯四百余所。其后亦为十三州部，司隶治河南，豫治谯，兖治昌邑，徐治郯，青治临淄，凉治陇，并治晋阳，冀治鄗，幽治蓟，扬治历阳，益治雒，荆治汉寿，交治广信。……东乐浪郡，西燉煌郡，南日南郡，北雁门郡，西南永昌郡，四履之盛，亦如前汉。(《通典》卷一七一《州郡》一)

世祖中兴，惟官多役烦，乃命并各省郡国十，县邑道侯国四百余所，至明帝置郡一，章帝置郡国二，和帝置三，安帝又命属国别领比郡者六，又所省县，渐复分置，至于孝顺，凡郡国百五，县邑道侯国千一百八十。(《后汉书》卷三三《郡国志》五)

至献帝时，分凉为雍，有州十四，旋复并为九州。

兴平元年，西元194年。六月，分凉州、河西四郡为雍州。注，谓金城、酒泉、燉煌、张掖。(《后汉书》卷九《献帝纪》)

建安十八年，西元213年。正月，复禹贡九州。注，《献帝春秋》曰："时省幽并州，以其郡国并于冀州，省司隶校尉及凉州，以其郡国并为雍州，省兖州，并荆州、益州，于是有兖、豫、青、徐、荆、扬、冀、益、雍也。九数虽同，而《禹贡》无益州有梁州，然梁、益亦一地也。"(《后汉书》卷九《献帝纪》)

是时曹操自立为魏公，欲广冀州而益其地，非复古也。注，《荀彧传》云：操领冀州牧，或说操，宜复古置九州，则冀州所制者广大。(王应麟《通鉴地理通释》卷二)

东汉之都城，初在洛阳，其季年，迁长安，旋又迁于许昌。

光武定都雒阳，时谓长安为西京，雒阳为东京，而南阳亦谓之南都。后董卓劫迁献帝于长安，初平元年二月，西元190年。寻还雒阳，曹操复迁帝于许。建安元年八月，西元196年。(顾祖禹《读史方舆纪要》卷二)

东汉疆域简表

州部	治所（古郡）	治所（今释）	领辖郡国	备考
司隶	河南	河南洛阳县	京兆尹，左冯翊，右扶风，弘农，河内，河南，河东，凡领七郡。	《读史方舆纪要》注，后汉都洛阳，不改三辅之号，其三辅旧治长安城中，长吏各在其县治民，东都以后，扶风出治槐里，冯翊出治高陵。又中平六年，尝改右扶风曰汉安郡。
豫	谯	安徽亳县	颍川，汝南，梁国，沛国，陈国，鲁国，凡领郡二，国四。	
兖	昌邑	山东金乡县	陈留，东郡，泰山，山阳，济阴，东平国，任城国，济北国，凡领郡五，国三。	
徐	郯	山东郯城县	东海，广陵，琅邪国，彭城国，下邳国，凡领郡二，国三。	《三国·魏志·武帝》，建安三年十月，分琅邪、东海、北海为"城阳"、"利城"、"昌虑"郡。十一年八月，省昌虑，《三国·郡县表》，"东莞"郡，建安初，魏武分琅邪、齐郡置。
青	临菑	山东临淄县	平原，东莱，济南国，乐安国，北海国，齐国，凡领郡二，国四。	《通鉴》胡注，"城阳"置郡时属徐州，后移居青州。
凉	陇	甘肃秦安县	陇西，汉阳，武都，金城，安定，北地，武威，张掖，酒泉，敦煌，张掖属国，居延属国，凡领郡十，属国二。	《后汉书·郡国志》，"汉阳郡"注，《秦州记》曰："中平五年，分置'南安'郡。"又"司隶校尉部"注，《献帝起居注》曰："中平六年，省扶风都尉，置'汉安郡'。"又"凉州"注，《袁山松书》曰："兴平元年，分安定、右扶风置'新平'郡。"又"张掖居延属国下"注，建安末，立为"西海"郡。又"张掖郡"注，献帝分置"西"郡。《通典·州郡》，雍州，鄯州，后汉建安中，置"西平"郡。
并	晋阳	山西阳曲县	太原，上党，西河，五原，云中，定襄，雁门，朔方，上郡，凡领郡九。	《三国·魏志·武帝》，建安二十年正月，省云中、定襄、五原、朔方郡，郡置一县，领其民，合以为"新兴"郡。
冀	鄗	河北高邑县	魏郡，巨鹿，勃海，常山国，中山国，安平国，河间国，清河国，赵国，凡领郡三，国六。	《水经注·滱水》，桓帝置"博陵"郡，汉末罢还安平。《后汉书·郡国志》，"清河国"注，桓帝建和二年，改为"甘陵"。
幽	蓟	北京市	涿郡，代郡，上谷，渔阳，右北平，辽西，辽东，玄菟，乐浪，广阳，辽东属国，凡领郡十，属国一。	
扬	历阳	安徽和县	九江，丹阳，豫章，吴郡，会稽，庐江，凡领郡六。	

州部	治所 古郡	治所 今释	领辖郡国	备考
荆	汉寿	湖南常德县	南阳，南郡，江夏，零陵，武陵，桂阳，长沙，凡领郡七。	《晋书·地理志》，献帝建安十三年，魏武尽得荆州之地，分南郡以北立"襄阳"郡，又分南阳西界立"南乡"郡，分枝江以西立"临江"郡。《三国魏志·武帝》，建安二十年七月，分汉中之安阳西城为"西城"郡，分锡"上庸"郡，置都尉。《华阳国志》，新城郡本汉中房陵县，汉末以为"房陵"郡。
益	雒	四川广汉县	汉中，巴郡，广汉，蜀郡，犍为，牂柯，越嶲，益州，永昌，广汉属国，蜀郡属国，犍为属国，凡领郡九，属国三。	《后汉书·冉駹夷传》，灵帝复分蜀郡北部为"汶山"郡。
交	广信	广西苍梧县	南海，郁林，苍梧，交阯，合浦，九真，日南，凡领郡七。	《宋书·州郡志》，汉献帝建安八年，改曰交州。十六年，徙治南海番禺县。《晋书·地理志》，桓帝分立"高兴"郡，灵帝改曰"高凉"。

三　东汉之制度

（一）官制

甲、中央

东汉中央官制，多沿西京之旧，以三公部九卿，治理庶政。

> 太尉公一人……司徒公一人……注，《汉官仪》曰："王莽时，议以汉无司徒官，故定三公之号，曰大司马、大司徒、大司空，世祖即位，因而不改。"……司空公一人。（《后汉书》卷三四《百官志》一）

> 后汉惟有太傅一人，谓之上公，及有太尉、司徒、司空，而无师保。注，董卓盗为太师，非汉本制。太尉公主天，注，部太常、卫尉、光禄勋。司徒公主人，注，部太仆、鸿胪、廷尉。司空公主地，注，部宗正、少府、司农。而分部九卿，盖多以九卿为之。若天地灾变，则皆策免，自太尉徐防始焉。（《通典》卷二〇《职官》二）

汉以太常、光禄勋、卫尉、太仆、廷尉、大鸿胪、宗正、大司农、少府，谓之九寺大卿，后汉九卿，而分属三司。注，太常、光禄勋、卫尉三卿，并太尉所部；太仆、廷尉、大鸿胪三卿，并司徒所部；宗正、大司农、少府三卿，并司空所部。（《通考》卷五五《职官考》九）

东汉中央官制简表

称谓		官 名	职 掌	备 考
五府	上公	太傅	掌以善道，无常职。	《后汉书·百官志》，世祖以卓茂为太傅，薨因省。其后每帝初即位，辄置太傅录尚书事，薨辄省。 《后汉书·樊准传》注，五府谓太傅、太尉、司徒、司空、大将军也。
	三公	大司马太尉	掌四方兵事功课，岁尽即奏其殿最而行赏罚。	《通典·职官》，后汉光武建武二十七年，省大司马，以太尉代之，故常与太尉迭置，不并列。 《通考·职官考》，灵帝末，以刘虞为大司马，而太尉如故，自此则大司马与太尉始并置矣。
		司徒	掌人民事，凡四方民事功课，岁尽则奏其殿最而行赏罚。	《通典·职官》，建安为相国。
		司空	掌水土事，凡四方水土功课，岁尽则奏其殿最而行赏罚。	同上，献帝建安十三年，又罢司空，置御史大夫，郗虑免，不复补。注，献帝置御史大夫，职如司空，不领侍御史。
	将军	大将军	掌征伐。	《后汉书·百官志》，比公者四，第一大将军，次骠骑将军，次车骑将军，次卫将军，又有前后左右将军。
		骠骑将军		
		车骑将军		
		卫将军		
		前后左右将军		
九卿		太常	掌礼仪祭祀。	
		光禄勋	掌宿卫宫殿门户，典谒署郎更直执戟宿卫门户，考其德行而进退之。	《通典·职官》，光禄勋居禁中，有狱在殿门外，谓之光禄外部，建安末，复改光禄勋为郎中令。
		卫尉	掌宫门卫士、宫中徼循事。	
		太仆	掌车马，天子每出，奏驾上卤簿。	
		廷尉	掌平狱，奏当所应，凡郡国谳疑罪，皆处当以报。	同上，后汉廷尉，皆以世家为之，而郭氏尤盛。建安中，复为大理。
		大鸿胪	掌诸侯及四方归附蛮夷，其郊庙行礼赞导请行事。	

称谓	官 名	职 掌	备 考
九卿	宗正	掌序录王国嫡庶之次，及诸宗室亲属。	同上，两汉皆以皇族为之。
	大司农	掌诸钱谷金帛诸货币。	
	少府	掌中服御请物，衣服宝货珍膳之属。	

按，东汉之制，政治实权，操之于尚书台，所谓三公者，备位而已。

光武皇帝，愠数世之失权，忿强臣之窃命，矫枉过直，政不任下，虽置三公，事归台阁。注，台阁，谓尚书也。自此以来，三公之职，备员而已。(《后汉书》卷七九《仲长统传》《昌言·法诚篇》)

至于尚书台组织，略举如下。

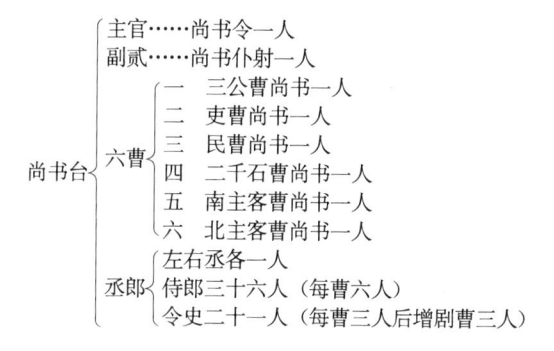

```
        ┌ 主官……尚书令一人
        │ 副贰……尚书仆射一人
        │       ┌ 一  三公曹尚书一人
        │       │ 二  吏曹尚书一人
        │       │ 三  民曹尚书一人
尚书台 ─┤ 六曹 ─┤ 四  二千石曹尚书一人
        │       │ 五  南主客曹尚书一人
        │       └ 六  北主客曹尚书一人
        │       ┌ 左右丞各一人
        └ 丞郎 ─┤ 侍郎三十六人（每曹六人）
                └ 令史二十一人（每曹三人后增剧曹三人）
```

尚书令一人，千石。本注曰："承秦所置。"注，荀绰《晋百官表》注曰："唐虞官也。"武帝用宦者，更为中书谒者令，成帝用士人，复故。掌凡选署及奏下尚书曹文书众事。(《后汉书》卷三六《百官志》三)

尚书仆射一人，六百石。本注曰："署尚书事，令不在则奏下众事。"注，蔡质《汉仪》曰："仆射主封门，掌授廪，假钱谷。"(《后汉书》卷三六《百官志》三)

尚书六人，六百石。本注曰："成帝初置尚书四人，分为四曹。"注，《汉旧仪》曰："初置五曹，有三公曹，主断狱。""常侍曹尚书"主公卿事，注，蔡质《汉仪》曰："主常侍黄门御史事，世祖改曰吏曹。""二千石曹尚书"主郡国二千石事，注，蔡质《汉仪》曰："掌中郎官、水火、盗贼、辞讼、罪眚。""民曹尚书"主凡吏上书事，注，蔡质《汉

旧仪》曰："典缮治功作、监池苑囿盗贼事。""客曹尚书"主外国夷狄事。世祖承遵，后分二千石曹，又分客曹为"南主客曹"、"北主客曹"，凡六曹。（《后汉书》卷三六《百官志》三）

左右丞各一人，四百石。本注曰："掌录文书期会，左丞主吏民章报，及骑伯史。"注，蔡质《汉仪》曰："总典台中纲纪，无所不统。"右丞假署印绶，及纸笔墨诸财用库藏。（《后汉书》卷三六《百官志》三）

侍郎三十六人，四百石。本注曰："一曹有六人，主作文书起草。"（《后汉书》卷三六《百官志》三）

令史十八人，二百石。本注曰："曹有三，主书，后增剧曹三人，合二十一人。"（《后汉书》卷三六《百官志》三）

秦少府遣吏四人，在殿中主发书，谓之尚书。尚，主也。汉承秦置，武帝游宴后庭，始用宦者主中书……成帝建始四年，西元前29年。罢中书宦者，置尚书五人，一人为仆射，四人分为四曹，通掌图书、秘记、章奏及封奏，宣示内外而已，其任犹轻。后汉则为优重，出纳王命，数奏万机……汉初，尚书虽有曹名，不以为号，灵帝以侍中梁鹄为选部尚书，于是始见曹名。总谓尚书台，亦谓中台，大事八座连名，而有不合得建异议。二汉皆属少府……武帝用宦者，更为中书谒者令。成帝去中书谒者令官，更以士人为尚书令。后汉众务悉归尚书，三公但受成事而已。尚书令主赞奏事，总领纪纲，无所不统。……尚书仆射一人，署尚书事，令不在则奏下众事……献帝建安四年，以执金吾荣邵为左仆射，卫臻为右仆射，侍者分置左右，盖自此始。……光武……置左右丞，佐令仆之事，台中纪纲，无所不总。……后汉尚书五曹，……或说有六曹。

东汉铜出行车马仪仗

……尚书侍郎……主作文书草，取孝廉年未五十，先试笺奏，选有吏能者为之。……令史……皆选于兰台符节，简练有吏能者为之。其尚书郎初与令史皆主文簿，其职一也，郎缺以令史久次者补之。光武始革用孝廉，孝廉耻焉。(《通典》卷二二《职官》四)

中叶以后，母后临朝，外戚执政，每假兵权以自重，而大将军遂为中央最高之官，合太傅及三公，称为五府。

后汉光武时，吴汉以大将军为大司马。注，后汉大将军自为一官，其大司马不加于其上。和帝时，以窦宪为之。旧大将军，位在三公下，置官属，依太尉。宪威权振朝廷，公卿希旨，奏宪位次太傅下，三公上。……自安帝政理衰缺，始以嫡舅耿宝为大将军，常在京都。顺帝即位，又以皇后父兄弟，相继为大将军如三公，汉末犹在三公上。(《通考》卷五九《职官考》一三)

献帝朝，曹操秉政，废三公而置丞相。

建安十三年。西元208年。六月，罢三公官，置丞相、御史大夫。(《后汉书》卷九《献帝纪》)

乙、地方

东汉地方官，初亦为郡县两级，设置监司，制同于前汉。

【子】州部

司隶校尉一人，比二千石。(《后汉书》卷三七《百官志》四)

刺史……成帝更为牧，秩二千石。建武十八年，西元42年。复为刺史十二人，各主一州，其一州，属司隶校尉。(《后汉书》卷三八《百官志》五)

【丑】郡国

河南尹一人……中兴都雒阳，更以河南郡为尹，以三辅陵庙所在，不改其号，但减其秩。(《后汉书》卷三七《百官志》四)

每郡置太守一人，二千石。……王国之相亦如之。(《后汉书》卷三八《百官志》五)

边郡……属国都尉，稍有分县治民比郡。(《后汉书》卷三八《百官志》五)

【寅】县邑道

每县邑道，大者置令一人，千石其次置长，四百石，小者置长，三百石，侯国之相，秩次亦如之。……丞各一人，尉大县二人，小县一人。……边县有障塞尉，……掌禁备羌夷犯塞。（《后汉书》卷三八《百官志》五）

惟地方之权，较前汉为大。司隶校尉，外督部郡，内纠百官。

后汉复为司隶校尉，所部河南尹、河内、右扶风、左冯翊、京兆尹、河东、弘农，凡七郡，治河南洛阳，无所不纠，唯不察三公。廷议处九卿上，朝贺处公卿下。（《通典》卷三二《职官》一四）

光武特诏御史中丞，与司隶校尉、尚书令，会同并专席而坐，故京师号曰三独坐。（《后汉书》卷五七《宣秉传》）

刺史设有治所，且专刺举之权。

建武十一年，西元35年。十二月……初断州牧自还奏事。注，《前书音义》曰："刺史每岁尽，则入奏事京师，今断之。"（《后汉书》卷一下《光武纪》下）

旧制，州牧奏二千石长吏不任位者，事皆先下三公，三公遣掾史按验，然后黜退。帝光武。时用明察，不复委任三府，而权归刺举之吏。（《后汉书》卷六三《朱浮传》）

汉刺史乘传周行郡国，无适所治，中兴所治有定处。旧常以八月巡行所部，录囚徒，考殿最，初岁尽诣京都奏事。中兴但因计吏，不复自诣京师，虽父母之丧，不得去职。（《通典》卷三二《职官》一四）

太守兼都尉之职，故常称太守曰郡将。

建武六年，西元30年。省诸郡都尉，并职太守，无都试之役。注，应劭曰："每有盗职，郡临时置都尉，事讫罢之。"（《后汉书》卷三八《百官志》五）

至灵帝，改刺史为州牧，遂变为地方三级制度。

中平五年，西元188年。是岁，改刺史，新置

汉灵帝像

牧。(《后汉书》卷八《灵帝纪》)

时灵帝政化衰缺,四方兵寇。焉以为刺史威轻,既不能禁,且用非其人,辄增暴乱,乃建议改置牧伯,镇安方夏,清选重臣,以居其任。焉乃阴求为交阯,以避时难。……出焉为监军使者,领益州牧,……宗正刘虞为幽州牧,皆以本秩居职。州任之重,自此而始。(《后汉书》卷一〇五《刘焉传》)

是时天下方乱,豪杰各欲据有州郡,而刘焉、刘虞,并自九卿出领州牧。州牧之任,自此重矣。(《通典》卷三二《职官》一四)

中央为收税,于各地设盐铁诸官。

其郡有盐官、铁官、工官、都水官者,随事广狭,置令长及丞,秩次皆如县道,无分士,给均本吏。本注曰:"凡郡县出盐多者,置盐官,主盐税;出铁多者,置铁官,主鼓铸;有工多者,置工官,主工税物;有水池及鱼利多者,置水官,主平水,收渔税。在所诸县,均差吏更给之,置吏随事,不具县员。(《后汉书》卷三八《百官志》五)

(二) 兵制

光武随事设兵,有"黎阳营"、"雍营"之号。

发……黎阳、雍营、缘边十二郡骑士。注,《汉官仪》曰:"光武中兴,以幽、冀、并州兵骑,克定天下,故于黎阳立营,以谒者监之。"又曰:"扶风都尉部在雍县,以凉州近羌。数犯三辅,将兵卫护园陵,故俗称雍营。"(《后汉书》卷五三《窦融附窦宪传》)

京师南北军,仍袭前汉,而略有省改。

京师南北军如故,于北军则并胡骑、虎贲二校为五营,以北军中候易中垒以监之;于南军则光禄勋省车、户、骑三将及羽林令,都尉省旅贲及卫士一丞。(《通考》卷一五〇《兵考》二)

北军中候,本注曰:"……中兴省中垒,但置中候,以监五营,胡骑并长水,虎贲主轻车并射声。"(《后汉书》卷三七《百官志》四)

羽林……光武中兴,以所征伐士劳苦者为之,其后复简五营高手,别为左右监羽林,父死子继,与虎贲同,所居之署谓之寺。(《通典》卷二八《职官》一〇)

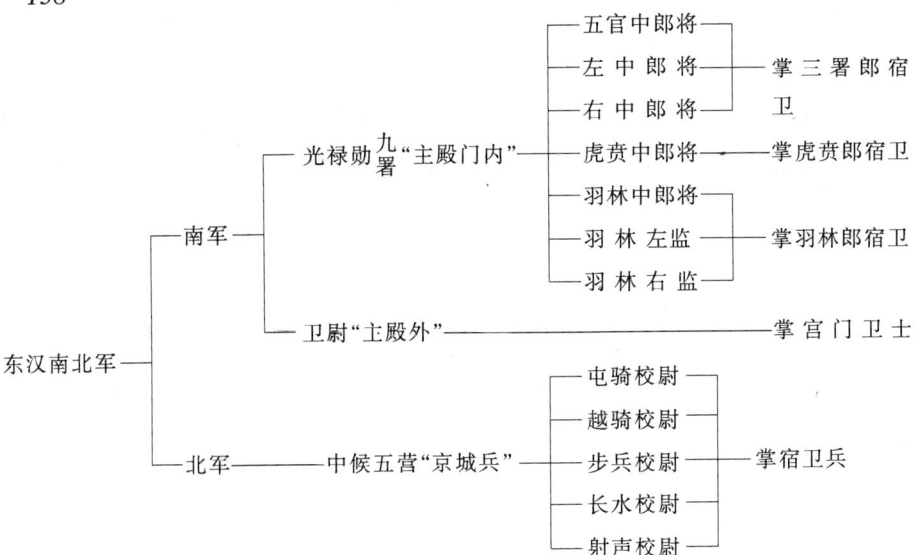

```
                                    ┌─ 五官中郎将 ┐
                                    ├─ 左中郎将  ├─ 掌三署郎宿卫
                                    ├─ 右中郎将  ┘
                      ┌─ 光禄勋九署"主殿门内"─┼─ 虎贲中郎将 ─── 掌虎贲郎宿卫
                      │                    ├─ 羽林中郎将 ┐
                      │                    ├─ 羽林左监  ├─ 掌羽林郎宿卫
           ┌─ 南军 ───┤                    └─ 羽林右监  ┘
           │          │
东汉南北军 ─┤          └─ 卫尉"主殿外" ─────────────── 掌宫门卫士
           │
           │                              ┌─ 屯骑校尉 ┐
           │                              ├─ 越骑校尉 │
           └─ 北军 ─── 中候五营"京城兵" ──┼─ 步兵校尉 ├─ 掌宿卫兵
                                         ├─ 长水校尉 │
                                         └─ 射声校尉 ┘
```

且罢地方兵不练，专以京兵任征伐。

建武六年，西元30年。是岁，初罢郡国都尉官。（《后汉书》卷一下《光武纪》下）

建武七年，西元31年。三月，诏……罢轻车、骑士、材官、楼船士及军假吏。注，《汉官仪》曰："……军假吏，谓军中权置吏也，今悉罢之。"（《后汉书》卷一下《光武纪》下）

光武罢都试而外兵不练，虽疆场之间，广屯增戍，列营置坞，而国有征伐，终借京师之兵以出。盖自建武迄于汉衰，匈奴之寇，鲜卑之寇，岁岁有之。或遣将出击，或移兵留屯，连年暴露，奔命四方，而禁旅无复镇卫之职矣。（《通考》卷一五〇《兵考》二）

中叶以后，内外兵不精练，每每有警报，则取办临时。

至安帝永初间，募入钱谷，得为虎贲、羽林、缇骑营士，而营卫之选亦衰矣。桓帝延熹间，诏减羽林、虎贲不任事者半俸，则京师之兵，亦单弱矣。外之士兵不练，而内之卫兵不精，设若盗起一方，则羽檄被于三边，兴发甲卒，取办临时，战非素具，每出辄北。……永建间，方且令郡举五人，教习战射，又方募为陷阵，召为积射，召为义从，大抵创立名号，荡无良法。（《通考》卷一五〇《兵考》二）

其末也，宿卫之权，委之宦寺，遂得挟制朝廷。

至东汉以来，又举五官郎将、羽林、虎贲以职属，大夫、议郎、谒者、仆射以文属。分属之后，政令不行于其间，而又光禄大夫不在宿直，议郎不与执戟。惟不在宿直、执戟之列，则凡为禁卫者，皆非士人之流，而郎官三省，尽为诸黄门之庐耳。故宦官内典门户；外与政事。(《通考》卷一五五《兵考》七)

灵帝时，有西园八校尉之设，天子自将之。

中平五年，西元188年。八月，初置西园八校尉。(《后汉书》卷八《灵帝纪》)

中平五年，西元188年。天下滋乱，望气者以为京师当有大兵，两宫流血。大将军司马许凉、假司马伍宕说进曰："太公《六韬》，有天子将兵事，可以威厌四方。"进以为然，入言之于帝。于是乃诏进大发四方兵，讲武于平乐观下，……列步兵骑士数万人，结营为阵，天子亲出临军，……诏使进悉领兵屯于观下。是时置西园八校尉，以小黄门蹇硕为上军校尉。……帝以蹇硕壮健而有武略，特亲任之以为元帅，督司隶校尉以下，虽大将军亦领属焉。(《后汉书》卷九九《何进传》)

西园八校尉 ｛ 上军校尉蹇硕
中军校尉袁绍
下军校尉鲍鸿
典军校尉曹操
助军校尉赵融
右校尉冯芳
左校尉夏牟
佐军校尉淳于琼

陈蕃、窦武欲诛宦官，北军不助武等而助宦官，遂又夷灭。何进、袁绍惩其事，故欲借外兵以除之，于是内置园校，阳尊阉宦，外重州牧，实召边将。阉宦虽除，而董卓之祸已成。(《通考》卷一五〇《兵考》二)

(三) 刑法

光武既定天下，除王莽繁苛之刑，归于简易。

光武……至天下已定，务用安静，解王莽之繁密，还汉世之轻法。(《后汉书》卷一〇六《循吏传序》)

明、章以降，律条渐密。历代间有删修，亦仅救敝而已。

　　和帝……永元六年，西元94年。宠……为廷尉，……钩校律令条法……曰："……今律令死刑六百一十，耐罪千六百九十八，赎罪以下二千六百八十一……汉兴以来三百二年，宪令稍增，科条无限。又律有三家，其说各异。宜令三公廷尉平定律令，应经合义者，可使大辟二百，而耐罪、赎罪二千八百，并为三千，悉删除其余。"……未及施行，……及宠免后遂寝，而苛法稍繁，人不堪之。忠略依宠意，奏上二十三条为决事比，以省请谳之敝。（《后汉书》卷七六《陈宠附子陈忠传》）

　　元初四年，西元117年。帝安帝。……选通儒谒者刘珍，及博士良史诣东观，各雠校汉家法。（《后汉书》卷一〇八《蔡伦传》）

至汉末应劭，删定律令为《汉仪》，章目分明，称为巨制。

　　劭……删定律令为《汉仪》。建安元年，西元196年。乃奏之曰："……逆臣董卓，荡覆王室，典宪焚燎，靡有孑遗。……窃不自揆，……辄撰具律本章句、尚书旧事、廷尉板令、决事比例、司徒都目、五曹诏书及春秋断狱，凡二百五十篇，蠲去复重，为之节文。又集驳议三十篇，以类相从，凡八十二事。其见《汉书》二十五，《汉记》四，皆删叙润色以全本体；其二十六，博采古今瑰玮之士，文章焕炳，德义可观；其二十七，臣所造械。……虽未足纲纪国体，宣洽时雍，庶几观察增阐圣听……"献帝善之。（《后汉书》卷七八《应奉附应劭传》）

其刑名，大率与前汉同，其异者如下。

"殊死"　《光武纪》，建武五年，五月，罪非犯殊死，一切勿案。注，殊死谓斩刑，殊绝也。

"亡命"　同上，建武七年，正月，诏耐罪亡命，吏以文除之。注，《前书音义》曰："亡命谓犯耐罪而背名逃者。"

"右趾"　《明帝纪》，中元二年，十二月，诏死罪入缣二十匹，右趾至髡钳、城旦舂十匹。注，《前书音义》曰："右趾谓刖其右足，次刖左足，次劓，

《后汉书》书影

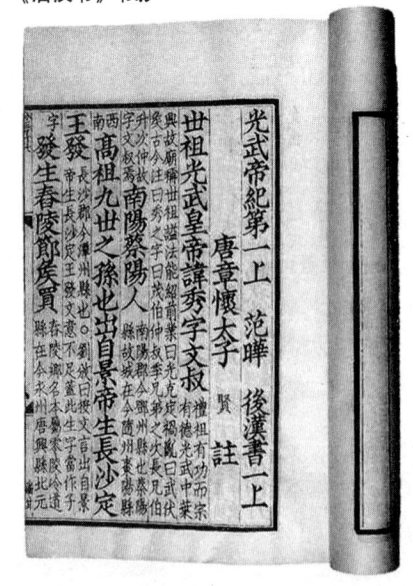

次黥。"

"输作司寇" 同上，完、城旦舂至司寇作三匹。按《前书》谓之罚作，一岁刑也。

"输作左校" 《韦彪传》，坐论输左校。注，左校署名，属将作也。

"输作右校" 属将作。

"输作若卢" 《庞参传》，拜左校令，坐法，输作若卢。注，若卢，狱名。

"施刑" 《光武纪》，建武十二年，十二月，遣骠骑大将军杜茂，将众部施刑屯北边。注，施读曰弛。《前书音义》曰："谓有赦令，去其钳釱赭衣。"

"女徒雇山" 《光武纪》，建武三年，七月，诏女徒雇山归家。注，《前书音义》曰："令甲女子犯徒，遣归家，每月出钱雇人，于山伐木，名曰雇山。"

"女子宫" 《光武纪》，建武二十八年，十月，诏死罪系囚，皆一切募下蚕室，其女子宫。注，谓幽闭也。

（四）学校

甲、京师

东汉于京师亦设太学，天子且临幸自讲，以纳人于利禄之途。

> 建武五年，西元29年。十月……初起太学……幸太学，赐博士弟子各有差。(《后汉书》卷一上《光武纪》上)

> 建武五年，西元29年。仍修起太学。……中元元年，西元56年。初建三雍。明帝即位，亲行其礼。……礼毕，帝正坐自讲，诸儒执经问难于前，冠带缙绅之人，圜桥门而观听者，盖亿万计。(《后汉书》卷一○九上《儒林传序》)

初设博士十四人，后立《春秋》左氏、穀梁博士，不久即罢。

> 博士十四人，比六百石。本注曰："《易》四，施、孟、梁丘、京氏；《尚书》三，欧阳、大小夏侯氏；《诗》三，鲁、齐、韩氏；《礼》二，大小戴氏；《春秋》二，公羊，严、颜氏。"(《后汉书》卷三五《百官志》二)

> 光武皇帝奋独见之明，兴立左氏、穀梁，会二家先师，不晓图

讖，故令中道而废。(《后汉书》卷六六《贾逵传》)

太学生，员数加增，竟至三万余人。

> 顺帝……乃更修黉宇，凡所造构，二百四十房，千八百五十室，试明经下第补弟子，增甲乙之科，员各十人。(《后汉书》卷一〇九上《儒林传序》)

> 本初元年，西元146年。梁太后诏曰："大将军下至六百石，悉遣子就学。……自是游学增盛，至三万余生。然章句渐疏，而多以浮华相尚，儒者之风盖衰矣。"(《后汉书》卷一〇九上《儒林传序》)

此外又有宫邸之学，则专为皇族、外戚而设。

> 永平九年，西元66年。是岁……为四姓小侯开立学校，置五经师。注，袁宏《汉纪》曰："……又为外戚樊氏、郭氏、阴氏、马氏诸子立学，号四姓小侯，置五经师，以非列侯，故曰小侯。"(《后汉书》卷二《明帝纪》)

> 安帝……元初六年，西元119年。太后诏征和帝弟济北、河间王子男女年五岁以上，四十余人，又邓氏近亲子孙，三十余人，并为开邸第，教学经书，躬自监试。(《后汉书》卷一〇上《邓皇后纪》)

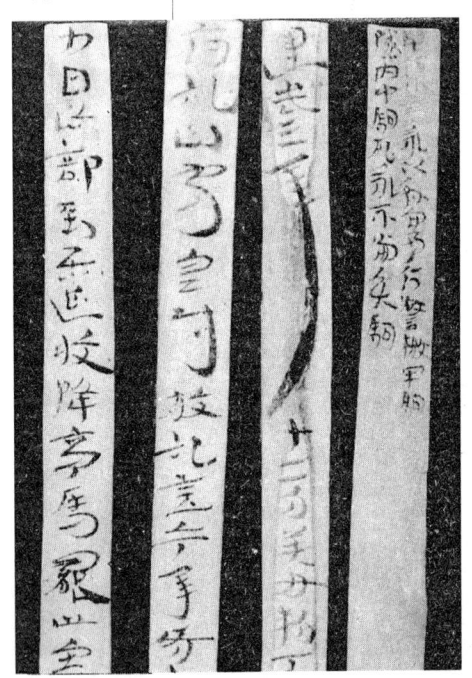

乙、郡国学

郡国之学，亦颇称盛。

> 建武六年，西元30年。迁丹阳太守。……忠以丹阳越俗不好学，……乃为起学校。(《后汉书》卷五一《李忠传》)

> 永平十年，西元67年。闰四月，……幸南阳，……召校官弟子。(《后汉书》卷二《明帝纪》)

> 宋均……调补辰阳长，其俗少学者而信巫鬼，均为立学校。(《后汉书》卷七一《宋均传》)

> 寇恂……拜为汝南太守。……恂素好学，乃修乡校，教生徒。(《后汉书》卷四六《寇恂传》)

> 卫飒……迁桂阳太守。……飒下车，修庠序之教。(《后汉书》卷一〇六《卫飒传》)

汉简残片

> 任延……拜武威太守，……造立校官，自掾吏子孙，皆令诣学受业。(《后汉书》卷一〇六《任延传》)

(五) 选举

东汉选举，制沿西汉，惟趋重考试，限制加严。士人入仕，概括别之为选举与辟召两途。

> 东汉时，选举、辟召，皆可以入仕。以乡举里选，循序而进者，选举也；以高才重名，躐等而升者，辟召也。(《通考》卷三九《选举考》一二)

其以选举进者——

甲、贡举

常行科目，有贤良方正、孝廉、秀才、明经诸科。惟孝廉岁由郡国按口率察举，非如他科待诏而行，故得人为最盛。

> 举孝廉，郡口二十万举一人。(《后汉书》卷三八《百官志》五)

> 和帝……时，大郡口五六十万，举孝廉二人，小郡口二十万并有蛮夷者，亦举二人。帝以为不均，下公卿会议。鸿与司空刘方上言，凡口率之科，宜有阶品。……自今郡国，率二十万口，岁举孝廉一人，四十万二人，六十万三人，八十万四人，百万五人，百二十万六人。不满二十万，二岁一人，不满十万，三岁一人。"帝从之。(《后汉书》卷六七《丁鸿传》)

> 永元十三年，西元101年。十一月，……诏……令缘边郡口十万以上，岁举孝廉一人，不满十万，二岁举一人。(《后汉书》卷四《和帝纪》)

贡士入都，即拜为郎。

> 凡郡国之官……调属僚及部人之贤者，举为秀才廉吏而贡于王庭，多拜为郎，居三署。(《通典》卷一三《选举》一)

> 元兴元年，西元105年。正月，引三署郎召见禁中。注，《汉官仪》："三署谓五官署也，左右署也，各置中郎将以司之。郡国举孝廉以补三署郎，年五十以上属五官，其次分在左右署，凡有中郎、议郎、侍郎、郎中四等，无员。"(《后汉书》卷四《和帝纪》)

降及中叶，选政浸滥，所谓孝廉者，徒为虚名。有限年考试之法，以

救其弊。

汉初，诏举贤良方正，州郡察孝廉、秀才，斯亦贡士之方也。中兴以后，复增敦朴、有道、贤能、直言、独行、高节、质直、清白、敦厚之属。荣路既广，觖望难栽，自是窃名伪服，浸以流竞，权门贵仕，请谒繁兴。（《后汉书》卷九一《传论》）

顺帝……阳嘉元年，西元132年。……雄又上言："郡国孝廉，古之贡士。……孔子曰'四十而不惑'，《礼》称'强仕'。请自今孝廉年不满四十，不得察举，皆先诣公府。《通考》：公府，三公府也。诸生试家法，文吏课笺奏，副之端门。《通考》：太微垣左右执法所舍，即御史府。练其虚实，以观异能，以美风俗。有不承科令者，正其罪法。若有茂才异行，自可不拘年齿。"帝从之，于是班下郡国。（《后汉书》卷九一《左雄传》）

琼以前左雄所上孝廉之选，专用儒学文吏，于取士之义，犹有所遗，乃奏增孝悌及能从政者为四科，事竟施行。（《后汉书》卷九一《黄琼传》）

察举官与被举人，亦定有限制。

明年，延光四年，西元125年。十二月，……令郡国守相视事未满岁者，一切得举孝廉吏。注，汉法视事满岁，乃得举。（《后汉书》卷六《顺帝纪》）

本初元年，西元146年。七月……诏曰："孝廉廉吏……其令秩满百石十岁以上，有殊才异行，乃得参选，臧吏子孙，不得察举。"（《后汉书》卷七《桓帝纪》）

乙、太学生

博士弟子，岁满试艺，中第补郎，同于西汉。其试法与员额，略有变动。

和帝……永元十四年，西元102年。拜司空。……上疏曰："……伏见太学试博士弟子，皆以意说，不修家法，私相容隐，开生奸路。每有策试，辄兴诤讼，论议纷错，互相是非。……不依章句，妄生穿凿，以遵师为非义，意说为得理。……臣以为博士及甲乙策试，宜从其家章句，开五十难以试之，解释多者为上第，引文明者为高说。若

不依先师、义有相伐，皆正以为非。五经各取上第六人，《论语》不宜射策。虽所失或久，差可矫革。"诏书下公卿，皆从防言。（《后汉书》卷七四《徐防传》）

阳嘉元年，西元132年。七月，……试明经下第者补弟子，增甲乙科员各十人。《前书·儒林传》序：平帝时……岁课甲科四十人为郎中，乙科二十人为太子舍人，丙科四十人补文学掌故。（《后汉书》卷六《顺帝纪》）

其以辟召进者——

丙、掾史

汉制内而公卿，外而牧守，掾属皆归自署。

汉初掾史，辟皆上言之，故有秩比命士；其所不言，则为百石属。其后皆自辟除，故通为百石云。（《后汉书》卷三四《百官志》一）

从事史十二人，……皆州自辟除，故通为百石。（《后汉书》卷三七《百官志》四）

郡……皆置诸曹掾史。（《后汉书》卷三八《百官志》五）

县……各署诸曹掾史。（《后汉书》卷三八《百官志》五）

积资察迁，常至显秩。故于署用，有严格甄别。

应劭《汉官仪》曰："世祖诏，方今选举，贤佞朱紫错用。丞相故事，四科取士，一曰德行高妙，志节清白；二曰学通行修，经中博士；三曰明达法令，足以决疑，能案章覆问，文中御史；四曰刚毅多略，遭事不惑，明足以决，才任三辅令，皆有孝悌廉公之行。自今以后，审四科辟召及刺史二千石察茂才尤异孝廉之吏，务尽实核，选择英俊贤行廉洁平端，于县邑务授试以职。有非其人，临计过署，不便习官事，书疏不端正，不如诏书，有司奏罪名，并正举者。"（《后汉书》卷三四《百官志》一注）

强上疏谏曰："……旧典选举委任三府，三府有选参议掾属，咨其行状，度其器能，受试任用，责以成功。若无可察，然后付之尚书。尚书举劾，请下廷尉覆案虚实，行其诛罚。"（《后汉书》卷一〇八《吕强传》）

永平九年，西元66年。四月，诏……令司隶校尉部刺史，岁上墨

绶长吏，视事三岁已上，理状尤异者各一人，与计偕上。（《后汉书》卷二《明帝纪》）

永元十四年，西元102年。是岁，初复郡国上计补郎官。注，上计，今计吏也。《前书音义》曰："旧制使郡丞奉岁计，武帝元朔中，令郡国举孝廉各一人，与计偕，拜为郎中。中废，今复之。"（《后汉书》卷四《和帝纪》）

丁、特征

士之负盛名者，天子特征而用之，亦西汉之制也。

汉室中微，……士之蕴藉义愤甚矣。是时裂冠毁冕，相携持而去之者，盖不可胜数。……光武侧席幽人，求之若不及，旌帛蒲车之所征贲，相望于岩中矣。（《后汉书》卷一一三《逸民传序》）

永元六年，西元94年。三月，……诏……昭岩穴，披幽隐，遣诣公车。注，《前书音义》曰："公车，署名也。公车所在，故以名焉。"《汉官仪》曰："公车令一人，秩六百石，掌殿门，诸上书诣阙下者，皆集奏之，凡所征召，亦总领之。"（《后汉书》卷四《和帝纪》）

以上两途外，显贵得任子弟，资之以入仕，行于西汉。东汉中叶，复仿行之。

建光元年，西元121年。二月，……以公卿校尉尚书子弟一人，为郎舍人。（《后汉书》卷五《安帝纪》）

桓帝……时，宦官方炽，任人及子弟为官，布满天下。（《后汉书》卷八四《杨震附杨秉传》）

凡贡举征起之士，经试中格，率拜为郎，属之光禄勋，再经铨第，方以补官。

凡郡国之官，非傅相，其他既自署置，又调属僚及部人之贤者。举为秀才廉吏，而贡于王庭，多拜为郎，居三署，无常员，或至千人，属光禄勋。故卿校牧守，居闲待诏，或郡国贡送、公车征起，悉在焉。光禄勋复于三署中，铨第郎吏，岁举秀才廉吏，出为他官，以补缺

《汉官仪》书影

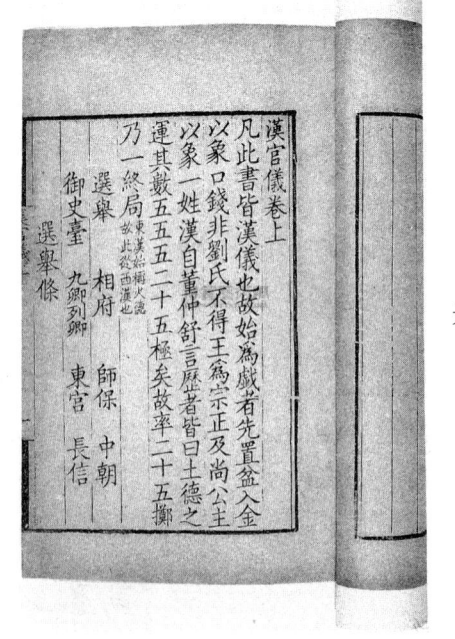

员。注，后汉制同。(《通典》卷一三《选举》一)

中央与地方，掌理铨选事，各有专官。

其时选举于郡国属功曹，于公府属东西曹，于天台属吏曹尚书，亦曰选部，而尚书令总之。(《通典》卷一三《选举》一)

成帝初置尚书四人，分为四曹。注，蔡质《汉仪》曰："……吏曹尚书，典选举斋祀。"(《后汉书》卷三六《百官志》三)

西曹主府史署用，东曹主二千石长吏迁除及军吏。(《后汉书》卷三四《百官志》一)

功曹从事，主州选署及众事。(《后汉书》卷三七《百官志》四)

四　东汉之开边

(一) 匈奴

匈奴自西汉宣帝时，呼韩邪单于归附，边患始息。及王莽代汉，与之构难，边祸复启。

初北边自宣帝以来，数世不见烟火之警，人民炽盛，牛马布野。及莽挠乱匈奴，《汉书·王莽传》：授单于印，改汉印文，去玺曰章。单于欲求故印，陈饶椎破之。……单于大怒，而句町西域，后卒以此皆畔。与之构难，边民死亡系获。又十二部兵久屯而不出，莽拜十二部将屯守，欲击匈奴。吏士罢弊，数年之间，北边虚空，野有暴骨矣。(《汉书》卷九四下《匈奴传》下)

光武初定天下，未遑远略，岁币修好而不得，遣将攻伐亦无功，于是匈奴渐思南下，骚扰无宁岁。

南匈奴酜落尸逐鞮单于比者，呼韩邪单于之孙，乌珠留若鞮单于之子也。自呼韩邪后，诸子以次立，至比季父单于舆时，以比为右薁鞬日逐王，部领南边及乌桓。建武初，彭宠反畔于渔阳，单于与共连兵，因复权立卢芳，使入居五原。光武初，方平诸夏，未遑外事。至

六年，西元30年。……赂遗金币，以通旧好，而单于骄踞，自比冒顿，对使者辞语悖慢，……匈奴数与卢芳共侵北边。九年，西元33年。遣大司马吴汉等击之，经岁无功，而匈奴转盛，抄暴日增。十三年，遂寇河东，州郡不能禁，于是渐徙幽并边人于常山关、居庸关已东，匈奴左部，遂复转居塞内。朝廷患之，增缘边兵，郡数千人，大筑亭候，修烽火。匈奴闻汉购求卢芳，贪得财帛，乃遣芳还降，望得其赏，而芳以自归为功，不称匈奴所遣。单于复耻言其计，故赏遂不行，由是大恨，入寇尤深。二十年，西元44年。遂至上党、扶风、天水。二十一年，西元45年。冬，复寇上谷、中山，杀略抄掠甚众，北边无复宁岁。（《后汉书》卷一一九《南匈奴传》）

会奴匈内饥，分为南北两单于。南单于近塞下，希得汉助，先击败北单于，遣使诣阙，奉藩称臣。

初单于弟右谷蠡王伊屠知牙师，以次当左贤王。左贤王即是单于储副，单于欲传其子，遂杀知牙师。……比见知牙师被诛，出怨言。……二十二年，西元46年。单于舆死，子左贤王乌达鞮侯立为单于。复死，弟左贤王蒲奴立为单于。比不得立，既怀愤恨。而匈奴中连年旱蝗，赤地数千里，草木尽枯，人畜饥疫，死耗大半。单于畏汉乘其敝，乃遣使诣渔阳求和亲，……而比密遣汉人郭衡，奉匈奴地图。二十三年，西元47年。诣西河太守，求内附。……二十四年春，八部大人共议立比为呼韩邪单于，以其大父尝依汉得安，故欲袭其号。于是款五原塞，愿永为藩蔽，扞御北虏。帝……许之。其冬，比自立为呼韩邪单于。注，《东观记》曰："十二月癸丑，匈奴始分为南北单于。"二十五年，春，遣弟左贤王莫，将兵万余人，击北单于弟薁鞬左贤王，生获之，又破北单于帐下，并得其众，合万余人。……北单于震怖，却地千里。……南单于复遣使诣阙，奉藩称臣，献国珍宝，求使者监护，遣侍子修旧约。二十六年，遣中郎将段郴、副校尉王郁，使南单于，立其庭，去五原西部塞八十里。……冬，与北单于战不利。……诏单于徙居西河美稷，因使中郎将段郴及副校尉王郁，留西河拥护之。（《后汉书》卷一一九《南匈奴传》）

北单于因汉助南庭，深惧见伐，亦数遣使求和亲。时光武以南单于新

附，仅赐书报答，不遣使者。

至明帝，为弭边患，特置度辽将军，以防二部交通。北匈奴仍不时入边。

> 北单于惶恐，颇还所略汉人，以示善意。……二十七年，西元51年。北单于遂遣使诣武威，求和亲。天子召公卿廷议，不决。皇太子言曰："南单于新附，北虏惧于见伐，故倾耳而听，争欲归义耳。今未能出兵，而反交通北虏，臣恐南单于将有贰志，北虏降者，且不复来矣。"帝然之，告武威太守，勿受其使。二十八年，西元52年。北匈奴复遣使诣阙，贡马及裘，更乞和亲。……帝下三府议酬答之宜。……三十一年，西元55年。北匈奴复遣使如前，乃玺书报答，赐以彩缯，不遣使者。（《后汉书》卷一一九《南匈奴传》）

> 永平六年，西元63年。……时北匈奴犹盛，数寇边，朝廷以为忧。会北单于欲合市，遣使求和亲，显宗明帝。冀其交通，不复为寇，乃许之。八年，西元65年。遣越骑司马郑众北使报命，而南部须卜骨都侯等，知汉与北虏交使，怀嫌怨欲畔，密因北使，令遣兵迎之。郑众出塞疑有异，伺候，果得须卜使人。乃上言，宜更置大将，以防二虏交通。由是始置度辽营，以中郎将吴棠，行度辽将军事，副校尉来苗、左校尉阎章、右校尉张国将黎阳虎牙营士，屯五原、曼柏；又遣骑都尉秦彭，将兵屯美稷。……北虏……数寇抄边郡，焚烧城邑，杀略甚众，河西城门昼闭，帝患之。（《后汉书》卷一一九《南匈奴传》）

章帝时，北匈奴内乱，南单于希并其地，上书请出兵灭之。汉遣窦宪等出塞会师，破北匈奴，勒铭纪功而还，边民始免抄略，西域亦通。

> 元和二年，西元85年。正月，……时北虏衰耗，党众离畔，南部攻其前，丁零寇其后，鲜卑击其左，西域侵其右，不复自立，乃远引而去。……章和元年，西元87年。鲜卑入左地，击北匈奴，大破之，斩优留单于，……北庭大乱。……二年，西元88年。……时北虏大乱，加以饥蝗，降者前后而至，南单于将并北庭。会肃宗崩，窦太后临朝，其年七月，单于上言"……宜及北虏分争，出兵讨伐，破北成

汉明帝像

卷一 秦汉三国

窦宪破北匈奴之战示意图

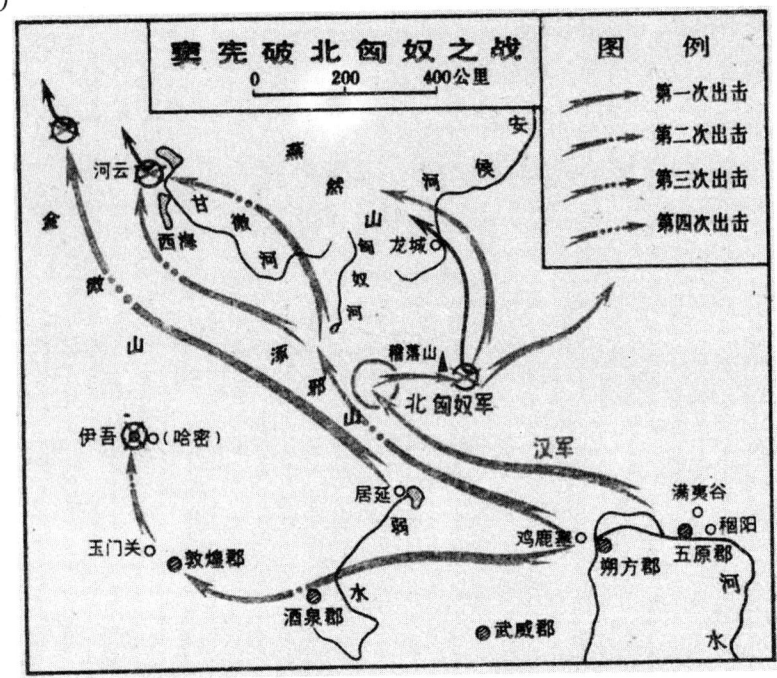

南,并为一国,令汉家长无北念"……太后以示耿秉,秉上言"……今幸遭天授,北虏分争,以夷伐夷,国家之利,宜可听许"……太后从之。永元元年,西元89年。以秉为征西将军,与车骑将军窦宪,率骑八千,与度辽兵及南单于众三万骑出朔方,击北虏,大破之,北单于奔走,首虏二十余万人。(《后汉书》卷一一九《南匈奴传》)

与北单于战于稽落山,大破之,虏众崩溃,单于遁走。追击诸部,……宪、秉、遂登燕然山,蒙古杭爱山麓。去塞三千余里,刻石勒功,纪汉威德,令班固作铭。(《后汉书》卷五三《窦融附窦宪传》)

宪以北虏微弱,遂欲灭之。明年,永元三年,西元91年。复遣右校尉耿夔、司马任尚、赵博等,将兵击北虏于金微山,或曰阿尔太山。大破之,克获甚众。北单于逃走,不知所在。(《后汉书》卷五三《窦融附窦宪传》)

自此以后,北匈奴益衰微不振,南匈奴单于事汉益谨,不复为边患。

亭独尸逐侯鞮单于师子,永元六年西元94年。立。降胡五六百人,夜袭师子,安集掾王恬,将卫护士与战破之。于是新降胡遂相惊动,十五部二十余万人皆反畔,胁立前单于屯屠何子奠鞬日逐王逢侯

为单于。遂杀略吏人，燔烧邮亭庐帐。将军重向朔方，欲度漠北，于是遣行车骑将军邓鸿、越骑校尉冯柱、行度辽将军朱徽，将左右羽林北军五校士，及郡国积射缘边兵，乌桓校尉任尚，将乌桓鲜卑，合四万人讨之，……追击逢侯于大城塞，……复大破之，……逢侯遂率众出塞。……七年，西元95年。……逢侯于塞外，分为二部，自领右部屯涿邪山下，左部屯朔方西北，相去数百里。……元初四年，西元117年。逢侯为鲜卑所破，部众分散，皆归北虏。五年，西元118年。春，逢侯将百余骑亡还，诣朔方塞降，邓遵奏徙逢侯于颍川郡。（《后汉书》卷一一九《南匈奴传》）

永和五年，西元140年。夏，南匈奴左部句龙王吾斯车纽等背畔，率三千余骑寇西河，因复招诱右贤王，合七八千骑。……秋，句龙吾斯等，立句龙王车纽为单于，东引乌桓，西收羌戎及诸胡等数万人，攻破京兆虎牙营，杀上郡都尉及军司马，遂寇掠并、凉、幽、冀四州。……冬，遣中郎将张耽，将幽州、乌桓诸郡营兵，击畔虏车纽等，战于马邑，斩首三千级，获生口及兵器牛羊甚众。车纽等将诸豪帅骨都侯乞降，而吾斯犹率其部曲与乌桓寇抄。……汉安二年，西元143年。……冬，中郎将马寔，募刺杀句龙吾斯，送首洛阳。（《后汉书》卷一一九《南匈奴传》）

（二）西域

自武帝服西域，设官屯守，使问不绝。及王莽改制，诸部怨愤，与中原绝。而匈奴乘乱，乃复略有西域地。

武帝时，西域内属，有三十六国，汉为置使者校尉领护之，宣帝改曰都护。元帝又置戊己二校尉，屯田于车师前王庭。哀平间，自相分割，为五十五国。王莽篡位，贬易侯王，《汉书·王莽传》：西域尽改其王为侯。由是西域怨叛，与中国遂绝，并复役属匈奴。（《后汉书》卷一一八《西域传序》）

匈奴单于，因王莽之乱，略有西域，唯莎车王延最强，不肯附属。（《后汉书》卷一一八《西域传》"莎车国"）

光武时，莎车同鄯善遣使奉献，于是西域始通。

建武十四年，西元38年。九月……莎车国、鄯善国，遣使奉献。

(《后汉书》卷一下《光武纪》下)

建武十四年，西元38年。贤莎车国王。与鄯善王安，并遣使诣阙贡献，于是西域始通。葱岭以东诸国皆属贤。(《后汉书》卷一一八《西域传》"莎车国")

嗣值匈奴衰乱，分为南北，莎车王贤恃强凌弱，欲独擅西方，虐遇诸部，俱不堪命，相偕归汉，愿得复置都护。光武以天下初定，未遑远略，谢绝其请，诸部复附于匈奴。

会匈奴衰弱，莎车王贤诛灭诸国。(《后汉书》卷一一八《西域传序》)

诸国悉服属焉，号贤为单于。贤浸以骄横，重求赋税，数攻龟兹诸国，诸国愁惧。建武二十一年，西元45年。冬，车师前王、鄯善、焉耆等十八国，俱遣子入侍，献其珍宝，……愿得都护。天子以中国初定，北边未服，皆还其侍子，厚赏赐之。是时贤自负兵强，欲并兼西域，攻击益甚。诸国闻都护不出，而侍子皆还，大忧恐。……二十二年，西元46年。……鄯善、车师，复附匈奴。(《后汉书》卷一一八《西域传》"莎车国")

贤死之后，遂更相攻伐，小宛、精绝、戎庐、且末，为鄯善所并；渠勒、皮山，为于阗所统，悉有其地；郁立师、单桓、孤胡、乌贪訾离，为车师所灭。后其国并复立。(《后汉书》卷一一八《西域传序》)

明帝因北匈奴胁诸部扰边，乃复通西域。

永平中，北虏乃胁诸国，共寇河西郡县，城门昼闭。十六年，西元73年。明帝乃命将帅窦固。北征匈奴，取伊吾卢地，置宜禾都尉以屯田，遂通西域。于阗诸国，皆遣子入侍，西域自绝六十五载，乃复通焉。明年，十七年，西元74年。始置都护、戊己校尉。(《后汉书》卷一一八《西域传序》)

章帝不欲疲中原以事四方，又复绝之，北匈奴因进据伊吾地。

及明帝崩，西元75年。焉耆、龟兹、攻没都护陈睦，悉覆其众。匈奴、车师，围戊己校尉。建初元年，西元76年。春，酒泉太守段彭，大破车师于交河城。章帝不欲疲敝中国，……二年，西元77年。复罢屯田伊吾，匈奴因遣兵守伊吾地。时军司马班超留于阗，绥集诸

龟兹故城遗址

国。(《后汉书》卷一一八《西域传序》)

和帝时,窦宪大破北匈奴兵,以助西域。班超为都护,遣甘英西使大秦,东西交通,远至西海之滨,前古所未有也。

> 和帝永元元年,西元89年。……窦宪大破匈奴。二年,西元90年。……掩击伊吾,破之。三年,西元91年。班超遂定西域。因以超为都护,居龟兹。复置戊己校尉,领兵五百人,居车师前部高昌壁;又置戊部候,居车师后部。……六年,西元94年。班超复击破焉耆。于是五十余国悉纳质内属,其条支、安息诸国,至于海濒四万里外,皆重译贡献。九年,西元97年。班超遣掾甘英,穷临西海而还,皆前世所不至,山经所未详,莫不备其风土,传其珍怪焉。于是远国蒙奇、兜勒,皆来归服,遣使贡献。(《后汉书》卷一一八《西域传序》)

安帝初立,西域背畔,朝廷以其险远难定,竟罢都护,北匈奴再役属诸部,共为边患。

> 及孝和晏驾,西域背畔,安帝永初元年,西元107年。频攻围都护任尚、段禧等。朝廷以其险远,难相应赴,诏罢都护,自此遂弃西域。北匈奴即复收属诸国,共为边寇,十余岁。敦煌太守曹宗,患其暴害,元初六年,西元119年。乃上遣行长史索班,将千余人屯伊吾以招抚之,于是车师前王及鄯善王来降。数月,北匈奴复率车师后部王,共攻没班等,遂击走其前王。鄯善逼急,求救于曹宗,宗因此请

卷一 秦汉三国

出兵击匈奴，……复欲进取西域。邓太后不许，但令置护西域副校尉，居敦煌，复部营兵三百人，羁縻而已。(《后汉书》卷一一八《西域传序》)

后匈奴又结车师，使班勇再助西域。顺帝时，亲汉者十有七部，然岭西者不至矣。

其后北房连与车师入寇河西，朝廷不能禁，议者因欲闭玉门阳关以绝其患。延光二年，西元123年。敦煌太守张珰上书陈三策，……朝廷下其议，尚书陈忠上疏曰："……孝武……开河西四郡，以隔绝南羌，收三十六国，断匈奴右臂。……臣以为敦煌宜置校尉，案旧增四郡屯兵，以西抚诸国，庶足折冲万里，震怖匈奴。"帝纳之，乃以班勇超子。为西域长史，将弛刑士五百人，西屯柳中，勇遂破平车师。自建武至于延光，西域三绝三通。顺帝永建二年，西元127年。勇复击降焉者，于是龟兹、疏勒、于阗、莎车等十七国，皆来服从，而乌孙葱岭已西遂绝。六年，西元113年。帝以伊吾旧膏腴之地，傍近西域，匈奴资之以为抄暴，复令开设屯田，如永元时事，置伊吾司马一人。(《后汉书》卷一一八《西域传序》)

及至汉衰，诸部多自相攻伐。自此以后，东西交通，为之中阻。

自阳嘉以后，朝威稍损，诸国骄放，转相陵伐。元嘉二年，西元152年。长史王敬，为于阗所没。永兴元年，西元153年。车师后王复反，攻屯营，虽有降首，曾莫惩革，自此浸以疏慢矣。(《后汉书》卷一一八《西域传序》)

(三) 西羌

王莽末，羌复还居塞内。隗嚣据陇，竟资其众以拒汉。诸羌入居塞内，边警频闻。光武时，来歙、马援任西事，陇右始宁。

明年，建武十年，西元34年。……初王莽世，羌房多背叛，而隗嚣招怀其酋豪，遂得为用。及嚣亡后，五谿、先零诸种，数为寇掠，皆营堑自守，州郡不能讨。歙乃大修攻具，率盖延、刘尚及太中大夫马援等，进击羌于金城，大破之。(《后汉书》卷四五《来歙传》)

自王莽末，西羌寇边，遂入居塞内，金城属县，多为房有。来歙

奏言：陇西侵残，非马援莫能定。建武十一年，西元35年。夏，玺书拜援陇西太守。援乃发步骑三千人，击破先零羌于临洮，斩首数百级，……守塞诸羌八千余人诣援降。诸种有数万，屯聚寇抄，拒浩亹隘，援与扬武将军马成击之，……虏遂大溃，凡斩首千余级。……又遣羌豪……说塞外羌，皆来和亲。又武都氐人，背公孙述来降者，援皆上复其侯王君长，赐印绶，帝悉从之。……十三年，武都参狼羌与塞外诸种为寇，杀长吏，援将四千余人击之。至氐道县，羌在山上，援军据便地，夺其水草，不与战，羌遂穷困，豪帅数十万户亡出塞，诸种万余人悉降。于是陇右清静。（《后汉书》卷五四《马援传》）

马援像

光武末年，烧当部强盛，为诸羌雄，郡吏欺凌，遂有滇吾、迷吾、迷唐之衅。

滇良者，烧当之玄孙也。……自烧当之滇良，世居河北大允谷，种小人贫，而先零、卑湳并皆强富，数侵犯之。滇良父子，积见陵，易愤怒，而素有恩信于种中，于是即会附落，及诸杂种，乃从入大榆，掩击先零、卑湳，大破之，杀三千人，掠取财畜，夺居其地，大榆中由是始强。滇良子滇吾立。中元元年，西元56年。……时滇吾附落转盛，常雄诸羌，每欲侵边者，滇吾转教以方略，为其渠帅。（《后汉书》卷一一七《西羌传》）

烧当部发难简表

酋名	世系	时代 始起	时代 平定	平定者
滇吾	烧当玄孙滇良子	光武中元二年秋	明帝永平二年降	中郎将窦固、捕虏将军马武
迷吾	滇吾子	章帝建初二年夏	章帝章和元年斩之	护羌校尉张纡
迷唐	迷吾子	章帝章和元年	和帝永元十三年病死	护羌校尉周鲔

至安帝初年，诸羌连合入边，波及内郡，十余年间，军旅不息，兵老财竭，中原为之疲敝。

时诸降羌，布在郡县，皆为吏人豪右所徭役，积以愁怨。安帝永

初元年，西元107年。夏，遣骑都尉王弘，发金城、陇西、汉阳羌数百千骑征西域。《通鉴》：六月，罢……都护，遣……兵迎段禧……还。弘迫促发遣，群羌惧远屯不还，行到酒泉，多有散叛。诸郡各发兵徼遮，或覆其庐落，于是勒姐当煎大豪东岸等愈惊，遂同时奔溃，麻奴兄弟，因此遂与种人俱西出塞。先零别种滇零与钟羌诸种，大为寇掠，断陇道。时羌归附既久，无复器甲，或持竹竿木枝以代戈矛，或负板案以为楯，或执铜镜以象兵，郡县畏懦不能制。（《后汉书》卷一一七《西羌传》）

冬，遣车骑将军邓骘，征西校尉任尚副，将五营及三河、三辅、汝南、南阳、颍川、太原、上党兵，合五万人，屯汉阳。明年，永初二年，西元108年。春，诸郡兵未及至，钟羌数千人，先击败骘军于冀西，杀千余人。……其冬，骘使任尚及从事中郎司马钧，率诸郡兵与滇零等数万人，战于平襄，尚军大败，死者八千余人。于是滇零等自称天子于北地，招集武都、参狼、上郡、西河诸杂种，众遂大盛，东犯赵魏，南入益州，杀汉中太守董炳，遂寇抄三辅，断陇道、湟中诸县，粟石万钱，百姓死亡，不可胜数。朝廷不能制，而转运难剧，遂诏骘还师，留任尚屯汉阳，为诸军节度。……五年，西元111年。春，任尚坐无功征免，羌遂入寇河东。至河内，百姓相惊，多奔南度河，使北军中侯朱宠，将五营士屯孟津，诏魏郡、赵国、常山、中山，缮作坞候六百一十六所。羌既转盛，而二千石令长，多内郡人，并无战守意，皆争上徙郡县，以避寇难。朝廷从之，遂移陇西徙襄武，安定徙美阳，北地徙池阳，上郡徙衙。百姓恋土，不乐去旧，遂乃刈其禾稼，发彻室屋，夷营壁，破积聚。时连旱蝗饥荒，而驱蹙劫略，流离分散，随道死亡，……丧其大半。（《后汉书》卷一一七《西羌传》）

元初二年，西元115年。……遣任尚为中郎将，将羽林缇骑五营子弟三千五百人……屯三辅。……明年，三年，西元116年。夏，度辽将军邓遵，率南单于及左鹿蠡王须沈万骑，击零昌于灵州，斩首八百余级。……任尚遣兵击破先零羌于丁奚城。……四年，西元117年。……冬，任尚将诸郡兵，……进北地，击狼莫。……至北地，相持六十余日，战于富平河上，大破之，……狼莫逃走。……自零昌、狼莫死后，诸羌瓦解，三辅、益州，无复寇儆。（《后汉书》卷一一七《西羌传》）

自羌叛十余年间，兵连师老，不暂宁息，军旅之费，转运委输，用二百四十余亿，府帑空竭，延及内郡，边民死者不可胜数，并、凉二州，遂至虚耗。（《后汉书》卷一一七《西羌传》）

顺帝时，羌事再兴，遣兵攻代，费亦不资。

顺帝……永和五年西元140年。夏，且冻、傅难、种羌等遂反叛，攻金城与西塞，及湟中杂种羌胡，大寇三辅，杀害长吏。……于是发京师近郡及诸州兵讨之，拜马贤为征西将军，以骑都尉耿叔副，将左右羽林五校士，及诸州郡兵十万人屯汉阳，又于扶风、汉阳、陇道作坞壁三百所，置屯兵以保聚百姓。且冻分遣种人寇武都，烧陇关，掠苑马。六年，西元141年。春，马贤将五六千骑击之，到射姑山，贤军败，贤及二子皆战殁。……于是东西羌遂大合，巩唐种三千余骑寇陇西，又烧园陵，掠关中，杀伤长吏。……武威太守赵冲，追击巩唐羌，斩首四百余级，得橐……羌二千余人。降诏冲督河西四郡兵，为节度。罕种羌千余，寇北地，北地太守贾福与赵冲击之，不利。秋，诸种八九千骑寇武威，凉部震恐。……汉安元年，西元142年。以赵冲为护羌校尉。冲招怀叛羌，罕种乃率邑落五千余户诣冲降。……唯烧何种三千余落，据参䜌北界。二年，西元143年。夏，赵冲与汉阳太守张贡掩击之，斩首千五百级。……冬，冲击诸种，斩首四千余级。……冲复追击于阿阳，斩首八百级。于是诸种前后三万余户，诣凉州刺史降。建康元年，西元144年。春，护羌从事马玄，遂为诸羌所诱，将羌众亡出塞。……赵冲复追叛羌，到建威鹯阴河，……遇羌伏兵，与战殁。冲虽身死，而前后多所斩获，羌由是衰耗。永嘉元年，西元145年。……以汉阳太守张贡，代为校尉。左冯翊梁并，稍以恩信招诱之，于是离湳、狐奴等五万余户诣并降，陇右复平。……费用八十余亿。（《后汉书》卷一一七《西羌传》）

桓帝初，羌又起，经年始平，耗帑无算。故东汉羌难殆烈于匈奴，然羌实被逼而起。

桓帝……延熹二年，西元159年。……中郎将

汉桓帝像

段颎代为校尉。时烧当八种寇陇右，颎击大破之。四年，西元161年。零吾复与先零及上郡沈氏、牢姐诸种，并力寇并、凉及三辅。会段颎坐事征，以济南相胡闳代为校尉。闳无威略，羌遂陆梁，覆没营坞，寇患转盛。中郎将皇甫规击破之。五年，西元162年。沈氏诸种，复寇张掖、酒泉，皇甫规招之皆降。……乌吾种复寇汉阳，陇西、金城诸郡兵，共击破之，各还降附。至冬，滇那等五六千人，复攻武威、张掖、酒泉，烧民庐舍。六年，西元163年。陇西太守孙羌击破之。……胡闳疾，复以段颎为校尉。永康元年，西元167年。东羌岸尾等，胁同种连寇三辅，中郎将张奂追破斩之。……当煎羌寇武威，破羌将军段颎复破灭之，余悉降散。《后汉书·段颎传》：费用四十四亿。（《后汉书》卷一一七《西羌传》）

汉末黄巾起，羌人因之自立，豪猾依附其中，终成马腾、韩遂割据之局。

中平元年，西元184年。……其冬，北地先零羌及枹罕河关群盗反叛，遂共立湟中义从胡北、宫伯玉、李文侯为将军，杀护羌校尉冷征。伯玉等乃劫致金城人边章、韩遂，使专任军政，共杀金城太守陈懿，攻烧州郡。明年，二年，西元185年。春，将数万骑，入寇三辅，侵逼园陵，托诛宦官为名。诏以卓为中郎将，副左车骑将军皇甫嵩征之。嵩以无功免归，而边章、韩遂等大盛。……拜卓破虏将军……屯美阳，……章、遂亦进兵美阳，……卓……大破之……章、遂败走榆中。……三年，西元186年。……冬，……韩遂乃杀边章及伯玉、文侯，拥兵十余万，进围陇西。太守李相如反，与遂连和，共杀凉州刺史耿鄙，而鄙司马扶风马腾，亦拥兵反叛。又汉阳王国，自号合众将军，皆与韩遂合。共推王国为主，悉令领其众，寇掠三辅。五年，围陈仓，乃拜卓前将军，与左将军皇甫嵩击破之。韩遂等复共废王国，……稍争权利，更相杀害，其诸部曲，并各分乖。（《后汉书》卷一〇二《董卓传》）

（四）鲜卑

自东汉中叶，鲜卑据有匈奴故地，沿边各邑，无岁不被抄掠。

鲜卑者，亦东胡之支也，别依鲜卑山，故因号焉。……汉初，亦为冒顿所破，远窜辽东塞外，与乌桓相接，未尝通中国焉。光武初，匈奴强盛，率鲜卑与乌桓寇抄北边。……及南单于附汉，北虏孤弱，建武二十五年，西元49年。鲜卑始通驿使。……和帝永元中，大将军窦宪……击破匈奴，北单于逃走，鲜卑因此转徙据其地，……由此渐盛。……安帝永初中，鲜卑大人燕荔阳，诣阙朝贺，邓太后赐……王印绶，……因筑南北两部质馆。……是后或降或畔。……桓帝时，鲜卑檀石槐者，……勇健有智略，……尽据匈奴故地。……延熹九年，西元166年。夏，遂……入缘边九郡。……朝廷积患之而不能制，……乃自分其地为三部，从右北平东至辽东，接夫余、秽貊二十余邑为东部；从右北平以西，上谷十余邑为中部；从上谷以西，至敦煌、乌孙二十余邑为西部，各置大人主领之，皆属檀石槐。灵帝立，幽、并、凉三州，……无岁不被……寇抄。（《后汉书》卷一二〇《鲜卑传》）

（五）乌桓

乌桓经武、宣二帝征讨，乃稍被迫降附。亦乘王莽之乱，助匈奴为边害。

及王莽篡位，欲击匈奴，兴十二部军，使东域将严尤，领乌桓、丁令兵屯代郡，皆质其妻子于郡县。乌桓不便水土，惧久屯不休，数求谒去。莽不肯遣，遂自亡畔，还为抄盗，而诸郡尽杀其质，由是结怨于莽。匈奴因诱其豪帅以为吏，余者皆羁縻属之。（《后汉书》卷一二〇《乌桓传》）

光武遣属援击之不克，乃赂之使居塞内，历明、章、和三世无事。顺帝以后，和战不常。

建武二十一年，西元45年。遣伏波将军马援，将三千骑出五院关，掩击之。乌桓逆知悉，相率逃走，追斩百级而还。乌桓复尾击援后，援遂晨夜奔归……二十二年，西元46年。匈奴国乱，乌桓承弱击破之，匈奴转北徙数千里，漠南地空，帝乃以币帛赂乌桓。二十五年，西元49年。辽西乌桓大人郝旦等九百二十二人，率众向化，诣阙朝贡。……于是封其渠帅为侯王君长者八十一人，皆居塞内，布于缘边诸郡，令招来种人，给其衣食，遂为汉侦候，助击匈奴、鲜卑。……明、章、和三世，皆保塞无事。（《后汉书》卷一二〇《乌桓传》）

此外东方倭、韩、高句丽、扶余，均来朝贡，南蛮及西南夷，亦多宾

服，西方大秦，且来通使。东汉武功，视西汉实无逊色，唯羌、胡、杂居内地，不出百年，即酿成"五胡之祸"，此《范史·六夷传》所以有为而作也。

《范史》，即范晔所撰《汉书》。

五　东汉之衰亡

（一）外戚

东汉后家，惟光武郭后、阴后家，皆无祸。郭后虽废，帝待郭后恩礼无替。明帝即位，待阴、郭二家亦均。明帝马后戒饬外家，以王氏五侯及田蚡、窦婴为戒，故马廖兄弟虽封侯，而退居私第，迄无祸败。章帝窦后，其兄宪以谋不轨诛。和帝阴后被废，其父纲自杀，家属徙日南。邓后终身称制，亦约束外家，兄骘等忠谨无过，然后崩后，骘等俱被逼死，一门七人，皆死非其罪。安帝阎后，兄显及弟景、耀、晏，俱以谋立外藩诛，后亦迁离宫。顺帝梁后兄冀，以弑逆诛。桓帝梁后以忧死，邓后被废，从父万世、从兄会，皆下狱死。窦后以父武谋诛宦官，为宦官所害，后亦迁南宫。灵帝母董后，兄子重为何进所收，自杀。灵帝宋后废，以忧死，父兄皆诛。何后兄进，谋诛宦官，亦为宦官所害，后又为董卓所弑。献帝伏后，为曹操所弑，曹后随帝废为山阳公夫人。计东京后族，亦只阴、郭、马三家保全，其余皆无不败者。推原祸本，总由于柄用辅政，故权重而祸亦随之。……东汉多女主临朝，不得不用其父兄子弟以寄腹心，于是权势太盛，不肖者辄纵恣不轨，其贤者亦为众忌所归，遂至覆辙相寻，国家俱敝。（赵翼《廿二史劄记》卷三"两汉外戚之祸"）

梁冀像

（二）宦官

汉承秦制，以奄人为中常侍，然亦参用士人。武帝数宴后庭，故奏请机事，常以宦者主之。至元帝时，则弘恭、石显，已窃权干政，萧望之、周堪，俱被其害，然犹未大肆也。光武中兴，悉用奄人，不复参用士流。和帝践阼幼弱，窦宪兄弟专权，隔限内外，群臣无由得接，乃独与宦者郑众定谋收宪。宦官有权自此始，然众小心奉公，未尝揽权。和帝崩，邓后临朝，不得不用奄寺，其权渐重。邓后崩，安帝亲政，宦官李闰、江京、樊丰、刘安、陈达，与帝乳母王圣、圣女伯荣、帝舅耿宝、皇后兄阎显等，比党乱政。此犹宦官与朝臣相倚为奸，未能巘朝臣而独肆其恶也。及帝崩，阎显等专朝争权，乃与江京合谋，诛徙樊丰、王圣等，是显欲去宦官，已反借宦官之力。已而北乡侯入继，寻薨，显又欲援立外藩。宦官孙程等不平，迎立顺帝，先杀江京、刘安、陈达，并诛显兄弟，阎后亦被迁于离宫。是大臣欲诛宦官，必借宦官之力，宦官欲诛大臣，则不借朝官力矣。顺帝既立，以梁商女为皇后，商以大将军辅政，尊亲莫二。而宦官张逵、蘧政、石光，谮商与中常侍曹腾、孟贲，云欲废帝，帝不信，逵等即矫诏收缚腾、贲。是竟敢违帝旨而肆威于禁近矣。顺帝闻之大怒，逵等遂伏诛。及帝崩，梁后与兄冀立冲帝；冲帝崩，又立质帝；质帝为冀所鸩，又援立桓帝，并以后妹为桓帝后。冀身为大将军辅政，两妹一为皇太后，一为皇后，其权已震主矣。而帝默与宦官单超、左悺、具瑗、徐璜、唐衡定谋，遂诛冀。是宦官且诛当国之皇亲矣，然此犹曰奉帝命以成事也。桓帝梁后崩，以窦武女为皇后。帝崩，武与后定策立灵帝，窦后临朝。武入居禁中辅政，素恶宦官，欲诛之，兼有太傅陈蕃，与之同心定谋，乃反为宦官曹节、王甫等所杀。然此犹曰灵帝非太后亲子，故节等得挟帝以行事也。至灵帝崩，何后临朝，立子辩为帝，后兄何进，以大将军辅政，已奏诛宦官蹇硕，收其所领八校尉兵。是朝权兵权，俱在进手，以此尽诛宦官，亦复何难，乃又为宦官张让、段珪等所杀。是时军士大变，袁绍、袁术、闵贡等，因乘乱诛宦官二千余人，无少长皆杀之。于是宦官之局始结，而国亦随之亡矣。（赵翼《廿二史劄记》卷五"东汉宦官"）

（三）党锢

党人之议，始于甘陵，盛于太学，主旨在攻击宦官，裁量执政。

　　桓灵之间，主荒政谬，国命委于阉寺，士子羞与为伍。故匹夫抗

愤，处士横议，遂乃激扬名声，互相题拂，品核公卿，裁量执政，婞直之风，于斯行矣。(《后汉书》卷九七《党锢传序》)

初桓帝为蠡吾侯，受学于甘陵周福，及即帝位，擢福为尚书。时同郡河南尹房植，有名当朝，乡人为之谣曰："天下规矩房伯武，因师获印周仲进。"二家宾客，互相讥揣，遂各树朋徒，渐成尤隙，由是甘陵有南北部。党人之议，自此始矣。后汝南太守宗资，任功曹范滂，南阳太守成瑨，亦委功曹岑晊，二郡又为谣曰："汝南太守范孟博，南阳宗资主画诺，南阳太守岑公孝，弘农成瑨但坐啸。"因此流言转入太学，诸人三万余人，郭林宗、贾伟节为其冠，并与李膺、陈蕃、王畅更相褒重，学中语曰："天下模楷李元礼，不畏强御陈仲举，天下俊秀王叔茂。"又渤海公族进阶、扶风魏齐卿，并危言深论，不隐豪强。自公卿以下，莫不畏其贬议，屣履到门。(《后汉书》卷九七《党锢传序》)

李膺为司隶校尉，结怨宦官，遂遭构陷，钩党之祸始起。未几事解赦归，而士气转益激昂。

延熹九年，西元166年。十二月……司隶校尉李膺等二百余人，受诬为党人，并坐下狱，书名王府。(《后汉书》卷七《桓帝纪》)

时河内张成，善说风角推占，当赦，遂教子杀人，李膺为河南尹，督促收捕。既而逢宥获免，膺愈怀愤疾，竟案杀之。初成以方伎交通宦官，帝亦颇谇其占。成弟子牢修，因上书诬告膺等，养太学游士，交结诸郡生徒，更相驱驰，共为部党，诽讪朝廷，疑乱风俗。于是天子震怒，班下郡国，逮捕党人，布告天下，使同忿疾，遂收执膺等。其辞所连及陈寔之徒二百余人，或有逃遁不获，皆悬金购募，使者四出，相望于道。明年，永康元年，西元167年。尚书霍谞、城门校尉窦武，并表为请，帝意稍解，乃皆赦归田里，禁锢终身，而党人之名，犹书王府。《李膺传》：膺等颇引宦官子弟，宦官多惧，请帝以天时宜赦，于是大赦天下，膺免归乡里。(《后汉书》卷九七《党锢传序》)

自是正直废放，邪枉炽结，海内希风之流，遂共相摽榜，指天下名士为之称号，上曰"三君"，次曰"八俊"，次曰"八顾"，次曰"八及"，次曰"八厨"，犹古之八元、八恺也。窦武、刘淑、陈蕃为三君，君者言一世之所宗也；李膺、荀昱、杜密、王畅、刘祐、魏

朗、赵典、朱㝢为八俊，俊者言人之英也；郭林宗、宗慈、巴肃、夏馥、范滂、尹勋、蔡衍、羊陟为八顾，顾者言能以德行引人者也；张俭、岑晊、刘表、陈翔、孔昱、苑康、檀敷、翟超为八及，及者言其能导人追宗者也；度尚、张邈、王考、刘儒、胡母班、秦周、蕃向、王章为八厨，厨者言能以财救人者也。（《后汉书》卷九七《党锢传序》）

灵帝再兴党狱，株连甚广，毒祸烈于前时。

建宁二年，西元169年。十月，中常侍侯览，讽有司奏前司空虞放，太仆杜密，长乐少府李膺，司隶校尉朱瑀，颍川太守巴肃，沛相荀翌，河内太守魏朗，山阳太守翟超，皆为钩党下狱，死者百余人，妻子徙边，诸附从者锢及五属，制诏州郡，大举钩党。于是天下豪杰及儒学行义者，一切结为党人。（《后汉书》卷八《灵帝纪》）

延熹八年，西元165年。太守翟超请为东部督邮。时中常侍侯览家在防东，残暴百姓，所为不轨。俭举劾览及其母罪恶，请诛之。览遏绝章表，并不得通，由是结仇览等。（《后汉书》卷九七《张俭传》）

张俭乡人朱并，承望……侯览意旨，上书告俭与同乡二十四人，别相署号，共为部党，图危社稷，……刻石立墠，共为部党，而俭为之魁。灵帝诏刊章捕俭等。太长秋曹节，因此讽有司奏捕前党，故司空虞放……等百余人，皆死狱中，余或先殁不及，或亡命获免。自此诸为怨隙者，因相陷害，睚眦之忿，滥入党中。又州郡承旨，或有未尝交关，亦离祸毒，其死徙废禁者，六七百人。（《后汉书》卷九七《党锢传序》）

熹平元年，西元172年。七月，……宦官讽司隶校尉段颎，捕系太学诸生千余人。《宦者曹节传》，有何人书朱雀阙，言天下大乱，曹节、王甫幽杀太后，常侍侯览多杀党人，公卿皆尸禄无有忠言者。于是诏司隶……逐捕。（《后汉书》卷八《灵帝纪》）

熹平五年，西元176年。闰五月，永昌太守曹鸾，坐讼党人弃市，诏党人门生故吏、父兄子弟在位者，皆免官禁锢。（《后汉书》卷八《灵帝纪》）

直至黄巾兵起，始弛党禁。

中平元年，西元184年。黄巾贼起，中常侍吕强言于帝曰："党

锢久积，人情多怨，若久不赦宥，轻与张角合谋，为变滋大，悔之无救。"帝惧其言，乃大赦党人，诛徙之家，皆归故郡。(《后汉书》卷九七《党锢传序》)

(四) 黄巾之起兵

汉末政治污浊，民不堪命。张角假符咒治病，部勒徒众，遂有黄巾之起。

初，巨鹿张角，自称大贤良师，奉事黄老道，畜养弟子，跪拜首过，符水咒说以疗病，病者颇愈，百姓信向之。角因遣弟子八人，使于四方，……转相诳惑，十余年间，徒众数十万，连结郡国，自青、徐、幽、冀、荆、扬、兖、豫八州之人，莫不毕应。遂置三十六方，方犹将军号也，大方万余人，小方六七千，各立渠帅。讹言"苍天已死，黄天当立。岁在甲子，天下大吉"，以白土书京城寺门，及州郡官府，皆作甲子字。中平元年，西元184年。大方马元义等，先收荆、扬数万人，期会发于邺。元义数往来京师，以中常侍封谞、徐奉等为内应，约以三月五日，内外俱起。未及作乱，而张角弟子济南唐周上书告之，于是车裂元义于洛阳。灵帝以周章下三公，司隶使钩盾令周斌将三府掾属，案验宫省直卫，及百姓有事角道者，诛杀千余人。推考冀州，逐捕角等。(《后汉书》卷一〇一《皇甫嵩传》)

黄巾起义概况图

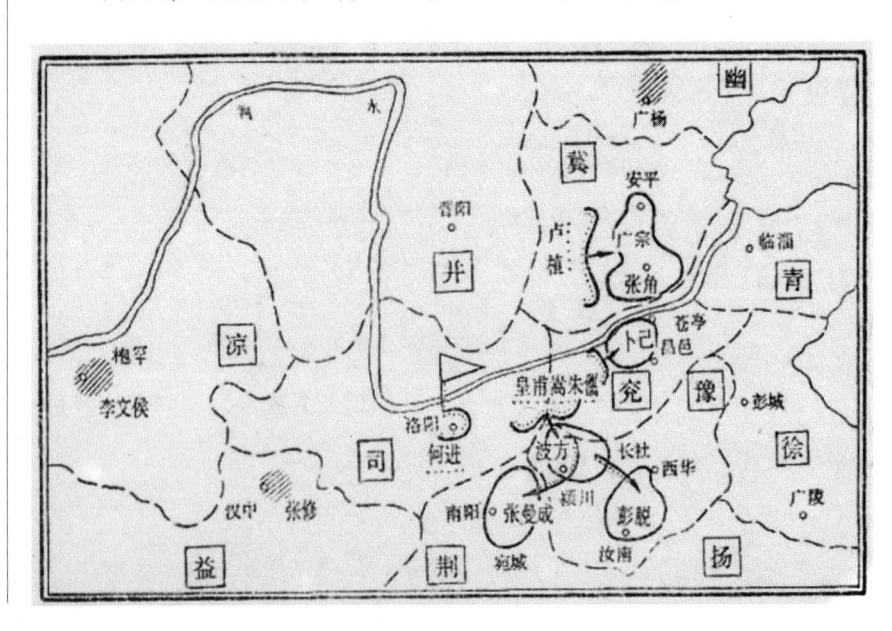

角等知事已露，晨夜驰敕诸方，一时俱起，皆著黄巾为标帜，时人谓之黄巾，亦名为蛾贼。杀人以祠天，角称天公将军，角弟宝称地公将军，宝弟梁称人公将军，所在燔烧官府，劫略聚邑，州郡失据，长吏多逃亡，旬日之间，天下向应，京师震动。……于是发天下精兵，博选将帅，以嵩为左中郎将持节，与右中郎将朱俊……各统一军，共讨颍川黄巾，……乘胜进讨汝南、陈国黄巾，……又进击东郡黄巾。……时北中郎将卢植及东中郎将董卓讨张角，并无功而还，乃诏嵩进兵讨之。嵩与角弟梁战于广宗，……大破之，斩梁。……角先以病死，乃剖棺戮尸，传首京师。嵩复与巨鹿太守冯翊、郭典，攻角弟宝于下曲阳，又斩之。……以黄巾既平，故改年为中平。（《后汉书》卷一〇一《皇甫嵩传》）

继黄巾而起，又有黑山诸军，纵横河北，朝廷竟不能问。

自黄巾贼后，复有黑山、黄龙、白波、左校、郭大贤、于氐根、青牛角、张白骑、刘石、左髭、丈八、平汉、大计、司隶、掾哉、雷公、浮云、飞燕、白雀、杨凤、于毒、五鹿、李大目、白绕睢、固苦哂之徒，并起山谷间，不可胜数。其大声者称雷公，骑白马者为张白骑，轻便者言飞燕，多髭者号于氐根，大眼者为大目，如此称号，各有所因。大者二三万，小者六七千。贼帅常山人张燕，轻勇矫捷，故军中号曰飞燕，善得士卒心，乃与中山、常山、赵郡、上党、河内诸山谷寇贼更相交通，众至百万，号曰黑山贼。河北诸郡县并被其害，朝廷不能讨。燕乃遣使至京师，奏书乞降，遂拜燕平难中郎将，使领河北诸山谷事，岁得举孝廉计吏。燕后渐寇河内，逼近京师，于是出俊为河内太守，将家兵击却之。其后诸贼，多为袁绍所定。（《后汉书》卷一〇一《朱俊传》）

（五）权臣

自何进用袁绍议，召外兵以诛宦官，于是董卓拥兵而入，专擅朝政，遂开权臣用事之端。

帝灵帝。崩，……皇子辩乃即位，何太后临朝，进与太傅袁隗辅政，录尚书事。进素知中官天下所疾，……及秉朝政，阴规诛之。……而绍袁绍。素善养士，能得豪杰用，其从弟……术，亦尚气侠，

董卓像

故并厚待之。因复博征智谋之士庞纪、何颙、荀攸等与同腹心。蹇硕疑不自安，与中常侍赵忠等书曰："大将军兄弟，秉国专朝，今与天下党人，谋诛先帝左右，扫灭我曹，但以硕典禁兵，故且沉吟。今宜共闭上阁，急捕诛之。"中常侍郭胜，进同郡人也，……故胜亲信何氏，遂共赵忠等议，不从硕计，而以其书示进。进乃使黄门令收硕诛之，因领其屯兵。（《后汉书》卷九九《何进传》）

中平六年，西元189年。七月，……绍以为中官亲近至尊，出纳号令，今不悉废，后必为患。……绍等又为画策，多召四方猛将及诸豪杰，使并引兵向京城以胁太后。进然之。……董卓……驻兵河东，……何进召卓，使将兵诣京师。……董卓闻召，即时就道。……八月，进入长乐宫，白太后，请尽诛诸常侍。中常侍张让……使潜听，具闻其语，乃率其党数十人，持兵窃自侧闼入，伏省户下。进出，因诈以太后诏召进入，……于是尚方监渠穆，拔剑斩进于嘉德殿前。……进部曲将吴匡、张璋在外，闻进被害，欲引兵入宫，宫门闭。虎贲中郎将袁术与匡，共斫攻之。……会日暮，术因烧南宫青琐门。……让等……因将太后、少帝及陈留王，劫省内官属，从复道走北宫。……绍遂闭北宫门，勒兵捕诸宦者，无少长皆杀之，凡二千余人。……绍因进兵排宫，或上端门屋，以攻省内，张让、段珪等困迫，遂将帝与陈留王数十人，步出谷门，夜至小平津。……尚书卢植、河南中部掾闵贡，夜至河上，贡厉声质责让等，……因手剑斩数人，让等……遂投河而死。……九月，……卓……废少帝，……立陈留王协为帝，……鸩杀何太后。（《资治通鉴》卷五九《汉纪》五一）

董卓自为太尉，领前将军事，加节傅斧钺虎贲，更封郿侯，……以董卓为相国，赞拜不名，入朝不趋，剑履上殿。……董卓性残忍，一旦专政，据有国家，……威震天下，所愿无极。……献帝初平元

年，西元 190 年。正月，关东州郡，皆起兵以讨董卓。……董卓以山东兵盛，欲迁都以避之。……二月，……车驾西迁。……三月，……入长安。……二年，西元 191 年。二月……卓使东中郎将董越屯渑池，中郎将段煨屯华阴，中郎将牛辅屯安邑，其余诸将，布在诸县，以御山东。……三年，西元 192 年。正月，……卓车服僭拟天子，……尚书以下，皆自诣卓府启事，又筑坞于郿。……司徒王允，与司隶校尉黄琬、仆射士孙瑞、尚书杨瓒，密谋诛卓。中郎将吕布，……卓……甚爱信之，誓为父子。然卓性刚褊，尝小失卓意，卓拔手戟掷布，……布由是阴怨于卓。……王允素善待布，……因以诛卓之谋告布，使为内应，……布遂许之。四月，帝有疾新愈，大会未央殿，卓朝服乘车而入。……王允使士孙瑞，自书诏以授布，布令同郡骑都尉李肃，与勇士秦谊、陈卫等十余人，伪着卫士服，守北掖门内以待卓。卓入门，……布……持矛刺卓，趣兵斩之。（袁枢《通鉴纪事本末》卷四三下）

董卓虽诛，其部曲复结合，攻破长安，擅乱朝政，矜功争权，互相攻击，朝局因之混乱。

初吕布劝王允尽杀董卓部曲。……时百姓讹言，当悉诛凉州人，卓故将校，遂转相恐动，皆拥兵自守。……李傕等……无所依，遣使诣长安求赦，王允……不许，傕等益惧，不知所为，欲各解散，间行归乡里。讨虏校尉武威贾诩曰："诸君若弃军单行，则一亭长能束君矣。不如相率而西，以攻长安，为董公报仇。事济奉国家以正天下，若其不合，走未晚也。"傕等然之，乃相与结盟。……傕随道收兵，比至长安，已十余万，与卓故部曲樊稠、李蒙等，合围长安城。……吕布军有叟兵内反，六月，引傕众入城。……傕收允，杀之。兴平二年，西元 195 年。……李傕、郭汜、樊稠，各相与矜功争权。……闰四月，……李傕、郭汜，相攻连月。……六月，……镇东将军张济自陕至，欲和傕、汜，迁乘舆权幸弘农。（袁枢《通鉴纪事本末》卷四三下）

兴平二年，西元 195 年。七月，车驾东归。……十月，郭汜……逼胁乘舆，杨定、杨奉与郭汜战，破之，幸华阴。……张济复反，与李傕、郭汜合，十一月……迫乘舆，战于东涧，王师败绩。……杨奉、董承引白波帅胡才、李乐、韩暹及匈奴左贤王去卑，率师奉迎，与李傕等战，破之。……建安元年，西元 196 年。七月，车驾至洛阳。

......三年，西元198年。四月，遣谒者裴茂，率中郎将段煨讨李傕，夷三族。（《后汉书》卷九《献帝纪》）

当卓西迁时，关东诸侯不事讨卓，各务兼并，连兵不休。袁绍以计诳韩馥，夺冀州，自为冀州牧。绍弟术，结公孙瓒，绍连刘表，瓒屡攻绍不克，术使孙坚击表，为黄祖所杀。济南相鲍信，迎曹操领兖州，操自称兖州牧。公孙瓒攻杀大司马刘虞而取幽州，孙坚子策，以坚故部渡江，破扬州刺史刘繇于曲阿。江苏丹徒县。又取会稽，降王朗，徇豫章，降华歆，遂据江东。时傕、汜之乱已平，献帝在洛，袁绍在邺，沮授力劝绍迎天子，绍不从。然后政归于曹氏，而汉祚以移。

东汉末群雄割据简表

据地	人名	兴	灭
司隶	曹操	《后汉书·献帝纪》，建安元年八月，曹操自领司隶校尉。	
兖州		《三国·魏志·武帝》，兴平二年十月，天子拜太祖兖州牧。	
豫州	刘备	《三国·蜀志·先主》，曹公征徐州牧陶谦，先主救之。谦病死，先主遂领徐州。吕布袭下邳，走归曹公，曹公以为豫州牧。	《三国·蜀志·先主》，献帝舅董承受帝密诏诛曹公，先主同谋，事觉，先主据下邳，杀徐州刺史。建安五年，曹公东征，先主败绩，走青州。
徐州	吕布	《三国·魏志·吕布传》，兴平二年，太祖击破布于巨野，布东奔刘备，备东击袁术，布袭取下邳，自称徐州刺史。	《后汉书·献帝纪》，建安三年十二月，曹操击吕布于徐州，斩之。
冀州	袁绍	《后汉书·袁绍传》，董卓授绍勃海太守。初平二年，冀州牧韩馥，见人情归绍，送印绶以让绍，绍遂领冀州牧。建安七年夏薨，辛评等遂矫遗命奉尚绍幼子。为嗣。	同上，建安五年九月，曹操与袁绍战于官渡，绍败走。七年五月，袁绍薨。九年八月，曹操大破袁尚，平冀州，自领冀州牧。
幽州	公孙瓒 袁绍子熙	《后汉书·公孙瓒传》，初平二年，青徐黄巾入勃海，瓒大破之，威名大震，乃自署其将帅为青冀兖三州刺史。四年，破禽刘虞幽州牧，尽有幽州之地。《后汉书·袁绍传》，兴平二年，以中子熙为幽州刺史。	同上，建安四年三月，袁绍攻公孙瓒，于易京获之。《后汉书·袁绍传》，建安十年，熙尚为其将焦触、张南所攻，奔辽西乌桓。
辽东	公孙度	《三国·魏志·公孙度传》，董卓时，为辽东太守。初平元年，自立为辽东侯平州牧。度死子康嗣，康死子晃渊等皆小，众立恭康弟。为辽东太守。太和二年，渊胁夺恭位，景初元年，遂自立为燕王。	《三国·魏志·公孙度传》，景初二年春，遣太尉司马宣王征渊，大破之，斩渊。三世，凡五十年。

续表

据地		人名	兴	灭
青州		袁绍子谭	《三国·魏志·袁绍传》，击破瓒于易京，并其众，出长子谭为青州。	《后汉书·献帝纪》，建安十年正月，曹操破袁谭于青州，斩之。
并州		袁绍将高干	同上，又以甥高干为并州。	同上，建安十一年三月，曹操破高干于并州，获之。
凉州	凉州	韩遂 马腾	《三国·蜀志·马超传》，父腾灵帝末，与边章、韩遂等俱起事于西州。	同上，建安十六年九月，曹操与韩遂、马超战于渭南，遂等大败，关西平。
	枹罕	朱建	《三国·魏志·夏侯渊传》，枹罕朱建，因凉州乱，自号河首平汉王。	同上，建安十九年十月，曹操遣将夏侯渊，讨朱建于枹罕，获之。
益州	益州	刘焉	《三国·蜀志·刘焉传》，灵帝末，领益州牧。兴平元年卒，大吏共上璋焉子。为益州刺史，诏书以为益州牧。	同上，建安十九年五月，刘备破刘璋，据益州。
	汉中	张鲁	《三国·魏志·张鲁传》，益州牧刘焉以鲁为督义司马，击汉中太守，夺其众。焉死，子璋代立，以鲁不顺，尽杀鲁母家室，鲁遂据汉中，以鬼道教民，自号师君。	同上，建安二十年七月，曹操破汉中，张鲁降。
荆州	荆州	刘表	《后汉书·刘表传》，初平元年，表为荆州刺史，及李傕等入长安，以表为荆州牧。	同上，建安十三年七月，曹操南征刘表，八月表卒，少子琮立，琮以州降操。
	南阳	张绣	《三国·魏志·武帝》，建安元年，是岁，张济自关中走南阳，济死，从子绣领其众。	《三国·魏志·张绣传》，太祖比年攻之不克，太祖拒袁绍于官渡，绣复以众降。
扬州	寿春	袁术	《三国·魏志·袁术传》，董卓将废帝，术畏祸，奔南阳，据其郡，引军入陈留。太祖与绍合击破术，术以余众奔九江，杀扬州刺史，领其州，遂僭号。	《三国·魏志·袁术传》，术前为吕布所破，后为太祖所败，欲至青州，发病道死。
	江东	孙策	《后汉书·献帝纪》，兴平元年，是岁，扬州刺史刘繇，与袁术将孙策战于曲阿，繇军败绩，孙策遂据江东。建安五年，孙策死，弟权袭其余业。	

三国

魏世系

自曹丕代汉称帝，西元220年。至元帝禅位于司马炎，西元265年。凡五主，共四十六年。

文皇帝，姓曹、名丕、字子桓，魏王操之太子，受汉禅即皇帝位，改元黄初，七年。在位凡七年。

明皇帝，名叡，文帝太子，嗣立，改元太和、六年。青龙、四年。景初，三年。在位凡十三年。

废帝，名芳。明帝无子，养芳及秦王询，宫省事秘，莫有知其所由来者。青龙三年，立为齐王。明帝崩，嗣立，改元正始、九年。嘉平，五年。为司马师所废，在位凡十四年。

废帝，名髦，文帝孙，东海定王霖子。正始五年，封郯县高贵乡公。齐王废，公卿迎立之，即位，改元正元、二年。甘露，四年。以讨司马昭不克，遇弑，在位凡六年。

元帝，名奂，初名璜，操孙，燕王宇子。司马昭既弑高贵乡公，迎立之，即位，改元景元、四年。咸熙。二年。司马炎代魏，封为陈留王。在位凡六年。

（以上据《通考·世系考》及《三国·魏志》）

附帝系表
(一)文帝 ——— (二)明帝 ——— (三)废帝芳
            └ 霖 ——————————— (四)废帝髦
      └ 宇 ——— (五)元帝

蜀世系

自刘备称帝，西元221年。至后主降魏，西元263年。凡二主，共四十三年。

昭烈皇帝，姓刘、名备，字玄德，涿郡涿县人，汉景帝子中山靖王胜之后。献帝建安十九年，领益州牧。二十四年，进位汉中王。二十五年，黄初元年。魏文帝称尊号，或传汉帝见害，乃发丧制服，即皇帝位，改元章武，二年。在位凡二年。

后主，名禅，昭烈帝子，嗣立，改元建兴、十五年。延熙、二十年。景耀、五年。炎兴、一年。降于魏，封安乐县公，在位凡四十一年。

（以上据《通考·世系考》及《三国·蜀志》）

```
附帝系表
    （一）昭烈帝——————————（二）后主
```

吴世系

自孙权称王，西元222年。至皓降晋，西元280年。凡四主，共五九年。

大帝，姓孙、名权、字仲谋，吴郡富春人，长沙太守坚之子，讨逆将军策之弟。魏文帝受汉禅，称吴王，改元黄武，凡七年。称帝，改元黄龙、三年。嘉禾、六年。赤乌、十三年。太元。二年。凡在王位七年，帝位二十四年，共三十一年。

废帝，名亮，大帝少子。赤乌十三年，太子和废，遂立亮为太子。大帝崩，嗣立，改元建兴、一年。五凤、二年。太平。二年。权臣孙琳黜之为会稽王。在位凡五年。

景帝，名休，大帝第六子。初封琅邪王，孙琳废亮而立之，即位，改元永安，六年。在位凡六年。

皓，大帝之孙，太子和之子。初封乌程侯。景帝崩，吴人迎立之，即位，改元元兴、一年。甘露、一年。宝鼎、三年。建衡、三年。凤皇、三年。天册、一年。天玺、一年。天纪。四年。晋咸宁末，武帝令将军王濬等率兵伐吴，皓战败，诣降。太康元年，徙皓洛阳，封归命侯。在位凡十七年。

（以上据《通考·世系考》及《三国·吴志》）

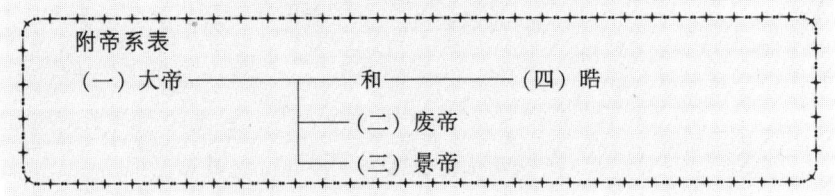

```
附帝系表
    （一）大帝——————和——————（四）皓
                    ——（二）废帝
                    ——（三）景帝
```

一　三国之分立

曹操迎汉献帝居许昌，遂挟天子以令诸侯，用兵四征，东破吕布，北灭袁氏，奄有中原、河北诸州之地，势力称最强。是时孙氏已据有江东，其势亦张。

建安五年，西元200年。策薨，以事授权。……长史张昭，……乃改易权服，扶令上马，使出巡军。是时惟有会稽、吴郡、丹阳、豫章、庐陵，然深险之地，犹未尽从。……张昭、周瑜等，谓权可与共成大业，故委心而服事焉。……待张昭以师傅之礼，而周瑜、程普、吕范等为将率，招延俊秀，聘求名士鲁肃、诸葛瑾等，始为宾客。分部诸将，镇抚山越，讨不从命。（《三国·吴志》卷二《孙权》）

操因北方底定，遂移师南向荆州，并欲威服江东。时刘备寄居荆州，乃与孙权结合，共破曹兵于赤壁。备自领荆州牧，旋入据巴蜀，戡定汉中，三分形势，至此遂成。

建安五年，西元200年。曹公东征先主，先主败绩，……走青州。青州刺史袁谭，先主故茂才也，将步骑迎先主。……谭驰使白绍，绍遣将道路奉迎。……驻月余日，所失亡士卒，稍稍来集。曹公与袁绍相拒于官渡，汝南黄巾刘辟等，叛曹公应绍，绍遣先主将兵与辟等略许下。……先主还绍军，阴欲离绍，乃说绍南连荆州牧刘表。绍遣先主将本兵复至汝南，与贼龚都等合众数千人。……曹公既破绍，自南击先主，先主遣麋竺、孙乾，与刘表相闻。表自郊迎，以上宾礼待之，益其兵，使屯新野。荆州豪杰，归先主者日益多。……十二年，西元207年。……曹公南征表，会表卒，子琮代立，遣使请降。先主屯樊，不知曹公卒至，至宛乃闻之，遂将其众去。过襄阳，……曹公以江

曹操像

陵有军实，恐先主据之，乃……轻军到襄阳。闻先主已过，曹公将精骑五千急追之，……及于当阳之长坂。先主弃妻子，与诸葛亮、张飞、赵云等……走……汉津，……济沔，遇表长子江夏太守琦，众万余人，与俱到夏口。先主遣诸葛亮，自结于孙权。权遣周瑜、程普等水军数万，与先主并力，与曹公战于赤壁，大破之，焚其舟船。……曹公引归。先主表琦为荆州刺史，又南征四郡，武陵、长沙、桂阳、零陵。……皆降。……琦病死，群下推先主为荆州牧，治公安。(《三国·蜀志》卷二《先主》)

十六年，西元211年。益州牧刘璋，遥闻曹公将遣钟繇等向汉中讨张鲁，内怀恐惧，……迎先主。……璋增先主兵，使击张鲁。……先主北到葭萌，未即讨鲁，厚树恩德以收众心。明年，十七年，西元212年。……嫌隙始构。……璋敕关戍诸将，文书勿复关通先主。先主大怒，……勒兵向璋。……十九年，夏，……进围成都，数十日，璋出降。……先主复领益州牧，诸葛亮为股肱，法正为谋主，关羽、张飞、马超为爪牙，许靖、糜竺、简雍为宾友。……二十年，……张鲁已降曹公，曹公使夏侯渊、张郃屯汉中，数数犯暴巴界。……二十三年，先主率诸将进兵汉中。……二十四年……夏，曹公……引军还，先主遂有汉中，……群下上先主为汉中王。(《三国·蜀志》卷二《先主》)

曹操位望日尊，权势益盛。子丕继之，乃篡汉室。西蜀刘备，东吴孙权，相继称帝。

太祖武皇帝，沛国谯人也，姓曹、讳操、字孟德。……建安元年，西元196年。九月……以太祖为大将军，封武平侯。……十三年，西元208年。六月，以公为丞相……十八年，西元213年。五月，……命公为魏公……二十一年，西元216年。五月，天子进公爵为魏王……二十五年，西元220年。正月，……王崩。(《三国·魏志》卷一《武帝》)

孙权像

文皇帝，讳丕，……武帝太子也。……太祖崩，嗣位为丞相魏王。……延康元年，西元220年。十月，……汉帝以众望在魏，乃召群公卿士，……持节奉玺绶禅位。(《三国·魏志》卷二《文帝》)

　　建安二十五年，西元220年。魏文帝称尊号。……传闻汉帝见害，先主乃发丧制服，……即皇帝位于成都武担之南。(《三国·蜀志》卷二《先主》)

　　建安二十五年，西元220年。魏文帝践阼，十一月，……封……为吴王。逾年，败刘备，复与魏绝，改元黄武元年。……黄龙元年，西元229年。四月，……即皇帝位。(《三国·吴志》卷二《孙权》)

二　三国之疆域

　　东京无复朔方，改交趾曰交州，凡十二州，司隶所部如故。及三国鼎峙，吴得扬、荆、交三州，蜀得益州，魏氏犹得九焉。(《宋书》卷三五《州郡志序》)

　　魏氏据中原，有州十三，司隶、荆、豫、兖、青、徐、凉、秦、冀、幽、并、扬、雍，有郡国六十八。据《三国·郡县表》，考曹魏实有郡国九十三。东自广陵、寿春、合肥、沔口、西阳、襄阳，重兵以备吴；西自陇西、南安、祁山、汉阳、陈仓，重兵以备蜀。(《通考》卷三一五《舆地考》一)

　　蜀主全制巴蜀，置益、梁二州，有郡二十二，以汉中、兴势、白帝，并为重镇。(《通考》卷三一五《舆地考》一)

　　吴主北据江，南尽海，置交、广、荆、郢、扬五州，有郡四十有三。以建平、西陵、乐乡、南郡、巴邱、夏口、武昌、皖城、牛堵圻、濡须坞，并为重镇，其后得沔口、邾城、广陵。(《通考》卷三一五《舆地考》一)

　　三国之建都地，分述如下。

　　汉昭烈于沔阳，立为汉中王。即位武担之南，都成都。(王应麟

三国疆域简表

国别	属州	治地	领 郡	备 考
魏	司隶	河南	河南，河内，河东，宏农，平阳，朝歌，凡六郡。	
	荆	襄阳后治宛	南阳，江夏，襄阳，南乡，魏兴，新城，上庸，义阳，凡八郡。	《晋书·地理志》，建安十三年，魏武尽得荆州之地，及败于赤壁，南郡以南属吴，吴后遂与蜀分荆州，而荆州之名，南北双立。
	豫	谯后治颍川	颍川，梁郡，沛郡，陈郡，鲁郡，汝南，谯郡，弋阳，阳安，凡九郡。	
	青	临菑	齐郡，济南，乐安，东莱，城阳，凡五郡。	
	兖	鄄	陈留，东郡，济阴，山阳，任城，东平，济北，泰山，凡八郡。	
	扬	合肥后治寿春	淮南，庐江，安丰，凡三郡。	洪亮吉《补三国疆域志》，兴平中，江东地悉入吴，魏惟得庐江、九江之地，自合肥北至寿春，置扬州刺史。
	徐	彭城	下邳，彭城，东海，琅邪，广陵，东莞，凡六郡。	
	凉	武威	金城，武威，张掖，酒泉，敦煌，西平，西郡，西海，凡八郡。	《晋书·地理志》，献帝时，又置雍州，自三辅距西域皆属焉。魏文帝即位，分河西为凉州，分陇右为秦州。
	秦	上邽	陇西，汉阳，南安，广魏，凡四郡。	《补三国疆域志》，武都阴平，蜀汉建兴七年，地入蜀。
	冀	邺	赵郡，巨鹿，安平，勃海，河间，清河，中山，常山，魏郡，平原，乐陵，阳平，广平，凡十三郡。	
	幽	蓟	范阳，燕郡，右北平，上谷，代郡，辽西，辽东，玄菟，乐浪，昌黎，带方，凡十一郡。	《晋书·地理志》，魏分辽东、昌黎、玄菟、带方、乐浪五郡为平州，后还合为幽州。
	并	晋阳	太原，上党，西河，雁门，乐平，新兴，凡六郡。	
	雍	长安	京兆，冯翊，扶风，安定，北地，新平，共六郡。	
吴	扬	建业	丹阳，吴郡，会稽，豫章，庐江，庐陵，鄱阳，新都，临川，临海，建安，吴兴，东阳，凡十三郡。	
	荆	南郡	南郡，武陵，零陵，桂阳，长沙，宜都，临贺，衡阳，湘东，建平，天门，邵陵，始安，始兴，凡十四郡。	
	郢	江夏	武昌，蕲春，安成，彭泽等郡，不尽详。	《宋书·州郡志》，吴又立郢州。
	交	龙编	日南，交趾，九真，合浦，新昌，武平，九德，凡七郡。	
	广	番禺	南海，苍梧，郁林，高凉，高兴，桂林，合浦北部，凡七郡。	《晋书·地理志》，吴黄武五年，分交州四郡，立为广州，俄复旧。永安六年，复分交州置广州。

国别	属州	治地	领　　郡	备　　考
蜀	益	成都	蜀郡，犍为，汶山，越巂，牂牁，永昌，江阳，汉嘉，朱提，建宁，云南，兴古，凡十二郡。	《通典·州郡》，蜀置益、梁二州。
	梁	汉中	汉中，广汉，巴郡，梓潼，涪陵，巴东，巴西，宕渠，阴平，武都，凡十郡。 （以上依《读史方舆纪要》）	

《通鉴地理通释》卷四）

魏武为魏公，都邺。文帝复都洛阳。黄初二年，西元221年。以谯为先人本国，许昌为汉之所居，长安为西京之遗迹，邺为王业之本基，与洛阳号曰五都。（王应麟《通鉴地理通释》卷四）

吴大帝屯吴，建安十三年，西元208年。初镇丹徒，筑索城。十六年，西元211年。徙治秣陵。十七年，西元212年。城楚金陵邑，号石头，改秣陵为建业。黄武二年，西元223年。自公安都鄂，改鄂为武昌。黄龙元年，西元229年。迁都建业，陆逊辅太子登留武昌。归命侯甘露元年，西元265年。徙都武昌，后还都建业。（王应麟《通鉴地理通释》卷四）

三　三国之制度

（一）官制

甲、中央

【子】上公

魏无太师，初年惟置太傅，以钟繇为之；后置太保，以郑冲为之，位在三司上。（杨晨《三国会要》卷九《职官》）

先主为汉中王，以许靖为太傅，后无考。（杨晨《三国会要》卷九《职官》）

孙亮建兴元年，西元253年。以诸葛恪为太傅。（杨晨《三国会要》卷九《职官》）

【丑】丞相

建安十三年，西元208年。正月，……汉罢三公官，置丞相、御史大夫。六月，以公为丞相。(《三国·魏志》卷一《武帝》)

章武元年，西元221年。以诸葛亮为之。建兴元年，西元223年。开府。六年，西元228年。自贬三等，以右将军行丞相事，旋复官。及薨，遂不复置。(杨晨《三国会要》卷九《职官》)

吴丞相，黄武中置。宝鼎元年，西元266年。分置左右丞相，未几复旧。(杨晨《三国会要》卷九《职官》)

【寅】太尉

黄初四年，西元223年。六月，……太尉贾诩薨。……八月，以廷尉钟繇为太尉。(《三国·魏志》卷二《文帝》)

章武三年，西元223年。丞相亮上言，请太尉告宗庙。(杨晨《三国会要》卷九《职官》)

建衡三年，西元271年。置。范慎。(杨晨《三国会要》卷九《职官》)

【卯】大司马

大司马，汉制以冠大将军、骠骑、车骑之上，以代太尉之职，故恒与太尉迭置，不并立。黄初二年，西元221年。以曹仁为大司马，而太尉如故。(杨晨《三国会要》卷九《职官》)

蜀先主为大司马，置前后部司马及营司马。延熙二年，西元239年。蒋琬由大将军进大司马。(杨晨《三国会要》卷九《职官》)

吴黄武七年，西元228年。置大司马。赤乌九年，西元246年。分置左右大司马。(杨晨《三国会要》卷九《职官》)

【辰】大将军

建安元年，西元196年。七月，……洛阳残破，董昭等劝太祖都许。九月，车驾出辕辕而

《三国会要》书影

东，以太祖为大将军。(《三国·魏志》卷一《武帝》)

黄初二年，西元221年。四月，以车骑将军曹仁为大将军。(《三国·魏志》卷二《文帝》)

蜀建兴十三年，西元235年。蒋琬为大将军。(杨晨《三国会要》卷九《职官》)

吴黄龙元年，西元229年。以陆逊为上大将军，诸葛瑾为大将军，后遂并设。(杨晨《三国会要》卷九《职官》)

大将军……汉末犹在三公上，魏黄初中，又有上大将军，以曹真为之。明帝青龙三年，西元235年。晋宣帝司马懿。自大将军为太尉，然则大将军在三司下矣，其后又在三司上。自汉东京大将军不常置，为之者皆擅朝权。至晋景帝司马师。为大将军，亦受非常之任。后以叔父孚为太尉，奏改大将军在太尉后，位次三司下。后复旧，在三司上。(《通典》卷二九《职官》一一)

魏黄权以车骑将军，开府仪同三司。开府之名，自此始也。(《通典》卷三四《职官》一六)

【巳】九卿

建安十八年，西元213年。魏国初置六卿。文帝即位，置九卿。(杨晨《三国会要》卷九《职官》)

魏九卿，与汉同。(《通典》卷二五《职官》七)

吴初亦六卿，孙休永安二年，西元259年。始备九卿。(杨晨《三国会要》卷九《职官》)

以上系沿袭汉制设置之官。但自光武委政权于尚书，而三公遂失其职。魏氏复设中书省，尚书之权，为之大减。盖专制政体，日加演进，执政大臣，皆为皇帝之私人，与古制天子副贰之义，迥不相侔。此中国政治，经千百年而无澄清之望者，而魏实其关键也。

魏武帝为魏王，置秘书令，典尚书奏事，又其任也，文帝黄初初，改为中书令，又置监，以秘书左丞刘放为中书监，右丞孙资为中书令，并掌机密，中书监始于此也，及明帝时，中书监令，号为专任，其权重矣。(《通考》卷五一《职官》五)

魏有吏部、左民、客曹、五兵、度支，凡五尚书。(《通典》卷二

二《职官》四）

乙、地方

刺史 温恢……为扬州刺史。（《三国·魏志》卷一五《温恢传》）

太守 魏制，太守皆加将军名号。（洪饴孙《三国·职官表》下注）

何夔……出为城父令，迁长广太守。（《三国·魏志》卷一二《何夔传》）

县尉 尉，汉诸县皆有，……大县二人，小县一人。……魏因之。（《通典》卷三三《职官》一五）

中央官之权，日见剥夺，而地方官之权，转日见膨涨，适成一反比例。

魏晋为刺史，任重者为使持节都督，轻者为持节。（《通典》卷三二《职官》一四）

魏文帝黄初三年，西元222年。始置都督诸州军事，或领刺史。又上军大将军曹真，都督中外诸军，假黄钺，则总统外内诸军矣。……高贵乡公正元二年，司马文王都督中外诸军，寻加大都督。（《通典》卷三二《职官》一四）

（二）兵制

魏制略如东汉，南北军如故。魏武为相国，置武卫营，相府以领军主之。文帝增置中营，于是合武卫、中垒二营，以领军将军并五校统之。是时有中、左、右前军各一帅，又有中护中领军、领护军将军各一人。黄初中，复令州郡典兵，州置都督，寻加四征四镇将军之号，又置大将军都督。中外兵之柄，世在司马氏，而魏祚移矣。（《通考》卷一五一《兵考》三）

昭烈初置五军，其将校略如汉，而兵有突将、无前、赛叟、青羌、散骑、武骑之别。诸葛亮卒，蜀兵耗矣。（《通考》卷一五〇《兵考》二）

吴多舟师，而兵有解烦、敢死两部。又有车下虎士、丹阳青巾、交州义士及健儿、武射之名。调度亦无法，大率强者为兵，羸者补户，至有二百余家，辄皆料取，以他郡羸民，迁补其处。其后又以五子分将，而吴遂亡。（《通考》卷一五一《兵考》三）

（三）刑法

萧何定律，……合为九篇，叔孙通益律所不及，傍章十八篇，张

汤越宫律二十七篇，赵禹朝律六篇，合六十篇。又汉时决事，集为令甲以下三百余篇。又司徒鲍昱，撰嫁娶辞讼，决为法比，都目凡九百六卷。……后人生意，各为章句，叔孙宣、郭令卿、马融、郑玄诸儒章句，十有余家，数十万言。凡断罪所当由用者，合二万六千二百七十二条，七百七十三万二千二百余言。言数益繁，览者益难。……其后天子魏文帝。又下诏，改刑制，命陈群、刘邵等删约旧科，旁采汉律，定为魏法，制新律十八篇，州郡令四十五篇，尚书官令、军中令，合百八十余篇。(《通典》卷一六三《刑》一)

(四) 学校

甲、京师学

黄初五年，西元224年。四月，立太学，制五经课试之法。(《三国·魏志》卷二《文帝》)

魏文帝黄初五年，西元224年。立太学于洛阳。时慕学者，始诣太学为门人，满二岁试通一经者，称弟子，不通一经罢遣。弟子满二岁试通二经者，补文学掌故，不通经者，听须后辈试；试通二经，亦得补掌故。掌故满二岁试通三经者，擢高第为太子舍人；不第者，随后辈复试，试通亦为太子舍人。舍人满二岁试通四经者，擢其高第为郎中。……郎中满二岁能通五经者，擢高第，随才叙用；不通者，随后辈复试，试通亦叙用。(《通典》卷五三《礼》一三)

乙、地方学

明帝即位，封柔延寿亭侯。……柔上疏曰："……昔汉末陵迟，礼乐崩坏……太祖初兴，愍其如此，在于拨乱之际，并使郡县立教学之官。高祖即位，遂阐其业，兴复辟雍，州立课试，于是天下之士，复闻庠序之教，亲俎豆之礼焉。……今博士皆……一国清选，而使迁除限不过长，惧非所以崇显儒术、帅励怠堕也。……臣以为博士……宜随学行优劣，待以不次之位，……以劝学者。"(《三国魏志》卷二四《高柔传》)

永安元年，西元258年。十二月，……诏曰："……自建兴以来，时事多故。……其案古置学官，立五经博士，核取应选，加其宠禄，科见吏之中，及将吏子弟，有志好者，各令就业，一岁课试，差其

品第，加以位赏。"(《三国·吴志》卷三《孙休》)

(五) 选举

魏文帝为魏王时，三方鼎立，士流播迁，四人错杂，详核无所。延康元年，西元220年。吏部尚书陈群，以天朝选用，不尽人才，乃立九品官人之法，州郡皆置中正，以定其选，择州郡之贤有识鉴者，为之区别人物，第其高下。又制郡口十万以上，岁察一人，其有秀异，不拘户口。(《通典》卷一四《选举》二)

按九品之制，初因后汉建安中，天下兴兵，衣冠士族，多离于本土，欲征源流，遽难委悉。魏氏革命，州郡县俱置大小中正，各以本处人任诸府公卿及台省郎吏，有德充才盛者，为之区别所管人物，定为九等。其有言行修著，则升进之，或以五升四，以六升五；倘或道义亏缺，则降下之，或自五退六，自六退七矣。是以吏部不能审定核天下人才士庶，故委中正铨第等级，凭之授受，谓免乖戾及法弊也。唯能知其阀阅，非复辨其贤愚。(《通典》卷一四《选举》二注)

《江表传》载，权正月，赤乌二年，西元239年。诏曰："郎吏者，宿卫之臣，古之命士也。间者所用，颇非其人。自今选三署，皆依四科，不得以虚辞相饰。"(《三国·吴志》卷二《孙权》注)

蜀诸葛亮秉政，惩恶举善，量材授任，不计资叙。注，时犍为郡守李严，以杨洪为功曹。严未去郡，而洪已为蜀郡守。洪门下书佐何祗有才策，洪未去郡，而祗已为广汉郡守。后李严、廖立皆得罪，或废或徙，闻亮卒，垂泣发疾以死。(杨晨《三国会要》卷一六《选举》)

魏文帝曹丕像

四　三国时代之诸族

（一）诸族之内属
甲、匈奴

献帝……自长安东归，右贤王去卑，与白波贼帅韩暹等，侍卫天子，拒击李傕、郭汜。及帝还洛阳，又从迁许，然后归国。建安二十一年，西元216年。单于来朝，魏武因留于邺，而遣去卑归监其国焉。……始分其众为五部，立其中贵者为帅，选汉人为司马以监督之。（《通典》卷一九五《边防》一一）

魏末，复改帅为都尉，其左部都尉所统可万余落，居于太原故兹氏县；右部都尉可六千余落，居祁县；南部都尉可三千余落，居蒲子县；北部都尉可四千余落，居新兴县；中部都尉可六千余落，居太陵县。（《晋书》卷九七《四夷传·匈奴》）

乙、乌桓

乌丸、鲜卑，即古所谓东胡也。……汉末，辽西乌丸大人丘力居，众五千余落，上谷乌丸大人难楼，众九千余落，各称王；而辽东属国乌丸大人苏仆延，众千余落，自称峭王；右北平乌丸大人乌延，众八百余落，自称汗鲁王，皆有计策勇健。中山太守张纯叛，入丘力居众中，自号弥天安定王，为三郡乌丸元帅，寇略青、徐、幽、冀四州，杀略吏民。灵帝末，以刘虞为幽州牧，募胡斩纯首，北州乃定。后丘力居死，子楼班年小，从子蹋顿有武略，代立，总摄三王部众，皆从其教令。袁绍与公孙瓒，连战不决。蹋顿遣使诣绍求和亲，助绍击瓒破之，绍矫制赐蹋顿、难峭王、汗鲁王印绶，皆以为单于。后楼班大峭王率其部众，奉楼班为单于，蹋顿为王，然蹋顿多画计策。……袁尚败奔蹋顿，凭其势复图冀州。会太祖平河北……建安十一年，西元206年。太祖自征蹋顿于柳城，……乃击破其众，临阵斩蹋顿首。……速附丸、楼班、乌延等走辽东，辽东悉斩传送其首。其余

遗迸皆降，及幽州、并州、柔所统乌丸万余落，悉徙其族居中国，帅从其侯王大人种众与征伐。由是三郡乌丸，为天下名骑。（《三国·魏志》卷三〇《乌丸传》）

丙、鲜卑

鲜卑注，《魏书》曰："……檀石槐……死，子和连代立，和连材力不及父，而贪淫断法不平，众叛者半。灵帝末年，数为寇抄，攻北地。北地庶人善弩射者，射中和连，和连即死。其子骞曼小，兄子魁头代立。魁头既立后，骞曼长大，与魁头争国，众遂离散。魁头死，弟步度根代立。自檀石槐死后，诸大人遂世相袭也。"步度根既立，众稍衰弱，中兄扶罗韩，亦别拥众数万为大人。建安中，太祖定幽州，步度根与轲比能等，因乌丸校尉……上贡献。……轲比能……杀扶罗韩，……步度根由是怨比能，……后数与轲比能更相攻击，步度根部众稍寡弱。……至黄初五年，西元224年。步度根诣阙贡献。……轲比能本小种鲜卑，以勇健、断法平端，不贪财物，众推以为大人，……比能众遂强盛，控弦十余万骑。……青龙三年西元235年。中，雄幽州刺史王雄。遣勇士韩龙刺杀比能，更立其弟素利弥加厥机皆为大人。（《三国·魏志》卷三〇《鲜卑传》）

丁、西域及东夷之宾服

书称东渐于海，西被于流沙，其九服之制，可得而言也。然荒域之外，重译而至，非足迹车轨所及，未有知其国俗殊方者也。……魏兴，西域虽不能尽至，其大国龟兹、于阗、康居、乌孙、疏勒、月氏、鄯善、车师之属，无岁不奉朝贡，略如汉氏故事。而公孙渊仍父祖三世有辽东，天子为其绝域，委以海外之事，遂隔断东夷，不得通于诸夏。景初中，大兴师旅，诛渊，又潜军浮海，收乐浪、带方之郡，而后海表谧然，东夷屈服。（《三国·魏志》卷三〇《东夷传序》）

（二）蜀汉之南进

建兴元年，西元223年。夏，牂牁太守朱褒拥郡反。先是益州郡有大姓雍闿反，流太守……于吴，据郡不宾，越嶲夷王高定亦背叛……三年，西元225年。三月，丞相亮南征四郡，四郡皆平。改益州郡为建宁郡，分建宁、永昌郡为云南郡，又分建宁、牂牁为兴古郡。

诸葛亮像

(《三国·蜀志》卷三《后主》)

建兴三年，西元225年。春，亮率众南征，其秋悉平。注，《汉晋春秋》曰："亮在南中，所在战捷。闻孟获者，为夷汉并所服。……既得，……纵使更战，七纵七禽而亮犹遣获。获止不去曰：'公天威也，南人不复反矣。'遂至滇池，南中平。(《三国·蜀志》卷五《诸葛亮传》)

建兴十四年，西元236年。武都氐王苻健请降。……初越巂郡，自丞相亮讨高定之后，叟夷数反，杀太守……是后太守不敢之郡。……除嶷为越巂太守，嶷将所领往之郡，诱以恩信，蛮夷皆服。……苏祁邑君冬逢，逢弟隗渠等，已降复反，嶷诛逢，……而渠逃入西徼。渠刚猛捷悍，为诸种深所畏惮，……为反间，……杀渠。渠死，诸种皆安。(《三国·蜀志》卷一三《张嶷传》)

(三) 吴平山越

建宁二年，西元69年。……九月，……丹杨山越围太守陈夤，夤击破之。注，山越本亦越人，依阻山险，不纳王租，故曰山越。寇扰郡县，盖自此始。其后孙吴悉取其地，以民为兵，遂为王土。(《资治通鉴》卷五六《汉纪》四八《灵帝上》之上)

建安五年，西元200年。策孙策。薨，以事授权。……是时惟有会稽、吴郡、丹阳、豫章、庐陵，然深险之地，犹未尽从。……曹公表权为讨虏将军，领会稽太守，屯吴，……分部诸将，镇抚山越，讨不从命。……嘉禾三年，西元234年。……八月，以诸葛恪为丹阳太守，讨山越。(《三国·吴志》卷二《孙权》)

慈……与繇扬州刺史刘繇，与慈同郡。俱奔豫章，而遁于芜湖，亡入山中，称丹阳太守。是时策孙策。已平定宣城以东，惟泾以西六县未服，慈因进住泾县，立屯府，大为山越所附。策躬自攻讨，遂见囚执，策即解缚，……署门下督，还吴，授兵，拜折冲中郎将。后刘繇亡于豫章，士众万余人，未有所附，策命慈往抚安焉。(《三国·吴志》卷四《太史慈传》)

术袁术。表贲孙策从兄。领豫州刺史，转丹阳都尉，行征虏将军，

讨平山越。(《三国·吴志》卷六《孙贲传》)

吴主权徐夫人……兄矫，嗣父琨侯，讨平山越，拜偏将军。(《三国·吴志》卷五《吴主权徐夫人传》)

盖随策孙策。及权。孙权。擐甲周旋，蹈刃屠城。诸山越不宾，有寇难之县，辄用盖为守长。……凡守九县，所在平定。迁丹阳都尉，抑强扶弱，山越怀附。(《三国·吴志》卷一〇《黄盖传》)

韩当……幸于孙坚，……为别部司马。及孙策东渡，从讨三郡，迁先登校尉，授兵二千，骑五十匹，从征刘勋，破黄祖，还讨鄱阳，领乐安长，山越畏服。(《三国·吴志》卷一〇《韩当传》)

是时丹阳深地，频有奸叛，〔治〕亦以年向老，思恋土风，自表屯故鄣，镇抚山越。诸父老故人，莫不诣门，治皆引进，与共饮宴，乡党以为荣。在故鄣岁余，还吴。(《三国·吴志》卷一一《朱治传》)

五　三国鼎峙之局

(一) 三国之和战

甲、蜀吴之连和

蜀昭烈帝耻关羽之没，大举伐吴，为吴陆逊所败。

章武元年，魏黄初二年，西元221年。……初，先主忿孙权之袭关羽，将东征。七月，遂帅诸军伐吴。孙权遗书请和，先主盛怒不许。……二年，西元222年。二月，先主自秭归湖北秭归县。率诸将进军，缘山截岭，于夷道猇亭驻营，自佷山通武陵，遣侍中马良，安慰五谿蛮夷，咸相率响应。镇北将军黄权，督江北诸军，与吴军相拒于夷陵道。(《三国·蜀志》卷二《先主》)

黄武元年，西元222年。刘备率大众来向西界，权命逊为大都督假节，督朱然、潘璋、宋谦、韩当、徐盛、鲜于丹、孙桓等五万人拒之。备从巫峡建平连围至夷陵界，立数十屯。……诸将并曰："攻备当在初。今乃令入五六百里相衔持，经七八月，其诸要害，皆以固

守，击之必无利矣。"逊曰："备是猾虏，更尝事多，其军始集，思虑精专，未可干也。今住已久，不得我便，兵疲意沮，计不复生，掎角此寇，正在今日。"乃先攻一营不利，诸将皆曰："空杀兵耳。"逊曰："吾已晓破之之术。"乃敕各持一把茅，以火攻拔之。一尔势成，逊率诸军同时俱攻，……破其四十余营。……备升马鞍山，陈兵自绕，逊督促诸军四面蹙之，土崩瓦解，死者万数。备因夜遁，……仅得入白帝城，其舟船器械，水步军资，一时略尽。……备大惭恚曰："吾乃为逊所折辱，岂非天邪？"（《三国·吴志》卷一三《陆逊传》）

逾年，昭烈崩于永安宫。四川奉节县。诸葛亮辅政，复与吴好。

　　章武三年，西元223年。春，先主于永安病笃，召亮于成都，属以后事。……建兴元年，封亮武乡侯，开府治事，……且遣使聘吴，因结和亲，遂为与国。（《三国·蜀志》卷五《诸葛亮传》）

乙、魏吴之和战

初吴大帝欲图荆州关羽，称臣于曹魏，既破蜀兵，复相龃龉。

　　黄武元年，西元222年。……初权外托事魏，而诚心不款。魏欲遣侍中辛毗，尚书桓阶，往与盟誓，并征任子，权辞让不受。九月，魏乃命曹休、张辽、臧霸出洞口，曹仁出濡须，曹真、夏侯尚、张

三国鼎峙图

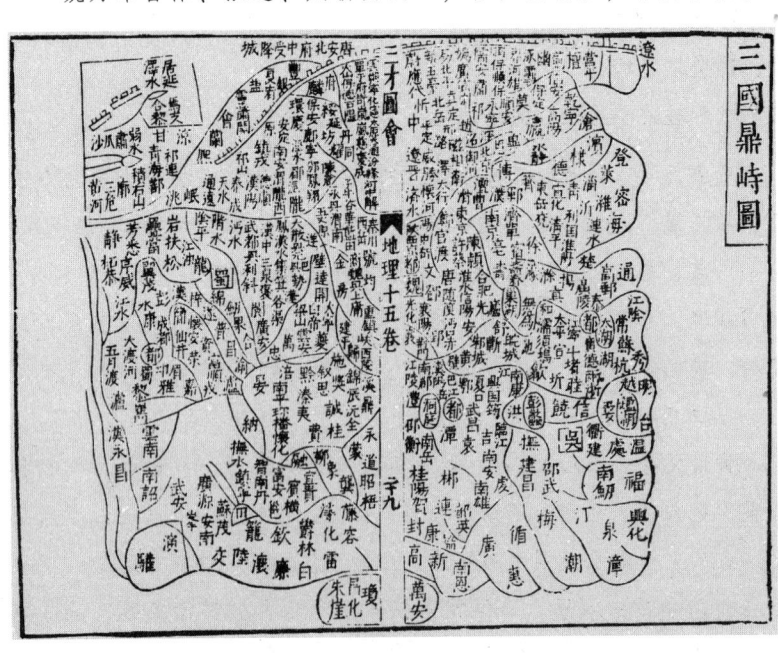

邰、徐晃围南郡。权遣吕范等督五军，以舟军拒。……二年，西元223年。三月……魏军皆退。(《三国·吴志》卷二《孙权》)

魏文帝作舟师，亲往征吴，亦无功而还。

黄初六年，西元225年。三月，……帝为舟师东征。五月，幸谯。……八月，帝遂以舟师自谯循涡入淮。……十月，行幸广陵故城，临江观兵，戎卒十余万，旌旗数百里。是岁大寒，水道冰，舟不得入江，乃引还。(《三国·魏志》卷二《文帝》)

至诸葛亮最后出师武功时，吴亦出兵响应，未几即还。

嘉禾三年，西元234年。五月，权遣陆逊、诸葛瑾等，屯江夏、沔口，孙韶、张承等，向广陵、淮阳，权率大众围合肥、新城。是时蜀相诸葛亮出武功，权谓魏明帝不能远出，而帝遣兵助司马宣王懿。拒亮，自率水军东征。未至寿春，权退还，孙韶亦罢。(《三国·吴志》卷二《孙权》)

青龙二年，西元234年。五月，……孙权入居巢湖口，向合肥、新城，又遣将陆议、孙韶，各将万余人入淮沔。六月，征东将军满宠进军拒之。……七月，帝亲御龙舟东征，权攻新城，将军张颖等拒守力战。帝军未至数百里，权遁走，议、韶等亦退。(《三国·魏志》卷三《明帝》)

丙、蜀魏之相距

建兴三年，西元225年。……亮……乃治戎讲武，以俟大举。五年，西元227年。率诸军北驻汉中。……六年，西元228年。春，扬声由斜谷道取郿，使赵云、邓芝为疑军，据箕谷。魏大将军曹真，举众拒之。亮身率诸军攻祁山，戎阵整齐，赏罚肃而号令明，南安、天水、安定、三郡，叛魏应亮，关中响震。魏明帝西镇长安，命张郃拒亮，亮使马谡督诸军在前，与郃战于街亭。谡违亮节度，举动失宜，大为郃所破，亮……还于汉中。……冬，亮复出散关，围陈仓，曹真拒之，亮粮尽而还。……九年，西元231年。亮复出祁山，以木牛运，粮尽退军，与魏将张郃交战，射杀郃。十二年，西元234年。春，亮悉大众，由斜谷出，以流马运，据武功五丈原，与司马宣王懿。对于渭南。亮每患粮不继，使己志不伸，是以分兵屯田，为久住之基……相持百余日。

其年八月，亮疾病，卒于军。(《三国·蜀志》卷五《诸葛亮传》)

司马懿与诸葛亮相守百余日，亮数挑战，懿不出，亮乃遗懿巾帼妇人之服。……亮遣使者至懿军，懿问其寝食及事之烦简，不问戎事。使者对曰："诸葛公夙兴夜寐，罚二十以上皆亲览焉，所啖食不至数升。"懿告人曰："诸葛孔明，食少事烦，其能久乎？"(《资治通鉴》卷七二《魏纪》四)

亮死后，至姜维主兵事，屡出兵攻魏，均无功而还。

(二) 蜀及魏之亡

甲、魏之灭蜀

蜀后主宠宦官黄皓乱政，姜维又畏祸出屯，实予魏以可乘之机。

景耀五年，西元262年。维……还住沓中，……宦官黄皓等弄权于内，右大将军阎宇与皓协比，而皓阴欲废维树宇。维亦疑之，故自危惧，不复还成都。(《三国·蜀志》卷一四《姜维传》)

魏乘蜀衰弱，遂遣将往征之。

景元四年，西元263年。五月，诏……征西将军邓艾，督帅诸军趣甘松、沓中，以罗取维。姜维。雍州刺史诸葛绪，督诸军趣武都、高楼，首尾踬讨，……又命镇西将军钟会，由骆谷伐蜀。(《三国·魏志》卷四《陈留王》)

古栈道遗址

姜维据守剑阁，魏师不得志。邓艾涉险度阴平，进迫成都，后主迎降，蜀亡。

> 艾自阴平甘肃文县南。道，行无人之地七百余里，凿山通道，造作桥阁。山高谷深，至为艰险，又粮运将匮，频于危殆。艾以毡自裹，推转而下，将士皆攀木缘崖，鱼贯而进。先登至江由。四川江油县。蜀守将马邈降。蜀卫将军诸葛瞻，亮子。自涪还绵竹，四川县县南。列陈待艾，艾……大破之，斩瞻。……进军到雒，刘禅遣使奉皇帝玺绶为笺，诣艾请降。艾至成都，禅率太子诸王及群臣六十余人，面缚舆榇诣军门，艾执节解缚焚榇，受而宥之。(《三国·魏志》卷二八《邓艾传》)

> 明年，咸熙元年，西元264年。正月……后主举家东迁。既至洛阳，……命刘禅为安乐县公。(《三国·蜀志》卷三《后主》)

乙、晋之代魏

魏明帝崩，遗诏以曹爽、司马懿共辅政。

> 明帝……寝疾，乃引爽入卧内，拜大将军、假节钺、都督中外诸军事、录尚书事，与太尉司马宣王。懿。并受遗诏辅少主。……齐王即位，……丁谧画策，使爽白天子，发诏转宣王为太傅，外以名号尊之，内欲令尚书奏事，先来由己，得制其轻重也。爽弟羲为中领军，训武卫将军，彦散骑常侍侍讲，其余诸弟，皆以列侯侍从，出入禁闼，贵宠莫盛焉。南阳何晏、邓扬、李胜，沛国丁谧，东平毕轨，咸有声名，进趣于时，明帝以其浮华，皆抑黜之。及爽政，乃复进叙，任为腹心。(《三国·魏志》卷九《曹真附曹爽传》)

> 正始八年，西元247年。四月，……曹爽……专擅朝政，兄弟并典禁兵，多树亲党，屡改制度，帝司马懿。不能禁，于是与爽有隙。五月，帝称疾不与政事。(《晋书》卷一《宣帝纪》)

司马懿乘爽随天子外出，勒兵拒之，诬以大逆，族诛爽等。懿复当国，政归司马氏。

> 正始十年，西元249年。正月，车驾朝高平

司马懿像

陵，爽兄弟皆从。宣王部勒兵马，先据武库，遂出屯洛水浮桥，奏爽曰："……背弃顾命，败乱国典，内则僭拟，外专威权。……奏……罢爽、羲、训，吏兵，以侯就第，不得逗留，以稽车驾；敢有稽留，便以军法从事。臣辄力疾将兵，屯洛水浮桥，伺察非常。"爽得宣王奏事不通，迫窘不知所为。……侍中许允、尚书陈泰，说爽使早自归罪，爽于是遣允、泰，诣宣王归罪请死，乃通宣王奏事，遂免爽兄弟，以侯还第。……廷议……爽……包藏祸心，蔑弃顾命，乃与晏、扬及当张当。等谋图神器，范桓范。党同罪人，皆为大逆不道。于是收爽、羲、训、晏、扬、谧、轨、胜、范、当等，皆伏诛，夷三族。

（《三国·魏志》卷九《曹真附曹爽传》）

懿卒，子师继掌国柄，权势益张，因行废立之事。

正元元年，西元254年。……司马师秉政，以丰李丰。为中书令。是时太常夏侯玄，有天下重名，以曹爽亲爽外弟。不得在执任，居常怏怏，张缉以后父去郡家居，亦不得意，丰皆与之亲善。师虽擢用丰，丰私心常在玄。丰在中书二岁，帝数召丰与语，不知所说。师知其议己，请丰相见，以诘丰，丰不以实告。师怒，以刀镮筑杀之，送尸付廷尉，遂收丰子韬及夏侯玄、张缉等，皆下廷尉，……诛韬、玄、缉，……皆夷三族。……帝以李丰之死，意殊不平。安东将军司马昭镇许昌，诏召之使击姜维。九月，昭领兵入见，……左右劝帝因昭辞杀之，勒兵以退大将军，已书诏于前，帝惧不敢发。昭引兵入城，大将军师乃谋废帝。师以皇太后令，召群臣会议，以帝荒淫无度，亵近倡优，不可以承天绪，群臣皆莫敢违，乃奏收帝玺绶，归藩于齐。……迎高贵乡公髦于元城。（《资治通鉴》卷七六《魏纪》八）

师卒，弟昭继之，专横尤甚。魏帝髦不胜其忿，讨之不克，为昭所杀。

景元元年，西元260年。四月，诏有司率遵前命，复进大将军昭位相国、封晋公、加九锡。帝见威权日去，不胜其忿。五月，召侍中王沈、尚书王经、散骑常侍王业，谓曰："司马昭之心，路人所知也。吾不能坐受废辱，今日当与卿自出讨之。……"帝遂拔剑升辇，率殿中宿卫、苍头、官僮，鼓噪而出。昭弟屯骑校尉伷，遇帝于东止车门，左右呵之，伷众犇走。中护军贾充，自外入逆，与帝战于南阙

下，……济太子舍人成济。即抽戈前刺帝殒于车下。(《资治通鉴》卷七七《魏纪》九)

昭以平蜀之功，进封晋王。昭卒，子炎继之，遂受魏禅。

咸熙二年，西元265年。八月，相国晋王薨，晋太子炎绍封袭位，总摄百揆。……十二月，天禄永终，历数在晋，诏群公卿士具仪，设坛于南郊，使使者奉皇帝玺绶册，禅位于晋嗣王。注，《魏世谱》曰："封帝为陈留王。"(《三国·魏志》卷四《陈留王》)

两汉三国之社会

一 人民生活状况

(一) 正赋

甲、田赋

高祖,……天下既定,……轻田租,什五而税一。(《汉书》卷二四上《食货志》上)

秦……或耕豪民之田,见税什五。……汉兴,循而未改。(《汉书》卷二四上《食货志》上)

孝景二年,西元前155年。令民半出田租,三十而税一也。(《汉书》卷二四上《食货志》上)

王莽……令曰:"汉氏减轻田租,三十而税一,常有更赋,罢癃咸出。……厥名三十,实什税五也。(《汉书》卷二四上《食货志》上)

建武六年,西元30年。十二月,……诏曰:"顷者师旅未解,用度不足,故行什一之税。今军士屯田,粮储差积,其令郡国收见田租,三十税一,如旧制。(《后汉书》卷一下《光武帝纪》下)

肃宗……时,谷贵,县官经用不足,朝廷忧之。尚书张林上言,谷所以贵,由钱贱故也,可尽封钱,一取布帛为租,以通天下之用。……于是诏诸尚书通议。晖奏:"据林言,不可施行。"事遂寝。后陈事者复重述林前议,以为于国诚便,帝然之,有诏施行。(《后汉书》卷七三《朱晖传》)

延熹八年,西元165年。八月,初令郡国有田者,亩敛税钱。注,

亩十钱也。(《后汉书》卷七《桓帝纪》)

中平二年,西元185年。二月……税天下田,亩十钱。(《后汉书》卷八《灵帝纪》)

灵帝欲铸铜人,而国用不足,乃诏调民田,亩敛十钱。(《后汉书》卷六一《陆康传》)

魏武初平袁氏,以定邺都,令收田租,亩粟四升。(《通考》卷二《田赋考》二)

乙、算赋

按《高祖纪》,《汉书》卷一下。十一年,诏曰:"令诸侯王通侯,常以十月朝献,及郡各以其口数率人岁六十三钱。"是算赋为钱百二十,其入于司农者,六十三钱而已。

四年,西元前203年。八月,初为算赋。注,如淳曰:"《汉仪》注,民年十五以上,至五十六,出赋钱,人百二十为一算,为治库兵车马。"(《汉书》卷一上《高帝纪》上)

六年,西元前189年。十月,……女子年十五以上,至三十不嫁,五算。注,应劭曰:"……汉律,人出一算……唯贾人与奴婢倍算。"(《汉书》卷二《惠帝纪》)

孝文皇帝……民赋四十。(《汉书》卷六四下《贾捐之传》)

汉法,常因八月算人。(《后汉书》卷一〇上《皇后纪序》)

丙、口赋

元凤四年,西元前77年。正月,……毋收四年五年口赋。注,如淳曰:"《汉仪》注,民年七岁至十四,出口赋钱,人二十三,二十钱以食天子,其三钱者,武帝加口钱,以补车骑马也。"(《汉书》卷七《昭帝纪》)

元平元年,西元前74年。二月,诏……减口赋钱。有司奏请减什三,上许之。(《汉书》卷七《昭帝纪》)

五凤三年,西元前55年。三月……减天下口钱。(《汉书》卷八《宣帝纪》)

禹以为古民亡赋算,口钱起武帝,征伐四夷,重赋于民,民产子三岁,则出口钱,故民重困,至于生子辄杀。……宜令儿七岁去齿,乃出口钱,年二十乃算。……天子元帝下其议,令民产子七岁,乃出

口钱,自此始。(《汉书》卷七二《贡禹传》)

丁、更赋

元凤四年,西元前77年。正月,……三年以前逋更赋未入者,皆勿收。注,如淳曰:"更有三品,有'卒更',有'践更',有'过更'。古者正卒无常人,皆当迭为之,一月一更,是谓卒更也。贫者欲得顾更钱者,次直者出钱顾之,月二千,是谓践更也。天下人,皆直戍边三日,……不可人人自行三日戍,……诸不行者,出钱三百入官,官以给戍者,是谓过更也。"(《汉书》卷七《昭帝纪》)

戊、户赋

秦汉之制,列侯封君食租税,岁率户二百,千户之君,则二十万,朝觐聘享出其中。(《通考》卷一〇《户口考》一)

庶民农工商贾,率一岁万息,二千户百万之家,即二十万,而更徭租赋出其中,衣食好美矣。(《通考》卷一〇《户口考》一)

(二) 税捐

甲、盐铁

秦……盐铁之利,二十倍于古。……汉兴,循而未改。(《汉书》卷二四上《食货志》上)

孝惠高后时,……吴有豫章郡铜山,即招致天下亡命者盗铸钱,东煮海水为盐,以故无赋,国用饶足。(《汉书》卷三五《吴王濞传》)

《盐铁论》书影

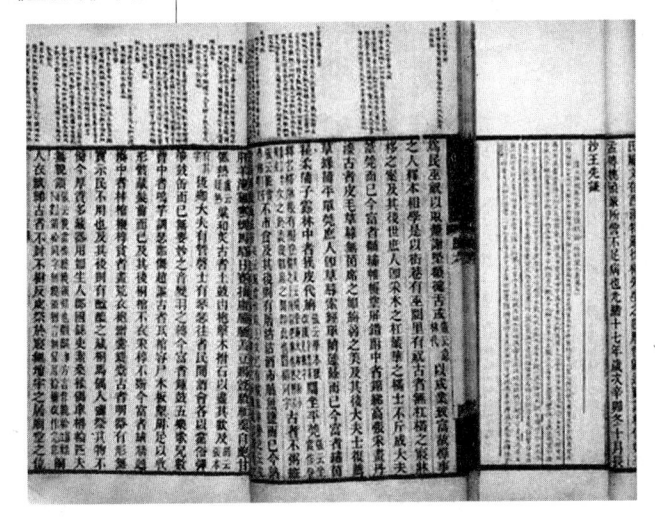

武帝……即位,……兵连而不解,……县官大空,而富商贾……冶铸鬻盐,财或累万金。……于是以东郭咸阳、孔仅为大农丞,领盐铁事。……大农上盐铁丞孔仅、咸阳言:山海天地之藏,宜属少府,陛下弗私,以属大农佐赋,愿募民自给费,因官器作鬻盐,官与牢盆,注,苏林曰:"牢,价直也……"如淳曰:

"……牢盆，鬻盐盆也。"浮食奇民，欲擅斡山海之货，以致富羡，役利细民，其沮事之议，不可胜听。敢私铸铁器鬻盐者，钛左趾，没入其器物。郡不出铁者，置小铁官，使属在所县，使仅咸阳乘传。举行天下盐铁，作官府，除故盐铁家富者为吏，吏益多贾人矣。(《汉书》卷二四下《食货志》下)

郡有盐官铁官……者，随事广狭，置令长及丞，秩次皆如县，道无分士，给均本吏。本注曰："凡郡县出盐多者，置盐官，主盐税；出铁多者，置铁官，主鼓铸。"(《后汉书》卷三八《百官志》五)

肃宗议复盐铁官，众谏以为不可。诏数切责，至被奏劾，众执之不移，帝不从。(《后汉书》卷六六《郑兴附郑众传》)

章和二年，西元88年。四月，……诏曰："昔孝武皇帝致诛胡越，故权收盐铁之利，以奉师旅之费。自中兴以来，匈奴未宾，永平末年，复修征伐。先帝即位，务休力役，……探观旧典，复收盐铁，欲以防备不虞，宁安边境。而吏多不良，动失其便，以违上意。先帝恨之，故遗戒郡国，罢盐铁之禁，纵民煮铸，入税县官如故事。其申敕刺史，……布告天下，使明知朕意。(《后汉书》卷四《和帝纪》)

献帝建安初，置使者监卖盐。时关中百姓流入荆州者，十余万家，及闻本土安宁，皆企愿思归，而无以自业。于是卫觊议，以为盐者国家之大宝……今宜依旧置使者监卖，以其直益市犁牛，百姓归者以供给之，劝耕积粟，以丰实关中，远者闻之必竟还。魏武于是遣谒者仆射监盐官……流人果还，关中丰实。(《通考》卷一五《征榷考》二)

成都既平，以连为什邡令，转在广都。所居有绩，迁司盐校尉，较盐铁之利，利入甚多，有裨国用。……迁蜀郡太守、兴业将军，领盐府如故。(《三国·蜀志》卷一一《王连传》)

先主定益州，置盐府校尉，较盐铁之利。后校尉王连，请义及南阳杜祺、南乡刘干等，并为典曹都尉。(《三国·蜀志》卷九《吕义传》)

丹阳地势险阻，与吴郡、会稽、新都、鄱阳四郡邻接，……山出铜铁，自铸甲兵。(《三国·吴志》卷一九《诸葛恪传》)

乙、榷酤

天汉三年，西元前98年。二月，……初榷酒酤。(《汉书》卷六《武帝纪》)

昭帝……令民得以律占租，卖酒升四钱，……罢酤、占租、卖酒钱，共是一事。以律占租者，谓令民卖酒，以所得利，占而输其租矣；占不以实，则论如律也。租即卖酒之税也，卖酒升四钱，所以限民不得厚利尔。(《通考》卷一七《征榷考》四)

王莽篡汉，始立法官，自酿酒卖之。(《通考》卷一七《征榷考》四)

吕壹、秦博为中书，典校诸官府及州郡文书。壹等因此渐作威福，遂造作榷酤障管之利。(《三国·吴志》卷七《顾雍传》)

丙、均输

大司农属官，有……均输平准……令丞。(《汉书》卷一九上《百官公卿表》上)

桑弘羊为大司农中丞，管诸会计事，稍稍置均输以通货物。(《汉书》卷二四下《食货志》下)

元封元年，西元前110年。……弘羊以诸官各自市相争，物以故腾跃，而天下赋输，或不偿其僦费。乃请置大农部丞数十人，分部主郡国，各往往置均输盐铁官，令远方各以其物，如异时商贾所转贩者为赋，而相灌输。置平准于京师，都受天下委输，召工官治车诸器，皆仰给大农。大农诸官，尽笼天下之货物，贵则卖之，贱则买之，如此富商大贾，亡所牟大利则反本，而万物不得腾跃，故抑天下之物，名曰平准。天子以为然而许之。……一岁之中，……诸均输帛五百万匹，民不益赋，而天下用饶。(《汉书》卷二四下《食货志》下)

东汉章帝时，尚书张林上言，宜自交趾、益州，上计吏来市珍宝，收采其利，武帝所谓均输也。诏议之，尚书仆射朱晖曰："按《王制》天子不言有无，诸侯不言多少，食禄之家，不与百姓争利。今均输之法，与贾贩无异，非明主所宜行。"帝不从，其后用度益奢。(《通考》卷二〇《市籴考》一)

丁、捐输

算缗钱元狩四年，西元前119年。冬，……初算缗钱。注，李斐曰："……一贯千钱，出算二十也

桑弘羊像

……"师古曰:"谓有储积钱者,计其缗贯而税之。"(《汉书》卷六《武帝纪》)

公卿言,……异时算轺车贾人之缗钱,皆有差下,请算如故。诸贾人末作贳贷卖买居邑贮积诸物,及商以取利者,虽无市籍,各以其物自占,率缗钱二千而算一。诸作有租及,铸率缗钱四千算一。……匿不自占,占不悉,戍边一岁,没入缗钱,有能告者,以其半畀之。(《汉书》卷二四下《食货志》下)

军市租　魏尚为云中守,军市租尽以给士卒。(《汉书》卷五〇《冯唐传》)

市籍租　武弟显家有市籍,租常不入,县数负其课。(《汉书》卷八六《何武传》)

藁税　已奉谷租,又出藁税。注,师古曰:"藁,禾秆也。"(《汉书》卷七二《贡禹传》)

海租　增海租三倍。(《汉书》卷二四上《食货志》上)

海税　元始元年,西元元年。六月,……置少府、海丞、果丞各一人。注,师古曰:"海丞主海税也。"(《汉书》卷一二《平帝纪》)

算船车　元光六年。西元前129年。冬,初算商车。(《汉书》卷六《武帝纪》)

公卿言:……异时算轺车,……皆有差下,请算如故。……非吏比者,三老北边骑士轺车一算,商贾人轺车二算,船五丈以上一算。匿不自占,占不悉,戍边一岁。……有能告者,以其半畀之。(《汉书》卷二四下《食货志》下)

租六畜　租及六畜。(《汉书》卷九六下《西域传赞》)

翟方进……请……更算马牛羊。注,张晏曰:"……马牛羊头数出税算,千输二十也。"(《汉书》卷八四《翟方进传》)

保养军马　王莽末,边兵二十万人,仰县官衣食,用度不给,数横赋敛。又一切税吏民赀,二十而取一。又令公卿以下至郡县黄绶吏,皆保养军马。注,师古曰:"保者,不许其死伤。"吏尽复以予民,民摇手触禁,不得耕桑。(《通考》卷一九《征榷考》六)

义钱　顺帝时,长吏二千石,听百姓谪罚者输赎,号为义钱。(《通考》卷一九《征榷考》六)

助修宫 灵帝令刺史、二千石及茂材、孝廉迁除，皆责助军修宫钱。(《通考》卷一九《征榷考》六)

道行费 灵帝……又令郡国贡献，先输中府，名为道行费。
(《通考》卷一九《征榷考》六)

按《困学纪闻》卷一二。引桓谭《新论》："汉百姓赋敛，一岁为四十余万万，吏俸用其半，余二十万万，藏于都内为禁钱。少府所领园地作务八十三万万，以给宫室供养诸赏赐。"又《晋书》卷六〇。《索琳传》云："汉天下贡赋三分之，一供宗庙，一供宾客，一充山陵。"两说不同，而汉之财用可得大概。

(三) 职役
甲、更役

二年，西元前155年。十二月，……令天下男子，年二十始傅。按《高纪》，二年五月，汉王屯荥阳，萧何发关中老弱未傅者，悉诣军。注，如淳曰："律年二十三傅之畴官，各从其父畴学之，高不满六尺二寸以下为罢癃。《汉仪注》云：'民年二十三为正，一岁为卫士，一岁为材官骑士，习射御骑驰战阵。'又曰：'年五十六衰老，乃得免为庶民，就田里……'师古曰：'傅，著也，言著名籍给公家徭役也。'则知汉初民在官三十有三年也。今景帝更为异制，令男子年二十始傅，则在官三十有六年矣。"(《汉书》卷五《景帝纪》)

秦……用商鞅之法，……月为更卒，已复为正，一岁屯戍，一岁力役，三十倍于古。注，师古曰："更卒谓给郡县一月而更者也，正卒谓给中都守者也。率计今人一岁之中，屯戍及力役之事，三十倍多于古也。……汉兴，循而未改。(《汉书》卷二四上《食货志》上)

孝文皇帝……偃武行文，……丁男三年而一事。(《汉书》卷六四下《贾捐之传》)

乙、乡役

十里一亭，亭有长。十亭一乡，乡有三老、有秩啬夫、游徼。三老掌教化，啬夫职听讼、收赋税，游徼徼循、禁贼盗。县大率方百里，其民稠则减，稀则旷。乡亭亦如之。皆秦制也。(《汉书》卷一九上《百官公卿表》上)

汉高祖二年，西元前205年。举民年五十以上，有修行能帅众为善，置以为三老，乡一人。择乡三老一人，为县三老，与县令丞尉，以事相教，复勿徭戍。(《通考》卷一二《职役考》一)

亭有亭长，以禁盗贼。(《后汉书》卷三八《百官志》五)

里有里魁，民有什伍，善恶以告。本注曰："里魁长一里百家，什主十家，伍主五家，以相检察。民有善恶事，以告监官。"(《后汉书》卷三八《百官志》五)

丙、泛役

三年，西元前192年。春，发长安六百里内男女十四万六千人城长安，三十日罢。……五年，西元前190年。正月，复发长安六百里内男女十四万五千人城长安，三十日罢。(《汉书》卷二《惠帝纪》)

元狩三年，西元前120年。秋，……发谪吏，穿昆明池。(《汉书》卷六《武帝纪》)

成帝……河平元年，西元前28年。卒治河者，为著外繇六月。注，师古曰："……以卒治河有劳，虽执役日近，皆得比徭戍六月也。著谓著于簿籍。"……后二岁，河复决，……作治六月乃成。……治河卒非受平贾者，为著外繇六月。(《汉书》卷二九《沟洫志》)

建平二年，西元前5年。六月……葬丁太后。定陶，发陈留、济阴、近郡国五万人，穿复土。(《汉书》卷一一《哀帝纪》)

(四) 货币
甲、黄金

秦并天下，币为二等，黄金以溢为名，上币。(《汉书》卷二四下《食货志》下)

古时不以白金为币，专用黄金，而黄金甚多。尉缭说秦王赂诸侯豪臣，不过三十万金，而诸侯可尽。汉高祖以四万斤与陈平，使为楚反间，不问其出入。娄敬说帝都关中，田肯说帝当以亲子弟封齐，即各赐五百斤；叔孙通定朝仪，亦赐五百斤。吕后崩，遗诏赐诸侯王各千斤。陈平交欢周勃，用五百斤。文帝即位，以大臣诛诸吕功，赐周勃五千斤，陈平、灌婴各二千斤，刘章、刘揭各千斤。吴王濞反，募能斩汉大将者，赐五千斤，列将三千斤，裨将二千斤，二千石一千

斤。梁孝王薨，有四十万斤，武帝赐平阳公主千斤，赐卜式四百斤。卫青击匈奴，斩首虏万九千级，军受赐二十余万斤。昌邑王赐故臣君卿千斤。宣帝既立，赐霍光七千斤，广陵王五千斤，诸王十五人各百斤，赐孔霸二百斤，赐黄霸百斤。元帝赐段会宗、甘延寿、陈汤各百斤。成帝赐王根五百斤。王莽聘史氏女为后，用三万斤，赐孝单于千斤，顺单于五百斤。莽末年，省中黄金，万斤者为一匮，尚有六十匮；黄门钩盾尚方处，处各有数匮。以上见本纪及各本传。可见古时黄金之多也。后世黄金日少，金价亦日贵，盖由中土产金之地，已发掘净尽。而自佛教入中国后，塑像涂金，大而通都大邑，小而穷乡僻壤，无不有佛寺，即无不用金涂，以天下计之，无虑几千万万，此最为耗金之蠹。加以风俗侈靡，泥金写经，贴金作榜，积少成多，日消月耗……此所以日少一日也。（赵翼《廿二史劄记》卷三"汉多黄金"）

汉时，黄金上下通行，故文帝赐周勃至五千斤，宣帝赐霍光至七千斤。而武帝以公主妻栾大，至赍金万斤；卫青出塞，斩捕首虏之士，受赐黄金二十余万斤。梁孝王薨，藏府余黄金四十余万斤。馆陶公主近幸董偃，令中府曰："董君所发，一日金满百斤，……乃白之。"王莽禁列侯以下，不得挟黄金，输御府受直。……《后汉·光武纪》言，王莽末，天下旱蝗，黄金一斤，易粟一斛。是民间亦未尝无黄金也。董卓死，坞中有金二三万斤。……昭烈得益州，赐诸葛亮、法正、关羽、张飞金各五百斤……《尚书》疏，汉魏赎罪，皆用黄金。（顾炎武《日知录》卷一一"黄金"）

《史记·平准书》，一黄金一斤。原注，《汉书·食货志》，黄金方寸而重一斤。臣瓒曰："秦以一镒为一金。原注，孟康曰："二十四两曰镒。"汉以一斤为一金。是汉之金，已减于秦矣。"《汉书·食货志》，黄金重一斤，直钱万。《惠帝纪》注，师古曰："诸赐金不言黄者，一斤与万钱。"（顾炎武《日知录》卷一一"黄金"）

笮融……乃大起浮图祠，以铜为人，黄金涂身，衣以锦采，垂铜盘九重。（《三国·吴志》卷四《刘繇传》）

《江表传》曰："皓……使尚方以金作华燧、步摇、假髻，以千数，令宫人著以相扑，朝成夕败，辄出更作。工匠因缘偷盗，府藏为空。"（《三国·吴志》卷五《孙和何姬传》注）

乙、白金，即银锡也。

又造银锡白金，以为天用莫如龙，地用莫如马，人用莫如龟。故白金三品，其一曰重八两，圜之，其文龙，名白撰，直三千；二曰以重差小，方之，其文马，直五百；三曰复小，椭之，其文龟，直三百。……铸官赤仄，……白金稍贱，民弗宝用，县官以令禁之，无益，岁余，终废不行。(《汉书》卷二四下《食货志》下)

元狩四年，西元前119年。冬，……造白金。(《汉书》卷六《武帝纪》)

孝武始造白金三品，寻废不行。原注，谢肇淛曰："汉银八两，直钱一千，当时银贱而钱贵……"阎氏曰："按孝武始造白金三品，乃杂铸银锡为之，此即《汉书》安息国以银为钱之制，竟认作银，非。……王莽即真，始直用银。朱提银重八两为一流，直一千五百八十，它银一流直千，是为银货二品。"(顾炎武《日知录》卷一一"银")

丙、白鹿皮

乃以白鹿皮方尺，缘以缋，为皮币，直四十万。王侯宗室朝觐聘享，必以皮币荐璧，然后得行。(《汉书》卷二四下《食货志》下)

元狩四年，西元前119年。冬，……造……皮币。(《汉书》卷六《武帝纪》)

时张汤用事，帝与汤造白鹿皮币，以问大司农颜异，对曰："今王侯朝贺以苍璧，直数千，而皮荐反四十万，本末不相称。"上不悦，汤奏异腹诽坐死。(《通考》卷八《钱币考》一)

丁、钱币

秦并天下，……铜钱质如周钱，文曰半两，重如其文，而珠玉龟贝银锡之属，为器饰宝臧，不为币。……汉兴，以为秦钱重难用，更令民铸荚钱。(《汉书》卷二四下《食货志》下)

二年，西元前186年。七月，……行八铢钱。……六年，六月，……行五分钱。注，应劭曰："所谓荚钱者。"(《汉书》卷三《高后纪》)

自孝文更造四铢钱，至是岁，元狩四年，西元前119年。四十余年。从建元以来用少，县官往往即多铜山而铸钱，民亦益铸，不可胜数。钱益多而轻，物益少而贵。有司言曰："……今半两钱，法重四铢，而奸或盗，摩钱质而取鋊。"注，臣瓒曰："许慎云，鋊，铜屑也。"钱益

轻薄而物贵，则远方用币，烦费不省，乃……令县官销半两钱，更铸三铢钱，重如其文。……其明年，五年，西元前118年。……有司言，三铢钱轻，轻钱易作奸诈，乃更请郡国铸五铢钱，周郭其质，令不可得磨取鋊。（《汉书》卷二四下《食货志》下）

郡国铸钱，民多奸铸，钱多轻，而公卿请令京师铸官赤仄，注，应劭曰："所谓子绀钱也。"如淳曰："以赤铜为其郭也。"一当五，赋官用，非赤仄不得行。元鼎二年，西元前115年。……其后二岁，赤仄钱贱，民巧法，用之不便，又废。于是悉禁郡国毋铸钱，专令上林三官铸钱。既多，而令天下非三官钱不得行，诸郡国前所铸钱，皆废销之，输入其铜三官。而民之铸钱益少，计其费不能相当，唯真工大奸，乃盗为之。（《汉书》卷二四下《食货志》下）

自孝武元狩五年，西元前118年。三官初铸五铢钱，至平帝元始中，成钱二百八十亿万余云。（《通考》卷八《钱币考一》）

汉承秦半两，已为荚钱，为四铢、为三铢、为五铢、为赤仄、为三官、为四出、为小钱，凡九变。（顾炎武《日知录》卷一一"钱法之变"）

王莽居摄，变汉制，以周钱有子母相权，于是更造大钱，径寸二分，重十二铢，文曰"大钱五十"。又造契刀、错刀，契刀其环如大钱，身形如刀，长二寸，文曰"契刀五百"；错刀以黄金错，其文曰"一刀直五千"，与五铢钱凡四品并行。（《汉书》卷二四下《食货志》下）

莽即真，以为书刘字有金刀，乃罢错刀、契刀及五铢钱，而更作金银龟贝钱布之品，名曰"宝货小钱"，径六分，重一铢，文曰"小钱直一"；次七分三铢，曰"幺钱一十"；次八分五铢，曰"幼钱二十"；次九分七铢，曰"中钱三十"；次一寸九铢，曰"壮钱四十"。因前大钱五十，是为钱货六品，直各如其文。（《汉书》卷二四下《食货志》下）

建武十六年，西元40年。始行五铢钱，天下赖其便。（《通考》卷八《钱币考》一）

桓帝……时，有上书言，人以货轻钱薄，……宜改铸大钱。事下四府、群僚及太学能

汉五铢钱

言之士，陶上议，……帝竟不铸钱。(《后汉书》卷八七《刘陶传》)

灵帝中平三年，西元186年。铸四出文钱，钱皆四道。(《通考》卷八《钱币考》一)

初平元年，西元190年。二月，……悉椎破铜人、钟虡及坏五铢钱，更铸为小钱，大五分，无文章肉好，无轮郭，不磨鑢..。……自是后，钱货不行。(《三国·魏志》卷六《董卓传》)

黄初二年，西元221年。三月，……初复五铢钱。……十月……以谷贵，罢五铢钱。(《三国·魏志》卷二《文帝》)

魏文帝黄初二年，西元221年。罢五铢钱，使百姓以谷帛为市买。至明帝代，钱废，谷用既久，人间巧伪渐多，竞湿谷以要利，作薄绢以为市，虽处以严刑，而不能禁也。司马芝等举朝大议，以为用钱，非徒丰国，亦所以省刑。今若更铸五铢，于事为便。帝乃更立五铢钱，至晋用之，不闻有所改创。(《通典》卷八《食货》八)

蜀先主刘备攻刘璋，与士众约，若事定，府库百姓，孤无取焉。及拔成都，士众皆舍干戈，赴诸库藏取宝物。军用不足，备甚忧之。西曹掾刘巴曰："易耳，但当铸钱，一直百钱，平诸物价，令吏为官市。"备从之，数月之间，府库充实。文曰"直百"，亦有勒为五铢者，大小秤两如一焉，并径七分，重四铢。(《通典》卷八《食货》八注)

嘉禾五年，西元236年。春，铸大钱一当五百。……赤乌元年，西元238年。春，铸当千大钱。(《三国·吴志》卷二《孙权》)

吴孙权……赤乌元年，西元238年。铸一当千大钱，径一寸四分，重十六铢。(《通典》卷八《食货》八注)

(五) 实业
甲、农

赵过……能为代田，一晦三甽，岁代处，故曰代田，古法也。后稷始甽田，以二耜为耦，广尺深尺曰甽，长终晦，一晦三甽，一夫三百甽，而播种于三甽中。……其耕耘下种田器，皆有便巧，率十二夫为田，一井一屋。故晦五顷，用耦犁、二牛、三人，一岁之收，常过缦田晦一斛以上，善者倍之，过使教田。太常三辅大农置工巧奴与从事为作田器，二千石遣令长三老力田及里父老善田者受田器，学耕种

养苗状。……率多人者田日三十畮，少者十三畮，以故田多垦辟。（《汉书》卷二四上《食货志》上）

董仲舒说上帝武。曰："……古井田法，虽难卒行，宜少近古，限民名田，以澹不足。"（《汉书》卷二四上《食货志》上）

王莽……纂位，……下令曰："……富者骄而为邪，贫者穷而为奸，俱陷于辜，刑用不错。今更名天下田曰王田，……皆不得卖买。其男口不满八，而田过一井者，分余田与九族乡党，犯令法至死。"（《汉书》卷二四上《食货志》上）

天下垦田，多不以实。……建武十五年，西元 39 年。诏下州郡检核。（《后汉书》卷五二《刘隆传》）

以上均关乎田制，而当时君主，亦甚重农事，以增赋入。

文帝即位，……时民近战国，皆背本趋末。贾谊说上曰："……一夫不耕，或受之饥。……今背本而趋末，……生之者甚少，而靡之者甚多，天下财产，何得不蹶？……今驱民而归之农，皆著于本使，天下各食其力，末技游食之民，转而缘南畮，则畜积足而人乐其所矣。……"上感谊言，……躬耕以劝百姓。（《汉书》卷二四上《食货志》上）

十二年，西元前 168 年。三月，……诏曰："道民之路，在于务本。朕亲率天下农，十年于今……吾诏书数下，岁劝民种树……力田，为生之本也。……而以户口率，置三老孝悌力田常员，令各率其意，以道民焉。（《汉书》卷四《文帝纪》）

上以为勃海太守，……遂见齐俗奢侈，好末技不田作，乃……劝民务农桑，令口种一树榆、百本薤、五十本葱、一畦韭，家二母彘、五鸡。民有带持刀剑者，使卖剑买牛，卖刀买犊。……郡中皆有畜积，吏民皆富实。（《汉书》卷八九《龚遂传》）

元和二年，西元 85 年。二月，……帝耕于定陶，诏曰："村老尊年也，孝悌淑行也，力田勤劳也，国家甚休之，其赐帛，人一匹，勉率农功。"（《后汉书》卷三《章帝纪》）

汉代重农，有劝农之使。尤疏治水利，北方开发进步，与有关焉。

韩……乃使水工郑国间说秦，令凿泾水，自中山西邸瓠口为渠，并北山东注洛，三百余里，……注填阏之水，溉舄卤之地四万余顷，

收皆亩一钟。于是关中为沃野，无凶年。……名曰郑国渠。(《汉书》卷二九《沟洫志》)

是时郑当时为大农，言曰："异时关中漕粟，从渭中上度，六月而罢，而漕水道九百余里，时有难处。引渭穿渠，起长安，并南山下至河，三百余里，径易漕度，可令三月罢，而渠下民田万余顷，又可得以溉田。此损漕省卒，而益肥关中之地得谷。"天子以为然，令齐人水工徐伯表，悉发卒数万人穿漕渠，三岁而通，通以漕大便利。其后漕稍多，而渠下之民，颇得以溉田矣。(《史记》卷二九《河渠书》)

郑国渠遗址

元鼎六年，西元前111年。……儿宽为左内史，奏请穿凿六辅渠，以益溉郑国傍高卬之田。(《汉书》卷二九《沟洫志》)

太始二年，西元前95年。赵中大夫白公，复奏穿渠，引泾水，首起谷口，尾入栎阳，注渭中，袤二百里，溉田四千五百余顷，因名曰白渠。(《汉书》卷二九《沟洫志》)

河东守番系言，……穿渠引汾，溉皮氏汾阴下，引河溉汾阴蒲坂下。……上以为然，发卒数万人，作渠田。……久之，河东渠田废。(《汉书》卷二九《沟洫志》)

其后严熊言，临晋民愿穿洛，以溉重泉以东万余顷故恶地。……于是为发卒万人穿渠，自征引洛水至商颜下。岸善崩，乃凿井，深者四十余丈，往往为井，井下相通行水，水隤以绝商颜。……始穿得龙骨，故名曰龙首渠。作之十余岁，渠颇通，犹未得其饶。(《汉书》卷二九《沟洫志》)

召信臣……迁南阳太守。……时行视郡中水泉，开通沟渎；起水门提阏，凡数十处，以广溉灌，岁岁增加，多至三万顷。……信臣为民作

卷一 秦汉三国

均水约束，刻石立于田畔，以防分争。(《汉书》卷八九《召信臣传》)

乙、商

天下已平，高祖乃令贾人不得衣丝乘车，重租税以困辱之。孝惠、高后时，为天下初定，复弛商贾之律，然市井之子孙，亦不得仕宦为吏。(《史记》卷三〇《平准书》)

贾人有市籍及家属，皆无得名田以便农，敢犯令没入田货。(《汉书》卷二四下《食货志》下)

商贾以币之变，多积货逐利。于是公卿言，郡国颇被灾害……异时算轺车，贾人缗钱，皆有差，请算如故。诸贾人末作贳贷买居邑稽诸物，及商以取利者，虽无市籍，各以其物自占。注，《索隐》，郭璞云："占，自隐度也，谓各自隐度其财物多少，为文簿送之官也。"率缗钱二千而一算。诸作有租及铸，率缗钱四千一算。(《史记》卷三〇《平准书》)

置平准于京师。……大农之诸官，尽笼天下之货物，贵即卖之，贱则买之。如此，富商大贾，无所牟大利。(《史记》卷三〇《平准书》)

当时贱商，多方以剥夺之，然商人努力贸易，在经济上，仍占重要位置。

富商大贾，或蹛财役贫，转毂百数，废居居邑，封君皆低首仰给。(《史记》卷三〇《平准书》)

商贾大者，积贮倍息，小者坐列贩卖，操其奇赢，日游都市，乘上之急，所卖必倍。故其男不耕耘，女不蚕织，衣必文采，食必粱肉。亡农夫之苦，有阡陌之得。因其富厚，交通王侯，力过吏执，以利相倾，千里游敖，冠盖相望，乘坚策肥，履丝曳缟。此商人所以兼并农人，农人所以流亡者也。(《汉书》卷二四上《食货志》上)

永安二年，三月，……诏曰："……自顷年以来，……多违此业，皆浮船长江，贾作上下。"(《三国·吴志》卷三《孙休》)

《庙记》云：长安市有九，各方二百六十六步，六市在道西，三市在道东，凡四里为一市。致九州之人，在突门夹横桥，大道市楼皆重屋，又曰旗亭，楼在杜门大道南。又有当市楼，有令署，以察商贾货财买卖贸易之事，三辅都尉掌之。直市在富平津西南二十五里，即秦文公造，物无二价，故以直市为名。(《三辅黄图》卷二)

时监军御史为奸，穿北军垒垣，以为贾区。(《汉书》卷六七《胡建传》)

丙、矿

蜀卓氏之先，赵人也，用铁冶富。秦破赵，迁卓氏，……致之临邛，大喜，即铁山鼓铸，运筹策，倾滇蜀之民，富至僮千人，……拟于人君。(《史记》卷一二九《货殖传》)

程郑，山东迁虏也，亦冶铸，贾椎髻之民，富埒卓氏，俱居临邛。宛孔氏之先，梁人也，用铁冶为业，……家致富数千金。……而曹邴氏尤甚，以铁冶起，富至巨万。(《史记》卷一二九《货殖传》)

邯郸郭纵，以铁冶成业，与王者埒富。(《史记》卷一二九《货殖传》)

是时吴以诸侯即山铸钱，富埒天子，后卒叛逆。邓通以铸钱，财过王者，故吴邓钱布天下。(《通考》卷八《钱币考一》)

汉中山靖王墓出土的博山炉

丁、物产

总之楚越之地，地广人希，饭稻羹鱼，或火耕而水耨，果陏蠃蛤，不待贾而足，地势饶食，无饥馑之患。……沂泗水以北，宜五谷桑麻六畜，地小人众，数被水旱之害。……三河宛陈亦然。……燕代田畜而事蚕。……故曰："陆地牧马二百蹄，牛蹄角千，千足羊，泽中千足彘，水居千石鱼陂，山居千章之材，安邑千树枣，燕秦千树栗，蜀汉江陵千树橘，淮北常山已南，河济之间千树萩，陈夏千亩漆，齐鲁千亩桑麻，渭川千亩竹。(《史记》卷一二九《货殖传》)

众庶街巷有马，阡陌之间成群，而乘字牝者，而不得聚会。(《史记》卷三〇《平准书》)

(六) 一代盛衰之总述

汉兴，接秦之敝，诸侯并起，民失作业，而大饥馑，凡米石五

卷一 秦汉三国

千,人相食,死者过半。高祖乃令民得卖子,就食蜀汉。天下既定,民亡盖臧,自天子不能醇驷,而将相或乘牛车。……至武帝之初,七十年间,国家亡事,非遇水旱,则民人给家足,都鄙廪庾尽满。而府库余财,京师之钱,累百巨万,贯朽而不可校;太仓之粟,陈陈相因,充溢露积于外,腐败不可食。众庶街巷有马,阡陌之间成群,乘牸牝者,摈而不得会聚,守闾阎者食粱肉,为吏者长子孙,居官者以为姓号,人人自爱而重犯法,先行谊而黜愧辱焉。(《汉书》卷二四上《食货志》上)

孝惠、高后时,百姓新免毒蠚,人欲长幼养老,萧曹为相,填以无为,从民之欲而不扰乱,是以衣食滋殖,刑罚用稀。及孝文即位,躬修玄默,劝趣农桑,减省租赋。而将相皆旧功臣,少文多质,惩恶亡秦之政,论议务在宽厚,耻言人之过失。……告讦之俗易,……风流笃厚,禁罔疏阔。(《汉书》卷二三《刑法志》)

自是之后,严助、朱买臣等,招来东瓯,事两越、江淮之间,萧然烦费矣。唐蒙、司马相如,开路西南夷,凿山通道千余里以广巴蜀,巴蜀之民罢焉。彭吴贾灭朝鲜,……则燕齐之间,靡然发动。及王恢设谋马邑,匈奴绝和亲,侵扰北边,兵连而不解。……行者赍,居者送,中外骚扰而相奉,……财赂衰耗而不赡。……赋税既竭,犹不足以奉战士。(《史记》卷三〇《平准书》)

天子武帝。既下缗钱令而尊卜式,百姓终莫分财佐县官,于是告缗钱纵矣。……杨可告缗遍天下,中家以上,大抵皆遇告。杜周治之,狱少反者,乃分遣御史、廷尉、正监,分曹,往往即治郡国缗钱,得民财物以亿计,奴婢以千万数,田大县数百顷,小县百余顷,宅亦如之。于是商贾中家以上,大抵破,民偷,甘食好衣,不事畜臧之业。(《汉书》卷二四下《食货志》下)

《帝王世纪》曰:"……至于孝平,……民户又息,……汉之极盛也。及王莽篡位,续以更始、赤眉之乱,至光武中兴,百姓虚耗,十有二存。……永平、建初之际,天下无事,务在养民。迄于孝和,民户滋殖。及孝安永初、元初之间,兵饥之苦,民人复损。至于……灵帝,遭黄巾。献帝即位,而董卓兴乱,大焚宫庙,劫御西迁,京师萧条,豪杰并争,郭汜、李傕之属,残害又甚。是以兴平、建安之

际，海内凶荒，天子奔流，白骨盈野……，雄雌未定，割剥庶民。"（《后汉书》卷二九《郡国志》一注）

今察洛阳，浮末者，什于农夫；虚伪游手者，什于浮末。是则一夫耕，百人食之；一妇桑，百人衣之。以一奉百，孰能供之？天下百郡、千县，市邑万数，类皆如此，本末何足相供？则民安得不饥寒？（王符《潜夫论》卷三《浮侈篇》）

王侯贵戚豪富，尤多宇之低，举骄奢以作淫侈，高负千万，不肯偿责，小民守门，号哭啼呼，曾无休惕惭怍哀矜之意。（王符《潜夫论》卷五《断讼篇》）

井田之变，豪人货殖，馆舍布于州郡，田亩连于方国，……财赂自营，犯法不坐，刺客死士，为之投命。至使弱力少智之子，被穿帷败，寄死不敛，冤枉穷困，不敢自理。（《后汉书》卷七九《仲长统传》《昌言·损益篇》）

魏武克平天下，文帝受禅，人众之损，万有一存。（《通考》卷一〇《户口考》一）

青龙中，营治宫室，百姓失农时，群上疏曰："禹承唐虞之盛，犹卑宫室而恶衣服，况今丧乱之后，人民至少，……加边境有事，……宜……讲武劝农。……今舍此急而先宫室，臣惧百姓遂困。（《三国·魏志》卷二二《陈群传》）

太祖始制新科，下州郡，又收租税绵绢。夔以郡初立，近以师旅之后，不可卒绳以法，乃上言曰："……非观民设教随时之意。……此郡宜依远域新邦之典……上不背正法，下以顺百姓之心。比及三年，民安其业……"太祖从其言。（《三国·魏志》卷一二《何夔传》）

永安二年，西元259年。三月，……诏曰："……今欲广开田业，轻其赋税，差科强羸，课其田亩，务令优均。官私得所，使家给户赡，足相供养，则爱身重命，不犯科法。"（《三国·吴志》卷三《孙休》）

时仓廪无储，世俗滋侈，夔上疏曰："今

《三国志》书影

寇虏充斥，征伐未已。……而徒使百姓消力失时，到秋收月，督其限入，夺其播殖之时，而责其今年之税，如有逋悬，则籍没财物。故家户贫困，衣食不足。宜暂息众役，专心农桑。古人称'一夫不耕，或受其饥；一女不织，或受其寒'。……军兴以来，已向百载，农人废南亩之务，女工停机杼之业。推此揆之，则蔬食而长饥，薄衣而履冰者，固不少矣。"（《三国·吴志》卷二〇《华覈传》）

二 学术思想

（一）秘阁藏书

武帝置太史公，命天下计书，先上太史，副上丞相，开献书之路，置写书之官，外有太常太史博士之藏，内有延阁广内秘室之府。……至于孝成，秘藏之书，颇有亡散，乃使谒者陈农，求遗书于天下。命光禄大夫刘向，校经传诸子诗赋，步兵校尉任宏校兵书，太史令尹咸校数术，太医监李柱国校方技。每一书就，向辄撰为一录，论其指归，辨其讹谬，叙而奏之。向卒后，哀帝使其子歆嗣父之业，乃徙温室中书于天禄阁上。歆遂总括群篇，撮其指要，著为《七略》，一曰集略，二曰六艺略，三曰诸子略，四曰诗赋略，五曰兵书略，六曰术数略，七曰方技略，大凡三万三千九十卷。王莽之末，又被焚烧。（《隋书》卷三二《经籍志》一）

光武中兴，笃好文雅。明章继轨，尤重经术，四方鸿生巨儒，负袠自远而至者，不可胜算，石室兰台，弥以充积。又于东观及仁寿阁集新书，校书郎班固、傅毅等典掌焉，并依《七略》而为书部，固又编之以为《汉书·艺文志》。董卓之乱，献帝西迁，图书缣帛，军人皆取为帷囊，所收而西，犹七十余载，两京大

班固像

乱，扫地皆尽。(《隋书》卷三二《经籍志》一)

　　魏氏代汉，采掇遗亡，藏在秘书中外三阁。魏秘书郎郑默，始制《中经》。秘书监荀勖，又因《中经》更著《新簿》，分为四部，总括群书。一曰甲部，纪六艺及小学等书；二曰乙部，有古诸子家、近世子家、兵书兵家、术数；三曰丙部，有史记旧事、皇览簿杂事；四曰丁部，有诗赋、图赞、汲冢书。大凡四部，合二万九千九百四十五卷。但录题及言，盛以缥囊，书用缃素，至于作者之意，无所论辩。惠怀之乱，京华荡覆，渠阁文籍，靡有孑遗。(《隋书》卷三二《经籍志》一)

(二) 两汉学术之盛

甲、经学

汉初承秦乱之余，经籍散逸，而学者各本家法教授，派别遂分。

　　暴秦燔经书，杀儒士，设挟书之法，行是古之罪，道术由是遂灭。汉兴，去圣帝明王遐，远仲尼之道，又绝法度，无所因袭。时独有一叔孙通略定礼仪，天下唯有易卜，未有它书。至孝惠之世，乃除挟书之律。……至孝文皇帝，始使掌故晁错，从伏生受《尚书》。……《诗》始萌牙，天下众书，往往颇出，皆诸子传说。(《汉书》卷三六《刘向附刘歆传》)

　　惠帝除挟书之律，儒者始以其业行于民间。犹以去圣既远，经籍散逸，简札错乱，传说纰缪，遂使书分为二，《诗》分为三，《论语》有齐鲁之殊，《春秋》有数家之传，其余互有踳驳，不可胜言。(《隋书》卷三二《经籍志》一)

至武帝罢黜百家，尊崇五经，经各置博士，以教弟子，于是学者莫敢逾其范围。兹取诸名家之说，得列于学官者，表之于下 (见下页)。

及至季年，枝叶蕃滋，一经说至百余万言，烦重破碎，不足以餍学者之心，而争论遂起，致有今古文之争。今文者，汉通行之隶书写经，古文则科斗文也。

　　孔氏有《古文尚书》，而安国以今文读之，因以起其家。(《史记》卷一二一《伏胜传》)

　　鲁恭王坏孔子宅，欲以为宫，而得古文于坏壁之中，《逸礼》有三十九篇，《书》十六篇。天汉之后，孔安国献之，遭巫蛊仓卒之

两汉学官简表

经名	家别	置学官 西汉	置学官 东汉	备考
易	施氏雠	置	置	《汉书·儒林传》，施雠，字长卿，沛人也。从田王孙受《易》。汉初传《易》者有田何，何授丁宽，宽授田王孙。田王孙为博士，复从卒业，与孟喜、梁丘贺，并为门人。
易	孟氏喜	置	置	同上，孟喜，字长卿，东海兰陵人也，从田王孙受《易》。
易	梁丘氏贺	置	置	同上，梁丘贺，字长翁，琅邪诸人也。从大中大夫京房受易，房出为齐郡太守，贺更事田王孙。
易	京氏房	元帝曾置，旋罢	置	《汉书·京房传》，房字君明，东郡顿丘人也。治《易》，事梁人焦延寿。
书	欧阳氏生	置	置	《汉书·儒林传》，欧阳生，字和伯，千乘人也。事伏生，授儿宽，宽授欧阳生子，世世相传，至曾孙高子阳为博士。
书	大夏侯氏胜	置	置	《汉书·夏侯胜传》，胜字长公，鲁东平人。《汉书·儒林传》，其先夏侯都尉，从济南张生受《尚书》，以传族子始昌，始昌传胜，胜又事同郡简卿，简卿者，儿宽门人。
书	小夏侯氏建	置	置	《汉书·夏侯胜传》，胜从父子建，字长卿。《汉书·儒林传》，胜传从兄子建，建又事欧阳高，由是《尚书》有大小夏侯之学。
诗	鲁申公	置	置	同上，申公，鲁人也，事齐人浮丘伯受《诗》。
诗	齐辕固生	置	置	同上，辕固，齐人也，以治《诗》，孝景时为博士。
诗	韩氏婴	置	置	同上，韩婴，燕人也。孝文时，为博士。景帝时，至常山太傅。婴推诗人之意，而作《内外传》数万言，其语颇与齐鲁间殊，然归一也。燕赵间言《诗》者，由韩生。
礼	后氏苍	置		同上，后苍，字近君，东海郯人也。汉兴，鲁高堂生传《士礼》十七篇，宣帝时，仓说礼数万言，号曰《后氏曲台记》，授梁戴德延君，戴圣次君，德从兄子。沛庆普孝公。德号大戴，圣号小戴，由是《礼》有大戴、小戴、庆氏之学。
礼	大戴氏德		置	
礼	小戴氏圣		置	
礼	庆氏普			
春秋	公羊 严氏彭祖 颜氏安乐	置	置 置	《汉书·儒林传》，严彭祖，字公子，东海下邳人也。与颜安乐俱事眭孟。《汉书·艺文志》，《公羊传》十一卷。注，公羊子齐人，师古曰："名高。"《汉书·儒林传》，颜安乐，字公孙，鲁国薛人。《隋书·经籍志》，汉初有公羊、穀梁、邹氏、夹氏四家并行。王莽之乱，邹氏无师，夹氏亡。初齐人胡母子都传《公羊春秋》，授东海嬴公，嬴公授东海孟卿，孟卿授鲁人眭孟，眭孟授东海严彭祖、鲁人颜安乐。故后汉有严氏、颜氏之学。
春秋	穀梁江公	置	光武时曾置，旋罢	《汉书·艺文志》，《穀梁传》十一卷。注，穀梁子，鲁人。师古曰："名喜。"《汉书·儒林传》，瑕丘江公，授《穀梁春秋》及《诗》于鲁申公。

难，未及施行。(《汉书》卷三六《刘向附刘歆传》)

文有今古之分者，孔壁书科斗文字，安国以今文读之。盖秦已来，改篆为隶，或以今文写书，安国据以读古文。(孙星衍《尚书今古文注疏序》)

首请立古文者为刘歆，虽遭众嫉视，未克实行，终假王莽之力，立学官。

歆校秘书，见古文《春秋左氏传》，歆大好之。……初，《左氏传》多古字古言，学者传训故而已。及歆治《左氏》，引传文以解经，转相发明，由是章句义理备焉。……及歆亲近，欲建立《左氏春秋》及《毛诗》、《逸礼》、《古文尚书》、皆列于学官。哀帝令歆与五经博士讲论其义，诸博士或不肯置对，……为众儒所讪，惧诛，求出补吏。……哀帝崩，王莽持政，莽少与歆俱为黄门郎，重之，白太后。……及王莽篡位，歆为国师。(《汉书》卷三六《刘向附刘歆传》)

东汉学官，仍依西汉，古文诸家，迄未得立。然贾、马之徒，赞扬古文，风靡一时。郑玄继之，其学愈盛。

贾逵，字景伯，扶风平陵人也。……父徽，从刘歆受《左氏春秋》，兼习《国语》、《周官》，又受《古文尚书》于涂恽，学《毛诗》于谢曼卿。……逵悉传父业，……虽为古学，兼通五家穀梁之说。……逵数为帝明帝。言，《古文尚书》，与经传《尔雅》诂训相应。诏令撰欧阳、大小夏侯《尚书》古文同异，逵集为三卷，帝善之。复令撰齐、鲁、韩《诗》与毛氏异同，并作《周官解故》。……建初八年，西元83年。乃诏诸儒各选高才生，受左氏、穀梁《春秋》、《古文尚书》、《毛诗》。由是四经遂行于世。……逵所著经传义诂，及论难百万余言，……学者宗之。(《后汉书》卷六六《贾逵传》)

马融，字季长，扶风茂陵人也。……融才高博洽，为世通儒，教养诸生，常有千数，涿郡卢植，北海郑玄，皆其徒也。

……著《三传异同说》，注《孝经》、《论语》、《诗》、《易》、《三礼》、《尚书》、《列女传》、《老子》、《淮南子》、《离骚》。(《后汉书》卷九〇上《马融传》)

郑玄，字康成，北海高密人也。……造太学受业，师事京兆第五元。先始通《京氏易》、《公羊春秋》、《三统历》、《九章算术》，又

从东郡张恭祖，受《周官》、《礼记》、《左氏春秋》、《韩诗》、《古文尚书》。……西入关，因涿郡卢植，事扶风马融。……初，中兴之后，范升、陈元、李育、贾逵之徒，争论古今学，后马融答北地太守刘瓌，及玄答何休，义据通深，由是古学遂明。……凡玄所注《周易》、《尚书》、《毛诗》、《仪礼》、《礼记》、《论语》、《孝经》、《尚书大传》、《中侯乾象历》，又著《天文七政论》、《鲁礼禘祫义》、《六艺论》、《毛诗谱》，驳许慎《五经异义》、《答临孝存周礼难》，凡百余万言，……齐鲁间宗之。（《后汉书》卷六五《郑玄传》）

至灵帝时，刻石经于太学，垂为正则，经学之盛极矣。

熹平四年，西元175年。灵帝乃诏诸儒，正定五经，刊于石碑，……树之学门，使天下咸取则焉。（《后汉书》卷一〇九上《儒林传序》）

邕以经籍去圣久远，文字多谬，俗儒穿凿，疑误后学。熹平四年，西元175年。乃与五官中郎将堂谿典、光禄大夫杨赐、谏议大夫马日磾、议郎张驯、韩说、太史令单扬等，奏求正定六经文字。灵帝许之，邕乃自书册于碑，使工镌刻，立于太学门外。于是后儒晚学，咸取正焉。及碑始立，其观视及摹写者，车乘日千余两，填塞街陌。（《后汉书》卷九〇下《蔡邕传》）

乙、史学
【子】《史记》

罔罗天下放失旧闻，……原始察终，见盛观衰，……上记轩辕，下至于兹，著十二本纪、……作十表、……八书、……三十世家、

汉代熹平石经

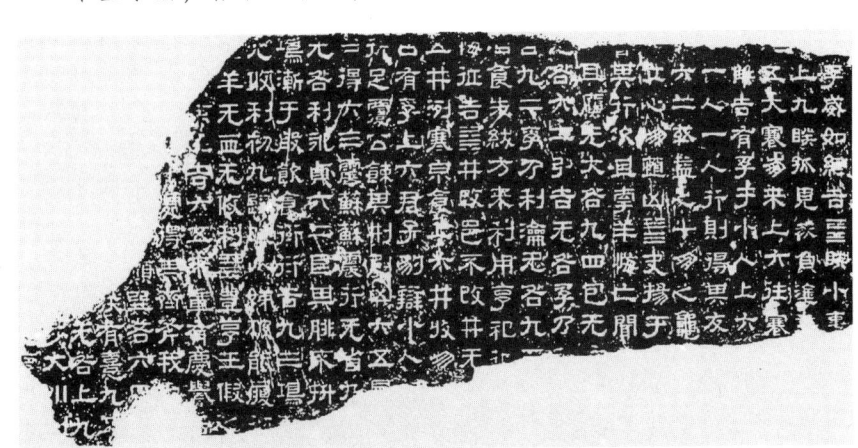

……七十列传，凡百三十篇。（《史记》卷一三〇《太史公自序》）

汉武帝时，始置太史公，命司马谈为之，以掌其职。时天下计书，皆先上太史，副上丞相，遗文古事，靡不毕臻。谈乃据左氏《国语》、《世本》、《战国策》、《楚汉春秋》，接其后事，成一家之言。谈卒，其子迁又为太史令，嗣成其志，上自黄帝，讫于炎汉，……谓之《史记》。迁卒以后，好事者亦颇著述，然多鄙浅，不足相继。（《隋书》卷三三《经籍志》二）

【丑】《汉书》

彪既才高，而好述作，遂专心史籍之间。武帝时，司马迁著《史记》，自太初以后，阙而不录。后好事者，颇或缀集时事，然多鄙俗，不足以踵继其书。彪乃继采前史遗事，傍贯异闻，作《后传》数十篇。……子固，……固字孟坚，……博贯载籍，九流百家之言，无不穷究。……父彪卒，归邺里。固以彪所续前史未详，乃潜精研思，欲就其业。……召诣校书部，除兰台令史。……成《世祖本纪》……撰功臣、平林新市、公孙述事，作列传、载记二十八篇奏之。帝乃复使终成前所著书。固……故采撰前纪，缀集所闻，以为《汉书》，起元高祖，终于孝平王莽之诛，十有二世，二百三十年。……为春秋考纪、谓帝纪。表、志传凡百篇。注，纪十二、表八、志十、列传七十。固自永平中始受诏，潜精积思二十余年，至建初中乃成。当世甚重其书。（《后汉书》卷七〇上《班彪附子班固传》）

扶风曹世叔妻者，同郡班彪之女也，名昭，字惠班，一名姬。博学高才。……兄固著《汉书》，其八表及《天文志》，未及竟而卒。和帝诏昭就东观藏书阁，踵而成之。帝数召入宫，令皇后诸贵人师事焉，号曰大家。……后又诏融马融。兄续，《后汉书·马援附传》，续字季则。继昭成之。（《后汉书》卷一一四《曹世叔妻传》）

【寅】《汉纪》

帝献帝。好典籍，常以班固《汉书》文繁难省，乃令悦依左氏传体，以为《汉纪》三十篇，诏尚书给笔札。辞约事详，论辨多美。（《后汉书》卷九二《荀淑附荀悦传》）

《东观汉纪》书影

【卯】《东观汉记》

先是明帝召固班固。为兰台令史,与诸先辈陈宗、尹敏、孟冀等,共成《光武本纪》,擢固为郎,典校秘书。固撰后汉事,作列传、载记二十八篇。其后刘珍、刘毅、刘陶、伏无忌等,相次著述东观,谓之《汉记》。及三国鼎峙,魏氏及吴,并有史官。(《隋书》卷三三《经籍志》二)

丙、文学

汉初词人,顺流而作,陆贾扣其端,贾谊振其绪,枚马同其风,王扬骋其势,皋朔已下,品物毕图,繁积于宣时,校阅于成世,进御之赋,千有余首。……观夫荀结《隐语》,事数自环;宋发《巧谈》,实始淫丽。枚乘《兔园》,举要以会新;相如《上林》,繁类以成艳。贾谊《鵩鸟》,致辨于情理;子渊《洞箫》,穷变于声貌。孟坚《两都》,明绚以雅赡;张衡《二京》,迅发以宏富。子云《甘泉》,构深玮之风;延寿《灵光》,含飞动之势。凡此十家,并辞赋之流也。及仲宣靡密,发端必遒;伟长博通,时逢壮采。太冲安仁,策勋于鸿规;士衡子安,底绩于流制。景纯绮巧,缛理有余;彦伯梗概,情韵不匮,亦魏晋之赋首也。(刘勰《文心雕龙》卷二《诠赋篇》)

事孝景帝为武骑常侍,……会景帝不好辞赋。是时梁孝王来朝,从游说之士,齐人邹阳、淮阴枚乘、吴庄忌夫子之徒,相如见而说之,因病免,客游梁。梁孝王令与诸生同舍,相如得与诸生游士居,数岁乃著《子虚》之赋。(《史记》卷一一七《司马相如传》)

子皋……从行至甘泉雍河东,东巡狩,封泰山,塞决河宣房,游观三辅离宫馆,临山泽弋猎射驭,狗马蹴鞠刻镂,上有所感,辄使赋之。

为文疾，受诏辄成，故所赋者多。司马相如善为文而迟，故所作少而善于皋，皋赋辞中自言，为赋不如相如。(《汉书》卷五一《枚乘传》)

东方朔，字曼倩，……待诏公车，……以朔为常侍郎，遂得爱幸，……乃拜朔为太中大夫、给事中。……时方外事胡越，内兴制度，国家多事，自公孙弘以下，至司马迁，皆奉使方外，或为郡国守相，至公卿，而朔尝至太中大夫，后常为郎，与枚皋、郭舍人俱在左右，诙啁而已。……朔因著论，设客难己，用位卑以自慰谕。……又设非有先生之论。(《汉书》卷六五《东方朔传》)

东方朔像

扬雄，字子云，蜀郡成都人也。……雄少而好学，不为章句训诂，通而已。……赞曰：雄……以为经莫大于《易》，故作《太玄》，传莫大于《论语》，作《法言》，史篇莫善于《仓颉》，作《训纂》，箴莫善于《虞箴》，作《州箴》，赋莫深于《离骚》，反而广之，辞莫丽于相如，作四赋，皆斟酌其本，相与放依而驰骋云。(《汉书》卷八七《扬雄传》)

褒既为刺史作颂，又作其传。益州刺史因奏褒有轶材，上乃征褒。……辞赋大者，与古诗同义，小者辩丽可喜。(《汉书》卷六四下《王褒传》)

扬子云曰："军旅之际，戎马之间，飞书驰檄，用枚皋；廊庙之下，朝廷之中，高文典册，用相如。"(《西京杂记》卷三)

时天下承平日久，自王侯以下，莫不逾侈。衡乃拟班固《两都》，作《二京赋》，因以讽谏，精思傅会，十年乃成。(《后汉书》卷八九《张衡传》)

陈思王植，字子建，……善属文。……时邺铜爵台新成，太祖悉将诸子登台，使各为赋。植援笔立成，可观，太祖甚异之。(《三国·魏志》卷一九《陈思王植传》)

卷一 秦汉三国

《洛神赋》中的曹植

《典略》曰："……临菑侯植，……数与修杨修。书，书曰：……昔仲宣王粲字。独步于汉南，孔璋陈琳字。鹰扬于河朔，伟长徐干字。擅名于青土，公干刘桢字。振藻于海隅，德琏应玚字。发迹于大魏，足下高视于上京，当此之时，人人自谓握灵蛇之珠，家家自谓抱荆山之玉也。"（《三国·魏志》卷一九《陈思王植传》注）

《典论》曰："今之文人，鲁国孔融、字文举。广陵陈琳、山阳王粲、北海徐幹、陈留阮瑀、字元瑜。汝南应玚、东平刘桢，斯七子者，于学无所遗，于辞无所假，咸自以骋骐骥于千里，仰齐足而并驰。"（《三国·魏志》卷二一《王粲传》注）

《吴书》曰："纮见柟榴枕，爱其文，为作赋。"陈琳在北见之，以示人曰："此吾乡里张子纲所作也。"后纮见陈琳作《武库赋》、《应机论》，与琳书，深叹美之。琳答曰："自仆在河北，与天下隔，此间率少于文章，易为雄伯，故使仆受此过差之谭，非其实也。今景兴在此，足下与子布在彼，所谓小巫见大巫，神气尽矣。"（《三国·吴志》卷八《张纮传》注）

《机云别传》曰："……机陆机。天才绮练，文藻之美，独冠于

时。"（《三国·吴志》卷一三《陆逊附陆抗传》注）

以上皆以词赋擅长。至于诗，五言极盛。

　　逮汉李陵，始著五言之目矣。古诗眇邈，人世难详，推其文体，固是炎汉之制，非衰周之倡也。自王扬枚马之徒，词赋竞爽，而吟咏靡闻，从李都尉迄班婕妤，将百年间，有妇人焉，一人而已。诗人之风，顿已缺丧，东京二百载中，惟有班固《咏史》，质木无文。降及建安，曹公父子，笃好斯文，平原兄弟，郁为文栋，刘桢王粲，为其羽翼。（钟嵘《诗品》卷上）

　　武帝定郊祀之礼，……乃立乐府。注，师古曰："始置之也。乐府之名，盖起于此。"采诗夜诵，有赵代秦楚之讴。以李延年为协律都尉，多举司马相如等数十人，造为诗赋，……以合八音之调，作十九章之歌。（《汉书》卷二二《礼乐志》）

　　武帝……始立乐府，总赵代之音，撮齐楚之气。延年以曼声协律，朱马以骚体制歌，桂华杂曲，丽而不经，赤雁群篇，靡而非典。……至于轩代鼓吹，汉世铙挽，虽戎丧殊事，而并总入乐府。（刘勰《文心雕龙》卷二《乐府篇》）

　　五言断以古诗十九首，及苏李赠答为始。十九首或称枚乘所作，其《孤竹》一篇，则傅毅所作。盖汉武好尚文词，故当时才士，各争新斗奇，创为此体。（赵翼《陔馀丛考》卷二三）

　　汉武宴柏梁台赋诗，人各一句，句皆用韵，后人遂以每句用韵者为柏梁体。然柏梁以前，如汉高《大风歌》，荆卿《易水歌》，……可见此体，已久有之，不自柏梁始也。但联句之每句用韵者，乃为柏梁体耳。（赵翼《陔馀丛考》卷二三）

丁、书学

　　汉兴而有草书，不知作者姓名。至章帝时，齐相杜度，号善作篇，后有崔瑗、崔寔，亦皆称工。杜氏结字甚安，而书体微瘦；崔氏甚得笔势，而结字小疏。弘农张伯英者，因而转精甚巧。凡家之衣帛，必书而后练之，临池学书，池水尽黑。下笔必为楷则，号忽忽不暇草书，寸纸不见遗，至今世尤宝其书，韦仲将谓之草圣。伯英弟文舒者，次伯英。又有姜孟颖、梁孔达、田彦和及韦仲将之徒，皆伯英

弟子，有名于世，然殊不及文舒也。罗叔景、赵元嗣者，与伯英并时，见称于西州，而矜巧自与，众颇惑之。故英自称上比崔杜不足，下方罗赵有余。河间张超亦有名，然虽与崔氏同州，不如伯英之得其法也。(《晋书》卷三六《卫瓘传》)

蔡邕，字伯喈，陈留围人也。……熹平四年，西元175年。……奏求正定六经文字，灵帝许之。邕乃自书册于碑，使工镌刻，立于太学门外，于是后儒晚学，咸取正焉。……初帝好学，自造《皇羲篇》五十章，因引诸生能为文赋者，本颇以经学相招，后诸为尺牍，及工书鸟篆者，皆加引，召遂至数十人。

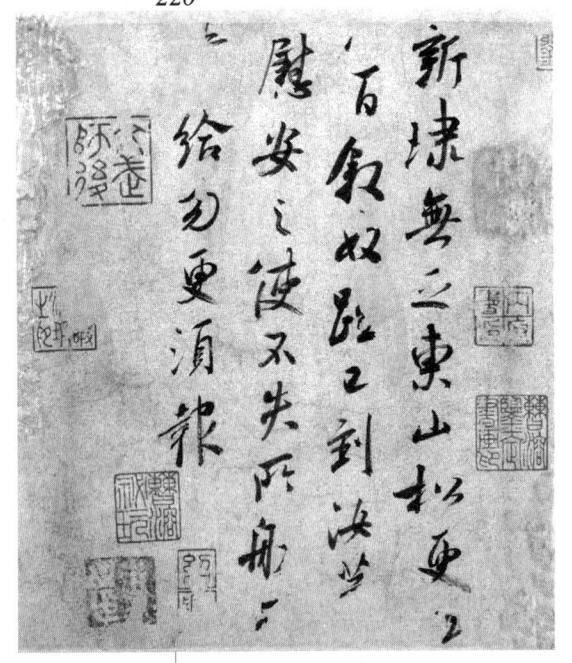

钟繇书法作品

(《后汉书》卷九〇下《蔡邕传》)

《魏略》曰："淳邯郸淳。一名竺，字子叔，博学有才章，又善苍雅、虫篆、许氏字指。"(《三国·魏志》卷二一《王粲传》注)

卫觊，字伯儒，河东安邑人。……好古文鸟篆隶草，无所不善。(《三国·魏志》卷二一《卫觊传》)

《文章叙录》曰："诞书诞。字仲将，太仆端之子，有文才，善属辞章。……初邯郸淳、卫觊及诞，并善书有名。"(《三国·魏志》卷二一《刘劭传》注)

颖川钟繇，魏太尉，同郡胡昭，公车征二子，俱学于德升，而胡书肥，钟书瘦。钟书有三体，一曰铭石之书，最妙者也；二曰章程书，传秘书教小学者也；三曰行狎书，相闻者也。三法皆世人所善。
(张彦远《法书要录》卷一)

(三) 思想界之变迁

鬼神术数，自古分流。至春秋之季，而有老、孔、墨三家，同时各有所发明，然于古说未能尽去也。至秦乃皆折而入于上古鬼神术数之说，非诸家子弟之不克负荷也。

骊子衍。之徒，论著终始五德之运。及秦帝而齐人奏之，故始皇采用之。而宋毋忌、正伯侨、充尚、羡门子高，最后皆燕人，为方仙道形解销化，依于鬼神之事。邹衍以阴阳主运，显于诸侯，而燕齐海上之方士，传其术，不能通。然则怪迂阿谀苟合之徒自此兴，不可胜数也。（《史记》卷二八《封禅书》）

汉初承大乱之后，人尚安静无为，黄老之说，盛行于世。

窦太后治黄老言，不好儒术。（《史记》卷一二孝《武帝纪》）

窦太后好黄帝、老子言，景帝及诸窦，不得不读《老子》，尊其术。（《汉书》卷九七上《外戚传》上）

儒家一派，固以推阐孔氏业自负，然亦以阴阳五行之变，附会其说，董仲舒、刘向，其表著者也。盖秦汉之学派，其质干有三，一儒家，二阴阳，三黄老。一切学术，均以此三者离合而成之，特儒家为时君所尊，故独称盛。

景武之世，董仲舒治《公羊春秋》，始推阴阳，为儒者宗。宣元之后，刘向治《穀梁春秋》，数其祸福，傅以《洪范》。（《汉书》卷二七上《五行志》上）

董仲舒，广川人也。少治《春秋》。……仲舒治国，以春秋灾异之变，推阴阳所以错行，故求雨闭诸阳，纵诸阴，其止雨反是。……仲舒所著，皆明经术之意，及上疏条教，凡百二十三篇。而说春秋事得失，闻举玉杯蕃露清明竹林之属，注，师古曰："皆其所著书名也。"复数十篇，十余万言，皆传于后世。（《汉书》卷五六《董仲舒传》）

向字子政。……向见《尚书·洪范》，箕子为武王陈五行阴阳休咎之应，向乃集合上古以来，历春秋六国至秦汉，符瑞灾异之记，推迹行事，连传祸福，著其占验，比类相从，各有条目，凡十一篇，号曰《洪范五行传论》。（《汉书》卷三六《刘向传》）

西汉之末，更有谶纬之学。

河洛七纬，推步灾异。注，七纬者，"易纬"稽览图、乾凿度、坤灵图、通卦验、是类谋、辨终备也；"书纬"璇玑钤、考灵耀、刑德放、帝命验、运期授也；"诗纬"推度灾、记历枢、含神雾也；"礼纬"含文嘉、稽命征、斗威仪也；"乐纬"动声仪、稽耀嘉、叶图征也；"孝经纬"援神契、

钩命决也；"春秋纬"演孔图、元命包、文耀钩、运斗枢、感精符、合诚图、考异邮、保乾图、汉含孳、佑助期、握诚图、潜潭巴、说题辞。(《后汉书》卷一一二上《樊英传》)

光武中兴，尚斤斤以赤伏符为天命。而桓谭之流，曾从刘歆、扬雄游者，毅然不信。其后王充以时儒拘墟，因痛诋鬼神符瑞之说。

王充，字仲任，会稽上虞人也。……到京师，受业太学，师事扶风班彪，好博览而不守章句，……博通众流百家之言。……充好论说，始若诡异，终有理实。……著《论衡》八十五篇，二十余万言。注，《袁山松书》曰："充所作《论衡》，中土未有传者，蔡邕入吴始得之，恒秘玩以为谈助。其后王朗为会稽太守，又得其书，及还许下，时人称其才进。或曰："不见异人，当得异书。"问之，果以《论衡》之益，由是遂见传焉。《抱朴子》曰："时人嫌蔡邕得异书，或搜求其帐中隐处，果得《论衡》，抱数卷持去。"邕丁宁之曰："唯我与尔共之，勿广也。"(《后汉书》卷七九《王充传》)

是故《论衡》之造也，起众书并失实、虚妄之言，胜真美也。……《论衡》诸篇，实俗间之凡人所能见，……冀悟迷惑之心，使知虚实之分。……今《论衡》就世俗之书，订其真伪，辨其实虚，非造始更为无本于前也。(王充《论衡》卷二九《对作篇》)

王充与《论衡》书影

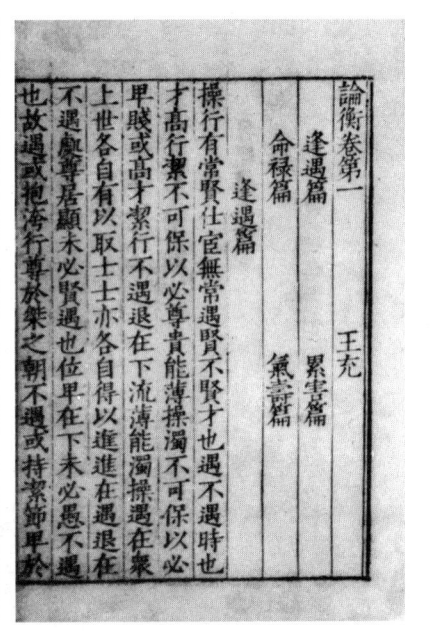

夫儒生之业五经也，南面为师，旦夕讲授章句，滑习义理，究备于五经可也。五经之后，秦汉之事，无不能知者，短也。夫知古不知今，谓之陆沉，然则儒生所谓陆沉者也，五经之前，至于天地始开、帝王初立者，主名为谁，儒生又不知也。夫知今不知古，谓谓之盲瞽。五经比于上古，犹为今也。徒能说经，不晓上古，然则儒生所谓盲瞽者也。（王充《论衡》卷一二《谢短篇》）

世信虚妄之书，以为载于竹帛上者，皆贤圣所传，无不然之事，故信而是之，讽而读之。睹真是之传，与虚妄之书相违，则并谓短书不可信用。夫幽冥之实尚可知，沉隐之情尚可定，显文露书，是非易见，笼总并传非实事，用精不专，无思于事也。夫世间传书诸子之语，多欲立奇造异，作惊目之论，以骇世俗之人，为谲诡之书，以著殊异之名。（王充《论衡》卷四《书虚篇》）

谶书又言，尧母庆都野出，赤龙感己，遂生尧。《高祖本纪》，言刘媪尝息大泽之陂，梦与神遇，是时雷电晦冥，太公往视，见蛟龙于上，已而有身，遂生高祖。其言神验，文又明著，世儒学者，莫谓不然。如实论之，虚妄言也。……尧、高祖审龙之子，子性类父，龙能乘云，尧与高祖亦宜能焉。……若夫牡马见雌牛，雄雀见牝鸡，不相与合者，异类故也。今龙与人异类，何能感于人而施气？……世好奇怪，古今同情，不见奇怪，谓德不异。（王充《论衡》卷三《奇怪篇》）

如武帝之时，有李少君，以祠灶辟谷却老方见上，上尊重之。少君匿其年及所生长，常自谓七十。……久之，少君病死。……如少君处山林之中，入绝迹之野，独病死于岩石之间，尸为虎狼狐狸之食，则世复以为真仙去矣。（王充《论衡》卷七《道虚篇》）

世谓死人为鬼，有知，能害人。试以物类验之，死人不为鬼，无知，不能害人。（王充《论衡》卷二〇《论死篇》）

魏晋清谈，以《周易》、《老》、《庄》为本，盖苦于儒家之琐碎拘忌，及法家之综核名实，始流为放荡之行，而思想又为之一变。

魏正始中，何晏、王弼等，祖述老庄立论，以为天地万物，皆以无为本。无也者，开物成务，无往不存者也。（《晋书》卷四三《王戎附王衍传》）

阮瑀……子籍，才藻艳逸，而倜傥放荡，行己寡欲，以庄周为模

则。……时又有谯郡嵇康，文辞壮丽，好言老庄。(《三国·魏志》卷二一《王粲传》)

魏明帝殂，少帝原注，史称齐王。即位，改元正始。……一时名士风流，盛于雒下，乃共弃经典而尚老庄，蔑礼法而崇放达。……自此以后，竞相祖述。(顾炎武《日知录》卷一三"正始")

(四) 制造与发明

安帝雅闻衡善术学，公车特征，拜郎中，再迁为太史令。遂乃研核阴阳，妙尽璇玑之正，作浑天仪，著《灵宪算罔论》，言甚详明。(《后汉书》卷八九《张衡传》)

自古书契，多编以竹简，其用缣帛者，谓之为纸。缣贵而简重，并不便于人。伦乃造意用树肤、麻头及敝布、鱼网以为纸。元兴元年，西元105年。奏上之，帝和帝。善其能。自是莫不从用焉，故天下咸称蔡侯纸。(《后汉书》卷一〇八《蔡伦传》)

亮性长于巧思，损益连弩，木牛流马，皆出其意。(《三国·蜀志》卷五《诸葛亮传》)

扶风马钧，巧思绝世。……旧绫机五十综者五十蹑，六十综者六十蹑，……患其丧巧费日，乃皆易以十二蹑。……见诸葛亮连弩，曰："巧则巧矣，未尽善也。"言作之可令加五倍。又患发石车敌人之于楼边县湿牛皮中之则堕，石不能连属而至，欲作一轮，县大石数十，以机鼓轮为常，则以断县石飞击敌城，使首尾电至。尝试以车轮县甓数十，飞之数百步矣。(《三国·魏志》卷二九《杜夔传》注)

景初二年，十二月，诏书报倭女王曰："……今以绛地交龙锦五匹，绛地绉粟罽十张，茜绛五十匹，绀青五十匹，答汝所献贡直。又特赐汝绀地句文锦三匹，细班华罽五张，白绢五十匹。"(《三国·魏志》卷三〇《东夷传·倭人》)

浑天地动仪

三 风俗

(一) 西汉游侠,东汉气节

西汉承战国之余,布衣游侠之风,依然昌炽。

> 由是列国公子,魏有信陵,赵有平原,齐有孟尝,楚有春申,皆借王公之执,竞为游侠,……皆以取重诸侯,显名天下。……及至汉兴,禁网疏阔,未之匡改也。……布衣游侠,剧孟、郭解之徒,驰骛于闾阎,权行州域,力折公侯。众庶荣其名迹,觊而慕之,虽其陷于刑辟,……死而不悔。(《汉书》卷九二《游侠传序》)

东汉光武,奖励名节,故士多卓特之行。

> 自战国豫让、聂政、荆轲、侯嬴之徒,以意气相尚,一意孤行,能为人所不敢为,世竞慕之。其后贯高、田叔、朱家、郭解辈,徇人刻己,然诺不欺,以立名节。驯至东汉,其风益盛。盖当时荐举征辟,必采名誉,故凡可以得名者,必全力赴之,好为苟难,遂成风俗。其大概有数端。
>
> 是时郡吏之于太守,本有君臣名分,为掾吏者,往往周旋于死生

荆轲刺秦王画像砖

患难之间。如李固被戮，弟子郭亮，负斧锧上书，请收固尸。杜乔被戮，故掾杨匡，守护其尸不去，由是皆显名。固、乔二传。第五种为卫相，善门下掾孙斌，种以劾宦官单超兄子匡，坐徙朔方。朔方太守董援，乃超外孙也，斌知种往必被害，乃追及种于途，格杀送吏，与种俱逃，以脱其祸。种传。太原守刘𤩽，以考杀小黄门赵津，下狱死。王允为郡吏，送𤩽丧，还平原，终三年乃归。允传。公孙瓒为郡吏，太守刘君坐事徙日南，瓒身送之，自祭父墓曰："昔为人子，今为人臣，送守日南，恐不得归，便当长辞。"乃再拜而去。瓒传。此尽力于所事，以著其忠义者也。傅奕闻举将没，即弃官行服。奕传。李恂为太守李鸿功曹，而州辟恂为从事，会鸿卒，恂不应州命，而送鸿丧归葬，持丧三年。恂传。乐恢为郡吏，太守坐法诛，恢独行丧服。恢传。桓典以国相王吉诛，独弃官收葬，服丧三年，负土成坟。典传。袁逢举荀爽有道，爽不应，及逢卒，爽制服三年。爽传。此感知遇之恩，而制服从厚者也……

又有以让爵为高者。西汉时，韦贤卒，子元成应袭爵，让于庶兄宏，宣帝高其节，许之。元成传。至东汉邓彪，亦让封爵于异母弟，明帝亦许之。彪传。刘恺让封于弟宪，逃去十余年，有司请绝其封，帝不许；贾逵奏当成其让国之美，乃诏宪嗣。恺传。此以让而得请者也。桓荣卒，子郁请让爵于兄子泛，明帝不许，乃受封。郁传。丁綝卒，子鸿请让爵于弟盛，不报，鸿乃逃去，以采药为名。后友人鲍骏遇之于东海，责以兄弟私恩，绝其父不灭之基，鸿感悟，乃归受爵。鸿传。郭躬子贺，当袭，让与小弟而逃去，诏下州郡追之，不得已，乃出就封。躬传。徐防卒，子贺当袭，让于弟崇，数岁不归，不得已，乃就封。防传。此让而不得请者也……

又有轻生报仇者。崔瑗兄为人所害，手刃报仇亡去。魏朗兄亦为人所害，朗白日操刀，杀其人于县中。苏谦为司隶校尉，李暠案罪死狱中，谦子不韦，与宾客掘地道，至暠寝室，值暠如厕，乃杀其妾与子，又疾驰至暠父墓，掘得其父头以祭父。见各本传。……又有代人报仇者。何容有友虞纬高，父仇未报而病将死，泣诉于容，容即为复仇，以头祭其父墓。郅恽有友董子张，父为人所杀，子张病且死，对恽欷歔不能言，恽曰："子以父仇未报也。"乃将宾客杀其人，以头

示子张，子张见而气绝。亦见各本传。……

盖其时轻生尚气，已成习俗，故志节之士，好为苟难，务欲绝出流辈，以成卓特之行。……举世以此相尚，故国家缓急之际，尚有可恃以撑拄倾危。(赵翼《廿二史劄记》卷五"东汉尚名节")

新莽居摄，颂德献符者，遍于天下。光武有鉴于此，故尊崇节义，敦厉名实，……而风俗为之一变。至其末，朝政昏浊，国事日非，而党锢之流，独行之辈，依仁蹈义，舍命不渝。……故范晔之论，以为桓灵之间，君道秕僻，朝纲日陵，国隙屡启，自中智以下，靡不审其崩离。而权强之臣，息其窥盗之谋，豪俊之夫，屈于鄙生之议，所以倾而未颓，决而未溃，皆仁人君子心力之为。可谓知言者矣……而孟德既有冀州，崇奖跅弛之士，观其下令再三，至于求负污辱之名、见笑之行，不仁不孝，而有治国用兵之术者。原注，建安二十二年八月令，十五年春令，十九年十二月令，意皆同。于是权诈迭进，奸逆萌生。故董昭太和之流，已谓当今年少，不复以学问为本，专更以交游为业；国士不以孝悌清修为首，乃以趋势求利为先。至正始之际，而一二浮诞之徒，骋其智识，……习老庄之教，风俗又为之一变。(顾炎武《日知录》卷一三"两汉风俗")

(二) 奢侈之风

天汉元年，西元前100年。秋，闭城门大搜。注，臣瓒曰："《汉帝年记》记，六月，禁逾侈。七月，闭城门大搜，则搜索逾侈者也……"师古曰："……逾侈者，逾法度而奢侈也。"……二年，西元前99年。秋……大搜。(《汉书》卷六《武帝纪》)

永始四年，西元前13年。六月，……诏曰："……方今世俗，奢僭罔极，靡有厌足。……或乃奢侈逸豫，务广第宅，治园池，多畜奴婢，被服绮縠，设钟鼓，备女乐，车服嫁娶葬埋过制，吏民慕效以成俗。……其申敕有司，以渐禁之。"(《汉书》卷一〇《成帝纪》)

汉长信宫灯

建初二年，西元 77 年。三月，诏曰："……而今贵戚近亲，奢纵无度，嫁娶送终，尤为僭侈。有司废典，莫肯举察。……其科条制度，所宜施行，在事者备为之禁，先京师而后诸夏。"(《后汉书》卷三《章帝纪》)

永初元年，西元 107 年。九月，诏三公，明申旧令，禁奢侈，无作浮巧之物、殚材厚葬。(《后汉书》卷五《安帝纪》)

元初五年，西元 118 年。七月，……诏曰："旧令制度，各有科品。……比年虽获丰穰，尚乏储积。而小人无虑，不图久长，嫁娶送终，纷华靡丽，至有走卒奴婢，被绮縠，著珠玑。京师尚若斯，何以示四远？设张法禁，恳恻分明，而有司惰任，讫不奉行。……且复重申，以观后效。"(《后汉书》卷五《安帝纪》)

永兴二年，西元 154 年。二月，……诏曰："……务存俭约，申明旧令。"(《后汉书》卷七《桓帝纪》)

(三) 嫁娶

宣帝……时，……吉上疏言得失曰："……窃见当世趋务，不合于道者，谨条奏……"吉意以为夫妇人伦大纲，夭寿之萌也。世俗嫁娶太早，未知为人父母之道而有子，是以教化不明，而民多夭；聘妻送女亡节，则贫人不及，故不举子。(《汉书》卷七二《王吉传》)

送死殚家，遣女满车。(桓宽《盐铁论》卷五《国病篇》)

五凤二年，西元前 56 年。八月，诏曰："夫婚姻之礼，人伦之大者也；酒食之会，所以行礼乐也。今郡国二千石，或擅为苛禁，禁民嫁娶，不得具酒食相贺召，……令民亡所乐，非所以导民也。……勿行苛政。"(《汉书》卷八《宣帝纪》)

富贵嫁娶，车骈各十，骑奴侍僮，夹毂节引，富者竞欲相过，贫者耻不逮及。是故一飨之所费破，终身之本业。(王符《潜夫论》卷三《浮侈篇》)

上言早婚与浮侈之害。

迁淮阳太守，……徙颍川，……历召郡中长老……数十人，设酒具食，……为陈和睦亲爱、销除怨咎之路。长老皆以为便，可施行。因与议定嫁娶丧祭仪品，略依古礼，不得过法。(《汉书》卷七六《韩

延寿传》)

傅子曰:"太祖愍嫁娶之奢僭,公女适人,皆以皂帐,从婢不过十人。"(《三国魏志》卷一《武帝注》)

上言限制与改革。

汉家列侯尚公主,诸侯则国人承翁主。注,晋灼曰:"娶天子女,则曰尚公主;国人娶诸侯女,曰承翁主……"师古曰:"翁主者,言其父自主婚也。"(《汉书》卷七二《王吉传》)

上言主婚者。

元始三年,西元3年。春,……诏光禄大夫刘歆等杂定婚礼,四辅公卿大夫博士郎吏家属,皆以礼娶亲迎,立轺并马。注,服虔曰:"轺音谣,立乘小车也,并马骊驾也。"(《汉书》卷一二《平帝纪》)

上言婚礼。汉代婚娶不论行辈,且不讳私夫。

汉惠帝后张氏,乃帝姊鲁元公主之女,则帝之女甥也。吕后欲为重亲,遂以配帝,立为皇后,是以甥为妻也。哀帝后傅氏,乃帝祖母傅太后从弟之女。太后初为元帝昭仪,生定陶共王,王生哀帝。是哀帝乃傅太后之孙,而傅太后欲重亲,以侄女妻之,则以外家诸姑为妻也。汉时法制,疏阔如此。(赵翼《廿二史劄记》卷三"婚娶不论行辈")

武帝姊馆陶公主寡居,宠董偃,十余年。主欲使偃见帝,乃献长门园地。帝喜,过主家,主亲引偃出。偃奏"馆陶公主庖人偃昧死拜谒",帝大欢乐,呼为主人翁。《东方朔传》。武帝女鄂邑盖公主寡居,昭帝初立,年八岁,主以长姊入禁中供养帝。而主素私通丁外人,帝与霍光闻之,不绝主欢,诏外人侍长公主……《霍光传》。……《东方朔传》,谓自董偃后,公主贵人,多逾礼制。盖上行下效,势所必至也。(赵翼《廿二史劄记》卷三"汉公主不讳私夫")

(四) 丧祭

七年,西元前173年。六月,帝崩,……遗诏曰:"……其令天下吏民,令到出临三日,皆释服,无禁取妇、嫁女、祠祀、饮酒食肉。"(《汉书》卷四《文帝纪》)

旧制,公卿、二千石、刺史,不得行三年丧,由是内外众职,并

废丧礼。元初中，邓太后诏，长吏以下不为亲行服者，不得典城。选举时，有上言牧守宜同此制。诏下公卿，议者以为不便，恺独议曰："诏书所以为制服之科者，……弘孝道也。今刺史一州之表，二千石千里之师，……宜……以身先之……"太后从之。（《后汉书》卷六九《刘般附刘恺传》）

元初三年，西元116年。有诏大臣得行三年丧。……忠因此上言：孝宣皇帝旧令，人从军屯及给事县官者，大父母死，未满三月，皆勿繇，令得葬送。请依此制。太后从之。至建光中，尚书令祝讽、尚书孟布等奏，以为孝文皇帝定约礼之制，光武皇帝绝告宁之典，贻则万世，诚不可改，宜复建武故事。……从讽、布、议，遂著于令。（《后汉书》卷七六《陈宠附陈忠传》）

文帝黄初三年，西元222年。作终制，帝崩，国内服三日。（《通考》卷一二一《王礼考》一六）

章武三年，西元223年。四月，先主殂，……遗诏……百寮，发哀满三日，除服。（《三国·蜀志》卷二《先主》）

嘉禾六年，西元237年。正月，诏曰："夫三年之丧，天下之达制。（《三国·吴志》卷二《孙权》）

汉人以宗庙之礼，移于陵墓。有人臣而告事于陵者，苏武自匈奴还，诏奉一大牢，谒武帝园庙是也。有上冢而会宗族故人及郡邑之官者，楼护为谏大夫，使郡国，过齐，上书求上先人冢，因会宗族故人；班伯上书，愿过故郡，上父祖冢，有诏太守都尉以下会是也。有上冢而大官为之供具者，董贤为侍中驸马都尉，上冢有会，辄大官为供是也。有赠谥而赐之于墓者，阴兴夫人卒，肃宗使五官中郎将持节即墓赐策，追谥兴曰翼侯是也。有人主而临人臣之墓者，光武至湖阳，幸樊重墓；霍峻葬成都，先主率群寮临会吊祭，因留宿墓上是也。有庶民而祭古贤人之墓者，曹昭东征赋，蘧氏在城之东南兮，民亦绘其丘坟是也。人情所趋，遂成习俗。其流之弊，有如杨伦行丧于恭陵者

马王堆出土的汉墓帛画

矣，有如赵宣葬亲而不闭埏隧，因居其中，行服二十余年者矣。(顾炎武《日知录》卷一五"墓祭")

古之葬者，……后世以楸梓槐柏杻楠。……其后京师贵戚，必欲江南檽梓，豫章梗柟。边远下士，亦竞相仿效。……古者墓而不崇，……今京师贵戚，郡县豪家，生不极养，死乃崇丧，或至刻金镂玉，檽梓梗柟，……多埋珍宝偶人车马，造起大塚，广种松柏，庐舍祠堂，崇侈上僭。(王符《潜夫论》卷三《浮侈篇》)

(五) 服饰

甲、衣服

西汉未定公服之制，至东汉明帝，始备衮冕之服。

汉初定，与民无禁。注，师古曰："国家不设衣服车旗之禁。"(《汉书》卷一〇〇上《叙传》上)

秦以战国，即天子位，灭去礼学，郊祀之服，皆以袀玄。汉承秦故。(《后汉书》卷四〇《舆服志》下)

汉承秦弊，西京……未能有所制立。及……明帝，乃始采《周官》、《礼记》、《尚书》及《诸儒记说》，还备衮冕之服。(《晋书》卷二五《舆服志》)

汉代皇帝冕冠服

明帝永平中，议乘舆备文日月十二章，刺绣文，三公诸侯用山龙九章，九卿以下用华虫七章，皆备五采，大佩赤舄绚履，以承大祭。(《通典》卷六一《礼》二一)

公卿、列侯、中二千石夫人，入庙佐祭者服皂绢上下。助蚕者缥绢上下，自二千石夫人以上至皇后，皆以蚕衣为朝服。公主、贵人、妃以上，嫁娶得服锦绮罗縠缯采十二色，重缘袍。特进列侯以上，锦缯

采十二色；六百石以上，重练采九色，禁丹紫绀；三百石以上，五采，青绛黄红绿；二百石以上，四采，青黄红绿；贾人缃缥而已。注，缃，布黄色。(《通考》卷一一四《王礼考》九)

魏氏多因汉法。(《通典》卷六一《礼》二一)

至于庶民则衣青绿，趋役之人则衣白。

永始四年，西元前13年。六月，……诏曰："……方今世俗，奢僭罔极，靡有厌足。……其中敕有司，以渐禁之。青绿民所常服，且勿止。"(《汉书》卷一〇《成帝纪》)

董君绿帻傅韝。注，师古曰："绿帻，贱人之服也。傅，著也。韝，即今之臂韝也。"(《汉书》卷六五《东方朔传》)

成帝……微行，……私奴客……皆白衣袒帻。(《汉书》卷二七中之上《五行志》中之上)

师古曰："白衣给官府趋走贱人。"(《汉书》卷七二《龚胜传》注)

叔孙通儒服，汉王憎之，乃变其服，服短衣楚制。(《史记》卷九九《叔孙通传》)

尽卖其车骑，买一酒舍酤酒，而令文君当炉，相如身自著犊鼻裈。(《史记》卷一一七《司马相如传》)

初充召见犬台宫，自请愿以所常被服冠见上。武帝。上许之。充衣纱縠禅衣，注，师古曰："纱縠，纺丝而织之也，轻者为纱，绉者为縠。禅衣，制若今之朝服中禅也。"曲裾后垂交输，注，张晏曰："曲裾者，如缔人衣也。"如淳曰："交输，割正幅，使一头狭若燕尾，垂之两旁，见于后。"冠禅缅步摇冠，飞翮之缨。(《汉书》卷四五《江充传》)

取亲中裙厕牏，身自浣洒。注，师古曰："……中裙，若今言中衣也。"(《汉书》卷四六《石奋传》)

更始元年，西元23年。九月，……时三辅吏士，东迎更始，见诸将过，皆冠帻，而服妇人衣，诸于骡。注，字书无骡字。骡，《汉书》作裾……诸于上加绣，如今之半臂也。莫不笑之。(《后汉书》卷一上《光武帝纪》上)

乙、冠冕

高祖为亭长，乃以竹皮为冠，……及贵常冠，所谓刘氏冠也。

……八年，西元前199年。三月，……令……爵非公乘以上，毋得冠刘氏冠。（《汉书》卷一《高帝纪》）

天子冠通天冠，诸侯王冠远游冠，公侯冠进贤冠，公、王冠三梁，卿大夫、尚书、二千石、博士冠两梁，千石、六百石以下至小吏，冠一梁。……天子十二旒，三公九，诸侯卿七。其缨与组，各如其绶之色。……祠宗庙则长冠袀玄，其武官太尉以下及侍中常侍，皆冠惠文冠，侍中常侍加貂蝉，御史冠法冠，谒者冠高山冠。其乡射行礼，公卿冠委貌。……执事者皮弁服，官门仆射冠却非，大乐郊社祝舞者冠建华……舞者所冠亦为冕。车驾出后有巧士冠。（蔡邕《独断》）

魏因汉故事，明帝好妇人之饰，冕旒改用珊瑚珠。（《通典》卷五七《礼》一七）

帻者，古之卑贱执事不冠者之所服也。孝武帝幸馆陶公主家，召见董偃，偃傅青褠绿帻。……董仲舒，武帝时人，其上两书曰："执事者，皆赤帻，知皆不冠者之所服也。"元帝额有壮发，不欲使人见，始进帻服之，群臣皆随焉，然尚无巾，如今半帻而已。王莽无发，乃施巾，故语曰："王莽秃，帻施屋。"（蔡邕《独断》）

后汉末，王公名士，以幅巾为雅，是以袁绍、崔豹之徒，虽为将帅，皆著缣巾。注，按巾六国时，赵魏之间，通谓之承露。袁绍战败，幅巾渡河。按此则庶人及军旅皆服之。用全幅皂而向后幞发，谓之头巾，俗人谓之幞头。（《通典》卷五七《礼》一七）

尝于陈梁间行，遇雨，巾一角垫，时人乃故折巾一角，以为林宗巾。泰字林宗。（《后汉书》卷九八《郭泰传》）

初魏造白帢，横缝其前以别，后名之曰颜帢。（《晋书》卷二七《五行志》上）

魏明帝著绣帽，被缥纨半袖。尝以见直臣杨阜，阜谏曰："此于

汉官袍服

卷一　秦汉三国

礼何法服邪?"帝默然。(《宋书》卷三〇《五行志》一)

丙、舄履

徐兖之郊谓之扉,自关而西谓之屦,中有木者谓之复舄,自关而东复履,其庳者谓之鞮,下禅者谓之䩕,丝作之者谓之履,麻作之者谓之不借。(《扬子方言》卷四)

延熹中,京都长者皆著木屐。(《后汉书》卷二三《五行志》一)

丁、妇人髻

《东观记》曰:"明帝马皇后美发,为四起大髻。"(《后汉书》卷一〇上《马皇后纪》注)

桓帝元嘉中,京都妇女作愁眉、啼妆、堕马髻、折要步、龋齿笑。所谓愁眉者,细而曲折;啼妆者,薄拭目下,若啼处;堕马髻者,作一边;折要步者,足不在体下;龋齿笑者,若齿痛,乐不欣欣。(《后汉书》卷二三《五行志》一)

汉高祖又令宫人梳奉圣髻。(马缟《中华古今注》卷中)

长安语曰:"城中好高髻,四方高一尺。城中好广眉,四方且半额。城中好大袖,四方全匹帛。"(《后汉书》卷五四《马援附马廖传》)

风俗狂慢,变节易度,则为剽轻奇怪之服,故有服妖。(《汉书》卷二七中之上《五行志》中之上)

(六) 饮食

饼谓之飥或谓之餦馄。(扬子《方言》卷一三)

光武自蓟东南驰,……至饶阳无蒌亭。时天寒烈,众皆饥疲,异上豆粥。明旦,光武谓诸将曰:"昨得公孙异字。豆粥,饥寒俱解。"(《后汉书》卷四七《冯异传》)

诸葛亮南征,将渡泸水。土俗杀人首祭神,亮令以羊豕代,取面画人头祭之。馒头名始此。(陈元龙《格致镜原》卷二五引《事物纪原》)

至王莽始有啖面……之文。(史绳《祖学斋占毕》卷四)

会稽人顾翱……事母至孝,母好食雕胡饭,常帅子女,躬自采撷。(《西京杂记》卷五)

五侯不相能,宾客不得往来。娄护丰辩,传食五侯间,各得其欢心,竞致奇膳。护乃合以为鲭,世称五侯鲭,以为奇味焉。(《西京杂

记》卷二)

诏曰:"凡供荐新味,多非其节,或郁养强孰,或穿掘萌芽。"(《后汉书》卷一〇上《邓皇后纪》)

豆腐,淮南王刘安造,又名黎祁。(高士奇《天禄识馀》卷上)

酸醎酢淡辨浊清。(史游《急就章》第十五)

自汉以来,常严酒禁。

后元年,西元前163年。三月,……诏曰:"……无乃……为酒醪,以靡谷者多……与。"(《汉书》卷四《文帝纪》)

汉兴有酒酤,酤禁。其律三人以上,无故群饮酒,罚金四两。(《通考》卷一七《征榷考》四)

永兴二年,西元154年。九月,……诏曰:"……其禁郡国不得卖酒,祠祀裁足。"(《后汉书》卷七《桓帝纪》)

汉末,曹操表奏酒禁,孔融争之。(《通考》卷一七《征榷考》四)

时天旱禁酒,酿者有刑。(《三国·蜀志》卷八《简雍传》)

(七) 家族
甲、家教

何……为家,不治垣屋,曰:"后世贤,师吾俭;不贤,毋为势家所夺。"(《史记》卷五三《萧相国世家》)

万石君家,以孝谨闻乎郡国。(《汉书》卷四六《石奋传》)

贤而多财,则损其志;愚而多财,则益其过。(《汉书》卷七一《疏广传》)

龙伯高,敦厚周慎,口无择言,谦约节俭,廉公有威,吾爱之重之,愿汝曹效之。杜季良,豪侠好义,忧人之忧,乐人之乐,清浊无所失,父丧致客,数郡毕至,吾爱之重之,不愿汝曹效也。(《后汉书》卷五四《马援传》)

樊宏……父重,……世善农稼,好货殖。重性温厚,有法度。三世共财,子孙朝夕礼敬,常若公家。其营理产业,物无所弃;课役童隶,各得其宜。故能上下戮力,财利岁倍。(《后汉书》卷六二《樊宏传》)

陈万年……为郡吏,……以高第入为右扶风。……内行修。然善事人,略遗外戚许、史,倾家自尽,……竟代定国于定国。为御史大

夫。……子咸，字子康。……万年尝病，命咸教戒于床下，语至夜半，咸睡，头触屏风。万年大怒，欲杖之，……咸叩头谢曰："具晓所言，大要教咸谄也。"（《汉书》卷六六《陈万年传》）

乙、分居

凡同居上也，通有无次也，让其下耳。（应劭《风俗通义》卷四《过誉篇》）

灵献之世，……选用失于上，……贡举轻于下。……故时人语曰："举秀才，不知书；察孝行，父别居。"（葛洪《抱朴子外篇》卷二《审举篇》）

蔡邕……与叔父从弟同居，三世不分财，乡党高其义。（《后汉书》卷九〇下《蔡邕传》）

丙、居乡

召驯，字伯春，……俶傥不拘小节，……以志义闻乡里，号之曰"德行恂恂召伯春"。（《后汉书》卷一〇九下《召驯传》）

张湛……矜严好礼，动止有则。……及在乡党，详言正色，三辅以为仪表。（《后汉书》卷五七《张湛传》）

同郡袁绍，公族豪侠，去濮阳令归，车徒甚盛。将入郡界，乃谢遣宾客曰："吾舆服岂可使许子将劭字。见。"遂以单车归家。……劭与靖邵从兄。俱有高名，好共核论乡党人物，每月辄更其品题，故汝南俗有月旦评焉。（《后汉书》卷九八《许劭传》）

度辽将军皇甫规，解官归安定。乡人有以货得雁门太守者……书刺谒规，规卧不迎。……有顷，又白王符在门，规素闻符名，乃惊遽而起，衣不及带，屣履出迎。……时人为之语曰："徒见二千石，不如一缝掖。"（《后汉书》卷七九《王符传》）

东莱司马均，……字少宾。安贫好学，隐居教授不应辟命，信诚行乎州里。乡人有所计争，辄令祝少宾，不直者终无敢言。（《后汉书》卷六六《贾逵传》）

寔在乡间，平心率物。其有争讼，辄求判正，晓譬曲直，退无怨者。（《后汉书》卷九二《陈寔传》）

蔡衍……以礼让化乡里，乡里有争讼者，辄诣衍决之，其所平处，皆曰无怨。(《后汉书》卷九七《蔡衍传》)

丁、豪宗

汉初徙六国世家大族于关中，实纳娄敬之议，所以塞乱源也。

臣愿陛下，徙齐诸田、楚昭、屈、景、燕赵韩魏后及豪桀名家，且实关中。(《汉书》卷四三《娄敬传》)

九年.十一月，徙齐楚大族昭氏、屈氏、景氏、怀氏、田氏五姓关中，与利田宅。(《汉书》卷一下《高帝纪》下)

汉代抑制豪强赀富，吏事亦以此为能，一代大家族颇少。独世禄后家，不受限制，故金、张、许、史，及东京诸后族，乃为高门之始。

济南瞯氏，宗人三百余家豪猾，二千石莫能制。于是景帝拜都为济南守，至则诛瞯氏首恶。(《汉书》卷九〇《郅都传》)

迁为河内都尉，至则族灭其豪穰氏之属。(《汉书》卷九〇《义纵传》)

王温舒……迁为河内太守，……捕郡中豪猾，相连坐千余家。(《汉书》卷九〇《王温舒传》)

迁颍川太守。郡大姓原、褚，宗族横恣，宾客犯为盗贼，前二千石莫能禽制。广汉既至数月，诛原、褚首恶。(《汉书》卷七六《赵广汉传》)

为涿郡太守。时郡比得不能太守，涿人毕野白等由是废乱，大姓西高氏、东高氏，自郡吏以下，皆畏避之，莫敢与忤，咸曰："宁负二千石，无负豪大家。"宾客放为盗贼，发辄入高氏，吏不敢追。浸浸日多，道路张弓拔刃，然后敢行，其乱如此。延年至，遣掾蠡吾赵绣按高氏，得其死罪。(《汉书》卷九〇《严延年传》)

(八) 奴婢

汉代有私奴，有官奴。私奴由于掠卖，或掠他族为奴。

高祖乃令民得卖子。(《汉书》卷二四上《食货志》上)

羌无弋爱剑者，……羌人谓奴为无弋，以爱剑尝为奴隶，故因名之。(《后汉书》卷一一七《西羌传》)

安定降羌烧何种，胁诸羌数百人反叛，郡兵击灭之，悉没入弱口为奴婢。（《后汉书》卷一一七《西羌传》）

私人蓄奴，以之计富，且令奴作生产事业。

卓王孙僮客八百人，程、郑亦数百人。（《汉书》卷五七上《司马相如传》上）

蓄奴者众，国家始有限制之法。

绥和二年，西元前7年。六月，……诏曰："……诸侯王、列侯、公主、吏二千石及豪富民，多畜奴婢，田宅亡限。……其议限列。"有司条奏……诸侯王、奴婢二百人，列侯、公主百人，关内侯、吏民三十人，年六十以上，十岁以下，不在数中。……诸名田，畜奴婢，过品皆没入县官。……官奴婢五十以上，免为庶人。（《汉书》卷一一《哀帝纪》）

官奴由于犯罪，官给廪食，年五十得免为庶人，不免亦得买卖。

诸官奴婢十万余人，戏游亡事，税良民以给之，岁费五六巨万，宜免为庶人。（《汉书》卷七二《贡禹传》）

正始七年，西元246年。八月，诏曰："属到市观，见所斥卖官奴婢，年皆七十，或癃疾残病，所谓天民之穷者也。且官以其力竭而复鬻之，进退无谓。其悉遣为良民，若有不能自存者，郡县振给之。"（《三国·魏志》卷四《齐王芳》）

光武为救济私奴婢，屡有诏免除，其风终不能革。

建武二年，西元26年。五月……诏曰："民有嫁妻卖子欲归父母者，恣听之；敢拘执，论如律。"（《后汉书》卷一上《光武帝纪》上）

七年,五月，……诏吏人遭饥乱，及为青徐贼所略为奴婢下妻，欲去留者，恣听之；敢拘制不还，以卖人法从事。……十一年，二月，诏曰："天地之性人为贵，其杀奴婢不得减罪。"……八月，……诏曰："敢灸灼奴婢，论如律，免所灸灼者为庶民。"十月，诏除奴婢射伤人弃市律。……十二年，三月，诏陇蜀民，被略为奴婢自讼者，及狱官未报，一切免为庶民。……十三年，十二月，诏益州民，自八年以来，被略为奴婢者，皆一切免为庶民。或依托为人下妻欲去者，

恣听之；敢拘留者，比青徐二州，以略人法从事。……十四年，十二月，诏益、凉二州奴婢，自八年以来，自讼在所官，一切免为庶民，卖者无还直。(《后汉书》卷一下《光武帝纪》下)

延平元年，西元 106 年。六月，诏……曰："……诸官府郡国王侯家奴婢，姓刘及疲癃羸老，皆上其名，务令实悉。"(《后汉书》卷四《殇帝纪》)

卷二

两晋及南北朝

晋及十六国

晋及十六国世系

晋

自司马炎代魏，西历265年。至恭帝禅位刘裕，西历420年。凡十五传，共一百五十六年。

世祖武皇帝，河内温县孝敬里人，姓司马氏，名炎，宣王之孙，文王之子。受魏禅，即皇帝位，建元泰始、十年。咸宁，五年。灭吴统一天下，改元太康，十年。在位凡二十五年。

孝惠皇帝，名衷，武帝第二子。嗣立，改元永熙、一年。永平、元康、九年。永康、一年。永宁、一年。太安、二年。永安、建武、永兴、二年。光熙，一年。食饼中毒死，或云司马越所鸩，在位凡十七年。

孝怀皇帝，名炽，武帝第二十五子。继立，改元永嘉。六年。刘曜、石勒兵陷洛阳，帝被虏于平阳，寻遇害。在位凡六年。

孝愍皇帝，名邺，武帝孙，吴孝王晏之子。洛阳倾覆，奔长安，众推为太子。怀帝崩，即帝位，改元建兴。四年。刘曜陷长安，被虏遇害。在位凡四年。

元皇帝，名睿，宣帝司马懿。曾孙，琅邪恭王觐之子。袭封，镇建邺。中原沦陷，愍帝遇害，即位，改元建武、一年。大兴、四年。永昌，一年。在位凡六年。

明皇帝，名绍，元帝太子。嗣立，改元太宁，三年。在位凡三年。

成皇帝，名衍，明帝太子。嗣立，改元咸和、九年。咸康，八年。在位凡十七年。

康皇帝，名岳，成帝母弟。嗣立，改元建元，二年。在位凡二年。

穆皇帝，名聃，康帝子。嗣立，改元永和、十二年。升平，五年。在位凡十七年。

哀皇帝，名丕，成帝子。嗣立，改元隆和、一年。兴宁，三年。在位凡四年。

废帝，名奕，哀帝母弟。哀帝崩，皇太后诏立之，改元太和。五年。桓温废为海西公。在位凡五年。

简文皇帝，名昱，元帝少子，封会稽王。桓温既废海西公，废帝。迎立之，改元咸安，二年。在位凡二年。

孝武皇帝，名曜，简文帝子。嗣立，改元宁康、三年。太元，二十一年。在位凡二十四年。

安皇帝，名德宗，孝武帝长子。嗣立，改元隆安、五年。元兴、三年。义熙。十四年。刘裕将谋禅代，密使王韶之缢杀帝。在位凡二十二年。

恭皇帝，名德文，安帝母弟。继立，改元元熙。二年。禅位于宋，刘裕。受封为零陵王。永初二年，刘裕使人杀之。在位凡二年。

(以上据《通考·帝系考》及《晋书》本纪)

按自武帝至愍帝，凡四传，共五十二年，都洛阳，史称为西晋。元帝退保江左，十一传至恭帝，凡一百有四年，都建康，史称为东晋。合称之为两晋。

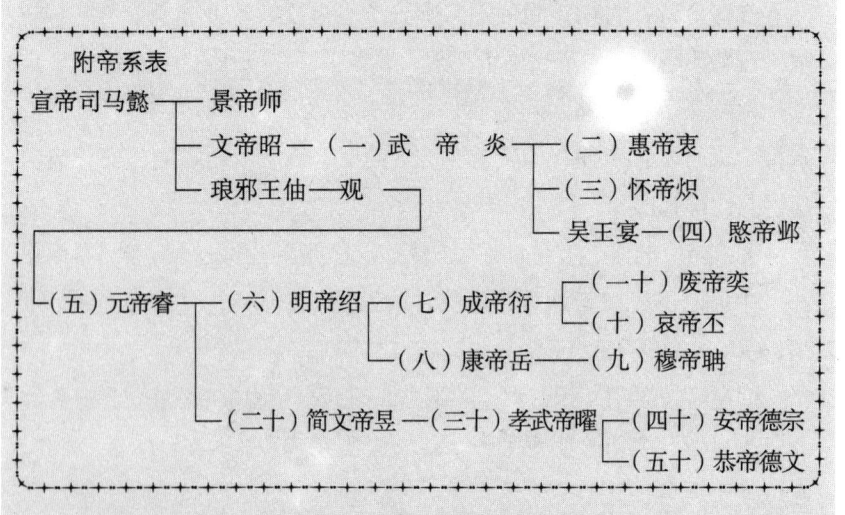

```
附帝系表
宣帝司马懿──景帝师
         ├─文帝昭──(一)武帝炎──┬─(二)惠帝衷
         │                    ├─(三)怀帝炽
         └─琅邪王伷──觐          └─吴王宴──(四)愍帝邺
                  │
                  ├─(五)元帝睿──┬─(六)明帝绍──┬─(七)成帝衍──┬─(一十)废帝奕
                  │            │            │            └─(十)哀帝丕
                  │            │            └─(八)康帝岳──(九)穆帝聃
                  │            └─(二十)简文帝昱──(三十)孝武帝曜──┬─(四十)安帝德宗
                  │                                              └─(五十)恭帝德文
```

十六国

自晋惠帝永兴元年，西历304年。刘渊建号称王，至南宋文帝元嘉十六年，西历439年。北凉降魏止，在宋魏对峙以前，凡一百三十六年，史称为"五胡乱华"。

汉魏以来，羌胡鲜卑降者，多处之塞内。降及晋初，生殖滋繁，遂渐不靖。

匈奴 前汉末，匈奴大乱，五单于争立，而呼韩邪单于失其国，携率部落入臣于汉，汉嘉其意，割并州北界以安之。于是匈奴五千余落，入居朔方诸郡，与汉人杂处。……多历年所，户口渐滋，弥漫北朔，转难禁制。后汉末，天下骚动，群臣竞言胡人猥多，惧必为寇，宜先为其防。建安中，魏武帝始分其众为五部，部立其中贵者为帅，选汉人为司马以监督之。魏末复改帅为都尉，其左部都尉所统可万余落，居于太原故泫氏县；右部都尉可六千余落，居祁县；南部都尉可三千余落，居蒲子县；北部都尉可四千余落，居新兴县；中部都尉可六千余落，居大陵县。武帝践阼后，塞外匈奴大水，塞泥、黑难等二万余落归化，帝复纳之，使居河西故宜阳城下，后复与晋人杂居。由是平阳、西河、太原、新兴、上党、乐平诸郡，靡不有焉。……太康五年，复有匈奴胡太阿厚，率其部落二万九千三百人归化；七年，又有匈奴胡都大博及萎莎胡等，各率种类大小凡十万余口，诣雍州刺史扶风王骏降附；明年，匈奴都督大豆得一育鞠等，复率种落大小万一千五百口……来降，并贡其方物，帝并抚纳之。北狄以部落为类，其入居塞者，有屠各种、鲜支种、寇头种、乌谭种、赤勒种、捍蛭种、黑狼种、赤沙种、郁鞞种、萎莎种、秃童种、勃蔑种、羌渠种、贺赖种、钟跂种、大楼种、雍屈种、真树种、力羯种，凡十九种，皆有部落，不相杂错。(《晋书》卷九七《匈奴传》)

鲜卑 魏文帝初，步度根遣使献马，帝拜为王。后数与轲比能更相攻击，步度根部众稍弱，……而轲比能众遂强盛。……青龙元年，西历233年。比能诱说步度根，使叛并州。其后幽州刺史王雄，遣勇士……刺杀比能，更立其弟素利弥、加厥机皆为大人，在辽西、右北平、渔阳，塞外道远，初不为边患。……其后诸子争立，众离散，诸部大人，慕容、托跋更盛焉。(《通考》卷三四二《四裔考》一九)

鲜卑人生活图景

氐羌　《西戎传》曰："氐人有王，所从来久矣。自汉开益州，置武都郡，排其种人分窜山谷间，或在福禄，或在汧陇左右。其种非一称，槃瓠之后，或号青氐，或号白氐，或号蚺氐。此盖虫之类而处，中国人即其服色而名之也。其自相号曰盍稚，各有王侯，多受中国封拜。近去建安中，兴国氐王阿贵，白项氐王千万，各有部落万余。至十六年，西历211年。从马超为乱。超破之后，阿贵为夏侯渊所攻灭，千万西南入蜀。其部落不能去，皆降国家，分徙其前后两端者，置扶风、美阳，今之安夷、抚夷二部护军所典是也。其大守善分，留天水南安界，今之广平、魏郡所守是也。其俗语不与中国同，及羌杂胡同，各自有姓，姓如中国之姓矣。其衣服尚青绛。俗能织布，善田种畜，养豕牛马驴骡。……皆编发。多知中国语，由与中国错居故也。其自还种落间，则自氐语。……今虽都统于郡国，然故自有王侯在其虚落间。又故武都地阴平街左右，亦有万余落。(《三国·魏志》卷三〇注引《魏略》)

郭钦、江统等，以其逼处，恐为异日患，乃建徙戎之论，而不察诸族之冤苦莫诉。

泰始七年，单于猛叛，屯孔邪城，武帝遣娄侯何桢持节讨之。桢……乃潜诱猛左部都督李恪杀猛，于是匈奴震服，积年不敢复反。其后稍因忿恨，杀害长史，渐为边患。侍御史西河郭钦上疏曰："戎狄强犷，历古为患。魏初人寡，西北诸郡皆为戎居。今

虽服从，若百年之后，有风尘之警，胡骑自平阳、上党，不三日而至孟津，北地、西河、太原、冯翊、安定、上郡，尽为狄庭矣。宜及平吴之威，谋臣猛将之略，出北地、西河、安定，复上郡，实冯翊，于平阳已北诸县募取死罪，徙三河、三魏见士四万家以充之，裔不乱华，渐徙平阳、弘农、魏郡、京兆、上党杂胡。峻四夷出入之防，明先王荒服之制，万世之长策也。帝不纳。（《晋书》卷九七《匈奴传》）

时关陇屡为氐羌所扰，孟观西讨，自擒氐帅齐万年。统深惟四夷乱华，宜杜其萌，乃作《徙戎论》，其辞曰："……雍州之戎，常为国患，中世之寇，惟此为大。汉末之乱，关中残灭。魏兴之初，与蜀分隔，疆场之戎，一彼一此。魏武皇帝，令将军夏侯妙才渊。讨叛氐阿贵、千万等，后因拔弃汉中，遂徙武都之种于秦川，欲以弱寇强国，扞御蜀虏，……因其衰弊，迁之畿服。士庶玩习，侮其轻弱，使其怨恨之气，毒于骨髓。至于蕃育众盛，则坐生其心。……当今之宜，宜及兵威方盛，众事未罢，徙冯翊、北地、新平、安定界内诸羌，著先零、罕开、析支之地；徙扶风、始平、京兆之氐，出还陇右，著阴平、武都之地。……各附本种，反其旧土，使属国抚夷就安集之。……并州之胡，本实匈奴桀恶之寇也。汉宣之世，冻馁残破，国内五裂，后合为二，呼韩邪遂衰弱，孤危不能自存，依阻塞下，委质柔服。建武中，南单于复来降附，遂令入塞，居于漠南。……中平中，以黄巾贼起，……乘衅而作，卤掠赵魏，寇至河南。……其部落散居六郡。太原、西河、平阳、上党、乐平、新兴。咸熙之际，以一部太强，分为三率。泰始之初，又增为四。……今五郡之众，户至数万，人口之盛，过于西戎。然其天性骁勇，弓马便利，倍于氐羌。若有不虞风尘之虑，则并州之域，可为寒心。荥阳句骊，本居辽东塞外。正始中，幽州刺史毋丘俭，伐其叛者，徙其余种。始徙之时，户落百数，子孙孳息，今以千计，数世之后，必至殷炽。……"帝不能用。未及十年，而夷狄乱华。（《晋书》卷五六《江统传》）

【前赵】自晋惠帝永兴元年，西历304年。刘渊称汉王，至成帝咸

刘渊像

和四年，西历329年。为石勒所灭，凡六传，共二十六年。

刘渊字元海，新兴匈奴人，冒顿之后也。初汉高祖以宗室女为公主以妻冒顿，约为兄弟，故其子孙遂冠姓刘氏。建武初，乌珠留若鞮单于子右奥鞮日逐王比，自立为南单于，入居西河美稷。中平中，单于羌渠使子于扶罗将兵助汉讨平黄巾，会羌渠为国人所杀，于扶罗以其众留汉，自立为单于。属董卓之乱，攻略太原、河东，屯于河内。于扶罗死，弟呼厨泉立，以于扶罗子豹为左贤王，即渊之父也。魏武分其众为五部，以豹为左部帅，其余部帅皆以刘氏为之。刘氏虽分居五部，然皆家居晋阳汾涧之滨。渊幼好学，师事上党崔游，习《毛诗》、京氏《易》、马氏《尚书》，尤好《春秋左氏传》、《孙吴兵法》，略皆诵之，《史》、《汉》、诸子，无不综览。学武事，善射，膂力过人。豹卒，以渊代为左部帅。晋乱，共推为大单于。永兴元年，即汉王位，建元元熙。四年。晋永嘉二年，西历308年。即皇帝位，改元永凤、一年。河瑞，一年。在位凡六年，谥光文皇帝，庙号高祖。

和，字玄泰，渊皇太子，嗣立。永嘉四年，西历310年。以兵攻刘聪等，事败被杀。

聪，字玄明，渊第四子，拜鹿蠡王。既杀其兄和，群臣劝即尊位。晋永嘉四年，西历310年。即皇帝位，改元光兴、一年。嘉平、四年。建元、一年。麟嘉，二年。在位凡八年。谥昭武皇帝，庙号烈宗。

粲，字士光，聪太子，袭位，改元汉昌。一年。粲荒耽酒色，委政于舅氏靳准。元帝太兴元年，西历318年。准为乱，执粲数而杀之，自号大将军、汉天王。刘曜、石勒，起兵讨准，准将乔泰、马忠等杀准，降于曜。

曜，字永明，渊之族子。性拓落高亮，与众不群。善属文，工草隶。雄武过人，铁厚一寸，射而洞之，于时号为神射。渊世频历显职，

中华二千年史

后拜相国，都督中外诸军事，镇长安。靳准之难，曜经众推戴，晋太兴元年，即皇帝位，改元光初，十一年。徙都长安，改国号曰赵。时石勒在襄国，河北邢台县。称赵王。咸和三年，曜率兵攻后赵将石生于金墉城，洛阳东北，魏明帝所筑。战败被擒。在位凡十一年。

熙，曜太子。曜败，石勒遣石虎入关，熙奔上邽，陕西南郑县。石虎攻执之，前赵亡。

【后赵】 自晋元帝太兴二年，西历319年。石勒称赵王，至穆帝永和八年，西历352年。为前燕所灭，凡二姓八传，共三十四年。

石勒，字世龙，初名㔨，上党武乡山西榆社县。羯人也，其先匈奴别部羌渠之胄。晋太安中，并州饥，刺史司马腾，执诸胡于山东，卖充军实。勒时年二十余，亦在其中，卖与茌平山东茌平县。人师欢为奴，欢奇而免之。勒与马牧率汲桑往来，招集王阳、夔安、支雄、冀保、吴豫、刘膺、桃豹、逯明等八骑肆劫掠。后郭敖、刘征、刘宝、张噎仆、呼延莫、郭黑略、张越、孔豚、赵鹿支、屈六等又赴之，号为十八骑。及刘渊称汉王，晋成都王颖故将公师藩等自称将军，起兵赵魏，勒与汲桑帅牧人以赴之，桑始命勒以石为姓、勒为名焉。桑及勒后为汉阳太守苟晞所败，桑死，勒降于汉。渊加勒督讨山东诸军事，于是并有幽并青冀司豫诸州。晋太兴二年汉乱，勒自称赵王，都邺。咸和三年，建元太和；二年。五年，即皇帝位，改元建平。四年。称王十一年，称帝四年，在位凡十五年。谥曰明皇帝，庙号高祖。

弘，字大雅，勒之第二子。嗣立，改元延熙。一年。时石虎专权，废之为海阳王，寻杀之。在位凡一年。

虎，字季龙，勒之从子。废弘自立，称大赵天王，改元建武。十四年。晋永和五年，即皇帝位，改元大宁。一年。在位凡十五年。谥武皇帝，庙号太祖。

石勒像

世，虎幼子。嗣立，为石遵所杀，在位凡三十三日。

遵，虎第三子。废世而自立，为石闵所杀，在位凡一百八十三日。

鉴，虎子。继立，改元青龙，一年。谋诛石闵不克，反为所杀，在位凡一百三日。

祗，虎子。闻鉴死，称帝于襄国，改元永宁，为其将刘显所杀。

闵，字永曾，虎之养孙，本姓冉名良，魏郡内黄人。勇猛善战，以功封修成侯。永和六年，西历350年。杀石鉴，即帝位，改元永兴，三年。国号大魏，复姓冉氏。慕容儁克幽蓟，略地至于冀州，闵帅骑距之，与慕容恪相遇于魏昌，河北无极县。战败，马无故而死，为恪所擒。在位凡三年。

【前燕】 自晋武帝太康七年，西历286年。慕容廆称公，至帝奕太和五年，西历370年。为秦所灭，凡四传，共八十五年。

慕容廆，字奕洛瓌，昌黎棘城鲜卑人也。曾祖莫护跋，魏初率其诸部入居辽西，从宣帝伐公孙氏有功，拜率义王，始建国于棘城热河朝阳县。之北。时燕代多冠步摇冠，莫护跋见而好之，乃敛发袭冠，诸部因呼之为步摇，其后音讹，遂为慕容焉。或云慕二仪之德，继三光之容，遂以慕容为氏。祖木延左贤王，父涉归以全柳城之功，进拜鲜卑单于，迁邑于辽东北。廆嗣立，与其邻部宇文氏有隙，请讨之，武帝弗许，太和七年五月。叛攻辽西，后乃请降，拜为鲜卑都督。廆以宇文氏、段氏数加侵略，迁于徒河之青山，辽西锦县。后又徙于大棘城，辽西义县。受晋官爵。在位凡四十九年。谥武宣皇帝。

皝，字元真，廆之第三子。嗣立，咸康三年，西历337年。称燕王，又筑龙城，热河朝阳县附近。徙都之。先击破高句丽，复击破宇文氏、段氏，于是辽东西之地，悉为燕有。在位凡十四年。谥文明皇帝。

儁，字宣英，皝之第二子。永和五年，西历349年。即燕王位，乘赵魏之乱，攻蓟下而徙都之。旋使慕容恪等击擒冉闵。永和八年，即

皇帝位，建元燕元、三年。元玺、五年。光寿，三年。在位凡十一年。谥景昭皇帝，庙号烈祖。

㬜，字景茂，儁第三子。初封中山王，寻立为太子。儁卒，㬜立，改元建熙。十一年。晋太和五年，秦主苻坚，遣王猛、杨安率兵伐㬜，破邺，㬜出逃，为追兵所执。在位凡十一年。前燕亡。

【前蜀】 自晋惠帝太安元年，西历302年。李特称大都督，至穆帝永和三年，西历347年。为桓温所灭，凡七传，共四十六年。

李特，字玄休，巴西宕渠氏人。汉末，张鲁居汉中，以"鬼道"教百姓，賨人敬信巫觋，多往奉之。值天下大乱，自巴西之宕渠，迁于汉中杨车坂，抄掠行旅，百姓患之，号为杨车巴。魏武帝克汉中，特祖将五百余家归之，魏武帝拜为将军，迁于略阳北土，复号之为巴氐。特父慕为东羌猎将。特少仕州郡，见异当时。元康中，六年，西历296年。氐齐万年反，关西扰乱，频岁大饥，百姓乃流移就谷，入汉川者数万家，特随流人入蜀。永康元年，西历300年。益州刺史赵廞，因内调遂谋叛，潜有割据之志。特之党类，皆巴西人，与廞同郡，厚遇之以为爪牙，故特等聚众专为抄掠，蜀人患之。后特怨廞，引兵归绵竹。廞遣将遏之，为特击败，进攻成都，于是六郡流人，推特为主。太安元年，自称益州牧，都督梁益二州诸军事，大将军、大都督。建元二年，晋益州刺史罗尚出大军逆战，特败绩被杀，传首洛阳。在位凡二年。及雄称王，追谥为景皇帝，庙号始祖。

流，字玄通，特第四弟。特死，收遗众，自称大将军、大都督、益州牧，数月死，追谥秦文王。

雄，字仲俊，特第三子。诸将立雄为主，逐罗尚，克成都，奄有全蜀。永兴元年，西历304年。称成都王，建元建兴。二年。寻即皇帝位，改元太武，亦曰晏平、五年。玉衡，二十四年。在位凡三十一年。

慕容㬜像

谥武帝，庙号太宗。

班，字世文，雄养子。嗣立，仍用玉衡年号。雄子越，时镇江阳，以班非雄所生，意甚不平，以奔丧与其弟期密计图之，遂杀班于殡宫。

期，字世运，雄第四子。班死，越推让之，即皇帝位，改元玉恒。三年。期外任奸邪，内宠宦寺，纲维紊乱，为李寿所废，自杀。在位凡三年。谥幽公。

寿，字武考，雄兄骧之子。咸康四年，西历338年。废期而自立，改国号曰汉，改元汉兴。六年。在位凡六年。谥昭文帝，庙号中宗。

势，字子仁，寿之长子。嗣立，改元太和、二年。嘉宁。二年。晋永和三年，桓温伐蜀，势穷蹙纳降，迁于建康，封归义侯。在位凡四年。前蜀亡。

【前凉】 自晋惠帝永宁元年，西历301年。张轨官凉州，至孝武帝太元元年，西历376年。灭于前秦，凡九传，共七十六年。

张轨，字士彦，安定乌氏人，汉常山景王耳十七代孙。永宁初，出为护羌校尉、凉州刺史。时鲜卑反，劫掠者蜂起，轨到官，即讨破之，遂威著西州。在州十二年而卒。张祚称帝，谥武王。

寔，字安逊，轨之世子。轨卒，州人推寔摄父位。京兆人刘弘，挟左道以惑百姓，寔左右皆事之，帐下阎沙，牙门赵仰，皆弘乡人。弘谓之曰："天与我神玺，应王凉州。"沙仰信之，密与寔左右十余人谋杀寔，奉弘为主。寔潜知其谋，收弘杀之，沙等不知之，以其夜害寔。寔改元建兴，七年。在位凡七年。谥昭王。

茂，字成逊，寔弟。寔遇害，州人推茂为大都督、太尉、凉州牧，改元永元，四年。在位凡四年。谥成王。

骏，字公庭，寔世子。茂卒，继立。自轨据凉州，属天下大乱，所在征伐，军无宁岁。至骏，境内渐平，又使其将杨宣率众越流沙，

伐龟兹、鄯善，百域并降。骏有计略，勒修庶政，总御文武，咸得其用，远近嘉咏，号曰积贤君。改元太元，二十二年。在位凡二十二年。谥文王。

重华，字泰临，骏之第二子。继立，以永和二年，自称持节大都督、太尉、护羌校尉、凉州牧、西平公、假凉王，改元永乐。八年。在位凡八年。谥明王。

耀灵，字玄舒，重华子。嗣立，伯父祚废之，寻遇害。谥哀公。

祚，字太伯，骏之长庶子。废耀灵而自立。永和十年，西历354年。称皇帝，改元和平。一年。祚凶暴淫虐，立之明年，其河州刺史张瓘，起兵讨之，骁骑将军宋混率众应瓘。军至姑臧，祚厨士徐黑杀祚。在位凡一年。

玄靓，字元安，重华少子。祚死继立，自号大都督、大将军、校尉、凉州牧、西平公，改元太始，二年。仍用建兴、五年。升平。一年。为张天锡所害。在位凡八年。谥冲公。

天锡，字纯嘏，骏少子。玄靓死，国人立之，改元太清。十四年。晋太元元年，苻坚遣其将苟苌、毛当、梁熙、姚苌等伐之，天锡战败，降苌等。在位凡十四年。前凉亡。

【前秦】 自晋穆帝永和七年，西历351年。苻洪称秦王，至孝武帝太元十九年西历394年。而亡，凡七传，共四十四年。

苻洪，字广世，略阳甘肃秦安县。临渭氐人也。其先世为西戎酋长。始其家池中蒲生长五丈五节，如竹形，时咸谓之蒲家，因以为氏焉。父怀归部落小帅。永嘉之乱，宗人蒲光、蒲突，遂推洪为盟主。刘曜称帝长安，光等逼洪归曜，拜率义侯。曜败，洪保陇山，石虎攻上邽，洪又请降，拜冠军将军，委以西方之事。石遵即位，去洪都督，怨之，乃遣使降晋。石鉴杀遵，所在兵起，洪据枋头。河

苻洪像

南溶县。洪以谶文有"草付应王",又其孙坚,背有"草付"字,遂改姓苻氏。自称大将军、大单于、三秦王,欲西取长安而都之,会为军师将军麻秋所鸩杀。健称帝,谥惠武帝。

健,字建业,洪第三子。洪卒,继统其众,进据关中,都长安。永和七年,称天王大单于。八年,即皇帝位,建元皇始。四年。在位凡四年。谥明皇帝,庙号世宗,后改高祖。

生,字长生,健第三子。以谶言"三羊五眼应符",故立为太子。永和十三年,健卒嗣立,改元寿光。二年。生荒淫嗜杀,苻坚废而杀之。在位凡二年。谥厉王。

坚,字永固,一名文玉,苻雄之子。升平元年,西历357年。弑生而自立,改元永兴、二年。甘露、六年。建元。二十年。孝武帝太元八年,西历383年。大举伐晋,败于淝水,国中大乱。十年,为姚苌所执,缢死。在位凡二十八年。谥世祖宣昭皇帝。

丕,字永叔,坚之庶长子。出镇邺。坚死,据晋阳,即皇帝位,改元太安。一年。为慕容永所败,走死。在位凡一年。谥哀平皇帝。

登,字文高,坚之族孙。坚亡,于太元十一年立于南安,甘肃平凉县。改元太初。八年。姚兴攻之,登战败被杀。在位凡八年。谥高皇帝,庙号太宗。

崇,登太子。姚兴攻杀登,崇奔于湟中,称尊号,改元延初。一年。为西秦乞伏乾归所逐,崇死。前秦亡。

【后秦】 自晋孝武帝太元九年,西历384年。姚苌称王,至安帝义熙十三年西历417年。为晋所灭,凡三传,共三十四年。

姚弋仲,南安赤亭羌人也。其先世为羌酋。其后烧当雄于洮罕之间,七世孙填虞,汉中元末,侵扰西州,为杨虚侯马武所败,徙出塞。虞九世孙迁那,率种人内附,汉朝嘉之,封归顺王,处之于南安之赤亭。那玄孙柯迴,为魏西羌都督。迴生弋仲,众皆畏而亲之。永嘉之乱,东徙榆眉,戎夏随之者数万,自称护西羌校尉、雍州刺史、扶风公。刘曜以弋仲为平西将军,封平襄公,邑之于陇上。及石虎克上邽,弋仲说之,徙陇上豪强以实畿甸。勒既死,虎执权,思弋仲之言,遂徙秦雍豪杰于关东,弋仲率步众数万,迁于清河。及虎废石弘自立,

弋仲称疾不贺，虎惮其强正而不之责，迁持节十郡六夷大都督、冠军大将军，进封西平郡公。石祗称帝于襄国，以弋仲为右丞相。石氏已灭，中原无主，乃遣使请降于晋，封高陵郡公。苌称帝，追谥为景元皇帝，庙号始祖。

襄，字景国，弋仲之第五子，代领其众。殷浩北伐，襄袭破之，自称大将军、大单于。进攻外黄，为晋边将所败，乃据许昌。西图关中，进战于三原，襄败，为苻坚所杀。苌称帝，追谥为魏武王。

苌，字景茂，弋仲第二十四子。襄死，苌率诸弟降于苻生。及苻坚寇晋，以苌为龙骧将军，督益梁州诸军事。坚败于淮南，归长安，慕容泓叛，坚遣子叡讨之，以苌为司马。为泓所败，叡死之，苌惧，奔于渭北。西州豪族，推苌为盟主。太元九年，遂自称大将军、大单于、万年秦王，建元白雀。二年。坚为慕容冲所逼，走入五将山，苌遣将围坚，执而杀之。太元十一年，苌即皇帝位于长安，国号大秦，改元建初。八年。在位凡十年。谥武昭皇帝，庙号太祖。

兴，字子略，苌长子。嗣立，改元皇初、五年。弘始，十七年。在位二十二年。谥文桓皇帝，庙号高祖。

泓，字元子，兴长子。嗣立，改元永和。二年。晋义熙十三年，刘裕北伐，入关中，执泓，送建康斩之。在位凡二年。后秦亡。

【西秦】 自晋孝武帝太元十年，西历385年。乞伏国仁称大单于，至宋文帝元嘉八年，西历431年。灭于夏，凡四传，共四十七年。

乞伏国仁，陇西鲜卑人也。其五世祖祐邻，泰始初，率户五千，迁于夏缘。部众稍盛，徙居高平川。祐邻死，子结权立，徙于牵屯。结权死，子利那立。利那死，弟祁埿立。祁埿死，利那子述延立，讨鲜卑莫侯于苑川，甘肃靖远县。大破之，因居苑川。述延死，子傉大寒立。会石勒灭刘曜，惧而迁于麦田元孤山。大寒死，子司繁立，始迁于度坚山。寻为苻坚将王统所袭，部众叛降于统，乃诣统降于坚，坚

署为南单于，留之长安。俄而鲜卑勃寒，侵斥陇右，坚以司繁讨诸胡，遂镇勇士川。甘肃金县。司繁卒，国仁代镇。及坚寿春之役，征为前将军。会国仁叔父步颓，叛于陇西，坚遣国仁还讨之，国仁遂与颓合，众至十余万。及坚为姚苌所杀，以太元十年，自称大都督、大将军、大单于，领秦、河二州牧，建元建义，三年。分其地为十二郡，筑勇士城而都之。在位凡三年。谥宣烈王，庙号烈祖。

乞伏乾归像

乾归，国仁弟也。国仁死，群臣推乾归继立，称河南王，迁都金城，甘肃皋兰县。改元太初。十二年。为后秦姚兴所破，遂降，兴以为归义侯，还镇苑川，尽以部众配之。兴终虑乾归西州之患，因其朝也，留之。寻逃归苑川，降秦已九年。称秦王，改元更始。三年。为兄子公府所杀。在位凡二十四年。谥武元王。

炽磐，乾归长子也。杀公府而袭位。袭灭南凉秃发傉檀，兵强地广。改元永康、八年。建弘，八年。在位凡十六年。

暮末，炽磐第二子。嗣立，改元永弘。四年。后为夏主赫连定所逼，降于魏。宋文帝元嘉八年，赫连定攻杀之。在位凡四年。西秦亡。

【后燕】 自晋孝武帝太元九年，西历384年。慕容垂称王，至安帝义熙五年，西历409年。灭于北燕，凡五传，共二十六年。

慕容垂，字道明，皝之第五子。慕容儁称帝，封吴王，徙镇信都。及暐嗣立时，垂与慕容评同秉政。桓温北伐，垂败之枋头，威名大振，评深忌之，乃谋诛垂。垂惧祸，奔于苻坚，坚以为冠军将军，封宾都侯。及坚擒暐，垂随坚入邺，为先导。坚之败于淮南也，垂军独全，遂以之叛，定都中山。太元八年，称燕王，建元燕元。二年。晋太元十一年，称皇帝，改元建兴。十年。在位凡十二年。谥成武皇帝，庙号世祖。

宝，字道祐，垂之第四子。嗣立，改元永康。二年。魏主拓跋珪来伐，克信都，宝大惧，率万骑奔蓟。宝子会守龙城，闻宝败，率众赴难，逢宝于路。宝分夺其军以授弟农，会怒，攻农杀之，遂攻宝。宝走龙城，会追围之，为宝将高云所败。会奔中山，为慕容详所杀，详遂称帝，改元建始。未几，宝弟麟叛，率众入中山，斩详，亦称帝，改元延平。宝率众自龙城将攻中山，众咸惮征，皆溃。宝还龙城，为舅兰汗所杀。在位凡二年。谥惠愍皇帝，庙号烈宗。

盛，字道运，宝之庶长子，宝南伐，留统后事，宝死，称制，改元建平，一年。称帝，改元长乐，二年。前将军段玑作乱，盛被伤，卒，在位凡三年，谥昭武皇帝，庙号中宗。

熙，字道文，垂之少子。继立，改元光始、六年。建始。一年。为高云所杀。在位凡七年。谥昭文皇帝。

云，宝之养子。杀熙，即天王位，复姓高氏，改元正始。二年。晋义熙五年，为下所杀。在位年余。谥惠懿皇帝。冯跋继立，后燕亡。

【后凉】 自晋孝武帝太元十一年，西历386年。吕光称公，至安帝元兴二年，西历403年。降后秦，凡四传，共十八年。

吕光，字世明，略阳氐人也。其先吕文和，汉文帝初，自沛避难徙居焉，世为酋豪。父婆楼，佐命苻坚，官至太尉。光事坚，征西域。光平西域，有留焉之志。后东还，值坚丧败，中原大乱，坚凉州刺史梁熙发兵拒光，光击之，遂入姑臧，甘肃武威县。自领凉州刺史。光闻苻坚为姚苌所害，遂据酒泉，称凉州牧、酒泉公，建元太安。三年。即三河王位，改元麟嘉。七年。称天王，改元龙飞。三年。诸郡叛离，不能有全凉，仅居姑臧。病甚，立其太子绍为天王，自号太上皇帝。在位凡十三年。谥武皇帝，庙号太祖。

绍，光太子。继立未久，为兄吕纂所杀。谥隐王。

纂，字永绪，光之庶长子。杀绍而立，改元咸宁。二年。纂昏虐任情，忍于杀戮。纂弟超，杀纂而立其兄隆。在位凡二年。谥灵皇帝。

隆，字永基，光弟宝之子。超杀纂，让位于隆。及即位，改元神鼎。三年。为沮渠蒙逊与秃髪傉檀所侵，以元兴二年，降于后秦姚兴。在位凡三年。后凉亡。

【南凉】 自晋安帝隆安元年，西历397年。秃髪乌孤称王，至义熙十年，西历414年。灭于西秦，凡三传，共十八年。

秃髪乌孤，河西鲜卑人也。其八世祖匹孤，率其部自塞北迁于河西。匹孤卒，子寿阗立。初寿阗之在孕，母胡掖氏，因寝而产于被中，鲜卑谓被为秃髪，因而氏焉。至乌孤嗣立，务农业，修邻好。吕光遣使署为河西鲜卑大都统、广武县侯。乌孤讨乙弗、折掘二部，大破之，筑廉川堡青海乐都县。以都之。隆安元年，自称平西王，建元太初。三年。后堕马死。在位凡三年。谥武王，庙号烈祖。

秃髪乌孤像

利鹿孤，乌孤弟。继立，改元建和。二年。翌年，改称河西王。在位凡二年。谥康王。

傉檀，利鹿孤弟。改元弘昌，二年去年号。迁于乐都。初南凉畏后秦，颇自贬损。后傉檀败秦师，仍复称王，改元嘉平。七年。其属部乙弗等叛，傉檀往讨，大破之。西秦主炽磐闻之，乘虚袭乐都，一旬而城溃，徙其太子百官等而归。傉檀将士闻乱，皆逃散。傉檀穷蹙，降于炽磐。在位凡十三年。南凉亡。

【西凉】 自晋安帝隆安四年，西历400年。李暠称公，至宋武帝永初元年，西历420年。灭于北凉，凡三传，共二十一年。

李暠，字玄盛，陇西成纪人，汉前将军广之十六世孙。祖弇，仕张轨，为武卫将军，安世亭侯。父昶，幼有令名，早卒。后凉吕光龙飞二年，晋安帝隆安元年。其建康太守段业叛，自称凉州牧，以孟敏为沙州刺史，李暠为效谷甘肃敦煌县西。令。敏死，众推暠领敏众。隆安四年，称凉公，迁于酒泉，建元庚子至甲辰、五年。建初。十二年。在位凡十七年。谥曰武昭王，庙号太祖。

歆，字士业，暠第二子。嗣立，改元嘉兴。三年。与沮渠蒙逊战于蓼泉，被杀。在位凡三年。

恂，歆弟。歆死，自立于敦煌，改元永建。一年。复为沮渠蒙逊所攻灭。在位凡一年。西凉亡。

【北凉】 自晋安帝隆安元年，西历397年。段业称公，至宋文帝元嘉十六年，西历439年。降于魏，凡二姓三传，共四十三年。

沮渠蒙逊，临松卢水胡人。其先世为匈奴左沮渠，遂以官为氏。蒙逊雄杰有英略，滑稽善权变，梁熙、吕光皆奇而惮之。会伯父罗仇、麹粥，从吕光征河南，光前军大败，罗仇、麹粥，皆为光所杀，宗姻诸部会葬者万余人，蒙逊哭谓众曰："吕光昏耄，荒虐无道，君等岂可坐观成败，使二父有恨黄泉乎？"众咸称万岁，遂立盟约，一旬之间众至万余。隆安元年，乃推建康太守段业为凉州牧、建康公，建元神玺、二年。天玺。二年。业惮蒙逊雄武，微欲远之，蒙逊亦内不自安。蒙逊兄男成，素有恩信，部众附之，蒙逊乃密诬告男成叛逆，使业杀之。蒙逊乃泣告众，欲为男成复仇，众从之，遂攻杀业。隆安五年，西历401年。称凉州牧、张掖公，改元永安。十一年。即凉王位，改元玄始、十六年。承玄、三年。义和。二年。蒙逊克姑臧，灭敦煌，遂有全凉之境。在位凡三十二年。

牧犍，蒙逊子。嗣立，改元永和。七年。宋元嘉十六年，魏师来伐，势穷请降。在位凡七年。北凉亡。

【南燕】 自晋安帝隆安二年，西历398年。慕容德称王，至义熙六年，西历410年。灭于刘裕，凡二传，共十三年。

慕容德，字玄明，皝之少子。慕容儁称帝，封为梁公。后遇晖败，徙于长安，苻坚以为张掖太守。坚之败也，从垂如邺。及垂称燕王，以德为车骑大将

军，复封范阳王，居中镇卫，参断政事。宝既嗣位，以为使持节都督冀兖青徐荆豫六州诸军事。魏师入中山，德兄子麟奔邺，劝德僭号。隆安二年，德率众自邺徙于滑台，_{河北滑县。}自称燕王，建元燕平，_{二年。}徐兖之民尽附之。以滑台地居冲要难守，遂东取青州，_{隆安三年。}都广固，_{山东益都县西北。}即皇帝位，改元建平。_{五年。}在位凡七年。谥献武皇帝。

超，字祖明，德兄北海王纳之子，德立之为太子。继立，改元太上。_{六年。}义熙六年，刘裕伐之，破广固执超，送建康斩之。在位凡六年。南燕亡。

【北燕】 自晋安帝义熙五年，_{西历409年。}冯跋称王，至宋文帝元嘉十三年，_{西历436年。}灭于魏，凡二传，共二十八年。

冯跋，字文起，长乐信都人也。后燕慕容宝称帝，署中卫将军。慕容熙即位，得罪亡命山泽，因民之乱遂为乱，推熙养子夕阳公高云为主，执熙杀之。云为其幸臣离班、桃仁所杀，跋将张泰、李桑斩班、仁，众推跋为主。义熙五年，乃称天王于昌黎，国号燕，建元太平。_{二十二年。}在位凡二十二年。

弘，字文通，跋弟。跋寝疾，弘勒兵入，跋惊悸死，而弘杀跋子翼自立，改元太兴。_{六年。}宋文帝元嘉十三年，为魏所破，弘走死高丽。在位凡六年。北燕亡。

【夏】 自晋安帝义熙三年，_{西历407年。}赫连勃勃称王，至宋文帝元嘉八年，_{西历431年。}灭于吐谷浑，凡三传，共二十五年。

赫连勃勃，字屈孑，匈奴右贤王去卑之后，刘渊之族也。曾祖刘虎，母为鲜卑人。北人谓胡_{匈奴}父鲜卑母为铁弗，虎遂以为号焉。虎始附拓跋氏，后事刘聪，拜安北将军。虎死，子务桓嗣。务桓死，弟阏陋头嗣。务桓子悉勿祈，逐阏陋头而自立。悉勿祈死，弟卫辰嗣。自务桓以来，皆依违于拓跋氏、石氏之间，至卫辰，乃导苻坚灭拓跋

冯跋像

氏。坚分代为二部，自河以西属之卫辰，自河以东属之刘库仁。拓跋中兴，杀卫辰并其众，子勃勃奔于姚兴。兴大信重之，以为安北将军、五原公，镇朔方。勃勃众至数万，以义熙二年，称天王大单于，自以匈奴夏后氏之苗裔，国称大夏。耻姓铁弗，遂改为赫连氏，自云"徽赫与天连"。又号其支庶为铁伐氏，云"刚锐如铁，皆堪伐人"。筑统万城_{陕西横山县北。}以都之。及宋武入长安，擒姚泓，以内患南归，留子义真镇长安。勃勃大喜，义熙十四年，_{西历418年。}伐义真，大破之，遂入长安，即皇帝位，建元龙升、_{六年。}凤翔、_{五年。}昌武、_{一年。}真兴。_{六年。}在位凡十八年。

昌，勃勃第三子。嗣立，改元承光。_{三年。}魏师来伐，拔统万，昌奔上邽，为魏所擒。在位凡三年。

定，勃勃第五子。昌败，奔于平凉称帝，改元胜光。_{四年。}取长安，灭西秦，欲击北凉而夺其地。元嘉八年，为吐谷浑王慕璝所袭，定被执，送于魏。在位凡四年。夏亡。

按，以上史称为十六国。其未列入者，附录于下。

【西燕】 自晋孝武帝太元九年，_{西历384年。}慕容冲称帝，至太元十九年，_{西历394年。}灭于后燕，凡二姓七传，共十一年。

慕容冲，小字凤皇，晖之弟也。初前燕亡，晖弟济北王泓，随晖入秦，为北地长史。苻坚败归，中原纷乱，泓闻垂攻邺，乃亡命奔关东，收鲜卑数千人，还屯华阴。坚遣张永击之，为泓所败，泓遂称济北王。坚使苻叡率姚苌讨之。时冲为平阳太守，起兵河东亦叛，坚使窦冲讨之，叡击泓，大败，叡死之。冲击冲，大破之，冲遂奔于泓。鲜卑之众，因杀泓立冲。冲进据阿房，谋杀坚未果。以太元九年称帝，改元更始。_{二年。}寻入长安。冲毒虐，失人心，其将许木末杀之。在位凡二年。

段随，冲将。冲死，众立之为燕王，改元昌平。寻为慕容永所杀。

慕容冲像

颛，燕宗室，宜都王子。慕容永杀段随，遂立之为主，改元建明。率鲜卑男女三十余万口，去长安而东，为慕容韬所杀。

瑶，冲子。继立，改元建平。为慕容永所杀。

忠，泓子。继立，改元建武。忠以永为丞相，至闻喜，闻燕王垂已称帝，不敢进，筑燕熙城而居之。未几诸将杀忠，推永为主。

永，廆从孙。继立，称河东王，称藩于垂。永求东归，为苻丕所阻。时丕称帝于晋阳，永击丕，大败之。进据长子，山西长子县。遂称帝，改元中兴，九年。时太元十一年也。西历386年。永纳叛臣翟钊，太元十九年，垂伐之，围长子，执永杀之。在位凡九年。西燕亡。

【后蜀】 自晋安帝义熙元年，西历405年。谯纵称王，至义熙十年，西历414年。灭亡，凡十年。

谯纵，巴西南充人，为安西府参军。义熙元年，刺史遣纵及侯晖等领诸县氐进兵东下，晖有异谋，逼纵为主，据涪城，自号梁秦二州刺史。杀益州刺史毛璩，纵入成都，自称成都王，而称藩于后秦姚兴。义熙十年，为晋刘裕将朱龄石所攻灭。

(以上均据《晋书》《列传》及《载记》)

一　两晋之疆域

晋初有州十九，惠帝置江州，怀帝置湘州，合为廿一州。

晋武帝太康元年，既平孙氏，……省司隶，置司州，别立梁、秦、宁、平四州，仍吴之广州，凡十九州。注：司、冀、兖、豫、荆、徐、扬、青、幽、平、并、雍、凉、秦、梁、益、宁、交、广州。郡国一百七十三。后增郡国十九，省二，共一百九十。(《晋书》卷一四《地理志序》)

晋武帝太康元年平吴，分为十九州部，置"司"州治洛阳，"兖"治廪丘，"荆河"治项，"冀"治房子，"并"治晋阳，"青"

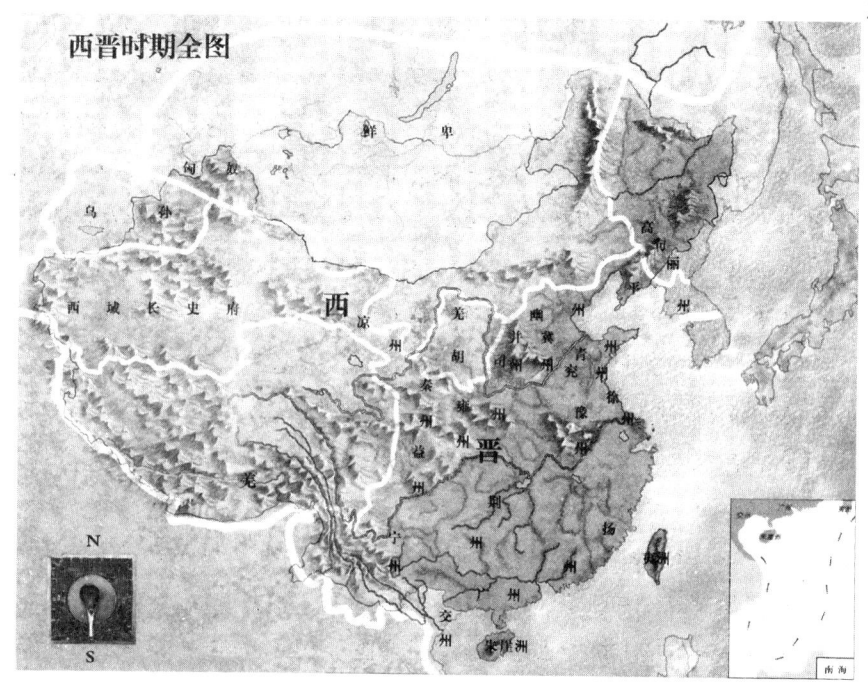

西晋时期全图

治临淄,"徐"治彭城,"荆"初治襄阳、后治江陵,"扬"初治寿春、后治建业,"凉"治武威,分三辅为"雍"治京兆,分陇山之西为"秦"治上邽,"益"治成都,分巴汉之地为"梁"治南郑,分云南为"宁"治云南,"幽"治涿,分辽东为"平"治昌黎,"交"治龙编,分合浦之北为"广"治番禺。(《通典》卷一七一《州郡》一)

永平元年,七月,分扬州、荆州十郡为江州。(《晋书》卷四《惠帝纪》)

永嘉元年,八月,……分荆州、江州八郡为湘州。(《晋书》卷五《怀帝纪》)

南渡之后,境域殊狭,侨立州郡,名存实亡。

自夷狄乱华,司、冀、雍、凉、青、并、兖、豫、幽、平诸州,一时沦没,遗民南渡,并侨置牧司,非旧土也。江左……凡有扬、荆、湘、江、梁、益、宁。交、广,其徐州则有过半,豫州唯得谯城而已。(《宋书》卷三五《州郡志》)

后乘中原纷乱,恢复故地,不旋踵又复失陷。

初元帝命祖逖镇雍丘,逖死,北境渐蹙,于是荆、司、青、兖四州，及徐州之半，陷刘曜、石勒，以合肥、淮阴、寿阳、泗口、角城为重镇。成帝时，鄀守将退屯襄阳，咸和初，魏谚屯鄀，为刘曜将黄秀所逼而退守襄阳，后亦陷石勒，寻复之。庾翼、朱序皆镇于此，又为苻坚将苻丕所陷，寻又复之。穆帝时平蜀汉，永和二年，桓温西讨，擒李势。复梁益之地，又遣军西入关，至灞上，十年，桓温讨苻健于白鹿原，战败。再北伐，一至洛阳，永和十二年，温讨慕容儁，破其将姚襄于伊水，时襄已降。一至枋头，废帝太和三年，温又讨慕容暐，败还。所得郡县，军旋又失。洎苻坚东平慕容暐，西南陷蜀汉，西北克姑臧，孝武太和五年，张天锡败。则汉水长淮以北，悉为坚有。及坚败，再复梁、九年，将郭宝平梁州，益蜀郡太守任权斩苻坚益州刺史李平，益州平。青、徐、兖、荆河之地。其后青、兖陷于慕容德，安帝隆安三年，德据之。荆河司陷于姚兴，隆安三年。以彭城为北境藩捍。朱序镇守。后益、梁又陷于谯纵。每因刘、石、苻、姚衰乱之际，则进兵屯戍，在于汉中、襄阳、彭城，然大抵上明、江陵、夏口、武昌、合肥、寿阳、淮阴，常为晋氏镇守。义熙以后，又复青、兖、司、荆河、梁、益之地，而政移于宋矣。（《通典》卷一七一《州郡》一）

兹依《晋书·地理志》、洪亮吉《东晋疆域志》，参以诸书，列简表，著其沿革。

两晋疆域简表

	西 晋			东 晋	
州名	郡 国	备 考	州名	郡 国	备 考
司	治洛阳 河南，荥阳，弘农，上洛，平阳，河东，汲郡，广平，阳平，魏郡，顿丘，河内。 统郡十二	《晋书·地理志》，永嘉之后，司州沦没于刘聪。	司	治荥阳，或洛阳、虎牢 河南，荥阳，弘农，华山，汲郡，河内，阳平，魏郡，顿丘。 统郡九	《宋书·州郡志》，武帝北平关洛，置司州刺史，治虎牢。
兖	治廪丘 陈留国，濮阳国，济阳，高平国，东平国，济北国，泰山。 统郡国七	同上，惠帝之末，兖州阖境沦没于石勒。	兖	治廪丘 泰山，高平，鲁郡，济北，东燕，陈留，东平，济阳，济阴，濮阳国。 统郡国十	《晋书·安帝纪》，义熙六年二月，刘裕攻慕容超，齐地悉平。

续表

西晋			东晋		
州名	郡国	备考	州名	郡国	备考
豫	治项 颍川，汝南，沛国，鲁郡，谯郡，汝阴，安丰，弋阳，襄城，梁国，新蔡，陈郡，南顿。 统郡国十三	同上，永嘉之乱，豫州沦没于石氏。 同上，惠帝立新蔡、陈、南顿三郡。	豫		洪亮吉《东晋疆域志》，晋南渡初，豫州所得，唯有谯城，及祖约退还寿春，谯城亦陷，后又并寿春失之。至石氏丧亡，复收淮南之地。及苻坚败，而豫境渐复。义熙经略中原，奄有豫之故土。
冀	治房子 赵国，巨鹿国，安平国，平原国，乐陵国，渤海国，章武国，河间国，高阳国，博陵国，清河国，中山国，常山国。 统郡国十三	同上，惠帝之后，冀州沦没于石勒。			
幽	治涿 范阳国，燕国，北平，上谷，广宁，代郡，辽西。 统郡国七	同上，惠帝之后，幽州沦没于石勒。			
平	治昌黎 昌黎，辽东国，乐浪，玄菟，带方。 统郡国五	同上，咸宁二年，分（幽州五郡）置平州，初置以慕容廆为刺史，遂属之。永嘉之乱，廆为众所推。			
并	治晋阳 太原国，上党，西河，乐平，雁门，新兴。 统郡国六	同上，永兴元年，刘渊称尊号于平阳，于是并州之地，皆为元海所有，刘曜徙都长安，其平阳以东地入石勒。			
雍	治京兆 京兆，冯翊，扶风，安定，北地，始平，新平。 统郡七	同上，雍州没于刘聪。			

西晋			东晋		
州名	郡国	备考	州名	郡国	备考
凉	治武威 　金城，西平，武威，张掖，西郡，酒泉，敦煌，西海，晋昌。 　统郡九	同上，永宁中，张轨为凉州刺史，中原沦没，轨乃控据河西，称晋正朔。 同上，惠帝置晋昌郡。			《晋志》及《通考》作领部八，盖未计晋昌。
秦	治上邽 　陇西，南安，天水，略阳，武都，阴平，狄道。 　统郡七	同上，泰始五年，又置秦州，太康三年罢，并雍州，七年复立。 同上，惠帝置狄道郡。《晋书·元帝纪》，太兴二年，秦州刺史陈安，叛降于刘曜。	东秦 北秦	遥领 仇池	《宋书·刘义真传》，领东秦州刺史。 《晋书·地理志》，江左又立氐池为北秦州。
梁	治南郑 　汉中，梓潼，广汉，涪陵，巴陵，巴西，巴东，宕渠，新城，魏兴，上庸。 　统郡十一	《晋书·地理志》，泰始三年，分益州立梁州于汉中，惠帝时，没于李特。 同上，罢新都，惠帝置宕渠，以新城、魏兴、上庸属梁州。	梁 "秦"	治南郑，后治苞中县 汉中，魏兴，晋昌，新城，上庸，梓潼，晋寿，广汉，遂宁，涪郡，巴郡，巴西，宕渠，新巴，汶阳，北巴。 统郡十六	《晋书·地理志》，江左分梁为秦，寄居梁州。
益	治成都 　蜀郡，犍为，汶山，汉嘉，江阳，朱提，越巂，牂牁。 　统郡八	同上，惠帝之后，李特自立，益州郡县，皆没于特。	益	治成都 　蜀郡，宁蜀，晋原，江阳，东江阳，犍为，汶山，越巂，平乐，沈黎。 统郡十	《晋书·地理志》，益州郡县虽没李氏，江左并遥置之。 《晋书帝纪》，穆帝永和三年，桓温攻成都克之，李势降，益州平。孝武帝宁康元年，苻坚陷梁益二州。太元十年，蜀郡太守任权斩苻坚益州刺史李平，益州平。安帝义熙元年，平西参军谯纵以蜀叛。九年，朱龄石克成都，斩谯纵，益州平。

续表

西晋			东晋		
州名	郡国	备考	州名	郡国	备考
宁	治云南 云南，兴古，建宁，永昌，晋宁。 统郡五	同上，泰始七年，分益州之建宁、兴古、云南，交州之永昌，合四郡为宁州。 同上，惠帝置益州，怀帝改曰晋宁。	宁	治云南 建宁，晋宁，牂牁，平蛮，夜郎，朱提，南广，清河，下邳，东莞，建都，兴古，西平，梁水，永昌，云南，东河，西河，兴宁。 统郡十九	《晋书·成帝纪》，咸和八年，李寿陷宁州，刺史尹奉及建宁太守，并降之。
青	治临淄 齐国，济南，乐安，城阳，东莱，长广，平昌，高密国。 统郡国八	同上，自永嘉丧乱，青州沦没于石氏。 同上，惠帝置平昌、高密国。	北青 "幽" "冀"	治东阳或碻磝 齐郡，济南，乐安，高密，平昌，北海，东莱，东牟，长广。 统郡九	《晋书·地理志》，元帝渡江，于广陵侨置青州，至刘裕灭慕容超，始置北青州，镇东阳城，以侨立州为南青州。后省南青州，而北青州直曰青州。 同上，苻氏败，苻朗以州降，朝廷置幽州，镇广固。隆安四年，为慕容德所灭。 《宋书·州郡志》，冀州，义熙中更立，治青州，又省。
徐	治彭城 彭城国，下邳国，平阳，琅邪，东莞，广陵，临淮，兰陵，东安，淮陵，堂邑。 统郡国十一	同上，永嘉之乱，临淮、淮陵并沦没于石氏。 同上，惠帝置兰陵、东安、淮陵、堂邑四郡。	北徐 南兖 司	治彭城 彭城，沛郡，下邳，东海，谯郡，梁国，兰陵，琅邪，淮阳，宿预，东莞，东安。 统郡十二 治广陵	《宋书·州郡志》，晋明帝世，淮北没寇，侨立徐州治钟离。安帝义熙七年，始分淮北为北徐，淮南犹为徐州。 《东晋疆域志》，刘裕平广固后，尽得徐州故土。 《晋书·地理志》，元帝侨置兖州，寄居京口。明帝改为南兖州，或还江南，或居盱眙，或居山阳。后始割地为境，常居广陵。 同上，元帝渡江，亦侨置司州于徐

	西晋			东晋	
州名	郡国	备考	州名	郡国	备考
徐	治彭城 彭城国，下邳国，平阳，琅邪，东莞，广陵，临淮，兰陵，东安，淮陵，堂邑。 统郡国十一	同上，永嘉之乱，临淮、淮陵并沦没于石氏。 同上，惠帝置兰陵、东安、淮陵、堂邑四郡。	幽冀青并	治广陵	同上，江北又侨立幽、冀、青、并四州，后又以幽、冀合徐州。青州并合兖州。 《通典·州郡典》，东晋末，以广陵控接三齐，故青、兖二州刺史，皆镇于此。
荆	治襄阳，后徙江陵 江夏，南，襄阳，南阳国，顺阳，义阳，建平，宜都，南平，武陵，天门，随，新野，竟陵。 统郡国十四	同上，惠帝分桂阳、武昌、安成三郡立江州，以新城、魏兴、上庸三郡属梁州。怀帝又分长沙、衡阳、湘东、零陵、邵陵、桂阳置湘州。 同上，惠帝立随、新野、竟陵三郡。	荆"雍""梁"	治江陵或武昌 南郡，南平，武宁，绥安，江夏，竟陵，襄阳，南阳，顺阳，义阳，随郡，新野，建平，宜都，武陵，天门，巴东，临贺，始兴，始安。 统郡二十	《宋书·州郡志》，胡亡氐乱，雍秦流民多南出樊沔，秦孝武始于襄阳侨立雍州。 同上，李氏据梁益，江左于襄阳侨立梁州，李氏灭复旧，谯纵时，刺史治魏兴，纵灭，刺史还治汉中。
扬	治寿春，后徙建业 丹阳，宣城，淮南，庐江，晋陵，吴郡，吴兴，会稽，东阳，新安，临海，历阳，义兴。 统郡十三	同上，惠帝割豫章、鄱阳、庐陵、临川、南康、建安、晋安，置江州，按共割郡七。 同上，惠帝置历阳、义兴二郡，改毗陵为晋陵。	扬"豫"	治建业 丹阳，宣城，吴郡，吴兴，会稽，东阳，新安，临海，永嘉，义兴，晋陵。 统郡十一 治芜湖 邾城，武昌，牛渚，历阳，马头，谯城，寿春，姑孰，汝阴，南顿，汝阴，新蔡，陈郡，颍川，弋阳，西阳，淮南，历阳，马头，庐江，晋熙，秦郡。 统郡二十二	《晋书·地理志》，成帝乃侨立豫州于江淮之间。 《宋书·州郡志》，安帝义熙九年，割扬州大江以西，大雷以北，悉属豫州，豫州基址，因此而立。
江	治豫章 豫章，鄱阳，庐陵，临川，南康，建安，晋安，武昌，桂阳，安成，寻阳。 统郡十一	同上，惠帝元康元年，割扬州七郡、荆州三郡，置江州。 同上，惠帝分庐江之寻阳、武昌之柴桑，置寻阳郡，属江州。	江	治豫章或寻阳 寻阳，豫章，鄱阳，庐陵，临川，南康，建安，晋安，武昌，桂阳，安成。 统郡十一	

续表

西晋			东晋		
州名	郡国	备考	州名	郡国	备考
湘	治临湘 　长沙，衡阳，湘东，零陵，邵陵，桂阳，临贺，始兴。始安。 　统郡九	同上，怀帝分荆州六郡、广州三郡，置湘州。	湘	治长沙 　长沙，衡阳，湘东，零陵，邵陵，营阳。 　统郡六	《晋书·地理志》，义熙十三年，省湘州。
交	治龙编 　合浦，交阯，新昌，武平，九真，九德，日南。 　统郡七		交	治龙编 　交阯，合浦，新昌，武平，九真，九德，日南。 　统郡七	
广	治番禺 　南海，苍梧，郁林，桂林，高凉，宁浦。 　统郡六（郡数从《晋书》）	同上，怀帝以临贺、始、兴、始安、为湘州。 同上，武帝后省高兴郡。	广	治番禺 　南海，东官，新会，苍梧，晋康，新宁，永平，郁林，晋兴，桂林，高凉，宁浦，义安。 　统郡十三	

二　两晋之政变

（一）八王之乱及怀愍被虏

晋武帝惩魏氏孤立，恢复封建制度，大封子弟，假以兵权。

武帝受禅之初，泰始元年，西历265年。封建子弟为王二十余人，以郡为国，邑二万户为大国，置上中下三军，兵五千人；邑万户为次国，置上军下军，兵三千人；邑五千户为小国，置一军，兵千五百人。王不之国，官于京师。……公侯邑万户以上为大国，五千以上为次国，不满五千户为小国。初虽有封，而王公皆在京都。咸宁三年，诏徙诸王公皆归国。……其未之国，大国置守士百人，次国八十人，小国六十人，郡侯县公亦如小国，……皆自选其文武官。（《通考》卷二七一《封建考》一二）

晋武帝司马炎像

王国有傅、即师也。友典书令丞、掌国教令。文学、一人。郎中令、中尉、大农、为三卿。左右常侍、大国各二人,次国各一人,掌赞相献替。内史、改太守为内史。将军、大国上中下军三将军,次国上下二军将军各一人,小国上军而已。典祠、典卫、学官令、治书、中尉司马、世子、庶子、陵庙牧长、谒者中大夫舍人、典府等。其后省相及仆,省郎中,置侍郎二人。公侯以下国,官属递减。(《通考》卷二七一《封建考》一二)

武帝初封之二十七王,据《晋书》《本纪》及《列传》所载,表列于下。

武帝初封二十七王简表

国名	人名	亲属	备考
安平	孚	宣帝(司马懿)次弟,武帝叔祖。	
义阳	望	孚子,武帝从伯。	
平原	幹	宣帝子,武帝叔。	
扶风	亮	宣帝第四子,武帝叔。	武帝咸宁三年八月,徙封汝南王。
东莞	伷	宣帝子,武帝叔。	咸宁三年八月,徙封琅邪王。
汝阴	骏	宣帝子,武帝叔。	咸宁三年八月,徙封扶风王。
梁	肜	宣帝子,武帝叔。	
琅邪	伦	宣帝第九子,武帝叔。	咸宁三年八月,徙封赵王。
渤海	辅	孚子,武帝从叔。	咸宁三年八月,徙封太原王。
下邳	晃	孚子,武帝从叔。	
太原	瓌	孚子,武帝从叔。	薨,子颙立,咸宁三年八月,徙封河间王。

续表

国名	人名	亲　属	备　考
高阳	珪	孚子，武帝从叔。	
常山	衡	孚子，武帝从叔。	
沛	景	孚子，武帝从叔。	
彭城	权	宣帝弟馗之子，武帝从叔。	
陇西	泰	权弟，武帝从叔。	后徙封高密。
范阳	绥	权季弟，武帝从叔。	
济南	遂	宣帝弟恂之子，武帝从叔。	
谯	逊	宣帝弟进之子，武帝从叔。	
中山	睦	逊弟，武帝从叔。	后徙封高阳。
北海	陵	宣帝弟通之子，武帝从叔。	咸宁三年八月，徙封任城王。
陈	斌	陵弟，武帝从叔。	咸宁三年八月，徙封西河王。
河间	颙	孚孙，望子，武帝从兄。	
齐	攸	文帝（司马昭）子，武帝弟。	
安乐	鉴	文帝子，武帝弟。	
燕	几	宣帝子京之子，武帝弟。	
东平	楙	孚孙，望子，武帝从弟。	怀帝践阼，改封竟陵王。

武帝崩，贾后擅权，八王相继为乱。所谓八王者，据《晋书》本传，撮列于下。

　　汝南王亮，字子翼，宣帝第四子。

　　楚王玮，字彦度，武帝第五子。

　　赵王伦，字子彝，宣帝第九子。

　　齐王冏，字景治，文帝子齐王攸之子。

　　长沙王乂，字士度，武帝第六子。

　　成都王颖，字章度，武帝第十六子。

　　河间王颙，字文载，宣帝弟安平王孚之孙。

　　东海王越，字元超，宣帝弟东武城侯馗之孙。

其为乱如下。

贾南风像

武帝临崩，欲以汝南王亮与皇后父杨骏同辅政。骏匿其诏，矫令亮出镇许昌。惠帝既立，贾后擅权，杀杨骏，元康元年，西历291年。废杨太后。元康二年。征亮入，与卫瓘同辅政。亮与楚王玮不协，玮谮于贾后，诬亮、瓘有废立之谋，后乃使帝诏玮杀亮、瓘。元康九年，西历299年。又坐玮以矫杀亮、瓘之罪，即日杀玮。后益肆淫恣，废太子遹，注，惠帝长子，非贾后生。弑杨太后。时赵王伦在京师，注：懿第九子，惠帝之叔祖。素谄贾后。其嬖人孙秀，说以太子之废，人言公实与谋，宜废后以雪此声，伦从之。秀又恐太子聪明，终有疑于伦，不如待后杀太子而废后，为太子报仇，可以立功，乃使后党讽后，果杀太子。伦遂矫诏与齐王冏，注：齐王攸之子，惠帝从弟。率兵入宫，废后幽于金墉城，寻害之，永康元年，西历300年。伦自为相国侍中，都督中外诸军事。孙秀等恃势肆横，冏内怀不平，秀觉之，出冏镇许昌，伦僭位，永宁元年，西历301年。以惠帝为太上皇，迁于金墉。于是冏及河间王颙、注：司马孚之孙，惠帝从叔，时镇长安。成都王颖，注：武帝第十六子，惠帝之弟，时镇邺中。共起兵讨伦。伦兵败，其将王舆，废伦斩秀，迎惠帝复位，伦寻伏诛。颖遂还邺，冏入京，帝拜冏大司马，如宣景辅魏故事。冏大权在握，沉湎酒色，不入朝，坐召百官，恣行非法。有校尉李含，奔于长安，诈称有诏，使河间王颙讨冏。颙遂上表，请废冏，以成都王辅政，并檄长沙王乂为内主。注：武帝第六子，惠帝之弟。冏遣兵袭乂，乂径入宫，奉帝讨斩冏。太安元年，西历302年。颙本以乂弱冏强，冀乂为冏所杀，而以杀乂之罪讨之，因废帝立颖，己为宰相，可以专政。及乂先杀冏，其计不遂，颖亦以乂在内，己不得遥执朝权，于是颙遣将张方，率兵与颖，同向京师。帝又诏乂为大都督拒方等，连战先胜后败，东海王越在京，虑事不济，与殿中将收乂送金墉，乂为张方所杀。永兴元年，西历304年。颖入京，寻还于邺。颙表颖为皇太弟，位相国，乘舆服御，及宿卫兵皆迁于邺，朝政悉颖主之。左卫将军陈眕不平，奉帝讨颖。颖遣将石超败帝于荡

阴，超遂以帝入于邺。平北将军王浚，起兵讨颖，颖战败，仍拥帝还洛阳。永兴二年西历305年。时颙遣张方救颖，方遂挟帝及颖，归于长安。颙废颖，立豫章王炽，注：武帝第二十五子，惠帝之弟，是为怀帝。为皇太弟。东海王越自徐州起兵迎大驾，颙又命颖统兵拒之河桥，战败。越兵入关，奉惠帝还洛阳，光熙元年，西历306年。颖窜于武关新野间，有诏捕之，为刘舆所害。颙亦单骑逃太白山，其故将迎入长安。有诏征颙为司徒，颙入京，途次为南阳王模所杀。惠帝崩，怀帝即位，越出讨石勒而卒。永嘉五年，西历311年。此八王始末也。（赵翼《廿二史劄记》卷八"八王之乱"）

八王之乱，始于惠帝元康元年，西历291年。终于光熙元年，西历306年。亘十六年之久，国势陵夷，地方大乱。时匈奴刘氏，已称王于北方，利用机会，举兵南向，攻破洛阳，掳怀帝而去。

　　刘聪……既杀其兄和，永嘉四年，六月，刘渊死，子和嗣立。群臣劝即尊位。……于是以永嘉四年，西历310年。僭即皇帝位。……遣粲其子。及其征东王弥、龙骧刘曜等，率众四万，长驱入洛川，遂出辕辕，周旋梁陈汝颖之间……署其卫尉呼延晏为使持节前锋大都督、前军大将军，配禁兵二万七千，自宜阳入洛川，命王弥、刘曜及镇军石勒进师会之。晏比及河南，王师前后十二败。……刘曜至，复与晏会围洛阳。时城内饥甚，人皆相食，百官分散，莫有固志，宣阳门陷。怀帝开华林园门，出河阴藕池，欲幸长安，为曜等所追及。弥、晏入于南宫，……纵兵大掠，悉收宫人珍宝，曜于是害诸王公及百官已下三万余人，于洛水北，筑为京观，永嘉五年。迁帝及惠帝羊后……于平阳。（《晋书》卷一〇二《载记》第二《刘聪》）

　　帝蒙尘于平阳，刘聪以帝为会稽公。……刘聪大会，使帝着青衣行酒，侍中庾珉号哭，聪恶之。帝遇弑，崩于平阳。（《晋书》卷五《怀帝纪》）

怀帝遇害，愍帝即位于长安，值丧乱之后，草草建国，殊无体统可言。

　　孝愍皇帝，……及洛阳倾覆，避难于荥阳密县，与舅荀藩、荀组相遇，自密南趋许颖。豫州刺史阎鼎，与前抚军长史王毗，司徒长史

刘畴，中书郎李昕，及藩、组等同谋奉帝，归于长安，而畴等中途复叛。鼎追杀之，藩、组仅而获免。鼎遂挟帝乘牛车，自宛趋武关，频遇山贼，士卒亡散，次于蓝田。鼎告雍州刺史贾匹，匹遽遣州兵迎卫，达于长安，又使辅国将军梁综助守之。……贾匹讨贼张连遇害，众推始平太守麹允领雍州刺史为盟主，承制选置。……奉怀帝崩问，……即皇帝位。西历313年。(《晋书》卷五《愍帝纪》)

永嘉之乱，天下崩离，长安城中，户不盈百，墙宇颓毁，蒿棘成林。朝廷无车马章服，唯桑版署号而已，众唯一旅，公私有车四乘，器械多阙，运馈不继，……诸侯无释位之志，征镇阙勤王之举。故君臣窘迫，以至杀辱云。(《晋书》卷五《愍帝纪》)

麹允、索琳，辅翼王室，屡却敌兵。及刘曜再犯长安，以外援断绝，愍帝诣军前降。自此，中原沦陷于异族矣。

建兴四年，西历316年。八月，刘曜逼京师，内外断绝。……麹允与公卿守长安小城以自固。……十月，京师饥甚，米斗金二两，人相食，死者太半。太仓有曲数十饼，麹允屑为粥以供帝，至是复尽。帝泣谓允曰："今窘厄如此，外无救援，死于社稷，是朕事也。……行矣遗书，朕意决矣。"十一月，使侍中宋敞，送笺于曜，帝乘羊车，肉袒衔璧舆榇出降，……帝蒙尘于平阳。……五年十月，……刘聪出猎，令帝行车骑将军，戎服执戟为导，百姓聚而观之，故老或歔欷流涕，聪闻而恶之。聪后因大会，使帝行酒洗爵，反而更衣，又使帝执盖，晋臣在坐者，多失声而泣。……十二月，帝遇弑，崩于平阳。(《晋书》卷五《愍帝纪》)

(二) 东晋建国及私门政治

愍帝被害凶问传至江南，元帝遂即皇帝位于建业，晋祚得以再延。

永嘉初用王导计，始镇建业，以顾荣为军司马，贺循为参佐，王敦、王导、周顗、刁协并为腹心股肱，宾礼名贤，存问风俗，江东归心焉。……及怀帝蒙尘于平阳，司空荀藩等移檄天下，推帝为盟主，……群僚参佐州征牧守等上尊号，……为晋王。……即王位，大赦改元。……愍帝崩问至，即皇帝位。(《晋书》卷六《元帝纪》)

时元帝为琅邪王，与导素相亲善，导知天下已乱，遂倾心推奉，

潜有兴复之志，帝亦雅相器重，契同友执。帝之在洛阳也，导每劝令之国。会帝出镇下邳，请导为安东司马，军谋密策，知无不为。及徙镇建康，……百姓归心。……俄而洛京倾覆，中州士女避乱江左者十六七，导劝帝收其贤人君子与之图事。时荆扬晏安，户口殷实。导为政务在清静，……朝野倾心，号为仲父。……晋国既建，以导为丞相。（《晋书》卷六五《王导传》）

东晋中兴，政在王氏。王敦坐镇长江上游，手握重兵，时与朝廷龃龉，称兵犯顺，以固王氏之权。

晋元帝司马睿像

以敦为扬州刺史。……帝初镇江东，威名未著，敦与从弟导等，同心翼戴，以隆中兴，时人为之语曰："王与马，共天下。"寻与甘卓等讨江州刺史华轶，斩之。蜀贼杜弢作乱，荆州刺史周顗退走，敦遣武昌太守陶侃、豫章太守周访等讨弢，而敦进住豫章，为诸军继援。及侃破弢，……敦以元帅，进镇东大将军，开府仪同三司，加都督江扬荆湘交广六州诸军事，……敦始自选置，兼统州郡焉。……初敦……素有重名，又立大功于江左，专任闽外，手控强兵，群从贵显，威权莫贰，遂欲专制朝廷，有问鼎之心。帝畏而恶之，遂引刘隗、刁协等以为心膂，敦益不能平，于是嫌隙始构矣。……帝以刘隗为镇北将军，戴若思为征西将军，悉发扬州奴为兵，外以讨胡，实御敦也。永昌元年，西历322年。敦率众内向，以诛隗为名。……帝……召戴若思、刘隗，并会京师，……王师败绩。既入石头，拥兵不朝，放肆兵士，劫掠内外，宫省奔散。……敦收周顗、戴若思害之，以敦为丞相江州牧，进爵武昌郡公，……并伪让不受，还屯武昌。……帝崩，……明帝……诏以王导为司徒，敦自为扬州牧。敦既得志，暴慢愈甚，四方贡献，多入己府，将相岳牧，悉出其门。……敦以温峤为丹阳尹，欲使觇伺朝廷。峤至，具言敦逆谋。帝欲讨之，知其为物情所畏服，乃伪言敦死，于是下诏，讨凤钱凤为敦谋主。之罪。……敦病转笃，不能御众，使钱凤……等率众三万向京师。……凤等

卷二 两晋及南北朝

至京师，屯于水南，帝亲率六军以御凤，频战破之。……俄而敦死，……舍敦兄。复率众渡淮，苏峻等逆击，大败之。（《晋书》卷九八《王敦传》）

敦将谋篡逆，讽朝廷征己，帝乃手诏征之。……太宁二年，西历324年。六月，……举兵内向。……至宣阳门北，中郎将刘遐、苏峻等，自南塘横击，大破之。……于是分遣诸将追其党与，悉平之。（《晋书》卷六《明帝纪》）

王敦败后，庾氏继之执政。

庾亮，……明穆皇后之兄也，……与司徒王导受遗诏辅幼主，成帝。加亮给事中，徙中书令，太后庾氏。临朝，政事一决于亮。先是王导辅政，以宽和得众，亮任法裁物，颇以此失人心。又先帝遗诏，褒进大臣，而陶侃、时为荆州刺史。祖约时为豫州刺史，屯寿春。不在其例。侃、约疑亮删除遗诏，并流怨言。亮惧乱，于是出温峤为江州以广声援，修石头以备之。会南顿王宗，复谋废执政，亮杀宗。……琅邪人卞咸，宗之党也，与宗俱诛，咸兄阐，亡奔苏峻。时为历阳太守。亮符峻送阐，而峻保匿之。峻又多纳亡命，专用威刑。亮知峻必为祸乱，征为大司农，……峻遂与祖、约俱举兵反。……亮遣距之，不能制，峻乘胜至于京都。……亮……南奔温峤，时为江州刺史。……乃与峤推陶侃为盟主。侃至寻阳，既有憾于亮，……亮甚惧，及见侃，引咎自责，……侃不觉释然。……峻平，……亮乃求外镇自效，……遂受命镇芜湖。……陶侃薨，迁亮都督江、荆、豫、益、梁、雍六州诸军事，……乃迁镇武昌。……亮自邾城陷没，北伐失败。忧慨发疾。会王导薨，征亮为司徒，扬州刺史，录尚书事，又固辞。……咸康六年薨。西历340年。（《晋书》卷七三《庾亮传》）

翼亮弟。……及亮卒，授都督江、荆、司、雍、梁、益六州诸军事，……代亮镇武昌，翼以帝舅，年少超居大任，遐迩属目。（《晋书》卷三七《庾翼传》）

初成帝有疾，中书令庾冰，亮弟。自以舅氏当朝，权侔人主。恐异世之后，戚属将疏，乃言国有强敌，宜立长君，遂以帝康帝。为嗣。

(《晋书》卷七《康帝纪》)

康帝崩，兄冰卒，以家国情事，留方之翼子。戍襄阳，还镇夏口，悉取冰所领兵自配，以兄子统为寻阳太守。……俄而疽发背疾笃，表第二子爰之行辅国将军、荆州刺史。……永和元年，西历345年。卒。……爰之有翼风，寻为桓温所废。温既废爰之，又以征虏将军刘惔……代方之，而方之、爰之，并迁徙于豫章。(《晋书》卷七三《庾翼传》)

庾冰兄弟，以舅氏辅王室，权侔人主。……庾翼将北伐，庾冰出镇江州，……于是征充入为……扬州刺史、将军如故。……俄而帝疾笃，冰、翼意在简文帝，而充建议立皇太子。……帝崩，充奉遗旨，便立太子，是为穆帝，冰、翼甚恨之。……冰、翼等寻卒，充专辅幼主。翼临终表以后任委息爰之，……充曰："……桓温英略过人，有文武识度，西夏之任，无出温者。"……乃使温西，爰之果不敢争。(《晋书》卷七七《何充传》)

此后庾氏势力消灭，桓温崛起。

桓温，……宣城太守彝之子也，……选尚南康长公主，拜驸马都尉，……迁徐州刺史。……翼卒，以温为都督荆梁四州诸军事。……时李势微弱，温志在立勋于蜀。永和二年，西历346年。率众西伐，……势众大溃，……势降，……振旅还江陵，进位……封临贺郡公。及石季龙死，温欲率众北征，先上疏求朝廷议水陆之宜，久不报。时知朝廷仗殷浩等以抗己，温甚忿之，然素知浩，弗之惮也。以国无他衅，遂得相持弥年，虽有君臣之迹，亦相羁縻而已。……时殷浩北伐。至洛阳，……屡战屡败，器械都尽。……温……因朝野之怨，乃奏废浩，自此内外大权，一归温矣。温遂统步骑四万，……征关中，……至霸上，……而健恃健。艾苗清野，军粮不属……而还。……太和四年，西历369年。又上疏悉众北伐，……至枋头，……温军败绩。为燕慕容垂所袭。……温既负其才力，久怀异志，欲先立功河朔，还受九

桓温像

锡，既逢覆败，名实顿减。于是参军郗超进废立之计，温乃废帝而立简文帝。……帝崩，遗诏家国事，一禀之于公，如诸葛武侯、王丞相故事。温初望简文临终，禅位于己，不尔便为周公居摄事。既不副所望，故甚愤怨，……寝疾不起，讽朝廷加己九锡，累相催促。谢安、王坦之闻其病笃，密缓其事，锡文未及成而薨，……使冲温弟。领其众。（《晋书》卷九八《桓温传》）

谢安当国，募练北府兵，下游形势顿强。桓冲死，又分弱其势，荆扬之争暂息。

谢安，……征西大将军桓温，请为司马。……简文帝疾笃，温上疏荐安宜受顾命。……孝武帝……亲万几，进安中书监，……都督扬豫徐兖青五州、幽州之燕国诸军事，假节。时苻坚强盛，疆场多虞。……安遣弟石及兄子玄等应机征讨，所在克捷。安使玄募精兵，号北府兵。……坚后率众号百万，次于淮肥。……玄等既破坚，太元八年，西历383年。……以总统功，进拜太保，……都督扬、江、荆、司、豫、徐、兖、青、冀、幽、并、宁、益、雍、梁十五州军事，加黄钺。……是时桓冲既卒，荆江二州，并缺物论，以玄勋望，宜以授之。安以父子皆著大勋，恐为朝廷所疑，又惧桓氏失职，桓石虔温弟豁之子。复有洒阳之功，虑其骁猛在形胜之地，终或难制，乃以桓石民石虔弟。为荆州，改桓伊宣族子。于中流，江州刺史。石虔为豫州。（《晋书》卷七九《谢安传》）

会稽王执政，桓氏复兴，但终为北府将所攻灭。

会稽文孝王道子，简文帝子，孝武帝之弟。……少以清淡，为谢安所称。……及谢安薨，……进位丞相，扬州牧，……并让不受。于时孝武帝不亲万几，但与道子酣歌为务。……窃弄其权，凡所幸接，皆出自小竖，郡守长吏，多为道子所树立。既为扬州总录，势倾天下，自是朝野奔凑。中书令王国宝王坦之子，谢安之婿。性卑佞，

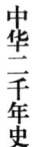

特为道子所宠昵。官以贿迁，政刑谬乱，……帝益不平，而逼于太妃，无所废黜，乃出王恭为兖州，镇京口。殷仲堪为荆州，镇江陵。王珣为仆射，王雅为太子少傅，以张王室，而潜制道子也。……安帝践祚，……王国宝始总国权，势倾朝廷。（《晋书》卷六四《会稽王道子传》）

王恭，……定皇后孝武帝后。之兄也。……会稽王道子执政，宠昵王国宝，委以机权，恭每正色直言，道子深惮而忿之。……时国宝从弟绪说国宝，因恭入觐相王，伏兵杀之，国宝不许。……或劝恭因入朝以兵诛国宝，而庾楷亮孙。党于国宝，士马甚盛，恭惮之不敢发。遂还镇，……乃谋诛国宝，遣使与殷仲堪、桓玄温子。相结。仲堪伪许之，恭得书大喜，乃抗表京师。……表至，内外戒严，国宝及绪，惶惧不知所为。用王珣计请解道子职，收国宝赐死，斩绪于市，深谢愆失，恭乃还京口。……谯王尚之宣帝弟进之玄孙。复说道子以藩伯强盛，宰相权弱，宜多树置以自卫。道子然之，乃以其司马王愉为江州刺史，割庾楷豫州四郡，使愉督之。由是楷怒，遣子鸿说恭曰："尚之兄弟，专弄相权，欲假朝威，贬削方镇。……其议未成，宜早图之。"恭以为然，复以谋告殷仲堪、桓玄，玄等从之，推恭为盟主，克期同赴京师。……恭……乃先期举兵。……朝廷使元显道子之子。及王珣、谢琰等距之，……元显使说牢之，刘牢之时为恭先锋。啖以重利，牢之乃……降，遣……轻骑击恭。恭败，……单骑……将奔桓玄，至长塘湖，……尉收之，以送京师，……斩之。（《晋书》卷八四《王恭传》）

道子日饮醇酒，而委事于元显。元显虽年少而聪明多涉，志气果锐，以安危为己任，……伐恭灭之。既而杨佺期、桓玄、殷仲堪等复至石头，……仲堪既知王恭败死，狼狈西走，与桓玄屯于寻阳，朝廷严兵相距。会道子有疾，加以昏醉，元显知朝望去之，谋夺其权，讽天子解道子扬州司徒，……自为扬州刺史。既而道子酒醒，方知去职，于是大怒，而无如之何。……时谓道子为东录，元显为西录，西府车骑填凑，东第门下可设雀罗矣。（《晋书》卷六四《会稽王道子传》）

桓玄，……温之孽子也。……太元末，出补义兴太守，郁郁不得

志。……玄在荆楚积年，优游无事，荆州刺史殷仲堪，甚敬惮之。及中书令王国宝用事，谋削弱方镇，内外骚动，知王恭有忧国之言，玄潜有意于功业，乃说仲堪。……国宝既死，于是兵罢，玄乃求为广州。……隆安安帝。初，诏以玄督交广二州，……玄受命不行。其年，王恭又与庾楷起兵，……玄、佺期至石头，仲堪至芜湖，恭将刘牢之，背恭归顺。恭既死，庾楷战败，奔于玄军。既而诏以玄为江州，仲堪等皆被换易，乃各回舟西还，屯于寻阳，共相结约，推玄为盟主，玄始得志。……荆州大水，仲堪振恤饥者，仓廪空竭，玄乘其虚而伐之。……仲堪遣众距之，为玄所败。……佺期自襄阳来赴，……败走还襄阳。玄遣将军冯该蹑佺期，获之，……杀之。仲堪闻佺期死，乃……奔姚兴，至冠军城，为该所得，玄令害之。隆安三年，西历399年。于是遂平荆雍，……诏以玄都督荆、襄、雍、秦、梁、益、宁七州，……固争江州，于是进督八州，及扬豫八郡，复领江州刺史。……玄于是树用腹心，兵马日盛，……自谓三分有二，知势运所归，屡上祯祥，以为己瑞。……元兴初，元显称诏伐玄。……玄……率众下至寻阳，……至姑孰，……攻谯王尚之，尚之败，刘牢之前锋都督，时怀疑贰，玄遣何穆说之。……诣玄降。玄至新亭，元显自溃。玄入京师，……徙道子于安城郡，害元显于市。夺牢之兵权，牢之谋变未成，自缢而死。于是玄入居太傅府，……为楚王，……讽帝以禅位，……改元永始，……迁帝居寻阳。元兴二年，西历403年。……玄自篡盗之后，骄奢荒侈，……朝野劳瘁，怨怒思乱。……于是刘裕、刘牢之将，时为建武将军。刘毅、彭城沛人，为州中兵参军。何无忌刘牢之甥。等共谋兴复。裕等斩桓修冲子，时为徐兖二州刺史。于京口，斩桓弘冲子，时为青州刺史。于广陵。……裕至蒋山，……诸军一时奔溃，玄率亲信数千人，……奉二后……入江陵。……时益州刺史毛璩，使其从孙祐之、参军费恬，送弟璠丧葬江陵，有众二百。璩弟子修之为玄屯骑校尉，诱玄以入蜀，玄从之，达枚回洲，恬与祐之迎击玄，……玄被箭，……遂斩之。元兴三年。

（《晋书》卷九九《桓玄传》）

刘裕继桓氏之后，集大权于一手，贵族擅权之风，始尽扫除，寒门与高门同得柄用，而晋祚亦移矣。

三 十六国之分合

五胡之乱，起于刘渊，垂一百三十六年。其初最强者为后赵，前秦继之，版图尤广，几一北方。自前秦瓦解，又归分裂，较前益甚。至后魏拓跋氏崛起，攻灭诸国，中原复归于统一。是时晋室偏安江左，每遇北方之变，即出兵以图恢复，然终未得志，遂成南北对峙之局。至于诸族之分合兴灭，及所领之疆域，列具简表，以明大势；所录事实，亦以有关当时大局者为断。

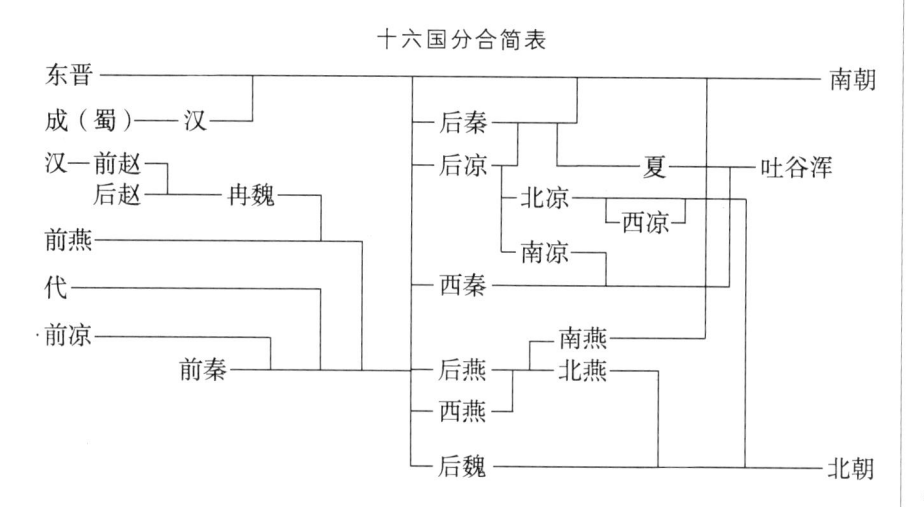

十六国分合简表

东晋 ——————————————————— 南朝
成（蜀）——汉
汉—前赵
后赵 ——冉魏　　后秦
　　　　　　　　后凉　　　夏——吐谷浑
前燕　　　　　　北凉　西凉
代　　　　　　　南凉
前凉　　　　　　西秦
　　　前秦　　　后燕——南燕
　　　　　　　　　　　北燕
　　　　　　　　西燕
　　　　　　　　后魏 ——————— 北朝

晋代十六国兴灭简表

种族	国名 本称	国名 史称	建国人名	亡于	备考
匈奴	汉，后改赵	前赵	刘渊	后赵	
	凉	北凉	沮渠蒙逊	后魏	
	夏		赫连勃勃	吐谷浑	
羯	赵	后赵	石勒	冉魏	

续表

种族	国　名 本称	国　名 史称	建国人名	亡　于	备　考
鲜卑	燕	前燕	慕容廆	前秦	
鲜卑	燕	后燕	慕容垂	北燕	
鲜卑	燕	西燕	慕容泓	后燕	不在十六国内
鲜卑	燕	南燕	慕容德	晋	
鲜卑	秦	西秦	乞伏国仁	夏	
鲜卑	凉	南凉	秃发乌孤	西秦	
鲜卑	辽西		段务勿尘	前燕后赵	不在十六国内
鲜卑	代		拓跋猗卢	前秦	同上
鲜卑	宇文		宇文普回	前燕	同上
氐	成,后改汉		李特	晋	
氐	仇池		杨茂搜	后魏	不在十六国内
氐	秦	前秦	苻洪	西秦	
氐	凉	后凉	吕光	后秦	
羌	秦	后秦	姚弋仲	晋	
汉	凉	前凉	张轨	前秦	
汉	魏		冉闵	前燕	附见后赵
汉	凉	西凉	李暠	北凉	
汉	燕	北燕	冯跋	后魏	
汉	蜀		谯纵	晋	不在十六国内

十六国疆域简表

国名	都城	辖地 州名	辖地 实际	辖地 今释	备　考
前赵	平阳,后徙长安	雍,幽,冀,青,司,豫,荆,殷,卫,东梁,西河阳,北兖,并,秦,凉,朔,益。	东不过太行,南不越嵩洛,西不逾陇坻,北不出汾晋。	河北、山西、河南、陕西各一部。	《晋书·地理志》,刘聪以洛阳为荆州,又置殷、卫、东梁、西河阳、北兖五州,以秦、凉二州牧,镇上邽。《晋书·载记》,刘曜以益州刺史镇仇池。

续表

国名	都城	辖地 州名	辖地 实际	辖地 今释	备 考
后赵	襄国，后徙邺	司，洛，豫，兖，冀，青，徐，幽，营，朔，并，雍，秦，荆，扬。	南逾淮汉，东滨于海，西至河西，北尽燕代。	河北、山西、河南、山东、陕西及江苏、安徽、甘肃、湖北、辽宁之一部。	《晋书·地理志》，石勒平朔方，又置朔州。《晋书·载记》，勒攻寇徐豫兖州，徐州从事朱纵，杀刺史以彭城归晋。《晋书·成帝纪》，咸和七年，石勒将郭敬陷襄阳。《晋书·穆帝纪》，永和五年，石遵扬州刺史王浃，以寿阳来降。
前燕	蓟，后徙邺	平，幽，中，洛，豫，兖，青，冀，并，荆，徐。	南至汝颍，东尽青齐，西抵崤黾，北守云中。	河北、山东、山西、河南及辽宁之一部。	《十六国春秋·前燕录》，元玺元年，俊以慕容评为司州刺史镇邺，改司州为中州。《晋书·载记》，慕容垂为都督荆、扬、洛、徐、兖、豫、雍、益、凉、秦等十州诸军事，征南大将军，荆州牧，配兵一万，镇鲁阳。
前蜀	成都	益，梁，荆，宁，汉，安。	东守三峡，南兼僰爨，西尽岷邛，北据南郑。	四川及云南、贵州之一部。	《资治通鉴》，愍帝建兴中，李雄以恭为荆州刺史。按仅有巴郡及巴东二郡。《晋书·成帝纪》，咸和八年，李雄将李寿陷宁州。《晋书·地理志》，李寿分宁州六郡为汉州，又分置安州。
前凉	姑臧	凉，河，沙，定，商，秦。	南逾河湟，东至秦陇，西包葱岭，北暨居延。	甘肃西北部、新疆南部及宁夏辖地一带。	《晋书·地理志》，张茂分置定州，张骏分置河州、沙州，张祚又分置商州。
前秦	长安	司隶，雍，秦，南秦，洛，豫，东豫，并，冀，幽，平，梁，宁，河，益，兖，南兖，青，荆，徐，扬。	南至邛僰，东抵淮泗，西极西域，北尽大碛。	河北、山西、山东、陕西、甘肃、河南、四川、贵州及辽宁、江苏、安徽、湖北之一部，并新疆。	《晋书·地理志》，于雍州置司隶校尉，苻坚时，豫州移洛阳，以许昌置东豫州。《晋书·载记》，苻坚取仇池，以杨统为南秦州刺史。《通鉴》注：秦南兖州，镇湖陆。洪亮吉《十六国疆域志》，案荆、徐、扬三州，苻坚时，尚皆属晋，或攻得一二郡，即便立州，及州治所在以领之，非若青州等郡。

续表

国名	都城	辖地 州名	辖地 实际	辖地 今释	备考
后秦	长安	司隶，雍，秦，南秦，凉，河，并，冀，荆，豫，徐，兖，梁，南梁。	南至汉川，东逾汝颍，西控西河，北守上郡。	陕西，甘肃，河南各地。	《晋书·载记》，义熙二年，梁州督护苻宣入汉中，兴梁州别驾吕营等起兵应宣，求救于杨盛，盛遣军临沔口，南梁州刺史王敏，退守武兴。《读史方舆纪要》，置司隶于长安，秦州于上邽，雍州于定安，并州于蒲坂，河州于枹罕，凉州于姑臧，豫州于洛阳，兖州于仓垣，徐州于项城，荆州于上洛。
后燕	中山	冀，幽，平，营，兖，青，徐，豫，并，雍。	南至琅邪，东讫辽海，西届河汾，北暨燕代。	河北、山东、山西及河南、辽宁之一部。	《读史方舆纪要》，州郡类多侨置，幽州置于令支，平州置于宿军，青州置于新城，并州置于凡城，冀州置于肥如，其视前燕版图，抑又末矣。
西秦	定乐，后徙金城	秦，河，沙，南，益，东秦，北凉，梁，商，定。	西逾浩亹，东极陇坻，北距河，南略吐谷浑。	甘肃西南部。	《十六国春秋·西秦录》，太初二年，枹罕羌彭奚念来附，乾归以为北河州刺史。《资治通鉴》，乾归以定州刺史翟瑥为兴普太守，镇枹罕。《读史方舆纪要》，置秦州于西安，河州于枹罕，凉州于乐都，梁州于赤水，益州于漒川，商州于浇河，沙州于湟河。
后凉	姑臧		初据姑臧，奄有前凉旧壤，乃未几而纷纭割裂，迨梁之亡，姑臧而外，惟余仓松、番禾二郡而已。	盛时与前凉同。	
南凉	乐都		东自金城，西至西海，南有河湟，北据广武。	甘肃西部。	《读史方舆纪要》注：南凉之亡，有乐都、西平、广武、浩亹四郡。
西凉	酒泉		有郡凡七，最为弱小。	甘肃极西北部。	《读史方舆纪要》注：七郡曰敦煌，曰酒泉，曰晋兴，曰建康，曰凉兴，皆故郡也。又有会稽郡，广夏郡，皆李暠所置。

续表

国名	都城	辖地 州名	辖地 实际	辖地 今释	备考
北凉	张掖	凉，秦。	西控西域，东尽河湟，前凉旧壤，几奄有之。	甘肃河西之一部。	
南燕	广固	青，并，幽，徐，兖。	东至海，南滨泗上，西带巨野，北薄于河。	山东、河南之一部分	《晋书·地理志》，慕容德以并州牧镇隆平，幽州刺史镇发干，徐州刺史镇莒城，兖州刺史镇梁父。
北燕	和龙	司隶，幽冀，并，青。	（据后燕故壤，有辽东西之地）。	河北东北，及辽宁境。	《读史方舆纪要》，冯氏袭燕旧壤，司隶治和龙，以并青二州镇白狼，幽冀二州镇肥如。
夏	统万	幽，雍，逆，秦，北秦，并，凉，豫，荆。	南阻秦岭，东戍蒲津，西收秦陇，北薄于河。（以上均顾祖禹《读史方舆纪要》）	陕西北部及河套地。	《晋书·地理志》，赫连勃勃置幽州牧于大城，以朔州牧镇三城，以豫州牧镇李闰，荆州刺史镇陕。《晋书·载记》，勃勃以并州刺史镇蒲坂。

（一）晋赵蜀之鼎立

晋室退保江东，受制权臣，不能发展。西蜀李氏，固守一隅，劳徕安辑，亦不遑远图。二赵奄有中原，国力较厚，特以内讧时起，无暇经略江南。燕与凉虽割一方，然犹称臣于晋。故在东晋初，成此鼎足之形势，江表所谓"二寇"是也。

> 李雄，……以永兴元年，僭称成都王，赦其境内，……除晋法，约法七章，……于是僭即帝位。……南得汉嘉、涪陵，远人继至。雄于是下宽大之令，降附者皆假复除，虚己爱人，授用皆得其才，益州遂定。……雄以中原丧乱，乃频遣使朝贡，与晋穆帝分天下。……时海内大乱，而蜀独无事，故归之者相寻。雄乃兴学校，置史官，听览之暇，手不释卷。其赋男子岁谷三斛，女丁半之，户调绢不过数丈，绵数两。事少役稀，百姓富实，闾门不闭，无相侵盗。（《晋书》卷一二一《载记》第二一《李雄》）

按李雄据蜀，专意内政，在此纷扰时代中，独有太平景象。

李雄像

聪死,其子粲袭伪位,其大将军靳准,杀粲于平阳。勒命张敬率骑五千为前锋以讨准,勒统精锐五万继之,据襄陵北原,羌羯降者四万余落。准数挑战,勒坚壁以挫之。刘曜自长安屯于蒲坂。(《晋书》卷一〇四《载记》第四《石勒》上)

刘曜……拜相国,都督中外诸军事,镇长安。靳准之难,自长安赴之,至于赤壁,山西安泽县南。太保呼延晏等自平阳奔之,与太傅朱纪、太尉范隆等上尊号,曜以大兴元帝。元年,西历318年。僭即皇帝位,……使征北刘雅、镇北刘策,次于汾阴,与石勒为犄角之势。靳准遣侍中卜泰降于勒,勒囚泰,送之曜。(《晋书》卷一〇三《载记》第三《刘曜》)

勒与刘曜,竞有招怀之计,乃送泰于曜,使知城内无归曜之意以挫其军势,曜潜与泰结盟,使还平阳。……泰入平阳,与准将乔泰、马忠等起兵攻准杀之,推靳明为盟主,遣泰及卜玄奉传国六玺送于刘曜。勒大怒,……进军攻明,明出战,勒击败之。……靳明率平阳之众奔于刘曜,曜西奔粟邑,勒焚平阳宫室。……刘曜又……署勒太宰,领大将军,进爵赵王。……勒舍人曹平乐因使留仕于曜,言于曜曰:"大司马遣王修等来,外表至虔,内觇大驾强弱,谋待修之返,将轻袭乘舆。"时曜势实残散,惧修宣之,曜大怒,追……斩修,……停太宰之授。……勒大怒,……下令曰:"……帝王之起复何常邪,赵王赵帝,孤自取之,名号大小,岂其所节邪?"太兴二年,勒伪称赵王。(《晋书》卷一〇四《载记》第四《石勒》上)

按刘曜称帝,改国号为赵,史谓之为前赵;石勒称赵王,史谓之为后赵。

石生攻刘曜河内太守尹平于新安斩之,克垒壁十余,降掠五千余户而归。自是刘石祸结,兵戈日交,河东弘农间,百姓无聊矣。(《晋书》卷一〇五《载记》第五《石勒》下)

曜遣刘岳,攻石生于洛阳,……济自盟津镇东,呼延谟率荆司之

众，自崤渑而东。岳攻石勒盟津、石梁二戍克之，……进围石生于金墉。石季龙率步骑四万入自成皋关，岳陈兵以待之，战于洛西，岳师败绩，……季龙又败呼延谟斩之。曜亲率军援岳，……次于金谷，夜无故大惊，军中溃散，乃退如渑池；夜中又惊，士卒奔溃，遂归长安。……石勒遣石季龙率众四万，自轵关西入伐曜，……进攻蒲坂。……曜尽中外精锐，水陆赴之，……季龙惧，引师而退。追之，及于高侯，大战败之，……季龙奔于朝歌。曜遂济自太阳，攻石生于金墉。……曜不抚士众，专与嬖臣饮博，……闻季龙进据石门，续知勒自率大众已济，……陈于洛西，南北十余里。曜少而淫酒，末年尤甚，勒至，曜将战，饮酒数斗，……比出，复饮酒斗余。……勒将石堪因而乘之，师遂大溃，曜昏醉奔退，马陷石渠，坠于冰上，被创十余通，中者三，为堪所执，送于勒所。成帝咸和四年，西历329年。……其太子熙……率百官奔于上邽，陕西南郑县。……关中扰乱。……季龙乘胜追战，……上邽溃，……执其伪太子熙……并将相诸王等，及其诸卿校公侯已下三千余人，皆杀之。（《晋书》卷一〇三《载记》第三《刘曜》）

按石勒灭前赵，复有秦陇之地，称赵天王。咸和五年，称皇帝。前凉张骏亦降附之，北方几成统一之局。

张宾，字孟孙，赵郡中丘人也。……少好学，博涉经史，不为章句，阔达有大节。……及永嘉大乱，石勒为刘元海辅汉将军，与诸将下山东，宾……请见，勒亦未之奇也。后渐进规模，乃异之，引为谋主，机不虚发，算无遗策，成勒之基业，皆宾之勋也。……肃清百寮，屏绝私昵，入则格言，出则归美，勒甚重之，每朝常为之正容貌，简辞令，呼曰右侯而不名。（《晋书》卷一〇五《载记》第五《张宾》）

张宾进曰："……今天下鼎沸，战争方始，游行羁旅，人无定志，难以保万全、制天下也。夫得地者昌，失地者亡。邯郸、襄国，赵之旧都，依山凭险，形胜之国。可择此二邑而都之，然后命将四出，授以奇略，推亡固存，兼弱攻昧，则群凶可除，王业可图矣。"勒曰："右侯之计是也。"于是进据襄国。……勒谓张宾曰："邺，魏之旧都，吾将营建。"……勒以石季龙为魏郡太守镇邺。（《晋书》卷一〇四《载记》第四《石勒》上）

按勒死，子弘继立。从子虎，久掌兵权，废弘而代之。虎残暴不仁，兹撮举其扰民数事，以概其余。

季龙本名虎，字季龙，唐避讳，故以字称。性既好猎，其后体重，不能跨鞍，乃造猎车千乘，辕长三丈，高一丈八尺，置高一丈七尺，格兽车四十乘，立三级行楼二层于其上。克期将校猎，自灵昌津，南至荥阳，东极阳都，使御史监察其中禽兽，有犯者罪至大辟。御史因之，擅作威福，百姓有美女好牛马者，求之不得，便诬以犯兽，论死者百余家，海岱河济间，人无宁志矣。又发诸州二十六万人，修洛阳宫，发百姓牛二万余头，配朔州牧官。增置女官二十四等，东宫十有二等，诸公侯七十余国，皆为置女官九等。先是大发百姓女二十已下、十三已上三万余人，为三等之第，以分配之。郡县要媚其旨，务于美淑，夺人妇者九千余人，百姓妻有美色，豪势因而胁之，率多自杀。石宣及诸公及私令采发者，亦垂一万。总会邺宫，季龙临轩简第诸女，大悦，封使者十二人皆为列侯。自初发至邺，诸杀其夫及夺而遣之，缢死者三千余人。荆楚扬徐间，流叛略尽，宰守坐不能绥怀，下狱诛者五十余人。（《晋书》卷一〇六《载记》第六《石季龙》上）

按虎荒淫无道，国势日就衰落。及内乱一生，而鲜卑、氐、羌诸族，乘机而起，北方局面，遂呈大变化。

季龙荒耽内游，威刑失度，邃太子。以事为可呈呈之，季龙恚曰："此小事，何足呈也。"时有所不闻，复怒曰："何以不呈？"诮责杖捶，月至再三。邃甚恨，私谓……李颜等曰："官家难称，吾欲行冒顿之事，言将弑父。卿从我乎？"颜等伏不敢对。……季龙……收李颜等诘问，颜具言始末。……季龙大怒，废邃为庶人，其夜杀邃，……立其子宣为

《晋书》书影

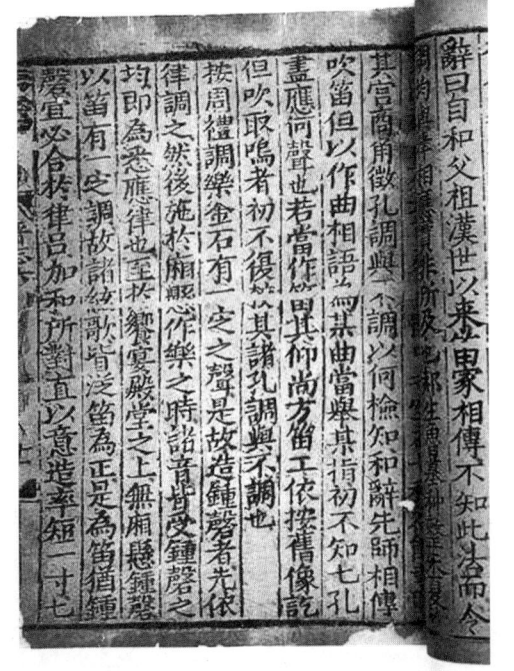

天王皇太子。(《晋书》卷一〇六《载记》第六《石季龙》上)

宣素恶韬，宣弟，有宠于季龙。……谓所幸杨杯、牟成曰："韬凶竖悖逆，敢违我如是，汝能杀之者，吾入西宫，当尽以韬之国邑分封汝等。韬既死，主上必亲临丧，因行大事，蔑不济矣。"杯等许诺。……是夜，韬燕其寮属，……宣使杨杯……等缘猕猴梯而入，杀韬。……季龙疑宣之害韬也，……执赵生而诘之，生具首服，季龙悲怒弥甚，幽宣，……牵之登梯，上于柴积，……四面纵火。……东宫卫士十余万人，皆谪戍凉州，……遂立世，季龙少子，母刘曜之女。为皇太子。……故东宫谪卒高力等万余人，当戍凉州，行达雍城，既不在赦例，又敕雍州刺史张茂送之，茂皆夺其马，令步推鹿车。至粮戍所，高力……等因众心之怨，谋起兵东还，……所向崩溃，戍卒皆随之，比至长安，众已十万，……遂东出潼关，进如洛川，……东掠荥阳、陈留诸郡。季龙大惧，以燕王石斌为大都督，……统姚弋仲、苻洪等击……败之，……讨其余党尽灭之。……季龙疾甚，以石遵为大将军镇关右。……季龙亦死，……世即伪位。……石遵闻季龙之死，屯于河内。姚弋仲、苻洪、石闵、即冉闵。刘宁等，既平秦洛，班师而归，遇遵于李城，河南温县。说遵曰："……京师宿卫空虚，……鼓行而讨之，孰不倒戈开门而迎殿下者邪？"遵从之，……石闵为前锋，……张离率龙腾二千，斩关迎遵。……遵……入自凤阳门，……僭即尊位，……封世为谯王，……寻皆杀之。……初遵之发李城也，谓石闵曰："努力事成，以尔为储贰。"既而立衍，斌子。闵甚失望，自以勋高一时，规专朝政。遵忌而不能任，……稍夺兵权。闵益有恨色，……谋废遵，使将军苏亥、周成，率甲士三十执遵，……杀之于琨华殿，……鉴乃僭位。……时石祗在襄国，与姚弋仲、苻洪等通和，连兵檄诛闵。……闵……废鉴，杀之。(《晋书》卷一〇七《载记》第七《石季龙》下)

冉闵杀鉴时，大诛胡羯，胡羯势力大衰，不能再起。

宣令内外六夷，敢称兵杖者斩之，胡人或斩关，或逾城而出者，不可胜数。……令城内曰："与官同心者住，不同心者，各任所之。"敕城门不复相禁。于是赵人百里内悉入城，胡羯去者填门，闵知胡之不为己用也，班令内外，赵人斩一胡首，送凤阳门者，文官进位三

等，武职悉拜牙门，一日之中，斩首数万。闵躬率赵人诛诸胡羯，无贵贱男女少长，皆斩之，死者二十余万。……屯据四方者，所在承闵书诛之，于时高鼻多须，至有滥死者半。（《晋书》卷一〇七《载记》第七《石季龙》下）

按后赵亡时，北方又陷于混乱，其建号称国者如下。

冉闵，据邺称帝，国号曰魏。

慕容儁，灭冉魏称帝，国号曰燕。

苻健，据关中称帝，国号曰秦。

张祚，称凉州牧，寻称皇帝，国号曰凉。

按当后赵亡永和六年。之前三年，永和三年。晋桓温已灭蜀，凉偏处西隅，魏又灭于燕，北方之地，为燕、秦所分据。在其角逐之时，人民饱受荼毒，憔悴不堪。

贼盗蜂起，司、冀大饥，人相食。自季龙末年，而闵尽散仓库，以树私恩。与羌胡相攻，无月不战。青雍幽荆州徙户，及诸氏羌胡蛮数百余万，各还本土。道路交错，互相杀掠，且饥疫死亡，其能达者十有二三。诸夏纷乱，无复农者。（《晋书》卷一〇七《载记》第七《冉闵》）

（二）前秦之强盛

秦主健卒，子生继立。生荒淫失人心，苻坚废之而自立。坚励精图治，国富兵强，奄有北方之土。乱世之民，承其抚驭，稍得息苏，亦一时清明景象也。兹分述之于左。

甲、武功

儁死，……立暐，……以慕容恪为太宰，录尚书，行周公事，慕容评为太傅，副赞朝政，……慕容垂为河南大都督。……晋大司马桓温……伐暐，……次于枋头，……乃以垂为使持节南讨大都督，慕容德为征南将军，率众五万距温。……温频战不

利，粮运复绝……而退。德率劲骑四千，先温至襄邑东，伏于涧中，与垂前后夹击，王师大败。太和四年，西历369年。……垂既有大功，威德弥振。慕容评素不平之，……谋杀垂，垂惧，奔于苻坚。(《晋书》卷三《载记》第一一《慕容暐》)

坚……遣王猛与建威梁成、邓羌率步骑三万，署慕容垂为冠军将军，以为向导攻暐。……太和五年，又遣猛率杨安、张蚝、邓羌等十将，率步骑六万伐暐。……杨安攻晋阳，猛攻壶关，……进师围邺，……暐出奔高阳，坚将郭庆执而送之。(《晋书》卷一一三《载记》第一三《苻坚》上)

初，仇池氏杨世以地降于坚，坚署为平南将军、秦州刺史、仇池公，既而归顺于晋，世死，子纂代立，遂受天子爵命而绝于坚。世弟统，骁武得众，起兵武都，与纂分争。坚遣其将苻雅、杨安，与益州刺史王统，率步骑七万，先取仇池，进围宁益。雅等次于鹫陕，纂率众……距，战于陕中，为雅等所败，纂收众奔还。雅进攻仇池，杨统帅武都之众降于雅，……纂惧，面缚出降，……送之长安。(《晋书》卷一一三《载记》第一三《苻坚》上)

晋梁州刺史杨亮，遣子广袭仇池，与坚将杨安战，广败绩，晋阻水诸戍皆委城奔溃。亮惧而退守磐险，安遂进寇汉川。坚遣王统、朱肜率卒二万为前锋寇蜀，前禁将军毛当，鹰扬将军徐成，率步骑三万入自剑阁。杨亮率巴獠万余拒之，战于青谷，王师不利，亮奔固西城。肜乘胜陷汉中，徐成又攻二剑克之，杨安进据梓潼，……益州刺史周仲孙，勒兵距肜等于绵竹，闻坚将毛当将至成都，仲孙……奔于南中。安、当进兵，遂陷益州，于是西南夷邛、莋、夜郎等皆归之。坚以安……镇成都，毛当……镇汉中，……王统……镇仇池。(《晋书》卷一一三《载记》第一三《苻坚》上)

天锡……立，……自号大将军、校尉、凉州牧、西平公。……太和初，诏以天锡为大将军、大都督，督陇右关中诸军事，护羌校尉、凉州刺史、西平公。……太元元年，西历376年。苻坚遣其将苟苌、毛当、梁熙、姚苌来寇，渡石城津，……天锡率万人顿金昌城，马达率万人逆苌等，因请降，兵人散走，常据、席仂皆战死。……天锡大惧，出城自战，城内又反，天锡窘逼降于苌等，……苻坚……以为尚

书，封归义侯。（《晋书》卷八六《张天锡传》）

时匈奴左贤王卫辰，遣使降于坚，遂请田内地，坚许之。……匈奴右贤王曹毂、左贤王卫辰、举兵叛，……索虏乌延等亦叛坚而通于辰、毂。坚率中外精锐以讨之，……毂惧而降，……进击乌延斩之，……讨卫辰，擒之。……坚既平凉州，又遣……苻洛为北讨大都督……讨代王涉翼犍，又遣……邓羌等……东出和龙，西出上郡，与洛会于涉翼犍庭。翼犍战败遁于弱水，苻洛逐之，势穷迫，退远阴山，其子翼圭缚父请降，洛等振旅而还。（《晋书》卷一一三《载记》第一三《苻坚》上）

先是梁熙遣使西域，称扬坚之威德，并以彩缯赐诸国王，于是朝献者十有余国。（《晋书》卷一一三《载记》第一三《苻坚》上）

车师前部王弥窴，鄯善王休密驮，朝于坚，……窴等请曰："大宛诸国虽通贡献，然诚节未纯。请乞依汉置都护故事，若王师出关，请为向导。"坚于是以骁骑吕光为持节都督西讨诸军事。（《晋书》卷一一四《载记》第一四《苻坚》下）

坚既平山东，士马强盛，遂有图西域之志，乃授光使持节，都督西讨诸军事，率将军姜飞、彭晃、杜进、康盛等，总兵七万，铁骑五千以讨西域。……至焉耆，其王泥流，率其旁国请降。龟兹王帛纯距光，……光攻城既急，帛纯……请救狯胡。狯胡弟呐龙侯将馗，率骑……并引温宿尉须等国王……以救之，……战于城西，大败之，……帛纯……走，王侯降者三十余国。……诸国惮光威名，贡款属路。……光抚宁西域，威恩甚著。……坚闻光平西域，以为使持节，……都督玉门已西诸军事。（《晋书》卷一二二《载记》第二二《吕光》）

按苻坚恃其强盛，用兵四方，版图之广，为"五胡"之冠。然因此而骄，致有淝水之败，以亡其国焉。

乙、政治

坚广修学官，召郡国学生，通一经以上充之，公卿已下，子孙并遣受业。其有学为通儒、才堪干事、清修廉直、孝弟力田者，皆旌表之。于是人思劝励，号称多士，盗贼止息，请托路绝，田畴修辟，帑藏充盈，典章法物，靡不悉备。（《晋书》卷一一三《载记》第一三《苻坚》上）

坚以境内旱，课百姓区种，……复魏晋士籍，使役有常，闻诸非正道典学，一皆禁之。……自永嘉之乱，庠序无闻，及坚之僭，颇留心儒学，王猛整齐风俗，政理称举，学校渐兴，关陇清晏，百姓丰乐。自长安至于诸州，皆夹路树槐柳，二十里一亭，四十里一驿，旅行者取给于途，工商贸贩于道。(《晋书》卷一一三《载记》第一三《苻坚》上)

遣使巡行四方，观风俗，问政道，明黜陟，恤孤独不能自存者，以安车蒲轮征隐士，……置听讼观于未央之南，禁老庄图谶之学。(《晋书》卷一一三《载记》第一三《苻坚》上)

坚以关中水旱不时，……发其王侯已下，及豪望富室僮隶三万人，开泾水上源，凿山起堤，通渠引渎，以溉冈卤之田。及春而成，百姓赖其利。(《晋书》卷一一三《载记》第一三《苻坚》上)

丙、王猛为相

王猛，字景略，北海剧人也。……瑰姿俊伟，博学好兵书，……隐于华阴山。……桓温入关，猛被褐而诣之，一面谈当世之事，扪虱而言，旁若无人，温察而异之。……温之将还，赐猛车马，拜高官，……请与俱南，……猛乃止。苻坚将有大志，闻猛名，遣吕婆楼招之，一见便若平生。……及坚僭位，……为丞相，……猛宰政公平，流放尸素，拔幽滞，显贤才，外修兵革，内崇儒学，劝课农桑，教以廉耻，无罪而不刑，无才而不任，庶绩咸熙，百揆时叙。于是兵强国富，垂及升平，猛之力也。(《晋书》卷一一四《载记》第一四《王猛》)

王猛像

猛卒后，坚务胜不休，内讧将作而事外征，以即于亡。

太元元年，西历376年。十二月，阳平国常侍慕容绍，私谓其兄楷曰："秦恃其强大，务胜不休，北戍云中，南守蜀汉，转运万里，道殣相望。兵疲于外，民困于内，危亡近矣。(《资治通鉴》卷一〇四《晋纪》二六)

二年春，赵故将作功曹熊邈，屡为秦王坚言石氏宫室器玩之盛。坚以邈为将作长史，领将作丞，大修舟舰兵器，饰以金银，颇极精巧。慕容农私言于慕容垂曰："自王猛之死，秦之法制，日以颓靡，今又重之以奢侈，殃将至矣。……大王宜结纳英杰，以承天意，时不可失。"垂笑曰："天下事，非尔所及。"（《资治通鉴》卷一〇四《晋纪》二六）

丁、伐晋之失败

太元八年，西历383年。遣征南苻融、骠骑张蚝、抚军苻方、卫军梁成、平南慕容㬎、冠军慕容垂，率步骑二十五万为前锋，坚发长安戎卒六十余万，骑二十七万，前后千里，旌鼓相望。坚至项城，凉州之兵，始达咸阳，蜀汉之军，顺流而下，幽冀之众，至于彭城，东西万里，水陆齐进。……晋遣都督谢石，徐州刺史谢玄，豫州刺史桓伊，辅国谢琰等，水陆七万，相继距。……晋龙骧将军刘牢之率劲卒五千，夜袭梁成垒克之，斩成……等十将。……谢石等以既败梁成，水陆继进。坚与苻融，登城而望王师，见部阵齐整，将士精锐，又北望八公山上草木，皆类人形，顾谓融曰："此亦勍敌也，何谓少乎！"怃然有惧色，……坚遣其尚书朱序说石等，以众盛欲胁而降之，序诡谓石曰："若秦百万之众皆至，则莫可敌也。及其众军未集，宜在速战，若挫其前锋，可以得志。"……时张蚝败谢石于肥南，谢玄、谢琰，勒卒数万，阵以待之，蚝乃退，列阵逼肥水。王师不得渡，遣使

淝水之战

谓融曰："君悬军深入，置阵逼水，此持久之计，岂欲战者乎？若小退师，令将士周旋，仆与君公，缓辔而观之，不亦美乎？"融于是麾军却阵，欲因其济水，覆而取之，军遂奔退，制之不可止。融驰骑略阵，马倒被杀，军遂大败。王师乘胜，追击至于青冈，死者相枕。坚为流矢所中，单骑遁还于淮北，……闻风声鹤唳，皆谓晋师之至。……坚至自淮南，次于长安东之行宫。（《晋书》卷一一四《载记》第一四《苻坚》下）

按坚强盛时，对于征服之胡、羌、鲜卑等族，待遇颇优，往往假以重权。及淮南败归，势力崩溃，异族纷起，立国者有六。

慕容垂，据中山，为后燕。

慕容永，据长子，为西燕。

姚苌，据长安，为后秦。

吕光，据姑臧，为后凉。

乞伏国仁，据陇右，为西秦。

拓跋珪，据盛乐，为后魏。

厥后凉州内乱，又分立者三国。

秃发乌孤，据廉川，为南凉。

沮渠蒙逊，据张掖，为北凉。

李暠，据敦煌，为西凉。

后燕慕容垂，攻灭西燕，据有幽、冀、并三州，又南略青、徐、兖三州，后秦姚兴其子。攻破洛阳，并有淮汉以北诸部，又破降西秦，攻灭后凉，同称为北方大国。

（三）后秦后燕之对峙

甲、后秦之文化

姚兴……为皇太子，……及镇长安，甚有威惠，与其中书舍人梁喜、洗马范勖等，讲论经籍，不以兵难废业，时人咸化之。……天水姜龛、东平淳于岐、冯翊郭高等，皆耆儒硕德，经明行修，各门徒数百，教授长安，诸生自远而至者万数千人。兴每于听政之暇，引龛等于东堂，讲论道艺，错综名理。凉州胡辩，苻坚之末，东徙洛阳讲授，弟子千有余人，关中后进，多赴之请业。兴敕关尉曰："诸生咨

访道艺，修已历身，往来出入，勿拘常限。"于是学者咸劝，儒风盛焉。(《晋书》卷一一七《载记》第一七《姚兴》上)

按姚兴好文学，提倡不遗余力，在混乱时期中，不可多觏者也。

兴如逍遥园，引诸沙门于澄玄堂，听鸠摩罗什演说佛经。罗什通辨夏言，寻览旧经，多有乖谬，不与胡本相应。兴与罗什及沙门僧略、僧迁、道树、僧叡、道坦、僧肇、昙顺等八百余人，更出大品，罗什持胡本，兴执旧经，以相考校，其新文异旧者，皆会于理义。续出诸经，并诸论三百余卷。今之新经，皆罗什所译。兴既托意于佛道，公卿已下，莫不钦附，沙门自远而至者五千余人。起浮图于永贵里，立波若台于中宫，沙门坐禅者，恒有千数。州郡化之，事佛者十室而九矣。(《晋书》卷一一七《载记》第一七《姚兴》上)

鸠摩罗什，天竺人也，……父鸠摩罗炎。……东度葱岭，龟兹王闻其名，郊迎之，请为国师。王有妹，……乃逼以妻焉。……罗什……专以大乘为化，诸学者皆共师焉。……吕光……伐龟兹……破之，乃获罗什。……姚兴遣姚硕德西伐，破吕隆，乃迎罗什，待以国师之礼，仍使入西明阁及逍遥园，译出众经。罗什多所暗诵，无不究其义旨。既览旧经，多有纰缪，于是兴使沙门僧叡、僧肇等八百余人，传受其旨，更出经论凡三百余卷。……兴奉之若神，尝讲经于草堂寺，兴及朝臣、大德沙门千有余人，肃容观听。(《晋书》卷九五《鸠摩罗什传》)

按佛学之昌明于北方，兴实开其端，其订译佛经，尤于佛学上有盛大之供献。

乙、后燕伐魏之役

此役为魏氏兴起之关键，故特举之。

垂……遣其太子宝及农，与慕容麟等率众八万伐魏，慕容德、慕容绍，以步骑一万八千为宝后继。魏闻宝将至，徙往河西，宝进师临

河，惧不敢济，还次参合。近山西大同。……魏师大至，三军奔溃，宝与德等数千骑奔免，士众还者十一二，绍死之。……垂……自率大众出参合，凿山开导，次于猎岭。……垂至参合，见往年战处，积骸如山，设吊祭之礼。死者父兄，一时号哭，军中皆恸，垂惭愤呕血，因而寝疾。……过平城，……筑燕昌城而还。(《晋书》卷一二三《载记》第二三《慕容垂》)

皇始元年，晋太元二一年，西历396年。三月，慕容垂寇桑乾川，……遂至平城西北。闻帝将至，乃筑城自守。疾甚，遂遁死于上谷。(《北史》卷一《道武帝纪》)

魏自战胜后燕，乘势侵略，得地益广，国力益强。后燕分裂，后秦亦衰落不振，于是继起称国者有三：

冯跋，篡后燕自立，据和龙，为北燕。

慕容德，据广固，为南燕。

赫连勃勃，叛后秦，据统万，为夏国。

当后秦为魏夏所逼时，乞伏乾归复背秦称王，仍为西秦。其子炽磐攻灭南凉，北凉沮渠蒙逊灭西凉，遂据有全凉之地。刘裕灭南燕，又遣将平定蜀谯纵，又北伐入关灭后秦。夏为魏所逼战败西奔，袭灭西秦，旋亡于吐谷浑。魏灭北燕，破北凉，遂统一北方。刘裕已篡晋称宋，割据江左，于是五胡纷扰之局面告终，而南北对峙之局面开始矣。

(四) 东晋之恢复事业

自中原沦没后，晋室每因北方发生变乱，乘机出师图恢复。然"政出多门，权去公家"，_{韦华对姚兴语，见《晋书·载记》第一七。}权臣欲树威望，垄断政权，辄假北伐为名，是以多无功也。兹叙当事主要人物于左。

甲、祖逖

祖逖，字士稚，范阳道人也。……时帝元帝。方拓定江南，未遑北伐，逖进说曰……，帝乃以逖为奋威将军、豫州刺史，给千人廪布三千匹，不给铠仗，使自招募。仍将本流徙部曲百余家，……屯于江阴，起冶铸兵器，得二千余人而后进，……克谯城，……由是黄河以南尽为晋土。……诏进逖为镇西将军，石勒不敢窥兵河南。……方当

推锋越河，扫清冀朔，会朝廷将遣戴若思为都督，……意甚怏怏，且闻王敦与刘隗等构隙，虑有内难，大功不遂，感激发病，……卒于雍丘。……以逖弟约代领其众。（《晋书》卷六二《祖逖传》）

于是冀并幽州，辽西、巴西诸屯结皆陷于勒。时晋征北将军祖逖据谯，将平中原。逖善于抚纳，自河以南，多背勒归顺，勒惮之不敢为寇。……自是兖豫义安，人得休息矣。（《晋书》卷一〇五《载记》第五《石勒》下）

石堪攻晋豫州，刺史祖约，于寿春屯师淮上。……祖约诸将佐，皆阴遣使附于勒。石聪与堪济淮，陷寿春，祖约奔历阳，寿春百姓陷于聪者二万余户。（《晋书》卷一〇五《载记》第五《石勒》下）

按是时刘曜、石勒对抗，故祖逖能恢复河南诸郡。

乙、庾亮

时石勒新死，亮有开复中原之谋，乃解豫州，授辅国将军毛宝，使与西阳太守樊峻精兵一万，俱戍邾城，又以陶称为南中郎将、江夏相，率部曲五千人入沔中，亮弟翼为南蛮校尉、南郡太守镇江陵，以武昌太守陈嚣为辅国将军、梁州刺史趣子午，又遣偏军伐蜀至江阳。……亮当率大众十万据石头城，为诸军声援，乃上疏曰："蜀胡二寇，凶虐滋甚，内相诛锄，众叛亲离。……襄阳北接宛许，南阻汉水，其险足固，其土足食。臣宜移镇襄阳之石城下，并遣诸军罗布江沔，……乘衅齐进，以临河洛，……"亮又上疏，便欲迁镇，会寇陷邾城，毛宝赴水而死。……亮自邾城陷没，忧慨发疾，……咸康六年薨。西历340年。（《晋书》卷七三《庾亮传》）

季龙……以其太子宣为大单于，建天子旌旗，以夔安为征讨大都督，统五将末骑七万，寇荆扬北鄙。石闵败王师于沔阴，将军蔡怀死

祖逖北伐

之；宣将朱保，又败王师于白石，将军郑豹、谈玄、郝庄、随相、蔡熊皆遇害。季龙将张贺度攻陷邾城，败晋将毛宝于邾西，死者万余人。夔安进据胡亭，晋将军黄冲，历阳太守郑进，皆降之，安于是掠七万户而还。(《晋书》卷一○六《载记》第六《石季龙》上)

亮卒，授都督江、荆、司、雍、梁、益六州诸军事，……假节，代亮镇武昌。……翼每竭志能，劳谦匪懈，戎政严明，经略深远。……遣使东至辽东，西到凉州，要结二方，欲同大举。慕容皝、张骏并报使请期。翼雅有大志，欲以灭胡平蜀为己任。……康帝即位，翼欲率众北伐。……翼时有众四万，诏加都督征讨军事，师次襄阳，大会僚佐。……康帝崩，兄冰卒，以家国情事，……还镇夏口。(《晋书》卷七三《庾翼传》)

按石季龙时正盛强，故庾亮出兵挫败。

丙、殷浩

石季龙死，胡中大乱，朝廷遂欲荡平关河。于是以浩为中军将军，假节，都督扬、豫、徐、兖、青五州军事。浩既受命，以中原为己任，上疏北征许洛。……师次寿阳，潜诱苻健大臣梁安、雷弱儿等使杀健，许以关右之任。初降人魏脱卒，其弟憬代领部曲，姚襄杀憬以并其众，浩大恶之，使龙骧将军刘启守谯，迁襄于梁。既而魏氏子弟往来寿阳，襄猜惧。俄而襄部曲有欲归浩者，襄杀之，浩于是谋诛襄。会苻健杀其大臣，健兄子眉，自洛阳西奔，浩以为梁安事捷，意苻健已死，请进屯洛阳，……使襄为前驱，冠军将军刘洽镇鹿台，建武将军刘遁据仓垣。……浩既至许昌，会张遇反，谢尚又败绩，浩还寿阳。后复进军次山桑而襄反，浩惧，弃辎重，退保谯城，器械军储皆为襄所掠，士卒多亡叛。浩遣刘启、王彬之击襄于山桑，并为襄所杀。永和九年，西历353年。桓温素忌浩，及闻其败，上疏罪浩，……坐废为庶人。(《晋书》卷七七《殷浩传》)

襄，……弋仲之第五子也。……晋遣使拜襄持节平北将军、并州刺史、即丘县公。……晋处襄于谯城。河南夏邑县。……襄少有高名，雄武冠世。……殷浩惮其威名，乃因襄诸弟，频遣刺客杀襄，刺客皆推诚告实。……浩潜遣将军魏憬率五千余人袭襄，襄乃斩憬而并其众，浩愈恶之，乃使将军刘启守谯，迁襄于梁国。……闻关中有变，

浩率众北伐，襄乃要击浩于山桑，大败之，……收其资仗。……浩遣刘启、王彬之伐山桑，襄自淮南击灭之，鼓行济淮，屯于盱眙，招掠流人，众至七万。……朝廷大震。……襄将佐部众皆北人，咸劝襄北还，……乃据许昌。（《晋书》卷一一六《载记》第一六《姚襄》）

健……遣雄菁健任。率众略关东，并援石季龙豫州刺史张遇于许昌，与晋镇西将军谢尚，战于颍水之上。王师败绩，雄乘胜逐北至于垒门，杀伤大半，遂虏遇及其众归于长安。（《晋书》卷一一二《载记》第一二《苻健》）

丁、桓温

永和十年，西历354年。二月，温遂统步骑四万发江陵，水军自襄阳入均口。至南乡，步自淅川以征关中。……进至霸上，健以五千人，深沟自固，居人皆安堵复业，持牛酒迎温于路者十八九，耆老感泣曰："不图今日复见官军。"初温恃麦熟取以为军资，而健芟苗清野，军粮不属，收三千余口而还。（《晋书》卷九八《桓温传》）

永和十二年，西历356年。三月，姚襄入于许昌，以太尉桓温为征讨大都督讨之。八月，桓温及姚襄战于伊水，大败之，襄走平阳，徙其余众三千余家，于江汉之间……而归，使……河南太守戴施镇洛阳。（《晋书》卷八《穆帝纪》）

太和四年，西历369年。又上疏悉众北伐。……以温领平北将军、徐兖二州刺史，率……步骑五万北伐。……军次胡陆，攻慕容㬂将慕容忠获之。进次金乡，时亢旱，水道不通，乃凿巨野三百余里以通舟运，自清水入河。㬂将慕容垂、傅末波等，率众八万距温，战于林渚，温击破之，遂至枋头。……军粮竭尽，温焚舟步退自东燕，……垂以八千骑追之，战于襄邑，温军败绩。（《晋书》卷九八《桓温传》）

戊、刘裕

义熙五年，西历409年。二月，伪燕南燕。主慕容超大掠淮北。三月，帝抗表北讨，……乃浮淮入泗。……六月，超留羸老守广固，……悉力据临朐。……比及临朐，贼骑交至，……帝……袭克临朐，贼乃大奔，超遁还广固。……六年二月，屠广固，超逾城走，追获之，斩于建康市，……班师。（《南史》卷一《宋武帝纪》）

义熙八年，西历412年。十二月，以西陵太守朱龄石……帅师伐蜀。……九年七月，朱龄石克成都，斩谯纵，益州平。（《晋书》卷一〇《安帝纪》）

十二年，西历416年。三月，……初帝平齐，仍有定关洛意。……会姚兴死，子泓新立，兄弟相杀，关中扰乱。四月，帝表伐关洛，……八月，率大众进发。……十月，众军至洛，围金墉，降之。……十三年，二月，冠军将军檀道济等，军次潼关。三月，帝率大军入河，五月，帝至洛阳，……七月，至陕。龙骧将军王镇恶，舟师自河浮渭。八月，扶风太守沈田子，大破姚泓军于蓝田，王镇恶克长安，禽姚泓。……帝欲息驾长安，经略赵魏，……前将军刘穆之卒，裕谋主，留镇建业。乃归，……以桂阳公义真裕子。为雍州刺史，镇长安，留腹心将佐以辅之。……安西中兵参军沈田子，杀安西司马王镇恶，诸将杀安西长史王修，关中乱。（《南史》卷一《宋武帝纪》）

宋武帝刘裕像

裕留子义真镇长安而还，勃勃闻之大悦，谓王买德曰："朕将进图长安，卿试言取之方略。"买德曰："刘裕灭秦，所谓以乱平乱，未有德政以济苍生。关中形胜之地，而以弱才小儿守之，非经远之规也。狼狈而返者，欲速成篡事耳，无暇有意于中原。……青泥上洛，南师之冲要，宜置游兵，断其去来之路。然后杜潼关，塞崤陕，绝其水陆之道。陛下声檄长安，……义真独坐空城，……不战而自定也。"勃勃善之，以子璝……率骑二万南伐长安，……勃勃率大军继发。璝至渭阳，……义真遣龙骧将军沈田子率众逆战，不利而退。……田子与义真司马王镇恶不平，因镇出城遂杀之。义真又杀田子，于是悉召外军入于城中，闭门距守。……刘裕闻之大惧，乃召义真东镇洛阳，以朱龄石为雍州刺史守长安。义真大掠而东，至于灞上，百姓遂逐龄石，而迎勃勃入于长安，璝率众三万追击义真，王师败绩，义真单马而遁。（《晋书》卷一三〇《载记》第三〇《赫连勃勃》）

卷二　两晋及南北朝

南北朝

南北朝世系

自南宋文帝元嘉十六年，西历439年。魏统一北方，至隋文帝开皇九年，西历589年。灭陈统一止，共一百五十一年。

南朝

【宋】 自刘裕代晋，西历420年。至顺帝禅于齐，西历479年。凡八传，共六十年。

高祖武皇帝，姓刘，名裕，字德舆，彭城绥舆里人。勇健有大志，仅识文字，以卖履为业，好摴蒱，为乡间所贱。刘牢之击孙恩，妖人倡乱。引裕参军事，以功为下邳太守。后讨平桓玄，遂执朝政。平后秦归，进爵宋王。旋受晋禅，即皇帝位，国号宋，改元永初。三年。在位凡三年。

少帝，名义符，武帝长子。嗣立，改元景平。一年。帝与宰相徐羡之、傅亮、谢晦等有隙，为羡之等所废，寻弑之。在位凡一年。

太祖文皇帝，名义隆，武帝第三子，封宜都王。少帝废，大臣迎立之，改元元嘉。三十年。帝即位后，讨羡之、亮、晦，均诛之，躬勤政事，孜孜无怠，政平讼理，自江左之政，所未有也。太子劭无道，欲废之，劭乃弑帝。在位凡三十年。

世祖孝武皇帝，名骏，文帝第三子。封武陵王，诛劭继立，改元孝建、三年。大明。八年。帝疏忌宗室，削弱其权，多所翦除，大臣亦有遭杀戮者。在位凡十一年。

前废帝，名子业，孝武帝长子。嗣立，改元永光、景和。帝荒淫无度，而刻薄与孝武相同，旧臣多被诛戮。湘东王刘彧，为帝幽囚，备遭辱苦。密结帝左右寿寂之等弑之。

太宗明皇帝，名彧，文帝第十一子。封湘东王，废帝遇弑，继立，

改元泰始、七年。泰豫。一年。初废帝欲杀江州刺史晋安王子勋，孝武子。长史邓琬，奉之起兵。帝即位，谕罢兵，不听，称帝于寻阳。是时四方贡计，并诣寻阳，朝廷所保，唯丹阳、淮南等数郡而已。旋命沈攸之等讨平之。于是益忌孝武子孙，诛杀殆尽。帝末年，大事营建，军旅不息，府藏空虚，天下骚然，民不堪命，宋业遂衰。在位凡八年。

后废帝，名昱，明帝太子。嗣立，改元元徽。四年。帝荒淫过于前废帝，左右阳玉夫弑之。在位凡四年。

顺皇帝，名准，明帝第三子。封安成王，废帝殒，萧道成奉太后命立之，改元升明。三年。在位凡三年，禅于齐，寻遇害，宋亡。

(以上据《通考·帝系考》及《宋书》纪传)

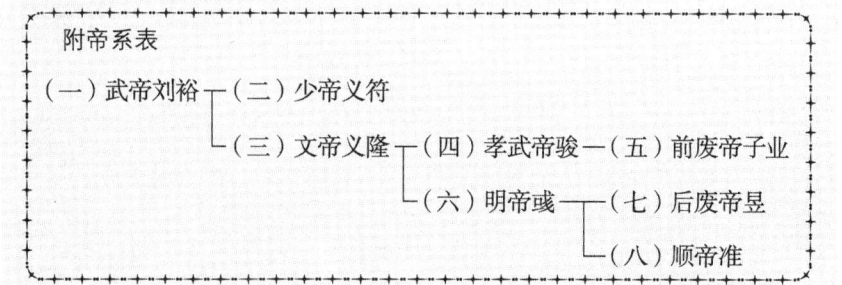

```
附帝系表
(一)武帝刘裕 ┬ (二)少帝义符
            └ (三)文帝义隆 ┬ (四)孝武帝骏 ─ (五)前废帝子业
                         └ (六)明帝彧 ┬ (七)后废帝昱
                                    └ (八)顺帝准
```

【齐】 自萧道成代宋，西历479年。至和帝禅于梁，西历502年。凡七传，共二十四年。

太祖高皇帝，姓萧，名道成，字绍伯，东海兰陵人。父承之仕宋，至南泰山太守。承之为宋将，数与北方相攻战。道成以将门子，亦屡与征讨，宋明帝之世，渐见信用。及平桂阳王休范之乱，休范文帝子，明帝卒，后废帝立，休范为江州刺史举兵反，袭建康，道成讨平之。威望始隆。苍梧王后废帝。遇害，迎立顺帝，进封齐王。后废顺帝自立，国号齐，建元建元。四年。在位凡四年。

世祖武皇帝，名赜，高帝

萧道成像

卷二 两晋及南北朝

长子。嗣立，改元永明。十一年。帝从高帝同起艰难，留心政治，永明之政，比元嘉焉。在位凡十一年。

废帝郁林王，名昭业，武帝长孙。嗣立，改元隆昌。为西昌侯萧鸾所弑。

废帝海陵恭王，名昭文，文惠太子长懋武帝子。第二子也。萧鸾奉之继立，改元延兴，寻复废之。在位凡四月。

高宗明皇帝，名鸾，高帝兄子也。既废二王，继立，改元建武、四年。永泰。一年。帝杀高武子孙无遗，萧氏遂衰。在位凡五年。

废帝东昏侯，名宝卷，明帝第二子。嗣立，改元永元。三年。淫昏嗜杀，为南朝诸帝之最。帝杀尚书令萧懿，其弟衍为雍州刺史起兵反，率众东下，败帝军，围建康，帝为新除雍州刺史王珍国、侍中张稷等所害。在位凡三年。

和帝，名宝融，明帝第八子。封南康王，出为荆州刺史。萧衍反，奉为帝。东昏侯既被杀，即帝位，改元中兴。一年。在位凡一年，禅于梁，齐亡。

(以上据《通考·帝系考》，参以《南齐书》纪传)

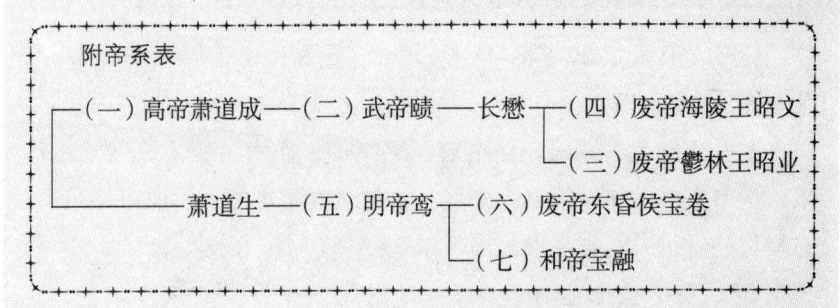

```
附帝系表
┌─(一)高帝萧道成─(二)武帝赜─长懋─┬─(四)废帝海陵王昭文
│                                  └─(三)废帝郁林王昭业
└─萧道生─(五)明帝鸾─┬─(六)废帝东昏侯宝卷
                      └─(七)和帝宝融
```

【梁】　自萧衍代齐，西历502年。至敬帝禅于陈，西历557年。凡四传，共五十六年。

高祖武皇帝，姓萧，名衍，字叔达，南兰陵中都里人，齐之同族也。齐明帝时，为雍州刺史镇襄阳，知齐将乱，潜造器械，密为之备。及兄懿被杀，遂起兵，入建康，立和帝，独揽政权，进爵梁王。寻废和帝自立，国号梁，建元天监、十八年。普通、七年。大通、二年。中大通、六年。大同、十一年。中大同、一年。太清。三年。帝勤政事，尚文学，境内称治。晚年好佛，三次舍身同泰寺。由是政刑不立，百度

废弛。又纳东魏将侯景，终为景所制，忧愤而死。在位凡四十八年。

太宗简文皇帝，名纲，武帝第三子。昭明太子卒，立为太子。嗣立，改元大宝，二年。受制于侯景，复为所弑。在位凡二年。

世祖孝元皇帝，名绎，武帝第七子。封湘东王，为荆州刺史镇江陵。侯景篡立，乃遣陈霸先、王僧辩分道讨诛景。即帝位，都江陵，改元承圣。三年。西魏攻之，城陷遇害。在位凡三年。

敬皇帝，名方智，元帝第九子。封晋安王。魏克江陵，陈霸先、王僧辩等迎之至建康，以太宰承制。寻即帝位，改元绍泰、一年。太平。二年。在位凡三年，禅于陈，梁亡。

【后梁】 自萧詧建国，梁敬帝绍泰元年，西历555年。至后主灭于隋，陈后主祯明元年，西历587年。凡三传，共三十三年。

中宗宣皇帝，名詧，武帝孙也。大通时，封岳阳王，为雍州刺史镇襄阳。侯景执政时，与湘东王绎元帝。相攻，战败降于西魏。及敬帝立，魏亦立詧于江陵使称帝，以兵守之，为北朝之附庸，改元大定。七年。在位凡七年。

世宗明皇帝，名岿，宣帝第三子。嗣立，改元天保。二十四年。在位凡二十四年。

后主，名琮，明帝太子。嗣立，改元广运。二年。在位凡二年，为隋所废。

(以上据《通考·帝系考》及《梁书》纪传、《周书·萧詧传》)

```
附帝系表
(一)武帝萧衍┬统─(后梁)(一)宣帝詧─(二)明帝岿─(三)后主琮
            ├(二)简文帝纲
            └(三)元帝绎──(四)敬帝方智
```

萧衍像

【陈】 自陈霸先代梁，西历557年。至后主灭于隋，西历589年。凡五传，共三十三年。

高祖武皇帝，姓陈，名霸先，字兴国，吴兴长城下若里人。初仕梁，为广州刺史萧映中直兵参。以高要太守起兵讨侯景，与王僧辩同有大功。西魏害元帝，乃同迎晋安王承制。北齐送贞阳侯萧明，萧懿子，守彭城为魏所俘。来主梁嗣，僧辩纳之，帝杀僧辩，黜萧明，而立晋安王，敬帝。遂专朝政，进爵为陈王。已而废敬帝自立，国号陈，建元永定。三年。在位凡三年。

世祖文皇帝，名蒨，武帝兄道谭之长子。封临川王，继立，改元天嘉、六年。天康。一年。帝起自艰难，知民疾苦，明察俭约，尤勤政事，为陈之令主。在位凡七年。

废帝，名伯宗，文帝长子。嗣立，改元光大，二年。为安成王顼所废。在位凡二年。

高宗宣皇帝，名顼，文帝之弟。继立，改元太建。十四年。在位凡十四年。

后主，名叔宝，宣帝太子。嗣立，改元至德、四年。祯明。三年。帝荒淫无度，兴土木，宠女色，尚浮华。长于文学而轻武士，将帅有过，辄夺其兵，配以文吏。于是臣民解体，国势益衰。隋文帝开皇九年，遣兵伐陈，入建康，擒叔宝。在位凡七年。陈亡。

(以上据《通考·帝系考》及《陈书》纪传)

附帝系表
(一) 武帝陈霸先
陈道谭————(二) 文帝蒨————(三) 废帝伯宗
　　　　　　(四) 宣帝顼————(五) 后主叔宝

北朝

魏既奄有北方，当宋一代，为其最强盛之时。至齐稍衰，至梁而分为东魏、西魏，东魏篡于齐，西魏篡于周，周又灭齐，而篡于隋。隋再灭后梁及陈，始结南北对峙之局，中国始复归于一，以成秦汉以后第二回之大一统局面。

【魏】 自拓跋珪改称魏王，晋孝武帝太元十一年，西历386年。至恭帝禅于周，西历556年。凡十七传，共一百七十一年。

太祖道武皇帝，姓拓跋，名珪。其先世为代北鲜卑君长。秦苻坚自淮南败归，国中大乱，珪称代王。旋改称魏王，建元登国、十年。皇始。二年。取燕称帝，国号魏，改元天兴、六年。天赐。五年。帝晚年嗜杀，朝野危惧，其子清河王绍弑之。在位凡二十三年。

太宗明元皇帝，名嗣，道武帝长子。封齐王，诛绍继立，改元永兴、五年。神瑞、二年。泰常。八年。在位凡十五年。

世祖太武皇帝，名焘，明元帝长子。嗣立，改元始光、四年。神䴥、四年。延和、三年。太延、五年。太平真君、十一年。正平。一年。帝时击破夏国，灭北燕、北凉，统一北方。晚年以太子晃监国，为宦官宗爱所构，以忧卒，后悟其无罪，追悼不已，宗爱惧，弑之。在位凡二十八年。

高宗文成皇帝，名濬，太武帝嫡孙。宗爱弑太武帝，立南安王余。余谋夺爱权，爱怒，又弑之。帝继立，改元兴安、二年。兴光、一年。太安、五年。和平。六年。在位凡十四年。

显祖献文皇帝，名弘，文成帝长子。嗣立，改元天安、一年。皇兴。四年。帝慕黄老浮屠之学，有遗世之志，传位于太子，自称太上皇。在位凡五年。

高祖孝文皇帝，名宏，献文帝太子。嗣立，宋明帝泰始七年，西历

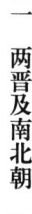

拓跋珪像

471年。改元延兴、五年。承明、一年。太和、二十三年。帝迁都洛阳，改姓元氏，为魏之令主。在位凡二十九年。

世宗宣武皇帝，名恪，孝文帝第二子。嗣立，改元景明、四年。正始、四年。永平、四年。延昌、四年。在位凡十六年。

肃宗孝明皇帝，名诩，宣武帝第二子。嗣立，改元熙平、二年。神龟、二年。正光、五年。孝昌、三年。武泰。为母胡太后所杀。在位凡十二年。

敬宗孝庄皇帝，名子攸，献文帝孙，彭城王勰第二子。封长乐王。明帝殂，尔朱荣立之，改元永安。二年。帝诛尔朱荣，为尔朱兆所杀。在位凡二年。

长广王晔，献文帝孙，咸阳王禧子。孝庄帝杀尔朱荣，尔朱兆反，据晋阳，奉晔为帝，改元建明。一年。及兆入洛阳，执孝庄帝，挟还晋阳缢杀之，又以晔疏远无人望废之。在位凡一年。

节闵帝，亦称前废帝。名恭，献文帝孙，广陵王羽子。尔朱兆等废晔，遂立恭，改元普泰。尔朱氏败，为高欢所杀。

后废帝，名朗，太武帝子晃玄孙，章武王融第三子。为渤海太守。高欢起兵讨尔朱氏，乃推戴之立于信都，改元中兴。一年。欢既得志，杀节闵帝，帝亦被害。在位凡一年。两废帝同时并立。

孝武皇帝，名修，孝文帝孙，广平王怀之第三子。封平阳王。高欢迎立之，梁武帝中大通四年，西历532年。改元太昌、永兴、永熙。三年。帝欲图欢不胜，奔于宇文泰，于是魏分东西。中大通六年，西历534年。帝寻为泰所杀。在位凡三年。

【东魏】孝静皇帝，名善见，孝文帝之玄孙，河清王亶之世子。孝武既入关，高欢奉立为帝，改元天平、四年。元象、一年。和兴、四年。武定、八年。在位凡十七年。禅位于齐，高洋。东魏亡。

【西魏】文皇帝，名宝炬，孝文帝之孙，京兆王愉之子。封南阳王。孝武被害，宇文泰立之，改元大统，十七年。在位凡十七年。

废帝，名钦，文帝长子。嗣立，不建年号，在位凡二年。为宇文泰所废，寻弑之。

恭皇帝，名廓，文帝第四子。嗣立，在位凡三年。禅位于周，宇

文觉。西魏亡。

(以上据《通考·帝系考》及《魏书》纪传)

```
附帝系表
(一)道武帝拓跋珪─(二)明元帝嗣─(三)太武帝焘─晃┬(四)文成帝濬
                                            │
  ┌──禧──(十)长广王晔
  ├──融──(十二)后废帝朗
  └(五)献文帝弘──(六)孝文帝宏──(七)宣武帝恪──(八)孝明帝诩
                    勰┬(九)孝庄帝子攸  怀┬(十三)孝武帝修
                      │                  │
                     羽┬(十一)节闵帝恭  愉─西魏(十五)文帝宝炬─(十六)废帝钦
                                                              └(十七)恭帝廓
                                        怿─亶─东魏(十四)孝静帝善见
```

【齐】　自高洋代东魏，梁简文帝大宝元年，西历550年。至幼主灭于周，陈宣帝太建九年，西历577年。凡六传，共二十八年。

显祖文宣皇帝，姓高，名洋，字子进，渤海蓨人，高欢之次子。受东魏禅，国号齐，建元天保。十年。帝初得国，颇能治其军民，后嗜酒昏狂，滥杀无辜，凡所作为，如有心疾。在位凡十年。

废帝，名殷，文宣太子。嗣立，改元乾明，为常山王高演所弑。

孝昭皇帝，名演，高欢第六子。杀殷继立，改元皇建，一年。在位凡一年。

世祖武成皇帝，名湛，高欢第九子。继立，改元太宁、一年。河清。三年。荒怠无道，齐政始乱。后禅位于太子，称太上皇。在位凡四年。

后主，名纬，武成帝长子。嗣立，改元天统、五年。武平、六年。隆化。一年。为周兵所逼，传位于太子恒，自称太上皇。在位凡十二年。

幼主，名恒，后主之长子。嗣立，改元承光。一年。周师破邺，

后主与帝俱亡走，为周所获。在位凡一年。齐亡。

(以上据《通考·帝系考》及《北齐书》纪传)

```
附帝系表
神武帝高欢 ┬ (一)文宣帝洋 ── (二)废帝殷
           ├ (三)孝昭帝演
           └ (四)武成帝湛 ── (五)后主纬 ── (六)幼主恒
```

【周】　自宇文觉代西魏，梁敬帝太平元年，西历556年。至静帝禅于隋，陈宣帝太建十三年，西历581年。凡五传，共二十六年。

孝闵帝，姓宇文，名觉，代郡武川鲜卑人，宇文泰之第三子。受西魏禅，国号周，不改元。晋公护久专政，帝欲除之，反为所害。在位凡一年。

世宗明皇帝，名毓，泰之长子。护废杀孝闵帝，迎而立之，改元武定、二年。武成。二年。复为护所杀。在位凡四年。

高祖武皇帝，名邕，泰之第四子。继立，改元保定、五年。天和、六年。建德、六年。宣政。一年。帝立之十二年，建德元年，西历572年。诛护，始亲政。帝沉毅有智谋，克己励精，听览不倦，用法严整，群下畏服。至于征伐之处，躬在行阵，灭北齐，统一北方。在位凡十八年。

宣皇帝，名赟，武帝长子。嗣立，改元大成。帝荒淫无度，周政遂衰。帝弃位于太子阐，称天元皇帝。

静帝，名阐，宣帝长子。嗣立，改元大象、二年。大定。一年。初宣帝立隋公杨坚之女为后，坚，杨忠之子，忠初从宇文泰入关，以功封隋公，赐姓普六茹氏。及殂，静帝年幼，内史上大夫郑译等，矫诏引坚辅政。坚大杀周宗室，尽握朝权。相州总管尉迟迥、郑州总管司马消难、益州总管王谦等，起兵讨坚，皆为坚所败。帝禅位于隋。杨坚。在位凡三年。周亡。

(以上据《通考·帝系考》及《周书》纪传)

```
附帝系表
文帝宇文泰 ┬ (一)孝闵帝觉
           ├ (二)明帝毓
           └ (三)武帝邕 ── (四)宣帝赟 ── (五)静帝阐
```

一　南北朝之疆域

（一）南朝

宋　都建业。

　　自夷狄乱华，司、冀、雍、凉、青、并、兖、豫、幽、平诸州，一时沦没。……江左又分荆为湘，或离或合，凡有扬、荆、湘、江、梁、益、宁。交、广。其徐州则有过半，豫州唯得谯城而已。及至宋世，分扬州为南徐，徐州为南兖，扬州之江西悉属豫州，分荆为雍，分荆湘为郢，分荆为司，分广为越，分青为冀，分梁为南北秦。太宗初，索虏南侵，青、冀、徐、兖及豫州、淮西，并皆不守，自淮以北，化成虏庭。于是于钟离置徐州，淮阴为北兖，而青冀二州治赣榆之县。（《宋书》卷三五《州郡志序》）

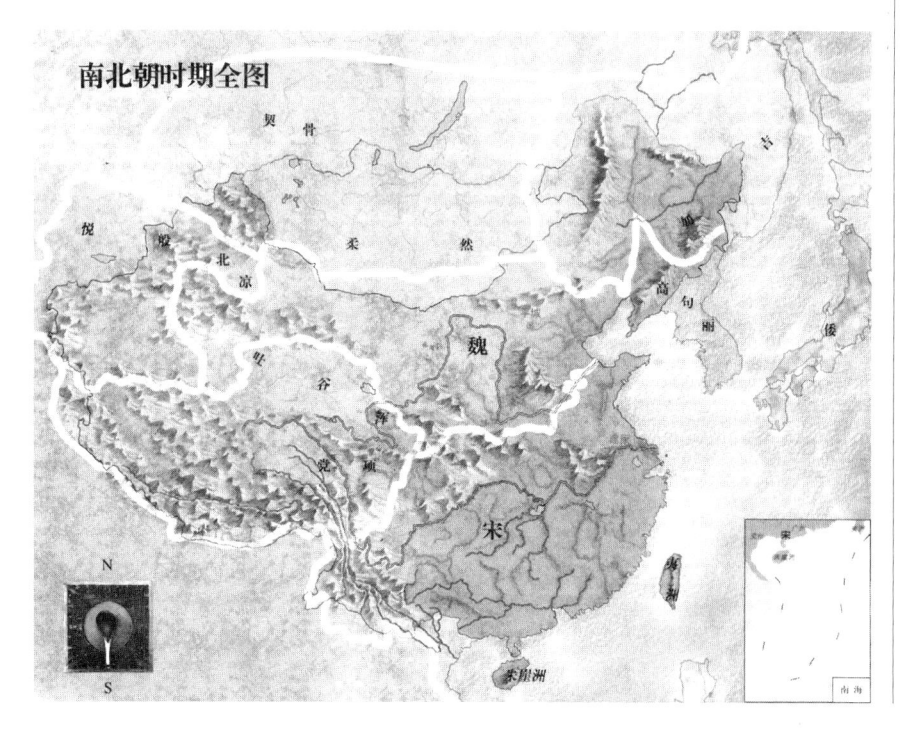

南北朝时期全图

宋武北平广固，灭南燕。西定梁益，灭后蜀。又克长安，灭后秦。尽得河南之地，长安寻为赫连勃勃所陷。至废帝荥阳王景平中，虎牢以西，复陷于后魏。今大较以孝武大明为正，凡二十有二州，扬治建业，南徐治京口，徐治彭城，南兖治广陵，兖治瑕，南荆河治历阳，荆河治汝南，江治寻阳，青治临淄，冀治历城，司治义阳，荆治南郡，郢治江夏，湘治临湘，雍治襄阳，梁治南郑，秦亦治南郑，益治成都，宁治建宁，广治南海，交治龙编，越治临鄣，郡凡二百三十有八，县千一百七十有九。初文帝元嘉中，遣将北伐，水军入河克魏碻磝、山东东阿南山。滑台、虎牢、洛阳四城，其后又失，又分军北伐，西军克弘农、开方二城，以东攻滑台不克，而平碻磝守之，寻皆败退。于是后魏主太武，总师经彭城，临江屯于瓜步，江苏仪征县南。退攻盱眙，不拔而旋。明帝时，后魏又南侵，淮北、青冀徐兖四州，及荆河州西境悉陷没，则长淮为北境，侨徐兖于淮南，注：淮阴立兖州，钟离立徐州。立青冀二州寄治赣榆。其后十余年，而宋亡。然初强盛也，南郑、襄阳、悬瓠、河南汝南县。彭城、历城、东阳，皆为宋氏藩捍。（《通典》卷一七一《州郡》一）

齐 都建业。

齐氏淮北之地，所以全少，青州治朐山，冀治涡口，荆河治寿春，北兖治淮阴，北徐治钟离，安徽凤阳县。又置巴东治巴，其余州郡，悉因宋代。州二十有三，郡三百九十有五，县千四百七十有四。其后频为后魏所侵，至东昏永元初，沔北诸郡，相继败没。又遣军北伐，败于马圈，退屯盆城，又失寿春。注：永元二年，荆河州刺史裴叔业，以城叛入魏。后三年齐亡。始全盛也，南郑、樊城、襄阳、义阳、寿春、淮阳、角城、涟口、朐山江苏东海县。为重镇。（《通典》卷一七一《州郡》一）

梁 都建业。侯景乱后，元帝都江陵。魏人灭之，敬帝复都建业。

梁氏州郡，多沿旧制，天监中，州二十有三，郡三百五十，县千二十有五。其后更有析置，大同中，州百有七，郡县亦称于此。自侯景逆乱，建康倾陷，坟籍散逸，不可得而详焉。初武帝受禅数年，即失汉川及淮西之地，注：天监三年，梁州刺史夏侯道迁，以本部

叛降后魏，自剑阁以北并陷没。又魏将元英破将军马仙琕于义阳失地。其后诸将频年与魏军交战于淮南淮北，互有胜负。……中大通初，大举北伐，淮北城镇相次克平，直至洛阳，暂为梁有，其后又复汉中。至东魏将侯景以河南地降，逆乱相寻，有名无实。及景平后，江北之地，悉陷高齐；汉川蜀川，及于西魏。大抵雍州、下洰戍、夏口、白苟堆、硖石城、合州、钟离、淮阴、朐山为重镇。（《通典》卷一七一《州郡》一）

陈 都建业。

陈氏比于梁代，土宇弥蹙，西不得蜀汉，北失淮肥，以长江为境，有州四十有二，郡百有九，县四百三十有八。宣帝大建中，频年北伐，诸将累捷，尽复淮南之地，更经略淮北，大破齐军于吕梁。及旋师属高齐国亡，又总军北伐至吕梁，周军来拒，又大破之。旋为周军所败，悉虏其众。自是江北之地，尽没于周，又以长江为界。及隋军来伐，遣将守狼尾滩、荆门、安蜀城、公安，巴陵以下，并风靡退败，隋军自采石、注：隋将韩擒虎袭陷之。京口注：贺若弼袭陷之。渡江而平之。（《通典》卷一七一《州郡》一）

（二）北朝

魏 初都平阳，孝文帝迁洛阳。

后魏起自北方，至道武率兵下山东，攻拔慕容宝后燕。中山，遂有河北之地，于是迁都平城。慕容氏丧败，遣将南略地，至于滑台、许昌、彭城。明元帝泰常中，始于滑台、许昌置兵镇守。太武帝时，又得蒲阪、长安、统万、破夏。神麚中。宋师来伐，碻磝、滑台、虎牢戍将皆不守，寻并复之。太延以后，东平辽东，灭北燕。西平姑臧、灭北凉。于是西至流沙，东接高丽，所未得者，汉中及南阳、悬瓠、彭城、青州之南而已。其后帝自南征，遂临瓜步，宋淮北城镇，守将多有败没。献文天安初，自河之南，长淮之北，皆为魏有。孝文迁都洛阳，频岁亲征，皆渡淮沔。宣武初，又得寿春，续收汉川至于剑阁，兼得淮西之地。庄帝时，梁军洛阳，数旬败走。尔后内难相继，不暇外略，三四年后，分为东西魏矣。皆权臣擅命。自永安末年，尔朱世隆称兵入洛，图籍散亡，不可详记。今按旧史，管州百十有一，

龙门石窟

郡五百十有九，县千三百五十有二。自太武以后，渐更强盛，东征西伐，克定中原。属宋明以后，及于齐梁，国土渐蹙，自守不暇，虽时有侵掠，而退不旋踵。故魏之城镇，少被攻围，因利进取，不常所守也。（《通典》卷一七一《州郡》一）

齐 都邺。

　　北齐神武，东魏天平末，大举西伐至蒲津，西魏乘胜攻陷陕州；神武西至沙苑，西军又胜袭陷洛阳。明年，西师又至于河阴，时拒守河阳城，西师败归。其后神武攻围西魏玉壁不克，西师来伐，至于邙山。后神武又围玉壁不克，文襄遣将围颍川拔之，于是河南自洛阳之西，河北自晋州之西，悉入西魏。文宣之代，命将略地，南际于江矣。武成河清中，筑戍于轵关，其年，周军至洛阳败还。后主武平中，陈军来侵，尽失淮南之地，周师攻拔河阴大城。后主隆化末，西师攻拔晋州，因之国灭。自东西魏之后，天下三分，梁陈有江东，宇文有关西，高氏据河北。有州九十有七，郡百六十，县三百六十有五。《读史方舆纪要》注：《后周书》，周灭齐得州五十，郡一百六十二。时齐共有六十州，其淮南十州先没于陈。当齐神武之时，与周文帝抗敌，十三四年间，凡四出师大举西伐，周师东讨者三焉，自文宣之后，才

守境而已。大抵西则姚襄城、洪洞、晋州、武平关、柏崖、轵关、河阳，南则虎牢、洛阳、北荆州、孔城防、汝南郡、鲁城，置兵以防周寇。及陈师侵轶，数岁齐亡，南境要害，未遑制置也。（《通典》卷一七一《州郡》一）

周　都长安。

周文帝，西魏大统中，东魏师至蒲津。文帝东征，克陕州，兼得宜阳郡邵郡，东师又至沙苑。后文帝东征至河阴，先胜后败，筑城于玉壁。文帝又至邙山，先胜后败，得梁雍州。废帝初，克平汉中，又遣军平蜀。文帝西征至姑臧，后又平江陵。自是疆理西有姑臧，西南有全蜀，南至于江矣。其河南自洛阳之东之北，河东自平阳之界，属于高齐。至武帝建德中，东征拔齐晋州城，寻又东征，破齐师于晋州城下，乘胜平齐，后遣军破陈军于吕梁。其东南之境，尽于长沙。通计州二百十有一，郡五百八，县千二十有四。当全盛战争之际，则玉壁、邵郡、齐子岭、通洛防、黄栌三城、宜阳郡、陕州、主划、三荆、三鸦镇，置兵以备东军。（《通典》卷一七一《州郡》一）

按，自东晋以迄隋初，南北州郡，建置纷如，最为淆乱，所立州郡县之数，多难实举。大抵江左则纷纭于晋宋，增于齐，甚于梁；北方则元魏正始宣武帝。之际，下逮东西魏之余，同一繁复者也。

魏晋以来，迁徙百计，一郡分为四五，一县割成两三。或昨属荆豫，今隶司兖，朝为零桂之士，夕为庐九之民。去来纷扰，无暂止息，版籍为之浑淆，职方所以不能记。（《宋书》卷一一《律志序》）

自夷狄乱华，司、冀、雍、凉、青、并、兖、豫、幽、平诸州一时沦没，遗民南渡，并侨置牧司，非旧土也。江左……凡有扬、荆、湘、江、梁、益、交、广，其徐州则有过半，豫州唯得谯城河南夏邑县。而已。及至宋世，……太宗初，索虏南侵，……自淮以北，化成虏庭。……地理参差，其详难举，实由名号骤易，境土屡分，或一郡一县，割成四五，四五之中，亟有离合。千回百改，巧历不算，寻校推求，未易精悉。（《宋书》卷三五《州郡志序》）

北魏骑马士俑

梁天监十年西历511年。以前，大抵因宋齐之旧。是后州名浸多，废置离合，不可胜纪。大同二年，西历536年。朱异奏，顷置州稍广，小大不伦，请分五品，其位秩高卑，参僚多少，皆以是为差。于是上品二十州，次十州，又次八州，又次二十三州，下二十一州。时方事征伐，恢拓境宇，北逾淮汝，东距彭城，西开牂牁，南平俚洞，注：交广界表俚人，依阻深险，各自为洞。纷纶甚众，故异请分之。其下者皆异国之人，徒有州名，而无土地，或因荒徼之民，所居村落，置州及郡县，刺史守令，皆用彼人为之，尚书不能悉领，山川险远，职贡鲜通。五品之外，又有二十余州，不知处所。凡一百七州。又以边境镇戍，虽领民不多，欲重其将帅，皆建为郡，或一人领二三郡，州郡虽多，户口耗矣。（顾祖禹《读史方舆纪要》卷四）

天保七年，西历556年。十一月，诏曰："……两汉承基，曹马属统，其间损益，难以胜言。魏自明帝孝昌之季，禄去公室，政出多门，……是使豪家大族，鸠率乡部，托迹勤王，规自署置；……牧守令长，虚增其数，求功录实，谅足为烦，……而丁口减于畴日，守令倍于昔辰。……要荒之所，旧多浮伪，百室之邑，便立州名，三户之民，空张郡目。……循名督实，事归乌有。（《北齐书》卷四《文宣帝纪》）

尚希时见天下州郡过多，上表曰："……窃见当今郡县，倍多于古。或地无百里，数县并置；或户不满千，二郡分领。所谓民少官多，十羊九牧。……今存要去闲，并小为大……"帝隋高祖。览而嘉之，于是遂罢天下诸郡。（《隋书》卷四六《杨尚希传》）

南北朝疆域简表

南北朝侨立州郡至繁，兹依晋、宋《志》为纲，分疏南北各州，州数与志不尽合，则存废不时之故。

晋	南朝					北朝				
	宋	齐	梁	陈	魏			齐	周
					魏	东魏	西魏		
司州	"司" 治虎牢			"洛" 司 治洛阳 领郡十二	洛 仍 领郡六	洛 仍	洛 仍 置东京六府 洛州总管		
	《晋书·地理志》，永嘉（五年）之后，司州沦没刘聪。元帝渡江，亦置司州于徐，非本所也。永和五年，桓温入洛，复置河南郡属司州。 《宋书·州郡志》，武帝北平关洛，河南底定，置司州治虎牢，领河南荥阳、弘农、实土三郡，又有河内、东京兆二侨郡。少帝景平初，司州复没北虏。				北豫 治虎牢 领郡三	北豫		荥 治虎牢	
					北荆 治梁			和仍	
					"陕" 治陕城	陕 仍 领郡五		陕仍	
								"中" 治新安	
					东义 治卢氏 阳 治宜阳 领郡二	东义 仍 阳 仍		东义 仍 熊 仍	
					相 治邺	司 仍 义 寄治陈城 领郡七		相 治安阳 卫 仍	
					"怀" 治野王	怀 仍 领郡二	怀 仍	怀 仍	
					"雍" "秦" 治河东郡	秦 治河东郡 领郡二		蒲 仍	
								西怀 治王屋 汾 仍	
					南汾 治定阳 领郡九	南汾	西汾 仍	邵 仍	
							邵 治泉县		
					"唐" 治白马城 晋 领郡十二		晋 仍	晋 仍 置总管府 绛 仍	
					东雍 治柏壁 领郡三 "汾" 治蒲子城 徙治西河			"汾" 治龙泉郡 勋 治稷山 置总管府	

续表

晋	南朝					北朝				
	宋	齐	梁	陈	魏	魏东	魏西	齐	周
兖	"兖" 治滑台 领郡六 《晋书·地理志》，惠帝之末，阖境沦没石勒。《宋书·州郡志》，武帝平河南，治滑台。宋末失淮北，侨立兖州，寄治淮阴。		谯 治谯城 领郡一 西徐 治涓阳 领郡六		济 治碻磝 领郡五 南兖 治谯城 领郡七 西兖 治定陶 徙左城 领郡二 谯 治涡阳 涡（《隋志》注，后魏置。）	谯 仍 领郡四		南兖 仍	杞 治滑台 济 "鲁" 治清潭亳 仍 曹 仍 谯 仍
豫州	《晋书·地理志》，永嘉之乱，豫州沦没石氏。《梁书·武帝纪》，太清元年二月，魏司徒侯景，求以豫章广颖洛阳西扬东荆北襄东豫南兖西兖齐等十三州内属，以景为大将军，封河南王，大行台承制，如邓禹故事。《魏书·孝静帝纪》，武定六年（梁太清二年）正月，大都督高岳等于涡阳大破侯景，景走淮南。七年三月，衍弟子北兖州刺史定襄侯萧祗相、潭侯萧退来降，江北郡国皆内属。		陈 治许昌 领郡十二 殷 治项城 汴 治汴城 领郡二 "西豫" 淮 治新息 领郡一		扬 治梁郡 领郡十 "颍" 治长城 北扬 治项城 领郡五 汴 仍 领郡二 东豫 治新息 领郡六	梁 治大梁城 领郡三 郑 治颍阴 领郡三 北扬 东豫		南郑 仍 信 仍	许 仍 陈 仍 汝 治襄城 息 仍

续表

晋	南朝				北朝				
	宋	齐	梁	陈	魏			齐	周
					魏	东魏	西魏		
	"司"侨立悬瓠领郡四		"豫"陈（《隋志》汝南郡朗山注：梁置陈州。)		豫治上蔡领郡九	蔡财治固始		荆	蔡威
兖	《南齐书·州郡志》，宋景平初，失河南地，元嘉末侨立州于汝南悬瓠，寻罢，泰始中，立州于义阳郡，有三关之隘，常为边镇。		建治高平城		广治襄城领郡七 南建仍领郡七 蔡治铜阳领郡二		洧	东建仍 北建治固始	东建仍 浍仍
豫 州			"溱"治新息 西淮治真阳白狗堆领郡一 "南定"治蒙笼城 楚治楚城领郡三 南朔治齐坂城 "湘"治大冶关领郡二		西淮仍 "颍"治汝阴领郡二十 南定仍领郡五 襄治叶领郡六 西楚仍领郡三 南朔仍领郡六 湘仍领郡三	西楚		襄仍 永	
冀州					冀治信都领郡四			冀仍	冀仍

续表

晋	南 朝				北 朝				
	宋	齐	梁	陈	魏			齐	周
					魏	东魏	西魏		
冀州	《晋书·地理志》，惠帝之后，冀州沦没于石勒。勒以太兴二年，僭号于襄国，称赵，后为慕容俊所灭。慕容氏又为苻坚所灭，坚败，其地入慕容垂，垂僭号于中山，是为后燕。卒灭于魏。				黎 治黎阳 瀛 治乐成 领郡三 沧 治饶安城 领郡三 "安" 定 治灵奴 领郡五 殷 治广阿 领郡三	黎 束 (《隋志》河间郡束城注：旧曰束州，后齐废。)		黎 瀛	魏 治贵乡 毛 治馆陶 黎 贝 治清河郡 瀛 仍 恒 治真定 定 仍 置总管府，寻罢 "赵" 仍 洺 治广平
幽州	《晋书·愍帝纪》，建兴二年，三月，石勒陷幽州。 《晋书·地理志》，惠帝之后，幽州没于石勒。				幽 治蓟 领郡三 "燕" 南营 寄治英雄城 领郡五 安 治方城	 东燕 寄治宣都城 领郡三 南营 安 寄治幽州北界		幽 仍 东北道行台 东燕 仍 北燕 治怀戎 领郡二 南营 仍 安 仍	幽 仍 置总管府 燕 南营 仍 玄 仍

续表

晋	南朝				北朝			
	宋	齐	梁	陈	魏			齐	周
					魏	东魏	西魏		
平州	《晋书·地理志》，平州初置，以慕容廆为刺史，永嘉之乱，廆为众所推，及其孙俊，移都于蓟，其后慕容垂子宝，又迁于和龙，自幽州至于庐溥镇，以南地入于魏，冯跋僭号于和龙，卒灭于魏。				平 治肥如 领郡二 "益" 侨立，治广阳 "交" 侨立 营 治和龙城 领郡二	营		平 仍 营 仍 领郡二	平 仍 "魏"
并州及朔方	《晋书·地理志》，惠帝永兴元年，刘元海僭号于平阳，称汉，于是并州之地，皆为元海所有，刘曜徙都长安，其平阳以东地入石勒。 《晋书·愍帝纪》，建兴四年，十一月，乐平太守韩据出奔，司空长史李弘，以并州叛降于勒。				并 治晋阳 领郡五 汾 治西河 领郡四 显 治六壁城 领郡四 建 治高都城 领郡四 丰 "《隋志·上党郡乡注》，又后魏有南垣州，寻改丰州，后周废"。 恒 治代 朔 治定襄 领郡五	宁 寄治汾州介休城 领郡四 灵 寄治汾州隰城 西夏 寄治并州界 领郡二 恒 寄治肆州秀容 领郡八		并 仍 置省立别宫 南朔 仍 西汾 治昌化 建 仍 恒 朔 置于新城 迁马邑城	并 仍 置六府，后置总管，废六府 介 仍 石 治石离 韩 治襄垣 建 仍 潞 治上党 朔

续表

晋	南朝				北朝				
	宋	齐	梁	陈	魏			齐	周
					魏	东魏	西魏		
并州及朔方					蔚 寄治并州 乌县界 领郡三 肆 治九原 领郡三 武 治雁门川 领郡三 "司" 云 领郡四	廓 治崞		肆 仍 "北灵" 北显	蔚 治灵邱 肆 治广武
雍州	《晋书·地理志》，建兴之后，雍州没于刘聪，石勒克长安，复置雍州，石氏既败，苻健僭据关中，姚苌灭苻氏，及姚泓为刘裕所灭，其地寻入赫连勃勃。				雍 治长安 领郡五 东雍 治郑县 领郡三 北雍 治泥阳 "《隋志》 京兆郡 华原注： 后魏置 北雍州 西魏改 为宜州"。 华 治冯翊 "《隋志》 冯翊郡 注：后 魏置华 州，西 魏改曰 同州。" 岐 治雍城 镇 领郡三 东秦 治汧阴 领郡三	京兆 华 仍 宜 仍 同 仍 岐 仍 陇 仍		华 宜 同 仍 恒 治盩厔 岐 仍 陇 仍 "显" "朔"

续表

晋	南朝				北朝				
	宋	齐	梁	陈	魏			齐	周
					魏	东魏	西魏		
雍 州					"东秦" 北华 治杏城 领郡二 东夏 领郡四 燕 治襄乐 夏 治大夏 领郡四	绥 治上郡	敷 仍 延 仍 置总管府 燕 仍 豳 治新平 丹 治三堡镇 领郡二 长 治太安郡	显 治阳周 丹 仍 夏 仍	翔 治虢城 燕 治美阳 敷 治敷城 银 治骢马城 胜 治榆林 丹 治丹阳 夏 仍 置总管府 长 仍
凉 州	《晋书·地理志》，中原沦没，元帝徙居江左，张轨乃控据河西，称晋正朔。				凉 治武威 领郡十 瓜 治敦煌 鄯 治西都郡 灵 豳 领郡三		凉 仍 "西凉" 甘 治张掖 朔 治郁郅 恒 宁 蔚 治洛蟠城		凉 仍 置总管府 甘 仍 灵 仍 置总管府 宁

续表

晋	南朝				北朝					
	宋	齐	梁	陈	魏			齐	周
					魏	东魏	西魏		
凉州							云 治彭阳 "恒" 治三水 "西安" 盐 治马岭	盐 仍	
秦州				|《齐书·州郡志》，惠帝元康七年，中原乱，没于胡，穆帝永和八年，胡伪秦州刺史王擢降，仍以为刺史，寻为苻健所破，永明郡国志，秦州寄治汉中南郑。| 秦 治上邽 领郡三 东梁 治金城 领郡四 渭 陇西郡 领郡三 泾 治临泾 领郡六 原 治高平 领郡二 河 治枹罕 领郡四		"交" 治安阳 渭 仍 泾 仍 原 仍 "北秦" 治长川 南豳 治新平县 会 治会宁 河 仍 廓 治浇河郡 置廓州总管	秦 仍 置总管府 豳 仍	
梁州	梁 治南郑 领郡十九	梁 仍 领郡廿一	北梁 仍 领郡三				梁 "东梁" 金 治上津		

续表

晋	南朝				北朝				
	宋	齐	梁	陈	魏			齐	周
					魏	东魏	西魏		
梁州			华 治华阳 领郡一						
			东巴 治巴岭 领郡三				洋 治西乡 领郡四 集 寄治梁州	洋 仍 领郡三 集 治难江县 领郡五 "洵" 治吉安
			岐 治房陵 领郡二				岐 仍 罗 治竹山	迁 仍
			巴 治梁广 领郡十三	巴 治汉昌					
			万 治宁汉 领郡五				通 仍 石 治东乡 迁 治石鼓 并 治东关 开 治新宁 领郡四 渠 仍	蓬 治安固 通 仍 领郡七 "并" 仍 开 治西流 渠 仍
			渠 治流江 领郡一 邻 治邻水		"《隋志》, 后魏改邻 山郡。" 南秦 治洛谷城 领郡六		成 治上禄	

续表

晋	南朝				北朝				
	宋	齐	梁	陈	魏			齐	周
					魏	东魏	西魏		
梁州	秦 寄治南郑 领郡十四	秦 仍 领郡十四	秦		梁 治巴郡 领郡五				洮 治洮阳
			梁 "《隋志》宕 渠郡注： 梁置渠州。"						叠 治叠川
									弘 治归政
									旭 治洮源
					岷 治渠株川				岷 仍
									宕 治阳宕 置总管府
					武 治石门				武 治长松
					文 治阴平				文 仍
					邓 治尚安				
									芳 治封德
					南岐 治河池郡 领郡三		"南岐" 凤 仍		凤 仍
									康 治同谷
					东益 治武兴 领郡七		兴 仍		兴 仍
			黎 治兴安 领郡二		益 治绵谷 领郡五		"西益" 利 仍		
					龙 "《隋志》 普安郡阴 平注：魏 置龙州。"				

续表

晋	南朝				北朝					
	宋	齐	梁	陈	魏			齐	周
					魏	东魏	西魏		
梁州			绳 治广阳 "《隋志》汶山郡汶山注：梁置绳州，后周改曰汶州。"					汶 仍	
								扶 治甘松	
								翼 治广年	
								覃 治覃川	
			"南梁" 治普安 领郡三					始 仍	
			南梁 北巴		隆 仍				
			新 治五城梁武陵王萧纪立 领郡七		新 仍			新 仍	
								遂 治方义	
					合 治石镜			合 仍	
			楚 治垫江萧纪立 领郡三		巴 仍			楚 仍	
			信 治鱼复 领郡三					信 仍 置总管府	
								南 治武宁	
								临 治临江	
					容 治垫江			容 仍	
	《北史》周帝纪，大统十七年，十月，遣大将军达奚武出散关伐南郑，废帝元年四月，围南郑，梁州刺史萧修以州降。								"奉" 黔 治汉故葭萌	

续表

晋	南朝				北朝				
	宋	齐	梁	陈	魏	东魏	西魏	齐	周
益州	益 治成都 领郡二十九	益 治成都 领郡二十六又獠左郡八	益 仍 领郡十一				益 仍		
			东益 治晋寿 领郡一						陵 治仁寿
							资		资 治资中城
									普 治安岳
							潼 治巴西		
			邛 治蒲水口				邛 治依仁		邛 治临邛
			"青" 治齐通郡 领郡一 "元和志，武陵王萧纪立。"				眉 仍		
				嘉					嘉 治峨眉县
			江 治江阳 领郡一				江		
			戎 治僰道 领郡一				戎 仍		戎 仍
			泸 治江阳				泸 仍		泸 仍
			《梁书·元帝纪》，承圣二年正月，西魏遣大将尉迟迥袭益州，八月，陷益州。						"黎" 治沈黎郡
									严 治越嶲郡
宁州	宁 治宁建 领郡十五	宁 仍 领郡二十八	宁 仍						

续表

晋	南朝				北朝				
	宋	齐	梁	陈	魏	东魏	西魏	齐	周
青州	"青"治东阳领郡九 "冀"治历城领郡九	《宋书·明帝纪》，泰始二年十二月，徐州刺史薛安都，要引索虏，张永沈攸之大败，于是遂失淮北四州及豫州淮西地。《魏书》显祖献《文帝纪》，皇兴元年正月，大破张永沈攸之于吕梁，闰月，刘彧（宋明帝）青州刺史沈文秀，冀州刺史崔道固，举州内属。			青治东阳领郡七 齐治历城领郡六 光治掖领郡三 胶治东武陵领郡三			青仍 齐仍 光仍 胶	青治益都置总管府 齐仍 光仍 胶
徐州	"徐"治彭城领郡十五 "宋志，明帝世，淮北没虏，侨立徐州治钟离，泰豫元年，移治东海朐山，后废帝元徽元年，还治钟离。" 兖侨立治瑕邱领郡六 青侨立治东海领郡九 "宋志，明帝失淮北，侨立青州于赣榆县。" 冀侨立治郁洲	青治朐山徙治郁洲领郡四 冀仍领郡一	徐治彭城领郡一 南北青治东海郡领郡四 冀领郡二		徐治彭城领郡七 兖治瑕邱领郡六 北徐治临沂领郡二 海治龙沮城领郡六	徐仍置东南道行台		兖仍 仁治蕲 北徐 海仍	徐仍立总管府 兖仍 仁沂仍 海仍

续表

	南朝				北朝				
晋					魏			齐	周
	宋	齐	梁	陈	魏	东魏	西魏		
徐州			东徐 治宿豫 领郡二十一 睢潼 治顿邱 领郡二 武 治下邳 领郡二	安 治宿豫	南徐 治宿豫 睢 治取虑城 领郡五 东徐 治下邳	东楚 仍 东徐 仍 领郡四		睢 仍 寻废 东徐 仍 潼 治夏丘	泗 仍 睢 邳 仍 宋 东徐 仍 莒 仍
					南青 治新泰 领郡三				
荆州	荆 治江陵 领郡十二	荆 仍	荆 仍 领郡九 "梁元帝 都之。" 南梁 治西城郡 南洛 "《隋志》 上洛郡上 津注：梁 改为南洛 州。" 兴 治郿乡 领郡三	荆 治公安 《通典》， 梁元帝都 之，为西 魏所陷， 迁后梁居 之为藩 国。 《太平寰 宇记》， 梁初陷于 魏，后复 之，梁元 帝，侯景 既平，遂 都之，为 西魏所 陷，复迁 后梁居 之，位为 藩国。 《通鉴》， 元帝承圣 元年，侯 景之乱， 州郡大半 入魏，自 巴陵以下 至建康， 以长江为 限。	荆 治上洛 改治穰城 领郡八 洛 治上洛 领郡五		洛 仍 东梁 仍 金 上 分商州 南洛郡立 蒙 治武川 浙	商 丰 仍 蒙 仍

续表

晋	南朝				北朝			齐	周
	宋	齐	梁	陈	魏				
					魏	东魏	西魏		
荆 州			华 治淮安		东荆 治阳平 "《隋志》 淮安郡 注：后 魏置。" 西郢 治比阳 "《隋志》 淮安郡比 阳注：后 魏置。" 殷 （同上） 南襄 治湖阳 领郡三 广 治鲁阳 移治襄城 析 治郧阳 郡 领郡五 南荆 治襄乡 南雍 "《隋志》 春陵郡 蔡阳注： 后魏置 南雍州， 西魏改 曰蔡州。" 应 治永阳 领郡一	淮 仍 鸿 仍 鲁 寻废 "升" 湖 仍 纯 仍 寻废 辅	蔡 并 治随 应 仍	淮 仍 鲁 昌 仍 并 仍 应 仍

续表

晋	南朝				北朝				
	宋	齐	梁	陈	魏			齐	周
					魏	东魏	西魏		
荆州			北郢 治定阳 领郡一		款 仍				"并入唐州"
					"肆" 唐 治下溠				唐 仍
					冀				顺 仍
					"南豫" 寻废				
			宜 治夷陵 领郡一		拓 仍				硖 仍
									"平" 治当阳 领郡二
									"沮" 治重阳 寻废
					郢 治乐襄				郢
					基 治章山				
									复 治建兴
			"新" 治新阳 领郡一		温 仍				温 治京山
	雍 治襄阳 领郡十七 "《宋志》，晋孝武始于襄阳侨立雍州，宋文帝元嘉二十六年，割荆州之襄阳、南阳、新野、顺阳、随五郡为雍州，而侨郡县犹寄寓在诸郡界，孝武大明中，又分实土郡县以为侨郡县境。"	雍 仍 领郡二十二	雍 仍 领郡十三		襄 仍 立总管府				襄 仍
			"南司" 治安陆 寻废为安陆郡		安 仍				郧 仍
				岳 治孝昌	岳 仍				岳 仍
									澴 治京池寻废
								巴 治南安	戈 仍 领郡三
								衡 治安郡	衡 与巴州同治
								南司 治黄陂	黄 仍 置总管府

续表

晋	南朝				北朝				
	宋	齐	梁	陈	魏			齐	周
					魏	东魏	西魏		
荆州	郢 治夏口 领郡六	郢 治夏口 领郡十五	义 治罗田 领郡二 定 治信安 领郡一 北江 治鹿城关 领郡五 郢 治夏口 领郡十四 北新 治江夏 土 富 洄 泉 濠	义仍 定仍 郢 治夏口			温	罗 治蕲阳 "湘" 北江 产 郢仍 北新仍 初仍后废 土 富 洄 泉 濠	亭仍 蕲仍 郢仍
			《隋书·地理志》江夏郡注:梁分置北新州,寻又分北立新、土、富洄、泉、豪五州,按州治与郡县待考。						
			沙 治白沙关	沙仍 领郡二					
			巂 治蒲坼 领郡一 沅 治临沅 领郡三 卢	巂 初仍后废 沅仍				北衡 治零阳	

续表

晋	南朝				北朝				
	宋	齐	梁	陈	魏	东魏	西魏	齐	周
荆州									江 治清江 业 治建始 "亭"治石地 江 治宜都
			巴 治巴陵 领郡二 罗 治岳阳 领郡二	巴 治巴陵					
湘州	湘 治临湘 领郡十一	湘 治长沙 领郡十一	湘 仍 领郡八 彬 治彬 衡 治含洭	湘 仍					
扬州	扬 治建业 领郡十 南徐 治京口 领郡十七 "《宋书·州郡志》,晋安帝义熙七年,始分淮北为北徐,淮南犹为徐州,武帝永初二年,加徐州曰南徐,而淮北但曰徐。"	扬 仍 领郡八 南徐 仍 领郡十三	扬 仍 领郡八 北江 治鹿城关 南徐 仍 领郡九 吴 治吴郡 震 治吴兴郡	扬 仍 北江 治南陵 南徐 仍 吴 治无锡	北江 仍 领郡六				

续表

晋	南朝				北朝				
	宋	齐	梁	陈	魏			齐	周
					魏	东魏	西魏		

晋	宋	齐	梁	陈	魏	东魏	西魏	齐	周
	东扬 治会稽 "《宋书·州郡志》，孝建元年，分扬州五郡为东扬州，大明三年罢州，以其地为王畿，而东扬州直云扬州，八年，复立扬州，扬州还为东扬州，前废帝永光元年，省东扬州。"	东扬 仍 领郡七	东扬 仍 领郡七	越 仍 领郡八					
			"婺" 缙 治长山 领郡一	缙 治东阳郡 寻废					
			东嘉 治永宁 领郡一						
				"闽" 丰 治侯官 领郡三					
扬州	豫 治寿春 领郡十	豫 治寿春 领郡二十一	南豫 治寿阳 领郡十	豫 治寿阳	扬 "《隋志》淮南郡注：后魏曰扬州。"	扬			扬
	南豫 治历阳领郡九 "《宋书·武帝纪》，永初三年二月，诏淮西诸郡，可立为豫州，自淮以东为南豫州。宋志，武帝分淮东为南豫州，治历阳，淮西为豫州。"	南豫 仍 领郡六	和 治历阳郡 领郡二	宣 仍 和 仍				和	
			"豫" 合 治合肥 领郡一		合 仍 领郡八				
			相 "《隋志》卢江郡注：梁置相州，后齐州废。"						
			霍 治天柱山 领郡三		霍仍 领郡十七				
			南郢 治赤石关	南郢 仍 领郡三				南郢 治定城县	
			光 治光城 领郡六	光 领郡五					

续表

晋	南朝				北朝				
	宋	齐	梁	陈	魏	东魏	西魏	齐	周
扬州	司 侨立治义阳 领郡四 "《宋志》，明帝复于南豫州之义阳郡立司州，渐成实土。"	司 仍 领郡十八	北司 仍 领郡十七		郢 仍	南司 仍 领郡二		申	
			"安" 治定远 侯景乱废						
			晋 治怀宁 领郡二	晋 仍				江 仍 寻废	
	徐 侨立 治锤离	北徐 仍 领郡五	北徐 仍 领郡七		楚 治锤离 领郡十二			西楚 仍	
	南兖 治广陵 领郡九	南兖 仍 领郡五	南兖 仍 领郡六	南兖				东广 仍	吴 仍
			南谯 治新昌城 领郡六		谯 仍			南谯 仍	南谯 仍
兖州	兖 侨立 治淮阴 领郡六 "《宋志》，兖州武帝平河南，治滑台，文帝元嘉十三年治邹山，又寄治彭城，二十年省，三十年复立，治瑕丘，宋末失淮北，侨立兖州，寄治淮阴。"	北兖 治盱眙 领郡七	北兖 仍 治淮阴 领郡三	北谯 治盱眙寻阳	淮 治淮阴 领郡四			淮 仍	淮 仍
			仁 治赤坎城		仁 仍 领郡一				
			秦 治尉氏 领郡一					秦 治六合	方 治方山
			泾 治石梁 领郡二						

续表

晋	南朝				北朝				
	宋	齐	梁	陈	魏			齐	周
					魏	东魏	西魏		
江州	江 治寻阳 领郡九	江 仍 领郡十	江 仍 领郡五 西江 领郡五 吴 治鄱阳 领郡一 高 治巴山 领郡四	江 仍					
广州	广 治番禺 领郡十	广 仍 领郡十五	广 仍 领郡六 瀛 治海阳 领郡四 西衡 治含洭 东衡 治曲江 领郡二 新 治新兴 领郡一 泷 治双头洞 领郡三 建 治安遂 领郡一 成 治梁信 领郡二 石 治天宁 领郡四 高 治高凉 领郡十二 罗 治石龙 领郡二	广 仍 西衡 东衡 仍 新 仍 高 仍 罗 仍					
	越 治临漳郡 领郡九	越 仍 领郡九							

续表

晋	南朝				北朝				
	宋	齐	梁	陈	魏	东魏	西魏	齐	周
广州	《宋书·明帝纪》，泰始七年，二月，分广交州三郡，合九郡立越州。		安 治安 领郡二	安 仍					
			黄 治安平 领郡一	黄 仍					
			南合 治徐闻 领郡五	南合 仍					
			崖 治珠崖 领郡一	崖 仍					
			桂 治始安君 "《隋志》 始安郡 注：梁置 桂州。"	桂 仍					
			南定 治郁林 领郡二	南定 仍					
			龙 治龙城 领郡七	龙 仍					
		东宁 治潭中	东宁 仍 领郡四	东宁 仍					
			静 治龙平 领郡四	静 仍					
交州	交 治龙编 领郡八	交 仍 领郡九	交 仍 领郡三	交 仍 置都督府					
			兴 治嘉宁 领郡一	兴 仍					
			骠						
			爱 治九真君 领郡一	爱 仍					
			德 治九德 领郡二	德 仍					
			明 治交合	明 仍					

续表

晋	南朝				北朝				
	宋	齐	梁	陈	魏			齐	周
					魏	东魏	西魏		
交州			利 治金宁	利 仍					
附记	以上据《宋书·州郡志》。	以上据《齐书·州郡志》。	以上据洪龄孙《补梁疆域志》及《隋书·地理志》。	以上据陈芳绩《历代地理沿革表》及徐文范《东晋南北朝州郡表》,参以《隋书·地理志》,《通典·州郡典》。	以上据《魏书》地形志及《隋书·地理志》,《通典》州郡典,参以《读史方舆纪要》,历代地理沿革表,东晋南北朝州郡表。			以上据《隋书·地理志》,及《通典·州郡典》,参以《读史方舆纪要》,《历代地理沿革表》,《东晋南北朝州郡表》。	

二 南朝之治乱

（一）宋初之政治

宋自文帝以后，诸王作乱，自相残杀，以无关大局，故仅记其初政。

甲、武帝之人才政治

> 京兆韦华……叛晋奔于兴，兴引见东堂谓华曰："晋自南迁，承平已久，今政化风俗何如？"华曰："晋主虽有南面之尊，无总御之实，宰辅执政，政出多门，权去公家，遂成习俗。刑纲峻急，风俗奢宕，自桓温、谢安已后，未见宽猛之中。（《晋书》卷一一七《载记》第一七《姚兴》上）

> 自晋中兴以来，朝纲弛紊，权门兼并，百姓流离，不得保其产业。桓玄颇欲厘改，竟不能行。帝既作辅，大示轨则，豪强肃然，远近禁止。……先是山湖川泽，皆为豪强所夺，百姓薪采渔钓，皆责税直，至是禁断之。（《南史》卷一《宋武帝纪》）

《南史》书影

据此观之，可见世族专政之害。武帝出身草泽，思惩其弊，颇加抑制，而佐命元勋，多出寒门。唯当时门户之见，积重难返，凡寒族而登要路者，率以恩幸目之，而史家并有《恩幸传》之作，未免失衡。至武帝所拔擢之人，率建殊功。兹略举数人，以概其余。

刘穆之，字道和，小字道人，东莞莒人也。世居京口，初为琅邪府主簿，……往见帝，帝谓曰："我始举大义，须一军吏甚急，谁堪其选？"穆之曰："无见逾者。"帝笑曰："卿能自屈，吾事济矣。"即于坐受署。从平建业诸大处分，皆仓卒立定，并穆之所建，遂动见咨询。……帝北伐，……转穆之左仆射，领监中军二府军司。……穆之内总朝政，外供军旅。……卒，帝在长安，……闻问惊恸，……以根本虚，乃驰还彭城。……谥曰文宣。穆之少时家贫，诞节嗜酒食，不修拘检，好往妻兄家乞食，多见辱，不以为耻。(《南史》卷一五《刘穆之传》)

檀道济，高平金乡人也，世居京口。少孤。……宋武帝建义，道济与兄韶祇等从平京城，俱参武帝建武将军事，累迁太尉参军，封作唐县男，……武帝北伐，道济为前锋，所至望风降服，径进洛阳。……武帝受命，以佐命功，改封永修县公。(《南史》卷一五《檀道济传》)

朱龄石，字伯儿，沛郡沛人也，世为将。……龄石少好武，不事崖检。……武帝克京城，以为建武参军，……以平蜀功，封丰城侯。(《南史》卷一六《朱龄石传》)

乙、文帝元嘉之治

文帝励精图治，二十七年间，称为小康。

元嘉八年，闰六月，诏曰："自顷农桑惰业，游食者众，荒莱不辟，督课无闻。一时水旱，便有罄匮，不深存务本，丰给靡因。郡守赋政方畿，县宰亲民之主，宜思奖训，道以良规，咸使肆力，地无遗利，耕蚕树艺，各尽其力。若有力田殊众，岁竟，条名列上。"(《宋书》卷五《文帝纪》)

十七年十一月，……诏曰："前所给扬南徐二州百姓田粮种子，兖两豫青徐诸州，比年所宽租谷，应督入者，悉除半。今半有不收处，都原之。凡诸逋债，优量申减。又州郡估税，所在市调，多有烦

刻，山泽之利，犹或禁断，役召之品，遂及稚弱。诸如此比，伤治害民，自今咸依法令，务尽优允。如有不便，即依事别言，不得苟趣一时，以乖隐恤之旨。主者明加宣下，称朕意焉。"（《宋书》卷五《文帝纪》)

二十一年正月，……大赦天下，诸逋债在十九年以前，一切原除。去岁失收者，畴量申减。尤弊之处，遣使就郡县随宜赈恤。凡欲附农而种粮匮乏者，并加给贷，营千亩，诸统司役人，赐布各有差。(《宋书》卷五《文帝纪》)

帝注重民生，务以休养为事，观上各诏，可见其关怀之切。而整顿吏治，犹遑遑如恐不及。

元嘉三年，五月，……诏曰："……今氛祲祛荡，宇内宁晏，旌贤弘化，于是乎始。可遣大使巡行四方，其宰守称职之良，闾莩一介之善，详悉列奏，勿或有遗。若刑狱不恤，政治乖谬，伤民害教者，具以事闻。(《宋书》卷五《文帝纪》)

帝聪明仁厚，雅重文儒，躬勤政事，孜孜无怠，加以在位日久，惟简靖为心，于时政平讼理，朝野悦睦，自江左之政，所未有也。又性存俭约，不好奢侈。(《南史》卷二《宋文帝纪》)

及正位南面，历年长久，纲维备举，条禁明密，罚有恒科，爵无滥品，故能内清外晏，四海谧如。(《南史》卷二《宋帝纪论》)

帝复好文学，重教化，大兴学校，见"制度"。而搜集图书，尤于文化上，裨益不尠。

宋元嘉八年，秘书监谢灵运，造四部目录，大凡六万四千五百八十二卷。(《隋书》卷三二《经籍志序》)

按文帝即位之初，承累胜之余，兵力尚强，故能抗拒北方，而魏氏正当草创，惩于苻秦之败，无并吞江南之志，宋得于此期间，致力政事。厥后宿将被疑而诛，魏兵南下，虽临江而还，然所过残破，元嘉之政衰矣。

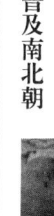

(二) 梁武之中兴

齐高、武二代，皆起自艰难，即位之后，措置稍省。厥后骨肉相残，阢陧不宁，益以东昏之暴，国祚遂移。梁武承其凋敝之后，锐意图治，颁律令，设学校，均见"制度"。民得生养，境内乂安，故天监之治，称中兴焉。帝尤笃学，力加提倡，南朝文风，于斯更盛。

少而笃学，洞达儒玄，虽万机多务，犹卷不辍手，燃烛侧光，常至戊夜。造《制旨孝经义》，《周易讲疏》，及《六十四卦二系文言序卦》等义，《乐社义》，《毛诗答问》，《春秋答问》，《尚书大义》，《中庸讲疏》，《孔子正言》，《老子讲疏》，凡二百余卷，并正先儒之迷，开古圣之旨。王侯朝臣，皆奉表质疑，高祖皆为解释。修饰国学，增广生员，立五馆，置五经博士。天监初，则何佟之、贺玚、严植之、明山宾等，复述制旨，并撰吉凶军宾嘉五礼，凡一千余卷。高祖称制断疑，于是穆穆恂恂，家知礼节。大同中，于台西立士林馆，领军朱异、太府卿贺琛、舍人孔子袪等，递相讲述。皇太子宣城王，亦于东宫宣猷堂及扬州解开讲。于是四方郡国，趋学向风，云集于京师矣。兼笃信正法，犹长释典，制涅槃、大品、净名、三慧诸经义记复数百卷。听览余闲，即于重云殿及同泰寺讲说，名僧硕学、四部听众常万余人。又造通史，躬制赞序，凡六百卷。天情睿敏，下笔成章，千赋百诗，直疏便就，皆文质彬彬，超迈今古。……凡诸文集又百二十卷，……又撰《金策》三十卷，草隶尺牍，……莫不奇妙。

(《梁书》卷三《武帝纪》下)

论曰："……及据图录，多历岁年，制造礼乐，敦崇儒雅，自江左以来年逾二百，文物之盛，独美于兹。(《南史》卷七《梁武帝纪》下)

梁武帝天监五年，置集雅馆，以招远学。又诏皇太子及王侯之子，年在从师者皆入学。幸国子学，策试胄子，赐训授之，司各有差。(《通考》卷四一《学校考》二)

帝晚年迷信佛教，政务废弛，遂为祸乱之阶。

天监十六年，三月，敕太医不得以生类为药，公家织官纹锦饰，并断仙人鸟兽之形，以为亵衣裁剪，有乖仁恕。于是祈告天地宗庙，

以去杀之理，欲被之含识，郊庙牲牷，皆代以面。(《南史》卷六《梁武帝纪》上)

中大通元年，九月，……幸同泰寺，设四部无遮大会，上释御服，披法衣，行清净大舍。以便省为房，素床瓦器，乘小车，私人执役，升讲堂法座，为四部大众开《涅槃经》题。群臣以钱一亿万，奉赎皇帝菩萨大舍，僧众默许。百辟诣寺东门，奉表请还临宸极，三请乃许，帝三答书，前后并称顿首。十月，又设四部无遮大会，道俗五万余人，会毕，帝……还宫。(《南史》卷七《梁武帝纪》下)

晚乃溺信佛道，日止一食，膳无鲜腴，惟豆羹粝饭而已。……非宗庙祭祀大会飨宴及诸法事，未尝作乐。勤于政务，孜孜无息。……然仁爱不断，亲亲及所爱愆犯，多有纵舍。故政刑弛紊，每决死罪，常有哀矜涕泣，然后可奏。(《南史》卷七《梁武帝纪》下)

帝笃尚文雅，疏简刑法，自公卿大臣，不以鞫狱为意。奸吏柄权弄法，贿赂成市，枉滥者多，大率二岁刑以上，岁至五千人。徒居作者具五任，其无任者着升械，若疾病，权解之，是后囚徒，或有优剧。时王侯子弟，多骄淫不法。上年老，厌于万机，又专精佛戒，每断重罪，则终日不怿。或谋反逆，事觉，亦泣而宥之。由是王侯益横，或白昼杀人于都街，或暮夜公行剽掠。有罪亡命，匿于王家，有司不敢搜捕。上深知其弊，而溺于慈爱，不能禁也。(《通考》卷一六五《刑考》四)

(三) 侯景之乱

景虽为祸于梁，然南朝经此巨创，愈衰弱不振，而以北制南之形势遂成。关键所在，故特表而记之。

侯景，字万景，魏之怀朔镇人也。……为镇功曹史。魏末，北方大乱；乃事边将尔朱荣，甚见器重。……后以军功为定州刺史。始魏

侯景像

相高欢微时，与景甚相友好。及欢诛尔朱氏，景以众降，仍为欢用，……使拥兵十万，专制河南。……及欢疾笃，其世子澄矫书召之，景知伪，惧祸，……乃以太清元年，……上表求降。……帝由是纳之，于是封景河南王。……高澄嗣事，……遣其将慕容绍宗，围景于长社。景急，……请救于西魏，魏遣五城王元庆等率兵救之，绍宗乃退。……澄……乃遣军相继讨景，……景退保涡阳，……即授南豫州刺史。……魏人入悬瓠，更求和亲，帝……许之，……于是遂怀反计。……又知临贺王正德，文帝子宏之子，帝初养为子，许以为太子。既而生统，正德还本，怏怏不满意。怨望朝廷，密令要结，正德许为内启。二年八月，景遂发兵反于豫州。……景发寿春，……袭谯州，……乃自采石济。……萧正德先屯丹阳郡，至是率所部与景合。……景乘胜至阙下，……不克，士卒死者甚多，乃止攻，筑长围以绝内外。……景立萧正德为帝，……自为相国。……运漕路绝，野无所掠，……拜表伪降，……请割江右四州地，……然后解围济江，……许焉。遂于西华门外设坛……共盟，……守埤者止二三千人，并悉羸懦。……景……攻城，……众悉上。……自为大都督都督中外诸军录尚书事，其侍中使持节大丞相王如故。……降萧正德为侍中大司马。……帝……每征求，多不称旨，至于御膳亦被裁抑，遂怀忧愤，感疾馁崩。……迎简文即位，……杀萧正德，……乃废简文，……迎豫章王栋即皇帝位。……初景既平建业，便有篡夺志，以四方须定，故未自立。既而巴陵失律，江郢丧师，猛将外歼，雄心内沮，便欲速僭大号。……受禅，……大赦，改元。国号曰汉。……王僧辩等，进营于石头城北，景列阵挑战，僧辩大破之。景既退败，不敢入宫，敛其散兵屯于阙下，……百余骑东奔，……自沪渎入海，至胡豆洲，前太子舍人羊鲲杀之，送于王僧辩。（《南史》卷八〇《侯景传》）

侯景之乱，影响于南朝传统文化之丧失者甚大。

烧东宫台殿，遂尽，所聚图籍数百厨，一皆灰烬。……王克开台城门，引裴之横入宫，纵兵蹂掠。是夜遗烬，烧太极殿，及东西堂延阁秘署皆尽，羽仪辇辂，莫有孑遗。（《南史》卷八〇《侯景传》）

梁有秘书监任昉、殷钧四部目录，又文德殿目录，其术数之书更为一部，使……祖暅撰其名，故梁有五部目录。普通中，有处士阮孝绪，……采宋齐已来王公之家，凡有书记，参校官簿，更为《七录》，一曰经典录，纪六艺；二曰记传录，纪史传；三曰子兵录，纪子书兵书；四曰文集录，记诗赋；五曰技术录，记数术；六曰佛录，七曰道录。其分部题目，颇有次序。……梁武敦悦诗书，下化其上，四境之内，家有文史。元帝克平侯景，收文德之书，及公私经籍，归于江陵，大凡七万余卷，周师入郢，咸自焚之。（《隋书》卷三二《经籍志序》）

胡风传入江南，实由侯景为始。史家记景事，如"橐驼"、"垂脚坐"，皆著特笔，以见南朝在景前，无其物并无其制。

受禅文物，并依旧仪，以辎车床载鼓吹，"橐驼"负牺牲，辇上置"筌蹄"、按筌蹄不详其制。《南史·侯景传》，上索筌蹄，曰："我为公讲，刘孝标有《谢太子五色藤筌蹄启》。"疑为麈尾之类。"垂脚坐"。……自篡立后，时着白纱帽，而尚披青袍，或以牙梳插髻，床上常设胡床及筌蹄，着靴，垂脚坐。（《梁书》卷五六《侯景传》）

三　北朝之治乱

（一）魏之兴起

魏之先，出自黄帝轩辕氏。黄帝子曰昌意，昌意之少子受封北国，有大鲜卑山，因以为号。其后世为君长，统幽都之北，广漠之野，畜牧迁徙，射猎为业，淳朴为俗，简易为化。不为文字，刻木结绳而已，时事远近，人相传授，如史官之纪录焉。黄帝以土德王，北俗谓土为拓，谓后为跋，故以为氏。其裔始均，仕尧时，逐女魃于弱

水北，人赖其勋，舜命为田祖。历三代至秦汉，獯鬻、猃狁、山戎、匈奴之属，累代作害中州，而始均之裔，不交南夏，是以载籍无闻。积六七十代，至成皇帝，讳毛立，统国三十六，大姓九十九，威振北方。（《北史》卷一《魏纪》一）

宣帝成帝后五传。南迁大泽，方千余里。厥土昏冥沮洳，谋更南徙，未行而崩。……献皇帝邻立，又七传。时有神人，言此土荒遐，宜徙建都邑。献帝年老，乃以位授于圣武皇帝，命南移。山谷高深，九难八阻，于是欲止。有神兽似马，其声类牛，道引历年乃出，始居匈奴故地。其迁徙策略，多出宣、献二帝，故时人并号曰推寅，盖俗云钻研之义。（《北史》卷一《魏纪》一）

按魏至宣帝，始有传说，以先俱托诸神话而伪造者。然其本来之居地，以迁徙经过路程"昏冥沮洳"等语推之，其地或在今西伯利亚，未可知也。

后魏之先，为鲜卑索头南人称魏为索虏。部，世居北荒，后渐从而南，居匈奴故地。至拓跋力微，《魏书》称神元帝。遂徙居定襄之盛乐。呼和浩特之北。四传至禄官，昭帝。分其国为三部，晋惠帝元康五年，即西历295年。一居上谷之北，濡源今滦河源。之西，自统之；一居代郡参合陂近山西大同。之北，使兄子猗㐌恒帝。统之；一居盛乐，使猗㐌弟猗卢穆帝。统之。其后猗卢遂总摄三部。晋永嘉四年，西历310年。并州刺史刘琨讨刘虎匈奴铁弗氏酋长，《北史》作刘武，避唐讳。及白部，注：皆鲜卑种，在并州西北。请兵于猗卢，大破之。琨因表猗卢为大单于，以代郡封之，为代公。猗卢以封邑去国悬远，乃帅部落自云中入雁门，从琨求陉北地，琨与之，由是益盛。晋愍帝建兴二年，西历314年。进猗卢为代王，食代、常山二郡。其后国乱，四传至郁律，平文帝。筑城于东木根山徙居之，又再传至纥那，为石虎所败，徙都大宁。纥那国乱，猗㐌后害纥那，立子贺傉，临朝称制，时人谓之女国。翳槐郁律子。有其地，乃复城盛乐而居之。其弟什翼犍代立，昭成帝，立于晋成帝咸康四年，即西历338年。国益强，东自沙貊，注：今朝鲜北境。西及破落那，注：今甘肃西北塞外。南距阴山，北尽沙漠，悉皆归服。晋咸康六年，什翼犍始都云中，山西大同县。之盛乐宫。既而刘卫辰刘虎之孙，虎死，子务桓立，与代讲和。务桓死，弟阏头立，复与代构衅。后为务桓子悉勿祈所逐，逃归于

代。悉勿祈死，弟卫辰代立。引苻秦兵坚遣苻洛伐之。击代，代乱。秦兵趋云中，遂定代地，什翼犍病，不能战，避于阴山之北，秦军退乃还。其子实君弑之，秦闻讯复伐之，遂杀实君。分代民为二部，自河以东属别部大人刘库仁，注：库仁什翼犍之甥，亦刘卫辰族也。自河以西属刘卫辰。（顾祖禹《读史方舆纪要》卷四）

太祖道武皇帝，讳珪，昭成皇帝之嫡孙。……昭成崩，苻坚遣将内侮，将迁帝长安，赖燕凤乃免。坚军既还，国众离散。坚使刘库仁、刘卫辰分摄国事，南郡大人长孙嵩，及元他等尽将故人众，南依库仁，帝于是转在独孤部。……晋败苻坚于淮南，慕容文等杀刘库仁，弟眷代摄国部。……刘库仁子显，杀眷而代之，乃将谋逆。……帝乃阴结旧臣长孙犍、元他等，因幸贺兰部。其日，显果使人杀帝不及。……姚苌杀苻坚，……帝即代王位。……帝亲征刘显，显奔慕容永，尽收其部落。……卫辰遣子直力鞮寇南部，帝大破之，……卫辰父子奔遁，……灭之。……自河以南诸部悉平，……定国号……为魏。（《北史》卷一《魏道武帝纪》）

先是鲜卑慕容垂，僭号中山。晋孝武太元二十一年，西历396年。垂死，开即珪。率十万骑围中山，明年四月克之，遂王有中州，自称曰魏，号年天赐。九年，治代郡桑乾县之平城，立学官，置尚书曹。（《宋书》卷九五《索虏传》）

按魏至道武帝，创制设官，略具国家之规模。唯北方之俗，未能尽退，用刑最严，果于杀戮，至末年而尤甚。

天赐六年夏，帝不豫，……朝臣至前，追其旧恶，皆见杀害。其余或以颜色变动，或以喘息不调，或以行步乖节，或以言辞失措，帝皆以为怀恶在心，变见于外，乃手自殴击，死者皆陈天安殿前。于是朝野人情，各怀危惧，有司懈怠，莫相督摄，百工偷劫，盗贼公行，巷里之间，人为希少。（《魏书》卷二《太祖道武帝纪》）

按道武帝，为其子清河王绍所弑。明帝讨绍自立，又服寒食散不能治事，传位于太武帝。太武击灭夏、北燕、北凉，统一北方，国势益强。然连年用兵，国颇虚耗。文成帝立，守之以静，民乃复安。献文帝继立，好佛，传位于孝文帝。太后冯氏弑献文帝而称制，凡十五年，冯太后卒，孝

文帝始亲政。

（二）孝文帝之改制

帝深慕华风，锐意模仿改革，于是魏之制度，始厘然而大备。魏于此时，最称兴盛，然以崇尚文治之故，消灭雄武之风，他日之衰微，亦肇端于此。其初改制，与政治及民生最有关系者为班禄、均田、户籍三种，兹分志如下。

甲、班禄

时官无禄，力唯取给于民，宽善抚纳，招致礼遗，大有受取，而与之者无恨。又弘农出漆蜡竹木之饶，路与南通，贩贸来往，家产丰富，而百姓乐之，诸镇之中，号为能政。（《魏书》卷二四《崔玄伯附崔宽传》）

拜允中书令。……司徒陆丽曰："高允虽蒙宠待，而家贫布衣，妻子不立。"高宗文成帝。怒曰："何不先言？今见朕用之，方言其贫。"是日，幸允第，惟草屋数间，布被缊袍，厨中盐菜而已。……时百官无禄，允常使诸子樵采自给。（《魏书》卷四八《高允传》）

和平二年，正月，诏曰："刺史牧民，为万里之表。自顷每因发调，逼民假贷，大商富贾，要射时利，旬日之间，增赢十倍，上下通同，分以润屋。故编户之家，困于冻馁，豪富之门，日有兼积。为政之弊，莫过于此。其一切禁绝，犯者十匹以上皆死。（《魏书》卷五《高宗文成帝纪》）

按魏初百官无禄，取给于人民，廉者不得温饱，贪者坐拥厚资，实政之最粃者。旋知其弊，勒为厉禁。然不制禄以养廉，徒恃法以诛赃吏，非正本清源之计也。孝文帝时，淮南王他，奏求依

魏文帝曹丕像

旧断禄。文明太后时临朝称制。令召群臣议之，尚书中书监高闾，乃上表请准其奏。

自中原崩否，天下幅裂，海内未一，民户耗减，国用不充，俸禄遂废。此则事出临时之宜，良非久长之道。……饥寒切身，慈母不保其子；家给人足，礼让可得而生。但廉清之人，不必皆富；丰财之士，未必悉贤。今给其俸，则清者足以息其滥窃，贪者足以感而劝善。若不班禄，则贪者肆其奸情，清者不能自保。难易之验，灼然可知。（《魏书》卷五四《高闾传》）

帝从其请，乃下诏班禄，并严定罚章，以止贪墨。

太和八年，齐武帝永明二年，即西历484年。六月，诏曰："置官班禄，行之尚矣。……自中原丧乱，兹制中绝，先朝因循，未遑厘改。朕永鉴四方，求民之瘼，……故宪章旧典，始班俸禄，罢诸商人，以简民事。户增调三匹，谷二斛九斗，以为官司之禄。均预调为二匹之赋，即兼商用。虽有一时之烦，终克永逸之益。禄行之后，赃满一匹者死。"（《魏书》卷七上《高祖孝文帝纪》上）

九月，……诏曰："俸制已立，宜时班行。其以十月为首，每季一请。"于是内外百官，受禄有差。（《魏书》卷七上《高祖孝文帝纪》上）

乙、均田

时民困饥流散，豪右多有占夺。安世乃上疏曰："臣闻量地画野，经国大式，邑地相参，致治之本。……田莱之数，制之以限，盖欲使土不旷功，民罔游力，雄擅之家，不独膏腴之美；单陋之夫，亦有顷亩之分。所以恤彼贫微，抑兹贪欲，同富约之不均，一齐民于编户。窃见州郡之民，或因年俭流移，弃卖田宅，漂居异乡，事涉数世，三长既立，始返旧墟，庐井荒毁，桑榆改植，事已历远，易生假冒。强宗豪族，肆其侵凌，远认魏晋之家，近引亲旧之验，又年载稍久，乡老所惑，群证虽多，莫可取据。……争讼迁延，连纪不判，良畴委而不开，柔桑枯而不采，……欲令家丰岁储，人给资用，其可得乎？愚谓今虽桑井难复，宜更均量，审其径术，令分艺有准，力业相称。细民获资生之利，豪右靡余地之盈，则无私之泽，乃播均于兆

庶。……然后虚妄之民，绝望于觊觎；守分之士，永免于凌夺矣。"高祖深纳之。后均田之制，起于此矣。(《魏书》卷五三《李孝伯附李安世传》)

太和九年，齐武帝永明三年，即西历485年。下诏均给天下民田，诸男夫十五以上，受露田不栽树木者谓之露田。四十亩，妇人二十亩，奴婢依良丁。牛一头，受田三十亩，限四牛。所授之田，率倍之，三易之田，再倍之，以供耕作。及还受之盈缩，诸民年及课则受田，老免及身没则还田，奴婢、牛随有无以受还。诸桑田不在还受之限，但通入倍田分，于分虽盈，没则还田，不得以充露田之数，不足者以露田充，倍诸初受田者。男夫一人给田二十亩，课莳余，种桑五十树，枣五株，榆三根。非桑之土，夫给一亩，依法课莳榆枣。奴各依良。限三年种毕，不毕，夺其不毕之地。于桑榆地分，杂莳余果及多种桑榆者不禁。诸应还之田，不得种桑榆枣果，种者以违令论。地入还分，诸桑田皆为世业，身终不还。恒从见口，有盈者无受无还，不足者受种如法。盈者得卖其盈，不足者得买所不足。不得卖其分，亦不得买过所足。诸麻布之土，男夫及课，别给麻田十亩，妇人五亩，奴婢依良，皆从还受之法。诸有举户老小癃残无授田者，年十一已上及癃者，各授以半夫田；年逾七十者，不还所受。寡妇守志者，虽免课亦授妇田。诸还受民田，恒以正月。若始受田而身亡，及卖买奴婢、牛者，皆至明年正月，乃得还受。诸土广民稀之处，随力所及，官借民种莳，役有土居者，依法封授。诸地狭之处，有进丁受田而不乐迁者，则以其家桑田为正田分；又不足，不给倍田；又不足，家内人别减分。……乐迁者听。……进丁受田者，恒从所近。若同时俱受，先贫后富，再倍之田，放此为法。诸远流配谪，无子孙及户绝者，墟宅桑榆，尽为公田，以供授受，授受之次，给其所亲，未给之间，亦借其所亲。诸宰民之官，各随地给公田，刺史十五顷，太守十顷，治中、别驾各八顷，县令、郡丞六顷，更代相付，卖者坐如律。(《魏书》卷一一〇《食货志》)

丙、户籍

太和十年，二月，初立党、里、邻三长，定民户籍。(《魏书》卷七下《高祖孝文帝纪》下)

魏初不立三长，故民多荫附。荫附者皆无官役，豪强征敛，倍于公赋。太和十年，给事中李冲上言，宜准古五家立一邻长，五邻立一里长，五里立一党长，长取乡人强谨者。邻长复一夫，里长二，党长三。所复复征戍，余若民。三载亡愆，则陟用陟之一等。（《魏书》卷一一〇《食货志》）

后魏初，不立三长，唯立宗主督护，所以人多隐冒，五十、三十家，方为一户，谓之荫附。……太和十年，纳给事中李冲之说，遂立三长。（《通考》卷一二《职役考》一）

孝文帝复以平城地寒，国俗鄙陋，遂违众议而迁都于洛阳，群情不免滋扰，旋即平定。然去塞辽远，边防从此遂轻，六镇旋变，遂伏亡魏之机。

乃独谓澄曰："今日之行，诚知不易。但国家兴自北土，徙居平城，虽富有四海，文轨未一。此间用武之地，非可文治，移风易俗，信为甚难。崤函帝宅，河洛王里，因兹大举，光宅中原，任城意以为何如？"澄曰："伊洛中区，均天下所据。陛下制御华夏，辑平九服，苍生闻此，应当大庆。"（《魏书》卷一九中《任城王云附子澄传》）

平城遗址

卷二一 两晋及南北朝

太和十七年，齐武帝永明十一年，即西历493年。八月，……发京师，南伐，步骑三十余万。……帝戎服执鞭御马而出，群臣稽颡于马前，请停南伐，帝乃止。仍议迁都计，……诏征司空穆亮，与尚书李冲，将作大匠董爵，经始洛京。……初帝之南伐，起宫殿于邺西。……十八年，正月，朝群臣于邺宫。……十九年六月，诏迁洛，人死葬河南，不得还北，于是代人南迁者，悉为河南洛阳人。……九月，六宫及文武，尽迁洛阳。（《北史》卷三《魏孝文帝纪》）

车驾南伐，……至于洛阳，霖雨不霁，仍诏六军发轸。高祖戎服，执鞭御马而出，群臣启颡于马首之前。……高祖乃谕群臣曰："今者兴动不小，动而无成，何以示后？……若不南銮，即当移都于此，光宅中土，机亦时矣。"……高祖初谋南迁，恐众心恋旧，乃示为大举，因以协定群情，外名南伐，其实迁也。旧人怀土，多所不愿，内惮南征，无敢言者，于是定都洛阳。……冲机敏有巧思，……洛都初基，安处郊兆，新起堂寝，皆资于冲。勤志强力，孜孜无怠，旦理文簿，兼营匠制，几案盈积，剞劂在手，终不劳厌也。（《魏书》卷五三《李冲传》）

性机巧，颇能画刻。……及华林殿诏修旧增新，改作金墉门楼，皆所措意，号为妍美。（《北史》卷九〇《蒋少游传》）

平城……土气寒凝，风砂恒起，六月雨雪，议迁都洛京。南齐武帝永明九年，遣使李道固、蒋少游报使。少游有机巧，密令观京师宫殿楷式。……少游安乐人，庀宫室制度，皆从其出。（《南齐书》卷五七《魏虏传》）

按据此知北魏营建，垂为隋唐规模，而其实摹自南朝，足证建筑之文明至此时复南北混合为一，上起秦汉，下迄明清，有一脉相传之系统。

乞为恒州，遂转陆叡为定州，以泰代焉。泰不愿迁都，叡未及发而泰已至，遂潜相扇诱，图为叛。乃与叡……等谋推朔州刺史阳平王颐为主，颐不从，伪许以安之，密表其事。高祖乃遣任城王澄率并肆兵以讨之，……泰等伏诛。（《魏书》卷二七《穆崇附穆泰传》）

恂不好书学，体貌肥大，深忌河洛暑热，意每追乐北方。……高祖幸嵩岳，恂留守金墉，于西掖门内与左右谋，欲召牧马，轻骑奔代。……领军元俨勒门防遏，夜得宁静。……高祖……还，引恂数

罪，……乃废为庶人，……赐恂死。(《魏书》卷二二《废太子恂传》)

孝文帝既迁都于洛，乃大革旧俗，表面上虽曰从汉，鲜卑遗风播于民间者，势力乃愈趋深固。证以齐、周、隋及唐初风俗，可以知中原旧风俗在此时期中泯没殆尽矣。

丁、改姓氏

太和二十年，齐明帝建武三年，即西历496年。正月，诏改姓为元氏。(《魏书》卷七下《高祖孝文帝纪》下)

魏主下诏，以为北人谓土为拓，后为跋，魏之先出于黄帝，以土德王，故为拓跋氏。夫土者黄中之色，万物之元也，宜改姓元氏。诸功臣旧族，自代来者，姓或重复，皆改之。(《资治通鉴》卷一四〇《齐纪》六)

魏氏本居朔壤，地远俗殊，赐姓命氏，其事不一。……初安帝统国诸部，有九十九姓。至献帝时，七分国人，使诸兄弟各摄领之，乃分其氏。自后兼并他国，各有本部，部中别族，为内姓焉。……太和十九年，诏曰："代人诸胄，先无姓族，……比欲制定姓族，事多未就。……令司空公穆亮，领军将军元俨，中护军广阳王嘉，尚书陆琇等，详定北人姓，务令平均，随所了者，三月一列簿帐，送门下以闻。(《魏书》卷一一三《官氏志》)

戊、断北语

魏初鲜卑语与汉语并行，孝文帝特禁之。

太和十有九年，六月，诏不得以北俗之语，言于朝廷，若有违者，免所居官。(《魏书》卷七下《高祖孝文帝纪》下)

高祖曰："……今欲断诸北语，一从正音，年三十以上，习性已久，容或不可卒革。三十以下，见在朝廷之人，语音不听仍旧。若有故为，当降爵黜官，各宜深戒。如此渐习，风化可新。"(《魏书》卷二一上《咸阳王禧传》)

己、禁胡服

太和十年，正月，帝始服衮冕，朝飨万国。……始制五等公服。《通鉴》注：公服，朝廷之服。五等，朱、紫、绯、绿、青，法服衮冕，以见郊庙之服。(《魏书》卷七下《高祖孝文帝纪》下)

太祖天兴六年，诏有司制冠服，随品秩各有差。时事未暇，多失古礼。世祖经营四方，未能留意，仍世以武力为事，取于便习而已。至高祖太和中，始考旧典以制冠服，百寮六宫，各有差次。（《魏书》卷一〇八之四《礼志》四）

高祖……责留京之官曰："昨望见妇女之服，仍为夹领小袖，……何为而违前诏？"（《魏书》卷二一上《咸阳王禧传》）

庚、婚名族

太和七年，十有二月，诏曰："……周世始绝同姓之娶，斯皆教随时设、治因事改者也。皇运初基，中原未混，拨乱经纶，日不暇给。古风遗朴，未遑厘改，后遂因循，迄兹莫变。朕……思易质旧，式昭惟新。自今悉禁绝之，有犯，以不道论。（《魏书》卷七上《高祖孝文帝纪》上）

高祖……诏曰："……至于诸王娉合之仪，宗室婚姻之戒，……人乏窈窕，族非百两，拟匹卑滥，舅氏轻微，违典滞俗，深用为叹。以皇太子茂年，宜简令正，前者所纳，可为妾媵，将以此年，为六弟娉室。长弟咸阳王禧，可娉故颍川太守陇西李辅女；次弟河南王干，可娉故中散代郡穆明乐女；次弟广陵王羽，可娉骠骑咨议参军荥阳郑平城女；次弟颍川王雍，可娉故中书博士范阳卢神宝女；次弟始平王勰，可娉廷尉卿陇西李冲女；季弟北海王详，可娉吏部郎中荥阳郑懿女。（《魏书》卷二一上《咸阳王禧传》）

辛、重文学

太和中，改中书学为国子学，建明堂辟雍，……又开皇子之学。及迁都洛邑，诏立国子太学、四门小学。高祖钦明稽古，笃好坟典，坐舆据鞍，不忘讲道。刘芳、李彪诸人，以经书进；崔光、邢峦之徒，以文史达。其余涉猎典章，闲集词翰，莫不縻以好爵，动贻赏眷。于是斯文郁然，比隆周汉。（《魏书》卷八四《儒林传序》）

雅好读书，手不释卷，五经之义，览之便讲，……史传百家，无不该涉。善谈庄老，尤精释义。才藻富赡，好为文章，诗赋铭颂，任兴而作。……自太和十年已后，诏册皆帝之文也。自余文章，百有余篇。爱奇好士，情如饥渴，待纳朝贤，随才轻重。……悠然玄迈，不

以世务婴心。……帝之雅志，皆此类也。(《魏书》卷七下《高祖孝文帝纪》下)

(三) 魏之衰亡

甲、灵胡后称制

魏道武帝为防外戚擅政，仿汉武杀钩弋夫人事，立太子即杀其母，遂相沿成为家法。

> 初帝母刘贵人赐死，太祖道武帝。告帝曰："昔汉武帝将立其子，而杀其母，不令妇人后与国政，使外家为乱，汝当继统，故吾远同汉武，为长久之计。"帝素纯孝，哀泣不能自胜。(《魏书》卷三《太宗明元帝纪》)

至宣武帝好佛，始废其法，胡太后遂得临朝称制，浊乱朝政。

> 宣武灵皇后胡氏，……既诞肃宗，进为充华嫔。(《魏书》卷一三《宣武灵皇后传》)

> 梁天监十一年，十月，魏立皇子诩为太子，始不杀其母。(《资治通鉴》卷一四七《梁纪》三)

> 十四年正月，……魏主有疾殂，……侍中中书监太子少傅崔光，

北魏遗迹
万佛堂石窟

侍中领军将军于忠，詹事王显，中庶子代人侯刚，迎太子诩于东宫，……即皇帝位。即孝明帝。……高后宣武帝后。欲杀胡贵嫔，中给事谯郡刘腾以告侯刚，刚以告于忠，忠问计于崔光，光使置贵嫔于别所，严加守卫，由是贵嫔深德四人。（《资治通鉴》卷一四八《梁纪》四）

及肃宗孝明帝。践阼，……尊为皇太后，临朝听政。……太后得志，逼幸清河王怿，淫乱肆情，为天下所恶。领军元义，太后之妹夫。长秋卿刘腾等，奉肃宗于显阳殿，幽太后于北宫，于禁中杀怿。……自刘腾死，义又宽怠，太后与肃宗及高阳王雍为计，解义领军，太后复临朝，大赦改元。自是朝政疏缓，威恩不立，天下牧守，所在贪惏，郑俨污乱官掖，势倾海内，李神轨、徐纥，并见亲侍，一二年中，位总禁要，手握王爵，轻重在心。……文武解体，所在乱逆，土崩鱼烂，由于此矣。（《魏书》卷一三《宣武灵皇后传》）

魏宣武帝，笃信佛教，营造石窟，费资颇巨。胡太后继之，耗财尤多，又赏赐无度，国储顿罄。苛取于民，民不聊生，祸变以作。

景明宣武帝。初，世宗诏大长秋卿白整准代京灵岩寺石窟，于洛南伊阙山，为高祖文昭皇太后营石窟二所。初建之始，窟顶去地三百一十尺，至正始二年中，始出斩山二十三丈。至大长秋卿王质谓斩山

灵岩寺四十罗汉彩塑

太高，费功难就，奏求下移就平，去地一百尺，南北一百四十尺。永平中，中尹刘腾奏为世宗复造石窟一。凡为三所，从景明元年，至正光四年六月已前，用工八十万二千三百六十六。肃宗熙平中，于城内太社西起永宁寺，灵太后亲率百寮表基立刹。佛图九层，高四十余丈，其诸费用不可胜计。景明寺佛图亦其亚也。至于官私寺塔，其数甚众。……自迁都已来，年逾二纪，寺夺民居，三分且一。（《魏书》卷一一四《释老志》）

神龟、正光孝明帝。之际，府藏盈溢，灵太后曾令公卿已下，任力负物而取之，又数赏禁内左右，所费无赀。……正光后，四方多事，加以水旱，国用不足，"预折天下六年租调"而征之，百姓怨苦，民不堪命。有司奏断百官常给之酒。……尔后寇贼转众，诸将出征，相继奔败，所亡器械资粮，不可胜数，而关西丧失尤甚，帑藏益以空竭。有司又奏内外百官及诸蕃客廪食及肉，悉二分减一。……孝昌二年冬，税京师田租，亩五升，借贷公田者，亩一斗，又税市入者人一钱，其店舍又为五等，收税有差。（《魏书》卷一一〇《食货志》）

乙、六镇之变

魏初因北有柔然之患，乃缘边置六镇，各配兵以防御之。中叶以后，役同厮养，不加重视，于是郁极而思变。

初魏都平城，于缘边置六镇，曰武川，山西大同县北塞外。曰抚冥，山西大同县北塞外武川之东。曰怀朔，山西右玉县北塞外。曰怀荒，山西大同县东北，与河北蔚县相近。曰柔玄，山西天镇县之北。曰御夷，河北怀安县西北。皆恃为藩卫。（顾祖禹《读史方舆纪要》卷四）

魏兰根，巨鹿……人也。……尚书令李崇，……以兰根为长史，因说崇曰："缘边诸镇，……昔时初置，地广人稀，或征发中原强宗子弟，或国之肺腑，寄以爪牙。中年以来，有司乖实，号曰府户，役同厮养，官婚班齿，致失清流，而本宗旧类，各居荣显，顾瞻彼此，理当愤怨。……宜改镇立州，分置郡县，凡是府户，悉免为民，入仕次叙，一准其旧，文武兼用，威恩并施。此计若行，国家庶无北顾之虑矣。"崇以奏闻，事寝不报。（《北齐书》卷二三《魏兰根传》）

深上书曰："……昔皇始以移防为重，盛简亲贤，拥麾作镇，配以高门子弟，以死防遏，不但不废仕宦，至乃遍得复除，当时人物，

忻慕为之。及太和在历，仆射李冲，当官任事，凉州士人，悉免厮役，丰沛旧门，仍防边戍，自非得罪当世，莫肯与之为伍，征镇驱使，为"虞侯"、"白直"，一生推迁，不过军主。然其往世房分留居京者，得上品通官，在镇者便为清途所隔，……多复逃胡乡。乃峻边兵之格，镇人浮游在外，皆听流兵捉之，于是少年不得从师，长者不得游宦。……自定鼎伊洛，边任益轻，唯底滞凡才，出为镇将，转相模习，专事聚敛，或有诸方奸吏，犯罪配边，为之指踪，过弄官府，政以贿立，莫能自改。(《北史》卷一六《广阳王建附子深传》)

　　拓跋氏起自云朔，据有中原，兵戎乃其所以为国也，羽林虎贲，见"制度·兵制"。则宿卫之兵；六镇将卒，则御侮之兵，往往皆代北部落之苗裔，其初借之以横行中国者。注：孝文诏军士自代来者皆以为羽林虎贲。自孝文定鼎伊洛，务欲以夏变夷，遂至矫枉过正，宗文鄙武，六镇兵卒，多摈抑之，有同奴隶，边任浸轻，裔夷内侮，魏之衰弱，实肇于此。(《通考》卷一五一《兵考》三)

至孝明帝正光四年，梁武帝普通四年，即西历 523 年。柔然人扰怀荒镇，事变遂因之而作。

　　武卫将军于景，忠之弟也，谋废父，父黜为怀荒镇将。及柔然入寇，镇民请粮，景不肯给，镇民不胜忿，遂反，执景杀之。未几，沃野镇民破六韩拔陵聚众反，杀镇将，改元真王，诸镇华夷之民，往往响应。(《资治通鉴》卷一四九《梁纪》五)

　　自破六韩拔陵崛起，六镇尽变，兵争不已，秦陇以西，冀并以北，皆锋镝之区。兹将其拥众建号者，表列之于下。

魏末群雄简表

人名	称号	起事年月	初起地点	强盛时代	兴亡事略
破六韩拔陵	真王	正光五年三月	沃野镇民	破六镇	孝昌元年，为蠕蠕主阿那瓌所破，其众后多归杜洛周。
胡琛	高平王	正光五年四月	高平酋长		高平镇民赫连恩等起事，推敕勒酋长胡琛为高平王，攻高平镇以应拔陵，后为拔陵诱杀，万俟丑奴并其众。

续表

人名	称号	起事年月	初起地点	强盛时代	兴亡事略
莫折太提	秦王	正光五年六月	秦州城人	有雍、凉诸州	太提寻死，子念生代立，称天子，年号天建，置立百官。孝昌二年八月，秦州城民杜粲，杀念生，自行州事，遣使诣萧宝寅请降。
就德兴	燕王	正光五年十月	营州城人		刘安定、就德兴据城起事，执刺史，城人王恶完杀安定以降，德兴东走，自号燕王。
元法僧	宋王	孝昌元年正月	徐州刺史		法僧称宋王，归于萧衍。
杜洛周	改元真王	孝昌元年八月	柔玄镇人，率众起事于上谷		武泰元年二月，葛荣击洛周杀之，并其众。
刘蠡升	天子，改元神嘉	孝昌元年十二月	山胡		
鲜于修礼	改元鲁兴	孝昌二年正月	五原降户，于定州之左城起事		是年八月，元洪业杀鲜于修礼，请降于魏，葛荣复杀洪业自立。
陈双炽	始建王	孝昌二年六月	绛蜀人，聚众起事。		是月，为魏镇西将军都督长孙稚所平。
葛荣	齐，改元广安	孝昌二年九月	鲜于修礼部将	冀、定、沧、瀛、殷五州	建义元年八月，率众围相州，号百万。九月，柱国大将军尔朱荣与荣战于滏口，荣被俘，送京师。
赵显德	都督	孝昌三年二月	东郡民，杀太守。		是年四月，别将元斌之攻东郡，杀显德。
刘钧	大行台	孝昌三年三月	齐州广川民，起兵执清河太守。		是年四月，为都督李叔仁所平。
房须	大都督	孝昌三年三月	清河民	据昌国城。	同上
刘获郑辩	改元天授	孝昌三年七月	陈郡民，于西华起事。		是月，为州军所平。
萧宝寅	齐，改元隆绪	孝昌三年十元月	雍州刺史，据州自立	据关中。	宝寅讨关中义军，战败，惧诛，遂自立称帝。武泰元年，雍州城人侯终德攻之，宝寅出走，奔万俟丑奴，后被擒斩。

续表

人名	称号	起事年月	初起地点	强盛时代	兴亡事略
邢杲	汉王，改元天统	建义元年六月	幽州平北府主簿，率流民十余万户，起于青州之北海。		义建二年三月，上党王天穆、高欢攻杲，大破杲于齐州之济南，杲降，送京师，被杀于都市。
刘举	皇武大将军	建义元年七月	光州人，聚众数千，起事于濮阳。		
万俟丑奴	天子，改元神兽	建义元年七月	高平镇人，胡琛将。		建义三年四月，雍州刺史尔朱天光，攻丑奴、萧宝寅于安定，破擒之，送京师，被杀于都市。
韩楼		建义元年十二月	葛荣余党，据幽州起事。	据幽州。	二年九月，大都督侯渊攻韩楼于蓟，韩楼被杀。
王庆祖	王	建义二年二月	燕州民，聚众起事于上党。		是月，为尔朱荣所擒。
庆云	帝	建义三年六月	白马龙涸胡王，据永洛城。		是年七月，为尔朱天光所平，庆云被擒。
说明	一　上表参考《魏书》、《北史》及《资治通鉴》。 一　当时举义旗者甚多，其旋起旋灭而未建号者，俱从略。 一　灭亡不详者在河北多归于葛荣。					

丙、尔朱氏之乱

尔朱荣，字天宝，北秀容人也。其先居于尔朱川，因为氏焉。常领部落，世为酋帅。高祖羽健登国初，为领民酋长，……从驾平晋阳，定中山，论功，……以居秀容川，诏割方三百里封之，长为世业。……荣袭爵后，……四方兵起，遂散畜牧，招合义勇，给其衣马。……秀容内附，胡民乞扶莫于破郡，杀太守。南秀容牧子万子乞真反版，……并州牧子素和婆岭作逆，荣并前后平之。……加使持节，安北将军，都督恒朔讨虏诸军。……率众至肆州，刺史尉庆宾畏恶之，闭城不纳，荣怒攻拔之，乃署其从叔羽生为刺史。……自是荣兵威渐盛，朝廷亦不能罪责也。寻……都督并肆汾广恒云六州诸军事。（《魏书》卷七四《尔朱荣传》）

魏灵太后再临朝以来，嬖佞用事，政事纵弛，……盗贼蜂起，封疆日蹙。魏肃宗，孝明帝。年浸长，太后自以所为不谨，恐左右闻之于帝，凡帝所爱信者，太后辄以事去之，务为壅蔽，不使帝知外事。……荣尝与元天穆及帐下都督贺拔岳密谋欲举兵入洛，内诛嬖幸，外清群盗。……徐纥说太后，以铁券间荣左右，荣闻而恨之。魏肃宗亦恶俨、纥等，郑俨、徐纥，皆太后幸临。逼于太后，不能去，密诏荣举兵内向，欲以胁太后。荣以高欢为前锋，行至上党，帝复以私诏止之。俨、纥恐祸及己，阴与太后鸩帝，帝暴殂，太后立……故临洮王宝晖世子钊。……钊始生三岁，太后欲久专政，故贪其幼而立之。（《资治通鉴》卷一五二《梁纪》八）

肃宗之崩，事出仓卒，时论咸言郑俨、徐纥之计，于是朝野愤叹。……立临洮王子钊为主，年始三岁，天下愕然。及武泰元年，梁武帝大通二年，即西历528年。尔朱荣称兵渡河，太后尽召肃宗六宫皆令入道，太后亦自落发。荣遣骑拘送太后及幼主于河阴，……并沉于河。（《魏书》卷一三《宣武灵皇后传》）

荣遂起兵晋阳，自上党入河内，至河阳，立长乐王子攸，敬宗孝庄皇帝。而沉胡太后、幼主钊于河，遂入洛阳，留其党元天穆总朝政而还。荣复讨擒贼帅葛荣于邺北，冀、定、瀛、沧、殷五州悉定。会梁人送元颢魏北海王，尔朱荣入洛，奔于梁。梁武帝乘魏乱，于大通二年，即魏建义元年，以为魏王，送之北还，遂入洛阳。入洛，魏主北走，河内郡。荣复南击颢，收洛阳，河南悉定。又遣将侯渊讨平幽州贼帅韩楼，尔朱天光讨擒关中贼帅万俟丑奴等，关陇悉定。（顾祖禹《读史方舆纪要》卷四）

荣身虽居外，恒遥制朝廷，广布亲戚，列为左右，伺察动静。……庄帝外迫于荣，恒怏怏不悦，兼惩荣河阴之事，恐终难保，……于是庄帝密有图荣之意。三年，永安。九月，荣启将入朝。……荣至入见，即欲害之，以天穆在并，恐为后患，故隐忍未发。……及天穆至，帝伏兵于明光殿东廊，引荣及荣长子菩提、天穆等俱入。坐定，光禄少卿鲁安、典御李侃晞等抽刀而至，荣窘迫，起投御坐，帝先横刀膝下，遂手刃之，安等乱斫，荣与天穆、菩提，同时俱死。（《魏书》卷七四《尔朱荣传》）

汾州刺史尔朱兆荣从子，闻荣死，自汾州帅骑据晋阳。世隆荣从弟至长子，世隆从荣入洛，荣被害，奉荣妻率众逃走。兆来会之，共推太原太守行并州事长广王晔，献文帝孙。即皇帝位。……谋引兵向洛，……倍过兼行，从河桥西涉渡。……兆骑叩宫门，宿卫乃觉，……矢不得发，一时散走。……兆骑执帝，锁于永宁寺。……敬宗诏河西贼帅纥豆陵步蕃使袭秀容，及兆入洛，步蕃南下，兵势甚盛，故兆不暇久留，亟还晋阳以御之，使尔朱世隆、度律荣从父弟、彦伯荣从弟等留镇洛阳。兆迁敬宗于晋阳，……缢敬宗于晋阳三级佛寺。（《资治通鉴》卷一五四《梁纪》一〇）

尔朱世隆镇洛阳，……密议以长广王疏远又无人望，欲更立近亲，……广隆王恭……即位。即前废帝，又谓之节闵帝。……时天光荣从祖兄子专制关右，兆奄有并汾，仲远荣从弟擅名徐兖，世隆居中用事，竞为贪暴。……四方之人，皆恶尔朱氏，而惮其强，莫敢违也。（《资治通鉴》卷一五五《梁纪》一一）

高欢像

高欢出于怀朔，为群盗，从杜洛周。寻归尔朱荣。永安孝庄帝。中，尔朱荣以欢为晋州刺史。荣死，尔朱兆以河西贼纥豆陵步蕃侵晋阳，召欢并力破之，因使欢统六镇降众葛荣部众，皆六镇破六韩拔陵、杜洛周及鲜于修礼之众。荣败，流入并肆二十余万，大小二十六反，诛夷者半，犹草窃不止。建牙阳曲川。无何请就食山东，注：冀、定、瀛、相、殷，皆在太行山东。乃出滏口，至信都，高乾等开门纳之。时乾等起义兵据冀州。遂起兵信都，兼有殷州，奉勃海太守元朗为帝。即后废帝。尔朱兆等击之，败于广阿，欢因进军拔邺。兆等合军攻欢于邺，大败，斛斯椿等因拒尔朱，据河桥，尽诛其族。欢入洛，幽魏主恭，并废朗而立平阳王修，以欢为大丞相，还镇邺。寻击尔朱兆，取晋阳，建大丞相府居之。永熙二年，梁武帝中大通五年，即西历533年。复袭秀容，兆走死。（顾祖禹《读史方舆纪要》卷四）

丁、魏分东西

神武高欢。之入洛也，尔朱仲远部下都督桥宁、张子期自滑台归命，神武以其助乱，且数反复，皆斩之。斛斯椿由是内不自安，乃与南阳王宝炬，及武卫将军元毗，魏光禄王思政，构神武于魏帝。……魏帝……贰神武，……于是以斛斯椿兼领军，分置督将及河南、关西诸刺史。……初神武自京师将北，以为洛阳久经丧乱，……不如邺，请迁都。……至是复谋焉，遣兵千骑镇建兴，益河东及济州兵于白沟，舫船不听向洛诸州，和籴粟运入邺城。……魏帝乃……下诏罪状神武，为北伐经营。神武亦勒兵宣告曰："……为斛斯椿逸构，……今者南迈，诛椿而已。"……魏帝征兵关右，……遣大行台长孙承业、大都督颖川王斌之、斛斯椿共镇武牢，汝阳王暹镇石济，行台长孙子彦、帅前恒农太守元洪略镇陕，贾显智率豫州刺史斛斯元寿椿弟。伐蔡俊。神武使窦泰与左厢大都督莫多娄、贷文逆显智，韩贤逆暹。元寿军降泰。贷文与显智遇于长寿津，显智阴约降，引军退。军司元玄觉之，驰还请益师。魏帝遣大都督侯几绍赴之，战于滑台东，显智以军降，绍死之。……魏帝躬率大众，屯河桥，……神武乃引军渡河。魏帝……未决，而元斌之与斛斯椿争权不睦，斌之弃椿径还，绐帝云，神武兵至，即日魏帝逊于长安。神武入洛，……立清河王世子善见，……是为孝静帝，魏于是始分为二，神武以孝武既西，恐逼嵩陕，洛阳复在河外，接近梁境，如向晋阳，形势不能相接，依议迁邺。……神武……还晋阳，自是军国政务，皆归相府。（《北史》卷六《齐神武帝纪》）

宇文泰，出于武川，注：其先为辽西宇文部，后居武川。永安末，尔朱荣使从贺拔岳入关中，岳以泰行原州事。尔朱氏亡，岳都督关西诸州，表泰为夏州刺史。永熙三年，岳为秦州刺史侯莫陈悦所杀，众共推泰为主。泰驰入平凉，魏主修即命泰统岳军，泰遂击杀悦，兼有秦陇，抚定关中。会魏主为高欢所逼，泰因迎魏主入长安，东克潼关，与高欢相距。魏主以泰为大丞相，未几鸩魏主而立南阳王宝炬，东与高欢角逐于河汾汝颍间。（顾祖禹《读史方舆纪要》卷四）

按东魏政权，操之于高欢，西魏政权，操之于宇文泰，二魏名存而实亡矣。其后高洋篡东魏，是为北齐；宇文觉篡西魏，是为北周，而魏氏遂亡。

(四）齐周之对峙

甲、齐之兴灭

齐文宣高洋。初代东魏而得国，颇能治其军民。后嗜酒昏狂，滥杀无辜，赖有杨愔总摄机衡，弥补其阙，政业得以不坠。

> 及登极之后，神明转茂，外柔内刚，果于断割，人莫能窥。又特明吏事，留心政术，简靖宽和，坦于任使，故杨愔等得尽于匡赞，朝政粲然。……至于军国机策，独决怀抱，规谋宏远，有人君大略。……六七年后，以功业自矜，遂留情耽酒，肆行淫暴，……内外憯憯。（《北史》卷七《齐文宣帝纪》）

> 及居端揆，权综机衡，千端万绪，神无滞用。自天保文宣帝。五年以后，一人丧德，维持匡救，实有赖焉。（《北齐书》卷三四《杨愔传》）

> 文宣……自六年之后，帝遂以功业自矜，恣行酷暴。……然帝犹委政辅臣杨遵彦愔字。弥缝其阙，故时议者窃云：主昏于上，政清于下。（《隋书》卷二五《刑法志》）

传至武成，荒怠无道，齐政始乱。后传位于子纬，后主。任用群小，国势益衰。

> 后主任陆令萱、和士开、高阿那肱、穆提婆、韩长鸾等宰制天下，陈德信、邓长颙、何洪珍参预机权，各引亲党，超居非次，官由财进，狱以贿成，其所以乱政害人，难以备载。诸官奴婢，阉人，商人，胡户，杂户，歌舞人，见鬼人，滥得富贵者，将以万数。……特爱非时之物，取求火急，皆须朝征夕办，当势者因之贷一而责十焉。赋敛日重，徭役日烦，人力既殚，帑藏空竭，乃赐诸佞幸卖官，……各分州郡，下逮乡官，亦多降中者，故有敕用州主簿，敕用郡功曹。于是州县职司，多出富商大贾，竞为贪纵，人不聊生。……凡此诸役，皆渐于武成，至帝而增广焉。（《北史》卷八《齐幼主纪》）

时周武帝在位，励精图治，见齐政衰败，遂议伐之。唯齐将斛律光猛勇善战，颇多顾忌，及光以谗诛，而周兵即东下矣。

> 光……虽极贵盛，时为左丞相。性节俭，简声色。……行兵……军营未定，终不入幕，或竟日不坐，身不脱介胄，常为士卒先。……自结发从戎，未尝失律，深为邻敌慑惮。罪既不彰，一旦屠灭，朝野惜

之。周勋州刺史韦孝宽忌光英勇，乃作谣言，谓光将反，齐权臣祖珽等构之，遂被害。周武帝闻光死，赦其境内。（《北史》卷五四《斛律光传》）

建德四年，北齐后主武平六年，陈宣帝太建七年，即西历575年。七月，……召大将军以上于大德殿，帝亲谕以伐齐之旨。……上亲帅六军，众六万，直指河阴。八月，……拔河阴大城，攻子城未克，上有疾。九月，班师。……五年，十月，……帝总戎东伐，……克晋州。……十二月，齐主自并州帅众来援，帝以其兵新集，且避之，乃诏诸军班师。齐主遂围晋州，……渡河，与诸军合。十二月，次晋州。……帝……勒诸军击之，……齐主与其麾下数十骑，走还并州，齐众大溃。……率诸军追齐主，……大军次并州，齐主……走邺，……帝帅六军趣邺。六年，正月，齐主传位于其太子恒，……自号太上皇。帝至邺，帅诸军围之，齐人拒守，诸军奋击大破之，遂平。齐主先送其母及妻子于青州，及城陷，帅数十骑走青州。遣大将军尉勤追之，……禽齐主及其太子恒于青州。（《北史》卷一〇《周武帝纪》）

乙、周之兴灭

宇文泰之专制西魏，崇儒好古，政治上一切设施，均摹拟古制，而其遗制，遂为隋唐所源本。当时计画之人物，则苏绰与卢辩也。

苏绰，字令绰，武功人。……少好学，博览群书，尤善算术。……太祖泰。……任之以政，……参典机密，自是宠遇日隆。绰始制文案程式，朱出墨入，及计帐课役之大数、户籍户口之籍之法。……太祖方欲革易时政，务弘强国富民之道，故绰得尽其智能，赞成其事。减官员，置二长，并置屯田，以资军国。又为六条诏书，奏施行之，其一先治心，……其二敦教化，……其三尽地利，……其四擢贤良，……其五恤狱讼，……其六均赋役，……太祖甚重之，常置诸座右，又令百司习诵之，其牧守令长，非通六条及计帐者，不得居官。自有晋之季，文章竞为浮华，遂成风俗。太祖欲革其弊，因魏帝祭庙，群臣毕至，乃命绰为大诰，奏行之。……自是之后，文笔皆依此体。（《周书》卷二三《苏绰传》）

卢辩，字景宣，范阳涿人。……少好学，博通经籍。……自魏末离乱，孝武西迁，朝章礼度，湮坠咸尽。辩因时制宜，皆合轨度。……初太祖欲行周官，命苏绰专掌其事。未几而绰卒，乃令辩成之，

宇文泰像

于是依《周礼》建六官，置公卿大夫士，见"制度"。并撰次朝仪、车服器用，多依古礼，革汉魏之法，事并施行。（《周书》卷二四《卢辩传》）

宇文泰时，吏治整理，国力强盛，但终身为西魏丞相。泰卒，子觉嗣，始篡魏，而政权操诸从兄宇文护手。翌年，欲除护，反为护所弑。立明帝，泰子。护又弑之，而立其弟武帝。武帝为英明之主，卒能内诛权臣，外灭齐氏，复统一北方。

> 帝沉毅有智谋。初以晋公护专权，常自晦迹，人莫测其深浅。及诛护之后，建德元年，西历572年。始亲万机，克己励精，听览不息，用法严整，多所罪杀，……属意于政，群下畏服。……以海内未康，锐情教习，至于校兵阅武，步行山谷，……征伐之处，躬在行阵，性又果决，能断大事，故能得士卒死力。（《周书》卷六《武帝纪》下）

继武帝者为宣帝，荒淫无度，周政遂衰。传位于静帝，自称天元皇帝，未几死。静帝年幼，宣后父杨坚辅政，勤王之兵遂起。

> 尉迟迥……为相州治邺。总管，……以隋文帝当权，将图篡夺，遂谋举兵。……众咸从命，……乃自称大总管，承制署置官司，……迥所管相、卫、黎、毛、洺、贝、赵、冀、瀛、沧、……青、胶、光、莒诸州，皆从之，众数十万。……又北……通突厥，南连陈人。……隋文帝于是征兵讨迥，即以韦孝宽为元帅，……又遣高颎驰驿督战。……孝宽……至邺，……失利而却，……高颎与李询……因其扰而乘之，迥大败，遂入邺。迥走保北城，孝宽纵兵围之，迥……乃自杀。（《周书》卷二一《尉迟迥传》）

> 王谦……进……益州总管。时谦令司录贺若昂奉表诣阙，昂还，具陈京师事势，谦……将图匡复，遂举兵。……隋文即以睿梁睿。为

行军元帅……讨之。……谦先无筹略，……任用多非其才，及闻睿兵奄至，惶惧，乃自率众迎战。……军皆叛，谦以二十骑奔新都，县令王宝斩之。(《周书》卷二一《王谦传》)

司马消难……为交州总管，隋文帝辅政，消难既闻蜀公迥不受代，遂欲与迥合势，亦举兵应之。……隋文帝命襄州总管王谊为元帅，发荆襄兵以讨之，……消难闻谊军将至，夜率其麾下归于陈。(《周书》卷二一《司马消难传》)

杨坚削除异己，势力养成，遂代周而自立，建国号曰隋。按隋本作随，以周齐不遑宁处，乃去"辵"作隋，以"辵"训"走"故也。

(五) 北方之边患

北朝边患，初为柔然，末为突厥，兹特分述之。

甲、柔然

蠕蠕，东胡之苗裔，即鲜卑种，可汗阿那瓌启魏主云：臣先世缘由，出于大魏。姓郁久闾氏，始神元魏始祖力微。之末，掠骑有得一奴，发始齐眉，亡本姓名，其主字之曰木骨闾。木骨闾者，首秃也。木骨闾与郁久闾声相近，故后子孙因以为氏。木骨闾既壮，免奴为骑卒。穆帝时，坐后期当斩，亡匿广漠溪谷间，收合逋逃，得百余人，依纯突邻部。木骨闾死，子车鹿会雄健，始有部众，自号柔然。后太武以其无

柔然族遗迹

卷二 两晋及南北朝

知，状类于虫，故改其号为蠕蠕。车鹿会既为部帅，岁贡马畜，……冬则徙度漠南，夏则还居漠北。(《北史》卷九八《蠕蠕传》)

柔然之强盛，始于社仑，木骨闾七传。以屡侵北魏边，知识渐增，立法置战，始为北边之患。

太祖……击破之，社仑远遁漠北，侵高车，深入其地，遂并诸部，凶势益振。……其西北有匈奴余种，……尽为社仑所并，号为强盛。随水草畜牧，其西则焉耆之地，东则朝鲜之地，北则渡沙漠、穷瀚海，南则临大碛，其常所会庭则敦煌。张掖之北，小国皆苦其寇抄，羁縻附之。于是自号丘豆伐可汗。丘豆伐，犹魏言"驾驭开张"也；可汗，犹魏言"皇帝"也。……太祖谓尚书崔玄伯曰："蠕蠕之人，昔来号为顽嚚，……"今社仑学中国，立法置战陈，卒成边害。(《魏书》卷一〇三《蠕蠕传》)

唯柔然所用之兵，皆高车之众，实不足以当大敌，每为魏所破。

无都统大帅，当种各有君长。为性粗猛，党类同心。至于寇难，翕然相依。斗无行阵，头别冲突，乍出乍入，不能坚战。(《北史》卷九八《高车传》)

柔然旋降旋叛，为北边之患，实与元魏相终始。直至北齐文宣帝天保三年，西历552年。为突厥所破，始底于亡。其立国制度及风俗，略举如下。

社仑……北徙弱洛水，始立军法，千人为军，军置将一人；百人为幢，幢置帅一人。先登者赐以虏获，退懦者以石击首杀之，或临时捶挞，无文记。将帅以羊屎粗计兵数，后颇知刻木为记。(《魏书》卷一〇三《蠕蠕传》)

蠕蠕之俗，君及大臣，因其行能，即为称号，若中国立谥。既死之后，不复追称。(《魏书》卷一〇三《蠕蠕传》)

明帝之后，中原丧乱，未能外略，阿那瓌统率北方，颇为强盛。……阿那瓌因入洛阳，心慕中国，立官号僭拟王者，遂有侍中、黄门之属。(《北史》卷九八《蠕蠕传》)

蠕蠕，……魏自南迁，因擅其地。故无城郭，随水草畜牧，以穹庐居，辫发，衣锦，小袖袍，小口袴，深雍靴。其地苦寒，七月流澌亘河。(《南史》卷七九《北狄传》)

乙、突厥

突厥兴起，史有三说，分列之如下。

突厥者，其先居西海之右，独为部落，盖匈奴之别种也，姓阿史那氏。后为邻国所破，尽灭其族。有一儿年且十岁，兵人见其小，不忍杀之，乃刖足断其臂，弃草泽中，有牝狼以肉饲之。及长，与狼交合，遂有孕焉。彼王闻此儿尚在，重遣杀之，使者见在狼侧，并欲杀狼。于时若有神物，投狼于西海之东，落高昌国西北山。山有洞穴，穴内有平壤，茂草周回数百里，四面俱山，狼匿其中，遂生十男。十男长，外托妻孕，其后各为一姓。阿史那即其一也，最贤，遂为君长，故牙门建"狼头纛"，示不忘本也，渐至数百家。经数世，有阿贤设者，率部落，出于穴中，臣于蠕蠕。（《北史》卷九九《突厥传》）

或云，突厥本平凉杂胡，姓阿史那氏。魏太武皇帝灭沮渠氏，阿史那以五百家奔蠕蠕，世居金山之阳，为蠕蠕铁工。金山形似兜鍪，俗号兜鍪突厥，突厥因以为号。（《北史》卷九九《突厥传》）

又曰，突厥之先，出于索国，在匈奴之北。其部大人曰阿谤步，兄弟七十人。其一曰伊质泥师都，狼所生也。阿谤步等性并愚痴，国遂被灭。泥师都既别感异气，能征召风雨。娶二妻，云是夏神、冬神之女，一孕而生四男，其一变为白鸿，其一国于阿辅水、剑水之间，号为契骨，其一国于处折水，其一居跋斯处折施山，即其大儿也。山上仍有阿谤步种类，并多寒露，大儿为出火温养之，咸得全济，遂共奉大儿为主，号为突厥，即纳都六设也。都六有十妻，所生子皆以母族姓，阿史那，是其小妻之子也。都六死，十母子内欲择立一人，乃相率于大树下，共为约曰："向树跳跃，能最高者，即推立之。"阿史那子年幼而跳最高，诸子遂奉以为主，号阿贤设。（《北史》卷九九《突厥传》）

突厥墓前石人像

以上所记，虽涉于荒渺，然细加探讨，即可知突厥乃为匈奴之一种，初居于近塞地方，知识较高，故能为铁工。魏太武帝灭沮渠氏，突厥亦破灭，逃遁而北。以地理推之，所谓金山，即阿尔泰山，剑水即谦河，则其兴起，即在唐努乌梁海境内也。其与齐周交通，则自土门始。

> 其后曰土门，部落稍盛，始至塞上市缯絮，愿通中国。西魏大统十一年，梁武帝大同十一年，东魏孝静帝武定三年，即西历545年。周文帝遣酒泉胡安诺槃陁使焉。……十二年，土门遂遣使献方物。时铁勒将伐蠕蠕，土门率所部邀击破之，尽降其众五万余落，恃其强盛，乃求婚于蠕蠕，主蠕蠕。阿那瓌大怒，使人詈辱之。……土门亦怒，杀其使者，遂与之绝，而求婚于魏，周文帝许之。十七年，六月，以魏长乐公主妻之。……废帝元年，西历560年。正月，土门发兵击蠕蠕，大破之，……阿那瓌自杀。……土门遂自号伊利可汗，犹古之单于也；号其妻为可贺敦，亦犹古之阏氏也，亦与齐通使往来。（《北史》卷九九《突厥传》）

> 土门死，子科罗立。科罗……且死，舍其子摄图，立其弟俟斤，是为木杆可汗。俟斤……勇而多知，务于征伐，……西破哒哒，东走契丹，北并契骨，威服塞外诸国。其地东自辽海以西，至西海万里，南自沙漠以北，至北海五六千里，皆属焉。（《北史》卷九九《突厥传》）

突厥辟土既广，国力强盛，遂挟其势以凭陵齐、周。时齐、周分争，畏而结之，以为外援。于是结婚姻，遗缯帛，买其欢心，而突厥之势愈强。

> 俟斤死，复舍其子大逻便而立其弟，是为他钵可汗。……自俟斤以来，其国富强，有凌轹中夏之志。朝廷既与之和亲，岁给缯絮锦彩十万段。突厥在京师者，又待以优礼，衣锦食肉，常以千数。齐人惧其寇掠，亦倾府藏以给之。他钵弥复骄傲，乃令其徒属曰："但使我在南两个儿孝顺，何忧无物邪！"（《北史》卷九九《突厥传》）

突厥内部，颇有组织，非纯无文化者，兹略举之于下。

子、官制

可汗者，犹古之单于；妻号可贺敦，犹古之阏氏也。其子弟谓之特勒，别部领兵者皆谓之设。其大官屈律啜，次阿波，次颉利发，次

吐屯，次俟斤，并代居其官，而无员数，父兄死则子弟承袭。（《旧唐书》卷一九四上《突厥传》上）

其别部典兵者曰设，子弟曰特勒。大臣曰叶护，曰屈律啜，曰阿波，曰俟利发，曰吐屯，曰俟斤，曰阎洪达，曰颉利发，曰达干，凡二十八等，皆世其官而无员限。卫士曰附离。（《唐书》卷二一五上《突厥传》上）

丑、刑法

其刑法，反叛，杀人，及奸人之妇，盗马绊者，皆死。淫者割势而腰斩之。奸人女者，重责财物，即以其女妻之。斗伤人者，随轻重输物，伤目者，偿以女，无女则输妇财；折支体者，输马。盗马及杂物者，各十余倍征之。（《北史》卷九九《突厥传》）

寅、生活

其俗畜牧为事，随逐水草，不恒厥处，穹庐毡帐，被发左衽，食肉饮酪，身衣裘褐。（《隋书》卷八四《突厥传》）

卯、礼俗

死者停尸于帐，子孙及亲属男女各杀羊马，陈于帐前祭之，绕帐走马七匝，诣帐门，以刀剺面，且哭，血泪俱流，如此者七度乃止。择日取亡者所乘马，及经服用之物，并尸俱焚之，收其余灰，待时而葬。……葬日，亲属设祭，及走马剺面，如初死之仪。表为茔，立屋中，图画死者形仪，及其生时所战阵状。尝杀一人，则立一石，有至千百者。又以祭之羊马头，尽悬之于标上。是日也，男女咸盛服饰，会于葬所。男有悦爱于女者，归即遣人聘问，其父母多不违也。（《北史》卷九九《突厥传》）

可汗恒处于都斤山，……每岁率诸贵人，祭其先窟。又以五月中旬集他人水，拜祭天神。……敬鬼神，信巫。（《北史》卷九九《突厥传》）

辰、文化

其书字类胡，至不知年历，唯以草青为记。（《北史》卷九九《突厥传》）

齐有沙门惠琳，被掠入突厥中，因谓他钵曰："齐国富强者，为有佛法耳。"遂说以因缘果报之事。他钵闻而信之，建一伽蓝，遣使聘于齐氏，求《净名》、《涅槃》、《华严》等经，并《十诵律》，他钵亦躬自斋戒，绕塔行道，恨不生内地。(《隋书》卷八四《突厥传》)

四　南北朝之和战

（一）战争之概况

南北对峙，时起冲突。但北强于南，历次战争之结果，胜利多属之北方。而南朝疆宇日削，国势日蹙，终为北朝所并。

刘裕相晋，灭慕容超而复青齐，降姚泓而复洛阳，灭姚泓而复关中。其后关中虽为赫连勃勃所夺，而溯河西上时，遣王仲德在北岸陆行。魏将尉建弃滑台，仲德入据之，自后魏屡攻，得而复失。……直至魏太武帝宋文元嘉二十七年，遣王元谟等北伐。遣安颉攻拔洛阳，克虎牢，克滑台，帝临江起行宫于瓜步，宋馈百牢，乃班师，于是河南之地，多入魏。魏孝文帝时，宋薛安都以彭城，毕众敬以兖州，常珍奇以悬瓠，俱属于魏。张永、沈攸之与魏战，又大败。宋明帝泰始二年，魏献文帝天安元年，西历466年。于是宋遂失淮北四州徐、兖、青、冀。及豫州淮南地。汝南、新蔡、谯、梁、陈、南顿、颍川、汝阳、汝阴等郡。

其后齐明帝永泰元年，即魏孝文帝太和二十二年，与魏战败，失沔北南阳、新野、南乡、北襄，城西汝南、北义阳等郡。齐将裴叔业，又以寿春降魏，齐东昏侯永元二年，魏宣武帝景明元年。于是淮北之地，亦尽入于魏。故萧齐北境，已小于宋。

迨梁武帝使张绍惠取宿豫，萧容取梁城，韦叡取合肥，天监五年五月。以及义阳、邵阳之战，浮山堰之筑，天监十三年筑，十五年成，寻溃。两国交兵，争沿淮之地者十余年，互有胜负。……魏末尔朱荣之乱，北海王颢奔梁，梁立为魏主，使陈庆之送之归国，深入千里。大通二年，魏孝庄帝永安元年，遣陈庆之将兵送魏北海王颢还，自铚城入魏

南朝战马画像砖

国,西至洛阳,凡克三十二城,又北渡河,取河内。孝庄帝北走,颢遂入洛,梁之势几振。其后颢战败被擒,尔朱荣将兵攻之。魏仍复所失地,而梁之地尚无恙也。及侯景之乱,西魏寇安陆,执司州刺史柳仲礼,尽没汉东之地,梁简文帝大宝元年。其淮阳、山阳、淮阴等地,俱降东魏,鄱阳王范又以合州降东魏,东魏遂尽有淮南之地。景又攻陷广陵,使郭元建守之。景败,元建以广陵降北齐,注:时东魏孝静帝,已逊位于齐文宣。于是江北亦为北齐所有。是时萧绎在江陵,乞师于西魏,为侯景所逼。令萧循梁秦二州刺史。以南郑与西魏,西魏遂取汉中。循不可,宇文泰遣达奚武攻克之。绎称帝于江陵,即元帝。武陵王纪自成都起兵伐之,时已称帝。西魏使尉迟迥攻成都以救绎。及纪为绎所杀,而迥亦取成都,于是蜀地尽入于西魏矣。均元帝承圣元年事。是时梁之境,自巴陵至建康,惟以长江为限,荆州界北尽武宁,西拒峡口。而岳阳王萧詧,以绎杀其兄誉,誉封河东王,时为湘州刺史,因讨侯景,与绎有隙,绎攻杀之。遂据襄阳降西魏。西魏遣于谨等伐江陵,克之,杀元帝,承圣三年十二月,西魏恭帝元年,即西历554年。乃以江陵易襄阳,使詧为梁王,而襄阳亦入于西魏矣。元帝殁后,王僧辩、陈霸先,立其子方智敬帝。于建业,北齐文宣纳萧渊明,攻章城时为东魏所获。入为梁主,王僧辩迎立之。陈霸先废杀之,仍奉方智。其时徐嗣徽、谯秦二州刺史。任约南豫州刺史。降北齐,方据石头城,霸先东攻义兴太守韦载,徐乘京师无备,遂取之,引齐兵入。文宣又遣萧轨、柳达摩、东方老等来镇石头,为霸先所擒杀,金陵之地,得以不陷。计

是时江以北，尽入于北齐，西境则蜀中及襄阳，俱入西魏，江陵又为萧詧所有，梁地更小于元帝时矣。

陈霸先篡位，因之以立国，其地之入于周者，注：西魏恭帝逊位于周。惟湘州，在江之南。（赵翼《廿二史劄记》卷一二"南朝陈地最小"一节）

初齐人因江陵之亡，取郢州，即江夏，梁敬帝初，司徒陆法和以郢附齐。又东拔谯郡，取皖城，克东关。既纳萧渊明，乃归郢城于梁。及渊明废，徐嗣徽以谯秦二州降齐，引齐兵入姑孰，据石头。旋败却，复自芜湖东下，战于台城南北，霸先大破之。梁敬帝太和元年六月。自是齐兵不复渡江，然江北之地，悉没于齐矣。又湘州刺史王琳，通款于魏，欲攻陈霸先。据州不下，东略郢州，霸先遣将侯安都等击之，军败，琳进据江州，陈武帝永定元年十月。奉萧庄为主。庄，湘东世子方之子，封永嘉王。齐人初攻建康，庄质于齐，琳请于齐而立之。会齐兵东下，战于芜湖，败奔齐，陈文帝天嘉元年，齐废帝乾明元年。江郢之地，乃归于陈。而后梁主又因琳军之东，遣将略取长沙、武陵、南平、巴陵诸郡，归之于周，陈武帝永定二年十二月。周人使梁戍之。琳既平，于是遣侯瑱等西略巴湘，周人复增兵戍守。久之，巴陵湘州降，陈文帝天嘉元年，周将独孤盛，领水陆军趋巴湘，太尉侯瑱自寻阳御之。十二月，周巴陵城主尉迟宪降。二年正月，湘州城主殷亮降。周军引去。于是武陵、天门、南平、义阳、侨置。河东、侨置。宜都诸郡，始为陈境。其后陈宣帝太建五年，齐后主武平四年，西历573年，后主荒纵国乱，陈乃乘之。遣吴明彻等北伐，吴明彻克寿阳城，斩王琳。七年，闰九月，又大破齐军于吕梁。淮南州郡，次第降下，淮北亦皆响应。九年，周武帝建德六年，西历577年。因周人灭齐，复命明彻图淮北，攻围彭城。周将王轨驰救，引轻兵据淮口，遏陈船归路，明彻引还至清口即淮口。败没。太建十年，周武帝宣政元年，西历578年，明彻大败于吕梁，与将卒皆被囚俘。十一年，周静帝大象元年。周将韦孝宽等渡淮，江北之地，尽为所略。十二年，大象二年。司马消难复以郧、随、温、应、土、顺、沔、澴、岳九州，及鲁山等镇来降，杨坚辅政，郧州总管司马消难举兵战败，遂奔于陈。周复取之。卒不能振，以至于亡。（顾祖禹《读史方舆纪要》卷四）

（二）通聘重使才

南北通好，颇重使才，自梁以后，益重才华，凡为使必择其容止可观，文学优赡者，以充任之，亦当时之风尚也。

> 南北通好，务以俊乂相矜，衔命接客，必尽一时之选，无才地者，不得与焉。梁使每入，邺下为之倾动，贵胜子弟，盛饰聚观，礼赠优渥，馆门成市。……魏使至梁，亦如梁使至魏。（《北史》卷四三《李谐传》）

> 时与梁和，妙简聘使，邵与魏收，及从子子明，被征入朝。当时文人，皆邵之下，但以不持威仪，名高难副，朝廷不令出境。（《北史》卷四三《邢邵传》）

> 赡经热病，面多瘢痕，然雍容可观，辞韵温雅，南人大相钦服。陈舍人刘师知见而心醉，乃言"常侍前朝通好之日，何意不来，今日谁相对扬者"，其见重如此。（《北史》卷二四《崔赡传》）

其南北通使、增重邻国者，略举数人于下。

> 太延中，以前后南使不称，妙简行人，游雅荐推应选，……使刘义隆，宋文帝。南人称其才辩。（《魏书》卷四八《高允附高推传》）

> 齐永明二年，使魏，武帝谓曰："以卿有将命之才。"（《南史》卷三三《裴昭明传》）

> 游明根，……性贞慎寡欲，综习经典。……高祖以其小心敬慎，每嗟美之。……使于刘骏，宋武帝。直使明僧暠相对，前后三返，骏称其长者，迎送之礼有加。（《魏书》卷五五《游明根传》）

> 彪……使于萧赜，……将还，赜以殊礼相送，……亲至琅邪城，登山临水，命群臣赋诗以送别。其见重如此。彪前后六度衔命，南人奇其睿谘。（《魏书》卷六二《李彪传》）

《北史》书影

天平末，魏欲与梁和好，朝议将以崔㥄为使主，㥄曰："文采与识，㥄不推李谐，口颊顾顾，谐乃大胜。"于是以谐、……卢元明、……李业兴……聘焉。梁武使朱异觇客，异言谐、元明之美。谐等见，及出，梁武目送之，谓左右曰："朕今日遇劲敌。卿辈常言北间都无人物，此等何处来？"（《北史》卷四三《李谐传》）

聘使至梁，梁武谓之曰："伯阳之后，久而弥盛，赵李人物，今实居多。"（《北齐书》卷二九《李浑传》）

神武南上，帝西入关，收……副王昕使梁。昕风流文辩，收辞藻富逸，梁主及其群臣，咸加敬异。先是南北初和，李谐、卢元明首通使命，二人才器，并为邻国所重。至此，梁主称曰："卢、李命世，王、魏中兴，未知后来复何如耳。"（《北齐书》卷三七《魏收传》）

世宗初，……陈氏请敦邻好，诏彦穆使焉。彦穆风韵闲旷，器度方雅，善玄言，解谈谑，甚为江陵所称。（《周书》卷三六《崔彦穆传》）

选使既如上述，则接待聘使，亦必择有才行者以充之。

融少而神明，警惠博涉，有文才。……上武帝以融才辩，……使兼主客。接虏使房景高、宋弁，弁见融年少，问主客年几，融曰："五十之年，久逾其半。"因问在朝闻主客作《曲水诗序》。景高又云"……实愿一见"。融乃示之，……弁……曰："昔观相如封禅，以知汉武之德。今览王生诗序，用见齐王之盛。"（《南齐书》卷四七《王融传》）

北虏使来，绘以辞辩，敕接虏使。事毕，当撰语辞，绘谓人曰："无论润色未易，但得我语亦难矣。"（《南齐书》卷四八《刘绘传》）

夬少勤学，有局干。……永明武帝。中，与魏和亲，敕夬与……任昉同接魏使，皆时选也。（《梁书》卷一九《宗夬传》）

岫文虽不逮沈约，而名行为时辈所与，博涉多通。……永明中，魏使至，有诏"妙选朝士有词辩者，接使于界首"，以岫兼淮阴长史迎焉。（《梁书》卷二六《范岫传》）

缵好学，……昼夜披读，殆不辍手。……普通梁武帝。初，魏遣彭城人刘善明诣京师请和，求识缵。缵时年二十三，善明见而嗟服。（《梁书》卷三四《张缵传》）

天安魏献文帝。初，……以温敏敬慎，高宗亲爱之，累迁主客令。萧赜使刘缵朝贡，安世美容貌，善举止，缵等自相谓曰："不有君子，其能国乎？"（《魏书》卷五三《李孝伯附李安世传》）

萧㧑，……梁武帝弟安成王秀之子也。性温裕，有仪表，……博观经史，雅好属文。……东魏遣李谐、卢元明使于梁，梁武帝以㧑辞令可观，令……受币于宾馆。（《周书》卷四二《萧㧑传》）

陆卬，……少机悟，美风神，好学不倦，博览群书，五经多通大义，善属文。……名誉日高，儒雅搢绅，尤所推许。……自梁魏通和，岁有交聘，卬每兼官燕接。在帝席赋诗，卬必先成，虽未能尽工，以敏速见美。（《北齐书》卷三五《陆卬传》）

时萧衍使……刘孝仪等来朝贡，诏昕……迎于境上。（《魏书》卷八五《邢昕传》）

祖珽，……神情机警，词藻遒逸，少驰令誉，为世所推，……其文典丽。由是神武闻之，……江南使人来聘，为中劳使。……珽弟孝隐，亦有文学，早知名，词章虽不逮兄，亦机警有辩。……魏末为散骑常侍，迎梁使。时徐君房、庾信来聘，名誉甚高，魏朝闻而重之，接对者多取一时之秀，卢元景之徒，并降阶摄职，更递司宾，孝隐少处其中，物议称美。（《北齐书》卷三九《祖珽传》）

裴让之，……少好学，有文情，清明俊辩，早得声誉。……梁使至，帝令让之摄主客郎。（《北齐书》卷三五《裴让之传》）

道衡，……专精好学，……其后才名益著。……武成即位，兼散骑常侍，接对周、陈二使。……陈僮傅縡聘齐，以道衡兼主客郎接对之，縡赠诗五十韵，道衡和之，南北称美。（《北史》卷三六《薛辩附薛道衡传》）

（三）军事之影响

南北构兵，征调频仍，军费浩繁，遂不得不多方搜括矣。

元嘉二十七年，二月，……以军兴减百官俸三分之一。三月，淮南太守诸葛阐求减俸禄，同内百官，于是州及郡县丞尉，并悉同减。（《宋书》卷五《文帝纪》）

元嘉二十七年，……军旅大起，王公妃主，及朝士牧守，各献金

南北朝时的弩机

帛等物，以助国用。……有司又奏军用不充，扬、南、徐、兖、江四州富有之民，家资满五千万，僧尼满二千万者，并四分换一，过此率讨事息即还。(《宋书》卷九五《索虏传》)

建元高帝。初，狡虏游魂，军用殷广，浙江五郡，丁税一千，乃有质卖妻儿以充此限。道路愁穷，不可闻见，所逋尚多，收上事绝。(《南齐书》卷二六《王敬则传》)

齐自永元东昏侯。以后，魏每来伐，继以内难，扬徐二州人丁，三人取两，以此为率。远郡悉令上米，准行一人五十斛，输米既毕，就役如故。(《通考》卷一〇《户口考》一)

天监四年，十月，……是岁以兴师费用，王公以下，各上国租及田谷以助军资。(《梁书》卷二《武帝纪》中)

天监十三年，……时魏降人王足，陈计求堰淮水以灌寿阳，……咸谓淮内沙土漂轻不坚实，其功不可就。高祖弗纳，发徐扬人率二十户取五丁以筑之，假绚节，都督淮上诸军事，并护堰。作役人及战士，有众二十万，于钟离南起浮山，安徽盱眙县西。北抵巉石，安徽五河县东。依岸以筑土，合脊于中流。十四年，堰将合，淮水漂疾，辄复决溃，……乃伐树为井干，填以巨石，加土其上，缘淮百里内，冈陵木石，无巨细必尽。负担者肩上皆穿，夏日疾疫，死者相枕。……是冬又寒甚，淮泗尽冻，士卒死者十七八。……十五年四月，堰乃成，其长九里，下阔一百四十丈，上广四十五丈，高二十丈，深十九丈五尺，夹之以堤，并树杞柳，军人安堵，列居其上。……八月，淮水暴涨，堰悉坏决，奔流于海。(《梁书》卷一八《康绚传》)

普通六年，五月，修宿豫堰，又修曹公堰于济阴。……大通二年，二月，筑寒山堰。(《南史》卷七《梁武帝纪》下)

天嘉元年，三月，诏曰："……兴师以来，……府藏虚竭，杼轴

岁空。(《陈书》卷三《文帝纪》)

先是文成帝。太安中，高宗以常赋之外，杂调十五，颇为烦重，将与除之。尚书毛法仁曰："此是军国资用，今顿罢之，臣愚以为不可。"(《魏书》卷一一〇《食货志》)

延兴三年，宋后废帝元徽元年。十月，太上皇帝将南讨，诏州郡之人，十丁取一充行，户租五十石，以备置粮。(《北史》卷三《魏孝文帝纪》)

魏自永安孝庄帝。之后，政道陵夷，寇乱实繁，农商失业。官有征代，皆权调于人，犹不足以相资奉，乃令所在迭相纠发，百姓愁怨，无复聊生。寻而六镇扰乱，相率内徙，寓食于齐晋之郊，齐神武因之以成大业。魏武西迁，连年战争，河洛之间，又并空竭。(《隋书》卷二四《食货志》)

文宣受禅，多所创革。六坊之内徙者，更加简练，每一人必当百人，任其临阵必死，然后取之，谓之"百保鲜卑"。又简华人之勇力绝伦者，谓之"勇夫"，以备边要。始立九等之户，富者税其钱，贫者役其力，……其后南征诸将，频岁陷没，士马死者以数十万计。……是时用度转广，赐与无节，府藏之积，不足以供，乃减百官之禄，撤军人常廪，并省州郡县镇戍之职，又制刺史守宰行兼者并不给干，南齐有僮干，若今驱使门仆之类。以节国之费用焉。(《隋书》卷二四《食货志》)

因战争之结果，人口减少，互相掳掠，以供役使。

宋明帝泰始五年，魏献文帝皇兴三年。五月，魏徙青齐民于平城，置升城历城民望于桑乾，立平齐郡以居之，自余悉为奴婢，分赐百官。魏沙门统昙曜奏，平齐户及诸民，有能岁输谷六十斛入僧曹者，即为僧祇户，粟为僧祇粟，遇凶岁赈给饥民；又请民犯重罪及官奴以为佛图户，以供诸寺洒扫。魏主并许之，于是僧祇户粟及寺户遍于州镇矣。(《资治通鉴》卷一三二《宋纪》一四)

自晋宋以后，经纬在魏境，江淮以北，南人皆谓为虏。是时以赏俘贸酒者，一人裁得一醉。(《南史》卷九陈《武帝纪》)

建德六年，二月，……诏自伪武平三年以来，河南诸州人，伪齐破掠为奴婢者，不问公私，并放免之。其住在淮南者亦即听还，愿住

淮北者可随便安置。(《北史》卷一〇《周武帝纪》)

当时曾提倡生育，亦可见人口减少之一斑。

　　永明七年，正月，……申明不举子之科，若有产子者，复其父。(《南史》卷四《齐武帝纪》)

　　建武四年，正月，……诏人产子者，蠲其父母调役一年，又赐米十斛，新婚者蠲夫役一年。(《南史》卷五《齐明帝纪》)

　　敕曰："……东南不宾，为日已久，先朝已来，置之度外，今天下户口减半，未宜穷兵极武。(《北史》卷六《齐神武帝纪》)

两晋南北朝制度

一　官制

（一）中央

两晋及南朝官制，多相承袭，虽设宰相，非寻常之职。

> 魏文帝复置中书监令，并掌机密，自是中书多为枢机之任。其后定制，置大丞相第一品。后又有相国，齐王以司马师为之，高贵乡公以司马昭为之。晋惠帝永宁元年，罢丞相，复置司徒。永昌元年，罢司徒并丞相，则与司徒不并置矣。其后或有相国，或有丞相，省置无恒，而中书监令，常管机要，多为宰相之任。自魏晋以来，相国、丞相，多非寻常人臣之职。……宋孝武帝，初唯以南郡王义宣为丞相，而司徒府始如故，亦有相国。……齐丞相不用人，以为赠官。梁罢相国，置丞相；罢丞相，置司徒。陈又置相国，位列丞相上，并丞相并为赠官。按自魏晋以来，宰相但以他官参掌机密，或委知政事者则是矣，无有常官。其相国、丞相，或为赠官，或则不置，自为尊崇之位，多非人臣之职。其真为宰相者，不必居此官。（《通典》卷二一《职官》三）

东汉时，尚书令之权颇重，直代相职。魏晋以降，参赞机要，乃移之于中书与门下，尚书仅执行政务而已。

> 魏武帝为魏王，置秘书令，典尚书奏事，又其任也。文帝黄初初，改为中书令，又置监，以秘书左丞刘放为中书监，右丞孙资为中书令，并掌机密。中书监令始于此也。及明帝时，中书监令号为专任，其权

重矣。晋因之，置监令一人，始皆同车，后乃异焉。魏晋以来，中书监令，掌赞诏命，记会时事，典作文书。以其地在枢近，多承宠任，是以人固其位，谓之"凤凰池"焉。（《通典》卷二一《职官》三）

自魏晋重中书之官，居喉舌之任，则尚书之职，稍以疏远。至梁、陈，举国机要，悉在中书，献纳之任，又归门下，而尚书但听命受事而已。（《通典》卷二二《职官》四）

至九卿之官，亦皆设置，但均失其职矣，归入尚书各曹中。中央执政权者，则唯尚书、中书、侍中。然诸官皆秦汉时少府所属之宦寺，虽改用士人，无异私豢。关于组织，列简表于左。

三省官制简表

区别	官名	员数	备考
尚书省	尚书令	一	《通典·职官典》，后汉总谓尚书台，亦谓中台。宋曰尚书寺，居建礼门内，亦曰尚书省，亦谓之内台。又魏以五曹尚书、二仆射、一令为八座，宋齐八座与魏同。
	左右仆射	各一	《晋书·职官志》，经魏至晋，迄于江左，省置无恒，置二则为左右仆射，或不两置，但曰尚书仆射，令阙，则左为省主。
	列曹尚书	六或五	《通典·职官典》，晋太康，有吏部、殿中、五兵、田曹、度支、左民为六曹尚书，及渡江，有吏部、祠部、五兵、左民、度支五尚书。宋有吏部、祠部、度支、左民、都官、五兵六尚书。齐梁与宋同，亦别有起部，而不常置也。陈与梁同。
	左右丞	各一	《晋书·职官志》，晋左丞主台内禁令，右丞掌台内库藏庐舍。
	尚书郎		《通典·职官典》，晋尚书郎选极清美，号为大臣之副，武帝时有三十四曹，后又为三十五曹，置郎中二十三人，更相统摄。或为三十六曹。东晋有十五曹，官资小减。宋高祖时有十九曹，元嘉以后有二十曹，梁加三曹为二十三曹，陈有二十一曹。
中书省	中书监	一	《通典·职官典》，中书省自魏晋始，梁陈时，凡国之政事并由中书省。
	中书令	一	
	中书侍郎	四	《通典·职官典》，中书侍郎，副掌王言，更入直省。
	通事舍人		徐坚《初学记》，自晋宋以来，唯掌呈奏、宣王言，甚用事。

续表

区别	官　名	员数	备　考
门下省	侍中	四	《通典·职官典》，门下省后汉谓之侍中寺。《晋志》曰："给事黄门侍郎与侍中，俱管门下众事，或谓之门下省。至齐亦呼侍中为门下。梁门下省有侍中给事黄门侍郎四人，梁侍中高功者，在职一年，诏加侍中祭酒，与散骑侍卫高功者一人对掌禁令，此颇为宰相矣。陈侍中亦如梁制。
	给事黄门侍郎	四	《通典·职官典》，魏晋以来，给事黄门侍郎，并为侍卫之官。

北朝魏氏初兴，制多草创。至孝文帝太和中，王肃来奔，为制官品百司位号，皆准南朝，以为永制。南北文化，因此遂得一种结合。

初，帝道武。欲法古纯质，每于制定官号，多不依周汉旧名，或取诸身，或取诸物，或以民事，皆拟远古云鸟之义。诸曹走使，谓之"凫鸭"，取飞之迅疾；以伺察者为候官，谓之"白鹭"，取其延颈远望。自余之官，义皆类此，咸有比况。（《魏书》卷一三三《官氏志》）

魏氏世君玄朔，……掌事立司，各有号秩。及交好南夏，颇亦改创，……余官杂号，多同于晋朝。……其诸方杂人来附者，总谓之乌丸，各以多少，称酋庶长，分为南北部，复置二部大人以统摄之。……太祖道武帝。登国元年，西历386年。因而不改，南北犹置大人，对治二部。是年置都统长，又置幢将，及外朝大人官。其都统长领殿内之兵，直王宫；幢将员六人，主三郎卫士直宿禁中者，自侍中已下、中散已上皆统之。外朝大人无常员，主受诏命，外使出入禁中，国有大丧大礼，皆与参知，随所典焉。（《魏书》卷一一三《官氏志》序）

神瑞明帝。元年，西历414年。春，置八大人官，大人下置三属官，总理万机，故世号八公。（《魏书》卷一一三《官氏志》）

义熙中，仇池公杨盛表云，……国中呼内左右为直真，外左右为乌矮真，曹局文书吏为此德真，檐衣人为朴大真，带仗人为胡洛真，通事人为乞万真，守门人为可薄真，伪台乘驿贱人为拂竹真，诸州乘驿人为咸真，杀人者为契害真，为主出受辞人为折溃真，贵人作食人为附真，三公贵人通谓之羊真。佛狸太武帝字。置三公，太宰尚书令，仆射侍中，与太子共决国事，殿中尚书知殿内兵马仓库，乐部尚书知伎乐及角史伍伯，驾部尚书知牛马驴骡，南部尚书知南边州郡，北部尚书知北边州郡。又有俟懃地何比尚书，莫堤比刺史，郁若比二千石，受别官比诸侯诸，曹府有仓库，悉置比官，皆使通虏汉语，以为传驿。（《南齐书》卷五七《魏虏传》）

自太祖至高祖孝文帝。初，其内外百官，屡有减置，或事出当时，不为常目。……太和中，高祖诏群寮，议定百官，著于令。（《魏书》卷一一三《官氏志》）

北齐创业，亦遵后魏，台省位号，与江左稍殊。后周初据关中，犹依魏制，及平江陵，酌周礼之文，建六官之职，遂为唐以后六部制度所本。

恭帝三年，正月，……帝以汉魏官繁，思革前弊。大统中，乃令苏绰、卢辩，依周制改创其事，寻亦置六卿官。然为撰次未成，众务犹归台阁，至是始毕，乃命行之。（《北史》卷九《周恭帝纪》）

初太祖欲行周官，命苏绰专掌其事，未几而绰卒，乃令辩成之。于是依《周礼》建六官，置公卿大夫士。……今录辩所述六官，著之于篇，天官府，管冢宰等众职。地官府，领司徒等众职。春官府，领宗伯等众职。夏官府，领司马等众职。秋官府，领司寇等众职。冬官府，领司空等众职。史虽具载，文多不录。（《周书》卷二四《卢辩传》）

周太祖初据关内，官名未改魏号。及方隅粗定，改创章程，命尚书令卢辩，远师周之建职，置三公三孤，以为谕道之官；次置六卿，以分司庶务。（《隋书》卷二七《百官志》）

北周官制九命简表

三公	三孤	六卿	六卿之属
太师 太傅 太保（正九命）	少师 少傅 少保（正八命）	天官府大冢宰 地官府大司徒 春官府大宗伯 夏官府大司马 秋官府大司寇 冬官府大司空（正七命）	诸上大夫（正六命）　诸上士（正三命） 诸中大夫（正五命）　诸中士（正二命） 诸下大夫（正四命）　诸下士（正一命）

(二) 地方

晋为州、郡、县三级制度。

> 州置刺史。(《晋书》卷二四《职官志》)

> 郡皆置太守，河南郡京师所在则曰尹。诸王国，以内史掌太守之任。(《晋书》卷二四《职官志》)

> 县大者置令，小者置长。(《晋书》卷二四《职官志》)

外官权力，日趋于重，皆带军职。

> 自魏晋以后，刺史多带将军"开府"，则州与府各置僚属，州官理民别驾、治中以下是。府官理戎，长史、司马等官是。(《通典》卷三二《职官》一四)

> 魏晋为刺史，任重者为使持节都督，轻者为持节。……自魏以来，庶姓谓非帝族。为州而无将军者，谓之"单车刺史"。……晋制，刺史三年一入奏。(《通典》卷三二《职官》一四)

> 晋郡守皆加"将军"，无者为耻。(《通典》卷三三《职官》一五)

都督诸州军事，创于曹魏，晋采其制，北周改为总管。

> 光武建武初，征伐四方，始权时置督军御史，事竟罢。……魏文帝黄初三年，始置都督诸州军事，或领刺史。……及晋受禅，都督诸军为上，监诸军次之，督诸军为下。使持节为上，持节次之，假节为下。使持节得杀二千石以下，持节杀无官位人。若军事得与使持节同假节，唯军事得杀犯军令者。江左以来，都督中外尤重。(《晋书》卷二四《职官志》)

> 武成元年正月，……初改都督诸州军事为总管。(《北史》卷九《周明帝纪》)

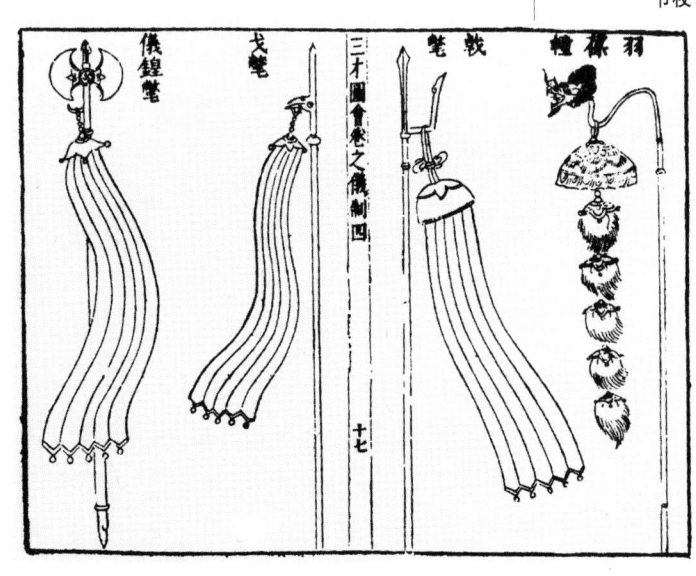

节杖

魏黄初始置都督诸州军事，后周改都督诸军事为总管，武帝时，以王谦为益州总管，总管之名始此。(《通考》卷五九《职官》考一一二)

晋乡官其设置如下。

郡国及县，农月皆随所领户多少为差，散吏为劝农。又县五百以上，皆置乡，三千以上，置二乡；五千以上，置三乡；万以上，置四乡。乡置"啬夫"一人。乡户不满千以下，置"治书史"一人；千以上，置"史"、"佐"各一人，"正"一人；五千五百以上，置"吏"一人，"佐"二人。县率百户置"里吏"一人。其土广人稀，听随宜置里吏，限不得减五十户。户千以上，置校官掾一人。(《晋书》卷二四《职官志》)

官之品级，自曹魏定九品制，梁改为十八班，后魏又有正从之分。

天监初，武帝命尚书删定郎济阳蔡法度，定令为九品。……至七年，西历508年。革。选徐勉为吏部尚书，定为十八班，以班多者为贵，同班者则以居下者为劣。(《隋书》卷二六《百官志》上)

陈……遵梁制为十八班，而官有清浊，自十二班以上并诏授，表启不称姓；从十一班至九班，礼数复为一等。又流外有七班，此是寒微士人为之，从此班者，方得进登。(《隋书》卷二六《百官志》上)

后魏置九品，品各置从，凡十八品。自四品以下，每品分为上下阶，凡三十阶。(《通典》卷一九《职官》一)

后周制九命，每命分为二，内命王朝之臣，外命诸侯及其臣。以正为上，凡十八命。(《通典》卷一九《职官》一)

二　兵制

晋中央军，有七军、五校之设。

晋初宿卫禁兵，有"七军"、"五校"。七军者，左卫、右卫、前军、后军、左军、右军、骁骑也，皆有将军，而中领军总统之。其前后左右，补称四军。五校者，屯骑、越骑、步兵、长水、射声也，各

领千兵为营，皆在城中。又有翊军营、……积弩营，亦典宿卫。（钱仪吉《补晋兵志》）

武帝以伐吴，遂分左右各一将军，又置羽林、虎贲、上骑、异力四部，皆领于骁骑。又有左右前后四军，四护军领之。凡二卫、左右、前后、骁骑七军，皆以中军将军羊祜领之。注：祜罢，改北中军候。（《通考》卷一五一《兵考》三）

晋武帝惩魏氏孤立，大封同姓，授以兵权，又防地方官专擅，悉去州郡兵。

武帝惩魏氏孤立，大封同姓，大国三军，兵五千人；次国二军，兵三千人；小国一军，兵千五百人。（《通考》卷一五一《兵考》三）

吴平之后，帝诏天下罢军役，示海内大安，州郡悉去兵，大郡置武吏百人，小郡五十人。……及永宁惠帝。之后，屡有变难，寇贼焱起，郡国皆以无备不能制，天下遂以大乱。（《晋书》卷四三《山涛传》）

太康元年，西历280年。既平吴，诏悉去州郡兵。诏曰："昔自汉末，四海分崩，刺史内亲民事，外领兵马。今天下为一，当韬戢干戈，刺史分职，皆如汉氏故事，悉去州郡兵，郡置武吏百人，小郡五十人。"……及永宁以后，盗贼群起，州郡无备，不能禽制，天下遂大乱。……其后刺史复兵民之政，州镇愈重矣。（《通考》卷一五一《兵考》三）

南渡之后，兵制废弛，每有征战，辄发奴兵。

元帝南渡，有大将军都督四镇四征四平之号，然调兵不出三吴，大发毋过三万，每议出讨，多取奴兵。（《通考》卷一五一《兵考》三）

以奴为兵，取将吏客使转运，皆协所建也。（《晋书》卷六九《刁协传》）

大兴四年，西历321年。五月，……诏曰："昔汉二祖及魏武，皆免良人。武帝时，凉州覆败，诸为奴婢，亦皆复籍。此累代成规也。其免中州良人遭难为扬州诸郡僮客者，以备征役。（《晋书》卷六《元帝纪》）

发东土诸郡免奴为客者，号曰乐属，移置京师，以充兵役。东土嚣然，人不堪命，天下苦之矣。（《晋书》卷六四《会稽王道子传》）

翼欲率众北伐，……于是并发所统六州奴，及车牛驴马，百姓嗟怨。（《晋书》卷七三《庾翼传》）

出为义兴太守，……迁射声校尉。时军校无兵，义兴人多义随，超因统其众以宿卫，号为君子营。（《晋书》卷七〇《刘超传》）

入为中书监，……又隐实户口，料出无名万余人，以充军实。（《晋书》卷七三《庾冰传》）

谢玄募劲卒，号称北府兵。

太元初，谢玄北镇广陵。时苻坚方盛，玄多募劲勇，牢之……等以骁猛应选。玄以牢之为参军，领精锐为前锋，百战百胜，号为北府兵。（《晋书》卷八四《刘牢之传》）

南北朝虽为一长期战争时代，但所用之兵，多系临时招募。

宋文帝元嘉二十七年，大举伐魏，以兵力不足，悉发青冀徐豫二兖三州三五民丁，倩使暂行，符到十日装束，缘江五郡集广陵，缘淮三郡集盱眙。又募中外有马步众艺武力之士，应科者皆加厚赏。江南白丁，轻进易退，卒以败师。（《通考》卷一五一《兵考》三）

齐高祖受禅，自泰始以来，内外多虞，将帅各募部曲，屯聚建康。李安上表，请自非淮北常备外，余军悉皆输遣。

若亲近宜以随身者，听限人数，上从之。武帝末年，魏孝文欲迁都洛阳，声言南伐，诏发扬徐州民丁，广设招募以备之。（《通考》卷一五一《兵考》三）

永兴四年，七月，……置四厢大将，又仿十二时置十二小将。五年正月，……诏诸州六十户，出戎马一匹，大阅于东郊，署将帅。（《北史》卷一《魏明元帝纪》）

魏孝文帝，行均田之法，户口始有可稽，渐复征兵之制。

太和十九年，八月，……诏选天下勇士十五万人，为羽林武贲，以充宿卫。……二十年，十月，以代迁之士，皆为羽林武贲，司州之人，十二夫，调一吏，为四年更卒，岁开番假，以供公私力役。（《北史》卷三《魏孝文帝纪》）

至东西魏与周、齐对峙时代，战争剧烈，遂实行征兵。

北齐军制，别为内外，领之二曹，外步兵曹，内骑兵曹，十八受田，二十充兵，六十免役，颇追古意。(《通考》卷一五一《兵考》三)周更定制编练，于是略为整齐之府兵遂乃产生。

周太祖辅西魏时，用苏绰言，始仿周典置六军，籍六等之民，择魁健材力之士以为之，首尽镯租调，而刺史以农隙教之。合为百府，每府一郎将主之，分属二十四军，开府各领一军。大将军凡十二人，每一将军统二开府，一柱国主二大将，将复加持节都督以统焉。凡柱国六员，众不满五万人。(《通考》卷一五一《兵考》三)

闵帝时，改八丁兵为十二丁兵，率岁一月一役。(《通考》卷一五一《兵考》三)

武帝既诛晋公护，始亲政。初，周太祖为魏相，立左右十二军，总属相府。……克齐之后，并相，各置六府，而东北别为七总管。(《通考》卷一五一《兵考》三)

北周府兵简表

官名	员数	说明
柱国	六	每柱国主二大将军。
大将军	一二	每大将军统二开府。
开府	二四	全国兵分为二十四军，每开府领一军。
郎将	一〇〇	全国为百府，每府一郎将主之。

三 刑法

(一) 律令

我国法律，自李悝订定，始具雏形，至于晋室，乃臻完备，且减轻汉法严酷。惟晋律现已不传，据近人研究，则其单辞只义，殊为文明，转非隋唐以后之法律所能及。盖隋唐法律，原承袭于北魏、齐、周，其

间杂有鲜卑法也。

　　文帝司马师。为晋王,患前代律令本注烦杂,陈群、刘邵,虽经改革,而科网本密,又叔孙、郭、马、杜诸儒章句,但取郑氏,又为偏党,未可承用。于是令贾充定法律,令与太傅郑冲,司徒荀𫖮,中书监荀勖,中军将军羊祜,中护军王业,廷尉杜友守,河南尹杜预,散骑侍郎裴楷,颖川太守周权,齐相郭颀,都尉成公绥,尚书郎柳轨,及吏部令史荣邵等十四人,典其事,就汉九章,增十一篇,仍其族类,正其体号,改旧律为刑名、法例,辨囚律为告劾、系讯、断狱,分盗律为请赇、诈伪、水火、毁亡,因事类为卫宫、违制,撰《周官》为《诸侯律》,合二十篇,刑名,法例,盗律,贼律,诈伪,请赇,告劾,捕律,系讯,断狱,杂律,户律,擅兴,毁亡,卫宫,水火,厩律,关市,违制,诸侯。六百二十条,二万七千六百五十七言,蠲其苛秽,存其清约,事从中典,归于益时。其余未宜除者,……权设其法,悉以为令。……违令有罪则入律。……凡律令合二千九百二十六条,十二万六千三百言,六十卷,故事三十卷。泰始三年事毕,……武帝亲自临讲,使裴楷执读。四年正月,大赦天下,乃班新律。(《晋书》卷三〇《刑法志》)

古代刑具

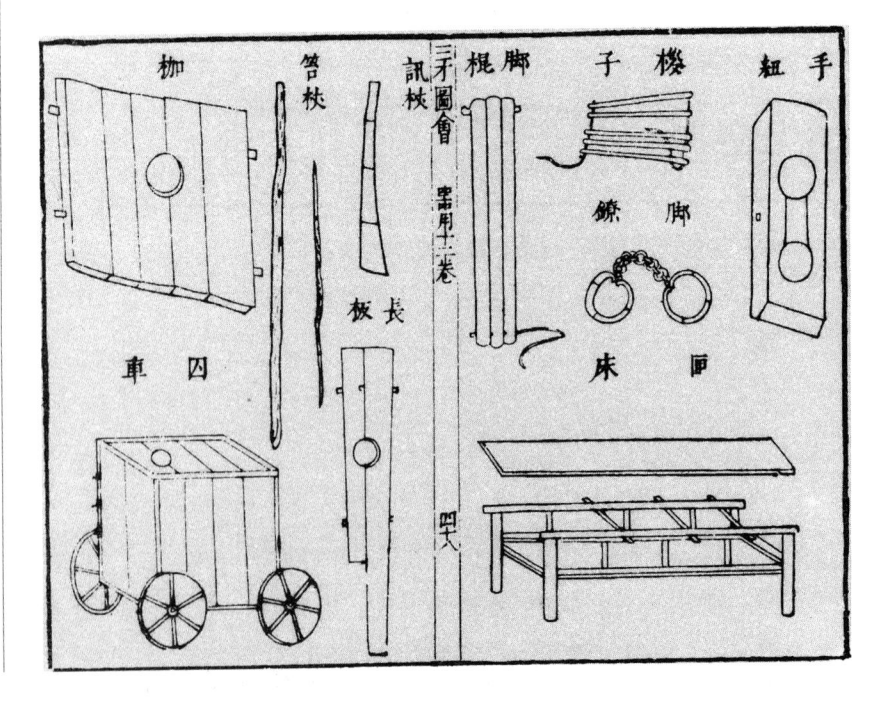

中华二千年史

初晋张斐、杜预共注律三十卷，自泰始以来用之，律文简约。或一章之中，两家所处生杀顿异，临时斟酌，吏得为奸。(《通考》卷一六五《刑考》四)

宋仍晋旧，齐虽删定，而未实行，至梁、陈始加修改。

　　齐武帝永明九年，令删定郎王植之集注张杜旧律合为一书，凡千五百三十条。事未施行，其文殄灭。(《通考》卷一六五《刑考》四)

　　梁武帝……时，……得齐时旧郎济阳蔡法度，家传律学云。齐……王植之集注，……于是……使损益植之旧本，以为梁律。天监元年，八月，……以尚书令王亮……等参议断定，定为二十篇，一曰刑名，二曰法例，三曰盗劫，四曰贼叛，五曰诈伪，六曰受赇，七曰告劾，八曰讨捕，九曰系讯，十曰断狱，十一曰杂，十二曰户，十三曰擅兴，十四曰毁亡，十五曰卫宫，十六曰水火，十七曰仓库，十八曰厩，十九曰关市，二十曰违制，其制刑为十五等之差，……凡定罪二千五百二十九条。二年四月，……又上令三十卷，科三十卷。(《隋书》卷二五《刑法志》)

　　陈氏承梁季丧乱，刑典疏阔。及武帝即位，思革其弊，……令……尚书删定郎范泉，参定律令，又敕尚书仆射沈钦，吏部尚书徐陵，……参知其事，制律三十卷，令律四十卷。采酌前代，条流冗杂，纲目虽多，博而非要。(《隋书》卷二五《刑法志》)

北魏自道武帝入据中原以后，始订定法律，而门房之诛，最为严酷。齐、周建国，各加修订，虽兼采魏晋，较为进步，然仍多沿袭拓跋氏遗意。齐定十恶之条，为唐以后所本。

　　道武既平定中原，患旧制太峻，命三公郎王德除其酷法，约定科令。(《通考》卷一六五《刑考》四)

　　神䴥四年，十月，诏司徒崔浩改定律令。(《北史》卷二《魏太武帝纪》)

　　太武帝……正平中，又命太子少傅游雅、中书侍郎胡方回等改定律制，凡三百七十条，门房之诛四，大辟百四十五，刑二百二十一。(《通考》卷一六五《刑考》四)

孝文帝……又令高闾修改旧文，随例增减，凡八百三十二章，门房之诛十有六，大辟之罪二百三十五，刑三百七十七。（《通典》卷一六四《刑》二）

北齐文宣帝受禅后，命群官刊定魏朝麟趾格，于麟趾阁议定法制，故谓之麟趾格。又议造齐律，积年不成，其决狱，犹依魏旧式。（《通典》卷一六四《刑》二）

武成帝河清三年，尚书令赵郡王叡等，奏上齐律十二篇，一曰名例，二曰禁卫，三曰户婚，四曰擅兴，五曰违制，六曰诈伪，七曰斗讼，八曰贼盗，九曰捕断，十曰毁损，十一曰厩牧，十二曰杂，其定罪九百四十九条。又上新令四十卷，大抵采魏晋故事，……又列重罪十条，一曰反逆，二曰大逆，三曰叛，四曰降，五曰恶逆，六曰不道，七曰不敬，八曰不孝，九曰不义，十曰内乱，其犯此十者，不在八议论赎之限。是后法令明审，科条简要。又敕仕门之子弟常讲习之，齐人多晓法律，盖由此也。其不可为定法者，别制权令二卷，与之并行。（《隋书》卷二五《刑法志》）

周武帝保定三年，三月，司宪大夫拓跋迪撰新律。乃就，谓之大律，凡二十五篇，一曰刑名，二曰法例，三曰祀享，四曰朝会，五曰婚姻，六曰户禁，七曰水火，八曰兴缮，九曰卫宫，十曰市廛，十一曰斗竞，十二曰劫盗，十三曰贼叛，十四曰毁亡，十五曰违制，十六曰关津，十七曰诸侯，十八曰厩牧，十九曰杂犯，二十曰诈伪，二十一曰请求，二十二曰告言，二十三曰逃亡，二十四曰系讯，二十五曰断狱，大凡定罪一千五百三十七条。……不立十恶之目，而重恶逆、不道、大不敬、不孝、不义、内乱之罪。（《隋书》卷二五《刑法志》）

（二）刑名

晋之刑罚，采自魏制，灭省苛条，称为简惠。

世祖武皇帝，接三统之微，酌千年之范，乃命有司大明刑宪。于时诏书颁新法于天下，海内同轨，人甚安之，条纲虽设，称为简惠。（《晋书》卷三〇《刑法志序》）

魏文帝……傍采汉律，定为魏法。……更依古义，制为五刑，其

死刑有三，髡刑有四，完刑、作刑各三，赎刑十一，罚金六，杂抵罪七，凡三十七名，以为律首。……文帝为晋王，……令贾充定法律，……蠲其苛秽，存其清约，事从中典，归于益时。……减枭斩族诛从坐之条，……省禁固相告之条，去捕亡亡没为官奴婢之制。轻过误老、小、女人，当罚金杖罚者，皆令半之。(《晋书》卷三〇《刑法志》)

南朝沿晋之旧，虽间有更改，但仍无大出入，兹依《隋书·刑法志》，将所定刑名，列表于下。

南朝刑名简表

罪名	犯罪	等差	备考
死	死	大罪枭首。 次罪弃市。	
髡钳	五岁刑。		
耐罪	二岁刑以上。		按"耐"亦作"耏"，《汉书》"耐为鬼薪"，谓罪不至髡，但鬄其颊毛。
鞭 杖	一岁，半岁，百日刑，并科。	二百，一百，五十，三十，二十，一十，凡六等。鞭有制鞭、法鞭、常鞭，杖有大杖、法杖、小杖。	制鞭、制杖，法鞭、法杖，自非特诏，皆不得用。

其特异之点，颇重清议，而陈氏定律，更以之为骨干。

梁……士人有禁锢之科，亦有轻重为差，其犯清议，则终身不齿。(《隋书》卷二五《刑法志》)

陈……武帝……定律令，……其制唯重清议禁锢之科，若缙绅之族，犯亏名教、不孝及内乱者，发诏弃之，终身不齿，先与士人为婚者，许妻家夺之。(《隋书》卷二五《刑法志》)

魏法严峻，以杀戮立威，所定刑制，名目甚繁。

穆皇帝猗卢。八年，晋愍帝进帝为代王。……先是国俗宽简，民未知禁，至是明刑峻法，诸部民多以违命得罪凡后期者，皆举部戮之，或有室家相携而赴死所，人问何之，答曰："当往就诛。"(《魏书》卷一《帝纪》一)

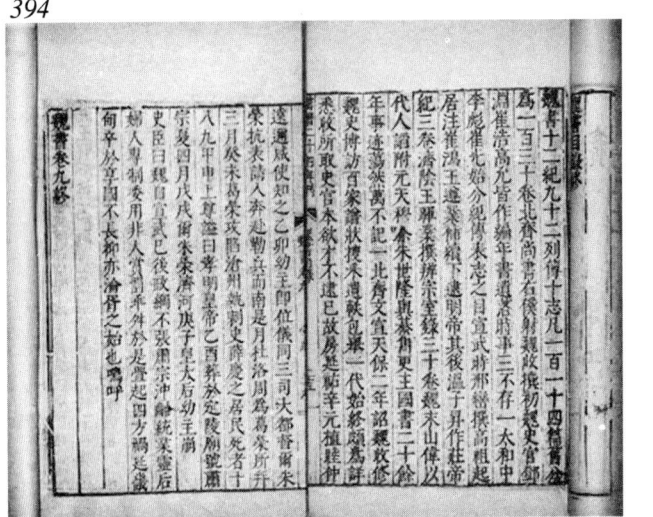

后魏起自北方，属晋室之乱，部落渐盛，其主乃峻刑法，每以军令从事，人乘宽政，多以违令得罪，死者以万计，于是国落骚然。其后当死者，听其家献金马以赎。犯大逆者，亲族男女无少长皆斩，男女不以礼交皆死。人相杀者，听与死家牛马四十九头及送葬器物以平之，无系讯连逮人。坐盗官物，一备五，私物一备十。及道武既平定中原，患旧制太峻，……除其酷法，约定科令。（《通典》卷一六四《刑》二）

道武……季年被疾，刑法滥酷。太宗承之，吏文亦深。（《通考》卷一六五《刑考》四）

太武帝神䴥中，诏崔浩定律令，除五岁、四岁刑，增一年刑。大逆不道"腰斩"，诛其同籍，年十四以下"腐刑"，女子"没县官"。害其亲者"轘"之。为蛊毒者男女皆斩，而"焚其家"。巫蛊者"负羖羊抱犬，沉诸泉"。当刑者赎，贫则加鞭二百，畿内人富者"烧炭于山"，贫者"役于圊溷"，女子"入舂槀"。其瘤疾不逮于人"守苑囿"。（《通典》卷一六四《刑》二）

至孝文帝，始减门房之诛，亦缘习染华风，欲渐进于文治也。

故事斩皆裸形伏椹砧也，太和初，制不令裸形。……除群行剽劫首谋门诛，律重者止枭首。（《通典》卷一六四《刑》二）

太和五年，三月，……诏曰："……其五族者降止同祖，三族止一门，门诛止身。"（《魏书》卷七上《高祖孝文帝纪》上）

北齐、北周刑制，大抵采取魏晋故事，而名有五，惟齐有耐刑而周无之，周有徒刑而齐无之。兹将两代刑制，表列于后。

齐周刑制简表　据《隋书·刑法志》

北齐			北周		
刑名	差别	附刑	刑名	差别	附刑
死	轘 枭首陈尸 斩 绞		死	斩 绞 磬 裂 枭	
流		论犯可死，原情可降，鞭笞各一百，髡之，投于边裔，以为兵卒，未有道里之差。	流	卫服去皇畿二千五百里，要服去皇畿三千里，荒服去皇畿三千五百里，镇服去皇畿四千里，蕃服去皇畿四千五百里。	卫服鞭一百，笞六十；要服鞭一百，笞七十；荒服鞭一百，笞八十；镇服鞭一百，笞九十；蕃服鞭一百，笞一百。
耐	五岁 四岁 三岁 二岁 一岁	各加鞭一百，五岁加笞八十，四岁加笞六十，三岁加笞四十，二岁加笞二十，一岁无笞。	徒	五年 四年 三年 二年 一年	五年，鞭一百，笞五十；四年，鞭九十，笞四十；三年，鞭八十，笞三十；二年，鞭七十，笞二十；一年，鞭六十，笞十。
鞭	一百 八十 六十 五十 四十		鞭	一百 九十 八十 七十 六十	
杖	三十 二十 一十		杖	五十 四十 三十 二十 一十	

四　学校

晋依汉魏之制，京师立太学。自魏以来，学风颓败，不事学业，晋武帝遂汰遣之。

从初平之元至建安皆东汉献帝年号。之末，天下分崩，人怀苟且，纲纪既衰，儒道尤甚。至魏文帝。黄初元年之后，……太学始开。……至太和、青龙魏明帝。中，中外多事，人怀避就，……多求诣太学，太学诸生有千数。而诸博士率皆粗疏，无以教弟子，弟子本亦避役，竟无能习学，冬来春去，岁岁如是。……正始魏齐王芳。中，有诏议圜丘，普延学士。是时郎官及司徒领吏二万余人，虽复分布，见在京师者，尚且万人，而应书与议者，略无几人。又是时朝堂公卿以下四百余人，其能操笔者，未有十人，多皆相从饱食而退。（《三国·魏志》卷一三《王肃传》注引《世语》）

晋武帝初，太学生三千人。太始八年，有司奏太学生七千余人，才任四品，听留。诏曰："已试经者留之，大臣子弟堪受教者，令入学，其余遣还郡国。"（《通典》卷五三《礼》一三）

武帝别设国子学，与太学并存。惠帝又立国子官品，士庶阶层，由之以分。

《南齐书》书影

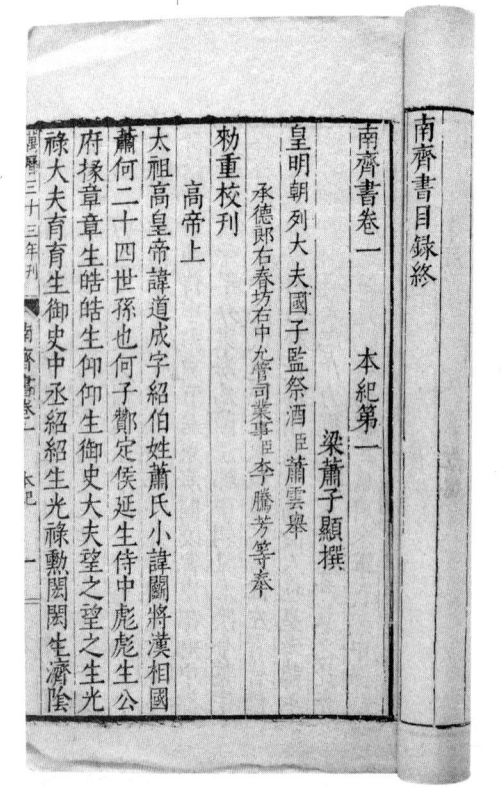

咸宁二年，五月，……立国子学。《通典·礼典》注：法周礼，国之贵游子弟，国子受教于师者也。（《晋书》卷三《武帝纪》）

永泰元年，……领国子助教曹思文上表曰："……据臣所见，今之国学，即古之太学。晋初太学生三千人，既多猥杂，惠帝时，欲辨其泾渭，故元康三年，始立国子学官品，第五以上，得入国学。……太学之与国学，斯是晋世殊其士庶、异其贵贱耳。然贵贱士庶，皆须教成，故国学、太学，两存之也。"（《南齐书》卷九《礼志》上）

初亦置博士教生徒，渡江之后，不复分掌五经。

晋初承魏制，置博士十九人。及咸宁四年，武帝初立国子学，定置国子祭酒、博士各一人，助教十五人，以教生徒。博士皆取履行清淳、通明典义者，若散骑常侍、中书侍郎、太子中庶子以上乃得召试。及江左初，减为九人。元帝末，增《仪礼》、《春秋公羊》博士各一人，合为十一人。后又增为十六人，不复分掌五经，而谓之太学博士也。孝武太元十年，损国子助教员为十人。（《晋书》卷二四《职官志》）

东晋建国，困于干戈，太学时废时兴，有名无实。

建武元年，十一月，……立太学。（《晋书》卷六《元帝纪》）

成帝咸康三年，国子祭酒袁瑰，太常冯怀，以江左浸安，请兴学校。帝从之，乃立太学，征生徒。而士大夫习尚老庄，儒术终不振。（《通考》卷四一《学校考》二）

自穆帝至孝武，并以中堂为太学。太元九年，尚书谢石请兴复国学以训胄子，颁下州郡，普修乡校。帝纳其言，明年选公卿二千石子弟生，增造庙房屋百五十五间，而品课无章，君子耻与其列。国子祭酒殷茂上言：臣闻旧制国学生，皆取冠族华胄，比列皇储，而中混杂兰艾，遂令人情耻之。诏虽褒纳，竟不施行。（《通典》卷五三《礼》一三）

至于郡国学，间有提倡者，而不能遍兴。

晋虞溥，太康武帝。时，为鄱阳内史，大修庠序，广招学徒，移告属县，具为条制，于是至者七百余人。（《通考》卷四六《学校考》七）

东晋穆帝永和，中征西将军庾亮，在武昌开置学官，起立讲舍，亮家子弟及参佐大将子弟，悉令入学。四府博学识义通涉文学经论者，建儒林祭酒，班同三署，厚其供给，皆妙选邦彦，必有其实者以充此举。近临川、临贺二郡，并求修复学校。若非束脩之流，礼教所不及而欲阶缘免役者，不得为生。明为条制，令法清而人贵。（《通典》卷五三《礼》一三）

宋文帝雅好文艺，始立玄儒文史四学。

元嘉十五年，征次宗至京师，开馆于鸡笼山，聚徒教授，置生百余人。会稽朱膺之，颍川庾蔚之，并以"儒学"监总诸生。时国子学未立，上留心艺术，使丹阳尹何尚之立"玄学"，太子率更令何承天立"史学"，司徒参军谢元立"文学"。凡四学并建，车驾数幸次宗学馆，资给甚厚。（《宋书》卷九三《雷次宗传》）

宋、齐皆立国学，然辍置无常，成为具文。

  宋武帝诏有司立学，未就而崩。文帝元嘉二十年，立国学，二十七年废。明帝太始中，初置总明观祭酒一人，有玄、儒、文、史四科，置学士十人。（《通典》卷五三《礼》一三）

  齐高帝建和四年，诏立国学，置学生五十人，取王公以下子孙年十五以上、二十以下，家去都二千里为限，帝崩乃以国讳废。武帝永明三年，诏立学，乃省总明观，召公卿以下弟子，置生二百二十人，其年秋中悉集。东昏侯永元初，诏依永明旧事废学，时有司奏国学、太学两存焉。（《通典》卷五三《礼》一三）

  自是中原横溃，衣冠道尽，逮江左草创，日不暇给，以迄宋齐，国学时或开置，而劝课未博，建之不能十年，盖取具文而已。是时乡里莫或开馆，公卿罕通经术，朝廷大儒；独学而弗肯养众，后生孤陋，拥经而无所讲习，大道之郁也久矣乎。（《南史》卷七一《儒林传序》）

至梁武帝开五馆，复置五经博士。

  梁武帝天监四年，诏……置五经博士各一人，广开馆宇，招内后进。……馆有数百生，给其饩廪。……十数月间，怀经负笈者，云会京师。又……分遣博士、祭酒到州郡立学。（《梁书》卷四八《儒林传序》）

  天监四年，置五经博士各一人。旧国子学生，限以贵贱，帝欲招来后进，五馆生皆引寒门俊才，不限人数。（《隋书》卷二六《百官志》）

北朝魏氏，虽兴自北荒，而对于学校颇知重视，历世相承不改。此则北朝经学盛兴，山东之学，流传有绪，胜于南朝之确证也。

  太祖初定中原，虽日不暇给，始建都邑，便以经术为先，立太学，置五经博士，生员千有余人。天兴二年春，增国子太学生员至三千。……世祖始光三年春，别起太学于城东，……而令州郡各举才学。……显祖天安初，诏立乡学，郡置博士二人，助教二人，学生六十人。后诏大郡立博士二人，助教四人，学生一百人；次郡立博士二人，助教二人，学生八十人；中郡立博士一人，助教二人，学生六十人；下郡立博士一人，助教一人，学生四十人。太和中，改中书学为国子学，建明堂辟雍。……及迁都洛邑，诏立国子、太学、四门小学。……世宗时复诏营国学，树小学于四门，大选儒生，以为小学博

士员四十人。……时天下承平，学业大盛。……暨孝昌之后，海内淆乱，四方校学，所存无几。(《魏书》卷八四《儒林传序》)

齐、周连年交兵，不遑文事，学校仅依制设置，名存而实亡。

北齐国子寺，有太学博士十人。后周置太学博士下大夫六人。(《通典》卷二七《职官》九)

齐时师保疑丞皆赏勋。旧国学博士，徒有虚名，唯国子一学，生徒数十人耳。胄子以通经进仕者，唯博陵崔子发、广平宋游卿而已。(《通考》卷四一《学校考》二)

北齐制，诸郡并立学，置博士、助教授经，学生俱被差逼充员，士流及豪富之家，皆不从调。备员既非所好，坟籍固不关怀，又多被州郡官人驱使，纵有游惰，亦不检察，皆由上非所好之所致也。(《通考》卷四六《学校考》七)

五 选举

晋选举常科，依魏氏九品中正之制。

晋依魏氏九品之制，内官吏部尚书、司徒左长史，外官州有大中正，郡国有小中正，皆掌选举。若吏部选用，必下中正，征其人居，及父祖官名。(《通典》卷一四《选举》二)

汉末颇重清议，故九品中正法之初行，尚能矫一时之失。沿习既久，流弊滋生。

毅以魏立九品，权时之制，未见得人，而有八损，乃上疏曰："臣闻立政者以官才为本。官才有三难，……人物难知一也，爱憎难防二也，情伪难明三也。今立中正，定九品，高下任意，荣辱在手，……公无考校之负，私无告诉之忌。……今之中正，不精才实，务依党利；不均称尺，务随爱憎。所欲与者获虚以成誉，所欲下者吹毛以求疵，高下逐强弱，是非由爱憎，……或以货赂自通，或以计协登进，……是以上品无寒门，下品无势族。(《晋书》卷四五《刘毅传》)

上表曰："……今台阁选举，徒塞耳目。九品访人，唯问中正，故据上品者，非公侯之子孙，则当途之昆弟也。……则筚门蓬户之俊，安得不有陆沉者哉。"（《晋书》卷四八《段灼传》）

汉制察举秀孝，晋亦行之，东渡以后，多规避不就。

东晋元帝，制扬州岁举二人，诸州各一人。时以天下丧乱，务存慰勉，远方孝秀，不复策试，到即除署。既经略粗定，乃诏试经，有不中科，刺史太守免官。其后孝秀莫敢应命，有送至京师，皆以疾辞。太兴元帝。三年，尚书孔坦，议请普延五岁，许其讲习。乃诏孝廉申至七年，而秀才如故也。（《通考》卷二八《选举考》一）

南朝宋氏，沿用晋法，不过为除积弊，略更改其方式。

宋制，丹阳、吴会、会稽、吴兴四郡，岁举二人，余郡各一人。凡州秀才，郡孝廉，至皆策试，天子或亲临之。及公卿所举，皆属于吏部，叙才铨用。凡举得失，各有赏罚，失者其人加禁锢，年月多少，随部议制。文帝元嘉中，限年三十而仕，郡县以六周而代，刺史或十余年。及孝武即位，仕者不复拘老幼，守宰以三周为满。……帝又不欲重权在下，乃分吏部，置两尚书，以散其权。（《通典》卷一四《选举》二）

宋文帝元嘉时，守宰以六期为断。及宋末，以治民之官，六年过久，乃以三年为断，谓之小满。(《通考》卷三九《选举考》一二)

齐举士考试，定策秀才格，而选官限年岁，复有甲族、后门即寒门。之分，采取等级制度。

齐尚书都令史骆宰议策秀才格五问，并得为上，四三为中，二为下，一不合与第。(《通考》卷二八《选举考》一)

齐因习宋代限年之制，然而乡举里选，不核才德，其所进取，以官婚胄籍为先。遂令甲族以二十登仕，后门以三十试吏，故有增年矫貌，以图进者。(《通考》卷二八《选举考》一)

其时士人皆厚结姻援，奔驰造请，浸以成俗。(《通考》卷二八《选举考》一)

梁初无中正，限年入仕，后委官搜荐，稍泯膏梁寒素之隔。

梁初无中正制，年二十五，方得入仕。天监中，又制九流，常选，年未三十不通一经者，不得为官；若有才同甘甘罗，战国秦人，年十二即以才显，为秦上卿。颜，颜渊。勿限年次。至七年，州置州重，郡置郡崇，乡置乡豪，各一人，专典搜荐，无复膏梁寒素之隔。普通七年，诏凡州岁举二人，大郡一人。(《通考》卷二八《选举考》一)

太平二年，正月，……诏诸州各置中正，依旧访举，不得辄承单状序官，皆须中正押上，然后量授，详依品制，务使精实。……其选中正，每求耆德该悉，以他官领之。(《梁书》卷六《敬帝纪》)

《梁书》书影

陈采梁限年制，而多例外，但委官较为隆重。

陈依梁制，凡年未

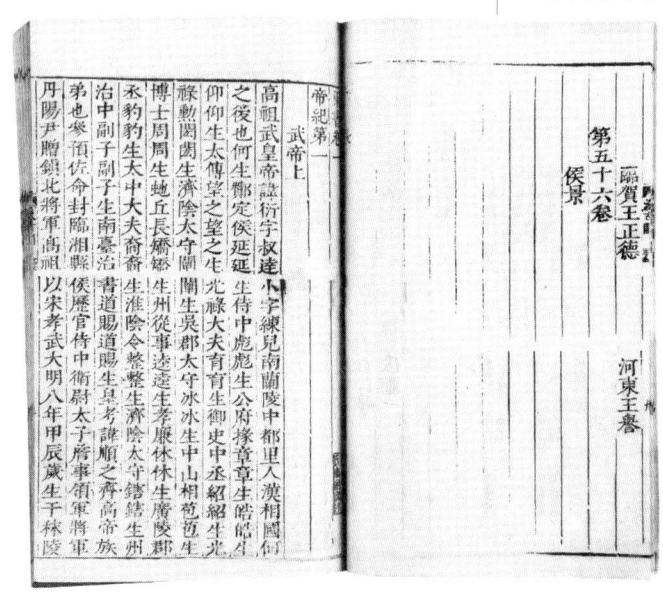

三十，不得入仕，唯经学生策试得第，……得未壮而仕，……有高才异行殊勋，别降恩旨叙用，不在常例。凡选无定时，随缺则补官，有清浊以为升降，从浊得清，则胜于迁。若有迁授，吏部先为白牒，列数十人名，尚书与参掌者共署奏，敕或可或否。其可者，则下于选曹，量贵贱，别内外，随才补用，以黄纸录名，八座通署奏可，乃出以付于典名，典名书其名，帖鹤头版，修容整仪，送所授之家。其别发诏除者，即宣付诏局，诏局草奏闻，敕可，黄纸写出门下；门下答诏，请付外施行，又书可，付选司行名。……凡拜官皆在午后。（《通典》卷一四《选举》二）

北魏举士，初置中正，兼行考试。后废中正，而登仕者须在位人担保，又为抑制武人，遂创停年之制。

> 后魏州郡，皆有中正掌选举，每以季月与吏部铨择可否，其秀才对策，第居中上，表叙之。（《通考》卷三六《选举考》九）

> 自太和以前，精选中正，德高乡国者充。其边州小郡，人物单鲜者，则并附他州；其在退陋者，则阙而不置。……及宣武孝明之时，州无大小，必置中正。既不可悉得其人，故或有庸鄙者操铨核之权，而选叙颇紊，至正始元年冬，乃罢诸郡中正。时有以杂类冒登清流，遂令在位者皆五人相保，无人保任者，夺官还役。（《通考》卷三六《选举考》九）

> 征西将军冀州大中正张彝之子仲瑀，上封事，请铨别选格，排抑武夫，不使预清品。于是武夫愤怒，羽林虎贲千余人，焚彝第，杀其父子。……张彝既死，灵太后乃命武官得依资入选。既而官员少，应调者多，选曹无以处之。及崔亮为吏部侍郎，乃奏为"格制"，官不问贤愚，以停解日月为断，虽复官需此人，停日后者终不得取，庸才下品，年月久者则先擢用。时沉滞者，皆称其能。（《通考》卷三六《选举考》九）

> 孝庄帝初，诏求德才文艺政事强直者，县令、郡守、刺史皆叙其志业，具以表闻。得三人以上，县令、太守、刺史赏一阶，举非其人者黜一阶。凡官郡守、县令，六年为满，满后六年为叙。（《通考》卷三六《选举考》九）

北齐袭魏制立中正，尤重考课之法。

　　北齐选举，多沿后魏之制，凡州县皆置中正。其课试之法，中书策秀才，集书策贡士，考功郎中策廉良。天子常服乘舆出坐于朝堂中楹，秀孝各以班草对，字有脱误者，呼起立席后；书有滥劣者，饮墨水一升；文理孟浪者，夺席脱容刀。(《通考》卷二八《选举考》一)

　　北齐武平中，后主失政，多有佞幸，乃赐其卖官，分占州郡，下及乡官，多降中旨，故有敕用州主簿郡功曹者。自是之后，州郡辟士之权，浸移于朝廷，以故外吏不得精核，由此起也。(《通典》卷一四《选举》二)

　　齐因魏朝，宰县多用厮滥，至于士流，耻居百里，文遥以县令为字人之切，遂请革选。于是密令搜扬贵游子弟，发敕用之，犹恐其披诉，总召集神武门，令赵郡王叡宣旨唱名，厚加慰喻。士人为县，自此始也。(《北齐书》八《元文遥传》)

后周从苏绰议，破除门资之制，广收遗逸，选举之法，为之一变。

　　后周以吏部中大夫一人掌选举，小吏部下大夫一人以贰之。初霸府时，苏绰为六条诏书，其四曰擢贤良，"绰深思本始，惩魏齐之失，罢门资之制，其所察举，颇加精谨。及武帝平齐，广收遗逸"。乃诏山东诸州举明经干理者，上县六人，中县五人，下县四人。(《通考》卷三六《选举考》九)

　　宣帝大成元年，诏州举高才博学者为秀才，郡举经明行修者为孝廉，上州上郡，岁一人。(《通典》卷一四二)

　　后周时，刺史僚佐州吏则自署，府官则命于朝廷。(《通考》卷三九《选举考》一二)

按自魏立九品中正，历晋至南北朝，沿用不改，施行已久，遂造成一种等级制度。

《北齐书》书影

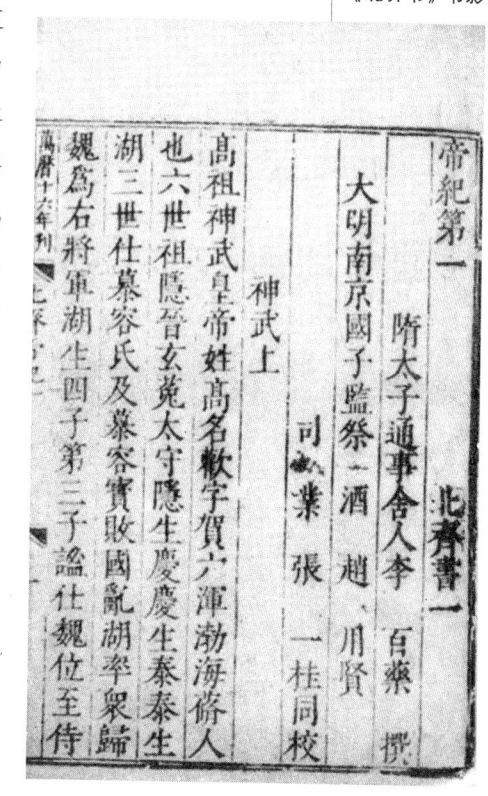

汉末丧乱，魏武始基，军中仓卒，权立九品，盖以论人才优劣，非为世族高卑。因此相沿，遂为成法，自魏至晋，莫之能改。州都郡正，以才品人，而举世人才，升降盖寡，徒以凭借世资，用相陵驾，都正俗士，斟酌时宜，品目少多，随事俯仰，刘毅所云"下品无高门，上品无贱族者"也。岁月迁讹，斯风渐笃，凡厥衣冠，莫非二品，自此以还，遂成卑庶。周汉之道，以智役愚，台隶参差，用成等级。魏晋以来，以贵役贱，士庶之科，较然有辨。(《宋书》卷九四《恩幸传》序)

梁鸿胪卿裴子野……论曰："……迄于二汉，尊儒重道，朝廷州里，学行是先，虽名公子孙，还齐布衣之士，士庶虽分，而无华素之隔。有晋以来，其流稍改，草泽高士，犹厕清途。降及季年，专称阀阅。自是三公之子，傲九棘之家，黄散之孙，蔑令长之室，转令互争铢两。所论必门户，所议莫贤能，苟且之俗成，傲慢之祸作。(《通考》卷二八《选举考》一)

自晋以后，识治体者，未尝不知九品之弊，故屡更制度，冀有补苴。但等级观念，深中于人心，不能骤改。降及隋氏，犹有州都，即中正，避杨忠讳而改。与考试并行，唐初亦然。迨后考制试度专行，平民始有进身之阶，而门资之制亦遂废矣。

两晋及南北朝之社会

一 生活状况

(一) 田赋

晋武帝平吴之后,……制户调之式,丁男之户,岁输绢三匹,绵三斤,女及次丁男为户者半输,其诸边郡或三分之二,远者三分之一。夷人输賨布,户一匹,远者或一丈。男子一人占田七十亩,女子三十亩,其外丁男课田五十亩,丁女二十亩,次丁男半之,女则不课。男女年十六已上,至六十为"正丁",十五已下至十三,六十一已上至六十五为"次丁",十二已下、六十六已上为"老小",不事。远夷不课田者,输义米,户三斛,远者五斗,极远者,输算钱,人二十八文。(《晋书》卷二六《食货志》)

其官品第一至于第九,各以贵贱占田,品第一者,占五十顷,每品减五顷以为差。……第九品十顷。而又各以品之高卑,荫其亲属,多者及九族,少者三世,宗室国宾先贤之后,及士人子孙亦如之。而又得荫人,以为衣食客及佃客。量给官品以为差降。(《晋书》卷二六《食货志》)

晋之户调式,实合"田""户"赋而为一,与两汉不同。

按两汉之制,三十而税一者,田赋也;二十始傅,人出一算者,户口之赋也。今晋法如此,则似合二赋而为一。然男子一人占田七十亩,丁男课田五十亩,则无无田之户矣。此户调所以可行欤。(《通考》卷二《田赋考》一一)

自南迁而后，其制大坏。

自东晋寓居江左，百姓南奔者，并谓之"侨人"，往往散居，无有土著。而江南之俗，火耕水耨，土地卑湿，无有蓄积之赀。诸蛮陬俚洞，沾沐王化者，各随轻重收财物，以裨国用。又岭外酋帅，因生口、翡翠、明珠、犀象之饶，雄于乡曲者，朝廷多因而署之收其利。历宋齐梁陈，皆因而不改。其军国所须杂物，随土所出，临时折课市取，乃无恒法。定令列州郡县制其任土所出，以为征赋，其无贯之人，不乐州县编者，为"浮浪人"，乐输亦无定数，任量，唯所输终优于正课焉，都下人多为诸王公贵人左右佃客、典计、衣食客之类，皆无课役。（《通考》卷二《田赋考》二）

北魏因大乱之后，地旷人稀，乃行"均田"之制，计口授田。

孝文太和九年，下诏均给天下人田，诸男夫十五以上，受"露田"四十亩，妇人二十亩，奴婢依良丁。牛一头，受田三十亩，限四牛。……人年及课则受田，老免及身没则还田。……诸"桑田"不在还受之限。……初受田者，男夫一人，给田二十亩，………诸桑田，皆为代业，身终不还，恒从见口，有盈者无受无还，不足者受种如法，盈者得卖其盈，不足者得买所不足。（《通典》卷一《食货》一）

按……后魏孝文，始纳李安世之言，行均田之法。……观其立法，所受者露田，诸桑田不在还受之限，意桑田必是人户世业，是以栽植桑榆其上，而露田不栽树，则似所种者皆荒闲无主之田。必诸远流配谪无子孙及户绝者，墟宅桑榆，尽为公田，以供授受，则固非尽夺富者之田，以予贫人也。又令有盈者无受不还，不足者受种如法，盈者得卖其盈，不足者得买所不足，不得卖其分，亦不得买过所足，是令其从便买卖，以合均给之数，则又非强夺之以为

南北朝越窑青釉灯

公田，而授无田之人。(《通考》卷二《田赋考》二)

魏令，每调一夫一妇，帛一匹，粟一石。人年十三以上未娶者四人，出一夫一妇之调。奴任耕，婢任绩者，八口当未娶者四。耕牛十头，当奴婢八。其麻布之乡，一夫一妇，布一匹，下至半，以此为降。大率十匹中，五匹为"公调"，二匹为"调外费"，三匹为"内外百官俸"。(《通考》卷二《田赋考》二)

太和孝文。八年，始准古班百官之禄，以品第各有差。先是天下户以九品混通，户调帛二匹，絮二斤，丝一斤，粟二十石，又人帛一匹二丈，委之州库，以供调外之费。至是户增帛三匹，粟二石九斗，以为官司之禄。后增调外帛，满二匹，所调各随其土所出。其司冀……十九州，贡绵绢及丝，其余郡县少桑蚕处……皆以麻布充税。(《魏书》卷一一〇《食货志》)

孝昌孝明。二年冬，税京师田租，亩五升。借赁公田者，亩一斗。(《魏书》卷一一〇《食货志》)

庄帝即位，因人贫富，为租输三等九品之制，千里内纳粟，千里外纳米。上三品户入京师，中三品入他州要仓，下三品入本州。(《通考》卷二《田赋考》二)

北齐、后周承之，亦行授田之制，而略变其制。

北齐给授田令，仍依魏朝，每年十月，普令转授，成丁而授，老而退，不听卖易。文宣天保八年，议徙冀、定、瀛无田之人，谓之"乐迁"，于幽州宽乡以处之。时始立九等之户，富者税其钱，贫者役其力。(《通考》卷二《田赋考》二)

河清三年定令，……男子率以十八受田，输租调，二十充兵，六十免力役，六十六退田免租调。京城四面诸坊之外，三十里内为"公田"，受公田者，三县代迁，……其方百里外及州人，一夫受"露田"八十亩，妇四十亩，奴婢依良人，……丁牛一头，受田六十亩，限止四年。又每丁给永业二十亩为"桑田"，……不在还受之限。(《隋书》卷二四《食货志》)

定令，……率人一床，调绢一匹，绵八两，凡十斤绵中，折一斤作丝，垦租二石，义租五斗，奴婢各准良人之半。牛调二尺，垦租一斗，义租五升。垦租送台，义租纳郡，以备水旱。垦租皆依贫富为三

枭，其赋税常调，则少者直出上户，中者及中户，多者及下户，上枭输远处，中枭输次远，下枭输当州仓，三年一校焉。租入台者，五百里内输粟，五百里外输米，入州镇者输粟，人欲输钱者，准上绢收钱。（《隋书》卷二四《食货志》）

后周文帝霸政之初，创置六官，司均掌田里之政令，凡人……有室者田百四十亩，丁者田百亩。（《通考》卷二《田赋考》二）

后周……司赋，掌均赋之政令，凡人自十八以至六十有四，与轻癃者，皆赋之。……有室者，岁不过绢一匹，绵八两，粟五斛，丁者半之。其非桑土有室者，布一匹，麻十斤，丁者又半之。丰年则全赋，中年半之，下年三之，皆以时征焉；若艰凶札，则不征其赋。（《隋书》卷二四《食货志》）

至于田赋制度之变迁，与社会之生计状况，极有关系，兹叙之如下。

按自秦废井田之制，……始舍地而税人。……汉时，官未尝有授田限田之法，……"田税"随占田多寡为之厚薄，而"人税"则无分贫富，然所税每岁不过十三钱有奇耳。至魏武初平袁绍，乃令田每亩输粟四升，又每户输绢二匹，绵二斤，则户口之赋始重矣。晋武帝又增而为绢三匹，绵三斤……然晋制，男子一人，占田七十亩，女子及丁男丁女，占田皆有差，则出此户赋者，亦皆有田之人，……宜其重于汉也。自是相承，户税皆重。然至元魏而均田之法大行，齐周隋唐因之，赋税沿革，微有不同。史文简略，不能详知，然大概计亩而税之令少，计户而税之令多。然其时户户授田，则虽不必履亩论税，只逐户赋之，则田税在其中矣。……授人以田而未尝别有户赋者，三代也；不授人以田，而轻其户赋者，两汉也；因授田之名，而重其户赋，田之授否不常，而赋之重者，已不可复轻，遂至重为民病，则自魏至唐之中叶是也。自两税之法行，而此弊革矣。（《通考》卷三《田赋考》一二）

（二）职役

县户五百以上，皆置乡；三千以上，置二乡；五千以上，置三乡；万以上，置四乡；乡置啬夫一人，乡户不满千以下，置治书史一人；千以上，置史、佐各一人，正一人；五千五百以上，置吏一人，

佐二人。县率百户置里吏一人，其土广人稀，听随宜置里吏，限不得减五十户；千以上，置校官掾一人。(《晋书》卷二四《职官志》)

男女年十六已上至六十为正丁，十五已下至十三，六十一已上至六十五为次丁，十二已下六十六已上，为老小，不事。(《晋书》卷二六《食货志》)

宋孝武大明中，王敬弘上言，旧制人年十二半役，十六全役。当以十三以上，自能营私及公，故以充役。考之见事，犹或未尽，体有强弱，不皆称耳。循吏恤隐，可无甚患，庸愚守宰，必有勤剧，况值苛政，岂可称言。至今逃窜求免，胎孕不育，乃避罪宪，实亦由兹。今皇化维新，四方无事，役名之宜，应存消息，十五至十六，宜为半丁，十七为全丁。帝从之。(《通考》卷一○《户口考》一)

上为两晋及南朝之沿革，北朝则稍有违异。

后魏初，不立三长，唯立宗主督护，所以人多隐冒。……孝文太和十年，纳给事中李冲之说，遂立三长，注：三长，谓五家一邻长，五邻一里长，五里一党长。(《通考》卷一二《职役考》一)

北齐武成清河三年，乃令男子十八以上、六十五以下为丁，十六以上、十七以下为中丁，六十六以上为老，十五以下为小。(《通考》卷二○《户口考》一)

北齐令人居十家为邻比，五十家为闾，百家为族党。一党之内，则有党族一人，副党一人，闾正二人，邻长十人，合十有四人，共领百家而已。至于城邑，一坊侨旧或有千户以上，唯有里正二人，里吏二人，里吏不常置，隅老四人。非是官府，私充事力，坊事亦得取济，若论外党，便是烦多。(《通考》卷一二《职役考》一)

周制，司役掌力役之政令，凡人自十八至五十九，皆任于役。丰年不过三旬，中年则二旬，下年则一旬。起徒役，无过家一人，有年八十者一子不从役，百年者家不从役，废疾非人不养者一人不从役，若凶札亦无力征。(《通考》卷一○《户口考》一)

自中原分裂，人民避乱迁徙，侨寓各地。国家为立侨州郡县，以系其人，不著土籍。因与赋役有关，而土断之制遂行。

北朝女官俑

东晋哀帝隆和元年，三月庚戌，天下所在土断。(《通典》卷三《食货》三)

兴宁二年，三月，庚戌朔，大阅户人，严法禁，称为庚戌制。(《晋书》卷八《哀帝纪》)

孝武时宁又陈时政曰："……昔中原丧乱，流寓江左，庶有旋反之期，故许其挟注本郡。自尔渐久，人安其业，丘垄坟柏，皆已成行，虽无本邦之名，而有安土之实。今宜正其封疆，以土断人户，明考课之科，修闾伍之法。(《晋书》卷七五《范宁传》)

安帝义熙九年，宋公刘裕，缘人居土，上表曰："……自永嘉播越，爰托淮海，朝运匡复之算，人怀思本之心，经略之图，日不暇给，是以宁人绥理，犹有未遑。及至大司马桓温，以人无定本，伤理为深，庚戌土断，以一其业，于时财阜国丰，实由于此。自兹迄今，弥历年载，画一之制，渐用颓弛，杂居流寓，闾伍不修，……自非改调，无以济理。……请依庚戌土断之科，庶存其本。"……于是依界土断，……诸流寓郡县多被并省。(《通典》卷三《食货》三)

当时徭役甚繁，人图避免，率依附于世宦之家，以贵族不任鄙事故也。

齐自永元以后，魏每来伐，继以内难，扬徐二州人丁，三人取两。以此为率，远郡悉令上米，……输米既毕，就役如故。又先是诸郡役人，多依人士为附隶，谓之"属名"。又东境役苦，百姓多注籍诈病，遣外医巫，在所检占，诸属名并取病身。凡属名多不合役，往往所在并是复荫之家；凡注病者，或以积年，皆摄充将役，又追责病者租布，随其年岁多少。衔命之人，皆务贷赂，随意纵舍。(《通考》卷一〇《户口考》一)

齐虞玩之上表曰："宋元嘉二十七年，八条取人。……自孝建以来，入勋者众，其中操干戈卫社稷者，三分殆无一焉。……又有改注

籍状，诈入仕流，昔为人役者，今反役人。又生不长发，便谓道人，或抱子并居，竟不编户，迁徙去来，公违土断。(《通考》卷一二《职役考》一)

梁武帝………纳尚书令沈约之言，诏改定百家谱。……按魏晋以来，最重世族，公家以此定选举，私门以此订婚姻，寒门之视华族，如冠屦之不侔。则夫徭役贱事，人之所惮，固宜其改窜冒伪，求自附流品，以为避免之计。然徭役当视物力，虽世族在必免之例，而官之占田有广狭，泽之荫后有久近，若于此立法以限之，不劳而定矣。不此之务，而方欲改定谱籍。……然伪冒之久者滋多，非敢于任怨者，谁有澄汰？"(《通考》卷一二《职役考》一)

(三) 征税

甲、盐税

陈文帝天嘉二年，太子中庶子虞荔，御史中丞孔奂，以国用不足，奏立煮海盐税，遂从之。(《通考》卷一五《征榷考》二)

后魏宣武时河东郡有盐池，旧立官司，以收税利，是时罢之，而民有富强者专擅其用，贫弱者不得资益。延兴末，复立盐司，量其贵贱，节其赋入，于是公私兼利。世宗即位，……复罢其禁，与百姓共之。(《魏书》卷一一〇《食货志》)

至于永熙，自迁邺后，于沧瀛幽青四州之境，傍海煮盐，沧州置灶一千四百八十四，瀛州置灶四百五十二，幽州置灶一百八十，青州置灶五百四十六，又于邯郸置灶四，计终岁合收盐。……军国所资，得以周赡矣。(《魏书》卷一一〇《食货志》)

齐神武霸政之初，……于沧瀛幽青四州之境，傍海置盐官以煮盐，每岁收钱，军国之资，得以周赡。(《隋书》卷二四《食货志》)

后周文帝霸政之初……置掌盐，掌四盐之政令，一曰散盐，煮海以成之；二曰盬盐，引池以化之；三曰形盐，物地以出之；四曰饴盐，于戎以取之。凡盬盐、形盐每地为之禁，百姓取之皆税焉。(《隋书》卷二四《食货志》)

乙、榷酤

宋文帝时，扬州大水，主簿沈亮建议禁酒，从之。(《通考》卷一

七《征榷考》四）

陈文帝天嘉中，虞荔等以国用不足，奏请榷酤，从之。(《通典》卷二《食货志》一一)

后魏明帝正光后，……国用不足，……有司奏断百官常给之酒，计一岁所省，合米五万三千五十四斛九升，蘖谷六千九百六十斛，麹三十万五百九十九斤。其四时郊庙百神群祀，依式供营，远蕃使客，不在断限。(《魏书》卷一一〇《食货志》)

隋文帝开皇三年，先时尚依周末之弊，官置酒坊收利，至是罢酒坊，与百姓共之。(《通考》卷一七《征榷考》四)

丙、杂税

晋自过江，至于梁陈，凡货卖奴婢马牛田宅，有文券率钱一万，输估四百入官，卖者三百，买者一百；无文券者，随物所堪，亦百分收四，名为散估。历宋齐梁陈，如此以为常。(《通考》卷一四《征榷考》一)

后魏明帝孝昌二年，……税市入者人一钱。其店舍又为五等，收税有差。(《魏书》卷一一〇《食货志》)

后周闵帝元年，初除市门税，及宣帝即位，复兴入市之税，每人一钱。(《隋书》卷二四《食货志》)

北齐黄门侍郎颜之推奏请立关市邸店之税，开府邓长颙赞成之，后主大悦。……税僧尼令曰："僧尼坐受供养，游食四方，损害不少，虽有薄敛，何足为也。"(《通考》卷一四《征榷考》一)

宋孝武大明八年，诏东境去岁不稔，宜广商贾，远近贩鬻米粟者，可停道中杂税。自东晋至陈，西有石头津，东有方山津，各置津主一人，……直水五人，以检察禁物及亡叛者，获炭鱼薪之类，小津并十分税一以入官。淮水北有大市百余，小市十余所，备置官司。税敛既重，时甚苦之。(《通考》卷一四《征榷考》一)

齐武帝时为……会稽太守，……会土边带湖海，民丁无士庶，皆保塘役。敬则以功力有余，悉评敛为钱，送台库以为便宜，上许之。(《南齐书》卷二六《王敬则传》)

丁、苛敛

宋文帝元嘉二十七年，魏师南侵，军旅大起，用度不充，王公妃

主，及朝士牧守，各献金帛等物以助国用，下及富室小人，亦有献私财数千万者。扬、南徐、兖、江四州富有之家，赀满五十万，僧尼满二十万者，并四分借一。过此率计，事息即还。(《通考》卷一九《征榷考》六)

魏自永安之后，政道陵夷，寇乱实繁，农商失业，官有征代，皆权调于人，犹不足以相资奉，乃令所在迭相纠发。百姓愁怨，无复聊生。(《隋书》卷二四《食货志》)

(四) 钱币

汉钱旧用五铢，自王莽改革，百姓皆不便之。……光武中兴，除莽货泉。建武十六年，……复铸五铢钱，天下以为便。及章帝时，谷帛价贵。……尚书张林言，……宜令天下悉以布帛为租，市买皆用之，封钱勿出，如此则钱少，物皆贱矣。……及献帝初平中，董卓乃更铸小钱，由是货轻而物贵，谷一斛，至钱数百万。至魏武为相，于是罢之，还用五铢。是时不铸钱既久，货本不多，又更无增益，故谷贱无已。及黄初二年，魏文帝罢五铢钱，使百姓以谷帛为市。至明帝世，钱废谷用既久，人间巧伪渐多，竞湿谷以要利，作薄绢以为市，虽处以严刑，而不能禁也。……魏明帝乃更立五铢钱，至晋用之，不闻有所改创。孙权嘉平五年，铸大钱，一当五百，赤乌元年，又铸当千钱。……晋自中原丧乱，元帝过江，用孙氏旧钱，轻重杂行，大者谓之比轮，中者谓之四文。吴兴沈充又铸小钱，谓之沈郎钱。钱既不多，由是稍贵。(《晋书》卷二六《食货志》)

元嘉中，铸四铢钱，轮郭形制，与古五铢同价，无利，百姓不资盗铸。孝武孝建初，铸四铢，文曰"孝建"，一边为"四铢"，其后稍去四铢，专为孝建。(《通典》卷九《食货》九)

废帝景和二年，铸二铢钱，文曰景和，形式转细。官钱每出，人间即模效之，而大小厚薄，皆不及也。无轮郭不磨剪凿者谓之"耒子"，尤薄轻者谓之"荇叶"，市井通用之。永光元年，沈庆之启通私铸，由是钱货乱改，一千钱长不盈三寸，大小称此，谓之"鹅眼钱"，劣于此者，谓之"綖环钱"，入水不沉，随手破碎，市井不复断数，十万钱不盈一掬，斗米一万，商货不行。(《通典》卷九《食货》九)

梁初唯京师及三吴、荆、郢、江、湘、梁、益用钱，其余州郡，

则杂以谷帛交易，交广之域，全以金银为货。武帝乃铸钱，肉好周郭，文曰五铢，重如其文，而又别铸，除其肉郭，谓之"女钱"二品并行。百姓或私以古钱交易，有直百五铢、五铢女钱、太平百钱、定平一百、五铢雉钱、五铢对文等号，轻重不一。天子频下诏书，非新铸二种之钱，并不许用，而趋利之徒，私用转甚。至普通中，乃议尽罢铜钱，更铸铁钱，人以铁贱易得，并皆私铸。及大同已后，所在铁钱，遂如丘山，物价腾贵。交易者以车载钱，不复计数，而唯论贯，商旅奸诈，因之以求利。（《隋书》卷二四《食货志》）

陈初，承梁丧乱之后，铁钱不行。始梁末，又有两柱钱及鹅眼钱，于时人杂用，其价同，但两柱重而鹅眼轻。私家多镕钱，……兼以粟帛为货。至文帝天嘉五年，改铸五铢，初出，一当鹅眼之十。宣帝大建十一年，又铸大货六铢，以一当五铢之十，与五铢并行，后还当一，人皆不便。……帝崩，遂废六铢而行五铢，竟至陈亡。其岭南诸州，多以盐米布交易，俱不用钱。（《隋书》卷二四《食货志》）

北朝钱币，初尚完好，并许民人鼓铸，其后渐至滥恶，与南朝相同。

魏初至于太和钱货，无所周流。（《魏书》卷一一〇《食货志》）

高祖孝文帝。始诏天下用钱，……十九年，冶铸粗备，文曰"太和五铢"，诏京师及诸州镇，皆通行之。……在所遣钱工备炉冶，民有欲铸，听就铸之，铜必精炼，无所和杂。（《魏书》卷一一〇《食货志》）

宣帝永平三年冬，又铸五铢钱，京师及诸州镇，或不用，或有止用古钱，不行新钱，致商货不通，贸迁颇隔。（《通考》卷八《钱币考》一）

孝庄帝永安二年秋，诏更铸，文曰"永安五铢钱"，官自立炉，亦听人就铸。……利之所在，盗铸弥众，巧伪既多，轻重非一。（《通考》卷八《钱币考》一）

齐神武霸政之初，承魏，犹用永安五铢。迁邺已后，百姓私铸，体制渐别，遂各以为名，有雍州青赤、梁州生厚紧钱、吉钱、河阳生涩、天柱赤牵之称。冀州之北，钱皆不行，交贸者皆绢布。

永安五铢钱

神武帝乃收境内之铜及钱，仍依旧文更铸，流之四境，未几之间，渐复细薄，奸伪竞起。文宣受禅，除永安之钱，改铸"常平五铢"，重如其文，其钱甚贵，且制造甚精。至乾明、皇建之间，往往私铸。邺中用钱，有赤熟、青熟、细眉、赤生之异，河南所用，有青薄铅锡之别，青齐徐兖梁豫州，辈类各殊。武平已后，私铸转甚，或以生铁和铜，至于齐亡，卒不能禁。（《隋书》卷二四《食货志》）

后周之初，尚用魏钱。及武帝保定元年，七月，乃更铸"布泉"之钱，以一当五，与五铢并行。……建德三年六月，更铸"五行大布钱"，以一当十，大收商估之利，与布泉钱并行。……五年正月，以布泉渐贱而人不用，遂废之。……齐平已后，山东之人，犹杂用齐氏旧钱。至宣帝大象元年，十一月，又铸"永通万国钱"，以一当十，与五行大布及五铢，凡三品并用。（《隋书》卷二四《食货志》）

北朝与西域诸部交通互市，外币始输入中原。

河西诸郡，或用西域金银之钱，而官不禁。（《隋书》卷二四《食货志》）

西域诸部，多以金银为钱。

罽宾国，……以金银为钱，文为骑马，幕为人面。注：张晏曰："钱文面作骑马形，漫面作人面目也。"如淳曰："幕音漫。"师古曰："幕即漫耳。"（《前汉书》卷九六上《罽宾国传》）

乌弋山离国，……钱货……之属，皆与罽宾同。（《前汉书》卷九六上《乌弋山离国传》）

安息国，……亦以银为钱，文独为王面，幕为夫人面。王死，辄更铸钱。（《前汉书》卷九六上《安息国传》）

大月氏国，……钱货与安息同。（《前汉书》卷九六上《大月氏国传》）

大秦国，……以金银为钱，银钱十，当金钱一。（《后汉书》卷一一八《大秦国传》）

（五）生业

甲、农

武帝……是时江南未平，朝廷厉精于稼穑。四年正月，帝亲耕籍田。（《晋书》卷二六《食货志》）

苟奏州郡农桑，未有赏罚之制，宜遣掾属循行，皆当均其土宜，举其殿最，然后黜陟。(《晋书》卷三三《石苞传》)

元帝为晋王，课督农功，诏二千石长吏，以入谷多少为殿最。其非宿卫要任，皆宜赴农，使军各自佃作，即以为廪。太兴元年，诏曰："徐扬二州，土宜三麦，可督令汉地，投秋下种，至夏而熟，继新故之交，于以周济，所益甚大。(《晋书》卷二六《食货志》)

国君注重农政，提倡于上，而臣下亦能实力奉行之。

周访……既在襄阳，务农训卒。(《晋书》卷五八《周访传》)

刘弘……为镇南将军，都督荆州诸军事……弘于是劝课农桑，……岁用有年，百姓爱悦。(《晋书》卷六六《刘弘传》)

宣……平襄阳，侃使宣镇之。……宣招怀初附，劝课农桑，……或载锄耒于轺轩，或亲芸获于陇亩。(《晋书》卷八一《桓宣传》)

穆帝升平初，荀羡为北部都尉，镇下邳，屯田于东阳之石鳖，公私利之。(《通典》卷二《食货》二)

自此以后，历宋齐梁陈，君臣上下，莫不注意农事，以裕国计。

宋孝武帝大明初，……时山阴县人多田少，孔灵符表请徙无赀之家，于余姚、鄞、鄮三县，垦开湖田。……帝违众议徙人，并成良业。(《通典》卷一《食货》一)

天监十七年，正月，诏曰："……朕矜此庶氓，……丞弘生聚之略，每布宽恤之恩，而编户未滋，迁徙尚有。……思俾黔黎，各安旧所，将使郡无旷土，邑靡游民，鸡犬相闻，桑柘交畛。……其流寓过远，……不乐还者，即使著土籍为民。……若流移之后，本乡无复居宅者，……诣县告请，村内官地官宅，令相容受。(《梁书》卷二《武帝纪》中)

大同七年，十一月，……诏曰："……凡是田桑废宅没入者，公剏之外，悉以分给贫民，皆使量其所能，以受田分。(《梁书》卷三《武帝纪》下)

天嘉元年，三月诏曰："自丧乱以来，十有余载，编户凋亡，万不遗一。……且兴师以来，……府藏虚竭，杼轴岁空。……思俾余黎，陶此宽赋。今……守宰明加劝课，务急农桑，庶鼓腹含哺，复在

南北朝发明的耙

兹日。(《陈书》卷三《世祖纪》)

太建二年，八月，……诏曰："……有能垦起荒田，不问顷亩少多，依旧蠲税。(《陈书》卷五《宣帝纪》)

后主……即皇帝位，……诏曰："……今阳和在节，……宜展春耨。……其有新辟塍畎，进垦蒿莱，广袤勿得度量，征租悉皆停免。私业久废，咸许占作公田。……倘良守教耕，淳民载酒，有兹督课，议以赏擢。(《陈书》卷六《后主纪》)

北朝亦颇重农业，不减于南朝。

太祖定中原，……兵革并起，民废农业。……登国六年，……徙……十余万家以充京都，各给耕牛，计口授田。(《魏书》卷一一〇《食货志》)

道武帝天兴初，制定京邑，东至代郡，西及善无，南极阴馆，北尽参合，为畿内之田。其外四方四维，置八部帅以监之，劝课农耕，量校收入，以为殿最。(《魏书》卷一一〇《食货志》)

后魏明帝永兴中，频有水旱，神瑞二年，又不熟。于是分简尤贫者，就食山东，敕有司劝课田农。……自是人皆力勤，岁数丰穰，畜牧滋息。太武帝初为太子监国，曾令有司课畿内之人，……各列家别口数，所种顷亩，明立簿目。所种者，于地首标题姓名，以辨播殖之功。(《通典》卷一《食货》一)

北齐废帝乾明中，尚书左丞苏珍芝议修石鳖等屯，岁收数万石。自是淮南军防，粮廪充足。(《隋书》卷二四《食货志》)

孝昭皇建中，平州刺史稽晔建议，开幽州督亢旧陂，长城左右营屯，岁收稻粟数十万石，北境得以周赡。(《隋书》卷二四《食货志》)

武成帝河清三年，诏每岁春月，各依乡土早晚，课人农桑。自春及秋，男子十五以上，皆营蚕桑，孟冬布田亩。蚕桑之月，妇女十五以上，皆营蚕桑。孟冬，刺史听审教之优劣，定殿最之科品。(《通典》卷二《食货》二)

水利有关于农业，其最著者，略举如下。

预既还镇，荆州。……又修召信臣遗迹，召信臣所作钳卢陂六门堰。激用滍淯诸水以浸原田万余顷，分疆刊石，使有定分，公私同利，众庶赖之，号曰杜父。旧水道，唯沔汉达江陵，千数百里，北无通路；又巴丘湖沅湘之会，表里山川，实为险固。……预乃开杨口，起夏水，达巴陵千余里，内泻长江之险，外通零桂之漕。(《晋书》卷三四《杜预传》)

张闿……补晋陵内史，……时所部四县，并以旱失田，闿乃立曲阿新丰塘，溉田八百余顷，每岁丰稔。(《晋书》卷七六《张闿传》)

出为镇军将军，会稽内史。……句章县有汉时旧陂，毁废数百年，愉自巡行修复故堰，溉田二百余顷，皆成良业。(《晋书》卷七八《孔愉传》)

宋文帝元嘉七年，刘义欣为荆河刺史，镇寿阳。……芍陂良田万顷，堤堰久坏，秋夏常苦旱，……因旧沟引涘水入陂，伐木开榛，水得通泾，由是遂丰稔。(《通典》卷二《食货》二)

后魏……裴延携为幽州刺史，范阳郡有旧沈渠，径五十里，渔阳燕郡有故戾诸堰，广袤三十里，皆废毁时多不复，水旱为害。延携自度水形营造，未几而就，溉田万余顷，为利十倍。(《通考》卷六《田赋》六)

乙、商

商贾虽受恶税影响，而南北贸易甚盛，常借互市以维持南北和局。

祖逖在镇。石勒……求通使交市，逖不报书，而听互市，收利十

倍，于是公私丰赡。(《晋书》卷六二《祖逖传》)

迁……武昌太守，……立夷市于郡东，大收其利。(《晋书》卷六六《陶侃传》)

淮水北有大市百余，小市十余所。(《隋书》卷二四《食货志》)

魏……于南垂立互市，以致南货，羽毛齿革之属，无远不至。(《魏书》卷一一〇《食货志》)

北魏之官吏，初因无俸，多兼营商业，仰机射利，最为秕政。

诏曰："刺史牧民，为万里之表。自顷每因发调，逼民假贷，大商富贾，要射时利，旬日之间，增赢十倍，上下通同，分为润屋。故编户之家，困于冻馁，豪富之门，日有兼积。为政之弊，莫过于此，其一切禁绝。(《魏书》卷五《高宗文成帝纪》)

荥阳郑云，谄事长秋卿刘腾，货紫缬四百匹，得为安州刺史。除书旦出，晚往诣回，坐未定，问回安州兴生，何事为便。回曰："卿荷国宠灵，位至方伯，虽不能拔园葵去织妇，宜思方略，以济百姓，如何见造，问兴生乎？封回不为商贾，何以相示？"云惭失色。(《北史》卷二四《封回传》)

魏与西域交通，商业亦盛。

自葱岭已西，至于大秦，百国千城，莫不款附。商胡贩客，日奔塞下，所谓尽天地之区矣。乐中国土风，因而主者，不可胜数。是以附化之民，万有余家，门巷修整，阊阖填列，青槐荫陌，绿柳垂庭，天下难得之货，咸悉在焉。别立市于洛水南，号曰四通市，民间谓永桥市，伊洛之鱼，多于此卖，士庶须脍，皆诣取之。鱼味甚美，京师语曰："伊洛鲤鲂，贵于牛羊。"(杨衒之《洛阳伽蓝记》卷三)

丙、矿冶

梁……诸王，皆假金兽符，……盐铁金银铜锡，……皆不以属国。(《隋书》卷二六《百官志》上)

永明八年，悛启世祖曰："南广郡界蒙山下，有城名蒙城，可二顷。地有烧炉四所，高一丈，广一丈五尺，从蒙城渡水南百许步，平地掘土，深二尺，得铜。又有古掘铜坑，深二丈，并居宅处犹存。邓通南安人，汉文帝赐严道县铜山铸钱。今蒙山近青衣水，南青衣在

侧，并是故秦之严道地，青衣县又改名汉嘉，且蒙山去南安二百里，案此必是通所铸。近唤蒙山獠出云，甚可经略。此议若立，润利无极。"并献蒙山铜一片，又铜石一片，平州铁刀一口。上从之，遣使入蜀铸钱，得千余万，功费多，乃止。（《南齐书》卷三七《刘悛传》）

世宗延昌三年春，有司奏长安骊山有银矿，二石得银七两。其年秋，桓州又上言，白登山有银矿，八石得银七两，锡三百余斤，其色洁白，有逾上品。诏并置银官，常令采铸。又汉中旧有金户千余家，常于汉水沙淘金，年终总输。后临淮王彧为梁州刺史，奏罢之。（《魏书》卷一一〇《食货志》）

尚书崔亮奏，恒农郡铜青谷有铜矿，计一斗铜得五两四铢；苇池谷矿，计一斗得铜五两；鸾帐山矿，计一斗得铜四两；河内郡王屋山矿，计一斗得铜八两。南青州苑烛山，齐州商山，并是往昔铜官，旧迹见在。谨按铸钱方兴，用铜处广，既有冶利，并宜开铸。诏从之。（《魏书》卷一一〇《食货志》）

二 学术思想

（一）玄学

两汉重儒学，其末也流于烦碎，不足以餍学者之望，而所谓玄学者，遂因之勃兴。

玄学之始倡者，为魏正始时王弼、何晏，以老庄、《周易》为宗。

弼王弼，字辅嗣。何劭为其传曰："弼幼而察惠，年十余，好老氏，通辩能言。父业为尚书郎。时裴徽为吏部郎，弼未弱冠，往造焉，徽一见而异之，问弼曰：'夫无者，诚万物之所资也，然圣人莫肯致言，而老子申之无已者何？'弼曰：'圣人体无，无又不可以训，故不说也。老子是有者也，故恒言无所不足。'……于时何晏为吏部尚书，甚奇弼，叹之曰：'仲尼称后生可畏，若斯人者，可与言天人之际乎？'正始中，……以弼补台郎。……弼在台既浅，事功亦雅非

所长，益不留意焉。淮南人刘陶，善论纵横，为当时所称，每与弼语，尝屈弼，弼天才卓出，当其所得，莫能夺也。性和理，乐游宴，解音律，善投壶。其论道附会，文辞不如何晏；自然有所拔得，多晏也。……何晏以为圣人无喜怒哀乐，其论甚精。……弼与不同，以为圣人茂于人者神明也，同于人者五情也。神明茂，故能体冲和以通无；五情同，故不能无哀乐以应物。然则圣人之情，应物而无累于物者也。今以其无累，便谓不复应物，失之多矣。弼注《易》，……注《老子》，为之指略，致有理统。
（《三国·魏志》卷二八《钟会传》注）

魏正始中，何晏、王弼等祖述老庄，立论以为天地万物，皆以无为为本。无也者，开物成务，无往不存者也。阴阳恃以化生，万物恃以成形，贤者恃以成德，不肖恃以免身。故无之为用，无爵而贵矣。（《晋书》卷四三《王衍传》）

继王、何而兴者则为嵇、阮，玄学轮廓，始大具矣。

嵇康，字叔夜。……早孤，有奇才，远迈不群。……美词气，有风仪，而土木形骸，不自藻饰，……天质自然，恬静寡欲。……学不师受，博览无不该通，长好老庄。……拜中散大夫，常修养性服食之事，弹琴咏诗，自足于怀。以为神仙禀之自然，非积学所得。至于道养得理，则安期、彭祖之伦可及，乃著《养生论》。又以为君子无私，其论曰："……君子行道，忘其为身，斯言是矣。君子之行，贤也不察于有度而后行也；任心无邪，不议于善而后正也；显情无措，不论于是而后为也。是故傲然忘贤，而贤与度会；忽然任心，而心与善遇；倘然无措，而事与是俱也。"其略如此。（《晋书》卷四九《嵇康传》）

阮籍，字嗣宗。……容貌瑰杰，志气宏放，傲然独得，任性不羁。……博览群籍，尤好庄老。……著《达庄论》，叙无为之贵。……著《大人先生传》，其略曰："世之所谓君子，惟法是修，惟礼是克，手执圭璧，足履绳墨，行欲为目前检，言欲为无穷则，少称乡

党，长闻邻国，上欲图三公，下不失九州牧。独不见群虱之处裈中，逃乎深缝，匿乎坏絮，自以为吉宅也；行不敢离缝际，动不敢出裈裆，自以为得绳墨也。然炎丘火流，焦邑灭都，群虱处于裈中而不能出也。君子之处域内，何异夫虱之处裈中乎？"此亦籍之胸怀本趣也。（《晋书》卷四九《阮籍传》）

向秀，字子期。……清悟有远识，……雅好老庄之学。庄周著内外数十篇，历世才士，虽有观者，莫适论其旨统也。秀乃为之隐解，发明奇趣，振起玄风，读之者超然心悟，莫不自足一时也。惠帝之世，郭象又述而广之。儒墨之迹见鄙，道家之言遂盛焉。（《晋书》卷四九《向秀传》）

学者探究老庄，推崇易理，多假为口舌之助，清谈之风大盛。

乐广，……性冲约，有远识，寡嗜欲，与物无竞。尤善谈论，每以约言析理，以厌人之心，其所不知，默如也。……尚书令卫瓘，朝之耆旧，逮与魏正始中诸名士谈论，见广而奇之曰："自昔诸贤既没，常恐微言将绝，而今乃复闻斯言于君矣。"……王衍自言与人语甚简至，及见广，便觉己之烦。其为识者所叹美如此，……广与王衍俱宅心事外，名重于时，故天下言风流者，谓王乐为称首焉。（《晋书》卷四三《乐广传》）

衍，字夷甫。……有盛才美貌，明悟若神，……声名籍甚，倾动当世。妙善玄言，唯谈老庄为事。每捉玉柄麈尾，与手同色。义理有所不安，随即改更，世号口中雌黄，朝野翕然，谓之一世龙门矣。累居显职，后进之士，莫不景慕仿效，选举登朝，皆以为称首，矜高浮诞，遂成风俗焉。（《晋书》卷四三《王衍传》）

甚者以达庄为名，恣意而行，遂流于放荡。

学者以老庄为宗而黜六经，谈者以虚荡为辨而贱名检，行身者以放浊为通而狭节信，进仕者以苟得为贵而鄙居正，当官者以望空为高而笑勤恪……其倚杖虚旷，依阿无心者，皆名重海内。（《晋书》卷五《怀愍帝纪论》）

母终，正与人围棋，对者求止，籍留与决赌，既而饮酒二斗，举声一号。……及将葬，食一蒸肫，饮二斗酒，然后临诀，直言穷矣，举声一号。……裴楷往吊之，籍散发箕踞，醉而直视，楷吊唁毕便去。或问楷，凡吊者主哭，客乃为礼，籍既不哭，君何为哭？楷曰："阮籍既方外之士，故不崇礼典。我俗中之士，故以轨仪自居。"时人叹为两得。（《晋书》卷四九《阮籍传》）

澄，字平子。……衍有重名于世，时人许以人伦之鉴，尤重澄，……澄由是显名。……时王敦、谢鲲、庾敳、阮修，皆为衍所亲善，号为四友，而亦与澄狎，又有光逸、胡母辅之等亦豫焉。酣燕纵诞，穷欢极娱。惠帝末，……以澄为荆州刺史，……将之镇，送者倾朝，澄见树上鹊巢，便脱衣上树，探𪃿而弄之，神气萧然，傍若无人。（《晋书》卷四三《王澄传》）

光逸，字孟祖。……辅之与谢鲲、阮放、毕卓、羊曼、桓彝、阮孚散发裸袒，闭室酣饮，已累日。逸将排户入，守者不听，逸便于户外脱衣露头，于狗窦中窥之而大叫。辅之大惊曰："他人决不能尔，必我孟祖也。"遽呼入，遂与饮，不舍昼夜。时人谓之八达。（《晋书》卷四九《光逸传》）

刘伶恒纵酒放达，或脱衣裸形，在屋中，人见讥之，伶曰："我以天地为栋宇，屋室为裈衣，诸君何为入我裈中？"（刘义庆《世说新语》卷五《任诞篇》注）

当时亦有欲挽回颓俗，特著论纠正之者。

顾深患时俗放荡，不遵儒术，何晏、阮籍，素有高名于世，口谈浮虚，不遵礼法，尸禄耽宠，仕不事事；至王衍之徒，声誉太重，位高势重，不以物务自婴，遂相仿效，风教陵迟，乃著崇有之论，以释其蔽曰："……立言借于虚无，谓之玄妙；处官不亲所司，谓之雅远；奉身散其廉操，谓之旷达。故砥砺之风，弥以陵迟，仿者因斯，或悖吉凶之礼，而忽容止之表，渎弃长幼之序，混漫贵贱之级，其甚

者至于裸裎言笑。"(《晋书》卷三五《裴秀附裴颜传》)

悼……以为君子立行,应依礼而动,虽隐显殊途,未有不傍礼教者也。若乃放达不羁,以肆纵为贵者,非但动违礼法,亦道之所弃也。乃著《通道崇检论》,世咸称之。(《晋书》卷五六《江悼传》)

时以浮虚相扇,儒雅日替。宁以为其源始于王弼、何晏,二人之罪,深于桀纣,乃著论曰:"……王何蔑弃典文,不遵礼度,游辞浮说,波荡后生,饰华言以翳实,骋繁文以惑世,搢绅之徒,翻然改辙,洙泗之风,缅焉将坠,遂令仁义幽沦,儒雅蒙尘,礼坏乐崩,中原倾覆。古之所谓言伪而辩,行僻而坚者,其斯人之徒欤?……王何叨海内之浮誉,资膏粱之傲诞,画魑魅以为巧,扇无检以为俗,郑声之乱乐,利口之覆邦,信矣哉!吾固以为一世之祸轻,历代之罪重,自丧之衅小,迷众之愆大也。"(《晋书》卷七五《范宁传》)

魏正始之间,蔚为文林。元康以来,贱经尚道,以玄虚宏放为夷达,以儒术清俭为鄙俗,永嘉之弊,未必不由此也。(《晋书》卷七〇《应詹传》)

时贵游子弟,多慕王澄、谢鲲为达,壸厉色于朝曰:"悖礼伤教,罪莫斯甚。中朝倾覆,实由于此。(《晋书》卷七〇《卞壸传》)

惟清谈习尚已成,虽有诤论,卒莫之能挽也。

楷弟……绰子遐,善言玄理,音辞清畅,泠然若琴瑟。尝与河南郭象谈论,一座嗟服。(《晋书》卷三五《裴楷传》)

玠……好言玄理,……亲友时请一言,无不咨嗟,以为入微。琅邪王澄有高名,少所推服,每闻玠言,辄叹息绝倒。……时大将军王敦镇豫章,长史谢鲲先雅重玠,相见欣然,言语弥日,敦谓鲲曰:"昔王辅嗣吐金声于中朝,此子复玉振于江表,微言之绪,绝而复续,不意永嘉之末,复闻正始之音。"(《晋书》卷三六《卫瓘附卫玠传》)

桓温尝问惔,会稽王谈更进邪,惔曰:"极进,然故第三流耳。"温曰:"第一复谁?"惔曰:"故在我辈。"其高自标置如此。(《晋书》卷七五《刘惔传》)

梁武帝始崇经学,儒术稍振。然谈玄之习已成,所谓经学者,只为谈辩之资,五经之外,不废老庄,并增佛义,晋人空虚之习,且加甚焉。

清谈雅论，剖玄析微，宾主往复，娱心悦耳，非济世成俗之要也。洎于梁世，兹风复阐，《庄》、《老》、《周易》，总谓三玄。武皇、简文，躬自讲论。周弘正奉赞大猷，化行都邑，学徒千余，实为盛美。元帝在江荆间，复所爱习，召置学生，亲为教授，废寝忘食，以夜继朝，至乃倦剧愁愤，辄以讲自释。（颜之推《颜氏家训》卷上《勉学篇》）

越……特善庄老，尤长论难。……武帝尝于重云殿自讲《老子》，仆射徐勉举越论义，越抗首而请，音响若钟，容止可观，帝深赞美之。（《南史》卷七一《顾越传》）

简文在东宫，召衮讲论。又尝置宴，集玄儒之士，先命道学，互相质难，……衮精采自若，领答如流，简文深加叹赏。（《南史》卷七一《戚衮传》）

梁邵陵王纶，……自讲《大品经》，令枢讲《维摩》、《老子》、《周易》，同日发题，道俗听者二千人，……乃谓众曰："与马学士论义，必使屈服，不得空立客主。"于是……各起问端，枢……转变无穷，论者拱默听受而已。（《南史》卷七六《马枢传》）

专务清谈，遗弃世务，社会上蒙受影响，所造成之人生观，多为灰心绝望者。王羲之所记《兰亭序》，即足以代表一般人之心理。

羲之，雅好服食养性，不乐在京师，初渡浙江，便有终焉之志。会稽有佳山水，名士多居之，谢安未仕时，亦居焉。孙绰、李充、许询、支遁等，皆以文义冠世，并筑室东土，与羲之同好。尝与同志宴集于会稽山阴之兰亭，羲之自为之序以申其志曰："……仰观宇宙之

王羲之《兰亭序》

大，俯察品类之盛，所以游目骋怀，足以极视听之娱，信可乐也。……当其欣于所遇，暂得于己，快然自足，曾不知老之将至。及其所之既倦，情随事迁，感慨系之矣。……况修短随化，终期于尽。古人云，死生亦大矣，岂不痛哉。……固知一死生为虚诞，齐彭殇为妄作，后之视今，亦犹今之视昔，悲夫！"（《晋书》卷八〇《王羲之传》）

又自晋以后，佛学大兴，然实与清谈互相发明，皆欲了解人生。佛徒每假借清谈，以与士流周旋，其教始盛。

又沙门支遁，以清谈著名于时，风流胜贵，莫不崇敬，以为造微之功，足参诸正始。而遁常重超，以为一时之俊，甚相知赏。（《晋书》卷六七《郗超传》）

支遁，字道林，……幼有神理，聪明秀彻。初至京师，太原王蒙甚重之，曰："造微之功，不减辅嗣，……"家世事佛，早悟非常之理，……每至讲肆，善标宗会。而章句或有所遗，时为守文者所陋，谢安闻而善之曰："此乃九方歅之相马也，略其玄黄而取其骏逸。"王洽、刘恢、殷浩、许询、郗超、孙绰、桓彦表、王敬仁、何次道、王文度、谢长遐、表彦伯等，并一代名流，皆著尘外之狎。遁尝在白马寺与刘系之等谈《庄子·逍遥篇》，云各适性以为逍遥，遁曰："不然。夫桀跖以残害为性，若适性为得者，彼亦逍遥矣。"于是退而注《逍遥篇》，群儒旧学，莫不叹服。……王羲之时在会稽，素闻遁名，未之信。……王故往诣遁，……谓遁曰："《逍遥篇》可得闻乎？"遁乃作数千言，标揭新理，才藻惊绝，王遂披襟解带，留连不能已。（慧皎《高僧传初集》卷四《晋剡沃洲山支遁》）

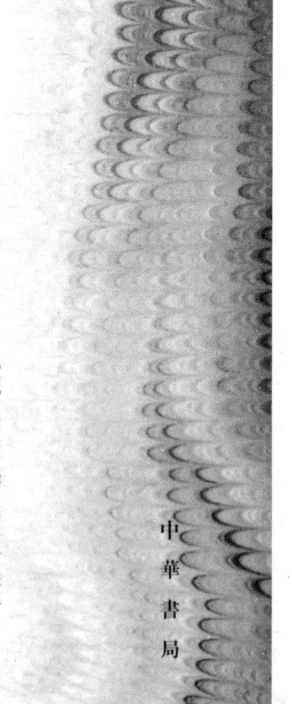

释道安，姓卫氏。……习凿齿书与谢安，书云："来此，见释道安，……其人理怀简衷，多所博涉，内外群书，略皆遍睹，阴阳算数，亦皆能通，佛经妙义，故所游刃。……"其为时贤所重，类皆然也。（慧皎《高

《高僧传》书影

中国佛教典籍选刊

高僧传

〔梁〕释慧皎 撰
汤用彤 校注

中華書局

僧传初集》卷五《晋长安五级寺释道安》）

释道渊，……弟子慧琳，……善诸经及《庄》、《老》，俳谐好语笑，长于制作，故集有十卷，而为性傲诞，颇自矜伐。（慧皎《高僧传初集》卷七《宋京师彭城寺释道渊》）

（二）经学

东汉儒术，至郑康成而集其大成。至魏王肃出，务非难郑氏，郑学始衰。

何休，木讷多智，三坟五典，阴阳算术，河洛谶纬，及远年古谚，历代图籍，莫不咸诵也。门徒有问者，则为注记，而口不能说。作《左氏膏肓》、《公羊废疾》、《穀梁墨守》，谓之"三阙"，言理幽微，非知机藏往，不可通焉。及郑康成，蜂起而攻之，求学者不远千里，赢粮而至，如细流之赴巨海。京师谓康成为"经神"，何休为"学海"。（王嘉《拾遗记》卷六）

初肃善贾马之学，而不好郑氏，采会同异，为《尚书》、《诗》、《论语》、《三礼》左氏解。（《三国·魏志》卷一三《王肃传》）

康成生炎汉之季，训义优洽，一世孔门，褒成并轨，故老以为前修，后生未之敢异。而王肃依经辩理，与硕相非，爰兴《圣证》，据用《家语》，外戚之尊，肃为晋武帝外祖。多行晋代，江左儒门，参差互出，虽于时不绝，而罕复专家。（《南齐书》卷三九《刘瓛传论》）

王肃以帝室戚谊，其学盛行于晋，遂为经学南派宗主，一时礼制，俱黜郑伸王。学者竞求新知，乃有汲冢书及梅赜古文之发现。同时风行王弼、何晏之学，盖儒家思想，已与佛老混合矣。

元嘉建学之始，玄、弼两立。

《竹书纪年》书影

逮颜延之为祭酒，黜郑置王，意在贵玄，事成败儒。（《南齐书》卷三九《陆澄传》）

自两汉登贤，咸资经术，洎魏正始以后，更尚玄虚，公卿士庶，罕通经业。……自是中原横溃，衣冠道尽。逮江左草创，日不暇给。以迄宋齐，国学时或开置，而劝课未博，建之不能十年，盖取文具而已。……至梁武创业，深愍其弊，天监四年，乃诏开五馆，建立国学，总以五经教授，置五经博士各一人，……于是怀经负笈者云会矣。……陈武创业，时经丧乱，……敦奖之方，所未遑也。天嘉以后，稍置学官，虽博延生徒，成业盖寡，其所采缀，盖亦梁之遗儒。（《南史》卷七一《儒林传》序）

晋世以玄言方道，宋氏以文章间业，服膺典艺，斯风不纯，二代以来，为教衰矣。（《南齐书》卷三九《刘瓛传论》）

北朝风气，变动稍迟，仍谨守郑氏之学。至隋代统一，南北派经学，始有混合统一之盛，而郑学实衰矣。

六朝人虽以词藻相尚，然北朝治经者，尚多专门名家。盖自汉末郑康成以经学教授门下，著录者万人，流风所被，士皆以通经绩学为业，而上之举孝廉、举秀才，亦多于其中取之。故虽经刘石诸朝之乱，而士习相承，未尽变坏。大概元魏时，经学以徐遵明为大宗；周隋间，以刘炫、刘焯为大宗。按《北史·儒林传》，遵明讲郑康成所著《易》，以传卢景裕、崔瑾，是遵明深于《易》也。《尚书》之业，遵明所通者，郑注之今文，后以授李周仁等，是遵明深于《尚书》也。三礼并出遵明之门，传李铉、祖㒞、熊安生、是遵明深于《礼》也。馆陶赵世业，家有《服氏春秋》，乃晋永嘉旧本，遵明读之，手撰《春秋义章》三十卷，河北诸儒，能通《服氏春秋》者，并出徐生之门，遵明传。是遵明又深于《春秋》也。至隋刘焯于贾、王、马、郑章句，多所是非，著有《五经述义》行世，与刘炫齐名，时称二刘。炫尤博学多识，韦世康问其所能，炫曰："《周礼》、《礼记》、《毛诗》、《尚书》、《公羊》、《左传》、《孝经》、《论语》，孔、郑、王、何、服、杜等注，凡十三家，并堪讲授。《周易》、《仪礼》、《穀梁》，用功差少。"在朝知名之士七十余，皆谓炫所陈不谬，是炫之深于诸经也。其时治经者，各有师承，如李铉从李周仁受《毛诗》，

刘子猛受《礼记》，房虬受《周官》、《仪礼》，鲜于灵馥受《左氏春秋》，又受业徐遵明者五年，杨汪受《礼》于沈重，受《汉书》于刘臻，刘焯亦受《诗》于刘轨思，受《左氏传》于郭懋，问《礼》于熊安生，又以刘智海家多坟籍，就之读十年。此可见诸儒师资有自，非同后世稗耳贩目之学也。其业既成，则各有所著，以开后学。……此又可见当时治经者，各有心得，笔之于书，非如后世记问掇拾之学也。其所以多务实学者，固由于士习之古，亦上之人，有以作兴之。
(赵翼《廿二史劄记》卷一五"北朝经学")

南北所治章句，好尚互有不同，江左《周易》则王辅嗣，《尚书》则孔安国，《左传》则杜元凯，河洛《左传》则服子慎，《尚书》、《周易》则郑康成，《诗》则并主于毛公，《礼》则同遵于郑氏。(《隋书》卷七五《儒林传序》)

汉熹平石经、魏正始三体石经之相继造作，实于经学上，有正定文字之功。顾历汉自唐，石经已毁，说者不一，隋唐三志著录，各有差别。

太和四年，二月，……诏太傅三公，以文帝《典论》刻石，立于庙门之外。(《三国·魏志》卷三《明帝纪》)

明帝立，诏三公曰："先帝昔著《典论》，不朽之格言，其刊石于庙门之外，及太学，与石经并以永示来世。(《三国·魏志》卷四《齐王芳纪》注引《搜神记》)

黄初元年之后，新主乃复始扫除太学之灰炭，补旧石碑之缺坏。

《春秋经传集解》书影

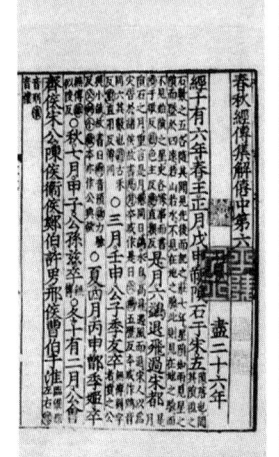

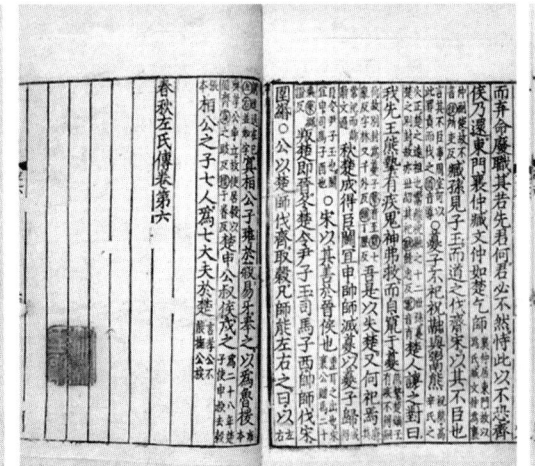

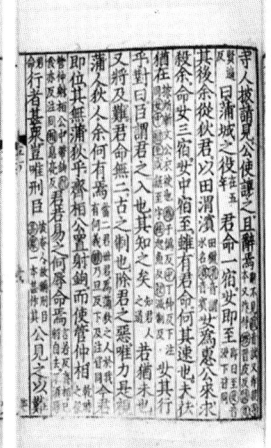

(《三国·魏志》卷一三《王肃传》注引《世语》)

汉魏以来，置太学于国子堂东。汉灵帝光和六年，刻石镂碑，载五经立于太学讲堂前，悉在东侧。蔡邕以熹平四年，与五官中郎将堂谿典，光禄大夫杨赐，谏议大夫马日磾，议郎张驯、韩说，太史令单飏等，奏求正定六经文字，灵帝许之。邕乃自书丹于碑，使工镌刻，立于太学门外，于是后儒晚学，咸取正焉。及碑始立，其观视及笔写者，车乘日千余辆，填塞街陌矣。今碑上悉铭刻蔡邕等名。魏正始中，又立古篆隶三字石经，……树之于堂西，石长八尺，广四尺，列石于其下，碑石四十八枚。(郦道元《水经注》卷一六)

天保元年，八月，诏郡国修立黉序。……往者文襄皇帝所建蔡邕石经五十二枚，即宜移置学馆，依次修立。(《北齐书》卷四《文宣帝纪》)

大象元年，二月，……诏徙邺城石经于洛阳。(《周书》卷七《宣帝纪》)

六年，开皇。运洛阳石经至京师，文字磨灭，莫能知者，奉敕与刘炫等考定。(《隋书》卷七五《刘焯传》)

后汉镌刻七经，著于石碑，皆蔡邕所书。魏正始中，又立一字石经，相承以为七经正字。后魏之末，齐神武执政，自洛阳徙于邺都，行至河阳，值岸崩，遂没于水，其得至邺者不盈大半。至隋开皇六年，又自邺京载入长安，置于秘书内省。议欲补缉，立于国学，寻属隋乱，事遂寝废，营造之司，因用为柱础。贞观初，秘书监臣魏徵始收聚之，十不存一。(《隋书》卷三二《经籍志》一)

此外于学术上大有贡献，而属于新发现者，则为汲冢之竹书。

咸宁五年，十月，……汲郡人不准掘魏襄王冢，得竹简小篆古书十余万言，藏于秘府。(《晋书》卷三《武帝纪》)

太康二年，汲郡人不准盗发魏襄王墓，或言安釐王冢，得竹书数十车。其《纪年》十三篇，记夏以来，至周幽王为犬戎所灭，以事接之三家，分仍述魏事，至安釐王之二十年，盖魏国之史书。大略与《春秋》皆多相应，其中经传大异，则云夏年多殷，益干启位，启杀之，太甲杀伊尹，文王杀季历，自周受命至穆王百年，非穆王百岁也。幽王既亡，有共伯和者摄行天子事，非二相共和也。其《易经》

二篇，与《周易》上下经同。《易爻阴阳卦》二篇，与《周易》略同，爻辞则异卦，下《易经》一篇，似说卦而异。《公孙段》二篇，公孙段与邵陟论《易》。《国语》三篇，言楚晋事，名三篇，似《礼记》，又似《尔雅》。《论语师春》一篇，书《左传》诸卜筮，师春似是造书者姓名也。《琐语》十一篇，诸国卜梦妖怪相书也。《梁丘藏》一篇，先叙魏之世数，次言丘藏金玉事。《缴书》二篇，论弋射法。《生封》一篇，帝王所封。《大历》二篇，邹子谈天类也。《穆天子传》五篇，言周穆王游行四海，见帝台西王母。《图诗》一篇，画赞之属也。又杂书十九篇，周食田法，周书论楚事，穆王美人盛姬死事。大凡七十五篇，七篇简书折坏不识名题。冢中又得铜剑一枚，长二尺五寸，漆书皆科斗字。初发冢者，烧策照取宝物，及官收之，多烬简断札，文既残缺，不复铨次。武帝以其书付秘书，校缀次第，寻考指归，而以今文写之。皙在著作，得观竹书，随疑分释，皆有义证。……时有人于嵩高山下得竹简一枚，上两行科斗书，传以相示，莫有知者。司空张华以问皙，皙曰："此汉明帝显节陵中策文也。"检验果然。(《晋书》卷五一《束皙传》)

时秘书丞卫恒，考正汲冢书，未讫而遭难，佐著作郎束皙述而成之，事多证异义。时东莱太守陈留王庭坚难之，亦有证据，皙又释难，而庭坚已亡。散骑侍郎潘滔谓接曰："卿才学理议，足解二子之纷，可试论之。"接遂详其得失，挚虞、谢衡，皆博物多闻，咸以为允当。(《晋书》卷五一《王接传》)

续咸……著……《汲冢古文释》……十卷行于世。(《晋书》卷九一《续咸传》)

(三) 史学

自魏晋迄于隋初，史学称为发达，撰作甚众。其成为一代之史者——

甲、《后汉书》

永平中，班固、陈宗、尹敏、孟异，共撰《世祖本纪》，固又撰列传、载纪二十八篇，而纪传始立。安帝永初、永宁间，刘珍、騊駼、张衡、李尤等，撰集为《汉记》，于是又有名臣列士传焉。永寿中，则有崔寔、边韶、延笃、朱穆、邓嗣、伏无忌之著作，熹平中，则有卢植、马日磾、蔡邕、韩说、杨彪之补续。又作《灵纪》，及补

诸列传四十二篇，而纪传益备。唯书志缺，邕以十意足之。（王应麟《玉海》卷四六《正史》）

按东观集诸儒奉诏修当代之史，是为后世官修国史所本。前后凡五修，乃成《东观汉纪》一百四十三卷。伏无忌等曾作王子恩泽侯、单于、西羌、《地理志》，边韶作皇后外戚传、《百官表》，是体制已备，不得云缺书志，岂后有散佚耶？今四库辑本二十四卷，有《天文志》、《地理志》。

《后汉书》一百三十卷，注：无《帝纪》，吴武陵太守谢承撰。……今存姚之驷辑本四卷。（章宗源《隋经籍志考证》卷一）

降及晋宋，著者先后辈出，姚辑薛莹书一卷，司马彪书一卷，谢沈书一卷，袁山松书一卷，合《东观纪》、谢承书、华峤书、刘义庆书，为八家《后汉书》。

峤以《汉纪》烦秽，慨然有改作之意。会为台郎，典官制事，由是得遍观秘籍，遂就其绪，起于光武，终于孝献，一百九十五年，为帝纪十二卷，皇后纪二卷，十典十卷，传七十卷，及三谱、序传、目录，凡九十七卷。峤以皇后配天作合，前史作外戚传，以继末编，非其义也，故易为皇后纪，以次帝纪。又改志为典，以有尧典故也，而改名《汉后书》。……峤性嗜酒，率常沉醉，所撰书十典，未成而终。秘书监何劭，奏峤中子彻，为佐著作郎，使踵成之，未竟而卒。后监缪徵，又奏峤少子畅，为佐著作郎，克成十典。……永嘉丧乱，经籍遗没，峤书存者五十余卷。（《晋书》卷四四《华峤传》）

汉氏中兴，迄于建安，……而时无良史，记述烦杂，谯周虽已删除，然犹未尽，安顺以下，亡缺者多。彪乃讨论众书，缀其所闻，起于世祖，终于孝献，编年二百，录世十二，通综上下，旁贯庶事，为纪、志、传，凡八十篇，号曰《续汉书》。（《晋书》卷八二《司马彪传》）

何允、庾冰并称沈有史才，迁著作郎，……著《后汉书》百卷。（《晋书》卷八二《谢沈传》）

山松，少有才名，博学有文章，著《后汉书》百篇。（《晋书》卷八三《袁山松传》）

宏有逸才，文章绝美。……孝武太元初，卒于东阳。……撰《后

汉纪》三十卷。(《晋书》卷九二《袁宏传》)

《后汉记》六十五卷。注：本一百卷，梁有，今残缺，晋散骑常侍薛莹撰。(《隋书》卷三三《经籍志》二)

《后汉南记》四十五卷。注：本五十五卷，今残缺，晋江州从事张莹撰。(《隋书》卷三三《经籍志》二)

至南宋范晔，乃删取各家"后汉书"为一家之作，即今传之《后汉书》也。

范晔，字蔚宗，……博涉经史，善为文章。……元嘉元年，……左迁晔宣城太守，不得志，乃删众家"后汉书"为一家之作。……晔狱中与诸甥侄书，以自序曰："……吾杂传论，皆有精意深旨，既有裁味，故约其词句。至于循吏以下，及六夷诸序论，笔势纵放，实天下之奇作，其中合者，往往不减《过秦篇》。尝共比方班氏所作，非但不愧之而已。……自是吾文之杰思，殆无一字空设，奇变不穷，同舍异体，乃自不知所以称之。此书行，故应有赏音者。纪传例为举其大略耳，诸细意甚多，自古体大而思精，未有此也。恐世人不能尽之，多贵古贱今，所以称情狂言耳。(《宋书》卷六九《范晔传》)

惟晔著成十纪，九十列传，十志，书未成即遇祸，后人以司马彪《续汉书》志补成之，共为一百二十篇。

刘昭，字宣卿。……昭又集后汉同异，以注范晔书，世称博悉。(《梁书》卷四九《刘昭传》)

初晔令谢俨撰志，未成而晔伏诛，俨悉蜡以覆车。梁世刘昭得旧本，因补注三十卷。……又曰，志三十卷，晋秘书监河内司马彪绍统撰，梁剡令平原刘昭宣乡补注晔本书。……刘昭所注，乃司马彪《续汉书》之八志尔，序文固云：范志今阙，乃借旧志注以补之。(《通

范晔像

卷二 两晋及南北朝

考》卷一九一《经籍志》一八）

乙、《三国志》

魏正元中，迁散骑常侍侍中，典著作，与荀顗、阮籍共撰《魏书》，多为时讳，未若陈寿之实录也。《隋书·经籍志》，《魏书》四十八卷，晋司空王沈撰。（《晋书》卷三九《王沈传》）

右国史华覈上疏曰："……大皇帝末年，命太史令丁孚，郎中项峻，始撰《吴书》。孚、峻俱非史才，其所撰作，不足纪录。至少帝时，更差韦曜、周昭、薛莹、梁广及臣五人，访求往事，所共撰立，备有本末。昭、广先亡，曜负恩蹈罪，莹出为将，复以过徙，其书遂委滞迄今未撰奏。"《隋书·经籍志》，《吴书》二十五卷，韦昭撰。本五十五卷，梁有，今残缺。（《三国·吴志》卷八《薛综附薛莹传》）

晋陈寿撰《三国志》，称为良史，流传至今。计全书凡魏四纪，二十六列传，蜀十五列传，吴二十列传，凡六十五篇。

陈寿，字承祚。……除佐著作郎，……撰魏吴蜀《三国志》，凡六十五篇。时人称其善叙事，有良史之才。……元康七年病卒。……梁州大中正尚书郎范頵等上表曰："臣等按故治书侍御史陈寿，作《三国志》，辞多劝诫，明乎得失，有益风化，虽文艳不若相如，而质直过之。愿垂采录。"于是诏下河南尹洛阳令，就家写其书。（《晋书》卷八二《陈寿传》）

惟寿书过简，宋文帝命裴松之注之。松之因兼采众书，补其阙略，由是世言《三国志》者以裴注为本。

裴松之，字世期。……元嘉三年，……转

陈寿撰《三国志》书影

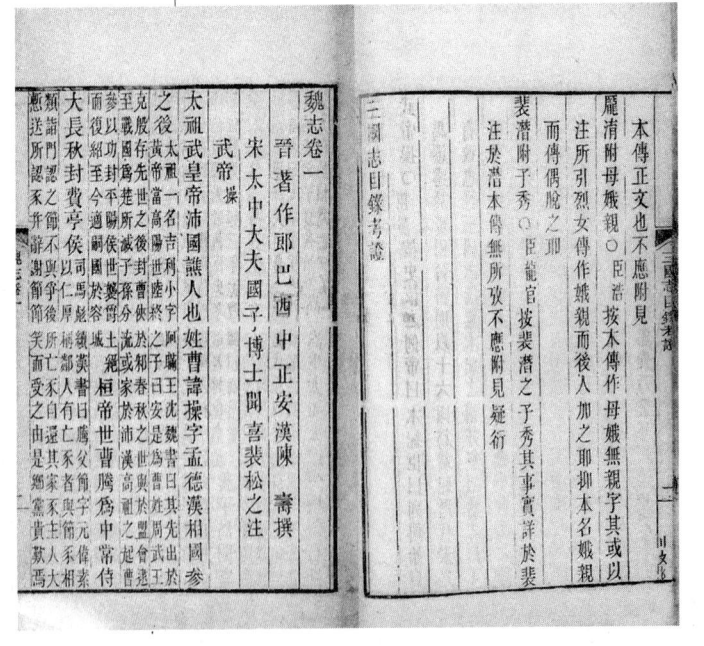

中书侍郎。……上使注陈寿《三国志》，松之鸠集传记，增广异闻，既成奏上，元嘉六年。上善之曰："此为不朽矣。"（《宋书》卷六四《裴松之传》）

臣前被诏，使采三国异同，以注陈寿国志。寿书铨叙可观，……近世之嘉史。然失在于略，时有所脱漏。臣奉旨寻详，务在周悉，上搜旧闻，傍掇遗逸，……寿所不载，事宜存录者，则罔不毕取以补其阙。或同说一事，而辞有乖杂，或出事本异，疑不能判，并皆抄内，以备异闻。若乃纰缪显然，言不附理，则随违矫正，以惩其妄。其时事当否，及寿之小失，颇以愚意，有所论辩。自就撰集，已垂期月，写校殆讫，谨封上呈。（裴松之《上三国志注表》）

丙、《晋书》

著《晋书》者，有十八家。至唐太宗时撰成新《晋书》，名曰御撰，诸家之作，多半散亡矣。其属于纪传体者，列举如下。

元帝以草创务殷，未遑史官，遂寝。……太兴初，典章稍备，乃召隐及郭璞，俱为著作郎，令撰晋史。……时著作郎虞预，私撰《晋书》，而生长东南，不知中朝事，数访于隐，并借隐所著书，窃写之，所闻渐广。……隐竟以谤免，黜归于家，贫无资用，书遂不就。乃依征西将军庾亮于武昌，亮供其纸笔，书乃得成，诣阙上之。《隋书·经籍志》，《晋书》八十六卷，本九十三卷，今残缺，晋著作郎王隐撰。（《晋书》卷八二《王隐传》）

谢沈，……撰《晋书》三十余卷。（《晋书》卷八二《谢沈传》）

预雅好经史，憎疾玄虚，……著《晋书》四十余卷。（《晋书》卷八二《虞预传》）

《晋书》十卷。注：未成，本十四卷，今残缺，晋中书郎朱凤撰，讫元帝。（《隋书》卷三三《经籍志》二）

《晋中兴书》七十八卷。注：起东晋，宋湘东太守何法盛撰。（《隋书》卷三三《经籍志》二）

太祖……征为秘书监，……使整理秘阁书，补足阙文。以晋氏一代，自始至终，竟无一家之史，令灵运撰《晋书》，粗立条流，书竟不就。《隋书·经籍志》，《晋书》三十六卷，宋临川内史谢灵运撰。（《宋书》卷六七《谢灵运传》）

臧荣绪，……纯笃好学，括东西晋为一书，纪录志传，百一十卷。……建元中，司徒褚彦回启高帝，称述其美，以置秘阁。(《南史》卷七六《臧荣绪传》)

子云……以晋代竟无全书，弱冠便留心撰著，至年二十六，书成，表奏之，……著《晋书》一百一十卷。(《梁书》卷三五《萧子云传》)

《晋史草》三十卷，注：梁萧子显撰。梁有郑忠《晋书》七卷，沈约《晋书》一百一十一卷，庾铣《东晋新书》七卷，亡。(《隋书》卷三三《经籍志》二)

其属于编年体者如下。

《晋纪》四卷。注：陆机撰。(《隋书》卷三三《经籍志》二)

《晋纪》十卷。注：晋前军咨议曹嘉之撰。(《隋书》卷三三《经籍志》二)

凿齿在郡，著《汉晋春秋》，……起汉光武，终于晋愍帝。于三国之时，蜀以宗室为正，魏武虽受汉禅，晋尚为篡逆。至文帝平蜀，乃为汉亡，而晋始兴焉。……凡五十四卷。(《晋书》卷八二《习凿齿传》)

粲以父骞，有忠信言而世无知者，乃著《元明纪》十篇。《隋书·经籍志》，《晋纪》十一卷，讫明帝，晋荆州别驾邓粲撰。(《晋书》卷八二《邓粲传》)

盛……著《魏氏春秋》，《晋阳秋》。《通志》，凡三十二卷。……《晋阳秋》词直而理正，咸称良史焉。既而桓温见之，怒谓盛子曰："枋头诚为失利，何至乃如尊君所说？若此史遂行，自是关君门户事。"其子遽拜谢，谓请删改之。时盛年老还家，性方严，……诸子乃共号泣稽颡，请为百口切计。盛大怒，诸子遂窃改之，盛写两定本，寄于慕容隽。太元中，孝武帝博求异闻，始于辽东得之，以相考校，多有不同，书遂两存。(《晋书》卷八二《孙盛传》)

中兴草创，未置史官。中书监王导上疏，"……宜备史官，勅佐著作郎干宝等，渐就撰集"，元帝纳焉。宝于是始领国史，……著《晋纪》，自宣帝迄于愍帝，五十三年，凡二十卷，奏之。其书简略，直而能婉，咸称良史。(《晋书》卷八二《干宝传》)

义熙初，……尚书奏，……宜敕著作郎徐广撰成国史。于是敕广撰集焉。……十二年，勒成《晋纪》，凡四十六卷，表上之。(《晋书》卷八二《徐广传》)

王韶之，……父伟之，……少有志尚，当世诏命表奏，辄自书写，泰元隆安时事，小大悉撰录之。韶之因此私撰《晋安帝阳秋》，既成，时人谓宜居史职，即除著作佐郎，使续后事，讫义熙九年。善叙事，辞论可观，为后代佳史。(《宋书》卷六〇《王韶之传》)

弟谦之，好学，撰《晋纪》二十卷。(《南史》卷一七《刘康祖附刘简之传》)

超叔父道鸾，字万安，位国子博士，永嘉太守，亦有文学，撰《续晋阳秋》二十卷。(《南史》卷七二《檀超传》)

《续晋纪》五卷。注：宋新兴太守郭李产撰。(《隋书》卷三三《经籍志》二)

丁、《宋书》

先是元嘉中，使著作郎何承天草创国史。世祖初，又使奉朝请山谦之、南台御史苏宝生踵成之。六年，又以爰领著作郎，使终其业。爰虽因前作，而专为一家之书。《隋书·经籍志》，《宋书》六十五卷，宋中散大夫徐爰撰。(《宋书》卷九四《徐爰传》)

《宋书》六十五卷。注：齐冠军录事参军孙严撰。(《隋书》卷三三《经籍志》二)

宋世史官，屡修国史，惟避讳甚多，究非实录。至梁沈约，奉命著成宋史，起自义熙晋安帝。肇号，终于升明顺帝。三年，凡纪十，志三十，列传六十，合为百卷。

建元四年，……被敕撰国史；……永明五年春，又被敕撰《宋书》。六年二月，毕功，表上之曰："……宋故著作郎何承天始撰《宋书》，草立纪传，止于武帝功臣，篇牍未广，其所撰志，唯天文律历，自此外悉委奉朝请山谦之。谦之孝建初，又被诏撰述，寻值病亡，仍使南台侍御史苏宝生续造诸传，元嘉名臣，皆其所撰。宝生被诛，大明中，又命著作郎徐爰踵成前作。爰因何、苏所述，勒为一史，起自义熙之初，讫于大明之末。至于臧质、鲁爽、王僧达诸传，

又皆孝武所造。自永光以来，至于禅让，十余年内，阙而不续。一代典文，始末未举，且事属当时，多非实录。……臣今谨更创立，制成新史，始自义熙肇号，终于升明三年，……本纪列传缮写已毕，合志表七十卷，……所撰诸志须成续上。(《宋书》卷一〇〇《自序》)

是时裴子野，更删为《宋略》。今裴《略》久亡，只存沈《书》。

子野曾祖松之，宋元嘉中，受诏续修何承天宋史，未及成而卒，子野常欲继成先业。及齐永明末，沈约所撰《宋书》既行，子野更删撰为《宋略》二十卷，其叙事评论多善，约见而叹曰："吾弗逮也。"(《梁书》卷三〇《裴子野传》)

戊、《南齐书》

江淹……永明初，迁骠骑将军，掌国史。……淹少以文章显，……凡所著述百余篇，自撰为前后集，并《齐史》十志，并行于世。(《梁书》卷一四《江淹传》)

沈约，……所著……《齐纪》二十卷。(《梁书》卷一三《沈约传》)

梁代对于齐史，亦有撰者，及萧子显书成，遂为正史。其书起升明之年，尽永元废帝宝卷。之代，为纪八，志十一，传四十，合成五十九篇。

子显……又启撰《齐史》，书成表奏之，诏付秘阁。(《梁书》卷三五《萧子显传》)

同时吴均撰《齐春秋》三十篇，其书称梁帝为齐明佐命，帝恶其实，诏燔之。然当时有私本，与萧氏所撰并传，今亦亡矣。

先是均表求撰《齐春秋》，书成奏之。高祖以其书不实，使中书舍人刘之遴诘问数条，竟支离无对，敕付省焚之。(《梁书》卷四九《吴均传》)

己、《梁/陈书》

《梁书》四十九卷。注：梁中书郎谢吴撰，本一百卷。(《隋书》卷三三《经籍志》二)

《梁史》五十三卷。注：陈领军大著作郎许亨撰。(《隋书》卷三三《经籍志》二)

中书侍郎领著作杜之伟，与察深相眷遇，表用察佐著作，仍撰史。……察所撰《梁陈史》，虽未毕功，隋文帝开皇之时，遣内史舍人虞世基索本且进上。(《陈书》卷二七《姚察传》)

父察，……在陈尝修梁陈二史，未就。……贞观三年，又受诏与秘书监魏徵同撰梁陈二史，思廉又采谢昊等诸家梁史，续成父书，并推究陈事，删益傅缚、顾野王所修旧史，撰成《梁书》五十卷。(《旧唐书》卷七三《姚思廉传》)

按今《梁书》百五十六卷，察撰二十六篇，余称史臣。《陈书》三十卷，二三两卷题察撰。思廉父子，以散文述史，实开韩柳先河。

庚、《魏书》

太祖诏渊撰国记，渊造十余卷，惟次年月起居行事而已，未有体例。(《魏书》卷二四《邓渊传》)

世祖……乃诏浩曰："……逮于神麚，始命史职，注集前功，以成一代之典。自尔已来，戎旗仍举，……而史阙其职，篇籍不著，每惧斯事之坠焉。……命公留台，综理史务，述成此书，务从实录。"浩于是监秘书事，以中书侍郎高允、散骑侍郎张伟参著作，续成前纪，至于损益褒贬，折中润色，浩所总焉。……真君十一年六月，诛浩。……初郄标等立石，铭刊国记，浩尽述国事，备而不典，而石铭显在衢路，往来行者，咸以为言，事遂闻，发有司按验，……其秘书郎吏已下尽死。(《魏书》卷三五《崔浩传》)

著作令史闵湛、郄櫺，……为浩信待。……湛有著述之才，既而劝浩刊所撰国史于石，用垂不朽，欲以彰浩直笔之迹。……未几而难作，……世祖怒甚，敕允为诏，自浩已下、僮吏已上，百二十八人，皆夷五族，……浩竟族灭，余皆身死。(《魏书》卷四八《高允传》)

自崔浩族诛后，魏废史官，至文成帝始复其职，而以高允典著作，修国史。允仍邓、崔之旧，为编年之体。

允……虽久典史事，然而不能专勤属述，时与校书郎刘模，有所辑缀，大较续崔浩故事，准《春秋》之体，而时有刊正。(《魏书》卷四八《高允传》)

至孝文帝太和中，李彪、崔光等修史，始分为纪传之体。

自成帝以来，至于太和，崔浩、高允，著述国书，编年序录，为《春秋》之体，遗落时事，三无一存。彪与秘书令高祐，始奏从迁、固之体，创为纪传表志之目焉。……彪在秘书岁余，史业竟未及就，然区分书体，皆彪之功。(《魏书》卷六二《李彪传》)

自后撰著虽众，至北齐魏收始勒成《魏书》，虽被谤毁，其佳处终不可没，诸志尤见卓识。惜今本残缺三十卷。宋人以《北史》及《修文御览》、《高氏小史》等书补缀之，非收书之旧也。

《魏书》，十二纪，九十二列传，十志，凡一百一十四篇，旧分为一百三十卷，北齐尚书右仆射魏收撰。初魏史官邓渊、崔浩、高允，皆作编年书，遗落时事，三不存一。太和中，李彪、崔光始分纪传表志之目。宣武时，邢峦撰《高祖起居注》，崔鸿、王遵业补续，下逮明帝。其后温子升作《庄帝纪》三卷，济阴王晖业撰《辨宗室录》三十卷。魏末山伟，以代人谄附元天穆、尔朱世隆，与綦俊更主国书二十余年，事迹荡然，万不记一。北齐文宣天保二年，诏魏收修魏史，博访百家谱状，搜采遗轶，包举一代始终，颇为详悉。收所取史官，本欲才不逮己，故房延祐、辛元植、睦仲、刁柔、裴昂之、高孝干，皆不工纂述。其三十五例，二十五序，九十四论，前后二表、一启，咸出于收。五年表上之，悉焚崔李旧书。收党齐毁魏，褒贬肆情，时论以为不平。文宣命收于尚书省，与诸家子孙诉讼者百余人评论。收始亦辩答，后不能抗，范阳卢斐，顿丘李庶，太原王松年，并坐谤史，受鞭配甲坊，有致死者，众口沸腾，号为"秽史"。时仆射杨愔、高正德用事，收皆为其家作传，二人深党助之，抑塞诉辞，不复重论，亦未颁行。孝昭皇建中，命收更加审核。收请写二本，一送并省，一付邺下，欲传录者听之。群臣竞攻其失，武成复敕收更易刊正。收既以魏史招众怨咎，齐亡之岁，盗发其冢，弃骨于外。隋文帝以收书不实，平绘《中兴书》叙事不伦，命魏澹、颜之推、辛德源更撰《魏书》九十二卷，以西魏为正，东魏为伪，义例简要，大矫收绘之失，文帝善之。炀帝以澹书犹未尽善，更敕杨素，及潘徽、褚亮、欧阳询，别修《魏书》，未成而素卒。唐高祖武德五年，诏侍中陈叔达等十七人，分撰后魏、北齐、周、隋、梁、陈六代史，历年不成。……《唐书·艺文志》，又有张大素后《魏书》一百卷，裴安时元《魏

书》三十卷，今皆不传，……惟以魏收书为主焉。（《魏书》目录）

辛、《十六国春秋》

鸿，字彦鸾。少好读书，博综经史。……以刘渊、石勒、慕容儁、苻健、慕容垂、姚苌、慕容德、赫连屈孑、张轨、李雄、吕光、乞伏国仁、秃髪乌孤、李暠、沮渠蒙逊、冯跋等，并因世故，跨僭一方，各有国书，未有统一，鸿乃撰为《十六国春秋》，勒成百卷，因其旧记，时有增损褒贬焉。鸿二世仕江左，故不录僭晋刘、萧之书，又恐识者责之，未敢出行于外。世宗闻其撰录，遣散骑常侍赵邕诏鸿曰："闻卿撰定诸史，甚有条贯，便可随成者送呈，朕当于机事之暇览之。"鸿以其书有与国初相涉，言多失体，且既未讫，迄不奏闻。鸿后典起居，乃妄载其表曰："……昔晋惠不竞，华戎乱起，……中原无主八十余年，……自晋永宁以后，……成为战国者，十有六家。……始自景明之初，搜集诸国旧史，属迁京甫尔，率多分散，求之公私，驰驱数岁。……暨正始元年，写乃向备，谨于吏按之暇，草构此书，区分时事，各系本录，破彼异同，凡为一体，约损烦文，补其不足，……考诸旧志，删正差谬，定为实录，商校大略，著《春秋》百篇。至三年之末，草成九十五卷，唯常璩所撰李雄父子据蜀时书，寻访不获，所以未及缮成，辍笔私求，七载于今，此书本江南撰录，恐中国所无，非臣私力，所能终得。"（《魏书》卷六七《崔光附崔鸿传》）

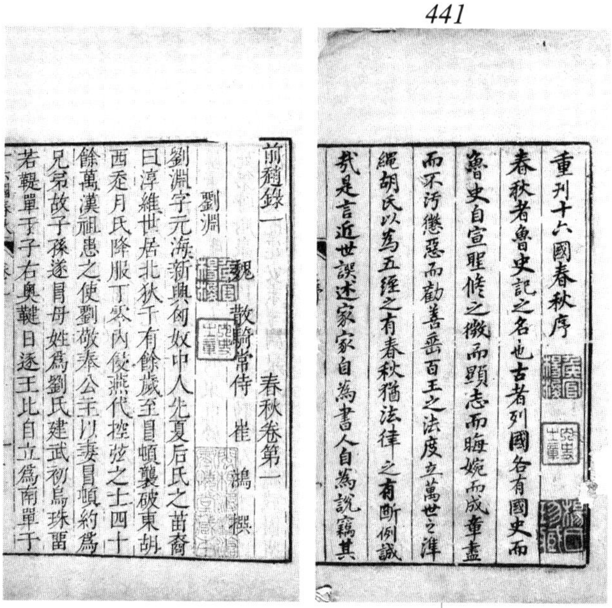

按晁公武《郡斋读书志》，称司马光所考《十六国春秋》已非鸿全书，则鸿书至北宋已亡佚矣。今通行一百卷本，乃明万历中槜李屠、乔孙、姚士粦取《晋书》载记、《北史》、《册府元龟》等书伪为之，又十六卷本亦非原文。

《十六国春秋》书影

卷二　两晋及南北朝

壬、通史

以上均为一代之史。梁武帝复有《通史》之制,为《南北史》之先河。此一时代中史学之盛,于焉可见。

又造《通史》,躬制赞序,凡六百卷。(《梁书》卷三《武帝纪》下)

高祖雅爱子显才,又嘉其容止吐纳,每御筵侍坐,遍顾访焉。尝从容谓子显曰:"我造《通史》,此书若成,众史可废。"子显对曰:"仲尼赞《易》道,黜八索,述职方,除九丘。圣制符同,复在兹日。"时以为名对。(《梁书》卷三五《萧子显传》)

《通史》四百八十卷,注:梁武帝撰,起三皇,讫梁。(《隋书》卷三三《经籍志》二)

至梁武帝,又敕其群臣上自太初,下终齐室,撰成《通史》六百二十卷。其书自秦以上,皆以《史记》为本,而别采他说以广异闻。至两汉已还,则全录当时纪传,而上下通达,臭味相依。又吴蜀二主皆入世家,五胡及拓跋氏列于《夷狄传》。大抵其体皆如《史记》,其所为异者,唯无表而已。(刘知几《史通》卷一六《家篇》)

癸、舆地

与史学最有关系之地理,撰著亦甚多。

裴秀……以职在地官,以《禹贡》山川地名,从来久远,多有变易,后世说者,或强牵引,渐以暗昧。于是甄擿旧文,疑者则阙,古有名而今无者,皆随事注列,作《禹贡地域图》十八篇,奏之,藏于秘府。其序曰:"……今秘书……惟有汉氏舆地及括地诸杂图,各不设分率,又不考正准望,亦不备载名山大川,虽有粗形,皆不精审,不可依据,或荒外迂诞之言,不合事实,于义无取。大晋龙兴,混一六合,……今上考《禹贡》山海川流原隰陂泽,古之九州,及今之十六州,郡国县邑疆界,乡陬及古国,盟会旧名,水陆径路,为地图十八篇。制图之体,有六焉,一曰分率,所以辨广轮之度也;二曰准望,所以正彼此之体也;三曰道里,所以定所由之数也;四曰高下,五曰方邪,六曰迂直,此三者,各因地而制宜,所以校夷险之异也。有图象而无分率,则无以审远近之差;有分率而无准望,虽得之于一隅,必失之于他方;有准望而无道里,则施于山海绝隔之地,不能以

相通；有道里而无高下、方邪、迂直之校，则径路之数，必与远近之实相违，失准望之正矣，故以此六者参而考之。然远近之实，定于分率，彼此之实，定于道里；度数之实，定于高下、方邪、迂直之算，故虽有峻山巨海之隔，绝域殊方之迥，登降诡曲之因，皆可得举而定者，准望之法既正，则曲直远近，无所隐其形也。(《晋书》卷三五《裴秀传》)

制木方丈，图山川土地，各有分理，离之则州别郡殊，合之则寓内为一。(《宋书》卷八五《谢庄传》)

道元好学，历览奇书，撰《注水经》四十卷。(《魏书》卷八九《郦道元传》)

晋世挚虞，依《禹贡》、《周官》，作《畿服经》。其州郡及县，分野，封略，事业，国邑，山陵，水泉，乡亭城，道里，土田，民物，风俗，先贤旧好，靡不具悉，凡一百七十卷，今亡。而学者因其经历，并有记载，然不能成一家之体。齐时陆澄，聚一百六十家之说，依其前后远近，编而为部，谓之《地理书》。任昉又增陆澄之书八十四家，谓之《地记》。陈时顾野王，抄撰众家之言，作《舆地志》。(《隋书》卷三三《经籍志》二)

(四) 文学

甲、文

自晋历宋齐梁陈，骈体文盛行于世，承学之士，尚不纯一。及昭明太子统与高斋十学士刘孝威、庾肩吾、徐防、江伯操、孔敬通、惠子忱、徐陵、王囿、孔烁、鲍至，共集《文选》以树其准的，刘勰撰《文心雕龙》以示其法则，而文章品格始归雅正。

昭明太子统，字德施，高祖长子也。……美姿貌，善举止。读书数行并下，过目皆忆。……引纳才学之士，赏奖无倦。恒自讨论篇籍，或与学士商榷古今，闲则继以文章著述，率以为常。于时东宫有书几三万卷，名才并集，文学之盛，晋宋以来，未之有也。性爱山水，于玄圃穿筑，更立亭馆，与朝士名素者游其中。……薨时，年三十一，……谥曰昭明。……所著文集二十卷，又撰古今典诰文言为《正序》十卷，五言诗之善者为《文章英华》二十卷，《文选》三十

卷。(《梁书》卷八《昭明太子传》)

刘勰，字彦和，东莞莒人也。……早孤，笃志好学。家贫不婚娶，依沙门僧祐居，遂博通经论，因区别部类，录而序之。……梁天监中，兼东宫通事舍人，……深被昭明太子爱接。初勰撰《文心雕龙》五十篇，论古今文体，其序略云："……敷赞圣旨，莫若注经，而马郑诸儒，弘之已精，就有深解，未足立家。唯文章之用，实经典枝条，五礼资之，以成六典，因之致用。"于是搦笔和墨，乃始论文，其为文用四十九篇而已。既成，未为时流所称，勰欲取定于沈约，无由自达，乃负书候约于车前，状若货鬻者。约取读，大重之，谓得文理，常陈诸几案。勰为文，长于佛理，都下寺塔，及名僧碑志，必请勰制文。敕与慧震沙门，于定林寺撰经，证功毕，遂求出家。……敕许之，乃变服，改名慧地云。(《南史》卷七二《刘勰传》)

昭明《文选》继挚虞《文章流别》而作。虞书早亡，《文选》遂为分类集文之始。取舍之间，立有标准，据其自序云：

尝试论之曰："……诗者，盖志之所之也，情动于中，而形于言，……颂者，所以游扬德业，褒赞成功；……箴兴于补阙，戒出于弼匡；论则析理精微，铭则序事清润；美终则诔发，图像则赞兴；又诏诰教令之流，表奏笺记之列，书誓符檄之品，吊祭悲哀之作，答客指事之制，三言八字之文；篇辞引序，碑碣志状，众制锋起，源流间出。譬陶匏异器，并为入耳之娱；黼黻不同，俱为悦目之玩，作者之致，盖云备矣。余监抚余闲，居多暇日，历观文囿，泛览辞林，未尝不心游目想，移晷忘倦。自姬汉以来，眇焉悠邈，时更七代，数逾千祀。词人才子，则名溢于缥囊；飞文染翰，则卷盈乎缃帙。自非略其芜秽，集其精英，盖欲兼功，大半难矣。若夫姬公之籍，孔父之书，……孝敬之准式，人伦之师友，岂可重以芟夷，加之翦截；老庄之作，管孟之流，盖以立意为宗，不以能文为本；今之所撰，又以略

诸，若贤人之美辞，忠臣之抗直，谋夫之话，辩士之端，……乃事美一时，语流千载。……虽传之简牍，而事异篇章，今之所集，亦所不取。至于记事之史，系年之书，所以褒贬是非，纪别异同，方之篇翰，亦已不同。若其赞论之综缉辞采，序述之错比文华，事出于沉思，义归乎翰藻。故与夫篇什杂而集之，远自周室，迄于圣代，都为三十卷，名曰《文选》云耳。（萧统《文选序》）

刘勰所著《文心雕龙》，论文章组织之工，为古今所不能外，其词有云：

夫情动而言形，理发而文见，盖沿隐以至显，因内而符外者也。然才有庸俊，气有刚柔，学有浅深，习有雅郑，并情性所铄，陶染所凝，是以笔区云谲，文苑波诡者矣。……若总其归涂，则数穷八体，一曰典雅，二曰远奥，三曰精约，四曰显附，五曰繁缛，六曰壮丽，七曰新奇，八曰轻靡。典雅者，熔式经诰，方轨儒门者也；远奥者，馥采典文，经理玄宗者也；精约者，核字省句，剖析毫厘者也；显附者，辞直义畅，切理厌心者也；繁缛者，博喻酿采，炜烨枝派者也；壮丽者，高论宏裁，卓烁异采者也；新奇者，摈古竞今，危侧趣诡者也；轻靡者，浮文弱植，缥缈附俗者也。……夫才有天资，学慎始习，斫梓染丝，功在初化，器成彩定，难可翻移。故童子雕琢，必先雅制，沿根讨叶，思转自圆。八体虽殊，会通合数，得其环中，则辐辏相成。故宜摹体以定习，因性以练才。文之司南，用此道也。

(刘勰《文心雕龙》卷六《体性篇》)

夫情致异区，文变殊术，莫不因情立体，即体成势也。……然渊乎文者，并总群势，奇正虽反，必兼解以俱通；刚柔虽殊，必乘时而适用。若爱典而恶华，则兼通之理偏；……若雅郑而共篇，则总一之势离。……是以括囊杂体，功在铨别，宫商朱紫，随势各配。章表奏议，则准的乎典雅；赋颂歌诗，则羽仪乎清丽；符檄书移，则楷式于明断；史论序注，则师范于核要；箴铭碑诔，则体制于宏深；连珠七辞，则从事于巧艳，此循体而成势，随变而立功者也。……然密会者以意新得巧，苟异者以失体成怪。旧练之才，则执正以驭奇；新学之锐，则逐奇而失正。势流不反，则文体遂弊。秉兹情术，可无思邪。

(刘勰《文心雕龙》卷六《定势篇》)

故立文之道，其理有三，一曰形文，五色是也；二曰声文，五音是也；三曰情文，五性是也。五色杂而成黼黻，五音比而成韶夏，五情发而为辞章。……夫铅黛所以饰容，而盼倩生于淑姿；文采所以饰言，而辨丽本于情性。故情者文之经，辞者理之纬，经正而后纬成，理定而后辞畅，此立文之本源也。（刘勰《文心雕龙》卷七《情采篇》）

情理设位，文采行乎其中，刚柔以立本，变通以趋时。立本有体，意或偏长；趋时无方，辞或繁杂。蹊要所司，职在镕、裁，……规范本体谓之镕，剪截浮词谓之裁，裁则芜秽不生，镕则纲领昭畅。……是以草创鸿笔，先标三准：履端于始，则设情以位体；举正于中，则酌事以取类；归余于终，则撮辞以举要。然后舒华布实，献替节文，绳墨以外。美才既斲，故能首尾圆合，条贯始序。（刘勰《文心雕龙》卷七《镕裁篇》）

故言语者，文章神明，枢机吐纳，律吕唇吻而已。……凡声有飞沉，响有双叠，叠韵，二字同在一韵；双声，二字同一字母。双声隔字而每舛，叠韵杂句而必暌。沉则响发而断，飞则声扬不还。并辘轳交往，逆鳞相比，迕其际会，则往蹇来连，其为疾病，亦文家之吃也。……是以声画妍媸，寄在吟咏，滋味流于字句，气力穷于和韵。异音相从谓之和，同声相应谓之韵，韵气一定，故余声易遣；和体抑扬，故遗响难契。属笔易巧，选和至难，缀文难精，而作韵甚易。虽纤意曲变，非可缕言，然振其大纲，不出兹论。（刘勰《文心雕龙》卷七《声律篇》）

李斯删籀而秦篆兴，程邈造隶而古文废。汉初草律，明著厥法，太史学童，教试六体。……至孝武之世，则相如撰篇。及宣成二帝，征习小学，张敞以正读传业，扬雄以奇字纂训，并贯练雅颂，总阅音义，鸿笔之徒，莫不洞晓，且多赋京苑，假借形声，是以前汉小学，率多玮字，非独制异，乃共晓难也。暨乎后汉，小学转疏，复文隐训，臧否大半。及魏代缀藻，则字有常检，追观汉作，翻成阻奥，故陈思称扬马之作，趣幽旨深。读者非师传不能析其辞，非博学不能综其理，岂真才悬，抑亦字隐。自晋来用字，率从简易，时并习易，人谁取难？今一字诡异，则群句震惊；三人弗识，则将成字妖矣。……是以缀字属篇，必须练择，一避诡异，二省联边，三权重出，四调单

复。诡异者，字体瑰怪者也；……联边者，半字同文者也；重出者，同字相犯者也；……单复者，字形肥瘠者也。……凡此四条，虽文不必有，而体例不无，若值而莫悟，则非精解。（刘勰《文心雕龙》卷八《练字篇》）

刘勰且对魏晋以来之文章家，各加以适当之批评。

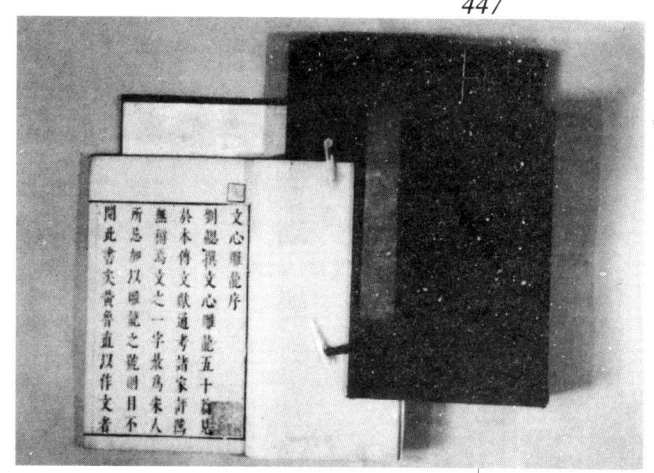

《文心雕龙》书影

嵇康师心以遣论，阮籍使气以命诗，殊声而合响，异翮而同飞。张华短章，奕奕清畅，其《鹪鹩》寓意，即韩非之《说难也》。左思奇才，业深覃思，尽锐于《三都》，拔萃于《咏史》，无遗力矣。潘岳敏给，辞自和畅，钟美于《西征》，贾余于哀诔，非自外也。陆机才欲窥深，辞务索广，故思能入巧而不制繁。士龙朗练，以识检乱，故能布采鲜净，敏于短篇。孙楚缀思，每直置以疏通，挚虞述怀，必循规以温雅，其品藻流别，有条理焉。傅玄篇章，义多规镜，长虞笔奏，世执刚中，并桢干之实才，非群华之韡萼也。成公子安，选赋而辞美，夏侯孝若，具体而皆微。曹摅清靡于长篇，季鹰辨切于短韵，各其善也。孟阳景阳，才绮而相埒，可谓鲁卫之政、兄弟之文也。刘琨雅壮而多风，卢谌情发而理昭，亦遇之于时势也。景纯艳逸，足冠中兴，郊赋既穆穆以大观，仙诗亦飘飘而凌云矣。庾元规之表奏，靡密以闲畅，温太真之笔记，循理而清通，亦笔端之良工也。孙盛、干宝，文胜为史，准的所拟，志乎典训，户牖虽异，而笔彩略同。袁宏发轸以高骧，故卓出而多偏；孙绰规旋以矩步，故伦序而寡状。殷仲文之孤兴，谢叔源之闲情，并解散辞体，缥缈浮音，虽滔滔风流，而大浇文意。宋代逸才，辞翰鳞萃，世近易明，无劳甄序。观夫后汉才林，可参西京，晋世文苑，足俪邺都。然而魏时话言，必以元封为称首，宋来美谈，亦以建安为口实。（刘勰《文心雕龙》卷一〇《才略篇》）

逮晋宣始基，景文克构，……至武帝惟新，承平受命，而胶序篇章，弗简皇虑，降及怀愍，缀旒而已。然晋虽不文，人才实盛，茂先

卷二 两晋及南北朝

摇笔而散珠，太冲动墨而横锦；岳湛曜联璧之华，机云标二俊之采；应傅三张之徒，孙挚成公之属，并结藻清英，流韵绮靡。前史以为运涉季世，人未尽才，诚哉斯谈，可为叹息。元皇中兴，披文建学，刘刁礼吏而宠荣，景纯文敏而优擢。逮明帝秉哲，雅好文会，……庾以笔才逾亲，温以文思益厚。……及成康促龄，穆哀短祚，简文勃兴，……至孝武不嗣，安恭已矣，其文史则有袁殷之曹，孙于之辈，虽才或浅深，珪璋足用。……自宋武爱文，文帝彬雅，秉文之德。孝武多才，英采云构，自明帝以下，文理替矣。……王袁联宗以龙章，颜谢重叶以凤采，何范张沈之徒，亦不可胜也。……暨皇齐驭宝，运集休明，太祖以圣武膺录，高祖以睿文纂业，文帝以贰离含章，中宗以上哲兴运，并文明自天，缉遐景祚。（刘勰《文心雕龙》卷九《时序篇》）

文体至于梁陈，牵拘声韵，弥为缛丽，而徐陵、庾信辈，词尚轻险，情多哀思。斯时北方文风已变，渐染轻浮，然南赋北碑，徐、庾实为先导。

陵，字孝穆，……博涉史籍，从横有口辩。……自陈创业，文檄军书，及受禅诏策，皆陵所制，为一代文宗。……其文颇变旧体，缉裁巧密，多有新意。每一文出，好事者已传写成诵，遂传于周齐。家有其本，后逢丧乱，多散失，存者三十卷。（《南史》卷六二《徐陵传》）

庾信，字子山，……博览群书，尤善《春秋左氏传》。……父肩吾，为梁太子中庶子，掌管记。东海徐摛为右卫率，摛子陵及信，并为抄撰学士，父子东宫，出入禁闼，恩礼莫与比隆，既文并绮艳，故世号为徐庾体焉。当时后进，竞相模范，每有一文，都下莫不传诵。累迁通直散骑常侍，聘于东魏，文章辞令，盛为邺下所称。……梁元帝承制，……聘于西魏，属大军南讨，遂留长安。……明帝、武帝并雅好文学，信特蒙恩礼，……群公碑志，多相托焉。唯王褒颇与信埒，自余文人，莫有逮者。……隋开皇元年卒，有文集二十卷。（《北史》卷八三《庾信传》）

北朝之文，初颇醇厚，后取法江左，风气为之一变。

洎乎有魏，定鼎沙朔，南包河淮，西吞关陇。当时之士，有许谦、崔宏、宏子浩、高允、高闾、游雅等，先后之间，声实俱茂，词义典正，有永嘉之遗烈焉。及太和在运，锐情文学，固以颉颃汉彻，

跨蹑曹丕，气韵高远，艳藻独构，衣冠仰止，咸慕新风。律调颇殊，曲度遂改，辞罕泉源，言多胸臆，润古雕今，有所未遇，是故雅言丽则之奇，绮合绣联之美。……既而陈郡袁翻，河内常景，晚拔畴类，稍革其风。及明皇御历，文雅大盛，……于时陈郡袁翻，翻弟跃，河东裴敬宪，弟庄伯，庄伯族弟伯茂，范阳卢观，弟仲宣，顿丘李谐，渤海高肃，河间邢臧，赵国李骞，雕琢琼瑶，刻削杞梓，并为龙光，俱称鸿翼。乐安孙彦举，济阴温子升，并且孤寒，郁然特起，咸能综采繁缛，兴属清华。（《北史》卷八三《文苑传序》）

邵，字子才，……博览坟籍，无不通晓。晚年尤以五经章句为意，穷其指要，吉凶礼仪，公私咨禀，质疑去惑，为世指南。每公卿会议，事关典故，邵援笔立成，证引该洽。……当时与济阴温子升，为文士之冠，世论谓之"温邢"。巨鹿魏收，虽天才艳发，而年事在二人之后，故子升死后，方称"邢魏焉"。……有集三十卷，见行于世。（《北史》卷四三《邢邵传》）

温子升，字鹏举，……博览百家，文章清婉。……梁使张皋，写子升文笔，传于江外，梁武称之曰："曹植陆机，复生于北土。恨我辞人，数穷百六。"……济阴王晖业尝云：江左文人，宋有颜延之、谢灵运，梁有沈约、任昉，我子升足以陵颜轹谢，含任吐沈。"……集其文笔为三十五卷。（《北史》卷八三《温子升传》）

魏收，字伯起，……博洽经史。……始收比温子升、邢邵，稍为后进，邵既被疏出，子升以罪死，收遂大被任用，独步一时。议论更相訾毁，各有朋党。收每议陋邢文，邵又云："江南任昉，文体本疏，魏收非直模拟，亦大偷窃。"收闻，乃曰："伊常于沈约集中作贼，何意道我偷任。"任沈俱有重名，邢魏各有所好。……自武定二年以后，国家大事诏命，军国文词，皆收所作。每有警急，受诏立成，或时中使催促，收笔下，有同宿构，敏速之工，邢温所不逮也。……有集七十卷。……初河间邢子才，子明，及季景，与收并以文章显，世称"大邢小魏"，言尤俊也。（《北史》卷五六《魏收传》）

独西魏宇文泰，以自晋之季，文章竞为浮华，遂以成俗，乃欲革其弊，因魏帝祭庙，命苏绰仿《尚书》体，绰作大诰，宣示群臣，依为体制，其词曰：

惟中兴十有一年，仲夏，庶邦百辟，咸会于王庭，柱国泰，洎群公列将，罔不来朝。时乃大稽百宪，敷于庶邦，用绥我王度，皇帝若曰："昔尧命羲和，允厘百工，舜命九官，庶绩咸熙，武丁命说，克号高宗，时惟休哉。朕其钦若，格尔有位，胥暨我太祖之庭，朕将丕命女以厥官，……"俾九域幽遐，咸昭奉元后之明训，率迁于道，永膺无疆之休，帝曰钦哉。（《北史》卷六三《苏绰传》）

至于南北文体之得失，则实如下所述。

自汉魏以来，迄乎晋宋，其体屡变。……暨永明天监之际，太和天保之间，洛阳江左，文雅尤盛。彼此好尚，雅有异同，江左宫商发越，贵于清绮；河朔词义贞刚，重乎气质。气质则理胜其词，清绮则文过其意；理深者便于时用，文华者宜于咏歌。此南北词人得失之大较也。若能掇彼清音，简兹累句，各去所短，合其两长，则文质彬彬、尽美尽善矣。（《北史》卷八三《文苑传序》）

文章当以理致为心肾，气调为筋骨，事义为皮肤，华丽为冠冕。今世相承，趋末弃本，率多浮艳。辞与理竞，辞胜而理伏；事与才争，事繁而才损。放逸者流宕而忘归，穿凿者补缀而不足。时俗如此，安能独违，但务去泰去甚耳。……古人之文，宏材逸气，体度风格，去今实远，但缉缀疏朴，未为密致耳。今世音律谐靡，章句偶对，讳避精详，贤于往昔多矣。（颜之推《颜氏家训》卷上《文章篇》）

乙、诗

晋太康中，三张张载，字孟阳，弟协，字景阳，协弟亢，字季阳。二陆陆机，字士衡，弟云，字士龙。两潘潘岳，字安仁，从子尼，字正叔。一左，左思，字太冲。勃尔复兴，踵武前王，风流未沫，亦文章之中兴也。永嘉时贵黄老，稍尚虚谈，于时篇什，理过其辞，淡乎寡味。爰及江表，微波尚传、孙绰，许询、桓庾诸公，诗皆平典，似道德论，建安风力尽矣。……郭景纯璞。用俊上之才，变创其体；刘越石琨。仗清刚之气，赞成厥美。然彼众我寡，未能动俗。逮义熙中，谢益寿斐然继作。元嘉中有谢灵运，才高词盛，富艳难踪，固已含跨刘郭，陵轹潘左。故知陈思曹植。为建安之杰，公幹仲宣为辅；陆机为太康之英，安仁、景阳为辅；谢客灵运。为元嘉之雄，

颜延年名延之。为辅,斯皆五言之冠冕,文词之命世也。(钟嵘《诗品》序)

晋世群才,稍入轻绮,张潘左陆,比肩诗衢,采缛于正始,力柔于建安,或析文以为妙,或流靡以自妍,此其大略也。江左篇制,溺乎玄风,……袁孙已下,虽各有雕采,而辞趣一揆,莫与争雄,所以景纯仙篇,挺拔而为俊矣。宋初文咏,体有因革,庄老告退,而山水方滋,俪采百字之偶,争价一句之奇,……此近世之所竞也。……若夫四言正体,润雅为本;五言流调,清丽居宗,……故平子得其雅,叔度含其润,茂先凝其清,景阳振其丽。(刘勰《文心雕龙》卷二《明诗篇》)

有疑陶渊明诗,篇篇有酒,吾观其意不在酒,亦寄酒为迹者也。其文章不群,辞彩精拔,跌宕昭彰,独超众类,抑扬爽朗,莫之与京。横素波而傍流,干青云而直上,语时事则指而可想,论怀抱则旷而且真;加以贞志不休,安道苦节,不以躬耕为耻,不以无财为病,自非大贤笃志,与道污隆,孰能如此乎?(萧统《陶渊明集序》)

乐府者,声依永,律和声也。……逮于晋世,则傅玄晓音,创定雅歌,……张华新篇,亦克庭万。(刘勰《文心雕龙》卷三《乐府篇》)

爰逮晋氏,见称潘陆,并黼藻相辉,宫商间起。……永嘉已后,玄风既扇,……降及江东,不胜其弊。宋齐之世,下逮梁初,灵运高致之奇,延年错综之美,谢玄晖之藻丽,沈休文之富溢,辉焕斌蔚,辞义可观。梁简文之在东宫,亦好篇什,清辞巧制,止乎衽席之间;雕琢蔓藻,思极闺闱之内。后生好事,递相放习,朝野纷纷,号为宫体。流宕不已,讫于丧亡;陈氏因

陶渊明像

之，未能全变。(《隋书》卷三五《经籍志》四)

以上略举诗体变迁，及诗人造诣。至梁时沈约诸人，提倡四声八病之说，声律渐谐，格调一变，而唐律始兴。

> 沈约……又撰《四声谱》，以为在昔词人，累千载而不寤，而独得胸衿，穷其妙旨，自谓入神之作，高祖雅不好焉。(《梁书》卷一三《沈约传》)

> 厥少有风概，好属文，五言诗体甚新奇。……永明末，盛为文章，吴兴沈约，陈郡谢朓，琅邪王融，以气类相推毂。汝南周颙善识声韵，约等文皆用宫商，以平上去入为四声，以此制韵，不可增减，世呼为"永明体"。沈约《宋书·谢灵运传》后，又论宫商，厥与约书曰："范詹事自序，性别宫商，识清浊，特能适轻重，济艰难。古今文人，多全不了斯处，纵有会此者，不必从根本中来。沈尚书亦云，自灵均以来，此秘未睹，或暗与理合，匪由思至，张蔡曹王，曾无先觉，潘陆颜谢，去之弥远。大旨钧使宫羽相变，低昂舛节，若前有浮声，则后须切响，一简之内，音韵尽殊，两句之中，轻重悉异。辞既美矣，理又善焉。但观历代众贤，似不都闇此处，而云此秘未睹，近于诬乎。(《南齐书》卷五二《陆厥传》)

北朝诗学，初本不盛，自孝文帝崇尚文雅，斯道遂兴。

> 雅好读书，手不释卷，……才藻富赡。好为文章，诗赋铭颂，任兴而作，有大文笔。马上口授，及其成也，不改一字。自太和十年已后，诏册皆帝文也。自余文章，百有余篇。爱奇好士，情如饥渴。……悠然玄迈，不以世务婴心。(《北史》卷三《魏孝文帝纪》)

> 其中原则兵乱积年，文章道尽。后魏文帝颇效属辞，未能变俗，列皆淳古，齐宅漳滨，辞人间起，高言累句，纷纭络绎，清辞雅致，是所未闻。后周草创，干戈不戢，君臣戮力，专事经营，风流文雅，我则未暇，其后南平汉沔，东定河朔。迄于有隋，四海一统，采荆南之杞梓，收会稽之箭竹，辞人才士，总萃京师。(《隋书》卷三五《经籍志》四)

魏孝武帝时，宫中妇人，皆能咏南方文士诗歌，足证此风之靡漫矣。

> 帝内宴，令诸妇人咏诗，或咏鲍照乐府。(《北史》卷五《魏孝武帝纪》)

(五) 书画

甲、书

晋之书法，师承汉魏。卫恒作《四体书势》，于字体之变迁，书家之短长，论之綦详。

恒，字巨山，……善草隶书。为《四体书势》曰："……仓颉者，始作书契以代结绳，盖睹鸟迹以兴思也。因而遂滋，则谓之字，有六义焉。一曰指事，上下是也；二曰象形，日月是也；三曰形声，江河是也；四曰会意，武信是也；五曰转注，老考是也；六曰假借，令长是也。夫指事者，在上为上，在下为下；象形者，日满月亏，效其形也；形声者，以类为形，配以声也；会意者，止戈为武，人言为信也；转注者，以老寿考也；假借者，数言同字，其声虽异，文意一也。……及秦用篆书，焚烧先典，而古文绝矣。……时人以不复知有古文，谓之"科斗"书。……魏初传古文者，出于邯郸淳，恒祖敬侯，卫觊。写淳《尚书》，后以示淳而淳不别。……古无别名，谓之《字势》。……

昔周宣王时，史籀始著《大篆》十五篇，或与古同，或与古异，世谓之籀书者也。……秦始皇帝初兼天下，丞相李斯……作《仓颉篇》，中车府令赵高作《爰历篇》，太史令胡母敬作《博学篇》，皆取史籀大篆，或颇省改，所谓小篆者。或曰下土人程邈，为衙狱吏，……作大篆，少者增益，多者损减，方者使员，员者使方。……始皇善之，出以为御史，使定书。或曰邈所定，乃隶字也。自秦坏古文，

《四体书势》书影

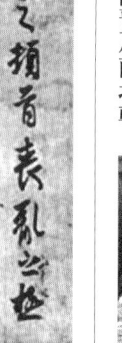

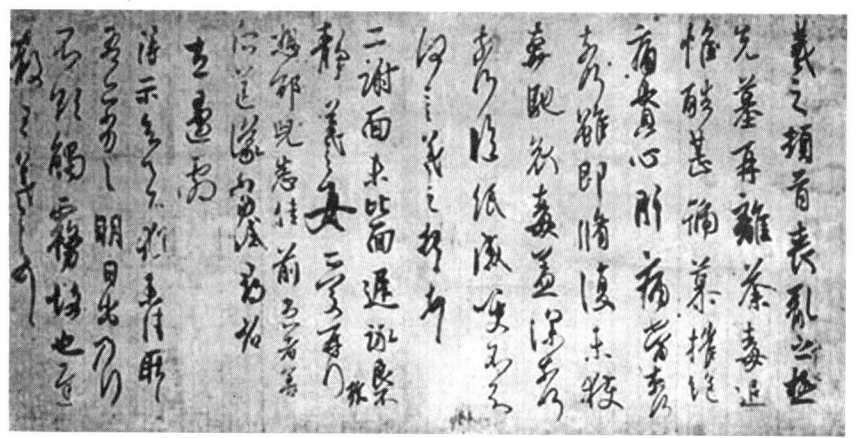

卷二　两晋及南北朝

有八体，一曰大篆，二曰小篆，三曰刻符，四曰虫书，五曰摹印，六曰署书，七曰殳书，八曰隶书。……秦时李斯，号为工篆，诸山及铜人铭，皆斯书也。汉建初中，扶风曹喜，少异于斯，而亦称善，邯郸淳师焉，略究其妙，韦诞师淳而不及也。太和中，诞为武都太守，以能书留补侍中，魏氏宝器铭题，皆诞书也。汉末又有蔡邕，采斯喜之法，为古今杂形，然精密闲理，不如淳也，邕作《篆势》。……

秦既用篆，奏事繁多，篆字难成，即令隶人佐书曰隶字，汉因行之，独符印玺幡信题署用篆。隶书者篆之捷也。上谷王次仲始作楷法，至灵帝好书，时多能者，而师宜官为最，大则一字径丈，小则方寸千言。甚矜其能，或时不持钱诣酒家饮，因书其壁，顾观者以酬酒讨钱，足而灭之。每书辄削而焚其柎，梁鹄乃益为版，而饮之酒，候其醉而窃其柎，鹄卒以书至选部尚书。宜官后为袁术将，今巨鹿宋子有耿球碑，是术所立，其书甚工，云是宜官也。梁鹄奔刘表，魏武帝破荆州，募求鹄，……在秘书以勤书自效，……今宫殿题署，多是鹄篆。鹄宜为大字，邯郸淳宜为小字，鹄谓淳得次仲法，然鹄之用笔，尽其势矣。鹄弟子毛弘，教于秘书，今八分，皆弘法也。汉末有左子邑，小与淳、鹄不同，然亦有名。魏初有钟繇、胡昭二家，为行书法，俱学之于刘德升，而钟氏小异，然亦各有巧，今大行于世云，作《隶势》。

……汉兴而有草书，不知作者姓名。至章帝时，齐相杜度号善作篇，后有崔瑗、崔寔，亦皆称工。杜氏结字甚安，而书体微瘦，崔氏甚得笔势，而结字小疏。弘农张伯英者，因而转精甚巧，凡家之衣帛，必书而后练之，临池学书，池水尽黑，下笔必为楷则，……今世尤宝其书，韦仲将谓之草圣。伯英弟文舒者，次伯英。又有姜孟颖、梁孔达、田彦和及韦仲将之徒，皆伯英弟子，有名于世，然殊不及文舒也。罗叔景、赵元嗣者，与伯英并时，见称于西州，而矜巧自与，众颇惑之，故伯英自称，上比崔杜不足，下方罗赵有余，河间张超亦有名；然虽与崔氏同州，不如伯英之得其法也，崔瑗作《草书势》。

（《晋书》卷三六《卫瓘附卫恒传》）

宋时羊欣撰《能书人名》，上自秦汉，下迄晋末，达七十余人，各论其所长。

欣所撰《能书人名》，史以文繁不载，兹附记其略，以便省览。李斯、赵高善大篆，程邈善隶书，曹喜、蔡邕、陈道善篆隶。王次仲作八分楷法，师宜官能为大字方一丈、小字方寸千言。梁鹄得师宜官法，邯郸淳得次仲法。毛弘鹄弟子，秘书八分，左子邑与淳小异。杜度始有草名。崔瑗善草书，瑗子实亦能草书。张芝善草书，芝弟昶亦能草；姜诩、梁宣、田彦和、章诞，皆芝弟子，并书草，诞最优，亦善楷；诞子少季，亦有能称。罗晖、赵袭、与伯英同时见称，张超亦善草。刘德升善为行书。钟繇书有三体，一曰铭石之书，二曰章程书传秘书，三曰行押书。繇子会，能学父书。卫觊善草，觊子瓘，采张芝法，以觊法参之，更为草稿；瓘子恒，亦善书。索靖，芝姊之孙，善草书，皇象亦能草。陈畅善八分，杨肇善草隶，肇孙经亦善草隶。杜畿子恕、孙预，三世善草书。王攸善草行书，羊忱、羊固，并善行书。李式善写隶草，弟定、子公府，能名同式。李充母卫夫人善钟法，王逸少之师。王廙能章楷，谨传钟法；廙从兄王导，善薰行；道子恬，善隶书；括弟洽，众书通善，尤能隶行；洽少子岷，善隶行。廙兄子羲之，博精群法，特善书隶；羲之弟七子献之，善隶稿。献之兄玄之、徽之、兄子淳之，并善草行。王舒子允之，亦善草行。王蒙能草隶，子修善隶行。王绥善隶行。郗愔善章草，亦能隶，子超亦善草。庾亮善草行，庾翼善隶行，与羲之齐名。谢安善隶行，许靖民善隶草，羲之高足。晋穆帝时，有张翼善学人书，谢敦、康昕并工隶草，张弘特善飞白。（《南齐书》卷三三《殿本考证》）

自晋至宋，书家优劣，至齐时王僧虔，尝为之论评如下。

其论书曰：宋文帝书，自云可比王子敬，时议者云，天然胜羊欣，功夫少于欣。王平南廙，右军叔，过江之前以为最。亡曾祖领军书，右军云，弟书遂不减吾，变古制今唯右军，领军不尔，至今犹法钟张。亡从祖中书令书，子敬云，弟书如骑骡骎骎，恒欲度骅骝前。庾征西翼书，少时与右军齐名，右军后进，庾犹不分，在荆州与都下人书云，小儿辈贱家鸡，皆学逸少书，须吾下当比之张翼。王右军自书表，晋穆帝令翼写题后答，右军当时不别，久后方悟云，小人几欲乱真，张芝、索靖、韦诞、钟会、二卫，并得名前代，无以辨其优劣，唯见其笔力惊异耳。张澄当时，亦呼有意；郗愔章草，亚于右

军；郗嘉宾草，亚于二王，紧媚其父。桓玄自谓右军之流，论者以比孔琳之。谢安亦入能书录，亦自重，为子敬书嵇康诗。羊欣书见重一时，亲受子敬，行书尤善，正乃不称名。孔琳之书，天然放纵，极有笔力，规矩恐在羊欣后。丘道护与羊欣，俱面受子敬，故当在欣后。范晔与萧思话，同师羊欣，后小叛，既失故步，为复小有意耳。萧思话书，羊欣之影，风流趣好，殆当不减，笔力恨弱。谢综书，其舅云，紧生起是得赏也，恨少媚好。谢灵运乃不伦，遇其合时，亦得入流。贺道力书亚丘道护。庾昕学右军，亦欲乱真矣。(《南齐书》卷三三《王僧虔传》)

自齐至陈，其善书者，有——

王僧虔，琅邪临沂人也。祖珣，晋司徒。……僧虔弱冠弘厚，善隶书，宋文帝见其书素扇，叹曰："非唯迹逾子敬，方当器雅过之。"……孝武欲擅书名，僧虔不敢显迹，大明世，常用拙笔书，以此见容。……泰始中，出为辅国将军，吴兴太守。……王献之善书，为吴兴郡，及僧虔工书，又为郡，论者称之。……太祖善书，及即位，笃好不已，与僧虔赌书毕，谓僧虔曰："谁为第一？"僧虔曰："臣第一，陛下亦第一。"上笑曰："卿可谓善自为谋矣。"示僧虔古迹十一袠，就求能书人名。僧虔得民间所有，袠中所无者，……十二卷奏之，又上羊欣所撰《能书人名》一卷。(《南齐书》卷三三《王僧虔传》)

周颙，字彦伦，汝南安城人。……颙善尺牍，沈攸之送绝交书，太祖口授，令颙裁答。……少从外氏车骑将军臧质家，得卫恒散隶书法，学之甚工。文惠太子，使颙书玄圃茅斋壁，国子祭酒何胤，以倒薤书求就颙换之，颙笑而答曰："天下有道，丘不与易也。"(《南齐书》卷四一《周颙传》)

融，字思光，……善草书，尝自美

其能。帝曰："卿书殊有骨力，但恨无二王法。"答曰："非恨臣无二王法，亦恨二王无臣法。"（《南史》卷三二《张融传》）

刘休，字弘明。……元嘉世，羊欣受子敬正隶法，世共宗之。右军之体微古，不复见贵，休始好此法，至今此体大行。（《南齐书》卷三四《刘休传》）

子云，字景乔，……善草隶，为时楷法。自云，善效钟元常、王逸少，而微变字体。……其书迹雅为武帝所重，帝尝论书曰："笔力劲骏，心手相应，巧逾杜度，美过崔寔，当与元常并驱争先。"其见赏如此。……子特，字世达，早知名，亦善草隶，时人比之卫恒卫瓘。武帝尝使特书，及奏，帝曰："子敬之迹，不及逸少。萧特之书，遂逼于父。（《南史》卷四二《萧子云传》）

颜协，……博涉群书，工于草隶飞白。时吴人范怀约，能隶书，协学其书，殆过真也。荆楚碑碣，皆协所书。时又有会稽谢善勋，能为八体六文，方寸千言，京兆韦仲善飞白，并在湘东王府。……府中以协优于韦仲，而减于善勋。（《南史》卷七二《颜协传》）

志弟彬，字思文，好文章，习篆隶，与志齐名，时人为之语曰："三真六草，以志等行沁言也。为天下宝。"（《南史》卷二二《王彬传》）引，字叔休，……善隶书，为当时所重。高宗尝披奏事，指引署名曰："此字笔势翩翩，似鸟之欲飞。"（《陈书》卷二一《萧引传》）

释智永，会稽人也，晋右军将军王羲之裔。学书以羲之为师法，笔力纵横，真草兼备，绰有祖风。初励志书札，起楼于所居之侧，因自誓曰："书不成，不下此楼。"后果大进，为一时推重，而求其书者，缣素笺纸，堆案盈几，先后积压，尘为之生。又户外之屦常满，宾客造请，门阈穿穴，以铁固其限，故人号曰"铁门限"。（《宣和画谱》卷一七）

北朝书法，别为一体，亦为后世所重。至魏、齐、周三代，以善书得名者，有——

玄伯自非朝廷文诰，四方书檄，初不染翰，故世无遗文。尤善草隶行押之书，为世摹楷。玄伯祖悦，与范阳卢谌，并以博艺著名。谌法钟繇，悦法卫瓘，而俱习索靖之草，皆尽其妙。谌传子偃，偃传子邈；悦传子潜，潜传玄伯，世不替业。故魏初重崔、卢之书。又玄伯

之行押，特尽精巧。(《魏书》卷二四《崔玄伯传》)

崔浩，字伯渊，……白马公玄伯之长子。……太祖以其工书，常置左右。……浩既工书，人多托写急就章，从少至老，初无惮劳，所书盖以百数。……浩书体势及其先人，而妙巧不如也。世宝其迹，多裁割缀连，以为模楷。(《魏书》卷三五《崔浩传》)

渊，字伯源。……初谌父志，法钟繇书，传业累世有能名，至邈以上，兼善草迹。渊习家法，代京官殿，多渊所题。白马公崔玄伯亦善书，世传卫瓘体。魏初工书者，崔、卢二门。(《魏书》卷四七《卢渊传》)

刘芳，字伯文。……常为诸僧佣写经论，笔迹称善，卷直以一缣。……芳从子懋，字仲华，……聪敏好学，博综经史，善草隶书，多识奇字。(《魏书》卷五五《刘芳传》)

初宏父潜，为兄浑等诔，手笔本草。延昌初，著作佐郎王遵业买书于市，遇得之，年将二百，宝其书迹，深藏秘之。武定中，遵业子松年将以遗黄门郎崔季舒，人多摹拓之。左光禄大夫姚元标，以工书知名于时，见潜书，以为过于浩也。(《北史》卷二一《崔浩传》)

彦深有七子，仲将知名。仲将沉敏有父风，……学涉群书，善草隶。虽与弟书，书字楷正，云：草不可不解，若施之于人，即似相轻易。若与当家中卑幼，又恐共疑。所在宜尔，是以必须隶笔。"(《北齐书》卷三八《赵彦深传》)

张景仁者，济北人也。幼孤家贫，以学书为业，遂工草隶。选补内书生，与魏郡姚元标、颍川韩毅、同郡袁买奴、荥阳李超等齐名，世宗并引为宾客。(《北齐书》卷四四《张景仁传》)

王褒，字子渊。……梁国子祭酒萧子云，褒之姑夫也，特善草隶。褒少以姻戚，去来其家，遂相模范，俄而名亚子云，并见重于世。(《周书》卷四一《王褒传》)

冀俊，字僧俊，……性沉谨，善隶书。……寻征教世宗及宋献公等隶书，时俗入书学者，亦行束脩之礼，谓之"谢章"。俊以书字所兴，起自仓颉，若同常俗，未为合礼，遂启太祖，释奠仓颉及先圣先师。(《周书》卷四七《冀俊传》)

赵文深，字德本，……少学楷隶。年十一，献书于魏帝，立义归

朝，除大丞相府法曹参军。文深雅有钟王之则，笔势可观，当时碑榜，唯文深及冀俊而已。……太祖以隶书纰缪，命文深与黎季明、沈遐等，依《说文》及《字林》，刊定六体，成一万余言，行于世。及平江陵之后，王褒入关，贵游等翕然并学褒书，文深之书，遂被遐弃。文深惭恨，形于言色，后知好尚难反，亦攻习褒书，然竟无所成，转被讥议，谓之学步邯郸焉。至于碑榜，余人犹莫之逮，王褒亦每推先之，宫殿楼阁，皆其迹也。……世宗令至江陵，书景福寺碑，汉南人士，亦以为工。梁主萧詧，观而美之，赏遗甚厚。天和元年，露寝等初成，文深以题榜之功，增邑二百户，除赵兴郡守。文深虽外任，每须题榜，辄复追之。（《周书》卷四七《赵文深传》）

乙、画

顾恺之，字长康，晋陵无锡人也。……尤善丹青，图写特妙，谢安深重之，以为有苍生以来，未之有也。恺之每画人成，或数年不点目精，人问其故，答曰："四体妍蚩，本无阙少，于妙处传神写照，正在阿堵中。"……恺之每重嵇康四言诗，因为之图，恒云：手挥五弦易，目送归鸿难。每写起人形，妙绝于时。尝图裴楷像，颊上加三毛，观者觉神明殊胜。又为谢鲲像，在石岩里，云此子宜置丘壑中。……恺之尝以一厨画，糊题其前，寄桓玄，皆其深所珍惜者，玄乃发其厨后，窃取画，而缄闭如旧以还之，绐云未开。恺之见封题如初，但失其画，直云妙画通灵，变化而去，亦犹人之登仙，

顾恺之
《洛神赋图》

了无怪色。……俗传恺之有三绝，才绝、画绝、痴绝。(《晋书》卷九二《顾恺之传》)

戴逵，字安道，谯国人也，……工书画，其余巧艺，靡不毕综。……长子勃，有父风。(《晋书》卷九四《戴逵传》)

戴安道就范宣学，视范所为，范读书亦读书，范抄书亦抄书。唯独好画，范以为无用，不宜劳思于此，戴乃画南都赋图，范看毕咨嗟，甚以为有益，始重画。(刘义庆《世说新语》卷五《巧艺篇》)

戴颙，字仲若，……父逵兄勃，并隐遁有高名。……自汉世始有佛像，形制未工，逵特善其事，颙亦参焉。(《宋书》卷九三《戴颙传》)

上颇好画扇。宋孝武赐戢蝉雀扇，善画者顾景秀所画，时陆探微、顾彦先皆能画，叹其巧绝，戢因王晏献之，上令晏厚酬其意。(《南齐书》卷三二《何戢传》)

弟瑱，字士温，好文章，饮酒奢逸，不吝财物。荥阳毛惠远善画马，瑱善画妇人，世并为第一。(《南齐书》卷四八《刘绘传》)

测善画，自图阮籍遇苏门于行障上，坐卧对之，又画永业佛影台，皆为妙作。(《南齐书》卷五四《宗测传》)

帝工书善画，自图宣尼像，为之赞而书之，时人谓之三绝。(《南史》卷八《梁元帝纪》)

张僧繇，吴中人也。天监中，为武陵王国侍郎，直秘阁，知画事。……武帝崇饰佛寺，多命僧繇画之。时诸王在外，武帝思之，遣

张僧繇画作

僧繇乘传写貌，对之如面也。（张彦远《历代名画记》卷七）

梁大同四年，……宣城王为扬州刺史，野王及琅邪王褒，并为宾客，王甚爱其才。野王又善丹青，王于东府起斋，乃令野王画古贤，命王褒书赞，时人称为二绝。（《陈书》卷三〇《顾野王传》）

顾野王……画草虫尤工，多识草木虫鱼之性、诗人之事，画亦野王无声诗也。（《宣和画谱》卷二〇）

陈郡殷蒨，善写人面，与真不别。（《南史》卷三九《刘瑱传》）

昭胄子同，……同弟贲，……能书善画，于扇上图山水，咫尺之内，便觉万里为遥。矜慎不传，自娱而已。（《南史》卷四四《齐竟陵王子良附子昭胄传》）

北朝工画者，首推曹仲达。

曹吴二体，学者所宗。按唐张彦远《历代名画记》，称北齐曹仲达者，本曹国人，最推工画梵像，是为曹。谓唐吴道子曰吴。吴之笔，其势圜转，而衣服飘举；曹之笔，其体稠叠，而衣服紧窄，故后辈称之曰："吴带当风，曹衣出水。"（郭若虚《图画见闻志》卷一）

（六）声韵学

声韵出于自然，与律相协，其来甚古，特汉以后分析愈精，其用更繁。世谓切音之法，源于印度佛法入中国以后，隋唐人皆具此见解。然观六经韵语，皆有谐节，高下敛侈，各得其宜，未必邃古之人，不明声音之变也。

自后汉佛法行于中国，又得西域胡书，能以十四字，贯一切音，文省而义广，谓之婆罗门书。（《隋书》卷三二《经籍志》一）

世皆谓翻切始于孙炎，特初标此名，因而明其用耳。炎字叔言，生汉魏间，受学郑玄之门。

夫九州之人，言语不同，生民已来，固常然矣。自《春秋》标齐言之传，《离骚》目楚词之经，此盖其较明之初也。后有扬雄著《方言》，其书大备，然皆考名物之同异，不显声读之是非也。逮郑玄注六经，高诱解《吕览》、《淮南》，许慎造《说文》，刘熙制《释名》，始有譬况假借，以证音字耳。而古语与今殊别，其间轻重清浊，犹未

可晓；加以外言、内言、急言、徐言、读若之类，益使人疑。高诱有急气、缓气，当即急言、徐言，又有闭口、笼口之法。晋灼《汉书音》，亦云内言、外言。孙叔言，炎。创《尔雅音义》，是汉末人独知反语。至于魏世，此事大行，高贵乡公，不解反语，以为怪异，自兹厥后，音韵锋出。（颜之推《颜氏家训》卷下《音辞篇》）

古人音书，上为譬况之说，孙炎始为反语，魏朝以降渐繁。（陆德明《经典释文·叙录》）

先儒音字，比方为音，至魏秘书孙炎，始作反音，又未甚切，今并依孙反音，以传后学。（张守节《史记正义·论例》）

自后音声之辨愈严。五音之分配，始于李登、吕静，所谓"始判清浊、才分宫羽"是也。

《声类》十卷。注：魏左校令李登撰。（《隋书》卷三二《经籍志》一）

《韵集》六卷。注：晋安复令吕静撰。（《隋书》卷三二《经籍志》一）

魏时有李登者，撰《声类》十卷，凡一万一千五百二十字，以五声命字，不立诸部。（封演《封氏闻见记》卷二）

延昌三年，三月，式上表曰："……晋世义阳王典祠令任城吕忱，表上《字林》六卷。……忱弟静别仿故左校令李《登声》类之法，作《韵集》五卷，宫商角征羽，各为一篇。（《魏书》卷九一《江式传》）

秦孝王俊闻其名，召为学士，……并遣撰集字书，名为《韵纂》。徽为序曰："……乃讨论群艺，商略众书，以为小学之家，尤多舛杂，……且文讹篆隶，音谬楚夏。《三苍》、《急就》之流，微存章句，《说文》、《字林》之属，唯别体形，至于寻声推韵，良为疑混，酌古会今，未臻功要。末有李登《声类》，吕静《韵集》，始判清浊，才分宫羽。（《隋书》卷七六《潘徽传》）

五音既正，四声遂起，其书见于著录者——

《四声韵林》二十八卷。注：张谅撰。（《隋书》卷三二《经籍志》一）
《四声指归》一卷。注：刘善经撰。（《隋书》卷三二《经籍志》一）
《四声》一卷。注：梁太子少傅沈约撰。（《隋书》卷三二《经籍志》一）
《四声韵略》十三卷。注：夏侯咏撰。（《隋书》卷三二《经籍志》一）

至梁沈约辈精于声韵,用于诗文,自成体制,其学愈益进步,遂为后世所宗,然约为继述,非由其创造也。

  颙,字彦伦,……音辞辩丽,长于佛理。……太学诸生慕其风,争事华辩,始著《四声切韵》,行于时。(《南史》卷三四《周颙传》)

  沈约,字休文,吴兴武康人也。……又撰《四声谱》,以为在昔词人,累千载而不悟,而独得胸衿,穷其妙旨,自谓入神之作。"武帝雅不好焉,尝问周舍曰:"何谓四声?"舍曰:"天子圣哲是也。"然帝竟不甚遵用约也。(《南史》卷五七《沈约传》)

  永明末,盛为文章,吴兴沈约,陈郡谢朓,琅邪王融,以气类相推毂;汝南周颙,善识声韵。约等文,皆用宫商,以平上去入为四声,以此制韵,不可增减,世呼为"永明体"。沈约《宋书·谢灵运传》后,又论宫商。厥与约书曰:"范詹事自序,性别宫商,识清浊,特能适轻重,济艰难。古今文人,多不全了斯处,纵有会此者,不必从根本中来。沈尚书亦云,自灵均以来,此秘未睹,或暗与理合,匪由思至。张蔡曹王,曾无先觉,潘陆颜谢,去之弥远。大旨钧使宫羽相变,低昂舛节,若前有浮声,则后须均响;一简之内,音韵尽殊;两句之中,轻重悉异,辞既美矣,理又善焉。但观历代众贤,似不都谙此处,而云此秘未睹,近于诬乎?"……约答曰:"宫商之声有五,文字之别累万。以累万之繁,配五声之约,高下低昂,非思力所举,又非止若斯而已也。十字之文,颠倒相配,字不过十,巧历已不能尽,何况复过于此者乎?灵均以来,未经用之于怀抱,固无从得其髣髴矣。若斯之妙,而圣人不尚,何邪?此盖曲折韵之巧,无当于训义,非圣哲立言之所急也。是以子云譬之雕虫篆刻,云壮夫不为。自古辞人,岂不知宫羽之殊、商徵之别,虽知五音之异,而其中参差变动,所昧实多。故鄙意所谓'此秘未睹者'也,以此而推,则知前世文士,便未悟此处。若以文章之音韵,同弦管之声曲,则美恶

妍蚩，不得顿相乖反。譬犹子野操曲，安得忽有阐缓失调之声，以《洛神》比陈思他赋，有似异手之作，故知天机启则律吕自调，六情滞则音律顿舛也。士衡虽云炳若缛锦，宁有濯色江波，其中复有一片是卫文之服，此则陆生之言，即复不尽者矣。韵与不韵，复有精粗，轮扁不能言，老夫亦不尽辨此。"（《南齐书》卷五二《陆厥传》）

周颙好为体语，因此切字皆有纽，纽有平上去入之异。……沈约文词精拔，盛解音律，遂撰《四声谱》。……王融、刘绘、范云之徒，……慕而扇之，由是远近文学，转相祖述，而声韵之道大行。（封演《封氏闻见记》卷二）

汉以前不知四声，但曰某字读如某字而已。四声起于江左，李登有《声类》，周颙有《四声切韵谱》，沈约有《四声》，皆今韵书之权舆。以诗韵读之，实有其声，此后人补前人未修之一端。前人以宫商角徵羽五字，状五音之大小高下；后人以平上去入四字，状四声之阴阳流转，皆随类偶举一字。知其意者，易以他字，各依四声之次，未尝不可。梁武帝问周舍曰："何为平上去入？"对曰："天子圣哲是也"可谓敏捷而切当矣。天子圣哲，又可曰"王导正直"，学者从此隅反。（江永《音学辨微》）

江左之文，自梁天监以前，多以去入二声同用，以后则若有界限，绝不相通。是知四声之论，起于永明，而定于梁陈之间也。（顾炎武《音论》中）

刘勰《文心雕龙》，亦以声韵为主。

夫音律所始，本于人声者也。声含宫商，肇自血气，先王因之以制乐歌，故知器写人声，声非学器者也。故言语者，文章神明，枢机吐纳，律吕唇吻而已。古之教歌，先揆以法，使疾呼中宫，徐呼中徵。夫商徵响高，宫羽声下，抗喉矫舌之差，攒唇激齿之异，廉肉相准，皎然可分。……凡声有飞沉，响有双叠，双声隔字而每舛，叠韵杂句而必睽。叠韵，二字同在一韵；双声，二字同一字母。沉则响发而断，飞则声扬不还，并辘轳交往，逆鳞相比，迂其际会，则往蹇来连，其为疾病，亦文家之吃也。夫吃文为患，生于好诡，逐新趣异，故喉唇糺纷。将欲解结，务在刚断，左碍而寻右，末滞而讨前，则声转于吻，玲玲如振玉；辞靡于耳，累累如贯珠矣。是以声画妍蚩，寄

在吟咏，滋味流于字句，气力穷于和韵。异音相从谓之和，同声相应谓之韵，韵气一定，故余声易遗；和体抑扬，故遗响难契。属笔易巧，选和至难，缀文难精，而作韵甚易。……凡切韵之动，势若转圜，讹音之作，甚于枘方，免乎枘方，则无大过矣。（刘勰《文心雕龙》卷七《声律篇》）

至隋时陆法言等，斟酌古今南北，撰为《切韵》，可谓集其大成。后代屡加增补，定为官韵，今传世《广韵》，即其始制也。

昔开皇初，有仪同刘臻外史颜之推、著作郎魏渊，武阳太守卢思道，散骑常侍李若，国子博士萧该，蜀王咨议参军辛德源，吏部侍郎薛道衡。等八人，同诣法言门宿，夜永酒阑，论及音韵，以今声调，既自有别，诸家取舍，亦复不同，吴楚则时伤轻浅，燕赵则多伤重浊，秦陇则去声为入，梁益则平声似去，又支章移切。脂旨夷切。鱼语居切。虞遇俱切。共为一韵，先苏前切。仙相然切。尤于求切。侯胡沟切。俱论是切，欲广文路，自可清浊皆通，若赏知音，即须轻重有异，吕静《韵集》，夏侯该《韵略》，阳休之《韵略》，周思言《音韵》，李季节《音谱》，杜台卿《韵略》等，各有乖互，江东取韵，与河北复殊。因论南北是非，古今通塞，欲更据选精切，除削疏缓，萧、颜多所决定。魏著作谓法言曰："向来论难，疑处悉尽，何不随口记之？我辈数人，定则定矣。"法言即烛下握笔，略记纲纪，博问英辩，殆得精华。于是更涉余学，兼从薄宦，十数年间，不遑修集。今返初服，私训诸弟子，凡有文藻，即须明声韵。屏居山野，交游阻绝，疑惑之所，质问无从。亡者则生死路殊，空怀可作之叹；存者贵贱礼隔，以报绝交之旨。遂取诸家音韵，古今字书，以前所记者定之为《切韵》五卷，剖析毫厘，分别黍稷。……于时岁次辛酉，大隋仁寿元年。

（陆法言《广韵序》）

《切韵指掌图》书影

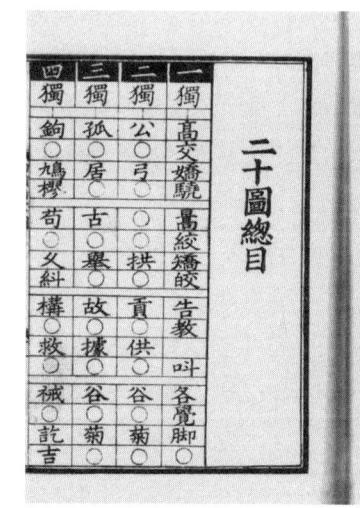

隋朝陆法言，与颜、魏诸公，定南北音，撰为《切韵》，凡一万二千一百五十八字，以为文楷式。(封演《封氏闻见记》卷二)

声韵之学，盛于六代，周舍以"天子圣哲"，分为四声，而学者言韵，悉本沈约，顾其书终莫有传者。今之《广韵》，源于陆法言《切韵》，而长孙纳言为之笺注者也。其后诸家，各有增加，已非《广韵》之旧，然分韵二百有六部，未之紊焉。(朱彝尊《重刊广韵序》)

翻切须依字母，始能成声。今所传三十六字母，创自何时何人，学者不一其说。江慎修永。始于隋唐间之说，较可取信。

张守节谓孙炎始作反切。反切即与字母相为表里，而孙炎不言字母。至六朝僧神珙，始作三十字母。珙有反纽图，在唐宪宗元和以后。吕新吾则云，唐初僧舍利，作三十字母，后有僧守温者，时人呼温首坐，益以六字，于是始为三十六字母，谓见、溪、群、疑、端、透、定、泥、知、彻、澄、娘、帮、滂、并、明、非、敷、奉、微、精、清、从、心、邪、照、穿、床、审、禅、晓、匣、影、喻、来、日也。(王鸣盛《蛾术编》卷三四)

至晋魏六朝以迄隋唐，音学大畅，立四声以综万字之音，区二百六部，以别四声之韵。复审其音，呼出诸牙舌唇齿喉，与半舌半齿，实有七音，分阴阳，辨清浊，异鸿杀，殊等列，括以三十六母，命曰等韵。(江永《音学辨微·引言》)

等韵三十六母，未知传自何人，大约六朝之后，隋唐之间，精于音学者为之。自孙炎撰《尔雅音义》，反切之学，行于南北，已寓三十六母之理传。字母为之比类诠次，标出三十六字，为反切之总持，不可增，不可减，不可移动。学者既识四声，即当精研字母，不但为切字之本原，凡五方之音，孰正孰否，皆能辨之。三十六位，杂取四声四等之字，位有定而字无定，能知其意，即尽易以他字，未尝不可。今即三十六字，注明音切、声韵、音呼、等第如左。

"见" 古电切，去声，霰韵，开口呼，四等第一位。

"溪" 苦矣切，平声，齐韵，开口呼，四等第二位。

"群" 渠云切，平声，文韵，合口呼，三等第三位。

"疑" 牛其切，平声，之韵，开口呼，三等第四位。(之韵今并支)

"端" 多官切，平声，桓韵，合口呼，一等第五位。(桓韵今并寒)

"透" 他候切,去声,候韵,开口呼,一等第六位。(候韵今并宥)

"定" 徒径切,去声,径韵,开口呼,四等第七位。

"泥" 奴低切,平声,齐韵,开口呼,四等第八位。

"知" 陟离切,平声,支韵,开口呼,三等第九位。

"彻" 丑列切,入声,薛韵,开口呼,三等第十位。(薛韵今并屑)

"澄" 直陵切,平声,蒸韵,开口呼,三等第十一位。

"娘" 女良切,平声,阳韵,开口呼,三等第十二位。

"邦" 博江切,平声,江韵,开口呼,二等第十三位。

"滂" 普郎切,平声,庚韵,开口呼,一等第十四位。(庚韵今并阳)

"并" 蒲顶切,上声,迥韵,开口呼,四等第十五位。

"明" 眉兵切,平声,庚韵,开口呼,三等第十六位。

"非" 甫微切,平声,微韵,合口呼,三等第十七位。

"敷" 芳无切,平声,虞韵,合口呼,三等第十八位。

"奉" 扶陇切,上声,肿韵,合口呼,三等第十九位。

"微" 无非切,平声,微韵,合口呼,三等第二十位。

"精" 子盈切,平声,清韵,开口呼,四等第二十一位。(清韵今并庚)

"清" 七情切,平声,清韵,开口呼,四等第二十二位。

"从" 疾容切,平声,钟韵,合口呼,四等第二十三位。(钟韵今并冬)

"心" 息林切,平声,侵韵,开口呼,四等第二十四位。

"邪" 似嗟切,平声,麻韵,开口呼,四等第二十五位。

"照" 之笑切,去声,笑韵,开口呼,三等第二十六位。(笑韵今并啸)

"穿" 昌缘切,平声,仙韵,合口呼,三等第二十七位。(仙韵今并先)

"床" 仕庄切,平声,阳韵,合口呼,二等第二十八位。

"审" 式荏切,上声,寝韵,开口呼,三等第二十九位。

"禅" 市连切,平声,仙韵,开口呼,三等第三十位。

"晓" 馨了切,上声,筱韵,开口呼,四等第三十一位。

"匣" 胡甲切，入声，狎韵，开口呼，二等第三十二位。（狎韵今并洽）

"影" 于丙切，上声，梗韵，开口呼，三等第三十三位。

"喻" 羊戍切，去声，遇韵，合口呼，四等第三十四位。

"来" 落哀切，平声，咍韵，开口呼，一等第三十五位。（咍韵今并灰）

"日" 人质切，入声，质韵，开口呼，三等第三十六位。

三十六母，各有定位，如度上分寸，衡上铢两，不可毫厘僭差。学者知有字母，且勿轻读，一一考其音，明其切，调其清浊轻重，俟有定呼，乃熟读牢记，以为字音之准则，切法之根源。（江永《音学辨微》）

音韵有四等，一等洪大，二等次大，三四等皆细。（江永《音学辨微》）

音学不止为切字，而切字为读书之一事。切字者，两合音也。字或无同音之字，以两音合之，则无同音者亦有音，法之至善者也。汉以前注书者，但曰某字读如某音，或不甚的。孙炎《尔雅音义》，始有反切之法，古曰反，或曰翻，后改曰切，其实一也。上一字取同类同位，七音同类，清浊同位。下一字取同韵。韵窄字少者，或借相近之韵。取同位同类者，不论四声；平上去入，任取一字。取同韵者，不论清浊。清浊定于上一字，不论一字也。（江永《音学辨微》）

三 宗教

（一）佛教

佛教传入中国，至汉与西域交通，其事始显著。中国之有佛经，则始于东汉明帝时。

按汉武元狩中，遣霍去病讨匈奴，至皋兰，过居延，斩首大获。昆邪王杀休屠王，将其众五万来降，获其金人，帝以为大神，列于甘

泉宫。金人率长丈余，不祭祀，但烧香礼拜而已。此则佛道流通之渐也。及开西域，遣张骞使大夏还，传其旁有身毒国，一名天竺，始闻有浮屠之教。哀帝元寿元年，博士弟子秦景宪，受大月氏王使伊存口授浮屠经，中土闻之，未之信了也。后孝明帝夜梦金人，顶有白光，飞行殿庭，乃访群臣，傅毅始以佛对。帝遣郎中蔡愔、博士弟子秦景等使于天竺，写浮屠遗范，愔仍与沙门摄摩腾、竺法兰，东还洛阳，中国有沙门及跪拜之法，自此始也。愔又得佛经四十二章，及释迦立像，明帝令画工图佛像，置清凉台及显节陵上，经缄于兰台石室。愔之还也，以白马负经而至，汉因立白马寺于洛城雍关西，摩腾、法兰，咸卒于此寺。浮屠正号曰佛陀，佛陀与浮图声相近，皆西方言，其来转为二音。华言译之，则谓净觉，言灭秽成明，道为圣悟。（《魏书》卷一一四《释老志》）

洛阳白马寺

蔡愔既至彼国，兰与摩腾，……遂相随而来。……既达雒阳，与腾同止，少时便善汉言，愔于西域获经，即为翻译，所谓《十地断结》、《佛本生》、《法海藏》、《佛本行》、《四十二章》等五部。（慧皎《高僧传初集》卷一《汉雒阳白马寺竺法兰》）

其时佛法虽传，尚未通行于社会，至桓帝以君主之力，提倡于上，其教始渐盛。但当时对于佛老并尊，似未了澈佛教本旨。

世传明帝梦见金人长大，顶有光明，以问群臣，或曰："西方有神，名曰佛，其形长丈六尺，而黄金色。"帝于是遣使天竺问佛道法，遂于中国图画形像焉。楚王英始信其术，中国因此颇有奉其道者。后桓帝好神，数祀浮图、老子，百姓稍有奉者，后遂转盛。（《后汉书》卷一一八《天竺国传》）

英……晚节更喜黄老学，为浮屠，斋戒祭祀。八年，永平。诏令天下死罪，皆入缣赎。英遣郎中令奉黄缣白纨三十匹，诣国相曰："托在蕃辅，过恶累积，欢喜大恩，奉送缣帛以赎愆罪。"国相以闻，

卷二 两晋及南北朝

诏报曰："楚王诵黄老之微言,尚浮屠之仁祠,洁斋三月,与神为誓,何嫌何疑,当有悔吝。其还赎以助伊蒲塞桑门之盛馔。注:伊蒲塞即优婆塞也,桑门即沙门。(《后汉书》卷七二《楚王英传》)

自永平以来,臣民虽有习浮图者,天子未之好。至桓帝始笃好之,于禁中铸黄金浮图、老子像,亲于濯龙宫设华盖之座,用郊天之乐。(《磐志佛祖统记》卷三五《法运通塞志》)

佛法传布,信奉者渐众。汉时僧侣皆来自西域,至三国魏文帝时,始许人民受戒为僧。

魏黄初中,中国人始依佛戒,剃发为僧。(《隋书》卷三五《经籍志》四)

奉佛者既众,戒律产生,规模益具。

昙柯迦罗,此云法时,本中天竺人,……以魏嘉平中,来至雒阳。于时魏境虽有佛法,而道风讹替,……未禀归戒,正以翦落殊俗耳,设复斋忏,事法祠祀。迦罗既至,大行佛法。时诸僧共请迦罗译出戒律,……乃译出僧祇戒心,止备朝夕,更请梵僧立羯磨法。中夏戒律,始自乎此。(慧皎《高僧传初集》卷一《魏雒阳昙柯迦罗》)

佛法行于南方,始自孙权,权以康僧会、支谦为博士,复好神仙之说。是其时佛法虽行,尚未成立宗教面目也。

康僧会,其先康居人,世居天竺。……时孙权已制江左,而佛教未行。先有优婆塞支谦,……本月支人,来游汉境。初汉桓灵之世,有支谶,译出众经。有支亮,……资学于谶,谦又受业于亮,博览经籍,莫不精究。……汉献末乱,避地于吴,孙权闻其才慧,召见悦之,拜为博士,使辅道东宫,与韦曜诸人,共尽匡益。……谦以大教虽行,而经多梵文,未尽翻译,已妙善方言,乃收集众本,译为汉语,……皆行于世。时吴地初染大法,风化未全,僧会欲使道振江左,兴立图寺,乃杖锡东游,以吴赤乌十年,初达建业,营立茅茨,设像行道。……权大嗟服,即为建塔,以始有佛寺,故号建初寺,因名其地为佛陀里,由是江左大法遂兴。(慧皎《高僧传初集》卷一《吴建业建初寺康僧会》)

自此以降，西域僧侣来者益众。在东晋初，最著名者则为佛图澄。然其术怪诞，专骛人主之尊信，及图谶先知之说，时复代决军国之事。

　　竺佛图澄者，西域人也，本姓帛氏。少出家，清真务学，诵经数百万言。……以晋怀帝永嘉四年，来适洛阳，志弘大法，善诵神咒。……欲于洛阳立寺，值刘曜寇斥洛阳台，帝京扰乱，澄立寺之志遂不果。(慧皎《高僧传初集》卷一〇《晋邺中竺佛图澄》)

　　石勒时，有天竺沙门浮图澄，少于乌苌国就罗汉入道，刘曜时到襄国。后为石勒所崇信，号为大和尚，军国规模颇访之，所言多验。(《魏书》卷一一四《释老志》)

佛教初盛，沙门专意译经，传教则自澄弟子道安始。

　　释道安，姓卫氏，常山扶柳人也。家世英儒，早失覆荫，为外兄孔氏所养。……至年十二出家，……笃性精进，斋戒无阙，……师大惊嗟而敬异之。后为受具戒，恣其游学。至邺，入中寺，遇佛图澄，……因事澂为师。……冉闵之乱，人情萧索，……遂复率众入王屋女林山。顷之，复渡河依陆浑。……俄而慕容儁逼陆浑，遂南投襄阳。行至新野，谓徒众曰："今遭凶年，不依国主，则法事难立。又教化之体，宜令广布。"咸曰："随法师教。"乃令法汰诣扬州，曰彼多君子，好尚风流，法和入蜀，山水可以修闲，安与弟子慧远等四百余人渡河。……既达襄阳，复宣佛法。……安在樊沔十五载，每岁常再讲放光般若，未尝废阙。……后……苻丕南攻襄阳，安与朱序，俱获于坚。……既至，住长安五重寺，僧众数千，大弘法化。初魏晋沙门，依师为姓，故姓各不同。安以为大师之本，莫尊释迦，乃以释命氏。后获《增一阿含》果，称四河入海，无复河名，四姓为

道安像

沙门，皆称释种，既悬与经符，遂为永式。（慧皎《高僧传初集》卷五《晋长安五级寺释道安》）

以前所传者，多为小乘经典。至后秦姚兴时，鸠摩罗什入长安，始传译大乘经典，且斠旧译之误，为六代译经最盛之时。于是佛教始成宗教，学者信向之，中国学术思想界，乃生一大变化。

鸠摩罗什，天竺人也。……年七岁，母遂与俱出家。年十二，其母携到沙勒国，王甚重之。……博览五明诸论，及阴阳星算，莫不必尽，妙达吉凶，言若符契。……专以大乘为化，诸学者皆共师焉。年二十，龟兹王迎之还国，广说诸经，四远学徒，莫之能抗。……苻坚闻之，密有迎罗什之意。……吕光等率兵七万，西伐龟兹，……乃获罗什。……光还至凉州，闻苻坚已为姚苌所害，于是窃号河右。……罗什之在凉州积年，吕光父子，既不弘道，故蕴其深解，无所宣化。姚兴遣姚硕德西伐，破吕隆，乃迎罗什，待以国师之礼。乃使入西明阁，及逍遥园，译出众经，罗什多所暗诵，无不究其义旨。既览旧经，多有纰缪，于是兴使沙门僧叡、僧肇等八百余人传受其旨，更出经论，凡三百余卷。沙门慧叡，才识高明，常随罗什传写，罗什每为慧叡论西方辞体，商略同异。……罗什雅好大乘，志在敷演，常叹曰：“吾若着笔，作大乘阿毗昙，非迦旃子比也。今深识者既寡，将何所论？”惟为姚兴著《实相论》二卷，兴奉之若神。尝讲经于草堂寺，兴及朝臣大德沙门，千有余人，肃容观听。（《晋书》卷九五《鸠摩罗什传》）

同时南方有释慧远，为一时士大夫所宗，佛教始风靡于南北。

释慧远，本姓贾氏，雁门楼烦人也。……博综六经，尤善庄老。……年二十一，欲度江东，……中原寇乱，南路阻塞，志不获从。时沙门释道安，立寺于太行恒山，弘赞佛法，声甚著闻，远遂往归之，一面尽敬，以为真吾师也。后闻安讲《般若经》，豁然而悟，……便与弟慧持，投簪落发，委命受业。……后随安公南游樊沔。伪秦建元九年，秦将苻丕寇并襄阳，道安为朱序所拘，不能得去，乃分张徒众，各随所之。……远于是与弟子数十人，南适荆州，住上明寺。后欲往罗浮山，及届浔阳，见庐峰清静，足以息心，始住龙泉精舍，

……因号精舍为龙泉寺焉。……于是率众行道，昏晓不绝，释迦余化，于斯复兴。既而谨律息心之士，绝尘清信之宾，并不期而至，望风遥集，彭城刘遗民，豫章雷次宗，雁门周续之，新蔡毕颖之，南阳宗炳、张莱民、张季硕等，并弃世遗荣，依远游止。……陈郡谢灵运，负才傲俗，少所推崇，及一相见，肃然心服。（慧皎《高僧传初集》卷六《晋庐山释慧远》）

中国僧侣始入印度求经者，则为法显。

释法显，姓龚，平阳武阳人。……常慨经律舛阙，誓志寻求，以晋安帝。隆安三年，西历399年。与同学慧景、道整、慧应、慧嵬等发自长安，西渡流沙，……凡所经历，三十余国。……后至中天竺，于摩竭提波连弗邑，阿育王塔南天王寺，得《摩诃僧祇律》，又得《萨婆多律》，抄《杂阿毗昙心线经》、《方等泥洹经》等。显留三年，学梵语梵书，方躬自书写。……既而附商人大舶，循海而还，……经十余日，达耶婆提国。停五月，复随他商，东适广州，举帆二十余日，夜忽大风，……任风随流，忽至岸，见藜藿菜依然，知是汉地，但未测何方。即乘船入浦寻村，见猎者二人，显问此是何地耶，猎者曰："此是青州长广郡牢山南岸。"……遂南造京师，就外国禅师佛驮跋陀。……后至荆州，卒于辛寺。（慧皎《高僧传初集》卷三《宋江陵辛寺释法显》）

又沙门法显，慨律藏不具，自长安游天竺，历三十余国，随有经律之处，学其书语，译而写之。十年，乃于南海师子国随商人泛舟东下，昼夜昏迷，将二百日，乃至青州长广郡不其劳山南下，乃出海焉。是岁神瑞魏明元帝。二年也。晋安帝义熙十一年，即西历415年。法显所经诸国传记之，今行于世。（《魏书》卷一一四《释老志》）

慧远画像

卷二　两晋及南北朝

《佛国记》一卷。注：沙门释法显撰。（《隋书》卷三三《经籍志》二）

自佛教传入中国，奉之者多不晓其义，惟顶礼膜拜以祈福而已。至晋支遁、道安等，又以老庄之说，铺张其道。及达摩东来，辟除因果之说，主张人心至善，开禅宗之鼻祖，为理学之先导。

东土初祖菩提达磨尊者，南天竺国香至王第三子，名刹帝利，本名菩提多罗。二十七祖般若多罗至其国，受其王供养，得所施珠，试其所言，祖谓之曰："汝于诸法已得通量。夫达磨者，通大之义也，宜名菩提达磨。磨咨之曰："我既得法，当往何国而作佛事？"祖曰："汝虽得法，未可远游，且止南天。待吾灭后六十七载，当往震旦，设大法乐，护菩提者不可胜数。"磨于是恭禀教义，服勤左右，垂四十年，迨祖顺世，演化本国。时有二师，一名佛大先，一名佛大胜多，俱同学于佛陀跋陀，小乘禅观。佛大先既遇般若多罗尊者，舍小趣大，与达磨并化，号二甘露门。……时国王名异见，磨之侄也，初信外道，达磨化之归正。既而念震旦缘熟，行化时至，辞于侄王。王为具大舟，实以珍宝，泛重溟，三周寒暑，达于南海，当梁普通元年九月二十一日也。《传》灯曰七年，今从《正宗记》。广州刺史萧昂迎礼，表闻，武帝览奏，遣使迎请。次年十月一日，至建康，帝问曰："朕即位以来，造寺写经，度僧不可胜纪，有何功德？"祖曰："此但人天小果，如影随形，虽有非实。"帝曰："如何是真功德？"祖曰："净智妙圆，体自空寂。"帝曰："如何是圣谛第一义。"祖曰："廓然无圣。"帝曰："对朕者谁？"祖曰："不识。"帝不领悟，祖知机不契，是月十九日，潜之江北。十一月二十三日，届洛阳，当

《佛国记》书影

魏孝明帝正元二年也。寓止嵩山少林寺，面壁而坐，魏明帝三诏之，祖终不起。……太守杨衒之问祖曰："西天五印师承为祖，其道如何？"祖曰："明佛心宗，行解相应，名之曰祖。"又问，此外如何？"祖曰："须明他心，知其今古，不厌有无，于法无取，不贤不愚，无迷无悟，若能如是，故称为祖。"……即说偈曰："亦不睹恶而生嫌，亦不观善而勤措，亦不舍智而近愚，亦不抛迷而就悟，达大道兮过量，通佛心兮出度，不与凡圣同躔，超然名之曰祖。"……祖于是奄然长逝，魏幼主钊与孝庄帝废立之际，当梁大通之二年十月十五日也。其年十二月二十八日，葬于洛阳嵩州之熊耳山，起塔于定林寺。魏遂以其丧告梁，梁武皇帝即赐宝帛，悉诏宗子诸王，以祭礼而供养之。（《释氏稽古略》卷二引《正宗记》）

菩提达摩像

综之南朝崇尚清谈，《老》、《易》虽为高深之哲学，人生真相，终有不能解决之感，佛学乃乘之而起。北方袭前后二秦之迹，历世奉佛。经二武之厄，终逊南朝之盛，道教因得以成立焉。

世祖即位，……虽归宗佛法，敬重沙门，而未存览经教，深求缘报之意。及得寇谦之道，帝……遂信行其术。时司徒崔浩，……奉谦之道，尤不信佛，与帝言，数加非毁，常谓虚诞为世费害，帝以其辩博，颇信之。会盖吴反杏城，关中骚动，帝乃西伐，至于长安。先是长安沙门，种麦寺内，御驺牧马于麦中，帝入观马，……从官入其便室，见大有弓矢矛楯，出以奏闻，帝怒曰："此非沙门所用，当与盖吴通，谋规害人耳。"命有司案诛一寺，阅其财产，大得酿酒具，及州郡牧守富人所寄藏物。……帝既忿沙门非法，浩时从行，因进其说，诏诛长安沙门，焚破佛像。敕留台下四方，令一依长安行事，又诏……有司宣告征镇诸军刺史，诸有佛图形像及胡经，尽皆击破焚烧，沙门无少长，悉坑之。是岁真君七年三月也。西历446年。恭宗

卷二　两晋及南北朝

言虽不用，然犹缓宣诏书，远近皆豫闻知，得各为计，……而土木宫塔，……莫不毕毁矣。（《魏书》卷一一四《释老志》）

建德二年，十二月，集群官及沙门道士等，帝升高座，辨释三教先后，以儒教为先，道教次之，佛教为后。……三年五月，……初断佛道二教，经像悉毁，罢沙门道士，并令还俗，并禁诸淫祀，非祀典所载者，尽除之。（《北史》卷一〇《周武帝纪》）

因信佛之结果，建筑雕刻之技术，遂以精进。像祀之盛，似始于南方。迨元魏崛起，屡世营建，穷极物力，其艺术传自师子国，远非南朝所能企及，大同及龙门石佛，至今成为举世研究六朝雕刻之中心。

自洛中构白马寺，盛饰佛图，画迹甚妙，为四方式。凡宫塔制度，犹依天竺旧状而重构之，从一级至三五七九，世人相承谓之浮图，或云佛图。（《魏书》卷一一四《释老志》）

笮融……督广陵、彭城，……大起浮图祠，以铜为人，黄金涂身，衣以锦采，垂铜盘九重，下为重楼阁道，可容三千余人。（《三国·吴志》卷四《刘繇传》）

晋义熙初，始遣献玉像，经十载乃至。像高四尺二寸，玉色洁润，形制殊特，殆非人工。此像历晋宋，世在瓦官寺。寺先有征士戴安道手制佛像五躯，及顾长康维摩画图，世人谓为三绝。至齐东昏，遂毁玉像。（《梁书》卷五四《师子国传》）

云冈大佛

宋世子铸丈六铜像于瓦官寺，既成，面恨瘦，工人不能治，乃迎颙看之。颙曰："非面瘦，乃臂胛肥耳。"既错减臂胛，瘦患即除，无不叹服焉。(《宋书》卷九三《戴颙传》)

高宗践极，……诏有司为石像，令如帝身。……兴光元年秋，敕有司于五缎大寺内，为太祖已下五帝，铸释迦立像五，各长一丈六尺，都用赤金二万五千斤。太安初，有师子国胡沙门邪奢，遣多浮陀难提等五人，奉佛像三到京都，皆云备历西域诸国，见佛影迹及肉髻，外国诸王相承，咸遣工匠摹写其容，莫能及难提所造者，去十余步，视之炳然，转近转微。又沙勒胡沙门赴京师，致佛钵，并画像迹。(《魏书》卷一一四《释老志》)

初昙曜……被命赴京，……帝后奉以师礼。昙曜白帝，于京城西武州塞，凿山石壁，开窟五所，镌建佛像各一，高者七十尺，次六十尺，雕饰奇伟，冠于一世。……景明初，世宗诏大长秋卿白整准代京灵岩寺石窟，于洛南伊阙山，为高祖文昭皇太后营石窟二所。初建之始，窟顶去地三百一十尺，至正始二年中，始出斩山二十三丈。至大长秋卿王质，谓斩山太高，费功难就，奏求下移就平，去地一百尺，南北一百四十尺。永平中，中尹刘腾奏为世宗复造石窟一。凡为三所，从景明元年至正光四年六月已前，用工八十万二千三百六十六。肃宗熙平中，于城内太社西起永宁寺，灵太后亲率百寮，表基立刹，佛图九层，高四十余丈。……景明寺佛图，亦其亚也。至于官私寺塔，其数甚众。(《魏书》卷一一四《释老志》)

自晋以还，寺庙之建立，遍于南北，尤以南朝为盛，则私人舍宅为寺，成为风俗故也。

高祖以三桥旧宅为光宅寺，敕兴嗣与陆倕各制寺碑。及成俱奏，高祖用兴嗣所制者。(《梁书》卷四九《周兴嗣传》)

举尤长玄理，及释氏义，……举宅内山斋，舍以为寺，泉石之美，殆若自然。(《南史》卷二〇《谢弘微附谢举传》)

何氏自晋司空充、宋司空尚之，世奉佛法，并建立塔寺。至敬容，又舍宅东为伽蓝，趋势者因助财造构，敬容并不拒。故此寺堂宇校饰，颇为宏丽，时轻薄者，因呼为众造寺焉。(《梁书》卷三七《何敬容传》)

永平二年，澄任城王。……启云："……比日私造，动盈百数。或乘请公地，辄树私福，或启得造寺，限外广制。……都城之中，及郭邑之内，检括寺舍，数乘五百，空地表刹，未立塔宇，不在其数。……自迁都已来，年逾二纪，寺夺民居，三分且一。……如臣愚意，都城之中，虽有标榜营造粗功，事可改立者，请依先制。在于郭外，任择所便，其地若买得，券证分明者，听其转之；若官地盗作，即令还官。"……奏可。未几天下丧乱，加以河阴之酷，朝士死者，其家多舍居宅以施僧尼，京邑第舍，略为寺矣。（《魏书》卷一一四《释老志》）

（二）道教

鬼神之说，倡自方士。在西汉时，方士侪于儒生，复由儒分而为方术。于是天文风角河洛风星之说，兀特立于六艺之外，自成一家；符箓丹鼎，复分派别。及张道陵出，集众说于一身，遂为道教成立之原始。

张陵受道于鹤鸣，因传天官章本，千有二百，弟子相授，其事大行，斋祠跪拜，各成法道，有三元、九府、百二十官、一切诸神，咸所统摄。又称劫数，颇类佛经，其延康、龙汉、赤明、开皇之属，皆其名也，及其劫终，称天地俱坏。其书多有禁秘，非其徒也不得辄观。至于化金销玉，行符敕水，奇方妙术，万等千条，上云羽化飞天，次称消灾灭祸，故好异者，往往而尊事之。（《魏书》卷一一四《释老志》）

张道陵像

张道陵著《道书》二十四篇，及卒，以经箓印剑传其子衡，衡传其子鲁。是时其道大行，灵帝时，张角张鲁皆聚众起兵。

初巨鹿张角，自称大贤良师，奉事黄老道，畜养弟子，跪拜首过，符水咒说以疗病，病者颇愈，百姓信向之。角因遣弟子八人，使于四方，以善道教化天下，转相诳惑，十余年间，众徒数十万。……遂置三十六方,方犹将军号也,大方万余人,小方六七千,各立渠帅。讹言"苍天已死,黄天当立;岁在甲子,天下大吉",……约以三月五日,内外俱起。未及作乱,而张角弟子济南唐周上书告之,……推考冀州,逐捕角等。角等知事已露,晨夜驰敕诸方,一时俱起,皆着黄巾为标识,时人谓之黄巾,亦名为蛾贼。(《后汉书》卷一〇一《皇甫嵩传》)

张鲁,……字公旗。初祖父陵,顺帝时,客于蜀,学道鹤鸣山中,造作符书,以惑百姓。受其道者,辄出米五斗,故谓之米贼。陵传子衡,衡传于鲁,鲁遂自号师君。其来学者,初名为鬼卒,后号祭酒。祭酒各领部众,众多者名曰理头,皆校以诚信,不听欺妄,有病但令首过而已。诸祭酒各起义舍于路,同之亭传,悬置米肉,以给行旅,食者量腹取足,过多则鬼能病之,犯法者先加三原,然后行刑。不置长吏,以祭酒为理,民夷信向。(《后汉书》卷一〇五《刘焉传》)

初熹平中,妖贼大起,汉中有张修为太平道,张角为五斗米道。太平道师持九节杖为符祝,教病人叩头思过,因以符水饮之,病或自愈者,则云此人信道,其或不愈,则云不信道;修法略与角同。加施净室,使病人处其中思过,又使人为奸令、祭酒,主以老子五千文使都习。号奸令为鬼吏,主为病者请祷之法,书病人姓字,说服罪之意。作三通,其一上之天,著山上,其一埋之地,其一沉之水,谓之三官手书。使病者家出米五斗以为常,故号五斗米师。实无益于疗病,小人昏愚,竞供事之。后角被诛,修亦亡。及鲁自在汉中,因其人信行修业,遂增饰之,教使起义舍,以米置其中,以止行人,又使自隐其小过者,当循道百步则罪除;又依月令,春夏禁杀,又禁酒,流移寄在其地者,不敢不奉也。(《后汉书》卷一〇五《刘焉传》注引《典略》)

自魏晋之时,天师道盛行于上流社会。时玄学正盛,而所谓道家者,窃取《易》、《老》之义,以自文其教,实已渐入于哲学化。至葛洪诘鲍,陶弘景预知清谈足致侯景之难,明与玄学立异,树立道教面目,实为道教成立之功臣。

葛洪,字稚川,丹阳句容人也。……少好学,家贫躬自伐薪,以贸纸笔,夜辄写书诵习。以儒学知名。性寡欲,无所爱玩。……为人

木讷，不好荣利，闭门却扫，未尝交游。……究览典籍，尤好神仙道养之法。从祖玄，吴时学道得仙，号曰葛仙公，以其炼丹秘术，授弟子郑隐，洪就隐学，悉得其法焉。后师事南海太守上党鲍玄，玄亦内学，逆占将来，见洪深重之。……洪传玄业，兼综练医术，凡所著撰，皆精核是非。……以年老，欲炼丹以祈遐寿，……遂将子侄俱行至广州，……乃止罗浮山炼丹。……在山积年，优游闲养，著述不辍。其自序曰："……予所著子，言黄白之事，名曰《内篇》；其余驳难通释，名曰《外篇》，大凡内外一百一十六篇，……自号'抱朴子'，因以名书。……洪博闻深洽，江左绝伦，……又精辨玄赜，析理入微。（《晋书》卷七二《葛洪传》）

陶弘景，字通明，丹阳秣陵人也。……年十岁，得葛洪《神仙传》，昼夜研寻，便有养生之志。……齐高帝作相，引为诸王侍读，除奉朝请，虽在朱门，闭影不交外物，唯以披阅为务。……永明十年，上表辞禄，诏许之。……于是止于句容之句曲山，恒曰："此山下是第八洞宫，名金坛华阳之天，周回一百五十里。昔汉有咸阳三茅君，得道来掌此山，故谓之茅山。"乃中山立馆，自号华阳隐居。始从东阳孙游岳受符图经法，遍历名山，寻访仙药。……永元初，更筑三层楼，弘景处其上，弟子居其中，宾客至其下，与物遂绝，唯一家僮得侍其旁。……性好著述，……老而弥笃。尤明阴阳五行，风角星算，山川地理，方图，产物，医术，本草，……高祖既早与之游，及即位后，恩礼逾笃，书问不绝。……天监四年，移居积金东涧，善辟谷导引之法。……大同二年卒，……诏赠中散大夫，谥曰贞白先生。（《梁书》卷五一《陶弘景传》）

陶弘景像

陶弘景者，隐于句容，好阴阳五行风角星算，修辟谷导引之法，受道经符箓，武帝素与之游。及禅代之际，弘景取图谶之文，合成景梁字以献之，由是恩遇甚厚。又撰《登真隐诀》，以证古有神仙之事。又言神丹可成，服之则能长生，与天地永毕。帝令弘

景试合神丹，竟不能就，乃言中原隔绝，药物不精故也，帝以为然，敬之尤甚。然武帝弱年好事，先受道法，及即位，犹自上章，朝士受道者众，三吴及边海之际，信之逾甚。陈武世居吴兴，故亦奉焉。（《隋书》卷三五《经籍志》四）

北魏时，有寇谦之，为太武帝所崇信，其教盛行于北方，经典仪式，一取则于佛教。遂为国家所崇信，与佛教并立，唐宋因之，不啻国教矣。然其教所传者，实不出符箓丹鼎之范围，不如佛法渊微，故时盛时衰，以至于今。

　　后魏之世，嵩山道士寇谦之，自云尝遇真人成公兴，后遇太上老君，授谦之为天师，而又赐之《云中音诵科诫》二十卷，又使玉女授其服气导引之法，遂得辟谷，气盛体轻，颜色鲜丽，弟子十余人，皆得其术。其后又遇神人李谱，云是老君玄孙，授其图箓真经、劾召百神六十余卷，及销炼金丹云英八石玉浆之法。太武始光之初，奉其书而献之。帝使谒者奉玉帛牲牢祀嵩岳，迎致其余弟子，于代都东南起坛宇，给道士百二十余人，显扬其法，宣布天下，太武亲备法驾而受符箓焉。自是道业大行，每帝即位，必受符箓，以为故事。刻天尊及诸仙之像，而供养焉。迁洛已后，置道场于南郊之旁，方二百步，正月、十月之十五日，并有道士哥人百六人，拜而祠焉。后齐武帝迁邺，遂罢之。文襄之世，更置馆宇，选其精至者使居焉。后周承魏，崇奉道法，每帝受箓，如魏之旧，寻与佛法俱灭。（《隋书》卷三五《经籍志》四）

四　风俗与习惯

（一）门第

自魏行九品中正之制，其弊至"上品无寒门，下品无世族"，等级制度，因之益严。

　　六朝最重世族，……其时有所谓"旧门"、"次门"、"后门"、

"动门"、"役门"之类，以士庶之别，为贵贱之分，积习相沿，遂成定制。陶侃微时，郎中令杨晫与之同乘，温雅谓晫曰："奈何与小人同载？"郗鉴陷陈午贼中，有同邑人张实先附贼，来见，竟卿鉴，鉴曰："相与邦壤，义不及通，何可怙乱至此？"实惭而退。杨方在都，缙绅咸厚之，方自以地寒，不愿留京，求补远郡，乃出为高梁太守。王僧虔为吴兴郡守，听民何系先等一百十家为旧门，遂为阮佃夫所劾。张敬儿斩桂阳王休范，以功高当乞镇襄阳，齐高辅政，以敬儿人位本轻，不欲便处以襄阳重镇。……即有出自寒微，奋立功业，官高位重，而其自视，犹不敢与世族较。陈显达既贵，自以人微位重，每迁官，常有愧惧之色，诫诸子曰："我本志不及此，汝等勿以富贵骄人。"又谓诸子曰："麈尾是王谢家物，汝不须捉此。"王敬则与王俭同拜开府，褚渊戏俭以为连璧，俭曰："老子遂与韩非同传。"或以告敬则，敬则欣然曰："我本南沙小吏，今得与王卫军同拜三公，复何恨。"……且不特此也，齐高在宋，以平桂阳之功，加中领军，犹固让。与袁粲、褚渊书，自称下官常人，志不及远。及即位后，临崩，遗诏亦曰："吾本布衣素族，念不到此。"可见当时门第之见，习为固然，虽帝王不能改易也。（赵翼《廿二史劄记》卷一二"江左世族无功臣"）

士庶之区别，南朝士大夫主之，北方则天子主之。

中书舍人纪僧真，幸于武帝，稍历军校，容表有士风，谓帝曰："臣小人，出自本县武吏，邀逢圣时，阶荣至此。为儿昏，得荀昭光女。即时无复所须，唯就陛下乞作士大夫。"帝曰："由江斅、谢瀹，我不得措此意。可自诣之。"僧真承旨诣斅，登榻坐定，斅便命左右曰："移吾床让客。"僧真丧气而退，告武帝曰："士大夫故非天子所命。"时人重斅风格，不为权幸降意。（《南史》卷三六《江斅传》）

神䴥四年，九月，……诏曰："……访诸有司，咸称范阳卢玄，博陵崔绰，赵郡李灵，河间邢颖，勃海高允，广平游雅，太原张伟等，皆贤俊之胄，冠冕州邦，有羽仪之用。（《魏书》卷四上《世祖太武帝纪》上）

六朝氏族，以郡望分甲乙丙丁四等为贵族，谓之四姓。四姓者，吴

姓、侨姓、郡姓、虏姓也。

> 绾……出为豫章内史，在郡述制旨，礼记正言义，四姓衣冠士子听者常数百人。（《南史》卷五六《张绾传》）

庶族为求进身，往往附于士族而为门生。其时仕宦者许各募部曲，谓之义从，其在门下亲侍者则谓之门生。门生之称，汉已有之，六朝特更多耳。虽曰门生，亦如僳从之类而已。

> 内史诸葛恢见而奇之，待以门人之礼，由是始得周旋贵人间。（《晋书》卷六八《杨方传》）

> 周嵩嫁女，门生断道，解庐斫伤二人。（《晋书》卷六九《刘隗传》）

> 坐辄杀门生，免官。（《宋书》卷六七《谢灵运传》）

> 一时门生千余人，皆三吴富人之子，姿质端妍，衣服鲜丽，每出入行游，途巷盈满，泥雨日，悉以后车载之。太祖嫌其侈纵，每以为言。（《宋书》卷七一《徐湛之传》）

> 凡所莅任，皆阙政刑，辄开丹阳库物贷借，吏下多假资礼，解为门生，充朝满野，殆将千计。（《宋书》卷七五《颜竣传》）

> 尚书寺门有制，八座以下，门生随入者各有差，不得杂以人士。琛以宗人顾硕头，寄尚书张茂度门名，而与硕头同席坐。明年，元嘉八年。坐遣出，免中正。（《宋书》卷八一《顾琛传》）

> 怀珍北州旧姓，门附殷积，启上门生千人充宿卫，孝武大惊。（《南齐书》卷二七《刘怀珍传》）

中正选举，必稽谱籍而定真伪。由是同姓通谱之风大行，为庶族依附高门，辟一途径。

> 同姓通族，见于史者，自晋以前未有。《晋书·石苞传》，曾孙朴，没于寇，石勒以与朴同姓俱出河北，引朴为宗室，特加优宠，位至司徒。《南史·侯瑱传》，侯景以瑱与己同姓，托为宗室，待之甚厚。此以殊族而附中国也。《晋书·孙旂传》，旂子弼，及弟子髦、辅、剡，四人并有吏材，称于当世，遂与孙秀合族。《南史·周宏正传》，谄附王伟，与周石珍注：建康之厮隶也，为梁制局监，降侯景。合族。……此以名门而附小人也。（顾炎武《日知

录》卷二三"通谱")

北朝亦有通谱之风。同族相处，则南北有厚薄之不同。

王懿，字仲德，太原祁人。……北士重同姓，谓之骨肉，有远来相投者，莫不竭力营赡；若不至者，以为不义，不为乡里所容。仲德闻王愉在江南，是太原人，乃往依之，愉礼之甚薄。(《宋书》卷四六《王懿传》)

初宽之通款也，见司徒浩，浩与相齿次，厚存抚之。(《魏书》卷二四《崔玄伯附崔徽传》)

初密太后父豹丧在濮阳，太武欲令迎葬于邺，谓司徒崔浩曰："天下诸杜，何处望高？朕今方改葬外祖，意欲取杜中长老一人，以为宗正，令营护凶事。"浩曰："京兆为美，中书博士杜铨，其家今在赵郡，是杜预后，于今为诸杜最密。"召见铨，器貌瑰雅。太武感悦，谓浩曰："此真吾所欲也。"以为宗正，令与杜超子道生，送豹丧柩，致葬邺南。铨遂与超如亲，超谓铨曰："既是宗正，何缘侨居赵郡。"乃延引同属魏郡。(《北史》卷二六《杜铨传》)

初鼎之聘周也，尝遇隋文帝，……及陈亡，驿召入京。……时吏部尚书韦世康，兄弟显贵，隋文帝从容谓鼎曰："世康与公远近？"对曰："臣宗族南徙，昭穆非臣所知。"帝曰："卿百代卿族，岂忘本也。"……遣世康请鼎还杜陵，鼎乃自楚太傅孟以下，二十余世，并考论昭穆，作《韦氏谱》七卷示之，欢饮十余日，乃还。(《南史》卷五八《韦鼎传》)

六朝最重谱学，唐柳芳论之最详。

芳之言曰：……魏氏立九品，置中正，尊世胄，卑寒士，权归右姓矣。其州大中正、主簿，郡中正、功曹，皆取著姓士族为之，以定门胄，品藻人物。晋宋因之，始尚姓矣。然其别贵贱，分士庶，不可易也。于时有司选举，必稽谱籍而考其真伪。故官有世胄，谱有世官，贾氏王氏谱学出焉，由是有谱局令史职皆具。过江则为侨姓，王谢袁萧为大；东南则为吴姓，朱、张、顾、陆为大；山东则为郡姓，王、崔、卢、李、郑为大；关中亦号郡姓，韦、裴、柳、薛、杨、杜首之；代北则为虏姓，元、长孙、宇文、于、陆、源、窦首之。虏姓

者，魏孝文帝迁洛，有八氏十姓、三十六族九十二姓。八氏十姓，出于帝宗属或者国从魏者；三十六族九十二姓，世为部落大人，并号河南洛阳人。郡姓者，以中国士人差第阀阅为之，制凡三世有三公者曰膏粱，有令仆者曰华腴，尚书领护而上者为甲姓，九卿若方伯者为乙姓，散骑常侍大中大夫者为丙姓，吏部正员郎为丁姓，凡得入者谓乞四姓。又诏代人诸胄，初无族姓，其穆、陆、奚于，下吏部勿充猥官，得视四姓。北齐因仍，举秀才州主簿郡功曹，非四姓不在选。故江左定氏族，凡郡上姓第一则为右姓，太和以郡四姓为右姓，齐浮屠昙刚《类例》，凡甲门为右姓，周建德《氏族》以四海通望为右姓，隋开皇《氏族》以上品茂姓则为右姓，唐《贞观氏族志》，凡第一等则为右姓，路氏著《姓略》，以盛门为右姓，柳冲《姓族系录》，凡四海望族则为右姓。不通历代之说，不可与言谱也。今流俗独以崔卢李郑为四姓，加太原王氏号五姓，盖不经也。

夫文之弊至于尚官，官之弊至于尚姓，姓之弊至于尚诈。隋承其弊，不知其所以弊，乃反古道，罢乡举，离地著，尊执事之吏，于是乎士无乡里，里无衣冠，人无廉耻，士族乱而庶人僭矣。故善言谱者，系之地望而不惑，质之姓氏而无疑，缀之婚姻而有别。山东之人质，故尚婚娅，其信可与也；江左之人文，故尚人物，其智可与也；关中之人雄，故尚冠冕，其达可与也；代北之人武，故尚贵戚，其泰可与也。及其弊，则尚婚娅者先外族、后本宗，尚人物者进庶孽、退嫡长，尚冠冕者略伉俪、慕荣华，尚贵戚者狥势力、亡礼教。四者俱敝，则失其所尚矣。人无所守则士族削，士族削则国从而衰。管仲曰："为国之道，利出一孔者王，二孔者强，三孔者弱，四孔者亡。"故冠婚者人道大伦，周汉之官人，齐其政，一其门，使下知禁，此出一孔也，故王；魏晋官人，尊中正，立九品，乡有异政，家有竞心，此出二孔也，故强；江左、代北诸姓，纷乱不一，其要无归，此出三孔也，故弱；隋氏官人，以吏道治天下，人之行不本乡党，政烦于上，人乱于下，此出四孔也，故亡。唐承隋乱，宜救之以忠。忠厚则乡党之行修；乡党之行修，则人物之道长；人物之道长，则冠冕之绪崇；冠冕之绪崇，则教化之风美，乃可与古参矣。

晋太元中，散骑常侍河东贾弼撰《姓氏簿状》，十八州百十六郡，

合七百一十二篇，甄析士庶无所遗。宋王弘、刘湛好其书，弘每日对千客，可不犯一人讳。湛为选曹，譔《百家谱》，以助铨序。文伤寡省，王俭又广之。王僧孺演益为十八篇，东南诸族自为一篇，不入百家数。弼传子匪之，匪之传子希镜，希镜撰《姓氏要状》十五篇，尤所谙究，希镜传子执，执更作《姓氏英贤》一百篇，又著《百家谱》，广两王所记。执传其孙冠，冠撰《梁国亲皇太子序亲簿》四篇。王氏之学，本于贾氏。唐兴，言谱者以路敬淳为宗，柳冲、韦述次之，李守素亦明姓氏，时谓《肉谱》者。后有李公淹、萧颖士、殷寅、孔至，为世所称。初汉有邓氏《官谱》，应劭有《氏族》一篇，王符《潜夫论》亦有姓氏一篇，宋何承天有《姓苑》二篇，谱学大抵具此。魏太和时，诏诸郡中正，各列本土姓族，次第为选举格，名曰方司格，人到于今称之。（《唐书》卷一九九《柳冲传》）

（二）嫁娶

士庶界限既严，以至不通婚姻。偶有歧异者，往往为清议所不许，甚且见之弹章，如沈约奏弹王源是也。

> 杨佺期，弘农华阴人，汉太尉震之后也。……自云门户承籍，江表莫比。有以其门地比王珣者，犹恚恨。而时人以其晚过江，婚宦失类，每排抑之。（《晋书》卷八四《杨佺期传》）

> 景……又请娶于王谢，帝曰："王谢门高非偶，可于朱张以下访之。"（《南史》卷八〇《侯景传》）

> 初巨伦有姊明惠，有才行，因患眇一目，内外亲类，莫有求者。其家议欲下嫁之，巨伦姑赵国李叔胤之妻，……闻而悲感曰："吾兄盛德，……岂令此女屈事卑族？"乃为子翼纳之，时人叹其义。（《魏书》卷五六《崔辩附崔巨伦传》）

当时庶人，攀缘高门而不得，至有幸得罪人之女以为荣者。

> 魏尚书仆射范阳卢道虔女，为右卫将军郭琼子妇。琼以死罪没官，高祖启以赐元康为妻，元康乃弃故妇李氏。（《北齐书》卷二四《陈元康传》）

> 孙骞，……高祖……大见赏重，赐妻枣氏，既士人子女，又兼色貌，时人荣之。（《北齐书》卷二四《孙骞传》）

魏太常刘芳孙女，中书郎崔肇师女，夫家坐事，帝并赐收为妻，时人比之贾充，置左右夫人。（《北齐书》卷三七《魏收传》）

其后高门亦与卑族为婚，必多索财货，以至有"卖女买妇"之讥。虽遭时严禁，然风尚已成，不能改也。

近世嫁娶，遂有卖女纳财，买妇输绢，比量父祖，计较锱铢，责多还少，市井无异。或猥婿在门，或傲妇擅室，贪荣求利，反招羞耻。（颜之推《颜氏家训》卷上《治家篇》）

和平四年，十有二月，……诏曰："夫婚姻者，人道之始。……然中代以来，贵族之门，多不率法，或贪利财贿，或因缘私好，在于苟合，无所选择。令贵贱不分，巨细同贯，尘秽清化，亏损人伦，将何以宣示典谟、垂之来裔？今制皇族师傅王公侯伯及士民之家，不得与百工伎巧卑姓为婚，犯者加罪。"（《魏书》卷五《高宗文成帝纪》）

前妻河内司马氏一息，为娶陇西李士元女，大输财娉。及将成礼，犹竟悬违，述忽取供养像，对士元打像作誓。士元笑曰："封公何处常得应急像，须誓便用。"一息娶范阳卢庄之女，述又经府诉云，送羸乃嫌脚跛，评田则云咸薄，铜器又嫌古废，皆为吝啬所及，每致纷纭。（《北齐书》卷四三《封述传》）

贵族嫁娶，踵事增华，庶民效之，遂成颓俗。

永明七年，四月，诏曰："婚礼下达，人伦攸始。《周官》设媒氏之职，《国风》兴及时之咏。……晚俗浮丽，历兹永久，每思惩革，而民未知禁。乃闻同牢之费，华泰尤甚，膳羞方丈，有过王侯。富者扇其骄风，贫者耻躬不逮。或以供帐未具，动致推迁。年不再来，盛时忽往，宜为节文，颁之士庶，并可拟则公朝，方槃供设，合卺之礼无亏，宁俭之义斯在。如故有违，绳之以法。"（《南齐书》卷三《武帝纪》）

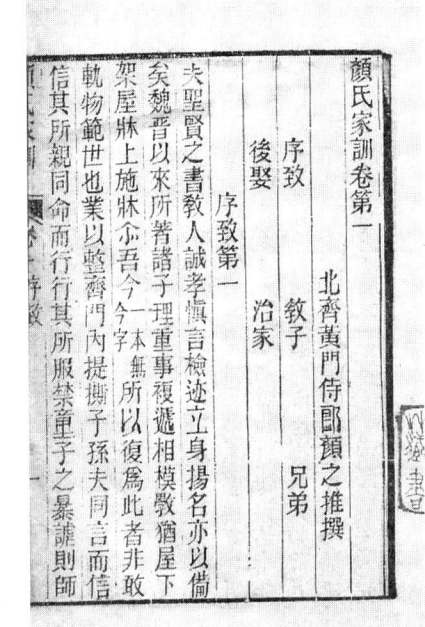

《颜氏家训》书影

卷二 两晋及南北朝

建德二年，九月，……诏曰："政在节财，礼唯宁俭。而顷者婚嫁，竞为奢靡，牢羞之费，罄竭资财，甚乖典训之理。有司宜加宣勒，使咸遵礼制。"（《周书》卷五《武帝纪》上）

夫妇之始，王化所先，共食合瓢，足以成礼。而今之富者弥奢，同牢之设，甚于祭盘，累鱼成山，山有林木，林木之上，鸾凤斯存。徒有烦劳，终成委弃。（《北史》卷一六《临淮王谭附孝友传》）

因奢侈之故，贫者至不能娶妻，乃有敛钱助娶之事。

修居贫，年四十余，未有室，王敦等敛钱为婚，皆名士也。时慕之者，求入钱而不得。（《晋书》卷四九《阮修传》）

其婚嫁之俗，有相沿至后代犹存者。

临城公纳夫人王氏，即太宗妃之侄女也。晋宋已来，初婚三日，妇见舅姑，众宾皆列观。……太宗以问摛，摛曰："《仪礼》云，质明赞见妇于舅姑。《杂记》又云，妇见舅姑，兄弟姊妹，皆立于堂下。政言妇是外宗，未审娴令，所以停坐三朝，观其七德，舅延外客，姑率内宾，堂下之仪，以备盛礼。近代妇于舅姑，本有戚属，不相瞻看，夫人乃妃侄女，有异他姻，觐见之仪，谓应可略。（《梁书》卷三〇《徐摛传》）

俗间有戏妇之法，于稠众之中，亲属之前，问以丑言，责以慢对，其为鄙黩，不可忍论。（葛洪《抱朴子》外篇卷二《疾谬篇》）

段昭仪，韶妹也。婚夕，韶妻元氏，为俗弄女婿法戏文宣。文宣衔之，后因发怒，谓韶曰："我会杀尔妇。"元氏惧，匿娄太后家，终文宣世不敢出。（《北史》卷一四《文宣皇后附段昭仪传》）

北朝婚礼，青布幔为屋，在门内外，谓之青庐，于此交拜，迎妇。……婿拜阁日，妇家亲宾，妇女毕集，各以杖打婿为戏乐，至有大委顿者。（段成式《酉阳杂俎》卷一）

继娶纳妾，南北风尚亦殊不同。

江右不讳庶孽，丧室之后，多以妾媵终家事，疥癣蚊虻，或未能免，限以大分，故稀斗阋之耻。河北鄙于侧出，不预人流，是以必须重娶，至于三四，母年有少于子者，后母之弟，与前妇之兄，衣服饮

食，爰及婚宦，至于士庶贵贱之隔，俗以为常。身没之后，辞讼盈公门，谤辱彰道路，子诬母为妾，弟黜兄为佣，播扬先人之辞迹，暴露祖考之长短，以求直己者，往往而有。（颜之推《颜氏家训》卷上《后娶篇》）

（三）丧祭

自晋以后，风俗奢靡，多以厚葬夸耀于人。贤者欲挽颓风，辄制遗命薄葬，盖惩于乱世无不发之墓，虽曰遵礼，而世乱亦可知已。

苞豫为终制曰："延陵薄葬，孔子以为达礼；华元厚葬，《春秋》以为不臣。……自今死亡者，皆敛以时服，不得兼重。又不得饭唅，为愚俗所为。又不得设床帐明器也。定窆之后，复土满坎，一不得起坟种树，……"遗令，又断亲戚故吏设祭。（《晋书》卷三三《石苞传》）

永宁二年卒，遗命濯巾浣衣，榆棺杂砖，露车载尸，苇席瓦器而已。（《晋书》卷九一《徐苗传》）

又疾世浮华，不修名实，著论以非之。……临终，敕子珉，朝卒夕殡，幅巾布衣，葬勿择日。（《晋书》卷五〇《庾峻传》）

奢侈之俗愈甚，至劳时王禁断，然终无益于俗也。

永明七年，十月，诏曰："三季浇浮，旧章陵替，吉凶奢靡，动违矩则，或裂锦绣以竞车服之饰，涂金镂石以穷茔域之丽，至班白不婚，露棺累叶，苟相夸衒，罔顾大典。可明为条制，严勒所在，悉使画一；如复违犯，依事纠奏。（《南齐书》卷三《武帝纪》）

和平四年，十有二月，诏曰："……今丧葬……大礼未备，贵势豪富，越度奢靡，非所谓式昭典宪者也。有司可为之条格，使贵贱有章，上下咸序，著之于令。（《魏书》卷五《高宗文成帝纪》）

丧葬之礼，南北不同，习礼之家，颇以是为重。其时议礼诸作，率渊源古制，足存一代礼文，今皆见于《通典·历代沿革礼》。

江南凡遭重丧，若相知者同在城邑，三日不吊则绝之，除丧虽相遇则避之，怨其不已悯也。有故及道遥者，致书可也，无书亦如之。北俗则不尔。江南凡吊者，主人之外，不识者不执手，识轻服而不识

南北朝时期的古墓群

主人，则不于会所而吊，他日修名诣其家。（颜之推《颜氏家训》卷上《风操篇》）

阴阳说云，辰为水墓，又为土墓，故不得哭。王充《论衡》云，辰日不哭，哭则重丧。今无教者，辰日有丧，不问轻重，举家清谧，不敢发声，以辞吊客。道书又曰：晦歌朔哭，皆当有罪，天夺之算，哭家朔望，哀感弥深，宁当惜寿，又不哭也，亦不论。（颜之推《颜氏家训》卷上《风操篇》）

偏傍之书，死有归煞，子孙逃窜，莫肯在家，画瓦书符，作诸厌胜。丧出之日，门前然火，户外列灰，祓送家鬼，章断注连。凡如此比，不近人情。（颜之推《颜氏家训》卷上《风操篇》）

其俗以四月祠天，六月末，率大众至阴山，谓之却霜。阴山去平城六百里，深远饶树木，霜雪未尝释，盖欲以暖气却寒也，死则潜埋，无坟垄处所。至于葬送，皆虚设棺柩，立冢椁，生时车马器用，皆烧之以送亡者。（《宋书》卷九五《索虏传》）

期功之丧，晋代犹重之，自谢安期丧不废乐，遂成风俗。

性好音乐，自弟万丧，十年不听音乐。及登台辅，期丧不废乐。王坦之书喻之，不从。衣冠效之，遂以成俗。（《晋书》卷七九《谢安传》）

停丧改葬，亦肇始于斯时。

后为武康令，俗多厚葬，及有拘忌回避岁月，"停丧"不葬者，循皆禁焉。（《晋书》卷六八《贺循传》）

除衡阳内史。……土俗，山民有病，辄云先人为祸，皆开冢剖

棺，水洗枯骨，名为除祟。（《梁书》卷五二《顾宪之传》）

坟墓必择吉地，谓之相墓术。此术之流传，世谓始于郭璞。

> 璞以母忧去职，卜葬地于暨阳，去水百步许。人以近水为言，璞曰："当即为陆矣。"其后沙涨，去墓数十里，皆为桑田。……璞尝为人葬，帝明帝。微服往观之，因问主人，何以葬龙角，此法当灭族。主人曰："郭璞云，此葬龙耳，不出三年，当致天子也。"帝曰："出天子邪？"答曰："能致天子问耳。"帝甚异之。（《晋书》卷七二《郭璞传》）

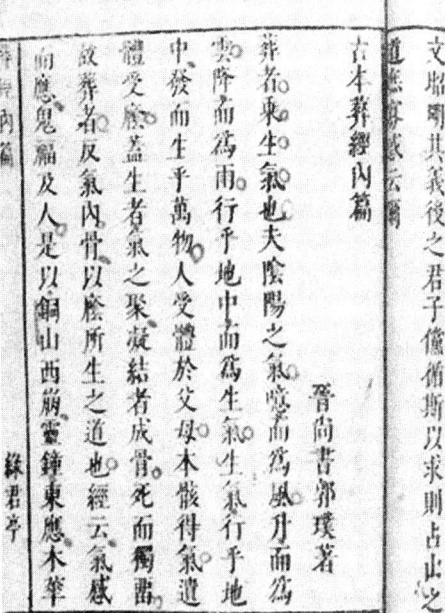

自汉以来，人多于墓立碑，以褒扬先世。自晋以后，南朝屡禁而屡弛。北方尤以碑传为重，故今世南碑流传绝少，而北碑见于著录者至多。

郭璞《葬经》书影

> 晋武帝咸宁四年，又诏曰："此石兽碑表，既私褒美，兴长虚伪，伤财害人，莫大于此，一禁断之。其犯者，虽会赦令，皆当毁坏。"至元帝太兴元年，有司奏故骠骑府主簿故恩营葬旧君顾荣求立碑，诏特听立。自是后禁又渐颓，大臣长吏，人皆私立。义熙中，尚书祠部郎中裴松之，又议禁断，于是至今。（《宋书》卷一五《礼志》二）

民间成为风俗，祭祀鬼神，其遗俗流传者，即宗懔《荆楚岁时记》所载，后世犹有遵守奉行者。

> 正月一日，是三元之日也，春秋谓之端月。鸡鸣而起，先于庭前爆竹，以辟山臊恶鬼，……贴画鸡户上，悬苇索于其上，插桃符其旁，百鬼畏之。……又以钱贯系杖脚，回以投粪扫上，云令如愿。
>
> 正月七日，为人日，《北齐书》卷三七《魏收传》，晋议郎董勋答问礼俗云：正月一日为鸡，二日为狗，三日为羊，四日为羊，五日为牛，六日为马，七日为人。以七种菜为羹。剪彩为人，或镂金箔为人，以贴屏风，亦戴之头鬓。又造华胜以相遗。

正月十五日，作豆糜，加油膏其上，以祠门户。先以杨枝插门，随杨枝所指，仍以酒脯饮食及豆粥插箸而祭之。……其夕迎紫姑，以卜将来蚕桑，并占众事。……正月夜多鬼鸟度，家家捶床打户，捩狗耳，灭灯烛以禳之。……正月未日夜，芦苣火照井厕中，则百鬼走。

去冬节一百五日，即有疾风甚雨，谓之寒食，禁火三日，造饧大麦粥。

三月三日，士民并出江渚池沼间，为流杯曲水之饮。……是日，取鼠麹汁蜜和粉，谓之龙舌䉽，以厌时气。

五月俗称恶月，多禁忌曝床荐席，及忌盖屋。……五月五日，四民并踏百草，又有斗百草之戏，采艾以为人，悬门户上，以禳毒气，……以五彩丝系臂，名曰辟兵，令人不病瘟。又有条达等，织组杂物，以相赠遗，取鸲鹆教之语。

夏至节日，食粽，周处谓为角黍。人并以新竹为筒，粽练叶。插五彩系臂，谓为长命缕。

六月伏日，并作汤饼，名为辟恶。

七月七日，为牵牛织女聚会之夜。……是夕，人家妇女，结彩缕，穿七孔针，或以金银鍮石为针。陈瓜果于庭中以乞巧，有喜子网于瓜上，则以为符应。

七月十五日，僧尼道俗，悉营盆供诸佛。

八月十四日，民并以朱水点儿头额，名为天灾，以厌疾。又以锦彩为眼明囊，递相饷遗。

九月九日，四民并籍野饮宴。……《续齐谐记》云，汝南桓景，随费长房游学，长房谓之曰："九月九日，汝南当有大灾厄，急令家人缝囊，盛茱萸，系臂上，登山饮菊花酒，此祸可消。"景如言，举家登山，夕还，见鸡犬牛羊，一时暴死。长房闻之曰："此可代也。"今世人九日登高饮酒，妇人带茱萸囊，盖始于此。

十月朔日，黍臛，俗谓之审岁首。

十二月八日，为腊日，谚语："腊鼓鸣，春草生。"村人并击细腰鼓，戴胡头，及作金刚力士，以逐疫。……其日，并以豚酒祭灶神。

(四) 饮食

太官进御食，有"裹蒸"。帝曰："我食此不尽，可四片破之，余充晚食。"(《南齐书》卷六《明帝纪》)

太祖为领军，与戢来往，数置欢宴。上好"水引饼"，戢令妇女躬自执事，以设上焉。(《南齐书》卷三二《何戢传》)

于是设供食，具大馈，"薄饼。"(《北史》卷八九《陆法和传》)

宋初，吴郡人陈遗，少为郡吏。母好食"锅底饭"，遗在役，恒带一囊，每煮食，辄录其焦以贻母。(《南史》卷七三《潘综附陈遗传》)

世祖幸芳林园，就悰求"扁米粣"。悰献粣及杂肴数十舆，太官鼎味不及也。(《南齐书》卷三七《虞悰传》)

崇为客作"豆粥"，咄嗟便办。每冬得"韭蓱虀"，……恺……乃密货崇帐下。问其所以，答云：豆至难煮，豫作熟末，客来但作白粥以投之耳。韭蓱虀，是捣韭根，杂以麦苗耳。(《晋书》卷三三《石苞附石崇传》)

修之尝为"羊羹"，以荐虏尚书，尚书以为绝味。献之于焘，焘大喜，以修之为太官令。(《宋书》卷四八《毛修之传》)

羲之……年十三，尝谒周顗，顗察而异之。时重"牛心炙"，坐客未啖，顗先割啖羲之，于是始知名。(《晋书》卷八〇《王羲之传》)

当时嗜酒之风甚盛，而酒之酿造，亦有种种名称。

胡人奢侈，厚于养生。家有"蒲桃酒"，或至千斛，经十年不败，士卒沦没，酒藏者相继矣。(《晋书》卷一二二《载记》第二二《吕光》)

又在任昉坐，有人饷昉椊酒，而作桵字。昉问杳："此字是不？"杳对曰："葛洪《字苑》，作木旁咨。"昉又曰："酒有千日醉，当是虚言。"杳云：桂阳程乡有'千里酒'，饮之至家而醉，亦其例也。"(《梁书》卷五〇《刘杳传》)

清河王怿，为元叉所害，悦了无仇恨之意，乃以"桑落酒"候伺之，尽其私佞。(《魏书》卷二二《汝南王悦传》)

太宗……赐浩御"缥醪酒"十觚，水精、戎盐一两，曰："朕味

南北朝时期酒器：铜酒筒

卿言，若此盐酒，故与卿同其旨也。"（《魏书》卷三五《崔浩传》）

敕有司日给"河东酒"一斗，号之曰逍遥公。（《周书》卷三一《韦夐传》）

九月佩茱萸，食蓬饵，饮"菊花酒"，令人长命。菊花舒时，并采茎叶，杂黍米酿之，至来年九月九日始熟，就饮焉，故谓之菊花酒。（干宝《搜神记》卷二）

河东郡……多……徙民。民有姓刘名堕者，宿擅工酿，采挹河流，酝成芳酎，悬食同枯枝之年，排于桑落之辰，故酒得其名矣。然香醑之色，清白若滫浆焉，……最佳酎矣。自王公庶友，牵拂相招者，每云索郎。……索郎反语为桑落也。（郦道元《水经注》卷四）

糖于此时，尚无法制，多饮蜜。

明帝……素能食，尤好鰿鱼，以银钵盛蜜渍之，一食数钵。（《南齐书》卷五三《虞愿传》）

陶弘景，……永明十年，脱朝服，挂神武门，上表辞禄。诏许之，赐以束帛，敕所在月给茯苓五斤，白蜜二升，以供服饵。（《南史》卷七六《陶弘景传》）

疾久口苦，索蜜不得，再曰荷荷，遂崩。（《南史》卷七《梁武帝纪》下）

风俗奢华，精于饮馔者，颇有其人。兹略举以示其概。

财产丰积，室宇宏丽，……庖膳穷水陆之珍，与贵戚王恺、羊琇之徒，以奢靡相尚。（《晋书》卷三三《石苞附石崇传》）

曾……性奢豪，务在华侈，帷帐车服，穷极绮丽，厨膳滋味，过于王者。每燕见，不食太官所设，帝辄命取其食，蒸饼上不拆作十字不食，食日万钱，犹曰"无下箸处"。（《晋书》卷三三《何曾传》）

又于土山营墅，楼馆林竹甚盛，每携中外子侄，往来游集，肴馔亦屡费百金，世颇以此讥焉。（《晋书》卷七九《谢安传》）

夫食，方丈于前，所甘一味。今之燕喜，相竞夸豪，积果如山岳，列肴同绮绣，露台之产，不周一燕之资，而宾主之间，裁取满

腹，未及下堂，已同臭腐。(《梁书》卷三八《贺琛传》)

在御史台，恒于宅中送，食备尽珍羞，别室独飡，处之自若。有一河东人士，姓裴，亦为御史，伺瞻食便往造焉，瞻不与交言，又不命匕箸，箸裴坐观瞻食罢而退。明日，裴自携匕箸，恣情饮噉，瞻方谓裴云：我初不唤君食，亦不共君语，君遂能不拘小节。昔刘毅在京口，冒请鹅炙，岂亦异于是乎？君定名士。"于是每与之同食。(《北齐书》卷二三《崔瞻传》)

(五) 服饰

是时服饰，非诡奇矜异，即染被胡风，已非复秦汉之旧矣。

甲、冠

初魏造白帢，横缝其前以别后，名之曰"颜帢"，传行之。至永嘉之间，稍去其缝，名"无颜帢"。(《晋书》卷二七《五行志》上)

明帝初，司徒建安王休仁，统军赭圻，制"乌纱帽"，反抽帽裙，民间谓之司徒状，京邑翕然相尚。(《宋书》卷三〇《五行志》一)

太康中，天下又以毡为絈头，及络带袴口。(《宋书》卷三〇《五行志》一)

是时为衣者，又上短带至于挍，著帽者以带缚项。(《宋书》卷三〇《五行志》一)

晋末皆冠小冠，而衣裳博大，风流相仿，舆台成俗。(《宋书》卷三〇《五行志》一)

永元中，……群小又造四种帽，帽因势为名，一曰山鹊归林，……二曰兔子度坑，……三曰反缚黄离喽，……四曰凤皇度三桥。(《南齐书》卷一九《五行志》)

齐制，宫内唯天子纱帽，臣下皆戎帽，特赐归彦纱帽以宠之。(《北齐书》卷一四《平秦王归彦传》)

宣政元年，三月，……初服"常冠"，以皂纱为之，加簪而不施缨导，其制若今之折角巾也。(《周书》卷六《武帝纪》下)

幞头男俑

汉魏已前，始戴幅巾，晋宋之世，方用幂䍦。后周以三尺皂绢，向后幞发，名折上巾，通谓之"幞头"。武帝时，裁成四脚。（郭若虚《图画见闻志》卷一）

乙、服

好衣"剌文袴"，诸父责之，因而自改。（《晋书》卷七九《谢尚传》）

晋孝怀永嘉以来，士大夫竞服生笺单衣。（《宋书》卷三〇《五行志》一）

善制珍玩之物，织孔雀毛为裘，光彩金翠，过于雉头矣。（《南齐书》卷二一《文惠太子传》）

诏天台侍卫之官，皆著五色及红紫绿衣，以杂色为缘，名曰"品色衣"。有大事，与公服间服之。（《周书》卷七《宣帝纪》）

元嘉二十七年，……魏群臣初闻有宋师，言于魏主，请遣兵救缘河谷帛。魏主曰："马今未肥，天时尚热，速出必无功。若兵来不止，且还阴山避之。国人本着'羊皮袴'，何用绵帛？展至十月，吾无忧矣。"（《资治通鉴》卷一二五《宋纪》七）

丙、履

旧为屐者，齿皆达楄上，名曰"露卯"。太元中，忽不彻，名曰"阴卯"。（《晋书》卷二七《五行志》上）

初作履者，妇人员头，男子方头。……晋太康初，妇人皆履方头，……与男无别也。（《宋书》卷三〇《五行志》一）

时王俭当朝，琛年少，未为俭所识，负其才气，欲候俭。时俭宴于乐游苑，琛乃著"虎皮靴"，策桃枝杖，直造俭坐，俭与语，大悦。（《梁书》卷二六《萧琛传》）

时政归门下，世谓侍中黄门为小宰相，而遵业从容恬素，若处丘园。尝着"穿角履"，好事者多毁新履以学之。（《魏书》卷三八《王慧龙附王遵业传》）

丁、佩

梁朝全盛之时，贵游子弟，多无学术，……无不熏衣剃面，傅粉施朱，驾长檐车，跟高齿屐，坐棋子方褥，凭班丝隐囊。（颜之推

《颜氏家训》卷上《勉学篇》)

汉制，自天子至于百官，无不佩刀。……自晋代以来，始以木剑代刃剑。(《宋书》卷一八《礼志》五)

尚书令、仆射尚书，手板头，复有白笔，以紫皮裹之，名"笏"。朝服肩上，有紫生袷囊，缀之朝服外，俗呼曰"紫荷"。或云，汉代以盛奏事，负荷以行。(《宋书》卷一八《礼志》五)

戊、妇人装饰

惠帝元康中，妇人之饰有"五兵佩"。又以金银玳瑁之属，为斧钺戈戟以当笄。……是时妇人结发者，既成，以缯急束其环，名曰"撷子紒"。始自中宫，天下化之。(《晋书》卷二七《五行志》上)

太元中，公主妇女，必缓鬓倾髻，以为盛饰。用发既多，不可恒戴，乃先于木及笼上装之，名曰"假髻"，或名假头。至于贫家不能自办，自号无头，就人借头，遂布天下。(《晋书》卷二七《五行志》上)

宋文帝元嘉六年，民间妇人结发者，三分发，抽其鬟，直向上，谓之"飞天紒"。始自东府，流被民庶。(《宋书》卷三〇《五行志》一)

高祖……又引见王公卿士，责留京之官曰："昨望见妇女之服，仍为'夹领小袖'，我徂东山，虽不三年，既离寒暑，卿等何为而违前诏？"(《魏书》卷二一上《咸阳王禧传》)

妇人皆剪剔以着假髻，而危邪之状如飞鸟，至于南面则髻心正西。始自宫内为之，被于四远。(《北齐书》卷八《幼主纪》)

石崇常择美容姿相类者十人，装饰衣服，大小一等，使忽视不相分别，常侍于侧。使翔风，婢名。调玉以付工人，为"倒龙"之佩，萦金为"凤冠"之钗，言刻玉为倒龙之势，铸金钗象凤凰之冠。(王嘉《拾遗记》卷九)

(六) 世风

甲、乡议

晋承汉末遗风，犹重乡评；一被清议，即遭废弃。

陈寿……遭父丧，有疾，使婢丸药。客往见之，乡党以为贬议，及蜀平，坐是沉滞者累年。……以母忧去职，母遗言令葬洛阳，寿遵

其志，又坐不以母归葬，竟被贬议，……至此再致废辱。(《晋书》卷八二《陈寿传》)

时淮南小中正王式继母，前夫终更适式父，式父终丧服讫，议还前夫家，前夫家亦有继子，奉养至终，遂合葬于前夫。式自云，父临终，母求去，父许诺，于是制出母齐衰期。壶奏曰："……式……亏损世教，不可以居人伦铨正之任，……"疏奏，诏……式付乡邑清议，废弃终身。(《晋书》卷七〇《卞壶传》)

中正主铨选之权，其有违反礼教者，则贬黜之。

梁州刺史杨欣，有姊丧，未经旬，车骑长史韩预，强聘其女为妻。辅为中正，贬预以清风俗，论者称之。(《晋书》卷六〇《张辅传》)

初恒为州大中正，乡人任让，轻薄无行，为恒所黜。(《晋书》卷四四《华恒传》)

有遭乡议被抑者，中正亦可为之昭雪。

攀居心平允，莅官整肃，爱乐人物，敦儒贵才，为梁益二州中正，引致遗滞。巴西陈寿、阎乂，犍为费立，皆西州名士，并被乡间所谤，清议十余年，攀申明曲直，咸免冤滥。(《晋书》卷四五《何攀传》)

降及南北朝，其风不改。

惠连先爱幸会稽郡吏杜德灵，及居父忧，赠以五言诗十余首，"乘流遵归路"诸篇是也。坐废，不豫荣位。(《南史》卷一九《谢方明附谢惠连传》)

率……父忧去职，有父时妓数十人，其善讴者有色貌，邑子仪曹郎顾玩之求娉，讴者不愿，遂出家为尼。尝因斋会率宅，玩之乃飞书言与率奸。南司以事奏闻，武帝惜其才，寝其奏，然犹致时论，服阕久之不仕。(《南史》卷三一《张率传》)

宣德右仆射刘朗之，游击将军刘璩之子，坐不赡给兄子，致使随母他嫁，免官禁锢终身，付之乡论。(《南史》卷五《齐明帝纪》)

自宋以后，犯乡论清议，有记注之目，故每次大赦，并有洗除先注之文。

建元元年，四月，……大赦天下，……有犯乡论清议，赃污淫盗，一皆荡涤，洗除先注，与之更始。（《南齐书》卷二《高帝纪》下）

乙、避讳

家讳之重，自晋时始，而南北朝尤甚。

　　王羲之父讳正，故每书正月为初月，或作一月，余则以政字代之。（周密《齐东野语》卷四）

　　桓南郡玄。被召作太子洗马，船泊荻渚。王大服散后已小醉，往看桓，桓为设酒，不能冷饮，频语左右令温酒来。桓乃流涕呜咽，王便欲去。桓以手巾掩泪，因谓王曰："犯我家讳，何预卿事。"王叹曰："灵宝玄小字。故自达。"（刘义庆《世说新语》卷五《任诞篇》）

　　帝每朝燕接，琛以旧恩，尝犯武帝偏讳。帝敛容，琛从容曰："名不偏讳，陛下不应讳顺。"上曰："各有家风。"琛曰："其如礼何？"（《南史》卷一八《萧琛传》）

　　好学有文辞，盛得名誉，选补新安王子鸾国常侍。王母殷淑仪卒，超宗作诔奏之，帝大嗟赏，谓谢庄曰："超宗殊有凤毛，灵运复出。"超宗父名凤，凤，灵运之子也。时右卫将军刘道隆在御坐，出候超宗曰："闻君有异物，可见乎？"超宗曰："悬磬之室，复有异物邪？"道隆武人无识，正触其父名曰："旦侍宴至尊，说君有凤毛。"超宗徒跣还内，道隆谓检觅毛，至暗，待不得，乃去。（《南史》卷一九《谢灵运附谢超宗传》）

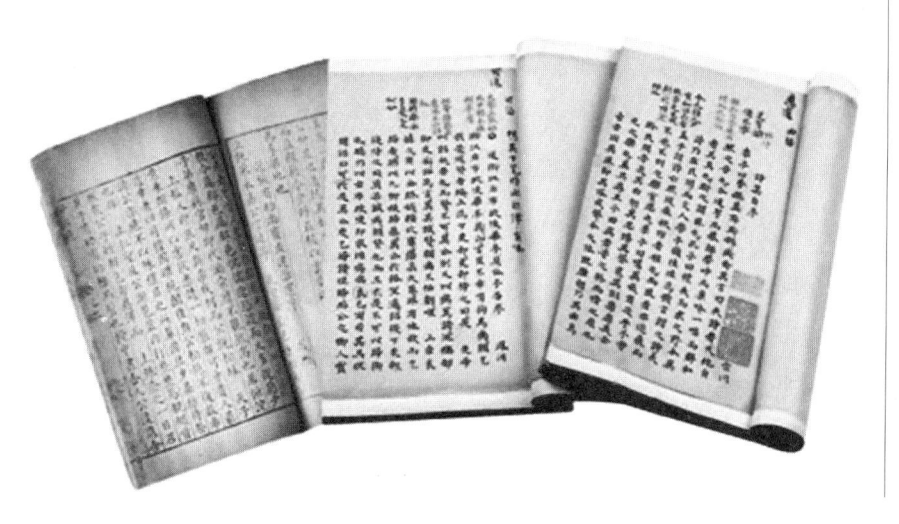

《世说新语》书影

慈……少与从弟俭共书学，谢凤子超宗，尝候僧虔，仍往东斋诣慈。慈正学书，未即放笔，超宗曰："卿书何如虔公？"慈曰："慈书比大人，如鸡之比凤。"超宗狼狈而退。十岁时，与蔡兴宗子约，入寺礼佛，正遇沙门忏，约戏慈曰："众僧今日，可谓虔虔。"慈应声曰："卿如此，何以兴蔡氏之宗？"（《南史》卷二二《王慈传》）

累迁晋陵太守，在职清公，有美政。时有晋陵令沈嶤之，性粗疏，好犯亮讳，亮不堪，遂启代之。嶤之怏怏，乃造坐云："下官以犯讳被代，未知明府讳。若为攸字，当作无骹尊傍犬为犬傍无骹尊，若是有心攸，无心攸，乞告示。"亮不履下床，跣而走，嶤之抚掌大笑而去。（《南史》卷二三《王亮传》）

梁世谢举，甚有声誉，闻讳必哭，为世所讥。又臧逢世，臧严之子也，笃学修行，不坠门风。孝元经牧江州，遣往建昌督事，郡县民庶，竞修笺书，朝夕辐辏，几案盈积。书有称严寒者，必对之流涕，不省取记，多废公事，物情怨骇，竟以不办而还。此并过事也。近在杨都，有一士人，讳审，而与沈氏交结周厚。沈与其书，名而不姓，此非人情也。凡避讳者，皆须得其同训以代换之。……梁武小名阿练，子孙皆呼练为绢，乃谓销炼物为销绢物，恐乖其义。或有讳云者，呼纷纭为纷烟；有讳桐者，呼梧桐树为白铁树，便似戏笑耳。（颜之推《颜氏家训》卷上《风操篇》）

江南至今不讳字也，河北士人，全不辨之。……尚书王元之兄弟，皆号名人，其父名云，字罗汉，一皆讳之。（颜之推《颜氏家训》卷上《风操篇》）

刘縚、缓、绥兄弟，并为名器，其父名昭，一生不为照字，唯依《尔雅》，火傍作召耳。（颜之推《颜氏家训》卷上《风操篇》）

丙、家庭

南方大家族制度，至六朝时代已渐少。盖宋、齐屡次搜括进账，不容合居也。

世祖孝武帝即位，除建平王宏中军录事参军。时普责百官谠言，朗上书曰："……今士大夫以下，父母在而兄弟异，计十家而七矣；庶人父子殊产，亦八家而五矣。凡甚者，乃危亡不相知，饥寒不相恤，又嫉谤谗害其间，不可称数。宜明其禁，以革其风。先有善于家

者，即务其赏；自今不改，则没其财。"（《宋书》卷八二《周朗传》）

北方素笃族谊，以同居为美，惟渐染南俗，亦日趋于薄。

植虽自州送禄奉母，及赡诸弟，而各别资财，同居异爨，一门数灶，盖亦染江南之俗也。（《魏书》卷七一《裴植传》）

当时虽重门第，而一族之中，贫富贵贱各有不同。

咸与籍居道南，诸阮居道北，北阮富而南阮贫。七月七日，北阮盛晒衣服，皆锦绮粲目。咸以竿挂大布犊鼻于庭，人或怪之，答曰："未能免俗，聊复尔耳。"（《晋书》卷四九《阮咸传》）

迁御史中丞，领骁骑将军。甲族由来多不居宪台，王氏分枝居乌衣者，位官微减。僧虔为此官，乃曰："此是乌衣诸郎坐处，我亦可试为耳。"（《南齐书》卷三三《王僧虔传》）

纳博陵崔显妹，甚有色宠，欲以为妃。世宗初以崔氏世号东崔，地寒望劣难之，久乃听许。（《魏书》卷二一上《高阳王雍传》）

家庭组织改革已不容缓，而当局为维持风化，对于同居者，必加以褒奖，史家亦乐为之铺张，且赞美之。

汉寿人邵荣兴，六世同爨，表其门闾。（《南齐书》卷三七《刘悛传》）

西阳县人董阳，三世同居，外无异门，内无异烟，诏榜门曰"笃行董氏之闾"，蠲一门租布。（《南史》卷七三《刘瑜传》）

播家世纯厚，并敦义让，昆季相事，有如父子……一家之内，男女百口，缌服同爨，庭无闲言。魏世以来，唯有卢渊兄弟，及播昆季，当世莫逮焉。（《魏书》卷五八《杨播附杨元让传》）

渊昶等并循父风，远亲疏属，叙为尊行长者，莫不毕拜致敬，闺门之礼，为世所推。……同居共财，自祖至孙，家内百口。在洛时有饥年，无以自赡，然尊卑怡穆，丰俭同之。亲从昆弟，常旦省谒诸父，出坐别室，至暮乃入，朝府之外，不妄交游，其相勖以礼如此。（《魏书》卷四七《卢玄附卢子潜传》）

李几，博陵安平人也，七世共居同财，家有二十二房，一百九十八口，长幼济济，风礼著闻。至于作役，卑幼竞进，乡里嗟美，标其门闾。（《魏书》卷八七《李几传》）

至于家事，率由妇人主持，其风在北，尤甚于南。

江东妇女，略无交游，其婚姻之家，或十数年间，未相识者，唯以信命赠遗，致殷勤焉。邺下风俗，专以妇持门户，争讼曲直，造请逢迎，车乘填街衢，绮罗盈府寺，代子求官，为夫诉屈，此乃恒代之遗风乎。南间贫素，皆事外饰，车乘衣服，必贵齐整，家人妻子，不免饥寒。河北人事，多由内政，绮罗金翠，不可废阙，羸马顇奴，仅充而已，唱和之礼，或尔汝之。（颜之推《颜氏家训》卷上《治家篇》）

河北妇人，织纴组紃之事，黼黻锦绣罗绮之工，大优于江东也。（颜之推《颜氏家训》卷上《治家篇》）

妇人之性，率宠子婿而虐儿妇。宠婿则兄弟之怨生焉，虐妇则姊妹之谗行焉。然则女之行留，皆得罪于其家者，母实为之，至有谚云"落索阿姑飡"，此其相报也。家之常弊，可不诫哉。（颜之推《颜氏家训》卷上《治家篇》）

自晋人尚清谈，流于放荡，其风渐被闺中，内外防闲，疏于往昔，所谓名门妇女，亦得与士大夫接谈。

王凝之妻谢氏，字道韫，安西将军奕之女也，聪识有才辩，……凝之弟献之尝与宾客谈议，词理将屈，道韫遣婢白献之曰："欲为小郎解围。"乃施青绫步障自蔽，申献之前议，客不能屈。……嫠居会稽，……太守刘柳闻其名，请与谈议。道韫素知柳名，亦不自阻，乃簪髻素褥，坐于帐中；柳束脩整带，造于别榻。道韫风韵高迈，叙致清雅，……徐酬问旨，词理无滞。……初同郡张玄妹，亦有才质，适于顾氏，玄每称之，以敌道韫。有济尼者，游于二家，或问之，

谢道韫像

济尼答曰:"王夫人神情散朗,故有林下风气;顾家妇清心玉映,自是闺房之秀。"(《晋书》卷九六《王凝之妻谢氏传》)

淮陵内史虞珧子妻裴氏,有服食之术,常衣黄衣,状如天师。道子甚悦之,令与宾客谈论,时人皆为降节。恭抗言曰:"未闻宰相之坐,有失行妇人。"坐宾莫不反侧。(《晋书》卷八四《王恭传》)

道虔又娶司马氏,有子昌裕。后司马氏见出,更娉元氏,甚聪悟,常升高座讲《老子》,道虔从弟元明,隔纱帷以听焉。(《北史》卷三○《卢思道附卢道虔传》)

宋齐以来,诸公主率习于骄淫,不讲礼法。

帝姊山阴公主,淫恣过度,谓帝曰:"妾与陛下,虽男女有殊,俱托体先帝。陛下六宫万数,而妾唯驸马一人,事不均平,一何至此?"帝乃为主置面首左右三十人。……主以吏部郎褚渊貌美,就帝请以自侍。……渊侍主十日,备见逼迫,誓死不回,遂得免。(《宋书》卷七前《废帝纪》)

宋世诸主,莫不严妒,太宗每疾之。湖孰令袁慆妻,以妒忌赐死,使近臣虞通之撰《妒妇记》。左光禄大夫江湛、孙敳,当尚世祖女,上乃使人为敳作表让婚,……太宗以此表遍示诸主。(《宋书》卷四一《孝武文穆王皇后传》)

梁武帝与睿钧父。少故旧,以女永兴公主妻钧,拜驸马都尉。……自宋齐以来,公主多骄淫无行,永兴主加以险虐。钧形貌短小,为主所憎,每被召入,先满壁为殷睿字,钧辄流涕以出。主命婢束而反之,钧不胜怒而言于帝。帝以犀如意击主,碎于背,然犹恨钧。(《南史》卷六○《殷钧传》)

北齐之人,多不蓄媵妾,妒忌之风,成为家教,是知隋独孤后妒及臣子,盖有所本也。

尝奏表曰:"……将相多尚公主,王侯娶后族,故无妾媵,习以为常。……举朝既是无妾,天下殆皆一妻。……凡今之人,……父母嫁女,则教以妒;姑姊逢迎,必相劝以忌。以制夫为妇德,以能妒为女工,自云:不受人欺,畏他笑我。(《北齐书》卷二八《元孝友传》)

家人称谓,南北攸殊,士庶之间,亦各沿其风习。

昔侯霸之子孙，称其祖父曰家公，陈思王称其父为家父，母为家母，潘尼称其祖曰家祖，古人之所行，今人之所笑也。及南北风俗，言其祖及二亲，无云"家者"，田里猥人，方有此言耳。凡与人言，言己世父，以次第称之，不云家者，以尊于父，不敢家也。凡言姑姊妹女子子，已嫁则以夫氏称之，在室则以次第称之，言礼成他族，不得云家也。子孙不得称家者，经略之也。蔡邕书集，呼其姑女为家姑家姊，班固书集，亦云家孙，今并不行也。凡与人言，称彼祖父母，世父母，父母及长姑，皆加"尊"字，自叔父已下，则加"贤"字，尊卑之差也。王羲之书，称彼之母，与自称已母同，不云尊字，今所非也。（颜之推《颜氏家训》卷上《风操篇》）

兄弟之子，……北土多呼为侄，……侄名虽通男女，并是对姑之称。晋世已来，始呼叔侄，今呼为侄，于理为胜也。（颜之推《颜氏家训》卷上《风操篇》）

父母之世叔父皆当加其次第以别之，父母之世叔母皆当加其姓以别之。父母之群从世叔父母，及从祖父母，皆当加其爵位若姓以别之，河北士人，皆呼外祖父母为家公家母，江南田里，间亦言之。以家代外，非吾所识。凡家亲世数，有从父，有从祖，有族祖。江南风俗，自兹已往，高秩者通呼为尊，同昭穆者，虽百世犹称兄弟，若对他人称之，皆云族人。河北士人，虽三二十世，犹呼为从伯从叔。……吾尝问周弘让曰："父母中外姊妹，何以称之？"周曰："亦呼为丈人。"自古未见"丈人"之称，施于妇人也。吾亲表所行，若父属者，为某姓姑；母属者，为某姓姨。中外丈人之妇，猥俗呼为丈母，士大夫谓之王母谢母云。（颜之推《颜氏家训》卷上《风操篇》）

丁、仕宦

风俗浮薄，人慕虚荣，每以得官为能，不以奔竞为耻。

多见士大夫耻涉农商，羞务工伎，射既不能穿札，笔则才记姓名，饱食醉酒，忽忽无事，以此销日，以此终年。或因世家余绪，得一阶半级，便谓为足，安能自苦。及有吉凶大事，议论得失，蒙然张口，如坐云雾，公私宴集，谈古赋诗，塞默低头，欠伸而已。……梁朝全盛之时，贵游子弟，多无学术，至于谚云："上车不落则著作，体中何如则秘书。"无不熏衣剃面，傅粉施朱，驾长檐车，跟高齿屐，

坐棋子方褥，凭班丝隐囊，列器玩于左右，从容出入，望若神仙；明经求第，则顾人答策，三九公燕，则假手赋诗。当尔之时，亦快士也。及离乱之后，朝士迁革，铨衡选举，非复曩者之亲，当路秉权，不见昔时之党；求诸身而无所得，施之世而无所用；被褐而丧珠，失皮而露质；兀若枯木，泊若穷流；孤独戎马之间，转死沟壑之际。当尔之时，诚驽材也。（颜之推《颜氏家训》卷上《勉学篇》）

江南朝士，因晋中兴南渡江，卒为羁旅，至今八九世，未有力田，悉资俸禄而食耳。假令有者，皆信僮仆为之，未尝目观起一拨土，耘一株苗，不知几月当下，几月当收，安识世间余务乎？故治官则不了，营家则不办，皆优闲之过也。（颜之推《颜氏家训》卷下《涉务篇》）

齐朝有一士大夫，尝谓吾曰："我有一儿，年已十七，颇晓书疏，教其鲜卑语，及弹琵琶，稍欲通解。以此伏事公卿，无不宠爱亦要事也。"吾时俯而不答。异哉此人之教子也。若由此业，自致卿相，亦不愿汝曹为之。（颜之推《颜氏家训》卷上《教子篇》）

戊、赌博

自晋以来，特多嗜赌，人主摴蒱于上，臣庶风靡于下，竟成风俗。

诸参佐或以谈戏废事者，乃命取其酒器蒱博之具，悉投之于江，吏将则加鞭扑，曰："摴蒱者，牧猪奴戏耳。"（《晋书》卷六六《陶侃传》）

后在东府聚摴蒱大掷，一判应至数百万，余人并黑犊以还，唯刘裕及毅在后。毅次掷，得雉大喜，褰衣绕床，叫谓同坐曰："非不能卢，不事此耳。"裕恶之，因挼五木，久之曰："老兄试为卿答。"既而四子俱黑，其一子转跃未定，裕厉声喝之，即成卢焉，毅意殊不快。（《晋书》卷八五《刘毅传》）

混女夫殷叡，素好摴蒱，闻弘微不取财物，乃滥夺其妻妹及伯母两姑之分，以还戏责。……弘微舅子领军将军刘湛，性不堪其非，谓弘微曰："天下事宜裁衷，卿此不治，何以治官？"弘微笑而不答。或有讥之曰："谢氏累世财产，充殷君一朝戏责，理之不允，莫此为大。卿亲而不言，譬弃物江海以为廉耳。设使立清名，而令家内不足，亦吾所不取也。"（《宋书》卷五八《谢弘微传》）

梁主萧詧，曾献玛瑙钟，周文帝执之顾丞郎曰："能掷樗蒲头得卢者，便与钟。"已经数人，不得。顷至端，乃执樗蒲头而言曰："非为此钟可贵，但思露其诚耳。"便掷之，五子皆黑。文帝大悦，即以赐之。（《北史》卷三六《薛端传》）

周文帝曾在同州，与郡公宴集，出锦罽及杂绫绢数千段，令诸将樗蒲取之。物尽，周文又解所服金带，令诸人遍掷曰："先得卢者即与之。"群公掷将遍，莫有得者。次至思政，……揽樗蒲……掷之，……已掷为卢矣，徐乃拜而受带。（《北史》卷六二《王思政传》）

其时博具所谓五木之戏，其法如次。

洛阳令崔师本，又好为古之樗蒲，其法三分其子，三百六十限以二关，人执六马。其骰五枚，分上为黑，下为白，黑者刻二为犊，白者刻二为雉。掷之全黑者为卢，其采十六；二雉三黑为雉，其采十四；三犊三白为犊，其采十；全白为白，其采八，四者"贵采"也。开为十二，塞为十一，塔为五，秃为四，撅为三，枭为二，六者"杂采"也。贵采得连掷，得打马，得过关，余采则否。新加"进九"、"退六"两采。（李肇《国史补》卷下）

樗蒲五木玄白，判厥二作雉，背雉作牛。王采四，卢白雉犊；眈采六，开塞塔秃撅撽。全为王，驳为眈。皆玄曰"卢"，厥筭十六；皆白曰"白"；厥筭八，雉二玄三曰"雉"，厥筭十四，牛三白三曰"犊"，厥筭十；雉一牛二白三曰"开"，厥筭十二；雉如开，厥余皆玄曰"塞"，厥筭十一；雉白各二玄一曰"塔"，厥筭五；牛玄各二白一曰"秃"，厥筭四；白三玄二曰"撅"，厥筭三；白二玄三曰"撽"，厥筭二。矢百有二十，设关二，间矢为三，马筭二十，厥色五。凡击马及王采皆又投，马出初关叠行，非王采不出关，不越坑，入坑有谪，行不择筭马，一矢为坑。（李翱《五木经》）

己、弈棋

弈棋亦为当时上下所同嗜，能者并列为品第。

当时能棋人，琅邪王抗第一品，吴郡褚思庄、会稽夏赤松第二品。赤松思速，善于大行；思庄戏迟，巧于斗棋。宋文帝时，羊玄保为会稽，帝遣思庄入东，与玄保戏，因置局图，还于帝前覆之。齐

古代弈棋图

高帝使思庄与王抗交赌，自食时至日暮，一局始竟，上倦，遣还省，至五更方决，抗睡于局后寝，思庄达旦不寐。时或云，思庄所以品第致高，缘其用思深久，人不能及。(《南史》卷一八《萧思话附萧惠基传》)

甚者定立官名，博求能手。

明帝好围棋，置围棋州邑，以建安王休仁为围棋州都大中正，谌与太子右率沈勃、尚书水部郎庾珪之、彭城丞王抗四人为小中正，朝请褚思庄、傅楚之为清定访问。(《南齐书》卷三四《王谌传》)

更有以物品赌胜负者。

溉素谨厚，特被高祖赏接，每与对棋，从夕达旦。溉第山池有奇石，高祖戏与赌之，并《礼记》一部，溉并输焉。(《梁书》卷四〇《到溉传》)

天子优遇大臣，或以局子为赐赍品。

承天素好弈棋，颇用废事。太祖赐以局子，承天奉表陈谢，上答："局子之赐，何必非张武之金邪？"(《宋书》卷六四《何承天传》)

因嗜弈而成笑柄，足证沉溺之深。

卷二 两晋及南北朝

帝好围棋，甚拙，去格七八道，物议共欺为第三品。与第一品王抗围棋，依品赌戏，抗每饶借之曰："皇帝飞棋，臣抗不能断。"帝终不觉，以为信然，好之愈笃。愿又曰："尧以此教丹朱，非人主所宜好也。"(《南齐书》卷五三《虞愿传》)

弘微性宽博，无喜愠。末年尝与友人棋，友人西南棋有死势，复一客曰："西南风急，或有覆舟者。"友悟，乃救之。弘微大怒，投局于地，议者知其暮年之事。(《南史》卷二〇《谢弘微传》)

举秀才，入都积岁，颇以弈棋弃日，至乃通夜不止。手下苍头常令秉烛，或时睡顿，大加其杖，如此非一。奴后不胜楚痛，乃白琛曰："郎君辞父母仕宦京师，若为读书执烛，奴不敢辞罪；乃以围棋日夜不息，岂是向京之意？而赐加杖罚，不亦非理？"琛惕然惭感，遂从许叡、李彪假书研习，闻见益优。(《魏书》卷六八《甄琛传》)

弈棋之著作，梁武帝时，有柳恽之《棋谱》。

恽善弈棋，梁武帝每敕侍坐，仍令定"棋谱"，第其优劣。(《梁书》卷二一《柳恽传》)

梁武帝好弈棋，使恽品定"棋谱"，登格者二百七十八人，第其优劣，为《棋品》三卷，恽为第二焉。(《南史》卷三八《柳元景附柳恽传》)

北周武帝，亲撰《象经》，集群臣而讲说之。

天和四年，五月，帝制《象经》成，集百僚讲说。(《周书》卷五《武帝纪》上)

世传象棋为周武帝制，按后《周书》，天和四年，帝制《象经》成，殿上集百寮讲说，《隋·经籍志》，《象经》一卷，周武帝撰，有王褒注、王裕注、何妥注。又有《象经发题义》。又据《小说》，周武帝《象经》，有日月星辰之象，意者以兵机孤虚冲破，寓于局间，决非今之象戏车马之类也。(杨慎《丹铅总录》卷八)

庚、宴会

江南风俗，儿生一期，为制新衣，盥浴装饰，男则用弓矢纸笔，女则刀尺针缕，并加饮食之物，及珍宝服玩，置之儿前，观其发意所取，以验贪廉愚智，名之为"试儿"。亲表聚集致燕享。自兹以后，

二亲若在，每至此日，尝有酒食之事耳。……虽已孤露，其日皆为供顿，酣畅声乐。(颜之推《颜氏家训》卷上《风操篇》)

按此为后代作寿之滥觞。其宴集关于时令，相沿久远者，特举如下。

汉仪，季春上巳，……禊于东流水上。……自魏以后，但用三日，不以上巳也。(《晋书》卷二一《礼志》下)

永和九年，岁在癸丑，暮春之初，会于会稽山阴之兰亭，修禊事也。(《晋书》卷八〇《王羲之传》)

统乃诣洛市药，会三月上巳，洛中王公已下，并至浮桥，士女骈填，车服烛路。统时在船中曝所市药，……太尉贾充怪而问之，……答曰："会稽夏仲御也。"充……问："卿居海瀇，颇能随水戏乎？"答曰"可"，统乃操舵正橹，折旋中流，初作鲻鳝跃，后作鲜鲔引，飞鹚首掇兽尾，奋长梢而船直逝者三焉。(《晋书》卷九四《夏统传》)

九月九日，桓温宴龙山，寮佐毕集。时佐吏并着戎服，有风至，吹嘉帽堕落，嘉不之觉。……温……命孙盛作文嘲嘉，……嘉还见，即答之，其文甚美。(《晋书》卷九八《孟嘉传》)

永明五年，九月己丑，诏曰"九日出商飙馆'登高'宴群臣"。辛卯，车驾幸商飙馆。馆上所立，在孙陵岗，世呼为九日台者也。(《南齐书》卷三《武帝纪》)

南兖州，广陵……为州镇，土甚平旷。刺史每以秋月，多出海陵"观涛"。与京口对岸，江之壮阔处也。(《南齐书》卷一四《州郡志》上)

《兰亭修禊图》

岁暮，家家具肴蔌，诣宿岁之位，以迎新年，相聚酣饮。（宗懔《荆楚岁时记》）

（七）音乐
甲、雅乐

魏武挟天子而令诸侯，思一戎而匡九服。时逢吞灭，宪章咸荡，及削平刘表，始获杜夔，扬鼙总干，式遵前记，三祖纷纶，咸工篇什，声歌虽有损益，爱玩在乎雕章。是以王粲等各造新诗，抽其藻思。……武皇帝采汉魏之遗范，览景文之垂则，鼎鼐唯新，前音不改。泰始九年，光禄大夫荀勖，始作古尺，以调声韵，仍以张华等所制高文，陈诸下管。永嘉之乱，伶官既减，曲台宣榭，咸变污莱，虽复象舞歌工，自胡归晋，……其能备者，百不一焉。（《晋书》卷二二《乐志序》）

永嘉之乱，海内分崩，伶官乐器，皆没于刘石。江左初立宗庙，……于时以无雅乐器及伶人，省大乐并鼓吹令。是后颇得登歌举食之乐，犹有未备。太宁末，明帝又访阮孚等增益之。咸和中，成帝乃复置太乐官，鸠集遗逸，而尚未有金石也。庾亮为荆州，与谢尚复修雅乐，未具而亮薨。庾翼、桓温，专事军旅，乐器在库，遂至朽坏焉。及慕容儁平冉闵，兵戈之际，而邺下乐人，亦颇有来者。永和十一年，谢尚镇寿阳，于是采拾乐人，以备大乐，并制石磬，雅乐始颇具。而王猛平邺，慕容氏所得乐声，又入关右。太元中，破苻坚，又获其乐工扬蜀等，闲习旧乐，于是四厢金石始备焉。（《晋书》卷二三《乐志》下）

自晋而后，宋齐梁陈，迭相承袭，而声务求新，词皆尚巧，亦当时风气使然。

顺帝升明二年，尚书令王僧虔上表言之，……曰："……今之清商，实犹铜雀，魏氏三祖，风流可怀，京洛相高，江左弥重。谅以金县干戚，事绝于斯，而情变听改，稍复零落，十数年间，亡者将半。自顷家竞新哇，人尚谣俗，务在噍危，不顾律纪，流宕无涯，未知所极，排斥典正，崇长烦淫。士有等差，无故不可以去礼；乐有攸序，长幼不可以共闻。故喧丑之制，日盛于廛里；风味之韵，独尽于衣

冠。……臣以为宜命典司，务勤课习，缉理旧声，递相开晓，……反本还源，庶可跂踵。"（《宋书》卷一九《乐志》一）

梁氏之初，乐缘齐旧。武帝思弘古乐，天监元年，遂下诏访百寮曰："夫声音之道，与政通矣，所以移风易俗，明贵辨贱。而韶濩之称空传，咸英之实靡托，魏晋以来，陵替滋甚，遂使雅郑混淆，钟石斯谬。……朕昧旦坐朝，思求厥旨，而旧事匪存，未获厘正。……卿等学术通明，可陈其所见。"（《隋书》卷一三《音乐志》上）

魏氏兴自北方，虽得中原乐器，然以俗尚，仍杂胡乐。

永嘉已下，海内分崩，伶官乐器，皆为刘聪、石勒所获。慕容儁平冉闵，遂克之。王猛平邺，入于关右，苻坚既败，长安纷扰。慕容永之东也，礼乐器用，多归长子。及垂平永，并入中山。自始祖内和，魏晋二代，更致音伎。穆帝为代王，愍帝又进以乐物，金石之器，虽有未周，而弦管具矣。逮太祖定中山，获其乐县，既初拨乱，未遑创改，因时所行而用之，世历分崩，颇有遗失。（《魏书》卷一〇九《乐志》五）

太祖初，……正月上日，飨群臣，宣布政教，备列宫悬正乐，兼奏燕赵秦吴之音，五方殊俗之曲，四时飨会亦用焉。凡乐者，乐其所自生，礼不忘其本。掖庭中歌真人代歌，上叙祖宗开基所由，下及君臣废兴之迹，凡一百五十章，昏晨歌之，时与丝竹合奏，郊庙宴飨亦用之。（《魏书》卷一〇九《乐志》五）

魏乐府始有北歌，即魏史所谓"真人代歌"是也。代都时命掖庭宫女晨夕歌之。（《旧唐书》卷二九《音乐志》二）

至孝文帝深慕华风，力求复古，于是魏之雅乐，始得粗具。

高宗显祖，无所改作，诸帝意在经营，不以声律为务，古乐音制，罕复传习，旧工更尽，声曲多亡。太和初，高祖垂心雅古，务正音声。时司乐上书，典章有阙，求集中秘群官，议定其事，并访吏民有能体解古乐者，与之修广器数，甄立名品，以谐八音：诏"可"。虽经众议，于时卒无洞晓声律者，乐部不能立，其事弥缺。然方乐之制，及四夷歌舞，稍增列于太乐，金石羽旄之饰，为壮丽于往时矣。（《魏书》卷一〇九《乐志》五）

太和十五年冬，高祖诏曰："……逮乎末俗陵迟，正声顿废，多好郑卫之音，以悦耳目，故使乐章散缺，伶官失守。今方厘革时弊，稽古复礼，庶令乐正雅颂，各得其宜。今置乐官，实须任职，不得仍令滥吹也。"遂简置焉。(《魏书》卷一○九《乐志》五)

乙、俗乐

自宋大明以来，声伎所尚，多郑卫淫俗，雅乐正声，鲜有好者。(《南齐书》卷四六《萧惠基传》)

侃性豪侈，善音律，自造《采莲》、《棹歌》两曲，甚有新致，姬妾侍列，穷极奢靡。(《梁书》卷三九《羊侃传》)

以宫人有文学者袁大舍等为女学士，后主每引宾客，对贵妃等游宴，则使诸贵人及女学士与狎客共赋新诗，互相赠答，采其尤艳丽者以为曲词，被以新声，选宫女有容色者，以千百数，令习而歌之，分部迭进，持以相乐。其曲有《玉树后庭花》、《临春乐》等，大指所归，皆美张贵妃、孔贵嫔之容色也。(《陈书》卷七《后主张贵妃传》)

陈后主陈叔宝

后主嗣位，耽荒于酒，视朝之外，多在宴筵。尤重声乐，遣宫女习北方箫鼓，谓之"代北"，酒酣则奏之。又于清乐中造《黄鹂留》、及《玉树后庭花》、《金钗两臂垂》等曲，与幸臣等制其歌词，绮艳相高，极于轻薄，男女唱和，其音甚哀。(《隋书》卷一三《音乐志》上)

同时北朝，亦竞尚淫靡之音。

杂乐有西凉、龟兹舞、清乐、龟兹等，然吹笛，弹琵琶五弦，及歌舞之伎，自文襄以来，皆所爱好，至河清以后，传习尤盛。后主唯赏胡戎乐，耽爱无已，于是繁手淫声，争新哀怨。故曹妙达、安末弱、安马驹之徒，至有封王开府者，遂服簪缨，而为伶人之事。后主亦自能度曲，亲执乐器，悦玩无倦，倚弦而歌。别采新声为《无愁曲》，音韵窈窕，极于哀思，使胡儿阉官之辈，齐唱和之，曲终乐阕，莫不陨涕。虽行幸道路，或时马上奏之。（《隋书》卷一四《音乐志》中）

周宣帝即位，……好令城市少年有容貌者，妇人服，而歌舞相随，引入后庭，与宫人观听，戏乐过度，游幸无节焉。（《隋书》卷一四《音乐志》中）

晋以后，崇尚清谈，其解音律者，多以弹琴名，尚为不废古乐。

康将刑东市，太学生三千人，请以为师，弗许。康顾视日影，索琴弹之曰："昔袁孝尼尝从吾学《广陵散》，吾每靳固之，《广陵散》于今绝矣。"……初康尝游乎洛西，暮宿华阳亭，引琴而弹。夜分，忽有客诣之，称是古人，与康共谈音律，辞致清辩。因索琴弹之，而为《广陵散》，声调绝伦，遂以授康，仍誓不传人，亦不言其姓字。（《晋书》卷四九《嵇康传》）

父善琴书，颙并传之。……会稽剡县多名山，故世居剡下。颙及兄勃，并受琴于父。父没，所传之声，不忍复奏，各造新弄，勃五部，颙十五部，颙又制长弄一部，并传于世。（《宋书》卷九三《戴颙传》）

仲雄善弹琴，当时新绝。江左有蔡邕焦尾琴，在主衣库，上敕五日一给仲雄。（《南齐书》卷二六《王敬则传》）

初宋世有嵇元荣、羊盖，并善弹琴，云传戴安道之法。恽幼从之学，特穷其妙。齐竟陵王闻而引之，以为法曹行参军，雅被赏狎。王尝置酒后园，有晋相谢安鸣琴在侧，以授恽，恽弹为雅弄，子良曰："卿巧越嵇心，妙臻羊体，良质美手，信在今辰，岂止当世称奇，足可追踪古烈。"（《梁书》

东晋名士与古琴

卷二一《柳恽传》）

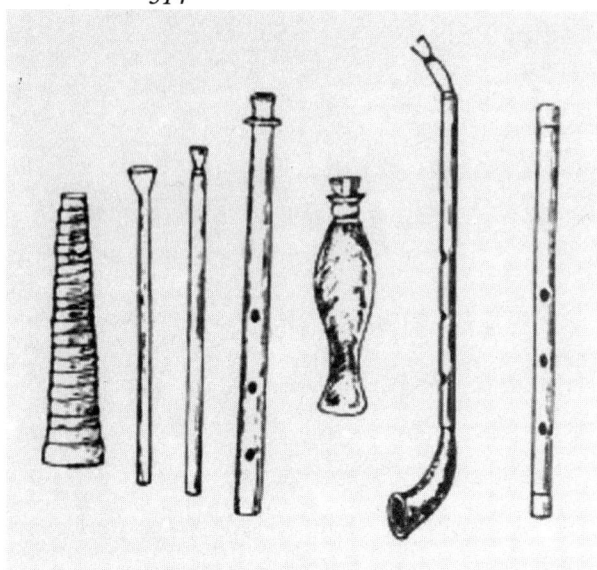

尝赋诗未就，以笔捶琴，坐客过，以箸扣之，恽惊其哀韵，乃制为雅音。后传击琴，自于此。（《南史》卷三八《柳元景附柳恽传》）

述祖能鼓琴，自造《龙吟》十弄，云尝梦人弹琴，寤而写得，当时以为绝妙。（《北齐书》卷二九《郑述祖传》）

惟胡乐，如羌笛、琵琶已遍于民间矣。

胡笳

琵琶，傅玄《琵琶赋》曰："汉遣乌孙公主嫁昆弥，念其行道思慕，故使工人裁筝筑为马上之乐，欲从方俗语，故名曰琵琶，取其易传于外国也。《风俗通》云，以手琵琶，因以为名。杜挚云，长城之役，弦鼗而鼓之，并未详孰实，其器不列四厢。（《宋书》卷一九《乐志》一）

笛，案马融《长笛赋》，此器起近世，出于羌中，京房备其五音。又称丘仲工其事，不言仲所造。《风俗通》则曰丘仲造笛，武帝时人。其后更有羌笛尔。（《宋书》卷一九《乐志》一）

筑，杜挚《筑赋》云，李伯阳入西戎所造。《汉》旧注曰：筑，号曰吹鞭。《晋》先蚕注：车驾住，吹小筑，发，吹大筑，筑即筑也。又有胡筑，《汉》旧筝笛录，有其曲，不记所出本末。（《宋书》卷一九《乐志》一）

其能者甚众，略举如下。

魏晋之世，有孙氏善弘旧曲，宋识善击节倡和，陈左善清歌，列和善吹笛，郝索善弹筝，朱生善琵琶，尤发新声。（《宋书》卷一九《乐志》一）

晔长不满七尺，肥黑，秃眉须，善弹琵琶，能为新声。上欲闻之，屡讽以微旨，晔伪若不晓，终不肯为上弹。上尝宴饮欢适，谓晔

曰："我欲歌，卿可弹。"晔乃奉旨，上歌既毕，晔亦止弦。(《宋书》卷六九《范晔传》)

渊涉猎谈议，善弹琵琶。世祖在东宫，赐渊金缕柄银柱琵琶。(《南齐书》卷二三《褚渊传》)

高祖龙潜时，颇好音乐，常倚琵琶作歌二首，名曰《地厚》、《天高》，托言夫妻之义，因即取之为房内曲，命妇人并登歌上寿并用之。职在宫内，女人教习之。(《隋书》卷一五《音乐志》下)

丙、技乐

魏晋讫江左，犹有夏育扛鼎、巨象行乳、神龟抃舞、背负灵岳、桂树白雪、画地成川之乐焉。(《宋书》卷一九《乐志》一)

于是除高絙、紫鹿、跂行、鳖兔，及齐王卷衣、笮儿等乐，……其后复高絙、紫鹿焉。(《宋书》卷一九《乐志》一)

元帝又诏罢三日三月。弄具，今相承为百戏之具，雕弄技巧，增损无常。(《南齐书》卷九《礼志》上)

史臣曰："案晋中朝元会，设卧骑、倒骑、颠骑，自东华门驰往神虎门。此亦角抵杂戏之流也。"(《南齐书》卷九《礼志》上论)

有弹筝人陆太，喜着鹿角，爪长七寸，舞人张净琬，腰围一尺六寸，时人咸推能掌中舞。又有孙荆玉，能反腰帖地，衔得席上玉簪。(《梁书》卷三九《羊侃传》)

天兴六年冬，诏太乐总章鼓吹，增修杂伎，造五兵、角觝、麒麟、凤皇、仙人、长蚘、白象、白虎，及诸畏兽、鱼龙、辟邪、鹿

角抵图铜牌饰

马、仙车、高絙、百尺、长趫、缘橦、跳丸、五案，以备百戏，大飨设之于殿庭。（《魏书》卷一〇九《乐志》五）

大象元年，十二月，……御正武殿，集百官及宫人，内外命妇，大列妓乐。又纵胡人"乞寒"，用水浇沃为戏乐。（《周书》卷七《宣帝纪》）

明帝武成二年，正月，朔旦，会群臣于紫极殿，始用百戏。武帝保定元年，诏罢之。及宣帝即位，而广召杂伎，增修百戏，鱼龙漫衍之伎，常陈殿前，累日继夜，不知休息。（《隋书》卷一四《音乐志》中）

始齐武平中，有鱼龙烂漫、俳优侏儒、山车巨象、拔井种瓜、杀马剥驴等，奇怪异端，百有余物，名为百戏。周时郑译，有宠于宣帝，奏征齐散乐人，并会京师为之，盖秦角抵之流者也。（《隋书》卷一五《音乐志》下）

五 制造

（一）舟车

武帝谋伐吴，诏濬修舟舰。濬乃作大船连舫，方百二十步，受二千余人，以木为城，起楼橹，开四出门，其上皆得驰马来往。又画鹢首怪兽于船首，以惧江神。舟楫之盛，自古未有。（《晋书》卷四二《王濬传》）

垂引师伐钊翟钊。于滑台，次于黎阳津，钊于南岸距守。诸将恶其兵精，咸谏不宜济河，垂笑曰："竖子何能为？吾今为卿等杀之。"遂徙营就西津，为"牛皮船"百余艘，载疑兵列仗，溯流而上。（《晋书》卷一二三《载记》第二三《慕容垂》）

晋代又有"指南舟"。（《宋书》卷一八《礼志》五）

敬儿乘"舴艋"小舟也。过江，诣晋熙王燮。（《南齐书》卷二五《张敬儿传》）

王师次于南洲，贼帅侯子鉴等，率步骑万余人，于岸挑战，又以"鸼舸"战船长而小者。千艘并载士两边，悉八十棹，棹手皆越人，去

来翘袭，捷过风电。（《梁书》卷四五《王僧辩传》）

琳将张平宅，乘一舰，每将战胜，舰则有声如野猪，故琳战舰以千数，以"野猪"为名。（《南史》卷六四《王琳传》）

太平真君十一年，十有二月，东驾至淮，诏刈崔苇作筏数万而济。（《魏书》卷四下《世祖太武帝纪》下）

南朝以马少之故，多用牛驾车，而车之制造，亦有种种名称。

犊车，车之流也，汉诸侯贫者乃乘之。其后转见贵，孙权云，车中八牛，即"犊车"也。江左御出，又载储峙之物。汉代贱辎车而贵辒，魏晋贱辒而贵辎车。又有"追锋车"，去小车盖，加通幔，如辎车而驾马。又以云母饰犊车，谓之"云母车"，臣下不得乘，时以赐王公。晋氏又有"四望车"，四面皆通。今制亦存。又汉制，唯贾人不得乘马车，其余皆乘之矣。除吏赤盖杠，余则青盖杠云。（《宋书》卷一八《礼志》五）

羊车，一名辇，其上如辎，小儿衣青布袴褶，五瓣髻，数人引之，时名羊车小史。汉氏或以人牵，或驾果下马，梁贵贱通得乘之，名曰"牵子"。（《隋书》卷一〇《礼仪志》五）

其有因求自便，而另造车舆者。

南朝陶牛车

卷二　两晋及南北朝

万尝衣白纶巾，乘"平肩舆"。(《晋书》卷七九《谢万传》)

性好畋游，以体大不堪乘马，又作"徘徊舆"，施转关，令回动无滞。(《晋书》卷九九《桓玄传》)

在州不知政事，日出田猎，或乘"眠舆"至于草间，辄呼民下从游，动至旬日，所捕獐鹿，多使生致。(《陈书》卷三六《新安王伯固传》)

指南车

指南车辨别方位，其制亦更精进。

指南车，……至于秦汉，其制无闻。后汉张衡，始复创造，汉末丧乱，其器不存。魏……明帝青龙中，令博士马钧更造之，而车成晋乱复亡。石虎使解飞、姚兴使令狐生又造焉。安帝义熙十三年，宋武帝平长安，始得此车。其制如鼓车，设木人于车上，举手指南，车虽回转，所指不移。大驾卤簿，最先启行。此车戎狄所制，机数不精，虽曰指南，多不审正，回曲步骤，犹须人功正之。范阳人祖冲之，有巧思，常谓宜更构造。宋顺帝升明末，齐王为相，命造之焉。车成，使抚军丹阳尹王僧虔、御史中丞刘休试之，其制甚精，百屈千回，未尝移变。(《宋书》卷一八《礼志》五)

(二) 器物

杜预、元凯，作"连机水碓"。(傅畅《晋诸公赞》引《白帖春》)

尚书杜预欲为"平底釜"，谓于薪火为省。(傅畅《晋诸公赞》引《御览》七五七)

于乐游苑造"水碓磨"，世祖亲自临视。(《南齐书》卷五二《祖冲之传》)

驰骋渴乏，辄下马解取腰边"蠡器"，酌水饮之，复上马驰去。

水碓磨

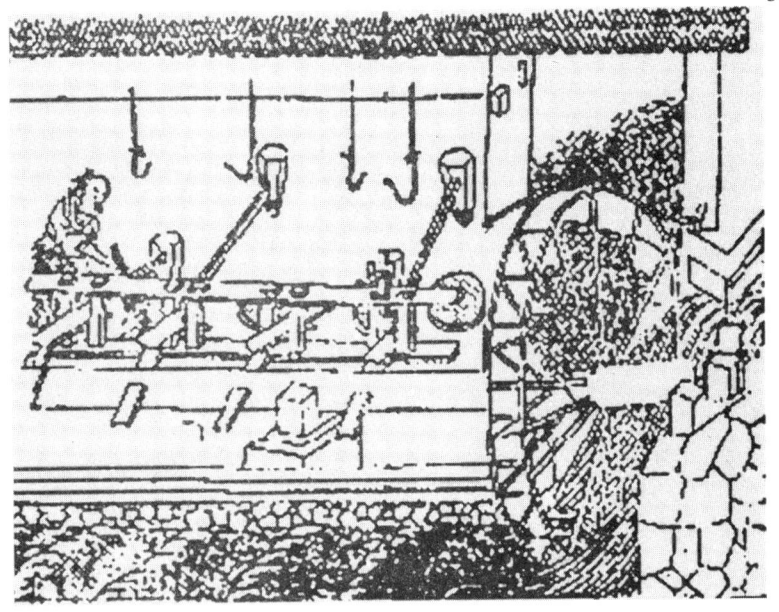

(《南齐书》卷七东《昏侯纪》)

献……"玳瑁槟榔柈"一枚。(《南齐书》卷五八《扶南国传》)

以绳相交,络纽木枝枨,覆以青缯,形制平圆,下容百人坐,谓之为伞,一云"百子帐"也。(《南齐书》卷五七《魏虏传》)

所居室,唯有一"鹿床",竹树环绕。(《梁书》卷五一《阮孝绪传》)

鱼弘……有眠床一张,皆是"蹙柏",四面周匝,无一有异,通用银缕金花,寿福两重为脚。(《南史》卷五五《夏侯鱼弘传》)

安西长史袁彖,钦其风,通书致遗,易以"连理机"、竹翘书格报之。(《南齐书》卷五四《庾易传》)

齐世青溪宫,改为芳林苑。天监初,赐伟为第,又加穿筑,果木珍奇,穷极雕靡,有侔造化,立游客省。寒暑得宜,冬有"笼炉",夏设"饮扇",每与宾客游其中。(《南史》卷五二《梁南平元襄王伟传》)

梁雍州刺史岳阳王萧詧,钦其节俭,乃以"竹屏风"、绨纷之属,及以经史赠之。(《周书》卷二○《贺兰祥传》)

元康中,天下始相效为"乌杖",以柱掖。其后稍施其镦,住则植之。(《晋书》卷二七《五行志》上)

世祖御物"甘草杖",官人寸断用之。(《南齐书》卷四《郁林王纪》)

卷二 两晋及南北朝

六朝人清谈，必用麈尾，遂为士流必携之具。

妙善玄言，唯谈老庄为事，每捉"玉柄麈尾"，与手同色。(《晋书》卷四三《王衍传》)

盛尝诣浩，谈论对食，奋掷"麈尾"，毛悉落饭中。(《晋书》卷八二《孙盛传》)

僧虔宋世，尝有书诫子曰："……便盛于"麈尾"，自呼谈士，此最险事。(《南齐书》卷三三《王僧虔传》)

举造坐，屡折广卢广，辞理通迈，广深叹服，仍以所执"麈尾"荐之，以况重席焉。(《梁书》卷三七《谢举传》)

孝秀性通率，不好浮华，常冠谷皮巾，蹑蒲履，手执"并榈皮麈尾"，服寒食散，盛冬能卧于石，博涉群书，专精释典。(《梁书》卷五一《张孝秀传》)

晋陆机《羽扇赋》曰："……诸侯掩麈尾而笑，……武王玄览造扇于前，而五明安众世繁于后，各有托于方圆，盖受则于箑甫，……"晋王导《麈尾》铭曰："……勿谓质卑，御于君子，拂秽清暑，虚心以俟，……"陈徐陵《麈尾铭》曰："爰有妙物，穷兹巧制，员上天形，平下地势。靡靡丝垂，绵绵缕细。入贡宜吴，出先陪楚，壁悬石拜，帐中玉举。既落天花，亦通神语，用动舍默，出处随时。扬斯雅论，释此繁疑，拂静尘暑，引饰妙词。谁云质贱，左右宜之。"(欧阳询《艺文类聚》卷六九)

后主尝幸钟山开善寺，……敕召讥竖义。……后主勅取松枝手以属讥曰："可代麈尾。"(《陈书》卷三三《张讥传》)

(三) 文具

蜜香纸，以蜜香树皮作之，……极香而坚韧，水渍之不溃烂，太康晋。五年，大秦国献三万幅，帝以万幅赐……杜预，令写所撰《春

维摩诘居士手执麈尾

秋释例》及《经传集解》以进。（嵇含《南方草木状》卷上）

张华，……造《博物志》四百卷，奏于武帝。帝诏……更芟截浮疑，分为十卷，即于御前赐"青铁砚"，此铁是于阗国所出，献而铸为砚也；赐"麟角笔"，以麟角为笔管，此辽西国所献；"侧理纸"万番，此南越所献，后人言陟里与侧理相乱，南人以海苔为纸，其理纵横邪侧，因以为名。（王嘉《拾遗记》卷九）

《东宫旧事》曰："皇太子初拜，给赤纸，缥红纸，麻纸，敕纸，法纸，各一百。（欧阳询《艺文类聚》卷五八）

范宁教曰："土纸不可以作文书。"皆令用藤角纸，……晋虞预《请秘府纸表》曰："秘府中有布纸三万余枚。"（徐坚《初学记》卷二一）

晋王隐《笔铭》曰："岂其作笔，必兔之毫，调利难秃，亦有鹿毛。（欧阳询《艺文类聚》卷五八）

聪假怀帝仪同三司，封会稽郡公。……聪引帝入燕，请帝曰："……卿赠朕柘弓'银研'，卿颇忆否？"（《晋书》卷一○二《载记》第二《刘聪》）

韦仲将《墨方》曰："合墨法，以真朱一两，麝香半两，皆捣细后，都合下铁臼中，捣三万杵，杵多愈益，不得过二月九月。"（徐坚《初学记》卷二一）

曹植乐府诗曰："墨出青松烟。"（徐坚《初学记》卷二一）

上古无墨，竹挺点漆而书。中古以石磨汁，或云是延安石液。魏晋时，始有"墨丸"，乃漆烟松煤为之。晋人用"凹心砚"者，欲磨墨贮沛耳。自后有螺子墨，亦墨丸遗制。（赵希鹄《洞天清录》）

古用"松烟"、"石墨"二种石，墨自晋魏以后无闻，松烟之制尚矣。汉贵扶风隃糜终南山之松，……晋贵九江庐山之松。（晁氏《墨经》）

永……又有巧思，益为太祖所知。纸及墨，皆自营造，上每得永表启，辄执玩咨嗟，自叹供御者，了不及也。（《宋书》卷五三《张永传》）

（四）纺织

出……吉贝、沉木香。吉贝者，树名也，其华成时如鹅毳，抽其绪纺之以作布，洁白与纻布不殊，亦染成五色，织为"斑布"也。（《梁书》卷五四《林邑国传》）

多草木，草实如玺，玺中丝如细纻，名为"白叠子"，国人多取织以为布。布甚软白，交市用焉。(《梁书》卷五四《高昌国传》)

普通元年，又遣使献黄师子、白貂裘、"波斯锦"等物。(《梁书》卷五四《滑国传》)

尝有私门生，……送"南布"一端，"花练"一匹，察谓之曰："吾所衣着，止是麻布蒲练，此物于吾无用。"(《陈书》卷二七《姚察传》)

广州尝献"入筒细布"一端八丈，帝恶其精丽劳人，即付有司弹太守，以布还之，并制岭南禁作此布。(《南史》卷一《宋武帝纪》)

荥阳郑云，谄事长秋卿刘腾，货腾"紫缬"四百匹，得为安州刺史。(《魏书》卷三二《封回传》)

献……"仙人文绫"一百匹。(《魏书》卷六一《毕众敬传》)

曾贡世宗蒲桃酒一盘，世宗报以"百练缣"。(《北齐书》卷二二《李元忠传》)

诸人尝就珽宿，出"山东大文绫"，并"连珠孔雀罗"等百余匹，令诸妪掷摴捕赌之，以为戏乐。(《北齐书》卷三九《祖珽传》)

(五) 琉璃

六朝崇信佛法，大修庙宇，务求宏壮，建筑事业，因以进步。琉璃之制法，遂由西方传入中土。

世祖时，其国人商贩京师，自云能铸石为"五色琉璃"。于是采矿山中，于京师铸之。既成，光泽乃美于西方来者。乃诏为行殿，容百余人，光色映彻，观者见之，莫不惊骇以为神明所作。自此国中琉璃遂贱，人不复珍之。(《魏书》卷一〇二《大月氏国传》)

六　域外交通

(一) 西域

汉通西域，后为羌所阻。苻坚遣吕光征西域。魏太武时，葱岭以西再通中国，西域高僧相继而至，遂开隋唐之盛。

汉氏初开西域，有三十六国，其后分立五十五王，……后汉班超所通者，五十余国。……魏晋之后，互相吞灭，不可复详记焉。太祖道武帝。初，经营中原，未暇及于四表。既而西戎之贡不至，有司奏依汉氏故事，请通西域，可以振威德于荒外，又可致奇货于天府，……不从。……太延太武帝。中，魏德益以远闻，西域龟兹、疏勒、乌孙、悦般、渴槃陀、鄯善、焉耆、车师、粟特诸国王，始遣使来献。世祖太武帝。……于是始遣行人王恩生、许纲等西使。恩生出流沙，为蠕蠕所执，竟不果达。又遣散骑侍郎董琬、高明等，多赍锦帛，出鄯善，招抚九国，厚赐之。初琬等受诏便道之国，可往赴之。琬过九国，北行至乌孙，……琬于是自向破落那。……已而琬明东还，乌孙、破落那之属，遣使与琬俱来贡献者，十有六国。自后相继而来，不间于岁，国使亦数十辈矣。初世祖每遣使西域，常诏河西王沮渠牧犍，令护送至姑臧。……牧犍事主稍以慢惰，使还，具以状闻，世祖遂议讨牧犍。凉州既平，鄯善国以为唇亡齿寒，……乃断塞行路，西域贡献，历年不入。后平鄯善，行人复通。始琬等使还京师，具言凡所经见，及传闻傍国云：西域自汉武时，五十余国，后稍相并，至太延中，为十六国，分其地为四域，自葱岭以东，流沙以西为一域；葱岭以西，海曲以东为一域；即今伊朗高原。者舌以南，苏今联哈萨克共和国。月氏以北为一域；两海之间，水泽以南为一域。今苏联乌孜别克共和国。内诸小渠长，盖以百数。其出西域，本有二道，后更为四，出自玉门渡流沙，西行二千里，至鄯善为一道；自玉门渡流沙，北行一千二百里，至车师为一道；从莎车西行百里至葱岭，葱岭西一千三百里至伽倍为一道；自莎车西南五百里，葱岭西南一千三百里至波路为一道焉。（《魏书》卷一〇二《西域传序》）

魏当全盛时，四裔往还极盛，洛阳实为之缩毂。

永桥以南，圜丘以北，伊洛之间，夹御道有四夷馆。道东有四馆，一名"金陵"，二名"燕然"，三名"扶桑"，四名"崦嵫"，道西有四馆，一曰"归正"，二曰"归德"，三曰"慕化"，四曰"慕义"。吴人投国者，处金陵馆，三年已后，赐宅归正里。……北夷来附者，处燕然馆，三年已后，赐宅归德里，……北夷酋长，遣子入侍者，常秋来春去，避中国之热，时人谓之雁臣。东夷来附者，处扶桑馆，赐

宅慕化里；西夷来附者，处崦嵫馆，赐宅慕义里。自葱岭已西，至于大秦，百国千城，莫不款附，商胡贩客，日奔塞下，所谓尽天地之区矣。乐中国土风，因而宅者，不可胜数。是以附化之民，万有余家，门巷修整，阊阖填列，青槐荫柏，绿柳垂庭。天下难得之货，咸悉在焉，别立市于洛水南，号曰四通市。（杨衒之《洛阳伽蓝记》卷三）

东汉而后，葱岭以东诸国，各成吞并之局，率为柔然、突厥所役属。其在葱岭以西，则有月氏与嚈哒，相继称雄长。东方突厥族，侵入中央亚细亚，实始于是时。

大月氏国，都膊监氏城，在弗敌沙西，去代一万四千五百里，北与蠕蠕接，数为所侵，遂西徙都薄罗城，去弗敌沙二千一百里。其王寄多罗勇武，遂兴师越大山，南侵北天竺，自干陀罗以北五国，尽役属之。（《北史》卷九七《大月氏国传》）

梁简文帝大宝二年，西历551年。月氏为嚈哒所破，其支庶仍分王于西域，即后来所谓"昭武九姓"是也。

康国者，康居之后也。……其王本姓温，月氏人也。旧居祁连山北昭武城，因被匈奴所破，西逾葱岭，遂有国。枝庶各分王故康国左右，诸国并以昭武为姓，示不忘本也。（《北史》卷九七《康国传》）

康国……君姓温，本月氏人，始居祁连山北昭武城，为突厥所破，稍南依葱岭，即有其地。支庶分王，曰安，曰曹，曰石，曰米，曰何，曰火寻，曰戊地，曰史，世谓九姓，皆氏昭武。（《唐书》卷二二一下《康国传》）

嚈哒攻灭月氏，国势骤盛，虎踞一方。后为突厥所破，部落始分散。

嚈哒国，西史称为白匈奴。大月氏之种类也，亦曰高车之别种。其原出于塞北，自金山而南，在于阗之西，都马许水南二百余里，去长

安一万一百里。其王都拔底延城，盖王舍城也。其城方十里余，多寺塔，皆饰以金，风俗与突厥略同。其俗兄弟共一妻，夫无兄弟者，其妻戴一角帽；若有兄弟者，依其多少之数，更加角焉。衣服类加以缨络，头皆剪发，其语与蠕蠕、高车及诸胡不同。众可十万，无城邑，依随水草，以毡为屋，夏迁凉土，冬逐暖处。……王位不必传子，子弟堪任，死便授之。其国无车有舆，多驼马。用刑严急，偷盗无多少皆腰斩，盗一责十。死者富者累石为藏，贫者掘地而埋，随身诸物，皆置冢内。其人凶悍能斗战，西域康居、于阗、沙勒、安息及诸小国三十许，皆役属之，号为大国，与蠕蠕婚姻。自太安魏文成帝年号，太安元年，即西历455年。以后，每遣使朝贡。……永熙孝武帝年号，永熙元年，即西历532年。以后，朝献遂绝。初熙平孝明帝年号，熙平元年，即西历516年。中，肃宗孝明帝。遣王伏子统、宋云、沙门法力等，使西域，访求佛经。时有沙门慧生者，亦与俱行，正光孝明帝年号，正光元年，即西历520年。中还。慧生所经诸国，不能知其本末，及山川里数，盖举其略云。（《魏书》卷一〇二《嚈哒国传》）

敦煌人宋云，……与惠生向西域取经。……十月初旬，入嚈哒国，土田庶衍，山泽弥望。居无城郭，游军而治，以毡为衣，随逐水草，夏则随凉，冬则就温。乡土不识文字，礼教俱阙。阴阳运转，莫知其度，年无盈闰，月无大小，用十二月一岁。受诸国贡献，南至牒罗，北尽敕勒，东被于阗，西及波斯，四十余国，皆来朝贡。……四夷之中，最为强大。不信佛法，多事外神。……按嚈哒国，去京二万余里。（杨衒之《洛阳伽蓝记》卷五）

嚈哒国，……大统十二年，遣使献其方物。魏废帝二年，明帝二年，并遣使来献。后为突厥所破，周武帝天和五年，陈宣帝太建二年，即西历570年。部落分散，职贡遂绝。（《周书》卷五〇《嚈哒国传》）

（二）海外

海上交通，两汉已萌其端，然东通倭、南通日南而已。东晋建国，海上商舶日盛，东西交通，始有异常进步。

海南诸国，大抵在交州南，及西南大海洲上，相去或四五千里，远者二三万里，其西与西域诸国接。汉元鼎中，遣伏波将军路博德开

百越，置日南郡，其徼外诸国，自武帝以来，皆朝贡。后汉桓帝世，大秦、天竺，皆由此道遣使贡献。及吴孙权时，遣宣化后事朱应、中郎康泰通焉，其所经过及传闻，则有百数十国，因立记传。晋代通中国者盖鲜，故不载史官。及宋齐至梁，其奉正朔修贡职，航海往往至矣。（《南史》卷七八《夷貊传序》）

交通既繁，佛教徒因之往来愈众，故此时对于印度之记述，亦较详确矣。

天竺国，即汉之身毒国，或云婆罗门地也，《西域记》卷二，印度四姓，一曰婆罗门，净行也，守道居贫，洁白其操；二曰刹帝利，王种也，奕世君临，仁恕为志；三曰吠奢，商贾也，贸迁有无，逐利远近；四曰戍陁罗，农人也，肆力畴垅，勤身稼穑。在葱岭西北，印度在葱岭东南，而此言西北，误也。周三万余里。其中分为五天竺，其一曰中天竺，二曰东天竺，三曰南天竺，四曰西天竺，五曰北天竺，地各数千里，城邑数百。南天竺际大海，北天竺拒雪山，……东天竺东际大海，与扶南暹罗湾。林邑越南中部。邻接，西天竺与罽宾、波斯相接，中天竺据四天竺之会。……中天竺王，姓乞利咥氏，或云刹利氏。……厥土卑湿暑热，稻岁四熟。有金刚似紫石英，百炼不销，可以切玉。又有旃檀、郁金诸香。通于大秦，故其宝物，或至扶南、交阯贸易焉。百姓殷乐，俗无簿籍，耕王地者输地利，以齿贝为货。人皆深目长鼻，致敬极者，舐足摩踵。家有奇乐倡伎。其王与大臣多服锦罽，上为螺髻于顶，余发剪之使拳，俗皆徒跣。衣重白色，唯梵志种姓，披白叠以为异。死者或焚尸取灰，以为浮图；或委之中野，以施禽兽；或流之于河，以饲鱼鳖，无丧纪之文，……有文字，善天文算历之术。其人皆学悉昙章，云是梵天法，书于贝多树叶以纪事，不杀生饮酒，国中往往有旧佛迹。……五天竺所属之国数十，风俗物产略同。（《旧唐书》卷一九八《天竺国传》）

是时交通达于扶桑，为今何地，尚不可悉。或谓为桦太，或谓即墨西哥，举出土中国古钱、偶像及十二属相为证，殊嫌强合。然远航二万余里，则无可疑；海东诸国，往来必盛，则可断言也。

扶桑国者，齐东昏侯永元元年，西历499年。其国有沙门慧深来至

荆州，说云，扶桑在大汉国东二万余里，文身国，在倭东北七千余里，大汉国，在文身国东五千余里。地在中国之东，……名国王为乙祁，贵人第一者为对虑，高句丽。第二者为小对卢，第三者为纳咄沙。……其衣色，随年改易，甲乙年青，丙丁年赤，戊己年黄，庚辛年白，壬癸年黑。……其婚姻法，则婿往女家门外作屋，与新罗俗同。晨夕洒扫，经年而女不悦，即驱之；相悦乃成婚。婚礼，大抵与中国同。亲丧，七日不食；祖父母丧，五日不食；兄弟、伯叔、姑、姊妹；三日不食。设坐为神像，朝夕拜奠，不制衰绖。嗣王立，三年不亲国事。

（《南史》卷七九《扶桑国传》）

是时有所谓昆仑奴者，"昆仑"二字之义，见于《晋书》，意谓黑色之人，"奴"者或掠卖而至也，依寻书史所载甚多，其人必不甚少。

时后为宫人，在织坊中，形长而色黑，宫人皆谓之昆仑。（《晋书》卷三二《孝武文李太后传》）

宋孝武……又宠一昆仑奴子，名曰主，常在左右，令以杖击群臣，自柳元景以下，皆罹其毒。（《宋书》卷七六《玄谟传》）

又有昆仑舶，足征是时海上贸易，多操自昆仑人。

张景真于南涧寺舍身斋，有元徽紫皮袴褶，余物称是。于乐游设会，伎人皆着御衣，又度丝锦。与"昆仑舶"营货，辄使传令防送过南州津。（《南齐书》卷三一《荀伯玉传》）

又以托附陈使封孝琰牒，令其门客与行，遇"昆仑舶"至，得奇货猩然褥表、美玉盈尺等数十件，罪当流以赎论。（《北齐书》卷三七《魏收传》）